T0316427

Nachschlagewerk des Reichsgerichts

NACHSCHLAGEWERK DES REICHSGERICHTS GESETZGEBUNG DES DEUTSCHEN REICHS

Herausgegeben von
Werner Schubert und Hans Peter Glöckner

BAND 5

PETER LANG

Frankfurt am Main · Berlin · Bern · Bruxelles · New York · Oxford · Wien

NACHSCHLAGEWERK DES REICHSGERICHTS GESETZGEBUNG DES DEUTSCHEN REICHS

Handelsgesetzbuch
§§ 1–342

Herausgegeben von
Werner Schubert und Hans Peter Glöckner

PETER LANG
Internationaler Verlag der Wissenschaften

Bibliografische Information der Deutschen Nationalbibliothek
Die Deutsche Nationalbibliothek verzeichnet diese Publikation in der
Deutschen Nationalbibliografie; detaillierte bibliografische Daten sind im
Internet über <http://www.d-nb.de> abrufbar.

Gedruckt auf alterungsbeständigem,
säurefreiem Papier.

ISBN 978-3-631-57931-2

© Peter Lang GmbH
Internationaler Verlag der Wissenschaften
Frankfurt am Main 2009
Alle Rechte vorbehalten.

Printed in Germany 1 2 3 4   6 7

www.peterlang.de

Inhaltsverzeichnis

Einleitung

Die Bände 5 bis 7 erschließen das Nachschlagewerk des Reichsgerichts zum Handels- und Gesellschaftsrecht von 1900 bis ca. 1943. Das Nachschlagewerk weist in Leitsätzen die wichtigsten Entscheidungen des Reichsgerichts für diese Rechtsgebiete von 1900 an nach und stellt somit ein wichtiges Arbeitsmittel für die Rechtsprechungsgeschichte und Geschichte der Dogmatik des Zivilrechts für die erste Hälfte des 20. Jahrhunderts dar. Es enthält nicht nur die in RGZ enthaltenen Entscheidungen, sondern in großem Umfang auch unveröffentlichte Urteile. Bedeutsam ist, dass der Inhalt der Entscheidungen positiv gefasst ist und nicht in Form von Fragen wie in der amtlichen Sammlung (RGZ). Das Nachschlagewerk des Reichsgerichts ist der Vorläufer des von Lindenmaier/Möhring 1950 begründeten Nachschlagewerks des Bundesgerichtshofs und stellt so das Verbindungsstück zwischen der Judikatur des Reichsgerichts und des Bundesgerichtshofs dar.
Sämtliche nachgewiesene Entscheidungen sind in der „Sammlung sämtlicher Erkenntnisse des Reichsgerichts" in der Bibliothek des Bundesgerichtshofs in vollem Wortlaut vorhanden. Für die Zeit von 1900-1914 sind in der gleichlautenden Regestenedition (hrsg. von Werner Schubert, Goldbach 1992-2002) die Veröffentlichungsnachweise enthalten. Im vorliegenden Nachschlagewerk ist die Veröffentlichung der einzelnen Entscheidungen in RGZ unter „E." am Ende des Leitsatzes nachgewiesen. Ein Teil der Revisionsakten ist im Bundesarchiv Berlin im Bestand R 3002 zu finden (zu ermitteln anhand der roten Ziffern in den jährlichen Prozesslisten der einzelnen Zivilsenate).
Band 5 dokumentiert die Judikatur des Reichsgerichts zu den **§§ 1-342 HGB**.
Das ADHGB (HGB als Bundes- bzw. Reichsgesetz seit 1869/71) war in den Jahren 1894-1897 mit Rücksicht auf das BGB von 1896 revidiert worden[1]. Das HGB von 1897 brachte eine Änderung des Kaufmannsbegriffs und des Rechts der Handelsfirmen (§§ 17-37), die den Zweck hatten, das Publikum vor Täuschung durch unklare und irreführende Firmenbezeichnungen zu schützen. Der Abschnitt über die Handlungsgehilfen wurde neu gestaltet unter Berücksichtigung der sozialpolitischen Aufgabe der Zivilgesetzgebung, die Ende der 80er Jahre entdeckt worden war. Völlig neu waren die Bestimmungen über das gewerbliche Lehrlingswesen und die Handlungsagenten. Das Recht der offenen Handelsgesellschaft wurde in Übereinstimmung mit dem Recht der BGB-Gesellschaft gebracht, enthält aber weiterhin wichtige Sonderregelungen, auf denen die umfangreiche Rechtsprechung des Reichsgerichts zum Personengesellschaftsrecht aufbauen konnte. Gleiches gilt für das Recht der Kommanditgesellschaft.
Die Neubearbeitung des **Aktienrechts** sollte den nach dem Inkrafttreten der Novelle von 1884[2] *„neu vorhandenen Missbräuchen abhelfen"*, soweit dies nicht schon durch das

---

[1] Quellen hrsg. von *Werner Schubert, Burkhard Schmiedel, Christoph Krampe*, Quellen zum Handelsgesetzbuch von 1897, Frankfurt am Main 1986; vgl. auch *Karsten Schmidt*, in: *M. Paschke/P. Popov*, 100 Jahre Handelsgesetzbuch, Hamburg 1998, S. 1 ff.
[2] Quellen hierzu bei *W. Schubert/P. Hommelhoff*, Hundert Jahre modernes Aktienrecht. Eine Sammlung von Texten und Quellen zur Aktienrechtsreform 1884 mit zwei Einführungen, Berlin 1985

Börsengesetz von 1896 geschehen war[3]. Die wichtigsten Änderungen betrafen die Revision der Gründungen, die Erhöhung und Herabsetzung des Grundkapitals, die Veräußerung des Vermögens der Gesellschaft im Ganzen, die Anfechtung von Generalversammlungsbeschlüssen im öffentlichen Interesse und Nichtigerklärung der Aktiengesellschaften. Die Bestimmungen über die Kommanditgesellschaft auf Aktien wurden erheblich vereinfacht und näherten diese Gesellschaftsform den Regeln für Aktiengesellschaften an[4]. Dagegen blieben die Bestimmungen über die stille Gesellschaft im Wesentlichen unverändert.

Die Rechtsprechung zum Personengesellschafts- und Aktienrecht zeigt die große Anpassungsfähigkeit des Reichsgerichts an die jeweiligen wirtschaftlichen Entwicklungen insbesondere während der Weimarer Zeit. Die RG-Judikatur zum Aktienrecht ist umfassend berücksichtigt in den Einzelbeiträgen des Werkes: „Aktienrecht im Wandel", hrsg. von Walter Bayer/Matthias Habersack, Bd. 1 und 2, Tübingen 2007. Die aktienrechtliche Judikatur hat die Reformdiskussion von 1926-1932 und die Aktienrechtsnovelle von 1931 erheblich mitbestimmt[5]. Auf einen Abdruck der Bestimmungen dieser Novelle wurde weitgehend verzichtet, da diese in der RG-Judikatur keine Rolle mehr spielten. Das Aktienrecht des HGB ist durch das Aktiengesetz vom 30.1.1937[6] aufgehoben worden. Die Herausgeber haben in den aktienrechtlichen Bestimmungen des HGB auf die entsprechenden Regelungen des Aktiengesetzes von 1937 verwiesen. Eine Konkordanz der Bestimmungen des Aktiengesetzes 1937 mit dem Aktiengesetz von 1965[7] enthält das Werk von Obermüller/Werner/Winden.[8]

Das Nachschlagewerk des Reichsgerichts zum Aktiengesetz vom 30.1.1937 ist enthalten in Bd. 4 der vorliegenden Reihe, S. 312-321.

Kiel/Schwerin, im Oktober 2008   Hans Peter Glöckner
                                                    Werner Schubert

---

[3] Hierzu *Wolfgang Schulz*, Das deutsche Börsengesetz. Die Entstehungsgeschichte und wirtschaftlichen Auswirkungen des Börsengesetzes von 1896, Rechtshistorische Reihe 124, Frankfurt a.M. 1994

[4] Kritisch zur Kommanditgesellschaft auf Aktien u.a. *Karsten Schmidt*, ZHR 160 [1996], S. 265 ff.

[5] Quellen hierzu bei *W. Schubert*, Quellen zur Aktienrechtsreform der Weimarer Republik [1926-1931], 2 Bände, Frankfurt a.M. 1999; *W. Schubert/P. Hommelhoff*, Die Aktienrechtsreform am Ende der Weimarer Republik. Die Protokolle der Verhandlungen im Aktienrechtsausschuss des Vorläufigen Reichswirtschaftsrats unter dem Vorsitz von Max Hachenburg, Berlin 1987

[6] Quellen hierzu bei *W. Schubert*, Akademie für Deutsches Recht 1933-1945. Protokolle der Ausschüsse. Ausschuss für Aktienrecht, hrsg. von W. Schubert, Berlin 1986

[7] Zur Entstehung des Aktiengesetzes 1965: *Dirk Bahrenfuss*, Die Entstehung des Aktiengesetzes von 1965. Unter besonderer Berücksichtigung der Bestimmungen über die Kapitalgrundlagen und die Unternehmensverfassung, Berlin 2001

[8] *Walter Obermüller/Winfried Werner/Kurt Winden*, Aktiengesetz 1965, Erläuterung mit Hinweisen, Stuttgart 1965, S. 312 ff.

Handelsgesetzbuch vom 10.5.1897

Erstes Buch. Handelsstand.
Erstes Buch. Erster Abschnitt. Kaufleute.

§ 1

Kaufmann im Sinne dieses Gesetzbuchs ist, wer ein Handelsgewerbe betreibt.

Als Handelsgewerbe gilt jeder Gewerbebetrieb, der eine der nachstehend bezeichneten Arten von Geschäften zum Gegenstande hat:

1. die Anschaffung und Weiterveräußerung von beweglichen Sachen (Waren) oder Wertpapieren, ohne Unterschied, ob die Waren unverändert oder nach einer Bearbeitung oder Verarbeitung weiter veräußert werden;
2. die Übernahme der Bearbeitung oder Verarbeitung von Waren für Andere, sofern der Betrieb über den Umfang des Handwerks hinausgeht;
3. die Übernahme von Versicherungen gegen Prämie;
4. die Bankier- und Geldwechslergeschäfte;
5. die Übernahme der Beförderung von Gütern oder Reisenden zur See, die Geschäfte der Frachtführer oder der zur Beförderung von Personen zu Lande oder auf Binnengewässern bestimmten Anstalten sowie die Geschäfte der Schleppschifffahrtsunternehmer;
6. die Geschäfte der Kommissionäre, der Spediteure oder der Lagerhalter;
7. die Geschäfte der Handlungsagenten oder der Handelsmäkler;
8. die Verlagsgeschäfte sowie die sonstigen Geschäfte des Buch- oder Kunsthandels;
9. die Geschäfte der Druckereien, sofern ihr Betrieb über den Umfang des Handwerks hinausgeht.

1.   HGB § 1.

Der Umstand, dass eine preußische Kreissparkasse eine kreiskommunale Anstalt ist, steht der Annahme nicht entgegen, dass sie gewerbsmäßig Bankgeschäfte treibt und darum Kaufmann ist [Altes Recht, Art. 4, 272 Nr. 2 HGB].
U. v. 12.2.1900; IV 342/99. Stettin.

2.   HGB § 1 (auch GmbHG § 43).

Der Geschäftsführer einer Gesellschaft m. b. H., der Handelsgeschäfte nicht im eigenen, sondern nur im fremden Namen abschließt, ist nicht Kaufmann im Sinne des Gesetzes. Sein Dienstvertrag mit der Gesellschaft ist daher *kein beiderseitiges* Handelsgeschäft.
U. v. 24.5.1901; III 97/01. Frankfurt.

3.   HGB § 1.

Wer das Töpfereigewerbe so betreibt, dass er Kacheln von der Fabrik im großen kauft und daraus Öfen für Neubauten an Bauunternehmer liefert und setzt, ist Kaufmann.

Denn die Öfen behalten nach dem Setzen ihre äußere selbständige Existenz und sind als
Zubehör, nicht als Bestandteil des Gebäudes anzusehen.
U. v. 23.10.1901; I 192/01. Kammergericht.

4.   HGB § 1 (auch § 105).

Der Betrieb einer Ziegelei auf eigenem oder zur Verfügung stehendem fremden Grund-
stücke ist kein Handelsgewerbe; eine gesellschaftliche Vereinigung zu einem solchen
Betrieb ist daher auch keine offene Handelsgesellschaft. [Vgl. aber auch § 5 Nr. 1.]
U. v. 25.1.1902; I 325/01. E. 50, 154. Hamm.

5.   HGB § 1.

Ein gewerbsmäßiges Betreiben von Handelsgeschäften ist darin allein noch nicht zu
erblicken, dass jemand von seinen Darlehen an Kaufleute sehr hohe Vorteile, nämlich
6 % Zinsen und 14 % Nutzungsanteile genommen habe. Dass der Betreffende selbst
Gelder anleihe und sie wieder verleihe oder in anderer Weise zum Geldumsatz im Verkehre mitwirke, war nicht behauptet. [Vgl. ROHG 24, 35.]
U. v. 27.5.1902; VII 46/02. Posen.

6.   HGB § 1 (auch § 352).

Der Handlungsgehilfe ist nicht als Kaufmann im Sinne des § 1 anzusehen. Darum fallen
Ansprüche gegen ihn aus dem Dienstverhältnisse nicht unter § 352.
U. v. 1.7.1902; II 119/02. Köln.

7.   HGB § 1.

Die Einkaufskommission stellt in der Verbindung mit ihrer Ausführung für den Kommittenten ein Anschaffungsgeschäft dar. [Vgl. E. 21, 64.]
U. v. 9.7.1904; I 158/04.Augsburg.

8.   HGB § 1 (auch §§ 4, 105).

Über Anfechtbarkeit eines auf die Bildung einer *offenen Handelsgesellschaft* abzielen-
den Vertrages wird ausgeführt:
Wenn zwei Personen einen auf den gemeinschaftlichen Betrieb eines Geschäfts gerichteten Vertrag in
der Meinung schließen, dass sie eine offene Handelsgesellschaft bilden würden, während eine solche
nicht entsteht, weil das Geschäft nicht über den Umfang des Handwerks hinaus betrieben wird, so ist der
Vertrag nicht ganz oder zum Teil nichtig, sondern kann sich höchstens fragen, ob er auf Grund des § 119
BGB anfechtbar ist.
U. v. 15.7.1906; I 198/06. Dresden.

9.   HGB § 1.

Eine *Weiterveräußerung* im Sinne des § 1 Abs. 2 Nr. 1 ist nur dann als vorliegend anzusehen, wenn die Sache so veräußert wird, wie sie angeschafft ist, d. h. wenn sie auch in
der Hand des Erwerbers noch eine bewegliche Sache ist und Gegenstand des Handelsverkehrs sein kann.
U. v. 2.7.1907; VII 458/06. E. 66, 255. Kammergericht.

10. HGB § 1.

Der Besitzer oder Mitbesitzer einer Dampfwäscherei, die jährlich zirka 27.000 Mk. Reingewinn abwirft, mit Maschinenbetrieb und kaufmännischem Personal arbeitet, betreibt ein Handelsgewerbe nach § 1 Nr. 2. Auch gebrauchte Wäsche fällt unter den Begriff von Waren im Sinne dieser Gesetzesstelle. „Waren" sind alle beweglichen Sachen, die Gegenstand des Handelsverkehrs sein können, auch getragenen Kleider und Wäsche, die zum Zwecke der Reinigung bearbeitet werden sollen.

U. v. 4.12.1909; I 651/08. Kammergericht.

11. HGB § 1 (auch § 84).

Die Verpflichtung, einen vorgeschriebenen Reiseweg einzuhalten und Reiseberichte zu erstatten, ist mit der Eigenschaft des Angestellten als eines selbständigen Kaufmanns (Handelsagenten) nicht unvereinbar. Es steht den Vertragschließenden frei, durch Begründung derartiger besonderer Verpflichtungen für den Angestellten das Vertragsverhältnis näher zu bestimmen, ohne dass es dadurch das Wesen eines Agenturverhältnisses verliert. Insbesondere steht einer weiteren Ausgestaltung der dem Agenten nach § 84 Abs. 2 obliegenden Berichterstattungpflicht nichts entgegen.

U. v. 17.1.1911; III 63/10. Kammergericht.

12. HGB § 1 (auch § 4).

Die Anschaffung und Weiterveräußerung von Waren, die im Betriebe des *Handwerks* erfolgt, macht den Handwerker selbst dann nur zum Minderkaufmann, wenn die Umsätze großen Umfang erreichen. Wohl aber kann ein Handwerker *neben* seinem Handwerk ein über den Umfang des Kleinbetriebes hinausgehendes Gewerbe betreiben und dann *aus diesem* zum Vollkaufmann werden.

Umfangreicher Darm- und Schmalzhandel neben handwerksmäßiger Kopfschlachterei.

U. v. 5.7.1916; II 429/16. Hamburg.

13. HGB § 1 (auch § 5).

1. Das Bestehen eines Handelsgeschäfts ist von der Firmeneintragung im Handelsregister gänzlich unabhängig, wenn es sich um ein Handelsgewerbe im Sinne des § 1 Abs. 2 handelt. Trotz Löschung der Firma im Register besteht diese weiter, solange das Handelsgeschäft tatsächlich noch vorhanden ist, wie andererseits die Firma mit der Aufgabe des Handelsgeschäfts auch dann erloschen ist, wenn sie im Handelsregister eingetragen bleibt.

2. Durch den Zusatz „GmbH." wird die Identität der Firma nicht in Frage gestellt.

U. v. 11.2.1921; VII 482/20.

14. HGB § 1.

Ob eine Sparkasse eines Kommunalverbandes mit Rücksicht auf ihren namentlich in neuerer Zeit in größerem Umfange ausgeübten Bankgewerbebetrieb Kaufmannseigenschaft zukommt, kann nicht allgemein, sondern nur von Fall zu Fall entschieden werden. Der An- und Verkauf von Wertpapieren, das Geldwechselgeschäft, das Darlehnsge-

schäft, der Blankokredit, das Kontokurrent, das Lombardgeschäft und das Hypothekengeschäft, welche neuerdings vielfach von den Sparkassen neben dem früher fast ausschließlich üblichen Darlehnsgeschäft und Depositengeschäft betrieben werden, sind die
wesentlichen im Bankverkehr vorkommenden Geschäfte. Für die Frage der Gewerbemäßigkeit dieser Bankgeschäfte ist nicht entscheidend, dass der Erwerb der Endzweck
des Unternehmens ist. Wenn auch die Zwecke des Unternehmens in erster Linie ideale
oder humanitäre sind, so liegt doch bereits dann eine auf Erwerb gerichtete Tätigkeit vor,
wenn bei der Verfolgung des Zweckes des Unternehmens ein Gewinn erzielt wird. Geht
die Tendenz der betreffenden Sparkasse auf Erzielung regelmäßiger Überschüsse, die
nicht nur zur Bildung von Reservefonds verwendet werden sollen, so betreiben die
Sparkassen ein Gewerbe, mag auch der Zweck der Anstalten ein gemeinnütziger sein.
Entscheidend ist selbstverständlich nur die Erwerbsabsicht, nicht auch das Ergebnis.
U. v. 1.3.1927; II 371/26. E. 116, 227. Naumburg. – Vgl. U. v. 23.5.1927; IV 646/26.

15.   HGB §§ 1, 383.

Eine Aktiengesellschaft, welche neben unbedeutsamem freihändigen Verkauf in erheblichem Umfang auf eigenen Namen, aber für fremde Rechnung und mit zahlreichem
Personal Waren versteigert, betreibt, obwohl sie hauptsächlich Verkaufskommissionärin
ist, ein Handelsgewerbe. Ihr Betrieb ist als Großhandelsbetrieb anzusprechen.
U. v. 22.3.1930; RAG 561/29. Leipzig.

16.   HGB §§ 1, 2.

Die Kaufmannseigenschaft eines ein Handelsgewerbe Betreibenden entfällt nicht in
Zeiten, in denen das Geschäft brach liegt.
U. v. 12.11.1930; I 208/30. E. 130, 233. Köln.

17.   HGB §§ 1, 343; ZPO § 1027.

Wenn ein Kaufmann das von ihm betriebene Handelsgewerbe in der Weise verpachtet,
dass er dem Pächter das Geschäft zum eigenen Gebrauch vollständig überlässt, so dass
dieser es auch nach außen hin auf eigene Rechnung betreibt, dann „betreibt" der *Kaufmann* das Handelsgewerbe nicht mehr.
U. v. 5.1.1937; VII 187/36.

§ 2

Ein gewerbliches Unternehmen, das nach Art und Umfang einen in kaufmännischer Weise eingerichteten Geschäftsbetrieb erfordert, gilt, auch wenn die Voraussetzungen des § 1 Abs. 2 nicht vorliegen, als
Handelsgewerbe im Sinne dieses Gesetzbuchs, sofern die Firma des Unternehmers in das Handelsregister eingetragen worden ist. Der Unternehmer ist verpflichtet, die Eintragung nach den für die Eintragung kaufmännischer Firmen geltenden Vorschriften herbeizuführen.

1. HGB § 2 (auch § 4).

Für die Entscheidung der Frage, ob ein Gewerbebetrieb *über den Umfang des Kleingewerbes hinausgeht*, ist unter Heranziehung des in § 2 niedergelegten Prinzips auf die *beiden* im Gesetze hervorgehobenen Kriterien, also *sowohl auf die Art als auf den Umfang* des Geschäftsbetriebes zu sehen.

Es ist daher rechtsirrig, wenn ein Bäcker, der zugleich einen Mehlhandel betreibt, schon deshalb als Vollkaufmann erklärt wird, weil der Umsatz in dem Mehlhandel, der *quantitative* Inhalt der Ein- und Verkäufe und der sonstigen Geschäfte hierfür ausschlaggebend sei.

U. v. 23.2.1906; II 142/05. Kammergericht.

U. v. 19.9.1906; I 583/05. Dresden.

U. v. 14.1.1908; II 303/07. Hamm.

2. HGB § 2.

Über die Frage, ob ein *Viehhändler* im gegebenen Falle Großkaufmann sei, wird ausgeführt:

Es enthält keinen inneren Widerspruch, wenn bei der Beurteilung der Frage, ob der Beklagte – ein Viehhändler – Großkaufmann sei, für die Betriebsart des Handelsgewerbes des Beklagten eine kaufmännische Einrichtung und Gestaltung für dringend erforderlich erklärt, sofort aber hinzugefügt wird, dass gewisse charakteristische Merkmale des großkaufmännischen Verkehrs wegen der Eigenart des Viehhandels von vornherein auszuschließen sein möchten, sofern es sich nur um *nebensächliche* Merkmale handelt, wie dass beim Viehhandel auch im Großbetriebe nicht gerade *alle* Handelsbücher geführt zu werden brauchen, die sonst im Großhandelsbetrieb üblich sind, und dass bei ihm ein größeres Geschäftspersonal entbehrlich sei.

U. v. 23.3.1908; VI 201/07. Köln.

3. = § 1 HGB Nr. 16.

U. v. 12.11.1930; I 208/30. E. 130, 233. Köln.

4. HGB §§ 2, 5.

Ein im Handelsregister nicht eingetragener gewerblicher Betrieb im Sinn des § 2 wird nicht schon dadurch zum „Scheinkaufmann", dass er die nach Art und Umfang gebotene kaufmännische Einrichtung tatsächlich besitzt. Es muss hinzukommen, dass er in irgendwelcher Weise eine Registereintragung vortäuscht.

U. v. 4.9.1937; RAG 111/37. E. 18, 345.

§ 3

Auf den Betrieb der Land- und Forstwirtschaft finden die Vorschriften der §§ 1, 2 keine Anwendung. Ist mit dem Betriebe der Land- oder Forstwirtschaft ein Unternehmen verbunden, das nur ein Nebengewerbe des land- oder forstwirtschaftlichen Betriebs darstellt, so findet auf dieses der § 2 mit der Maßgabe Anwendung, dass der Unternehmer berechtigt, aber nicht verpflichtet ist, die Eintragung in das Handelsregister herbeizuführen; werden in dem Nebengewerbe Geschäfte der im § 1 bezeichneten Art geschlossen, so gilt der Betrieb dessen ungeachtet nur dann als Handelsgewerbe, wenn der Unternehmer von der Befugnis, seine Firma gemäß § 2 in das Handelsregister eintragen zu lassen, Gebrauch gemacht hat. Ist die Eintragung erfolgt, so findet eine Löschung der Firma nur nach den allgemeinen Vorschriften statt, welche für die Löschung kaufmännischer Firmen gelten.

Zu § 3 kein Leitsatz.

§ 4

Die Vorschriften über die Firmen, die Handelsbücher und die Prokura finden auf Handwerker sowie auf Personen, deren Gewerbebetrieb nicht über den Umfang des Kleingewerbes hinausgeht, keine Anwendung.

Durch eine Vereinigung zum Betrieb eines Gewerbes, auf welches die bezeichneten Vorschriften keine Anwendung finden, kann eine offene Handelsgesellschaft oder eine Kommanditgesellschaft nicht begründet werden.

Die Landesregierungen sind befugt, Bestimmungen zu erlassen, durch welche die Grenze des Kleingewerbes auf der Grundlage der nach dem Geschäftsumfange bemessenen Steuerpflicht oder in Ermangelung einer solchen Besteuerung nach anderen Merkmalen näher festgesetzt wird.

a) Unterscheidungsmerkmale; Umfang, Art des Geschäftsbetriebes: 3, 5, 6, 7, 10
b) Handwerker: –
c) Kleingewerbe: 1, 3, 5
d) Vereinigung von Minderkaufleuten: 4
e) Für Minderkaufleute nicht anwendbare Vorschriften: 2, 8, 9
f) Landesgesetzliche Vorschriften: -

1.   HGB § 4.
Der Begriff des *Kleingewerbes* setzt eine so geringen Geschäftsumfang voraus, dass dessen ordnungsmäßiger Betrieb eine kaufmännische Einrichtung nicht erfordert.
U. v. 3.10.1902; III 268/02. Dresden.

2.   HGB § 4.
Zu den Vorschriften über Firmen gehört auch die des § 25.
U. v. 8.6.1903; I 490/02. E. 55, 83. Posen.

3.   = § 2 HGB Nr. 1.
U. v. 23.2.1906; II 142/05. Kammergericht.

4.   = § 1 HGB Nr. 8.
U. v. 15.12.1906; I 198/06. Dresden.

5.   HGB § 4.
Zu der auch vom II. und IV. StrS [EStrS 34, 102; 35, 289] vertretenen Ansicht, dass trotz des Wortlauts des § 4 Abs. 1 nicht jeder Kaufmann, dessen Gewerbebetrieb über den Umfang des Kleingewerbes hinausgeht, Vollkaufmann sei, sondern dass auch jemand,

der nach § 1 Kaufmann ist, Minderkaufmann sei, wenn nicht das in § 2 für eine andere Kategorie von Kaufleuten aufgestellte, an die Art des gewerblichen Unternehmens anknüpfende Merkmal bei ihm zutreffe, wird keine Stellung genommen. [Vgl. Nr. 3.]
U. v. 23.3.1908; VI 201/07. Köln.

6. = § 1 HGB Nr. 12.
U. v. 5.12.1916; II 429/16. Hamburg.

7. HGB § 4.
Schließt ein Handwerker ein über den Rahmen des Handwerks hinausgehendes Rechtsgeschäft ab, das den Anfang eines *handelsgewerblichen Betriebes* i. S. des § 1 Abs. 2 Nr. 1 darstellt, so ist er vom Abschluss des Rechtsgeschäfts ab als *Kaufmann* nach § 1 zu beurteilen. Dem gemäß hat auch ein über das betr. Rechtsgeschäft erteiltes unwidersprochenes Bestätigungsschreiben die Wirkung, den Inhalt des Rechtsgeschäfts derart festzulegen, dass entgegenstehende mündliche Vorbesprechungen ohne Bedeutung sind. (Vgl. § 346 Stichwort e).
U. v. 25.9.1917; VII 147/17. Kammergericht.

8. HGB § 4.
Ein Minderkaufmann ist zwar weder berechtigt noch verpflichtet, eine Firma (§ 17 ff.), sei es auch unter der Bezeichnung „nicht eingetragene Firma", zu führen, es ist jedoch zulässig, dass er sein Geschäft unter einem von seinem bürgerlichen Namen abweichenden Handelsnamen (also auch unter dem Namen einer anderen Person mit deren Erlaubnis) führt.
U. v. 22.1.1918; VII 418/17. Hamm.

9. HGB § 4 (auch § 346).
Der Widerspruch gegen einen *Bestätigungsbrief* ist noch *rechtzeitig* erfolgt, wenn ein auf einer kurzen Reise abwesender Kaufmann, der keinen Großbetrieb hat, den während seiner Abwesenheit eingetroffenen Bestätigungsbrief nach seiner Rückkunft ohne schuldhaftes Zögern beantwortet. Ein solcher Kaufmann ist regelmäßig *nicht* verpflichtet, für die Dauer solcher kurzen Abwesenheit einen Vertreter zu bestellen oder dafür Sorge zu tragen, dass ihn jederzeit auf der Reise Nachrichten erreichen können.
U. v. 1.2.1921; III 232/29.

10. HGB § 4; UnlWG n. F. §§ 1, 3.
Entscheidend für die (hier im Rahmen der §§ 1, 3 UnlWG praktisch gewordene) Frage, ob es sich um einen handwerksmäßigen Betrieb oder um eine Fabrik handelt, ist Art und Umfang des Betriebes. Unmittelbare Beteiligung der Geschäftsinhaber an der Herstellung der Arbeitserzeugnisse ist ein für die Handwerksmäßigkeit typischer Umstand (U. v. 2.11.1923; II 885/22). Weiter ist wesentlich die Frage, ob der Umfang des Unternehmens mit der auf die Handwerksmäßigkeit hinweisenden Art des Betriebes überein-

stimmt. Dabei kommt es, abgesehen von der geringen Zahl der Arbeitskräfte, auf die Höhe des Geschäftsumsatzes an.
U. v. 22.1.1924; 340/23.

11.   BörsG § 53; HGB § 4.
Bei der Prüfung der Frage, ob ein Gewerbebetrieb über den Umfang des Kleingewerbes hinausgeht, muss auch darauf Rücksicht genommen werden, ob Anstalten für eine unmittelbar bevorstehende Erweiterung des Betriebes getroffen worden sind.
Wenn jemand arglistig vorspiegelt, er sei termingeschäftsfähig, so haftet er dem anderen Teil für den Schaden, den jener durch Eingehung unwirksamer Geschäfte erleidet.
U. v. 23.2.1935; I 214/34.

§ 5

Ist eine Firma im Handelsregister eingetragen, so kann gegenüber demjenigen, welcher sich auf die Eintragung beruft, nicht geltend gemacht werden, dass das unter der Firma betriebene Gewerbe kein Handelsgewerbe sei oder dass es zu den im § 4 Abs. 1 bezeichneten Betrieben gehöre.

1.   HGB § 5.
Die Bestimmung des § 5 gilt auch für Eintragungen, die aus der Zeit vor Inkrafttreten des neuen Rechts stammen. Auch kann sie nicht nur von Dritten, die mit einer eingetragenen Firma in ein Vertragsverhältnis getreten sind, angerufen werden, sondern im Falle der Eintragung einer Gesellschaft auch von den eingetragenen Gesellschaftern selbst in ihrem Verhältnisse zueinander. Es sind daher jetzt die Hindernisse hinweggefallen, die die frühere Gesetzgebung der vollen Wirksamkeit des deutlich erklärten Parteiwillens auf Errichtung einer offenen Handelsgesellschaft entgegenstellte. Haben also die Gesellschafter die Eintragung ihrer Gesellschaft im Handelsregister bewirkt und nicht vor dem 1.1.1900 zurückgenommen oder gelöscht, so gilt ihre Gesellschaft nunmehr als offene Handelsgesellschaft, auch wenn sie dies bisher nicht war, weil sie kein Handelsgewerbe betrieb.
U. v. 25.1.1902; I 325/01. E. 50, 154. Hamm.

2.   HGB § 5 (auch § 348; BGB § 343).
Bei dem Ermäßigungsrechte nach § 343 BGB handelt es sich um eine Vergünstigung, die *das Gesetz* dem Nichtkaufmann oder Minderkaufmann gewährt, dem Vollkaufmann aber versagt hat, für deren Bestehen oder Nichtbestehen daher nach §§ 348, 351 HGB nur die Eigenschaft dessen in Betracht kommt, der die im einzelnen Fall in Frage stehende Vertragsstrafe versprochen und verwirkt hat.
Die Vertragsstrafe war in einem Vertrage mit einem Minderkaufmann vereinbart; dieser hätte (§ 351 HGB), wenn er zuwiderhandelte, das Ermäßigungsrecht nach § 343 BGB gehabt. Sein Geschäftsnachfolger, der die Firma eintragen ließ und der darnach als Vollkaufmann gilt (§§ 5, 348 HGB), war durch *einen neuen* Vertrag in die noch ausstehenden Lieferungen unter den Bedingungen des früheren Vertrages eingetreten. Er kann nicht Anwendung des § 343 BGB mit der Begründung verlangen, dass der Verpflichtete im früheren Vertrage das Ermäßigungsrecht nach § 343 BGB hatte, da es sich bei diesem

Ermäßigungsrechte nicht um eine vertragliche Bestimmung, sondern um eine gesetzliche Vergünstigung handelt.
U. v. 4.12.1906; II 207/06. Köln.

3.   HGB § 5.

§ 5 gilt auch, wenn die Firma in das Handelsregister eines *unzuständigen* Gerichtes eingetragen ist.
U. v. 10.2.1914; II 617/13. Augsburg.

4.   = § 1 HGB Nr. 13.
U. v. 11.2.1921; VII 482/20.

5.   = § 2 HGB Nr. 4.
U. v. 4.9.1937; RAG 111/37. E. 18, 345.

§ 6

Die in Betreff der Kaufleute gegebenen Vorschriften finden auch auf die Handelsgesellschaften Anwendung.
Die Rechte und Pflichten eines Vereins, dem das Gesetz ohne Rücksicht auf den Gegenstand des Unternehmens die Eigenschaft eines Kaufmanns beilegt, werden durch die Vorschriften des § 4 Abs. 1 nicht berührt.

§ 7

Durch die Vorschriften des öffentlichen Rechtes, nach welchen die Befugnis zum Gewerbebetrieb ausgeschlossen oder von gewissen Voraussetzungen abhängig gemacht ist, wird die Anwendung der die Kaufleute betreffenden Vorschriften dieses Gesetzbuchs nicht berührt.

Zu §§ 6-7 keine Leitsätze.

Erstes Buch. Zweiter Abschnitt. Handelsregister.

⟨vor §§ 8-16⟩

1.   HGB I. 2.

Das Handelsregister neueren Rechts ist nicht bestimmt und geeignet, Vermerke über *ehegüterrechtliche Verhältnisse von Kaufleuten* aufzunehmen. Die Pflicht der Kaufleute, die Ausschließung der Gütergemeinschaft durch Vertrag im Handelsregister eintragen zu lassen (Art. 20 Pr. EG z. ADHGB) besteht nach dem Inkrafttreten des BGB nicht fort.
[Den weiteren Inhalt der Entscheidung s. § 1435 Nr. 1-3.]
U. v. 30.4.1906; IV 506/05. E. 63, 245. Hamm.

§ 8

Das Handelsregister wird von den Gerichten geführt.

§ 9

Die Einsicht des Handelsregisters sowie der zum Handelsregister eingereichten Schriftstücke ist jedem gestattet.
Von den Eintragungen kann eine Abschrift gefordert werden; das Gleiche gilt in Ansehung der zum Handelsregister eingereichten Schriftstücke, sofern ein berechtigtes Interesse glaubhaft gemacht wird. Die Abschrift ist auf Verlangen zu beglaubigen.
Das Gericht hat auf Verlangen eine Bescheinigung darüber zu erteilen, dass bezüglich des Gegenstandes einer Eintragung weitere Eintragungen nicht vorhanden sind oder dass eine bestimmte Eintragung nicht erfolgt ist.

Hinter Abs. 2 wurde ein neuer Abs. eingefügt durch Gesetz vom 20.7.1933 (RGBl. I 520).

§ 10

Das Gericht hat die Eintragungen in das Handelsregister durch den Deutschen Reichsanzeiger und durch mindestens ein anderes Blatt bekannt zu machen. Soweit nicht das Gesetz ein Anderes vorschreibt, werden die Eintragungen ihrem ganzen Inhalte nach veröffentlicht.
Mit dem Ablaufe des Tages, an welchem das letzte der die Bekanntmachung enthaltenden Blätter erschienen ist, gilt die Bekanntmachung als erfolgt.

Zu §§ 8-10 keine Leitsätze.

§ 11

Das Gericht hat jährlich im Dezember die Blätter zu bezeichnen, in denen während des nächsten Jahres die im § 10 vorgesehenen Veröffentlichungen erfolgen sollen.

Durch Gesetz vom 4.2.1925 (RGBl. I 9) wurde als neuer Abs. 2 eingefügt:

Wird das Handelsregister bei einem Gerichte von mehreren Richtern geführt und einigen sich diese über die Bezeichnung der Blätter nicht, so wird die Bestimmung von dem im Rechtszug vorgeordneten Landgerichte getroffen; ist bei diesem Landgericht eine Kammer für Handelssachen gebildet, so tritt diese an die Stelle der Zivilkammer.

1.   HGB § 11.
Die Landesjustizverwaltungen sind befugt, den Registergerichten Anweisungen über die Art der „Bezeichnungen" der für die Veröffentlichungen der Eintragungen in das Handelsregister bestimmten öffentlichen Blätter zu erteilen, also auch anzuordnen, dass die fragliche unmittelbare Kundgebung von Seiten des Gerichts an die Öffentlichkeit unter-

bleiben und statt dessen die Benennung der ausgewählten Blätter an die Justizverwaltungsbehörde zur Veröffentlichung durch diese erfolgen solle.
U. v. 19.9.1904; VI 537/03. E. 58, 430. Königsberg.

§ 12

Die Anmeldung zur Eintragung in das Handelsregister sowie die zur Aufbewahrung bei dem Gerichte bestimmten Zeichnungen von Unterschriften sind persönlich bei dem Gerichte zu bewirken oder in öffentlich beglaubigter Form einzureichen.
Die gleiche Form ist für eine Vollmacht zur Anmeldung erforderlich. Rechtsnachfolger eines Beteiligten haben die Rechtsnachfolge soweit tunlich durch öffentliche Urkunden nachzuweisen.

1.   HGB § 12 (auch § 29; FGG § 183).

Für die Anmeldung zum Handelsregister reicht die Beglaubigung nach § 183 FGG nicht unter allen Umständen aus; vielmehr muss eine solche Beglaubigung gefordert werden, aus der sich die *persönliche Vollziehung* der Unterschrift durch den Zeichnenden ergibt.
Demgemäß wurde eine Anmeldung, in der die Firmenzeichnung in den Text der Urkunde aufgenommen war und bei der sich der Beglaubigungsvermerk des Notars nur auf die unmittelbar vorgehende Unterschrift des Anmeldenden bezog, für nicht ausreichend erachtet.
B. v. 23.3.1903; I 19/03. E. 54, 168. Karlsruhe.

2.   HGB § 12.

Die gerichtliche Beurkundung einer Anmeldung aus § 12 ist *nicht* eine durch *Reichsgesetz* den Gerichten übertragene Angelegenheit, so dass darauf gerichtete Ersuchen des Registergerichts an andere Gerichte nach §§ 1, 2 FGG, § 159 GVG abgelehnt werden können.
B. v. 28.4.1904; IV 158/04. E. 58, 94. Karlsruhe.

§ 13

Soweit nicht in diesem Gesetzbuch ein Anderes vorgeschrieben ist, sind die Eintragungen in das Handelsregister und die hierzu erforderlichen Anmeldungen und Zeichnungen von Unterschriften sowie die sonst vorgeschriebenen Einreichungen zum Handelsregister bei jedem Registergericht, in dessen Bezirke der Inhaber der Firma eine Zweigniederlassung besitzt, in gleicher Weise wie bei dem Gerichte der Hauptniederlassung zu bewirken.
Eine Eintragung bei dem Gerichte der Zweigniederlassung findet nicht statt, bevor nachgewiesen ist, dass die Eintragung bei dem Gerichte der Hauptniederlassung geschehen ist.
Diese Vorschriften kommen auch zur Anwendung, wenn sich die Hauptniederlassung im Auslande befindet. Soweit nicht das ausländische Recht eine Abweichung erforderlich macht, haben die Anmeldungen, Zeichnungen und Eintragungen bei dem Gerichte der Zweigniederlassung in gleicher Weise zu geschehen, wie wenn sich die Hauptniederlassung im Inlande befände.

An die Stelle des § 13 traten durch Gesetz vom 10.8.1937 (RGBl. 1937, 897) die §§ 13 n. F., 13 a-c.

1. HGB § 13.

Der § 13 stellt nicht den Grundsatz auf, dass auch Registereinträge, die lediglich die Rechtsverhältnisse der Zweigniederlassung betreffen, immer zunächst bei dem Gerichte der Hauptniederlassung zu bewirken seien und dass dann die Eintragung bei dem Gerichte der Zweigniederlassung nachzufolgen habe. Derartige Einträge können vielmehr im Register der Zweigniederlassung erfolgen, bevor sie in dem der Hauptniederlassung bewirkt worden sind.

B. v. 1.10.1902; I B 48/02. Konsul in Casablanca. – Vgl. Nr. 3.

2. HGB § 13.

Der Zweigniederlassung einer Aktiengesellschaft kommt zwar *keine besondere, von der Aktiengesellschaft selbst verschiedene Persönlichkeit* zu, sondern sie bildet eine außerhalb des Sitzes der Gesellschaft begründete, dauernde und nach außen selbständige Stellvertretung derselben.

Daraus folgt aber nicht, dass Rechtshandlungen der „Direktoren der Filiale" als für eine rechtlich nicht existierende Person vorgenommen ungültig seien; sie begründen vielmehr nach dem ohne weiteres anzunehmenden Willen der Beteiligten Rechte für die Aktiengesellschaft. Die Direktoren handeln dabei als vom Vorstande der Aktiengesellschaft bevollmächtigte Leiter der Filiale kraft dieser Vollmacht für die Aktiengesellschaft.

U. v. 8.4.1904; II 503/03. Darmstadt.

3. HGB § 13.

Für die Zweigniederlassung einer Anstalt oder einer Aktiengesellschaft, die eine andere Firma führt als diese, können Rechte in das Grundbuch eingetragen werden. [Vgl. Nr. 1.]

B. v. 1.11.1905; V B 287/05. E. 62, 7. LG. Traunstein.

4. HGB § 13.

§ 13 lässt nicht die einfache Übernahme der Registereintragung am Orte der Hauptniederlassung zu, sondern schreibt zum Zwecke der Eintragung einer Zweigniederlassung die gleichen Anmeldungen und Zeichnungen vor, wie sie bei Eintragung einer Hauptniederlassung zu geschehen haben (vgl. auch § 15 Abs. 3).

B. v. 4.7.1922; II B 4/22.

5. HGB § 13 (auch ZPO § 23 und Kriegsnotrecht II). Versailler Vertrag v. 7.6.1919 Art. 297.

Die Frage, ob die deutsche Gläubiger eines in Deutschland befindlichen, von der Londoner Filiale einer deutschen Bank akzeptierten Wechsels die Zahlung der Wechselsumme von der deutschen Hauptniederlassung klagend verlangen kann, ist nicht ausschließlich nach deutschem Rechte, sondern nach der besonderen, in Art. 297 ff. des Versailler Vertrages getroffenen Regelung zu entscheiden, insbesondere danach, ob durch die in Art. 297 d und der Anlage zu Art. 297, 298 bezeichneten außerordentlichen Kriegsmaßnahmen England auch solche Wechselforderungen mit pfändungsähnlicher Wirkung beschlagnahmt hat. (Vgl. auch den U.-Auszug bei EG. z. BGB Art. 11.)

U. v. 2.6.1923; V 755/22. E. 107, 44.

6. HGB § 13.

Selbst wenn Haupt- und Zweigniederlassung denselben Inhaber haben, so kann die Zweigniederlassung immer nur aus solchen Rechtsverhältnissen in Anspruch genommen werden, die gerade auf Verpflichtungen Bezug haben, die in ihrem Betriebe eingegangen sind.

U. v. 12.12.1924; VI 380/24. Kammergericht.

7. UWG n. F. § 3; HGB § 13.

Eine Firma „Vereinigte Photokopier-Apparate" GmbH ruft den Anschein einer Vereinigung von Herstellungsunternehmungen hervor und kann nicht gewählt werden, wenn eine Firma nur mit Apparaten verschiedener Erzeugung Handel treibt, oder zwar selbst Herstellerfirma ist, aber im Übrigen nur mit den Erzeugnissen anderer Firmen Handel treibt. Bei Handelsvereinigungen, die die Bezeichnung „Vereinigte" annehmen wollen, muss in der übrigen Bezeichnung zum Ausdruck kommen oder sonst nach den Umständen klar sein, dass es sich um eine Vereinigung von Handelsbetrieben handelt.

Eine Zweigniederlassung kann nicht als (zweite) Zentrale eines Unternehmens bezeichnet werden.

U. v. 10.3.1941; II 87/40.

§ 14

Wer verpflichtet ist, eine Anmeldung, eine Zeichnung der Unterschrift oder eine Einreichung von Schriftstücken zum Handelsregister vorzunehmen, ist hierzu von dem Registergerichte durch Ordnungsstrafen anzuhalten. Die einzelne Strafe darf den Betrag von dreihundert Mark nicht übersteigen.

Zu § 14 kein Leitsatz.

§ 15

Solange eine in das Handelsregister einzutragende Tatsache nicht eingetragen und bekannt gemacht ist, kann sie von demjenigen, in dessen Angelegenheiten sie einzutragen war, einem Dritten nicht entgegengesetzt werden, es sei denn, dass sie diesem bekannt war.

Ist die Tatsache eingetragen und bekannt gemacht worden, so muss ein Dritter sie gegen sich gelten lassen, es sei denn, dass er sie weder kannte noch kennen musste.

Für den Geschäftsverkehr mit einer in das Handelsregister eingetragenen Zweigniederlassung ist im Sinne dieser Vorschriften die Eintragung und Bekanntmachung durch das Gericht der Zweigniederlassung entscheidend.

a) Allgemeines, Eintragung: 10, 13, 14, 15, 18
b) Wirkung der Eintragung: 2, 3, 8, 16
c) Wirkung der Unterlassung der Eintragung: 4, 9, 12
d) Auftreten im Verkehr als Kaufmann: 6, 11
e) Maßgebender Zeitpunkt: 1, 7
f) Kenntnis, Unkenntnis des Dritten: 4, 5, 9, 14

g) Zweigniederlassung: 3, 7
h) Anhang: 16, 17

1. HGB § 15 (auch § 112).

Das in den Art. 96, 97 HGB a. F. [jetzt §§ 112 u. 113] der Gesellschaft gewährte Recht besteht nur so lange, als der einzelne Teilhaber, der für sich abgeschlossen hat, der Gesellschaft angehört. Da es sich dabei lediglich um das Verhältnis der Gesellschafter untereinander handelt, kommt als Zeitpunkt des Ausscheidens aus der Gesellschaft nur der Tag des wirklichen tatsächlichen Austritts in Betracht. Der Art. 129 [vgl. jetzt § 15] hat für diese Frage keine Bedeutung [HGB a. F.].
U. v. 13.2.1900; II 345/99. Köln.

2. HGB § 15.

Die Wirkung des Art. 129 und des Art. 25 HGB a. F. [jetzt § 15], an den sich der Art. 129 anlehnt, geht nicht dahin, dass die Eintragung im Handelsregister als objektive Wahrheit nach allen Richtungen hin von jedem Dritten angerufen werden könne, sondern die durch jene Artikel geschaffene Vermutung hat nur Bedeutung für ein von einem Dritten *mit der Gesellschaft* oder dem nur tatsächlich ausgeschiedenen Gesellschafter *für die Gesellschaft* abgeschlossenes Vertragsverhältnis. Sie ist nicht anwendbar bei einem Vertrage, den der Gesellschafter nach dem Ausscheiden für seine Person mit einem Dritten geschlossen hat [HGB a. F.].
U. v. 13.2.1900; II 345/99. Köln.

3. HGB § 15.

Wenn § 15 Abs. 2 bestimmt, dafern eine im Handelsregister einzutragende Tatsache eingetragen und bekannt gemacht sei, so müsse ein Dritter sie gegen sich gelten lassen, außer, wenn er sie nicht gekannt habe, noch habe kennen müssen, so darf unbedenklich angenommen werden, der Gesetzgeber habe es als selbstverständlich erachtet, dass derjenige, in dessen Angelegenheit die Eintragung und deren Bekanntmachung zu erfolgen hatte, und erfolgt ist, die Tatsache, auf die er sich gegenüber dem Dritten berufen darf, auch gegen sich gelten lassen müsse, wenn dem Dritten nicht bekannt war und nicht bekannt sein musste, dass die Eintragung dem wahren Sachverhalte nicht entspreche. Wäre dies aber auch aus § 15 Abs. 2 nicht abzuleiten, so würde doch der vom Reichsgerichte bereits für das HGB a. F. angenommene Grundsatz, dass auch in Fällen, wo es vom Gesetze nicht ausdrücklich bestimmt ist, derjenige, welcher eine der Gestaltung seines Handelsgewerbes betreffende Eintragung im Handelsregister und deren Veröffentlichung herbeiführt, mit dem Einwande, dass das, was auf seinen Antrag eingetragen worden, dem wahren Sachverhalte nicht entspreche, insoweit nicht zu hören sei, als es sich um seiner Disposition unterliegende Verhältnisse handele [E. 40, 146; 19, 147] zu demselben Resultate führen, da diese Erwägungen auch für das geltende HGB Platz greifen.

Demgemäß wurde der Einwand der Firma, die im Gerichtsstand einer Zweigniederlassung, welche sie als solche im Handelsregister hatte eintragen lassen, verklagt war, dahin, dass die Niederlassung keine

solche im Sinne des § 21 ZPO sei, weil von ihr aus nicht unmittelbar Geschäfte abgeschlossen würden, für unbeachtlich erklärt und die örtliche Zuständigkeit bejaht.
[Vgl. ZPO § 21 Nr. 1.]
U. v. 3.3.1902; VI 10/02. E. 50, 428. Dresden.

4. HGB § 15 (auch § 25).

Für den Fall des § 25 ist § 15 Abs. 1 nicht anwendbar. Der Erwerber des Geschäfts kann sich daher mangels Eintragung und Bekanntmachung der abweichenden Vereinbarung gemäß § 25 Abs. 2 nicht darauf berufen, dass die Vereinbarung des Ausschlusses der Haftung dem Dritten auf andere Weise bekannt geworden ist.
U. v. 19.9.1903; I 142/03. Königsberg.

5. HGB § 15.

Wenn der *Pächter eines Handelsgeschäftes* nach dem Willen der Vertragschließenden wirklicher Inhaber des gepachteten Geschäftes ist, so haftet der Verpächter für die Geschäftsverbindlichkeiten zwar nicht unbeschränkt als Machtgeber, wohl aber nach Maßgabe des § 15 solchen Personen, die die Verpachtung nicht kennen.
U. v. 7.3.1906; V 380/05. Celle.

6. HGB § 15 (auch § 31).

„Wer im Rechtsverkehr als Kaufmann auftritt, gilt als Kaufmann”. Die Aufgabe eines unter einer im Handelsregister eingetragenen Firma betriebenen Gewerbes und die *Einstellung jeder gewerblichen Tätigkeit* ist eine in das Handelsregister einzutragende Tatsache.
Ist diese Tatsache nicht eingetragen worden, so kann sie einem Dritten nicht entgegengesetzt werden, es sei denn, dass sie diesem bekannt war. Diesem gegenüber gilt er nach wie vor als Kaufmann und zwar als Vollkaufmann. Der Beklagte kann sich daher auf das *Erlöschen seiner Kaufmannseigenschaft* dem Kläger gegenüber nur dann berufen, wenn diese Tatsache dem Kläger bekannt war; letzteres zu behaupten und zu beweisen, ist seine, des Beklagten, Sache.
U. v. 27.3.1907; VI 95/06. E. 65, 412. Hamm. – Vgl. Nr. 11.

7. HGB § 15.

Von dem Tag an, wo die *Zweigniederlassung ins Handelsregister eingetragen* ist, muss sie als selbständiger Geschäftsmittelpunkt gelten.
Wird ein Mietvertrag geschlossen, der ein neues Geschäftslokal für die Zweigniederlassung betrifft, so handelt es sich um eine im Geschäftsverkehre mit der Zweigniederlassung begründete Verbindlichkeit, zumal wenn der Vertrag nicht nur vom Sitze der Hauptniederlassung, sondern auch von dem der Zweigniederlassung datiert ist.
U. v. 17.9.1907; III 69/07. Hamburg.

8. HGB § 15 (auch § 23; BGB § 117).

Wer als Inhaber eines Handelsgeschäfts im Handelsregister eingetragen ist, gilt als Gläubiger und Schuldner aus den im Namen der Firma getätigten Geschäften, auch

wenn die Übertragung der Firma an ihn nach § 117 Abs. 1 BGB oder nach § 134 BGB
in Verbindung mit § 23 HGB nichtig sein sollte.
U. v. 30.10.1907; I 604/06. E. 66, 415. Rostock.

9.   HGB § 15 (auch § 143).
Wenn die durch den Tod des einen Gesellschafters erfolgte Auflösung einer offenen
Handelsgesellschaft in das Handelsregister nicht eingetragen worden ist, und der überle-
bende Gesellschafter den Geschäftsbetrieb unter der alten Firma fortgesetzt hat, so kann
der Dritte, der aus einem unter dieser Firma ausgestellten Schuldanerkenntnisse die Erben des verstorbenen Gesellschafters in Anspruch nimmt, sich nicht darauf berufen, dass
die Auflösung der Gesellschaft in das Handelsregister nicht eingetragen sei, wenn die
Erben nachweisen, dass ihm zur Zeit der Ausstellung des Schuldanerkenntnisses bekannt gewesen sei, dass ihm unter der Firma ein Einzelkaufmann gegenüberstehe.
U. v. 6.2.1909; I 130/08. E. 70, 272. Frankfurt.

10.   HGB § 15 (auch GmbHG § 10).
Im § 10 GmbHG ist bezüglich der *Stammeinlagen der einzelnen Gesellschafter* weder
die Eintragung noch die Veröffentlichung vorgeschrieben. Die Stammeinlage als solche
und somit auch eine bezüglich einer solchen getroffene besondere Vereinbarung ist
demnach nicht als „eine in das Handelsregister *einzutragende* Tatsache" im Sinne des
§ 15 HGB anzusehen.
U. v. 20.6.1911; II 622/10. E. 78, 359. Braunschweig

11.   HGB § 15.
Wer unberechtigterweise als Kaufmann auftritt, gilt zugunsten des gutgläubigen Ver-
tragsgegners als Kaufmann, kann sich aber nicht auf die kurze Verjährung des § 196
Ziffer 1 berufen. (Vgl. Nr. 6.)
U. v. 19.9.1916; VII 140/16. E. 89, 163. Naumburg.

12.   HGB § 15.
Die Vorschrift des § 15 Abs. 1, wonach eine im Handelsregister nicht eingetragene,
eintragungspflichtige Tatsache einem Dritten nur dann entgegengesetzt werden kann,
wenn sie ihm bekannt war, kommt nur für Angelegenheiten des *Geschäftsverkehrs*,
namentlich für rechtsgeschäftliche Akte in Betracht. Gegenüber Ansprüchen Dritter aus
unerlaubter Handlung im Sinne des §§ 823 ff. BGB ist jedenfalls dann, wenn die unerlaubte Handlung sich nicht *innerhalb des Geschäftsverkehrs* ereignet hat (wie im Falle
eines gegen § 826 BGB verstoßenden Verhaltens bei Vornahme eines Rechtsgeschäfts),
sondern *außerhalb des Geschäftsverkehrs* liegt (wie im Falle der Verletzung eines Dritten durch ein Fuhrwerk der Firma), lediglich der *wahre Sachverhalt*, nicht dagegen der
Stand handelsregisterlicher Eintragung (wonach z. B. ein bereits Verstorbener noch als
Teilhaber einer offenen Handelsgesellschaft eingetragen steht) maßgebend.
U. v. 8.7.1918; VI 94/18. E. 93, 238. Königsberg.

13. HGB § 15.

§ 15 HGB ist auf das Verhältnis der Aktiengesellschaft zu ihren Aktionären nicht anwendbar.

U. v. 12.6.1928; II 534/27. E. 120, 363. Kammergericht.

14. HGB § 15.

Bestellt ein im Handelsregister als Gesellschafter eingetragener Nichtgesellschafter einer offenen Handelsgesellschaft eine Hypothek an einem Gesellschaftsgrundstück, so ist der Hypothekengläubiger, der die Unrichtigkeit des Handelsregisters bei der Bestellung der Hypothek nicht kannte, gegen Einwendungen hinsichtlich der Gültigkeit der Bestellung sowohl der Gesellschaft als auch einem späteren Grundstückserwerber gegenüber durch § 15 Abs. 1 geschützt. § 15 Abs. 2 greift nicht Platz.

U. v. 10.7.1929; V 514/28. E. 125, 228. Dresden.

15. HGB § 15.

§ 15 Abs. 1 HGB findet prozeßrechtlich auch auf handelsgerichtlich nicht eingetragene Gesellschaften Anwendung.

U. v. 13.1.1930; VI 242/29. E. 127, 98. Düsseldorf.

16. HGB § 15.

Eine mangels vormundschaftsgerichtlicher Genehmigung (§§ 1822 Nr. 11, 1831 BGB) unwirksame Prokuraerteilung wird durch die Eintragung Dritten gegenüber nicht wirksam. Ein Prokurist, dessen Eintragung aus dem angegebenen Grunde unwirksam ist, kann durch die von ihm gezeichneten Wechselakzepte seinen Prizipal nicht wechselmäßig verpflichten.

U. v. 24.1.1930; III 75/29. E. 127, 153. Kammergericht.

17. HGB §§ 15, 157; BörsenG § 53.

Der Gesellschafter einer offenen Handelsgesellschaft, die in Liquidation getreten ist, hat im Geschäftsverkehr, insbesondere auch bezüglich der Börsentermingeschäftsfähigkeit gemäß § 53, so lange als Kaufmann zu gelten, bis nach § 157 Abs. 1 HGB das Erlöschen der Firma der offenen Handelsgesellschaft im Handelsregister eingetragen wird.

U. v. 23.5.1930; VII 556/29. Hamburg.

18. HGB §§ 15, 25.

§ 15 Abs. 3 ist im Fall des § 25 Abs. 2 entsprechend anzuwenden. Deshalb ist hinsichtlich der im Geschäftsverkehr mit einer eingetragenen Zweigniederlassung begründeten Forderungen und Verbindlichkeiten eine von der Regel des § 25 Abs. 1 abweichende Vereinbarung Dritten gegenüber nur wirksam, wenn sie im Handelsregister der *Zweigniederlassung* eingetragen und bekannt gemacht oder vom Erwerber oder Veräußerer dem Dritten mitgeteilt ist (vgl. oben HGB § 15 Nr. 7).

U. v. 19.6.1931; II 533/30. Stuttgart.

19.   HGB §§ 15, 143.

Ist eine offene Handelsgesellschaft durch den Tod eines Gesellschafters aufgelöst, die Auflösung aber nicht in das Handelsregister eingetragen worden, so genügt zum Ausschluss der Haftung der Erben des verstorbenen Gesellschafters regelmäßig nicht die Kenntnis des Gläubigers vom Tode des Gesellschafters, es ist vielmehr Kenntnis der Auflösung selbst erforderlich.

U. v. 23.3.1934; II 18/34. E. 144, 199. Frankfurt.

§ 16

Ist durch eine rechtskräftige oder vollstreckbare Entscheidung des Prozessgerichts die Verpflichtung zur Mitwirkung bei einer Anmeldung zum Handelsregister oder ein Rechtsverhältnis, bezüglich dessen eine Eintragung zu erfolgen hat, gegen einen von mehreren bei der Vornahme der Anmeldung Beteiligten festgestellt, so genügt zur Eintragung die Anmeldung der übrigen Beteiligten. Wird die Entscheidung, auf Grund derer die Eintragung erfolgt ist, aufgehoben, so ist dies auf Antrag eines der Beteiligten in das Handelsregister einzutragen.

Ist durch eine rechtskräftige oder vollstreckbare Entscheidung des Prozessgerichts die Vornahme einer Eintragung für unzulässig erklärt, so darf die Eintragung nicht gegen den Widerspruch desjenigen erfolgen, welcher die Entscheidung erwirkt hat.

Zu § 16 kein Leitsatz.

Erstes Buch. Dritter Abschnitt. Handelsfirma.

⟨vor §§ 17-37⟩

1.   HGB I, 3 (auch GmbHG § 4).

Die Firma einer *Handelsgesellschaft* bildet einen wesentlichen Bestandteil des Rechtsgebildes, von dem sie geführt wird, das heißt einen Bestandteil, ohne den dieses Rechtsgebilde in seiner Eigenart weder zur Entstehung gelangen, noch im Rechtsleben fortbestehen kann. Deshalb kann eine Handelsgesellschaft nicht gleichzeitig mehrere Firmen haben und deshalb erlischt eine Handelsgesellschaft, wenn sie ihr Geschäft mit der Firma veräußert.

B. v. 30.10.1914; II B 4 u. 5/14. E. 85, 397. Naumburg gegen Dresden.

§ 17

Die Firma eines Kaufmanns ist der Name, unter dem er im Handel seine Geschäfte betreibt und die Unterschrift abgibt.

Ein Kaufmann kann unter seiner Firma klagen und verklagt werden.

a) Allgemeines, Name des Kaufmanns: 3, 4, 10, 16
b) „im Handel": 6
c) Im sonstigen Verkehr: 9

d) Abgabe der Unterschrift: 4
e) Bedeutung der Firma: 1, 9, 11, 12, 13, 14, 16, 17
f) Zweigniederlassung: 5
g) Klage: 2, 7, 8
h) Berichtigung im Laufe des Prozesses: 18
i) Prozesspartei: 2, 7, 8
k) Urteil; Wirkungen des Urteils: 7

1.   HGB § 17.

Wenn ungeachtet der Verträge, die zwischen den Teilhabern einer offenen Handelsgesellschaft einerseits und einem die Geldmittel für den Geschäftsbetrieb hergebenden Dritten andererseits abgeschlossen sind, die Firma der Gesellschaft fortbesteht, die Gesellschafter im Handelsregister eingetragene Inhaber der Firma bleiben und das Geschäft *namens* dieser Firma weiter betrieben wird, dann ist die Gesellschaft *nach außen hin* nach wie vor die Inhaberin des Geschäfts. Trotzdem ist es möglich, dass im Verhältnisse der Gesellschaft zu dem Dritten dieser zum Herrn des Geschäfts gemacht, das Geschäft für *Rechnung* des Dritten betrieben wird.
U. v. 27.10.1900; I 225/00. Dresden.

2.   HGB § 17 (auch ZPO §§ 50, 253).

Ist gegen eine Firma Klage erhoben – unter dieser kann ein Einzelkaufmann, eine offene Handelsgesellschaft oder eine Kommanditgesellschaft verborgen sein – so ist diese als gegen die *Person* oder die Personen gerichtet anzusehen, die unter dieser Firma ihr Geschäft betreiben und die Unterschrift abgeben.
Hat also die verklagte Firma ursprünglich eine offenen Handelsgesellschaft bezeichnet, ist aber zur Zeit der Klageerhebung nach Ausscheiden der anderen Gesellschafter einer derselben Alleininhaber geworden, so ist die Klage als gegen diesen erhoben anzusehen und zwar gleichviel, ob er zur Fortführung der alten Firma gegenüber den früheren Gesellschaftern berechtigt ist oder nicht.
U. v. 14.2.1903; I 332/02. E. 54, 15. Kammergericht. – Vgl. Nr. 7, 8. – Ebenso: U. v. 26.11.1914; VI 234/14. E. 86, 63. Düsseldorf. – Ebenso: U. v. 6.10.1925; VI 195/25.

3.   HGB § 17.

Eine Vereinbarung, dass jemand seinen Namen für das Geschäft eines anderen als Firma eintragen lasse, ist unzulässig. Ist eine solche Eintragung geschehen, so muss von Amts wegen oder auf Antrag des Klägers oder des Beklagten die Firma gelöscht und derjenige, der wirklich das Geschäft betreibt, zur Eintragung seines Namens als Firma angehalten werden.
U. v. 8.6.1903; I 121/03. Hamm.

4.   HGB § 17.

Allerdings ist es nicht ausgeschlossen, dass die Annahme einer Firma schon durch eines der in § 17 hervorgehobenen Momente verwirklicht wird, und es bedarf somit unter Umständen nicht des Nachweises, dass der Kaufmann auch Unterschriften unter dem

betreffenden Namen im Handelsverkehr abgegeben hat. Andererseits kann sich aber der Kaufmann aus eigenem Rechte nur einer und derselben Firma bedienen. Lässt er daher einerseits den Namen des Geschäftsvorgängers, der insoweit mit dem seinigen übereinstimmt, dass er ihn aus eigenem Recht als Firma zu führen berechtigt wäre, an seinem Hause stehen oder bringt ihn auch neu daran an, bedient er sich aber andererseits der geschäftlichen Unterschriften und geschäftlichen Mitteilungen des eigenen Namens in anderer Zusammensetzung, so muss die Annahme, dass der ersteren Handlung die Absicht der Firmenführung zugrunde liegt, für widerlegt erachtet werden, und es kann dann nur ein für die Geschäftskunden berechneter, rechtlich bedeutungsloser Hinweis auf den früheren Inhaber des Geschäfts darin erblickt werden.
U. v. 6.2.1904; I 250/03. Köln.

5.   HGB §§ 17 ff.

Für die Zweigniederlassung einer Anstalt oder einer Aktiengesellschaft, die eine andere Firma führt als diese, können Rechte in das Grundbuch eingetragen werden.
B. v. 1.11.1905; V B 287/05. E. 62, 7. LG. Traunstein.

6.   HGB § 17.

Der Kaufmann ist nicht verpflichtet, seine *Ware* mit seiner vollen Firma zu bezeichnen.
U. v. 17.11.1905; II 398/05. Kammergericht.

7.   HGB § 17 (auch ZPO § 253).

Es ist unzulässig, ein und dieselbe Person einmal unter dem Namen, unter dem sie im Handel ihre Geschäfte betreibt und die Unterschrift abgibt, und daneben selbständig unter ihrem bürgerlichen Namen zu verklagen. Daher ist auch die solidarische Verurteilung der Firma des Einzelkaufmanns und des Inhabers dieser Firma nicht zulässig. [Vgl. Nr. 2 und Nr. 8.]
U. v. 9.1.1908; VI 133/07. Köln.
U. v. 28.2.1908; II 332/07. Darmstadt.

8.   HGB § 17 (auch ZPO § 253).

Da die Firma kein Rechtssubjekt, sondern nur der Name ist, unter dem der Kaufmann im Handel seine Geschäfte betreibt und die Unterschrift abgibt, folgt hieraus, dass bei einer unter dem Namen einer Firma erhobenen Klage die Person Kläger ist, die unter dieser Firma ihre Geschäfte betreibt und die Unterschrift abgibt. [Vgl. Nr. 2, 7.]
U. v. 30.10.1907; I 604/06. Rostock.

9.   HGB § 17 (auch GebrMustG § 4).

Ob es angänig ist, die Eintragung eines Gebrauchsmusters auf den Namen einer Firma zu bewirken, wenn der Firmeninhaber ein Einzelkaufmann ist, kann dahingestellt bleiben. Jedenfalls ist, wenn tatsächlich die Eintragung für eine Firma, deren Inhaber ein Einzelkaufmann ist, erfolgt ist, die Eintragung nicht unwirksam, sondern als für denjenigen bewirkt anzusehen, der berechtigt ist, die eingetragene Firma als seinen kaufmännischen Namen zu führen.
U. IV. StrS. v. 11.5.1909; 4 D 287/09. LG. Weimar.

10. HGB § 17.

Als bloße Geschäftsbezeichnung (sog. Etablissementsname), nicht als Firmenbezeichnung ist es aufzufassen, wenn eine Aktiengesellschaft, die ein anderes, käuflich erworbenes Geschäft neben ihrem bisherigen Betriebe fortführt, im Betriebe des neuen Geschäfts bei Unterschriften und im Vordruck der Geschäftspapiere ihrer unveränderten
Firma das Wort „Abteilung" und die frühere Firma des aufgenommenen Geschäfts zufügt. Durch dies Verfahren wird die frühere Firma nicht als Firma fortgeführt und auch
nicht als Bestandteil einer neu gebildeten Firma gebraucht. Sie wird vielmehr nur zur
Bezeichnung eines örtlich oder organisatorisch getrennten, aber rechtlich unselbständigen Teiles des Betriebes der unverändert firmierenden Aktiengesellschaft verwandt.
U. v. 29.9.1916; II 104/16. E. 88, 421. Dresden.

11. HGB § 17.

Eine Firma als solche kann, da sie nicht ein selbständiges Rechtssubjekt neben und außer
ihrem Inhaber ist, nicht Mitglied eines Vereins sein. (Vgl. auch den U.-Auszug bei BGB
§ 38).
U. v. 14.2.1918; IV 362/17. Kammergericht.

12. HGB § 17 (auch § 22).

Eine [offene] Handelsgesellschaft, welche ein fremdes Geschäft nebst Firma erworben
hat, kann einem Mitgesellschafter oder einer dritten Person dieses Geschäft nebst der
Firma als Treuhänder übertragen. Sie kann durch schuldrechtliche Verträge den Treuhänder zur Übertragung von Geschäft und Firma an einen anderen Treuhänder und diesen wiederum zur Rückübertragung verpflichten. Der Erwerb von Geschäft und Firma
durch einen Treuhänder gemäß § 22 Abs. 1 wird nicht dadurch gehindert, dass der Treuhänder im Innenverhältnis an die Anweisungen der Gesellschaft gebunden ist und die
Stellung eines Handlungsgehilfen hat.
U. v. 15.6.1920; II 4/20. E. 99, 158.

13. HGB § 17 (auch UWG n. F. § 16).
BGB § 677.

Im Zweifel gilt die Genehmigung, eine Firma zu benutzen, für unbeschränkte Zeit erteilt.
Es bedarf eines ausdrücklichen und klaren Vorbehalts, wenn die Erlaubnis nur auf Zeit
erteilt sein soll.
U. v. 18.3.1921; II 320/20. E. 102, 17.

14. HGB § 17 (auch BGB § 164).

Hält eine Vertragspartei, die mit einer *Firma* abschließt, den abschließenden Mitinhaber
der Firma für den *alleinigen* Firmeninhaber, so wird dieser zwar deshalb noch nicht zum
Vertragsgegner (vgl. E. 67, 149). Er kann aber dann *allein* berechtigt und verpflichtet
werden aus dem Vertrage, wenn die anderen Mitinhaber das Geschäft lediglich auf seinen Namen gelten lassen wollen.
U. v. 27.4.1921; V 440/20.

15.   BGB § 328, HGB § 17 (vgl. auch den U.-Auszug bei BGB § 399).
Durch Vertrag kann für eine an der Errichtung des Rechtsgeschäfts *nicht* beteiligte Person ohne deren Mitwirkung ein *unmittelbares Forderungsrecht* nur in Form eines Abkommens zu Gunsten eines Dritten (§ 328) begründet werden.

Daher kann der mit einem Firmeninhaber abgeschlossene Mietvertrag nicht dahin umgedeutet werden, dass dem „jeweiligen Inhaber" des kaufmännischen Betriebes ein Mietrecht zustehen sollte.
U. v. 3.7.1923; III 127/23.

16.   HGB § 17.
Mehrere Firmen eines Kaufmanns sind nur zulässig für mehrere Geschäftsbetriebe, gleichviel ob sie an verschiedenen Orten oder an demselben Orte ihren Sitz haben.
U. v. 17.11.1925; II 34/25. Düsseldorf.

17.   BGB §§ 399, 549; HGB §§ 17, 25.
Die Abtretung der Mieterrechte ohne die Zustimmung des Vermieters ist unzulässig. Veräußert der Mieter eines Ladens sein Ladengeschäft mit der Firma, so gehen die Mieterrechte ohne Zustimmung des Vermieters nicht auf den neuen Geschäftsinhaber über. Der bisherige Firmeninhaber bleibt, auch wenn er den Laden unter der Firma gemietet hat, aus dem Mietvertrage verhaftet, insoweit nicht ein gegenteiliger Vertragswille festgestellt werden kann.
U. v. 2.10.1930; VIII 288/30. Dresden.

18.   HGB § 17; ZPO § 313.
Wenn ein Kaufmann nur unter seiner Firma klagt oder verklagt wird, so bleibt dem Gericht unbenommen, zur Beseitigung von Unklarheiten (bei Eid, Zwangsvollstreckung u.s.w.) auf Grund der vorhandenen Unterlagen dem Handelsnamen der Partei die Bezeichnung der Person beizufügen, die hinter der Firma steht.
U. v. 6.2.1932; I 318/31. Köln.

19.   HGB §§ 17, 124, 161; ZPO § 264.
Hat ein Gesellschafter (A.) das Vermögen einer Kommanditgesellschaft mit Aktiven und Passiven unter Abfindung des bisherigen Mitgesellschafters (des Kommanditisten) übernommen, dann kann, auch wenn die Kommanditgesellschaft im Handelsregister noch als solche eingetragen ist, ein zum Vermögen der bisherigen Kommanditgesellschaft gehöriger Anspruch nur noch von dem Übernehmenden als Einzelkaufmann geltend gemacht werden. Solange das Gewerbe noch betrieben wird (§ 5 HGB), kann er jedoch unter der Firma (als Parteibezeichnung) klagen.
Eine unter der Firma mit dem Zusatz „Kommanditgesellschaft" erhobene Klage ist in solchem Falle in der Regel als von A. erhoben anzusehen, auch wenn er selbst nicht als Inhaber angegeben ist. Ist jedoch in solchem Falle als Klagepartei eine „Kommanditgesellschaft in Liquidation, vertreten durch A. als Liquidator" angegeben, dann ist die Klage namens einer nicht existierenden Partei erhoben. Der Beklagte kann sich alsdann entweder auf § 15 Abs. 1 HGB berufen und Sachabweisung der Klage verlangen, weil

der Klaganspruch der ihm gegenüber noch als existent zu behandelnden Kommanditgesellschaft nicht mehr zusteht, oder sich auf die Nichtexistenz der Kommanditgesellschaft berufen, was zur Klageabweisung angebrachtermaßen auf Kosten des A. führt.

Erklärt in einem Fall der letztgenannten Art A. nachträglich, dass er nunmehr selbst als Kläger eintreten wolle, so liegt darin der Versuch einer Klageänderung, deren Zulassung von den Voraussetzungen des § 264 ZPO abhängt. Die Erklärung ist auch dann als abgegeben anzusehen, wenn A. in erster Linie an seiner – irrigen – Rechtsauffassung, für die Kommanditgesellschaft in Liquidation klagen zu können, festhält und nur für den Fall einer anderen Beurteilung der Rechtslage durch das Gericht als Partei einzutreten sich bereit erklärt.

U. v. 25.5.1938; II 165/37. E. 157, 369.

§ 18

Ein Kaufmann, der sein Geschäft ohne Gesellschafter oder nur mit einem stillen Gesellschafter betreibt, hat seinen Familiennamen mit mindestens einem ausgeschriebenen Vornamen als Firma zu führen.

Der Firma darf kein Zusatz beigefügt werden, der ein Gesellschaftsverhältnis andeutet oder sonst geeignet ist, eine Täuschung über die Art oder den Umfang des Geschäfts oder die Verhältnisse des Geschäftsinhabers herbeizuführen. Zusätze, die zur Unterscheidung der Person oder des Geschäfts dienen, sind gestattet.

a) Zur Anwendung des § 18: 5, 6, 7, 8, 9, 10, 12
b) Familienname: 15
c) Vorname: 3
d) Firmenzusätze: 2, 4
e) Neue Firma: 1
f) Änderung einer Firma: 1
g) Anhang: 11, 13, 14

1. HGB § 18.

Wenn der Inhaber der Firma „Ferd. Beckers Söhne. Louis und Carl Becker" die Worte „Louis und Carl Becker" fortlässt, so nimmt er eine neue Firma an, und als neue Firma darf er nur eine solche wählen, die dem Art. 16 HGB a. F. [jetzt § 18] entspricht. Ob die Rechtsvorgänger des jetzigen Firmeninhabers, von denen dieser das Geschäft durch Erbgang mit dem Recht der Fortführung der Firma erworben hatte, die abgeänderte Firma hätten annehmen dürfen, ist gleichgültig, da hieraus der jetzige Firmeninhaber kein Recht ableiten könnte. [Vgl. auch § 30 Nr. 11.]

U. v. 19.5.1900; I 91/00. Hamm.

2. HGB § 18.

Abs. 2 will nur *tatsächlich falsche*, zur Täuschung des Publikums geeignete Angaben als Firmenzusatz ausschließen, während von dem Verbote frei geblieben sind *tatsächlich wahre* Angaben, die in der Form von Zusätzen zu der Namensfirma über Art und Umfang des Geschäfts oder die Verhältnisse des Geschäftsinhabers gemacht werden oder sonst zur Unterscheidung der Person oder des Geschäfts dienen. Die Freiheit der Firmenzusätze, soweit sie hiernach gewährt ist, ist auch nicht davon abhängig gemacht, ob ein anderer Geschäftsinhaber sich an demselben Orte befindet, auf dessen Geschäft die freigestellten Angaben über Art und Umfang des Geschäfts oder die Verhältnisse des Geschäftsinhabers gleichfalls zutreffen, mag er selbst von der auch ihm zu Gebote stehenden Freiheit, in diesen Beziehungen einen Zusatz zur Firma zu machen, Gebrauch gemacht haben oder nicht.

Demgemäß ist ein Zusatz „Radebeuler Feigen-Kaffeefabrik" nicht unzulässig, auch wenn sich bereits in Radebeul eine Feigenkaffeefabrik befindet und diesen Zusatz führt.
U. v. 25.3.1903; I 465/02. E. 54, 183. Dresden.

3.   HGB § 18.

§ 18 Abs. 1 verlangt nur die Beifügung mindestens eines ausgeschriebenen Vornamens zu dem Familiennamen, besagt aber nicht, dass der *Rufname* stets in die Firma aufgenommen werden müsse.
U. v. 6.2.1904; I 250/03. Köln.

4.   HGB § 18.

Die Bestimmung des § 18 Abs. 2 muss, obwohl sie der in § 18 Abs. 1 enthaltenen Vorschrift für die Bildung der Einzelfirma angefügt ist, auch auf die Gesellschaftsfirmen bezogen werden [E. 3, 166].
U. v. 30.4.1904; I 14/04. Hamburg.

5.   HGB § 18 (auch BGB § 12).

Über die Bezeichnung eines Cafés mit einem zur Ortsbezeichnung gewordenen Namen wird ausgeführt:

Die Bezeichnung „Café Bauer", die einem Café von dessen den Familiennamen Bauer führenden Gründer gegeben und von den Geschäftsnachfolgern beibehalten wird, kann sich als ein *zur Ortsbezeichnung gewordener Etablissementsname* darstellen und von einem späteren Geschäftsinhaber, der den Familiennamen Bauer nicht führt, seiner Firma als nach § 18 Abs. 2 HGB erlaubter Zusatz beigefügt werden. Alsdann kann ein zur Familie des Gründers des Cafés gehöriger Träger des Familiennamens Bauer die Unterlassung des Gebrauches des Namens Bauer in dem Zusatz auch aus dem § 12 BGB nicht fordern, weil sein Interesse an dem Gebrauche des Zusatzes, dem die Beziehung zu dem Familiennamen Bauer fehlt, nicht verletzt wird.
[Vgl. Nr. 6.]
U. v. 12.2.1908; I 203/07. Dresden.

6.   HGB § 18 (auch § 37; BGB § 12; WarenZG § 15; UnlWG §§ 1, 4, 8).

Ist der Zusammenhang der *Bezeichnung einer Ware* mit dem *Namen* ihres ursprünglichen Herstellers geschwunden, weil diese Bezeichnung allgemein zu einer bloßen Beschaffenheitsangabe, zur Kennzeichnung eines gewissen Genres von Waren dieser Art geworden ist („*Liberty-Seide*"), so kann die Benutzung jener Bezeichnung in der Firma und im geschäftlichen Verkehre („*B.'s Liberty-Haus*"), weder das Namensrecht des ursprünglichen Herstellers oder seiner Rechtsnachfolger verletzen, noch eine Täuschung

oder Irreführung des Publikums im Sinne des § 18 Abs. 2 HGB, § 15 WarenZG, §§ 1, 4, 8 UnlWG bewirken. [Vgl. Nr. 5.]
U. v. 21.10.1908; I 64/07. E. 69, 310. Kammergericht.

7. HGB § 18 (auch § 37).
Wenn im ehrlichen Geschäftsverkehre vom Publikum noch heutzutage unter *„Pilsener Bier"* das *echte*, in *Pilsen* gebraute Bier verstanden wird, so ist die Führung der Firma „Pilsener Brauhaus, G. m. b. H." seitens einer in Berlin domizilierten Gesellschaft, die ihre Brauerei in einem Orte bei Berlin hat, zu Täuschungen über die Art ihres Geschäfts, insbesondere über die Waren, die von ihr hergestellt und vertrieben werden, geeignet und deshalb unbefugt.
U. v. 7.12.1909; II 509/09. Kammergericht.

8. HGB § 18, 22.
Die Beklagte hat das Handelsgeschäft ihres verstorbenen Mannes mit der den Vor- und Nachnamen ihres Mannes enthaltenden Firma an den Kläger verkauft, dann aber wieder einen gleichartigen Geschäftsbetrieb begonnen, für den sie sich des Namens ihres Mannes bediente. Das BG nahm an, dass dem Kläger gegenüber dieser Namensbenutzung ein Untersagungsrecht zustehe, ohne Rücksicht darauf, ob der Gebrauch, den der Kläger selbst von der gekauften Firma machte, firmenrechtlich einwandfrei war. Diese Auffassung wurde gebilligt.
U. v. 12.1.1926; II 125/25. Karlsruhe.

9. HGB § 18; UnlWG § 16.
Ein Einzelkaufmann, dessen nach § 18 HGB gebildete Firma mit einer anderen, denselben Familiennamen aufweisenden älteren Firma i. S. des § 16 UnlWG verwechslungsfähig ist, kann von der älteren Firma jedenfalls dann nicht zur Löschung seiner Firma gezwungen werden, wenn er bei Gründung seiner Firma nicht aus unlauteren Beweggründen gehandelt und auch späterhin nichts unternommen hat, um aus der bestehenden Verwechslungsmöglichkeit für sein Geschäft Nutzen zu ziehen. Denn er hat bei der Bildung seiner Firma unter dem Zwang der Mussvorschrift des § 18 HGB gehandelt, die ihm eine andere als die dort vorgeschriebene Firmierung nicht gestattet. Davon, dass die Vorschrift des § 18 dem § 16 UnlWG gegenüber als einem „Gesetz höherer Ordnung" ohne weiteres zu weichen habe, kann nicht die Rede sein. Ob etwa anders zu entscheiden wäre, wenn der Einzelkaufmann bei Bildung seiner Firma aus unlauteren Motiven gehandelt oder wenn er in der Folge die Verwechslungsfähigkeit für seinen Betrieb auszunutzen versucht hätte, wurde dahingestellt gelassen, da ein solcher Sachverhalt hier nicht vorliegt.
In E. 110, 234; 111, 66 sowie im U. II 147/26 v. 6.7.1926 ist der Beklagte zur Beseitigung seines Familiennamens aus der Firma verurteilt worden, weil es sich in jenen Fällen je um eine *Gesellschaftsfirma* handelte, die nach gesetzlicher Vorschrift auch anders als durch Aufnahme gerade des beanstandeten Familiennamens gebildet werden konnte. Anders lag die Sache im gegenwärtigen Fall, wo der Beklagte

durch § 18 HGB gedeckt und gezwungen war, mit seinem Familiennamen (u. mindestens einem ausgeschriebenen Vornamen) zu firmieren.
U. v. 22.2.1927; II 363/26. E. 116, 209. Kammergericht.

10.   HGB § 18; UnlWG n. F. § 16.
Die zwingende Vorschrift des § 18 HGB gilt nur für die Handelsbetriebe des Einzelkaufmanns und behält auch ihre Bedeutung gegenüber § 16 UnlWG.
Bei der Firma einer Gesellschaft m. b. H. besteht eine Notwendigkeit der Aufnahme des Namens eines der Gesellschafter nach § 4 GmbHG nicht, und es muss bei der Wahl der Firma für die Gesellschaft die Aufnahme des Namens eines Gesellschafters unterbleiben, wenn sie geeignet ist, Verwechselungen mit dem Namen oder der Firma eines bereits bestehenden Geschäftsbetriebes herbeizuführen (E. 110, 234/238; 111, 66/72; 116, 209).
Wirtschaftliche Interessen, die für die Herübernahme des Namens des Hauptgesellschafters mit maßgebend gewesen sein mögen, können eine mit der Bestimmung des § 16 UnlWG in Widerspruch stehende Benutzung einer verwechslungsfähigen Firma nicht rechtfertigen (vgl. U. v. 6.7.1926; II 147/26).
U. v. 28.10.1927; II 82/27. Düsseldorf.

11.   HGB § 18; WO Art. 4.
1. Für die formelle Gültigkeit des Wechsels genügt es, wenn der Bezogene durch Worte bezeichnet wird, die den Namen oder die Firma einer Person bilden können. Dem Erfordernis, wonach der Familienname des Einzelkaufmannes in der Firma enthalten sein muss, wird dadurch genügt, dass dieser Name in adjektivischer Form, z. B. „Fürstlich Schaumburg-Lippesche ...", in die Erscheinung tritt.
2. Es ist zulässig, durch eine abgekürzte, schlagwortartige Bezeichnung, unter der in Abweichung von der eigentlichen eingetragenen Firma in Handel und Verkehr allgemein deutlich und unzweifelhaft erkennbar die Geschäfte betrieben werden und die sich allgemein eingebürgert hat, einen Wechselbeteiligten im Wechsel zu bezeichnen, auch wenn eine solche Bezeichnung mit den für die Firma eines Einzelkaufmannes geltenden Bestimmungen des HGB streng genommen nicht im Einklang steht. (In Abweichung von der früheren Rechtsprechung: E 14, 18; 63, 380; 71, 274; 77, 192; 100, 169).
Eingetragen war die Firma: „Fürstlich Schaumburg Lippesche Dampfmühle" mit dem Sitze in Bückeburg, eingebürgert hatte sich bereits vor der Eintragung die Bezeichnung „Fürstliche Dampfmühle in Bückeburg" und blieb auch nach der Eintragung die landläufige Bezeichnung.
3. Für die verpflichtende Kraft des Akzeptes ist es nicht erforderlich, dass dem Bezogenen der Name oder die Firma, die er auf den Wechsel schreibt, von Rechts wegen zusteht; es genügt, dass er sich des Namens oder der Firma üblicher Weise zu bedienen pflegt.
U. v. 2.12.1927; II 269/27. E. 119, 198. Hamm.

12.   HGB § 18.
§ 18 verlangt vom Einzelkaufmann nicht, dass er, wenn er mehrere Vornamen hat, gerade den sog. Rufnamen als ausgeschriebenen Vornamen in seiner Firma führe, und der

Einzelkaufmann hat auch keine Anspruch darauf, unter allen Umständen seinen Rufnamen zur Firmenbildung zu verwenden. Dies gilt jedenfalls dann, wenn er, durch Verwendung eines anderen Vornamens der Vorschrift des § 18 Abs. 1 HGB gerecht werden
kann.
U. v. 10.12.1929; II 138/29. Kammergericht.

13.   HGB § 18; GmbHG § 4; FGG §§ 27, 28, 144.
Ist die Firma einer GmbH allein dem Gegenstande des Unternehmens entnommen, so
kommt für die Frage, ob sie geeignet ist, eine Täuschung über die Art oder den Umfang
des Geschäfts herbeizuführen, die *ganze* Firma in ihrem Gesamteindruck, nicht nur ein
etwaiger „Zusatz" (HGB § 18 Abs. 2) in Betracht. Deshalb spielt in solchem Falle die
Frage, welcher Firmenteil der „Firmenkern" und welcher Teil „Firmenzusatz" ist, überhaupt keine Rolle.
B. v. 10.1.1930; II B 16/29. E. 127, 77. Koblenz.

14.   FGG § 20; HGB § 18; UnlWG n. F. §§ 3, 13, 16.
Dem Wettbewerber als solchen steht im Verfahren des Registerrichters auf Löschung
oder Untersagung des Gebrauchs einer unwahren Firma kein Beschwerderecht nach
§ 20 FGG zu.
B. v. 21.4.1931; II B 7/31. E. 132, 311. Hamburg.

15.   HGB § 18; UnlWG § 16.
Der wertvolle Besitzstand an einer den Familiennamen des Rechtsvorgängers überneh-
menden Firma einer G. m. b. H. wird geschützt, selbst wenn der Einzelkaufmann bei
Gründung seiner Firma mala fide gehandelt haben sollte, aber während des längeren
Bestehens seiner Firma von dem Inhaber der den gleichen Familiennamen tragenden
älteren Firma trotz Kenntnis der Verwechslungsgefahr in der Entwicklung seines Besitz-
standes nicht gestört ist. (vgl. E. Bd. 127 S. 321).
U. v. 12.5.1931; II 366/30. Kammergericht.

16.   HGB § 18.
Der ausgeschriebene Vorname, der dem Familiennamen des Einzelkaufmanns in der
Firma beigefügt ist, braucht nicht gerade der Rufname zu sein.
U. v. 10.7.1934; II 48/34. Stuttgart.

17.   HGB § 18.
Ob eine Firmenbezeichnung (ein Firmenzusatz, z. B. „Hamburger Kaffeelager") irrefüh-
rend ist, richtet sich nach der Verkehrsauffassung, nicht nach dem Sinne der Worte, aus
denen sich die Bezeichnung zusammensetzt. Maßgebend ist nicht nur die Auffassung
der Käufer. Irreführung kann vielmehr auch vorliegen, wenn andere Kreise, die mit der
Firma in Verkehr treten (Lieferanten), getäuscht werden können.
Unter „Lager" in Verbindung mit einer Warenbezeichnung versteht der Verkehr regelmäßig ein Geschäft, das nicht, wie jedes andere, einen Vorrat von der in der Firma her-

vorgehobenen Ware hat, sondern ein solches, dessen Vorrat dauernd besonders *ansehn-lich* ist. Dabei sind auch die örtlichen Verhältnisse und das Verhältnis des Umsatzes in der hervorgehobenen Ware zu dem sonstigen Umsatz des Geschäfts zu berücksichtigen.
B. v. 19.10.1937; II B 9/37. E. 156, 16.

18.   HGB §§ 18, 22, 37.

Die Weiterführung der Firma eines Einzelkaufmanns, in der ein Doktortitel enthalten ist, durch den Erwerber des Handelsgeschäfts, dem dieser Titel nicht zusteht, ist nur zulässig, wenn die Nachfolge durch einen Zusatz hinreichend genügend deutlich gemacht wird.
U. v. 2.12.1939; II 60/39. E. 162, 121.

19.   BGB §§ 12, 826 i; HGB §§ 18, 30, 37; GmbHG § 4; UnlWG n. F. §§ 1, 3, 16.

Ist eine GmbH im eigenen Namen gegründet worden von zwei Gesellschaftern, die als Treuhänder oder Strohmänner für Rechnung ein und desselben Dritten gehandelt haben, und ist der Name eines der beiden Gründer in die Firma der GmbH aufgenommen worden, so richtet sich der Unterlassungsanspruch eines Dritten, der sein Firmenrecht durch den Gebrauch des Namensbestandteils in der Firma der GmbH für beeinträchtigt hält, nach den allgemeinen Grundsätzen des Namensrechts (§ 12 BGB), des Firmenrechts (§§ 18, 30, 37 Abs. 2 HGB), des Wettbewerbs (§§ 1, 3, 16 UnlWG, §§ 24, 31 WZG) und der unerlaubten Handlung, solange die Gesellschaft nicht nach § 75 GmbHG für nichtig erklärt oder nach § 144 RFGG im Handelsregister gelöscht worden ist.
U. v. 9.6.1941; II 114/40. E. 167, 184.

20.   UmwandlungsG v. 5.7.1934 (RGBl. I S. 569) §§ 5, 14; 1. DurchfVO dazu v.
                              14.12.1934 (RGBl. I S. 1262) § 12; HGB §§ 18 und 22; GmbHG § 4.

Wer einem anderen seinen Vor- und Familiennamen auf Grund von § 22 HGB oder der Bestimmung über die Bildung einer Personenfirma bei Kapitalgesellschaften zum Firmengebrauch überlassen hat, muss sich bei der späteren Bildung einer Einzelfirma durch unterscheidende Zusätze von der früher mit seinem Namen gebildeten Firma auch dann fernhalten, wenn dieser inzwischen ein Nachfolge-Zusatz beigefügt worden ist.
U. v. 30.9.1943; II 58/43. E. 171, 37.

§ 19

Die Firma einer offenen Handelsgesellschaft hat den Namen wenigstens eines der Gesellschafter mit einem das Vorhandensein einer Gesellschaft andeutenden Zusatz oder die Namen aller Gesellschafter zu enthalten.
Die Firma einer Kommanditgesellschaft hat den Namen wenigstens eines persönlich haftenden Gesellschafters mit einem das Vorhandensein einer Gesellschaft andeutenden Zusatze zu enthalten.
Die Beifügung von Vornamen ist nicht erforderlich.
Die Namen anderer Personen als der persönlich haftenden Gesellschafter dürfen in die Firma einer offenen Handelsgesellschaft oder einer Kommanditgesellschaft nicht aufgenommen werden.

1. HGB § 19 (auch § 24).

Über die Bedeutung des Wortes „Gebrüder" als Zusatzes zu den Familiennamen der beiden Gesellschafter wird ausgeführt:

In der Firma „Gebrüder Grünebaum" (oder Gebr. Eickmann), einer von Emil Grünebaum und Isaak Grünebaum errichteten offenen Handelsgesellschaft enthält das Wort „Gebrüder" den nach § 19 Abs. 1 (Art. 17 Abs. 1 a. HGB) erforderlichen, das Vorhandensein einer Gesellschaft andeutenden Zusatz, das Wort „Gründebaum" den gemeinsamen Familiennamen der Gesellschafter. Bei dem Ausscheiden eines der beiden Gesellschafter Grünebaum aus der Gesellschaft war daher zur Fortführung der Firma „Gebrüder Grünebaum" die ausdrückliche Einwilligung desselben erforderlich.

U. v. 23.3.1907; I 377/06. E. 65, 379. Hamm.
U. v. 9.5.1908; I 353/07. Darmstadt.

2. HGB § 19 (auch § 105).

Damit eine Firma eine gemeinschaftliche Firma ist und die Gesellschaft, die sich ihrer bedient, zur offenen Handelsgesellschaft macht, ist zwar nicht unbedingt erforderlich, dass sie der Vorschrift des § 19 HGB entspricht. Eine Sachfirma könnte, obwohl für eine neu gegründete Gesellschaft unzulässig, genügen. Wird aber der Name eines der Gesellschafter ohne einen das Gesellschaftsverhältnis andeutenden Zusatz als Firma angenommen, so liegt eine gemeinschaftliche Firma und folgeweise auch eine offene Handelsgesellschaft nicht vor.

U. v. 11.3.1913; II 587/12. E. 82, 24. Kammergericht.

3. HGB § 19, 25.

Die Voraussetzungen des § 25 Abs. 1 wurden als vorliegend erachtet in einem Falle, wo das Geschäft eines Einzelkaufmanns Karl (Carl) Sch., das dieser unter der nicht eingetragenen Firma „Aluminolwerk C. Sch." (Vorname abgekürzt) geführt hatte, unter Lebenden von einer neu gegründeten off. Handelsgesellschaft „Aluminolwerk Schubert u. Co." welcher Karl Sch. *nicht* als Gesellschafter angehörte, erworben und unter der soeben genannten Firma fortgeführt wurde. Die Weglassung der Vornamenabkürzung „C" erklärte das RG in Übereinstimmung mit dem BG für unerheblich, weil die wesentlichen Bestandteile der bisherigen Firma (das Sachwort „Aluminolwerk" und der Familienname „Schubert") sich in der neuen Firma wiederfänden, das „C" hinter dem Wort „Aluminolwerk" völlig zurücktrete und im Falle des § 25 Abs. 1 eine wort- und buchstabentreue Gleichheit der beiden Firmen nicht vorzuliegen brauche. Den Zusatz „u. Co.", in welchem das BG einen Hinweis auf das Nachfolgeverhältnis gesehen hätte, hielt das RG deshalb für unschädlich, weil die off. Handelsgesellschaft nach § 19 Abs. 1 HGB der Bezeichnung „Aluminolwerk Schubert" einen auf das Gesellschaftsverhältnis hinweisenden Beisatz hinzufügen *musste*, wenn sie nicht die Namen aller ihrer Gesellschafter in die Firma aufnehmen wollte.

U. v. 30.4.1926; II 437/25. E. 113, 306. Jena.

4.   BGB § 12; HGB § 19.

Der offenen Handelsgesellschaft, deren Firmenbestandteil der Familienname eines oder mehrerer Teilhaber bildet, steht außer dem Firmenrecht auch ein Namensrecht aus § 12 BGB zu. (Gegen E. 88, 422).

U. v. 11.6.1926; II 327/25. E. 114, 90. Hamburg.

5.   HGB §§ 19, 22, 24.

Eine abgeleitete Firma liegt nicht schon dann vor, wenn *tatsächlich* das frühere Unternehmen unter Beibehaltung der bisherigen Firma (mit oder ohne Beifügung eines das Nachfolgeverhältnis andeutenden Zusatzes, aber auf Grund einer Neueintragung) fortgeführt wird. Es ist hierfür vielmehr erforderlich, dass das *Recht* zur Fortführung der Firma von deren ursprünglichem Inhaber abgeleitet wird.

Eine Firma „Louis B.'s Söhne" ist als Firma einer von den Söhnen des Louis B. neu gegründeten offenen Handelsgesellschaft nach § 19 HGB unzulässig. Eine solche Firma enthält auch im Sinne des § 24 Abs. 2 HGB den Namen keines der Söhne.

B. v. 21.12.1937; II A 106/37. E. 156, 363.

6.   HGB § 19; UnlWG n. F. § 16.

Die Kommanditgesellschaft, deren Firma ordnungsmäßig mit dem Familiennamen des einzigen persönlich haftenden Gesellschafters gebildet ist, kann von einer älteren Firma (GmbH), die denselben Namen in der Firma führt, nicht der Verwechslungsgefahr halber gezwungen werden, den Namen des persönlich haftenden Gesellschafters aus der Firma zu beseitigen. *Nur unterscheidungskräftige* Zusätze zu der Firma können gefordert werden.

U. v. 28.11.1940; II 53/40. E. 165, 271.

§ 20

Die Firma einer Aktiengesellschaft sowie die Firma einer Kommanditgesellschaft auf Aktien ist in der Regel von dem Gegenstande des Unternehmens zu entlehnen; die erstere Firma hat außerdem die Bezeichnung „Aktiengesellschaft", die letztere Firma die Bezeichnung „Kommanditgesellschaft auf Aktien" zu enthalten.

Aufgehoben durch Gesetz vom 30.1.1937 (RGBl. I 166)

1.   HGB § 20 (auch § 274).

Ein *Zusatz zur Firma einer Aktiengesellschaft* wird nur durch Änderung des Gesellschaftsvertrags und Eintragung im Handelsregister, nicht durch tatsächlichen Gebrauch allein, zum Bestandteile der Firma.

U. v. 13.7.1906; II 35/06. E. 64, 66. Zweibrücken.

2.   HGB § 20 (auch §§ 22, 25).

Die Vorschriften des § 20 und des § 22 Abs. 1 Satz 2 werden vom § 25 nicht berührt.

Wird eine Firma „Boetter & Co." in „Boetter & Co., Aktiengesellschaft" umgewandelt, so liegt Fortführung der alten Firma vor.
U. v. 12.12.1907; I 594/06. Hamm.

3.   HGB § 20 (auch WarenZG § 13; UnlWG a. F. § 8).

Der im UnlWG a. F. § 8 der Firma gewährte Schutz wird nicht dadurch ausgeschlossen, dass sie eine Sachbezeichnung enthält und über Art und Beschaffenheit des Geschäfts etwas aussagt. Eine dem § 13 WarenZG entsprechende Vorschrift für die Firma besteht nicht; eine Angabe über Art und Beschaffenheit der *Waren* kommt aber hier überhaupt nicht in Frage. Im Gegenteil lässt schon § 20 HGB erkennen, dass Sachfirmen, die also den Gegenstand des Unternehmens bezeichnen, den anderen Firmen gleichstehen.
U. v. 31.1.1911; II 158/10. Kammergericht.

§ 21

Wird ohne eine Änderung der Person der Name des Geschäftsinhabers oder der in der Firma enthaltene Name eines Gesellschafters geändert, so kann die bisherige Firma fortgeführt werden.

1.   HGB § 21 (auch §§ 22, 23, 24).

Das HGB gestattet im Interesse der Erhaltung eingeführter Firmen deren Fortführung durch Rechtsnachfolger nur, wenn auch das Geschäft fortgeführt wird. Und zwar ist dabei eine kontinuierliche Fortführung vorausgesetzt. Sowohl das Geschäft muss ununterbrochen weitergeführt werden als auch die Firma. Denn ein Recht auf die Firma, losgelöst von dem Geschäftsbetriebe, den sie individualisiert, ist nicht anerkannt. [Vgl. § 23.]
U. v. 9.11.1910; I 437/09. Frankfurt.

§ 22

Wer ein bestehendes Handelsgeschäft unter Lebenden oder von Todeswegen erwirbt, darf für das Geschäft die bisherige Firma mit oder ohne Beifügung eines das Nachfolgeverhältnis andeutenden Zusatzes fortführen, wenn der bisherige Geschäftsinhaber oder dessen Erben in die Fortführung der Firma ausdrücklich willigen. Die Verpflichtung einer Aktiengesellschaft oder einer Kommanditgesellschaft auf Aktien, die in § 20 vorgeschriebene Bezeichnung in ihre Firma aufzunehmen, wird hierdurch nicht berührt.
Wird ein Handelsgeschäft auf Grund eines Nießbrauchs, eines Pachtvertrags oder eines ähnlichen Verhältnisses übernommen, so finden diese Vorschriften entsprechende Anwendung.

Aufhebung des § 22 Abs. 1 S. 2 durch VO vom 29.9.1937 (RGBl. I 1937, S.1031).

a) Beschränkung auf das Verhältnis zwischen Veräußerer und Erwerber: 8
b) Erwerb eines Handelsgeschäfts: 1, 8, 9, 13, 19, 22, 23, 25, 26
c) Fortführung des Geschäftes: 2, 4, 5, 7, 14, 17, 31
d) Fortführung der Firma: 2, 4, 5, 6, 7, 8, 10, 12, 15, 16, 17, 20, 21, 24, 27, 30
e) Beifügung eines Zusatzes: 5, 16

f) Einwilligung des Rechtsvorgängers: 5, 6
g) Löschung der Firma: 9, 12
h) Weiterveräußerung: 3, 5, 13, 25, 28
i) Besonderes bei Aktiengesellschaften und Kommanditgesellschaften auf Aktien: –
k) Übernahme eines Geschäfts nach Abs. 2: –
l) Zweigniederlassung: 11, 18
m) Anhang: 28, 29, 31

1.   HGB § 22.
Ein Handelsgeschäft ist nicht notwendig ein Vermögensinbegriff in dem Sinne, dass es
nur als Ganzes, mit Aktiven und Passiven übertragen werden könnte. Wird es im Einzelfall als Ganzes veräußert, so ist nicht ein abstrakter Begriff, sondern die *Summe der zu
dem Geschäfte gehörigen Rechte und Verbindlichkeiten Gegenstand des Vertrages.*
U. v. 22.5.1900; VII 38/00. E. 46, 266. Kammergericht.

2.   HGB § 22 (auch § 24).
Nach Auflösung einer Kommanditgesellschaft darf sich der Gesellschafter, der das Handelsgeschäft der Gesellschaft mit der Befugnis zur Fortführung der Gesellschaftsfirma
übernommen hat, der Firma auch bei dem Abschlusse solcher Geschäfte bedienen, mit
denen sich die Gesellschaft nicht befasst hat. Auch wenn der Erwerber eines Handelsgeschäfts dessen Umfang erweitert oder es auf andere Gegenstände erstreckt, ja sogar,
wenn er es allmählich wesentlich umgestaltet, ist die fernere Führung der Firma zulässig,
falls die Kontinuität des Betriebes gewahrt bleibt [HGB a. F.].
U. v. 20.6.1900; I 120/00. E. 46, 150. Hamburg. – Vgl. Nr. 4, 5, 7.

3.   HGB § 22.
Wer ein Geschäft mit der Firma erworben hat, kann mangels besonderer Parteiabreden
dieses Geschäft mit der Firma auch wieder auf einen Dritten übertragen.
U. v. 8.2.1902; I 350/01. Kammergericht. – Vgl. Nr. 5.

4.   HGB § 22.
Der Erwerber eines Geschäftes nebst Firma darf nicht das Geschäft aufgeben und für ein
neues Geschäft die Firma annehmen bez. fortführen [E. 1, 261; 46, 151]. Der Betrieb des
Geschäfts muss aber nicht unverändert bleiben; vielmehr ist Ausdehnung oder Einschränkung des Betriebes gestattet, falls nur die Grundlagen des Geschäfts im Wesentli-
chen dieselben bleiben oder – wie man sich auszudrücken pflegt – die Kontinuität des
Unternehmens gewahrt wird. Die Entscheidung der Frage, ob letzteres zutrifft, gehört
mehr dem Gebiete der tatsächlichen Würdigung als dem der rechtlichen Beurteilung an.
Allgemeine Regeln darüber, wie weit man auf dem Boden des § 22 in der Individualisie-
rung des Geschäftsbetriebes gehen soll, lassen sich nicht aufstellen.
U. v. 8.2.1902; I 350/01. Kammergericht.
U. v. 10.12.1902; I 250/02. Kassel. – Vgl. Nr. 5 – Vgl. Nr. 2.

5.   HGB § 22.

Wer ein Geschäft mit dem Recht erworben hat, die bisherige Firma fortzuführen, darf diese Firma zwar auch dann beibehalten, wenn er den einen der von ihm betriebenen Geschäftszweige aufgegeben hat; er ist auch berechtigt, sein Geschäft im Ganzen oder mit dem verbliebenen Rest auf einen Dritten zu übertragen und diesem alsdann die Fortführung der Firma zu gestalten. [Vgl. Nr. 3] Erstreckt sich das Veräußerungsgeschäft aber nur auf einen einzelnen Geschäftszweig, so kann der Erwerber, auch wenn der Veräußerer zustimmt, die Firma *nicht* seinerseits annehmen und fortführen. Eine Fortführung der Firma liegt auch dann vor, wenn ihr ein *Zusatz* beigefügt wird, der ein *Nachfolgeverhältnis* andeutet. [Vgl. Nr. 4; § 23 Nr. 2.]
U. v. 12.12.1903; I 313/03. Kammergericht. – Vgl. Nr. 2.

6.   HGB § 22.

Der Veräußerer eines Handelsgeschäfts kann dem Erwerber nicht das Recht einräumen, eine Firma, die er zu führen zwar berechtigt gewesen wäre, tatsächlich aber nicht geführt hat, mit dem Geschäfte zu übernehmen.
U. v. 6.2.1904; I 250/03. Köln.

7.   HGB § 22.

Die Übertragung einer Firma mit dem Hauptteile des bisherigen Geschäfts unter gleichzeitiger Auflösung der bisher das Geschäft innehabenden Gesellschaft und Überweisung eines Geschäftszweiges ohne die Firma an einen der bisherigen Gesellschafter ist rechtlich zulässig. [Vgl. Nr. 2.]
U. v. 18.3.1905; I 12/05. Dresden.

8.   HGB § 22 (auch § 23).

Eine *Klage*, die allein darauf gerichtet ist, dass der Beklagte verurteilt werde, die angeblich veräußerte *Firma auf den Kläger zu übertragen*, oder darein zu willigen, dass der Kläger als Inhaber der Firma in das Handelsregister eingetragen werde, ist *unzulässig*, es sei denn, dass bereits vorher das Geschäft, für das die Firma geführt wurde, mit der das Geschäft veräußert worden sein soll, tatsächlich an den Kläger übertragen war. Ist dies nicht der Fall, so kann der Vorbehalt der Ansprüche auf Übertragung des Geschäfts nicht ausreichen, um die Klage, soweit sie die Übertragung der Firma betrifft, aufrecht zu erhalten. Vielmehr muss in diesem Falle die Klage abgewiesen werden.
U. v. 25.4.1906; I 507/05. E. 63, 226. Köln.

9.   HGB § 22.

War bei der Veräußerung eines kaufmännischen Geschäfts mit Firma nach § 22 die Firma im Handelsregister eingetragen und hat der Veräußerer, da eine Umschreibung nicht erfolgt war, die Firma zur Löschung gebracht, so geht dadurch, soweit sich nicht aus §§ 2, 3 das. Ausnahmen ergeben, die Firma nicht unter; der Erwerber kann trotzdem die Firma nach wie vor als ihm zuständig benutzen und kann auch deren Wiedereintra-

gung verlangen und die dafür erforderliche Mitwirkung des Veräußerers in Anspruch nehmen. [Vgl. auch Nr. 12]
U. v. 12.12.1906; I 218/06. E. 65, 14. Kammergericht.
U. v. 14.11.1908; I 27/08. Kammergericht.

10.   = § 20 HGB Nr. 2.
U. v. 12.10.1907; I 594/06. Hamm.

11.   HGB § 22.
Bei dem Erwerb eines Handelsgeschäfts liegt in der Zustimmung des früheren Firmeninhabers zur Fortführung der Firma im Zweifel zwar die Ermächtigung, *die Firma auch für Zweigniederlassungen zu gebrauchen*, dagegen nicht auch die Ermächtigung, die Zweigniederlassung mit der abgeleiteten Firma als selbständiges Geschäft weiter zu veräußern.
U. v. 16.11.1907; I 44/07. E. 67, 94. Frankfurt.

12.   HGB § 22.
Zu dem in Nr. 9 angegebenen Falle war ausdrücklich vorausgesetzt, dass nicht mit der Löschung die Firma erlischt. Führt dagegen die Löschung die Beendigung der Firma herbei, so, wenn der Veräußerer im ernstlichen Einverständnisse des Erwerbers die Firma löschen lässt, so verliert der Erwerber auch das Recht zur Fortführung der alten Firma.
U. v. 14.11.1908; I 27/08. Kammergericht.

13.   HGB § 22 (auch AnfG §§ 1, 7).
Die Veräußerung eines Handelsgeschäftes als Ganzen kann nicht auf Grund des Anfechtungsgesetzes angefochten werden. (Eingehend begründet.)
U. v. 26.1.1909; VII 146/08. E. 70, 226. Frankfurt.

14.   = § 21 HGB Nr. 1.
U. v. 9.11.1910; I 437/09. Frankfurt.

15.   HGB § 22.
In welchem Sinne das Wort „ausdrücklich" da, wo es im HGB oder im BGB gebraucht wird, verstanden werden muss, hängt nicht von der Stellung ab, die man in der allgemeinen Theorie des Rechtsgeschäfts zu der Unterscheidung der ausdrücklichen und der stillschweigenden Willenserklärungen einnimmt. Die Bedeutung muss in jedem einzelnen Fall ermittelt werden [vgl. E. 63, 30]. Im Falle des § 22 ging die Absicht des Gesetzgebers nur dahin, die Zweifel und Unsicherheiten auszuschließen, die unvermeidlich sind, wenn man konkludente Umstände als Träger der Einwilligungserklärung anerkennt. Vor allem sollte verhindert werden, dass in einem bloßen passiven Dulden der Fortführung der Firma eine Einwilligung erblickt würde. Daher wurde eine bestimmte

direkte Äußerung des Zustimmungswillens verlangt. Jede Form aber, in welcher eine Äußerung unmittelbar erfolgen kann, sollte genügen.
U. v. 22.1.1911; I 127/10. Colmar.

16.   HGB § 22.
Bei der Einwilligung in die Fortführung einer bestehenden Firma sind Befristungen und Beschränkungen rechtlich zulässig mit der Wirkung, dass mit dem Ende der Frist das Recht aufhört und eine weitere Übertragung ausgeschlossen ist.
U. v. 11.5.1911; II 668/10. E. 76, 263. Königsberg.

17.   HGB § 22 (auch ZPO § 50).
Dadurch, dass das Geschäft einer offenen Handelsgesellschaft auf einen Einzelkaufmann übergeht, der es unter Beibehaltung der Firma der offenen Handelsgesellschaft weiterbetreibt, wird die *Parteifähigkeit* der unter der Firma der offenen Handelsgesellschaft im Prozess auftretenden Partei nicht in Frage gestellt.
U. v. 26.11.1914; VI 234/14. E. 86, 63. Düsseldorf.

18.   HGB § 22 (auch §§ 182, 274).
Die Firma einer Zweigniederlassung kann sich von der des Hauptgeschäfts auch durch einen Nachfolgezusatz nach § 22 unterscheiden. Gehören Haupt- und Zweigniederlassung einer Aktiengesellschaft, so bedarf es zur Annahme eines solchen Zusatzes für die Zweigniederlassung keiner Statutenänderung. Im Sinne der §§ 182 Nr. 1, 274 liegt eine Änderung der Firma nicht vor.
U. v. 8.6.1915; II 23/15. Kammergericht.

19.   HGB § 22.
Wenn auch die Übergabe eines Geschäfts nicht anders erfolgen kann, als indem die einzelnen dazu gehörenden Vermögensstücke übertragen, die Grundstücke aufgelassen, die beweglichen Sachen tradiert, die Forderungen zediert werden, so ist doch Gegenstand des Vertrags das Geschäft als ein Ganzes, nicht die einzelnen Aktiven, und wenn ein Vermögensstück, das als vorhanden angenommen wurde, in Wahrheit nicht vorhanden war, so kann nicht schon deshalb ohne weiteres die Nachlieferung oder der Ersatz des Wertes beansprucht werden.
U. v. 22.6.1915; II 90/15. Kammergericht.

20.   HGB § 22.
Macht der Erwerber eines Handelsgeschäfts von dem ihm durch den Veräußerer eingeräumten Rechte, die bisherige Firma fortzuführen, keinen Gebrauch, nimmt er vielmehr für den Weiterbetrieb des Geschäfts eine andere Firma an, so begibt er sich damit jenes Rechts. Die spätere Rückkehr zu der alten Firma ist ihm alsdann verschlossen.
U. v. 5.5.1916; III 7/16. München.

21. HGB § 22.

Der Veräußerer eines Handelsgeschäfts kann mit diesem seine Firma nicht nur als solche dem Erwerber übertragen, sondern er kann ihm auch mit Wirksamkeit gegen Dritte das Recht erteilen, die bisherige Firma fortan als bloße Geschäftsbezeichnung (Etablissementsname) zu verwenden.

U. v. 29.9.1916; II 104/16. E. 88, 421. Dresden.

22. HGB § 22.

Der Veräußerer eines Handelsgeschäfts ist nach Treu und Glauben und Handelssitte auch ohne ausdrückliche Zusage verpflichtet, eingehende Aufträge und Geschäftsbriefe, selbst wenn sie an ihn persönlich gerichtet sind, dem Geschäftserwerber *zugänglich* zu machen und ihm auf diese Weise die Möglichkeit zu erleichtern, bestehende Geschäftsverbindungen und die sich aus dem bisherigen Geschäftsbetriebe ergebenden neuen Verbindungen dem Geschäfte zu erhalten. Er kann, wenn er die Geschäftsbriefe den Absendern zurücksendet, ohne sie dem Geschäftsübernehmer zugänglich gemacht zu haben, diesem für den entstandenen Schaden ersatzpflichtig sein sowie eine für den Fall der Nichterfüllung seiner Vertragspflichten bedungene Vertragsstrafe verwirken.

U. v. 22.3.1917; IV 382/16. Düsseldorf.

23. HGB § 22 (auch BGB § 437 und GenG § 76).

Wird ein Handelsgeschäft mit Aktiven und Passiven verkauft, dabei der Kaufpreis nach dem Überschuss der Aktiven bestimmt und unter letzteren eine Stammeinlage bei einer Genossenschaft aufgeführt, so kann der Käufer nicht aus dem Grunde, weil der Verkäufer nicht in Wahrheit Mitglied bei der Genossenschaft war, sondern nur auf Grund der Mitgliedschaft seines Vorgängers ein entsprechendes Geschäftsguthaben hatte, Gewährleistung verlangen, wenn die Genossenschaft bereit war, ihn auf Grund der Übertragung des Guthabens als Mitglied aufzunehmen. Denn eine Übertragung der Mitgliedschaft war rechtlich nicht möglich, und deswegen ist der Vertrag dahin auszulegen, dass dem Käufer mit der Übertragung des Guthabens diejenige Möglichkeit, Mitglied zu werden, gewährt werden sollte, die er haben müsste, wenn der Verkäufer Mitglied gewesen wäre.

U. v. 23.5.1919; II 24/19. E. 96, 89. Kammergericht.

24. HGB § 22.

Die abgeleitete Firma darf auch mit Zustimmung des bisherigen Besitzers nicht in abgeänderter Form fortgeführt werden. Es können an dem kennzeichnenden Teil einer solchen Firma nur unwesentliche, d. h. solche Änderungen zugelassen werden, welche keinen Zweifel an der Identität mit der bisherigen Firma aufkommen lassen. Dies gilt auch dann, wenn der kennzeichnende Teil der Firma den veränderten Verhältnissen nicht mehr entspricht.

Daher ist die Änderung der abgeleiteten Firma: Zement- und Kalkfabrik J. G. in Weizen, in „Kalkwerk J. G. Weizen" unzulässig und sie kann auch damit nicht gerechtfertigt werden, dass der Inhaber des Geschäfts die Herstellung von Zement gänzlich aufgegeben hat.

B. v. 24.6.1919; II B 1/19. E. 96, 195.

25. = § 17 HGB Nr. 12.
U. v. 15.6.1920; II 4/20. E. 99, 158. – Zustimmend: U. v. 27.6.1933; II 13/33.

26. HGB § 22.
Der Erwerb eines Handelsgeschäfts ist dann gegeben, wenn das Geschäft im Großen und Ganzen als erworben anzusehen ist. Dazu genügt, dass die Bestandteile des Handelsvermögens übergehen, welche die Fortführung des Handelsbetriebes ermöglichen (vgl. E. 37, 178). Des Überganges des Geschäfts in seiner Gesamtheit bedarf es nicht; es genügt, dass das alte Geschäft mit seinen dem Handelsgewerbebetriebe dienenden Gegenständen und Beziehungen (vgl. U. VII 197/07 [JW 1908 S. 252]), seinem Ruf und seinen Aussichten auf den neuen Inhaber übergeht (vgl. E. 63, 229). Bei einem Fabrikgeschäft gehört dazu auch die Fortführung der Fabrikation. Selbst dann liegt nach der Verkehrsauffassung der Erwerb eines Handelsgeschäfts vor, wenn – besonders bei Firmen, die ihre frühere geschäftliche Bedeutung eingebüßt haben, – die Überlassung der Geschäftsaussichten, die Möglichkeit der Fortsetzung und Hebung des Geschäfts die Hauptsache ist, während die zum Geschäfte gehörigen greifbaren Gegenstände von nebensächlicher Bedeutung sind (vgl. E. 37, 178).
U. v. 20.9.1921; II 60/21.

27. HGB § 22.
1. Die Vorschrift des § 22 über Fortführung der „bisherigen" Firma ist streng auszulegen, die Firma ist also so fortzuführen, wie sie lautet. Daher ist die Ausschreibung von *Teilen* der Firma unstatthaft. Das gilt indes nicht von Zusätzen, die nur auf die *Gesellschaftsform* (z. B. Kommanditgesellschaft) hinweisen (vgl. § 19 Abs. 2), insbesondere dann nicht, wenn das Geschäft von einer Gesellschaft übernommen wird, die ihrerseits nach § 20 HGB oder § 4 Abs. 2 GmbHG einen ihrer Verfassung entsprechenden anderen Zusatz (z. B. den Zusatz GmbH) aufnehmen muss.
2. Zwar umfasst die Zustimmung des früheren Firmeninhabers zur Fortführung der Firma im Zweifel die Ermächtigung, die Firma für Zweigniederlassungen zu gebrauchen, dagegen nicht auch die Ermächtigung, die Zweigniederlassung mit der abgeleiteten Firma als selbständiges Geschäft weiterzuveräußern. Jedoch folgt hieraus nichts für die Stellung, die im zweiten Falle der Registerrichter gegenüber dem Eintragungsantrag einzunehmen hat. Für ihn ist der ursprüngliche Firmenträger ein Dritter; die Nachprüfung aber, ob durch die Eintragung die Rechtsstellung Dritter gefährdet oder verletzt wird, liegt außerhalb seiner Zuständigkeit. § 22 HGB verlangt für die Fortführung der abgeleiteten Firma nur die Einwilligung des „bisherigen" Geschäftsinhabers (vgl. E. 67, 94).
B. v. 16.5.1922; II B 1/22. E. 104, 341.
B. v. 4.7.1922; II B 4/22.

28. HGB § 22 (auch § 23 und GmbHG §§ 3, 68, 75).

Die Ansicht in E. 85, 397, dass eine G. m. b. H., die ihr Geschäft mit der Firma veräußert, erlösche, wird aufgegeben.

B. v. 29.5.1923; II B 1/23. E. 107, 31.

29. = § 18 HGB Nr. 8.

U. v. 12.1.1926; II 125/25. Karlsruhe.

30. HGB §§ 22, 31.

Die Anordnung der Testamentsvollstreckung hinsichtlich eines zu einem Nachlass gehörigen Handelsgeschäfts fällt nicht unter die eintragungsfähigen Tatsachen des Handelsregisters.

B. v. 26.3.1931; II B 5/31 u. B 6/31. E. 132, 138. Hamburg.

31. HGB §§ 25, 22.

1. Die Haftpflicht nach § 25 HGB trifft auch den Verpächter eines Geschäfts, der es nach Beendigung des Pachtverhältnisses unter Beibehaltung der bisherigen Firma fortführt.

2. Firmengleichheit im Sinne des § 25 HGB besteht nicht, wenn ohne gesetzlichen Zwang Teile der bisherigen Firma (wie die Worte „und Sohn" nach einem Familiennamen) weggelassen werden.

U. v. 6.10.1931; II 516/30. E. 133, 318. Kammergericht.

32. HGB §§ 22, 23; WZG § 7.

Die Übertragung des Geschäftsbetriebs mit dem Warenzeichen braucht (ebenso wie die Übertragung der Firma mit dem bestehenden Handelsgeschäft) nicht in einem Akt vor sich zu gehen. Es genügt innerlicher, zeitlicher und wirtschaftlicher Zusammenhang.

U. v. 20.10.1933; II 93/33. Hamburg.

33. HGB § 22; UnlWG n. F. § 3.

Auch eine ursprünglich den Tatsachen entsprechende Firma kann durch Änderung der tatsächlichen Verhältnisse gegen § 3 UnlWG verstoßen und daher unzulässig werden (so schon U. v. 12.6.1925 in MuW Bd. 25 S. 29 ff.; U. v. 25.10.1929 in JW 1930 S. 1864 Nr. 3). Das gilt auch für die sogen. abgeleiteten Firmen. Denn das Recht zur Fortführung einer Firma i. S. des § 22 HGB hat seine Grenzen dort, wo die Fortführung unmittelbar einer Täuschung dienen würde (so schon das U. v. 7.7.1933 II 33/33 in MuW Bd. 33 S. 461).

Eine Verwirkung des Unterlassungsanspruchs im Wettbewerbs- und Warenzeichenrecht kommt dann nicht in Frage, wenn es sich nicht um die Verletzung des Individualrechts eines einzelnen Mitbewerbers, z. B. seines älteren Zeichens, seiner Firma, seines Ausstattungsbesitzes handelt, sondern wenn gleichzeitig oder allein eine irreführende unrichtige Angabe i. S. des § 3 UnlWG vorliegt (so schon U. v. 25.11.1932 in MuW Bd. 33 S.

122; U. v. 7.7.1933 in MuW Bd. 33 S. 461; U. v. 1.6.1932 in JW 1933 S. 1653 Nr. 6; U. v. 12.3.1935 in MuW 1935 S. 223).
U. v. 5.7.1935; II 70/35.

34.   HGB § 22.

Nimmt der Erwerber eines ihm mit dem Firmenrecht übertragenen Geschäfts bei der Vereinigung mit seinem eigenen Unternehmen nicht an Stelle seiner bisherigen Firma die neue Firma als einheitliche an, sondern fügt er sie seiner bisherigen nur hinzu, indem er sie mit dieser durch „und", „&" oder ohne besonderes Zeichen verbindet („König Friedrich August Hütte & C. E. Rost & Co. Akt. Ges."), so hört damit die neue erworbene Firma auf, in ihrer ursprünglichen Gestalt mit dem Geschäft, für das sie ursprünglich bestimmt war, in Verbindung gebracht zu werden und kann daher im Falle einer Wiederabtrennung und Veräußerung dieses (mit dem Unternehmen als Abteilung oder dergl. verbundenen) Geschäfts *nicht* mit ihm übertragen werden.
U. v. 17.11.1936; II 104/26. E. 152, 365.

35.   = § 19 HGB Nr. 5.

B. v. 21.12.1937; II A 106/37. E. 156, 363.

36.   HGB §§ 22, 149.

Soll das Handelsgeschäft einer in Liquidation befindlichen offenen Handelsgesellschaft mit der Gesellschaftsfirma veräußert werden, so bedarf es hierzu der Einwilligung der Gesellschafter, und zwar auch insoweit, als deren Namen in der Firma nicht enthalten oder mitenthalten sind.
U. v. 14.9.1938; II 17/38. E. 158, 226.

37.   BGB § 823 e; HGB §§ 22, 25, 241, 313; AktG §§ 84, 295.

Werden die Firmen von zwei Unternehmen zu einer neuen Firma zusammengefasst, so liegt keine Fortführung der einzelnen bisherigen Firmen i. S. der §§ 22, 25 HGB vor.
Werden die Vorstandsmitglieder einer AG auf Schadensersatz in Anspruch genommen, weil sie aus Anlass einer Kapitalerhöhung eine unrichtige Erklärung über die Bareinzahlung der Einlagen abgegeben haben (§ 823 Abs. 2 BGB in Verb. m. § 313 Nr. 3 HGB = § 295 Nr. 3 AktG), so ist es unerheblich, dass sie den ihnen bekannten Sachverhalt rechtlich unrichtig beurteilt haben (unbeachtlicher Strafrechtsirrtum).
Zwischen einer unrichtigen Erklärung dieser Art und dem Schaden, den ein Dritter erlitten hat, besteht ein ursächlicher Zusammenhang nur dann, wenn der Dritte gerade auf die Richtigkeit dieser Erklärung vertraut hat. Diesen ursächlichen Zusammenhang muss der Dritte, der hierauf seinen Schadensersatzanspruch stützt, dartun und beweisen.
Die „Ersatzansprüche" aus § 241 Abs. 3 HGB (= § 84 Abs. 3 AktG) sind Schadensersatzansprüche, weisen aber doch insofern manche Besonderheiten auf, als sie auf Ersatz für die Entziehung oder das Fehlen bestimmter Beträge gerichtet sind; um einen Ersatzanspruch für einen Fehlbetrag handelt es sich im Falle oben Abs. 3 (Ausgabe von Aktien vor voller Leistung des Nennbetrages). Die in Anspruch genommenen Vorstandsmit-

glieder können sich, abgesehen vom Einwand mangelnden Verschuldens, nur durch den Nachweis entlasten, dass ein den Fehlbetrag ausgleichender Wert *endgültig* in das Vermögen der Aktiengesellschaft gelangt ist.
U. v. 30.11.1938; II 39/38. E. 159, 211.

38.   = § 18 HGB Nr. 18.
U. v. 2.12.1939; II 60/39. E. 162, 121.

39.   HGB §§ 22, 40, 138.
Zum Begriff des inneren oder ideellen Geschäftswertes eines Handelsunternehmens (Firmenwert).
U. v. 11.9.1941; II 76/41. E. 167, 260.

40.   = § 18 HGB Nr. 20.
U. v. 30.9.1943; II 58/43. E. 172, 37.

§ 23

Die Firma kann nicht ohne das Handelsgeschäft, für welches sie geführt wird, veräußert werden.

1.   HGB § 23 (auch BGB § 134).
Der Gebrauch einer fremden Firma, die man nicht in gesetzlicher Weise, nämlich durch Übertragung *mit* dem Geschäfte gemäß § 23 HGB erworben hat, ist unzulässig und ein Vertrag des Inhalts, dass die eine Vertragspartei zwar ihr eigenes Handelsgeschäft haben und betreiben, in diesem Geschäft aber gewisse Artikel unter einer ihr nicht zustehenden Firma (der der anderen Vertragspartei) vertreiben solle, würde gemäß § 134 BGB nichtig sein.
U. v. 7.1.1903; I 269/02. Köln.

2.   HGB § 23.
Voraussetzung der Zulässigkeit des Übergangs einer Firma ist der Übergang des Handelsgeschäfts, worunter der Inbegriff aller Rechtsverhältnisse zu verstehen ist, welche mit dem Betriebe des Handelsgewerbes in Beziehung stehen. Werden einzelne dieser Bestandteile ausgenommen, so ist zu entscheiden, ob diese Ausnahme mit dem Begriffe des Übergangs des Geschäfts verträglich erscheint. Diese Notwendigkeit ist insbesondere dann gegeben, wenn der Übergang der *Aktiva* und *Passiva* ausgeschlossen wurde ohne Andeutung über dasjenige, was von konkreten anderen Bestandteilen übergehen solle. [Vgl. § 22 Nr. 5.]
U. v. 29.12.1903; II 206/03. Braunschweig.

3.   § 22 HGB Nr. 8.
U. v. 25.4.1906; I 507/05. E. 63, 226. Köln.

4. HGB § 23 (auch § 130).

Die Gesellschafter einer offenen Handelsgesellschaft können mit rechtlicher Wirkung im internen Verhältnisse Bestimmungen treffen, durch welche besondere *Rechte eines einzelnen Gesellschafters hinsichtlich der Firma* anerkannt oder begründet werden, soweit dabei die Vorschrift des § 23 nicht verletzt wird. Die sich hieraus ergebende Verpflichtung kann als Gesellschaftsschuld konstituiert werden mit der Wirkung, dass auch neu eintretende offene Gesellschafter für ihre Erfüllung haften. [Vgl. § 24 Nr. 4.]
U. v. 21.9.1907; I 502/06. E. 66, 320. Frankfurt.

5. = § 15 HGB Nr. 8.
U. v. 30.10.1907; I 604/06. E. 66, 415. Rostock.

6. HGB § 23.

Der Titel eines Zeitschriftenunternehmens hat Ähnlichkeit mit der *Firma* eines Kaufmannes, ist der Name des Unternehmens. Er kann deshalb nicht von dem Unternehmen losgelöst, sondern gleich der Firma nur mit dem Handelsgeschäft übertragen werden. [Vgl. den weiteren Inhalt der Entscheidung BGB § 1204 Nr. 6.]
U. v. 17.1.1908; VII 197/07. E. 68, 49. München.

7. HGB § 23.

Ein Handelsgeschäft ist nicht eine Sache oder ein Recht, sondern *ein Inbegriff von Vermögensgegenständen* der verschiedensten Art. Es umfasst körperliche Sachen, Forderungen, sonstige fest umgrenzte, in sich geschlossene subjektive Rechte, aber auch rein tatsächliche Beziehungen, wie Bezugsquellen, Geschäftsgeheimnisse, Kundschaft u.s.w., die sich an den Namen (die Firma) des Inhabers oder an die besondere Benennung des Unternehmens knüpfen und die unter Umständen, weil gerade sie die Hoffnung auf die Möglichkeit gewinnbringenden Fortbetriebes des Geschäftes rechtfertigen, den Hauptwert des Geschäftes darstellen.
U. v. 17.1.1908; VII 197/07. E. 68, 49. München.

8. = § 21 HGB Nr. 1.
U. v. 9.11.1910; I 437/09. Frankfurt.

9. HGB § 23 (auch § 37 und zu 1: BGB § 134).

1. Eine Verletzung des § 23, wonach die Firma nicht ohne das Handelsgeschäft, für das sie geführt wird, veräußert werden kann, liegt vor, wenn die Firma übertragen wird, obgleich sich das Veräußerungsgeschäft nur auf einen einzelnen Geschäftszweig, der nicht den Hauptzweig des bisherigen Geschäfts bildet, beschränkt. In einem solchen Falle kann der Erwerber – gleichgültig, ob mit oder ohne Zustimmung des Veräußerers – die Firma seinerseits nicht annehmen und fortführen (vgl. E. 56, 189). Rechtsgeschäfte, die gegen diese Vorschrift verstoßen, insbesondere auch alle auf Umgehung dieser Bestimmung gerichteten, sind gemäß § 134 BGB nichtig.

2. War der Gebrauch einer Firma unbefugt i. S. des § 37 Abs. 1 S. 1 HGB (z. B. infolge Verstoßes gegen § 23 oder § 18 Abs. 2 HGB oder § 12 BGB), so bleibt er es auch für die spätere Zeit. Daher wird ein Firmeninhaber durch jenen unbefugten Firmengebrauch auch dann verletzt und ist deshalb auch dann aus § 37 Abs. 2 HGB klageberechtigt, wenn er seine Firma erst *nach* Beginn des unbefugten Gebrauchs der anderen Firma, also erst nach Errichtung der anderen gesetzwidrigen Firma gründet.
U. v. 23.3.1923; II 520/22.

10.   = § 12 HGB Nr. 28.
B. v. 29.5.1923; II B 1/23. E. 107, 31.

11.   HGB § 23.
§ 23 bezieht sich in erster Linie auf die Fälle, wo versucht wird, die Firma von dem im Betrieb befindlichen Handelsgeschäft wegzuverkaufen und so mit ihr allein Handel zu treiben. Im anderen Falle, wenn ein Geschäft samt Firma verkauft wurde und die Frage entsteht, ob bei Kaufabschluss das Geschäft überhaupt noch bestanden habe oder ob damals alle seine wirtschaftlichen Grundlagen schon zerstört gewesen seien, kann trotz schon vorher erfolgter Veräußerung der hauptsächlichen Vermögensstücke der Firma, Entlassung des Personals und Stillegung des Geschäftsbetriebs die erste Annahme darauf gegründet werden, dass im Zeitpunkte des Verkaufs wenigstens noch ein Geschäftslokal zur Behandlung der schriftlichen Arbeiten unterhalten worden und die geschäftlichen Beziehungen zur Kundschaft und zu den bisherigen Vertretern der Firma noch nicht abgebrochen gewesen seien. Dieser Standpunkt ist vorliegend um so eher gerechtfertigt, als der Verkäuferin die Beschränkung und dann auch die Stillegung ihres Geschäftsbetriebs durch die außerordentlichen Verhältnisse während des Weltkriegs und unmittelbar nachher aufgezwungen war (Kaufvertrag über das Geschäft – eine Sektkellerei – samt Firma vom 28.12.1920; Der Wille des Inhabers eines stillgelegten Betriebs, den Betrieb später, unter günstigeren Verhältnissen, wieder aufzunehmen oder durch Dritte wieder aufnehmen zu lassen, genügt *für sich allein* nicht zur Annahme des Fortbestehens des (stillgelegten) Geschäfts.
U. v. 30.4.1925; II 244/24. E. 110, 422. Bamberg.

12.   = § 22 HGB Nr. 32.
U. v. 20.10.1933; II 93/33. Hamburg.

§ 24

Wird jemand in ein bestehendes Handelsgeschäft als Gesellschafter aufgenommen oder tritt ein neuer Gesellschafter in eine Handelsgesellschaft ein oder scheidet aus einer solchen ein Gesellschafter aus, so kann ungeachtet dieser Veränderung die bisherige Firma fortgeführt werden.
Bei dem Ausscheiden eines Gesellschafters, dessen Name in der Firma enthalten ist, bedarf es zur Fortführung der Firma der ausdrücklichen Einwilligung des Gesellschafters oder seiner Erben.

1. = § 22 HGB Nr. 2.

U. v. 20.6.1900; I 120/00. E. 46, 150. Hamburg.

2. HGB § 24 (auch § 142).

Die Vorschriften der §§ 24 und 142 sind voneinander unabhängig; insbesondere gewährt
§ 142 Abs. 2 kein Recht auf Fortführung der Firma; dieselbe ist nur unter den Voraussetzungen des § 24 zulässig.

U. v. 23.3.1907; I 377/06. E. 65, 379. Hamm.

3. = § 19 HGB Nr.1.

U. v. 23.3.1907; I 377/06. E. 65, 379. Hamm.
U. v. 9.5.1908; I 353/07. Darmstadt.

4. HGB § 24.

Aus dem in § 23 Nr. 4 festgestellten Grundsatze folgt, dass die Bestimmung des § 24 im
Gesellschaftsvertrage der offenen Handelsgesellschaft mit rechtlicher Wirkung ausgeschlossen werden kann.

U. v. 21.9.1907; I 502/06. E. 66, 320. Frankfurt.

5. = § 21 HGB Nr. 1.

U. v. 9.11.1910; I 437/09. Frankfurt.

6. HGB § 24; UnlWG n. F. § 16.

Eine aus zwei persönlich haftenden Gesellschaftern bestehende Kommanditgesellschaft,
die beim Ausscheiden des einen persönlich haftenden Gesellschafters das Geschäft mit
Aktiven und Passiven übernimmt, ohne zur Fortführung der den Namen des Ausscheidenden enthaltenden Firma berechtigt zu sein, darf auch die Telegrammadresse des Geschäfts beim Fehlen einer Zustimmung des ausscheidenden Gesellschafters nicht weiterführen, wenn diese zum Teil aus dem Namen des Ausscheidenden gebildet ist.

U. v. 16.11.1923; II 149/23.

7. = § 19 HGB Nr. 5.

B. v. 21.12.1937; II A 106/37. E. 156, 363.

§ 25

Wer ein unter Lebenden erworbenes Handelsgeschäft unter der bisherigen Firma mit oder ohne Beifügung eines das Nachfolgeverhältnis andeutenden Zusatzes fortführt, haftet für alle im Betriebe des Geschäfts begründeten Verbindlichkeiten des früheren Inhabers. Die in dem Betriebe begründeten Forderungen gelten den Schuldnern gegenüber als auf den Erwerber übergegangen, falls der bisherige Inhaber
oder seine Erben in die Fortführung der Firma gewilligt haben.
Eine abweichende Vereinbarung ist einem Dritten gegenüber nur wirksam, wenn sie in das Handelsregister eingetragen und bekannt gemacht oder von dem Erwerber oder dem Veräußerer dem Dritten mitgeteilt worden ist.

Wird die Firma nicht fortgeführt, so haftet der Erwerber eines Handelsgeschäfts für die früheren Geschäftsverbindlichkeiten nur, wenn ein besonderer Verpflichtungsgrund vorliegt, insbesondere wenn die
Übernahme der Verbindlichkeiten in handelsüblicher Weise von dem Erwerber bekannt gemacht worden ist.

a) Allgemeines, Fortführung des Geschäfts mit der Firma:
    8, 16, 20, 22, 27, 28, 29, 30, 35, 38, 39, 53, 54, 56, 59, 62, 66
b) Wirkung einer solchen Fortführung: 9, 24, 32, 35, 40, 42, 43, 60, 63, 65
c) Umfang der Schuldenhaftung: 15, 16, 17, 19, 24, 34, 44, 46, 47, 48, 55, 60
d) Abweichende Bestimmungen; deren Bekanntgabe und Eintragung:
    2, 11, 12, 13, 14, 23, 24, 26, 30, 31, 33, 36, 44, 48, 57, 58, 61
e) Fortführung des Geschäfts ohne die Firma: 6, 25
f) Übernahme der Verbindlichkeiten; besonderer Verpflichtungsgrund:
    3, 4, 5, 25, 41, 42, 45, 47, 49, 50, 66
g) Zweigniederlassung: 21
h) Fortdauer der Haftung des Veräußerers: 1, 9, 26, 32, 37
i) Minderkaufmann: 10, 29
k) Übergangszeit: 7
l) Ausländisches Recht: 18, 38
m) Anhang: —

1.   HGB § 25.

Die Haftung des früheren Inhabers bleibt bestehen, soweit eine diesen befreiende Expromission nicht stattgefunden hat.

Die beiden Beklagten waren die Inhaber einer offenen Handelsgesellschaft. Durch ein Zirkular zeigte
eine Gesellschaft m.b.H. ihren Geschäftsfreunden, darunter auch der Klägerin, an, dass sie das bisher
von der offenen Handelsgesellschaft betriebene Geschäft mit Aktiven und Passiven übernommen habe
und dass die Geschäftsleitung den beiden Beklagten übertragen sei. Die Klägerin hat zuerst an die offene
Handelsgesellschaft, nach Empfang des Zirkulars an die Gesellschaft m.b.H. Waren käuflich geliefert.
Letztere ist in Konkurs verfallen. Die Klägerin fordert von den Beklagten den Kaufpreis für Waren, die
von der offenen Handelsgesellschaft gekauft, aber an die Gesellschaft m.b.H. geliefert worden sind. Es
wird ausgeführt: Durch die dem Zirkular entsprechende Lieferung an die neue Gesellschaft m.b.H. sei an
sich der Anspruch der Klägerin gegen die ursprüngliche Käuferin, die offene Handelsgesellschaft und
deren Inhaber nicht hinfällig geworden; eine diese befreiende Expromission habe nicht stattgefunden;
nachdem die Lieferung ihrem Willen gemäß erfolgt sei, könnten sie auch daraus, dass diese nicht an sie
selber geschehen, nicht die Einrede der mangelnden Erfüllung entnehmen. Die Klägerin habe ihren
Anspruch gegen die Beklagten auch nicht schon dadurch verloren, dass sie auf die im ursprünglichen
Kaufvertrage vorgesehene Lieferung gegen Barzahlung verzichtet habe, da diese Abweichungen *von den
Beklagten selbst*, als Geschäftsführern der Gesellschaft m.b.H. herbeigeführt worden seien.

[Altes Recht.] [Vgl. E. 31, 45.]
U. v. 19.12.1900; I 276/00. Stettin. – Ebenso Nr. 9.

2.   HGB § 25.

Eine Eintragung und Bekanntmachung, die gegen den Eintritt der in § 25 Abs. 1 bestimmten Folge Schutz gewähren soll, muss so deutlich sein, dass der Dritte erkennen
kann, die ihn betreffende Schuld oder Forderung des früheren Inhabers sei auf den Er-

werber nicht übergegangen. Allerdings wird hierbei eine Verweisung auf eine andere Stelle der Firmenakten vorkommen dürfen, aber es kann nur eine solche Verweisung als zulässig gelten, die unzweideutig ist und deren Benutzung vollen Aufschluss gewährt. Hieran fehlt es, wenn das Verzeichnis, auf das die Bekanntmachung verweist, Dritten nicht zugänglich ist und überdies die Bekanntmachung selbst nicht erkennen lässt, dass nicht sämtliche Schulden übernommen seien.

U. v. 6.10.1901; I 219/01. Dresden. – Ebenso: U. v. 5.7.1911; I 315/10. Hamm.

3.   HGB § 25 (auch BGB § 419).

Ein besonderer Verpflichtungsgrund im Sinne des Abs. 3 kann auch darin gelegen sein, wenn der Erwerber *das Vermögen* des früheren Firmeninhabers übernommen hat (§ 419 BGB). Diese Voraussetzung liegt aber nicht vor, wenn zwar ein bestimmt begrenztes Geschäftsvermögen des bisherigen Inhabers, nicht aber dessen Vermögen schlechthin durch Vertrag an den Erwerber übergegangen ist.

U. v. 4.12.1901; I 196/01. Hamm.

4.   HGB § 25.

Ist ein Handelsgeschäft ohne Fortführung der bisherigen Firma übernommen worden, so ist es durchaus zulässig, durch Bezugnahme auf ein bestimmtes Schriftstück – im gegebenen Falle die dem Registergericht überreichte Bilanz – die Grenze zu bestimmen, bis zu der der neue Erwerber des Geschäfts den alten Gläubigern desselben gleichfalls verpflichtet ist. Wird diese Grenzbestimmung öffentlich bekannt gemacht, dann ist es für jeden Gläubiger des alten Geschäfts unzweifelhaft erkennbar, dass der neue Erwerber ihm nur dann verpflichtet ist, wenn die Forderung dieses Gläubigers in der dem Gericht überreichten, in der Bekanntmachung in Bezug genommenen und jedermann zugänglichen Bilanz mit verzeichnet ist.

U. v. 4.12.1901; I 196/01. Hamm. – Ebenso: U. v. 5.7.1911; I 315/10. Hamm.

5.   HGB I. 3, § 25.

Die Anzeige der Übernahme eines Handelsgeschäftes allein hat gemäß § 25 Abs. 3 den Übergang der Verbindlichkeiten nicht zur Folge.

U. v. 13.1.1902; VI 359/01. E. 50, 116. München.

6.   HGB I. 3, § 25.

Wer zwei übernommene Handelsgeschäfte unter einer aus der Verbindung ihrer Firmennamen gebildeten Firma als einheitliches Geschäft fortführt, haftet *nicht* nach § 25 für ihre in früherer Zeit entstandenen Geschäftsschulden.

U. v. 13.1.1902; VI 359/01. E. 50, 116. München.

7.   HGB § 25.

Ist der Vertrag, auf Grund dessen die Übernahme des Handelsgeschäftes erfolgt, zwar vor dem 1.1.1900 geschlossen, ist aber die Übernahme durch den Erwerber erst nach diesem Tag erfolgt, so fällt die „Fortführung" des Geschäftes unter die Herrschaft des HGB v. 10.5.1897 und § 25 desselben findet daher Anwendung.

U. v. 13.1.1902; VI 359/01. E. 50, 116. München.

8.   HGB § 25.

Die Voraussetzung für die Anwendung des § 25 Abs. 1 ist, dass ein *vorhandenes* Handelsgeschäft erworben und unter der bisherigen Firma fortgeführt ist. Ob das Handelsgeschäft zur Zeit der Erwerbung *bestand*, ist im wesentlichen Tatfrage.

Der Eigentümer einer Fabrik war in Konkurs gefallen; der Konkursverwalter hatte alle Waren, Rohmaterialien u.s.w. versilbert und das Fabrikanwesen vermietet. Der Mieter hatte 2 Jahre lang auf eigene Rechnung und unter eigener Firma gewirtschaftet. Nach Ablauf des Mietvertrages und Beendigung des Konkurses hatte der Eigentümer das Fabrikanwesen nebst der früheren Firma verkauft. Bei dieser Sachlage verneinte der Tatrichter das *Vorhandensein* des Handelsgeschäftes zur Zeit des Verkaufes.

U. v. 8.7.1902; VII 161/02. Kiel.

9.   HGB § 25 (auch § 128).

Wie schon in § 25 Nr. 1 ausgeführt ist, büßt der Gläubiger aus einem zweiseitigen Rechtsgeschäfte dadurch allein, dass er an denjenigen, der ein Handelsgeschäft mit Aktiven und Passiven übernommen hat, die ihm obliegende Gegenleistung bewirkt, seine Ansprüche gegen die früheren Geschäftsinhaber nicht ein [E. 31, 47].

Der bisherige Teilhaber einer offenen Handelsgesellschaft hatte unter Übernahme der Aktiven und Passiven unter unveränderter Firma das Geschäft allein fortgesetzt.

U. v. 18.4.1903; I 441/02. Hamburg.

10.   HGB § 25.

Die Bestimmung des Abs. 1 ist *nicht* anwendbar, wenn ein *Minderkaufmann* sein Geschäft überträgt und dem Erwerber die Fortbenutzung seines Namens gestattet.

U. v. 8.6.1903; I 490/02. E. 55, 83. Posen.

11.   HGB § 25.

Es ist nicht notwendig, dass die Eintragung der abweichenden Vereinbarung oder die Mitteilung an die Gläubiger vor oder *gleichzeitig* mit der Übernahme des Geschäfts erfolgt; erforderlich aber ist, dass sie *unverzüglich* nachfolgt.

Demgemäß wurde eine erst mehrere Wochen nach der Geschäftsübernahme, ohne ersichtlichen Zusammenhang mit dieser erfolgten Mitteilung an den Dritten für wirkungslos angesehen.

U. v. 27.6.1903; I 257/03. Celle.
U. v. 7.11.1903; I 292/03. Kammergericht. – Ebenso: U. v. 12.5.1911; III 556/09. Düsseldorf.

12.   HGB § 25.

Über die Wirksamkeit einer Mitteilung des Veräußerers an den *Vertreter* des Gläubigers wird ausgeführt:

Eine Mitteilung des Veräußerers über die abweichende Vereinbarung an die *Ehefrau* des Dritten ist diesem gegenüber dann als wirksam erachtet worden, wenn diese Mitteilung der Ehefrau gemacht wurde, als diese die Forderung ihres Mannes in dessen Auftrage von dem Veräußerer unmittelbar nach der

Geschäftsübernahme einziehen wollte. Die Ermächtigung zur Einziehung der Forderung erstreckt sich auch auf die Ermächtigung zur Entgegennahme jener Mitteilung. [Vgl. Nr. 14.]
U. v. 19.9.1903; I 142/03. Königsberg.

13. = § 15 HGB Nr. 4.
U. v. 19.9.1903; I 142/03. Königsberg.

14. HGB § 25.
Die nach § 25 Abs. 2 nötige *Mitteilung* einer abweichenden Vereinbarung kann dem Dritten wirksam im Prozesse von dem Anwalte des Erwerbers oder des Veräußerers gemacht werden. [Vgl. Nr. 12.]
U. v. 28.9.1903; VI 146/03. Kammergericht.

15. HGB § 25.
Unter den im § 25 Abs. 1 genannten „im Betriebe des Geschäfts begründeten Verbindlichkeiten" und unter dem gleichbedeutenden Ausdrucke „Geschäftsverbindlichkeiten" im Abs. 3 werden Verpflichtungen verstanden, die mit dem Geschäftsbetrieb in einer solchen engen, inneren Verbindung stehen, dass sie als eine Folge dieses Geschäftsbetriebes erscheinen. [Vgl. E. 15, 54.]
Dies trifft zu bei einer Vereinbarung, wodurch sich ein Geschäftsinhaber zu einer Änderung der Firma verpflichtet hat, weil der Betrieb seines Handelsgeschäfts unter einer Firma, die der Firma des anderen Vertragsteils ähnelte, Unzuträglichkeiten für beide Teile hervorgerufen hatte.
U. v. 27.2.1904; I 452/03. E. 58, 21. Kiel.

16. HGB § 25.
Ein Konkursgläubiger kann nicht die Haftung aus § 25 gegen den geltend machen, der ein zur Masse gehöriges Handelsgeschäft von dem Konkursverwalter erworben hat und unter der bisherigen Firma fortführt.
U. v. 21.5.1904; I 85/04. E. 58, 166. Hamburg.

17. HGB § 25 (auch §§ 28, 130; BGB §§ 123, 142).
Die Rechtsgeschäfte, an die in den §§ 25, 28, 130 die Rechtsfolge der Haftung für die bisherigen Geschäfts- oder Gesellschaftsschulden geknüpft ist, können *wegen Irrtums oder Betrugs* gegenüber einen aus jener Rechtsfolge berechtigten bisherigen Geschäfts- oder Gesellschaftsgläubiger nur angefochten werden, wenn er den Anfechtungsgrund kannte oder kennen musste.
U. v. 13.1.1905; II 180/04. Dresden.

18. HGB § 25 (auch EG z. BGB Art. 30).
Die Anwendung *des ausländischen Rechts*, das bei der im Ausland erfolgten Übernahme eines ausländischen Geschäftes eine Übernahme der Schulden, entsprechend dem

§ 25 Abs. 1 HGB, nicht kennt, verstößt nicht gegen den Zweck des deutschen Gesetzes im Sinne des Art. 30 EG z. BGB.
U. v. 21.3.1905; II 387/04. E. 60, 296. Jena.

19. HGB § 25 (auch § 28).

Auch die Verbindlichkeiten, die bei Einrichtung eines Handelsgewerbes eingegangen werden, die sogen. *Vorbereitungsgeschäfte*, also namentlich die Anwendungen für den Erwerb des Geschäfts, für die Anschaffung der Waren und für Geschäftsmieten, gehören zum *Betriebe des Handelsgewerbes* und fallen diesem Betriebe zur Last.

Daher kann auch die Firma für solche Verbindlichkeiten gezeichnet und es können auch Wechsel mit dem Firmennamen dafür gegeben werden.
U. v. 7.3.1906; V 380/05. Celle.
U. v. 17.2.1908; IV 292/07. Kammergericht. – Ebenso: U. v. 23.9.1912; VI 521/11. Augsburg.

20. HGB § 25.

Durch den *Erwerb eines Geschäftszweiges* – hier der Spiritusfabrikation einer Likörfabrik – wird ein Handelsgeschäft nicht im Sinne des § 25 fortgeführt.

Durch den Veräußerungsvertrag über einen Geschäftszweig eines Handelsgeschäfts kann dieser Geschäftszweig nicht zu einem im Sinne des § 25 *fortgeführten* Handelsgeschäft erhoben werden. [Dahingestellt wurde, ob durch den Erwerb des Hauptzweiges eines Handelsgeschäfts letzteres im Sinne des § 25 fortgeführt werde.]
U. v. 28.9.1906; II 33/06. E. 64, 129. Kammergericht.

21. HGB § 25.

Hinsichtlich der im Geschäftsverkehre mit der eingetragenen *Zweigniederlassung* begründeten Forderungen und Verbindlichkeiten kann eine von der gesetzlichen Regel des § 25 Abs. 1 abweichende Vereinbarung dem Dritten gegenüber nur wirksam sein, wenn sie in das Handelsregister der Zweigniederlassung eingetragen und bekannt gemacht oder von dem Erwerber oder dem Veräußerer dem Dritten mitgeteilt worden ist.
U. v. 17.9.1907; III 69/07. Hamburg.

22. = § 20 HGB Nr. 2.

U. v. 12.10.1907; I 594/06. Hamm.

23. HGB § 25.

Ob die in § 25 Abs. 2 gedachte Mitteilung rechtzeitig erfolgt ist, muss durch richterliches Ermessen im Einzelfalle bestimmt werden.
U. v. 12.10.1907; I 594/06. Hamm.

24. HGB § 25 (auch BGB § 407).

Wer als Erwerber eines Handelsgeschäfts gemäß § 25 HGB für die Geschäftsverbindlichkeiten haftet, ist gegenüber einem Geschäftsgläubiger als „Schuldner" im Sinne des

§ 407 Abs. 1 BGB anzusehen. Im Sinne derselben Gesetzesvorschrift ist die Mitteilung nach § 25 Abs. 2 HGB ein „Rechtsgeschäft".
U. v. 12.10.1907; I 605/06. E. 67, 8. Düsseldorf.

25.   HGB § 25 (auch BGB § 419).

Stellt die Veräußerung eines Handelsgeschäfts eine Übertragung des *Gesamtvermögens* dar, so haftet der Übernehmer, auch wenn die Firma nicht fortgeführt wird (HGB § 25 Abs. 3), nach § 419 BGB für die Geschäftsschulden neben dem Veräußerer. Zwar liegt, da das Geschäftsvermögen eines *Kaufmanns* nicht sein *ganzes* Vermögen zu erschöpfen pflegt, in der Übertragung eines Handelsgeschäfts sehr häufig *nicht* eine *Vermögens-übertragung* im Sinne des § 419 BGB, anders aber bei der Übertragung des Vermögens einer juristischen Person, einer Handelsgesellschaft: überträgt diese ihr Vermögen ohne Fortführung der Firma, so liegt nach § 419 BGB einer der besonderen Verpflichtungs-gründe nach Abs. 3 § 25 HGB vor, der den Ausschluss der Haftung des Erwerbers *außer Kraft setzt*.
U. v. 22.6.1908; VI 394/07. E. 69, 284. Kammergericht.

26.   HGB § 25 (auch § 344).

§ 25 gewährt, falls die Bestimmungen des Abs. 2 nicht eingehalten sind, dem Gläubiger ohne Rücksicht auf die zwischen dem Veräußerer und dem Erwerber des Handelsge-schäfts eingegangene Vereinbarung kraft Gesetzes einen besonderen Schutz. Für den Eintritt dieses Schutzes ist die Regel des § 344 Abs. 2 maßgebend, die darüber Bestim-mung trifft, wann eine Forderung *im Sinne des Gesetzes* als zum Handelsbetriebe gehö-rig zu erachten ist [vgl. E. 59, 215]. Nur der Gläubiger, der von vornherein bei Erwerb der Forderung weiß, dass sie mit dem Handelsbetriebe nicht im Zusammenhang steht, kann auf den Schutz des § 25 keinen Anspruch machen. Es genügt nicht, dass der ur-sprüngliche Gläubiger bei Entstehung der Forderung diese Kenntnis gehabt hat.
U. v. 3.1.1910; IV 108/09. Kammergericht.

27.   HGB § 25 (auch § 123; BGB § 311).

Wenn es sich nicht um das ganze gegenwärtige Vermögen oder einen Bruchteil eines solchen handelt, sondern um ein Sondervermögen einer offenen Handelsgesellschaft, so findet § 311 BGB keine Anwendung.
U. v. 1.2.1910; III 99/09. Kammergericht.

28.   HGB § 25.

Fortführung der bisherigen Firma durch den Erwerber eines Handelsgeschäfts ist die dem Publikum gegenüber zu erkennen gegebene Willensmeinung, dass die alte Firma auch jetzt noch die Firma des auf den neuen Inhaber übergegangenen Handelsgeschäftes sein solle. Eine solche ist nicht schon in jedem vereinzelten, gelegentlichen Gebrauche der bisherigen Firma zu finden.
U. v. 28.2.1910; VI 147/09. E. 73, 71. Düsseldorf.

29. HGB § 25.

Die Nichteintragung der bisherigen Firma ist für die Anwendung des § 25 nicht von Bedeutung, dagegen ist notwendige Voraussetzung, dass der bisherige Firmeninhaber Vollkaufmann gewesen ist.

U. v. 28.5.1910; V 460/09. Posen.

30. HGB § 25.

Wer von einem Gemeinschuldner dessen Handelsgeschäft für den Fall kauft, dass das Konkursverfahren durch Zwangsvergleich beendet werde, und das Geschäft alsbald nach dem Zustandekommen des Zwangsvergleichs übernimmt und unter der bisherigen Firma fortführt, haftet für eine Verbindlichkeit, welche der Gemeinschuldner dafür übernommen hat, dass der andere für die Herbeiführung des Zwangsvergleichs tätig werde, aus § 25 nicht.

U. v. 28.6.1910; III 475/09. München.

31. HGB § 25.

Die Mitteilung von dem vereinbarten Ausschlusse der Haftung muss, um nach § 25 Abs. 2 dem Dritten gegenüber wirksam zu sein, unverzüglich – im unmittelbaren Anschluss an den Erwerb und die Fortführung des Geschäfts – erfolgen.

U. v. 26.11.1910; VI 132/10. Hamm. – Ebenso: U. v. 17.5.1922; V 600/619/21.

32. HGB § 25.

Wenn der Übernehmer des Geschäfts auf Grund der Fortführung dieses und der Firma für die bisherigen Geschäftsverbindlichkeiten haftbar geworden ist, so haftet er *neben* dem früheren Inhaber, nicht an Stelle dieses.

U. v. 26.11.1910; VI 132/10. Hamm.

33. HGB § 25.

Bei der Übernahme eines Handelsgeschäfts ist die Vereinbarung der Nichthaftung für die Geschäftsschulden Dritter gegenüber nicht schon dann wirksam, wenn die Vereinbarung rechtzeitig zum Handelsregister angemeldet wird. Will der Erwerber statt die Vereinbarung „dem Dritten mitzuteilen", die Eintragung ins Handelsregister und die Bekanntmachung herbeiführen, so trägt er grundsätzlich die Gefahr, die die Benutzung dieses Weges mit sich bringt. Kommen bei diesem Verfahren Versehen und Unregelmäßigkeiten bei der Registerbehörde vor, so sind diese Umstände bei der Bestimmung der angemessenen Frist, innerhalb der die Eintragung und Bekanntmachung der Vereinbarung dem Geschäftserwerbe zu folgen hat, zu berücksichtigen.

U. v. 4.1.1911; I 461/09. E. 75, 139. Köln. – Ebenso: U. v. 12.5.1911; III 556/09. Düsseldorf.

34. HGB § 25 (auch GmbHG § 3).

Wer ein unter Lebenden erworbenes Handelsgeschäft unter der bisherigen Firma fortführt, haftet soweit als möglich auch für die Verbindlichkeiten, die der bisherige Ge-

schäftsinhaber durch die im Betriebe seines Geschäfts erfolgte Beteiligung an einer Gesellschaft m. b. H. gemäß § 3 Abs. 2 Ges. betr. Gesellschaften m. b. H. übernommen hat.
U. v. 24.3.1911; II 187/10. E. 76, 7. Köln.

35.   HGB § 25.
Wie die Haftung für die Geschäftsschulden des erworbenen Geschäfts auch dann begründet wird, wenn die bisherige Firma des erworbenen Geschäfts „mit einem das Nachfolgeverhältnis andeutenden Zusatz" fortgeführt wird, so muss das Gleiche gelten, wenn das Geschäft eines Einzelkaufmanns von einer Gesellschaft mit beschränkter Haftung erworben und unter der bisherigen Firma mit dem das Gesellschaftsverhältnis zum Ausdruck bringenden Zusatz fortgeführt wird.
U. v. 7.3.1912; VI 295/11. Colmar. – Auch Umstellung der Sach- und Ortsbezeichnung schadet nicht:
U. v. 27.4.1915; II 599/14. Breslau.

36.   HGB § 25.
Der Erwerber wird von der Haftung für die Geschäftsschulden durch eine entsprechende Vereinbarung mit dem Geschäftsveräußerer nur dann befreit, wenn diese Vereinbarung in das Handelsregister eingetragen wird oder von dem *Veräußerer* oder *Erwerber* dem in Betracht kommenden Gläubiger mitgeteilt wird. Diese gesetzlichen Voraussetzungen für den Ausschluss der Haftpflicht des Erwerbers können durch eine bloße, dem Gläubiger durch Dritte oder auf sonstige Weise übermittelte Kenntnis nicht ersetzt werden, da § 15 Abs. 1 nicht Platz greift.
U. v. 7.3.1912; VI 295/11. Colmar.

37.   HGB § 25.
Die Vorschrift des § 25 sieht keineswegs vor, dass der Veräußerer von seiner auf den Erwerber des Handelsgeschäfts übergehenden Verbindlichkeit frei wird; er bleibt vielmehr *neben* dem Erwerber für die Geschäftsschulden persönlich haftbar.
U. v. 7.3.1912; VI 295/11. Colmar.

38.   HGB § 25.
Wie § 25 Abs. 2 deutlich erkennen lässt, setzt die Anwendung des § 25 das Vorhandensein eines solchen Geschäfts voraus, dessen Firma in das Handelsregister (eines deutschen Gerichts) eingetragen werden kann, weshalb auf Minderkaufleute der § 25 überhaupt keine Anwendung findet [vgl. E. 55, 83]. Ist nun der Sitz des erworbenen, erst im Ausland gelegenen, Geschäfts in das Gebiet des Deutschen Reichs verlegt und gleichzeitig die frühere Firma, unter der die Fortführung des Geschäfts erfolgt, in das Handelsregister eines *deutschen* Gerichts eingetragen, so sind damit die Bedingungen für die Anwendung des § 25 erfüllt.
U. v. 7.3.1912; VI 295/11. Colmar.

39.   HGB § 25.
Eine Fortführung des Handelsgeschäftes im Sinne des § 25 muss nach außen hervorgetreten sein; dass im innern Verhältnis zwischen Veräußerer und Erwerber das Geschäft
für Rechnung des Erwerbers weitergeführt wird, insbesondere von dem Veräußerer als
nunmehrigem Angestellten des Erwerbers, genügt für sich allein nicht.
U. v. 7.1.1913; II 525/12. Kammergericht.

40.   HGB § 25.
Die Bedeutung der Fiktion des § 25 Abs. 1 Satz 2 erschöpft sich nicht in der befreienden
Wirkung einer vom Schuldner dem Erwerber etwa gemachten Leistung. Dem Schuldner
gegenüber gilt vielmehr der Erwerber schlechthin als der einzige und wahre Gläubiger.
U. v. 17.2.1914; II 553/13. Naumburg.

41.   HGB § 25.
Die bloße Bürgschaftsverpflichtung für künftige, noch nicht entstandene Forderungen,
wie sie in einer Kreditbürgschaft übernommen wird, geht an sich auf den Erwerber des
Handelsgeschäfts nicht über.
U. v. 19.3.1914; VI 31/14. Breslau.

42.   HGB § 25 (auch BGB § 419).
Die Haftung aus § 25 HGB kann neben der aus § 419 BGB bestehen.
U. v. 26.2.1915; 428/14. Kammergericht.

43.   HGB § 25 (auch BGB § 1190).
1. Eine für die gegenwärtigen und künftigen Forderungen eines Kaufmanns aus Waren-
lieferungen an den Grundstückseigentümer bestellte Höchstbetragshypothek haftet nicht
auch für die Forderungen des Erwerbers des Handelsgeschäfts und der von diesem fortgesetzten Geschäftsverbindung mit dem Eigentümer. Sollen solche Forderungen in die
Hypothekensicherung eintreten, so muss das Forderungsverhältnis zwischen dem Erwerber des Handelsgeschäfts und dem Eigentümer gemäß § 1180 BGB an die Stelle des
Forderungsverhältnisses zwischen dem Veräußerer des Handelsgeschäfts und dem Eigentümer gesetzt werden, wozu außer der Einigung zwischen dem Erwerber und dem
Eigentümer und der Zustimmung des Veräußerers die Eintragung der Forderungsaus-
wechselung in das Grundbuch erforderlich ist.
2. Eine für die gegenwärtigen und künftigen Forderungen eines Kaufmanns aus Waren-
lieferungen an den Grundstückseigentümer bestellte Höchstbetragshypothek geht nicht
ohne weiteres auf denjenigen über, der das Handelsgeschäft des Kaufmanns erwirbt und
die Firma mit Einwilligung des Veräußerers fortführt. Vielmehr ist dazu die Einigung
zwischen dem Veräußerer und dem Erwerber und die Eintragung der Abtretung in das
Grundbuch erforderlich.
U. v. 19.2.1916; V 370/15. Naumburg.

44.											HGB § 25 (auch BGB § 419).

Die Anwendbarkeit des § 419 BGB wird nicht durch die des § 25 HGB ausgeschlossen (vgl. E. 69, 290). Richtig ist nur, dass da, wo die Anwendung des § 25 HGB zur Annahme der *unbeschränkten* Haftung des Übernehmers eines Handelsgeschäfts führen müsste, eine *Beschränkung* dieser Haftung nicht aus dem Grunde angenommen werden kann, weil gleichzeitig die Voraussetzungen des § 419 BGB vorliegen. Es ist daher unzulässig, die Frage, ob im Falle des § 25 HGB die Nichtübernahme einer Schuld gemäß Abs. 2 das. ordnungsmäßig, insbesondere rechtzeitig (vgl. U. III 267/15; II 525/12) bekannt gemacht sei, mit der Begründung unentschieden zu lassen, dass die Voraussetzungen des § 419 BGB gegeben seien und sich schon aus *diesem* Grunde die Haftung des Übernehmers beschränke.

U. v. 2.11.1917; II 148/17. Düsseldorf.

45.											HGB § 25 (auch BGB § 780).

Eine *Privatschuld* (z. B. eine Darlehnsschuld) des alleinigen Inhabers einer Firma kann durch Vereinbarung mit dem Gläubiger in eine *Geschäftsschuld* (eine „im Betriebe des Geschäfts *begründete* Verbindlichkeit", HGB § 25) umgewandelt werden, auch in der Weise, dass eine neue selbständige Verpflichtung im Sinne des § 780 BGB begründet wird. Ein Geschäftsnachfolger gemäß dem § 25 HGB haftet dann für die Schuld.

U. v. 6.12.1917; VI 311/17. Dresden.

46.											HGB § 25 (auch BGB § 812).

Wenn jemand auch durch sein Auftreten im Handelsverkehr der Öffentlichkeit gegenüber erklärt, dass er für die im Betriebe eines Handelsgeschäfts entstandenen Verbindlichkeiten des früheren Geschäftsinhabers hafte (vgl. E. 89, 97), übernimmt er damit noch nicht die Haftung für *nichtige* Verbindlichkeiten, z. B. nicht für die Bezahlung des Kaufpreises, den der *geschäftsunfähige* frühere Inhaber seinem Vorbesitzer für die Übertragung des Handelsgeschäfts versprochen hat. Dagegen haftet er in dem bezeichneten Falle für eine Bereicherungsschuld, die dem *früheren* Inhaber aus der Erlangung des Handelsgeschäfts erwachsen ist. Eine derartige Schuld ist als eine im Betriebe des Handelsgewerbes entstandene Verbindlichkeit schon dann zu erachten, wenn der frühere Geschäftsinhaber den Betrieb tatsächlich fortgeführt hat. (Vgl. E. 15, 54; 58, 23; 76, 19.)

U. v. 2.7.1918; II 63/18. E. 93, 227. Stuttgart.

47.											HGB § 25 (auch BGB §§ 320, 339).

Der Übergang der Pflichten aus vertraglichem gegenseitigen (z. B. für den Übertretungsfall durch Vertragsstrafe gesicherten) Wettbewerbsverbot, das bei der Veräußerung eines von mehreren bisher in einer Hand befindlichen Handelsgeschäften begründet wurde, auf die Geschäftsnachfolger vollzieht sich gemäß § 25 Abs. 1 S. 1 HGB, wenn der Geschäftsnachfolger das unter Lebenden erworbene Geschäft unter der bisherigen Firma fortführt (vgl. E. 68, 297; 72, 434). Ebenso gehen die Rechte aus dem Wettbewerbsver-

bot über, wenn der bisherige Geschäftsinhaber in die Fortführung der Firma gewilligt hat. (Vgl. E. 37, 178 und HGB § 25 Abs. 1 S. 2.)
U. v. 1.7.1919; II 562/14. E. 96, 171. Köln.

48.   HGB § 25.

1. Die Haftung des Erwerbers eines Handelsgeschäfts gemäß § 25 HGB erstreckt sich auch auf Verbindlichkeiten aus *Konkurrenzklauseln* (vgl. E. 68, 297; 96, 173).
Die Erwägung, dass sich auf eine Unterlassungsverbindlichkeit als eine negative Schuldverpflichtung die Grundsätze der gesamtschuldnerischen Haftung nicht überall anwenden lassen, kann, da der § 25 die Haftung des Erwerbers für *alle* im Betriebe des Geschäfts begründeten Verbindlichkeiten des früheren Inhabers, also auch für Unterlassungsverbindlichkeiten bestimmt, nicht dazu führen, die Anwendung des § 25 für solche Verbindlichkeiten auszuschließen. Auch bei Annahme eines *eigentlichen* Gesamtschuldverhältnisses könnte vielmehr die Folge nur die sein, dass die Rechtsgrundsätze der gesamtschuldnerischen Haftung lediglich insoweit außer Anwendung zu bleiben haben, als ihnen die Eigenart der negativen Schuldverbindlichkeit entgegensteht. Es kann deshalb dahingestellt bleiben, ob durch die nach § 25 eintretende Haftung des Erwerbers neben der des Veräußerers überhaupt ein *eigentliches* Gesamtschuldverhältnis oder nur ein *gesamtschuldähnliches* Verhältnis oder nur eine kumulative Haftungsübernahme begründet wird.

2. Durch eine Vereinbarung zwischen dem Veräußerer und dem Erwerber, dass dieser anstelle des Veräußerers in ein Vertragsverhältnis eintreten, also nur *statt* seiner und nicht neben ihm aus dem Vertrage haften solle, wird der Eintritt der Rechtsfolgen des § 25 Abs. 1 nicht ausgeschlossen. Die Haftung des Erwerbers ist hier gerade gewollt, und die Vereinbarung will nur die Haftung des Veräußerers anders regeln, als sich aus dem Gesetze ergibt. Der Abs. 2 hat aber nur Vereinbarungen im Auge, die die Haftung des Erwerbers abweichend von der Anordnung des Abs. 1 Satz 1 regeln, nicht solche, die sich auf die Fortdauer der Haftung des Veräußerers beziehen; an der Tatsache, dass dieser weiter Schuldner bleibt, kann durch eine Vereinbarung lediglich zwischen ihm und dem Erwerber überhaupt nichts geändert werden.
U. v. 15.10.1920; VII 176/20.

49.   HGB § 25.

Ein die Haftung für Geschäftsschulden begründender *besonderer* Verpflichtungsanspruch i. S. des § 25 Abs. 3 gegenüber *einem* Geschäftsgläubiger kann darin gefunden werden, dass der Erwerber eines ohne Firma fortgeführten Handelsgeschäfts *diesen* Gläubiger zur Bekanntgabe seiner etwaigen Ansprüche mit dem Ersuchen aufgefordert hatte, bis zur Verständigung mit ihm keine weiteren Schritte zu unternehmen, da er das Prinzip habe, die Gläubiger der Firma, ohne dass erst Klage erforderlich wäre, zu befriedigen.
U. v. 11.11.1920; VI 263/20.

50.   HGB § 25 (auch § 28).

Zu den „im Betriebe des Geschäfts begründeten (entstandenen) Verbindlichkeiten" des früheren Geschäftsinhabers gehören auch solche aus den sogenannten *Vorbereitungsge-*

schäften, wie z. B. aus der Aufnahme eines Darlehns zur Beschaffung der Mittel für den Erwerb des Geschäftes. (Vgl. U. VI 351/08 [Recht 1909 Nr. 2516].)
U. v. 14.1.1921; III 291/20.

51. HGB § 25 (auch BGB §§ 157, 398, 328).

Verpflichtet sich der Verkäufer eines Handelsgeschäfts, dem Käufer auf eine bestimmte Reihe von Jahren keine Konkurrenz zu machen, so kann der Käufer, wenn er das Geschäft innerhalb dieser Zeit weiter verkauft, mangels abweichender Vereinbarung mit dem Geschäft *zugleich* seine Rechte aus der Konkurrenzklausel wirksam auf den Erwerber übertragen. Hatte er *selbst* sich wechselseitig ebenfalls verpflichtet, dem Verkäufer nicht Konkurrenz zu machen, so stehen beide Konkurrenzverbote in unlöslichem Zusammenhang und die ausdrückliche Übertragung der einen Konkurrenzklausel auf den zweiten Erwerber schließt mangels entgegenstehender Umstände die Übernahme der Verbindlichkeit aus der Gegenklausel ein.
U. v. 22.4.1921; II 492/20. E. 102, 127.

52. HGB § 25.

§ 25 Abs. 1 ist zwar nur anwendbar, wenn ein unter Lebenden erworbenes Handelsgeschäft eines *Vollkaufmanns* von dem Erwerber unter der bisherigen Firma fortgeführt wird, die bisherige Firma braucht aber weder in das Handelsregister eingetragen gewesen zu sein, noch der Form nach dem § 18 Abs. 2 entsprochen zu haben. (Vgl. E. 55, 83; U. V 460/09; VI 295/11.)
U. v. 20.3.1923; II 335/22.

53. = § 19 HGB Nr. 3.
U. v. 30.4.1926; II 437/25. E. 113, 306. Jena.

54. HGB § 25.

Das Erfordernis der *Firmenkontinuität* im Sinne des § 25 bedeutet einmal, dass die fortgeführte Firma die bisherige sein muss, dass sie also keine wesentlichen Änderungen aufweisen darf, die sie zu einer anderen machen, und dann, dass die bisherige Firma im Handelsverkehr, also nach außen, von demjenigen gebraucht wird, der das Geschäft erworben hat und es fortführt. Die Weiterbenutzung braucht nicht durch Zeichnung der Firma zu geschehen, die Firma kann vielmehr im Handelsverkehr auch auf Firmenschildern, in Aufschriften auf Rechnungen und Verpackungsmaterial, in Zirkularen und Geschäftsanzeigen benutzt werden. Unter ihr können auch mündliche oder telefonische Geschäftsabschlüsse getätigt werden. Erachtet man mit der bisherigen Rechtsprechung (vgl. Warn. 1913 S. 194) die Publizität des Inhaberwechsels für erforderlich, so braucht sich dieser, wenn die alte Firma weiter gezeichnet ist, nicht aus der Zeichnung selbst zu ergeben, es genügt, wenn er sonst nach außen irgendwie in die Erscheinung getreten ist.
U. v. 30.9.1929; IV 720/28. Kammergericht.

55. = § 17 HGB Nr. 17.
U. v. 2.10.1930; VIII 288/30. Dresden.

56. BGB § 839; HGB § 25.
Ein Kaufmann muss sich um das Schicksal seiner beantragten Registereintragung kümmern, insbesondere die ihm zugegangenen Nachrichten genau zu prüfen.
U. v. 25.11.1930; III 38/30. Königsberg.

57. HGB §§ 25, 200.
Wird im Vertrag über Gründung einer Aktiengesellschaft die Einbringung eines Handelsgeschäfts und dessen Fortführung unter der bisherigen Firma unter Ausschluss der Passiven vereinbart, so kann die nach § 25 Abs. 2 HGB vorgesehene Mitteilung mit Rechtswirkung gegen Dritte schon erfolgen, sobald der Gesellschaftsvertrag beurkundet ist, nicht erst, nachdem die Aktiengesellschaft in das Handelsregister eingetragen ist.
U. v. 9.12.1930; II 48/30. E. 131, 27. Köln.

58. = § 15 HGB Nr. 18.
U. v. 19.6.1931; II 533/30. Stuttgart.

59. = § 22 HGB Nr. 31.
U. v. 6.10.1931; II 516/30. E. 133, 318. Kammergericht.

60. BGB § 425; HGB § 25.
Die Mitschuld dessen, der gemäß § 25 HGB für die Geschäftsschuld des früheren Geschäftsinhabers haftet, entsteht mit dem gleichen Inhalt und der gleichen Beschaffenheit, welche die Urschuld in diesem Augenblick hat, geht dann aber zum Teil ihren eigenen Weg. Die Verjährung, welche bei Entstehung der Mitschuld gegen Urschulden bereits läuft, setzt sich auch gegen den neuen Mitschuldner fort. Tatsachen, die jedoch hinsichtlich der Verjährung nur in der Person des einen Schuldners eintreten, z. B. eine Unterbrechung der Verjährung, wirken nach § 425 BGB nur für oder gegen diesen.
U. v. 15.12.1931; III 10/31. E. 135, 104. Hamm.

61. BGB § 611; HGB § 25.
Das U. behandelt die Frage, unter welchen Voraussetzungen der vereinbarte Ausschluss der Übernahme eines längere Zeit laufenden Dienstvertrages gemäß HGB § 25 Abs. 2 seitens des Erwerbers eines Handelsgeschäfts gegenüber dem Dienstverpflichteten wirksam wird.
U. v. 16.3.1932; RAG 569, 611/31. Berlin.

62. HGB § 25.
In besonderen Einzelfällen mag die Weglassung des ausgeschriebenen Vornamens in einer Firma eines bisher von einem Einzelkaufmann geführten Handelsgeschäfts bei Übertragung des Geschäftes an eine Gesellschaft für die Frage der Fortführung der alten

Firma ohne wesentliche Bedeutung sein, wenn die sonstigen Firmenbestandteile (z. B. die Worte „Modellhaus" und der bekannte Name „Becker") für die Firma ausschlaggebend sind und sie charakterisieren (vgl. auch E. Bd. 113 S. 308, RG DJZ 1915 S. 1029). U. v. 29.3.1933; RAG 48/33. Berlin.

63.   HGB §§ 25, 159.
Wird eine aus zwei Gesellschaftern bestehende offene Handelsgesellschaft aufgelöst, und setzt der eine Gesellschafter das Handelsgeschäft unter der bisherigen Firma fort, so liegt im Sinne von § 25 HGB ein Erwerb unter Lebenden vor. Der Gesellschafter haftet für die Gesellschaftsschulden (abgesehen von seiner Eigenschaft als solcher) aus dem besonderen Rechtsgrunde des § 25 Abs. 1 HGB. Er kann sich insoweit auf die kurze Verjährungsfrist des § 159 HGB nicht berufen. U. v. 25.11.1933; I 144/33. E. 142, 300. Königsberg.

64.   HGB § 25.
Der Geschäftsübernehmer haftet auch für die Kostenschuld aus einem Vorprozess, der wegen einer Geschäftsverbindlichkeit vor der Geschäftsübertragung gegen den früheren Geschäftsinhaber anhängig gemacht ist. U. v. 12.1.1934; II 231/33. E. 143, 154. Berlin.

65.   HGB § 25; GmbHG § 11.
Wer ein Handelsgeschäft mit der Firma durch Vertrag erwirbt, um es in einem gleichzeitig abgeschlossenen Vertrag über Errichtung einer GmbH unverändert in diese als Einlage einzubringen, haftet für die vor Abschluss des erstgenannten Vertrags im Betriebe des Geschäfts begründeten Verbindlichkeiten des früheren Inhabers gemäß § 25 HGB nicht schon auf Grund der Tatsache, dass er Mitglied der Gründungsgesellschaft geworden ist. Erforderlich ist vielmehr, dass er das Geschäft mit der Firma in der Zeit zwischen seinem Erwerb und der Eintragung der GmbH im Handelsregister in einer nach außen erkennbaren Weise als Inhaber *fortgeführt* hat. U. v. 13.2.1934; II 254/33. E. 143, 368. Frankfurt.

66.   HGB § 25.
Fortführung der gleichen Firma i. S. des § 25 Abs. 1 HGB kann nicht angenommen werden, wenn als Firma einer neugegründeten Aktiengesellschaft neben dem die Gesellschaftsart bezeichnenden Zusatz ein Wort (Eumuco) gewählt wird, das aus Einzelsilben und Anfangsbuchstaben des Firmennamens einer ein Handelsgeschäft einbringenden G.m.b.H. (**Eu**lenburg, **M**oenting **u. Co**, G.m.b.H.) gebildet ist und von dieser zur schlagwortartigen Kennzeichnung ihres Geschäftes und der in diesem hergestellten Erzeugnisse verwendet worden war.
Die Aufnahme von Passiven eines übernommenen Betriebes in die Bilanz kann als handelsübliche Bekanntmachung übernommener Verbindlichkeiten (§ 25 Abs. 3) nur in

dem Umfang gelten, in welchem die Schuldner davon ausgehen können, dass auch ihre
Verbindlichkeit in diesen Bilanzposten mitenthalten sei.
U. v. 20.10.1934; I 264/33. E. 145, 274. Kammergericht.

67.   HGB § 25; GenG § 24.

Den Ausschluss der Haftung für die Verbindlichkeiten bei Übernahme eines Handelsgeschäfts kann der Erwerber oder der Veräußerer des Geschäfts, wenn er Vorstandsmitglied einer Genossenschaft ist, nicht sich selbst als einem Vertreter der Genossenschaft
mitteilen.
U. v. 9.5.1935; VI 363/34.

68.   HGB § 25.

§ 25 findet auch auf Geschäftsübertragungen Anwendung, die nicht auf einem Kauf,
sondern auf einem anderen Rechtsgeschäfte (Vergleich, Auseinandersetzung) beruhen.
Die Haftung aus § 25 tritt auch ein, wenn das dem Erwerbe zugrunde liegende Geschäft
nichtig ist, sofern der Erwerber das Handelsgeschäft als solches fortführt und im Handelsregister als Inhaber eingetragen ist.
U. v. 11.10.1935; II 112/35. E. 149, 25.

69.   HGB § 25.

Eine Vereinbarung des Inhalts, die Geschäftsverbindlichkeiten würden bis zu einem
bestimmten zahlenmäßigen Betrag übernommen – ohne Angabe der Gesamtschulden-
summe, durch die auf eine verhältnismäßige (prozentuale) Übernahme geschlossen werden kann –, genügt nicht zum Ausschluss des gesetzlichen Schuldbeitritts des Geschäftsübernehmers, selbst wenn sie gehörig eingetragen und bekannt gemacht oder den
Gläubigern mitgeteilt ist. In einer solchen Vereinbarung liegt die Übernahme der Schuldenhaftung, auflösend bedingt für die Schulden, die sich im späteren Zeitpunkt der Ab-
tragung bis zur Höchstsumme noch als ungedeckt erweisen werden.
U. v. 21.7.1936; II 63/36. E. 152, 75. Celle.

70.   HGB § 25.

Ein Einzelkaufmann hatte Ansprüche auf Grund von § 839 BGB und Art. 131 Weim.
Verf. gegen das Deutsche Reich (Justizfiskus) daraus hergeleitet, dass er durch Versehen
eines Amtsgerichts zu Unrecht in die Liste der säumigen Schuldner (§ 915 ZPO) eingetragen wurde und dass ihm dadurch besondere Aufwendungen und Ausfälle im Geschäft
entstanden waren. Diese Ansprüche wurden nicht als „im Geschäftsbetriebe begründet"
angesehen.
U. v. 14.10.1936; V 126/36.

71.   BGB §§ 157, 242; HGB §§ 25, 344.

Lohnansprüche aus einem Dienstverhältnis gehören zu den im Betriebe des Geschäfts
begründeten Verbindlichkeiten und gehen bei Veräußerung des Geschäfts auf den Erwerber, der das Geschäft unter der bisherigen Firma weiterführt, kraft Gesetzes über.

Daraus, dass der Angestellte in einer Zweigniederlassung tätig ist, folgt nicht ohne weiteres, dass beim Übergang der Hauptniederlassung auf einen anderen Inhaber dieser für die Lohnansprüche aus der zurückliegenden Zeit nicht aufzukommen habe, also eine Eintragung über die Ausschließung dieser Haftung in das Handelsregister und ihre Bekanntmachung oder eine Mitteilung an den Angestellten darüber zur Vermeidung der Haftung des Geschäftsübernehmers unnötig sei.

Nach Treu und Glauben im Verkehr kann der Übernehmer einer Hauptniederlassung bei engen Geschäftsbeziehungen der Zweigniederlassung zur Hauptniederlassung verpflichtet sein, den in der Zweigniederlassung weiter tätigen Angestellten darauf hinzuweisen, dass ihm fortan als Dienstberechtigter und Schuldner aus dem Dienstvertrag nur der Inhaber der Zweigniederlassung hafte.

U. v. 30.9.1936; RAG 26/36. E. 17, 321.

72. BGB § 393; HGB §§ 25, 27.

Das Aufrechnungsverbot des § 393 BGB gilt auch dann, wenn der Anspruch aus einer unerlaubten Handlung, die im Betriebe eines Handelsunternehmens begangen worden ist, gegen diejenigen geltend gemacht wird, die das Handelsunternehmen durch Rechtsgeschäft unter Lebenden oder von Todes wegen erworben haben und es unter der bisherigen Firma fortführen.

U. v. 20.4.1937; II 233/36. E. 154, 334.

73. = § 22 HGB Nr. 37.

U. v. 30.11.1938; II 39/38. E. 159, 211.

74. HGB § 25.

Die Voraussetzungen des § 25 sind gegeben, wenn die Umstände, unter denen das Handelsgeschäft vom Erwerber fortgeführt wird, den äußeren Anschein begründen, als handele es sich um das alte, unter derselben Firma weiterbetriebene Unternehmen. Das ist der Fall, wenn ein Geschäft, das sich mit der Herstellung und dem Vertrieb von Schallplatten befasst, in der Weise veräußert wird, dass nach Stilllegung der Fabrikation und Abstoßung der ihr dienenden Unternehmensteile nur die dem Vertrieb gewidmeten Unternehmensteile übertragen werden und der Erwerber das Vertriebsgeschäft unter der bisherigen Firma und in der bisherigen Aufmachung fortsetzt.

U. v. 11.5.1942; II 13/42. E. 169, 133.

§ 26

Ist der Erwerber des Handelsgeschäfts auf Grund der Fortführung der Firma oder auf Grund der im § 25 Abs. 3 bezeichneten Bekanntmachung für die früheren Geschäftsverbindlichkeiten haftbar, so verjähren diese Ansprüche der Gläubiger gegen den früheren Inhaber mit dem Ablaufe von fünf Jahren, falls nicht nach den allgemeinen Vorschriften die Verjährung schon früher eintritt.

Die Verjährung beginnt im Falle des § 25 Abs. 1 mit dem Ende des Tages, an welchem der neue Inhaber der Firma in das Handelsregister des Gerichts der Hauptniederlassung eingetragen worden ist, im Falle des § 25 Abs. 3 mit dem Ende des Tages, an welchem die Kundmachung der Übernahme stattgefunden hat. Konnte der Gläubiger die Leistung erst in einem späteren Zeitpunkte verlangen, so beginnt die Verjährung mit diesem Zeitpunkte.

Zu § 26 kein Leitsatz.

§ 27

Wird ein zu einem Nachlasse gehörendes Handelsgeschäft von dem Erben fortgeführt, so finden auf die Haftung des Erben für die früheren Geschäftsverbindlichkeiten die Vorschriften des § 25 entsprechende Anwendung.
Die unbeschränkte Haftung nach § 25 Abs. 1 tritt nicht ein, wenn die Fortführung des Geschäfts vor dem Ablaufe von drei Monaten nach dem Zeitpunkt, in welchem der Erbe von dem Anfalle der Erbschaft Kenntnis erlangt hat, eingestellt wird. Auf den Lauf der Frist finden die für die Verjährung geltenden Vorschriften des § 206 des Bürgerlichen Gesetzbuchs entsprechende Anwendung. Ist bei dem Ablaufe der drei Monate das Recht zur Ausschlagung der Erbschaft noch nicht verloren, so endigt die Frist nicht vor dem Ablaufe der Ausschlagungsfrist.

1.   HGB § 27.

Die Fortführung des Geschäfts wird *nicht* dadurch im Sinne des Abs. 2 von dem Erben eingestellt, wenn er das Geschäft nebst Firma auf einen anderen überträgt.
U. v. 2.12.1903; I 293/03. E. 56, 196. Hamburg.

2.   HGB § 27 (auch WarenZG § 7).

Ein für eine *Firma* angemeldetes und eingetragenes Warenzeichen steht dem jeweiligen Inhaber der Firma zu und geht bei einem Wechsel in der Person des Firmeninhabers, vorbehaltlich gegenteiliger Vereinbarung, mit der Firma und dem Geschäftsbetriebe, zu dem es gehört, auf den neuen Inhaber der Firma über. Handelt es sich um eine ausländische Firma, so ist für die Beurteilung der Frage, ob die Löschung und Wiedereintragung der Firma in dem ausländischen Handelsregister aus Anlass einer bezüglich des Inhabers der Firma eingetretenen Änderung das Erlöschen der Firma selbst zur Folge gehabt hat, lediglich das betreffende ausländische Recht maßgebend.
U. v. 20.12.1910; II 94/10. E. 74, 431. Köln.

3.   HGB § 27 (auch ZPO § 780).

Die Erben haften im Fall des § 27 Abs. 1 HGB persönlich und unbeschränkt für die Geschäftsverbindlichkeiten des Erblassers. Der Vorbehalt der Beschränkung der Haftung auf den Nachlass – § 780 ZPO – greift nicht Platz. Das Gericht muss daher im Rechtsstreit prüfen, ob der behauptete Tatbestand des § 27 vorliegt, und darf die Prüfung nicht wie bei Anwendbarkeit des § 780 ZPO dem Zwangsvollstreckungsverfahren überlassen.
U. v. 4.5.1916; VI 81/16. E. 88, 219. Kammergericht.

4.   BGB § 569; HGB § 27.

§ 569 BGB ist auch bei der Miete von Geschäftsräumen anwendbar. Er wird durch § 27 HGB nicht ausgeschlossen.

U. v. 10.7.1930; VIII 332/30. E. 130, 52. Berlin.

5.   = § 25 HGB Nr. 72.

U. v. 20.4.1937; II 233/36. E. 154, 334.

§ 28

Tritt jemand als persönlich haftender Gesellschafter oder als Kommanditist in das Geschäft eines Einzel-kaufmanns ein, so haftet die Gesellschaft, auch wenn sie die frühere Firma nicht fortführt, für alle im Betriebe des Geschäfts entstandenen Verbindlichkeiten des früheren Geschäftsinhabers. Die in dem Betriebe begründeten Forderungen gelten den Schuldnern gegenüber als auf die Gesellschaft überge-gangen.

Eine abweichende Vereinbarung ist einem Dritten gegenüber nur wirksam, wenn sie in das Handelsregi-ster eingetragen und bekannt gemacht oder von einem Gesellschafter dem Dritten mitgeteilt worden ist.

1.   = § 25 HGB Nr. 17.

U. v. 13.1.1905; II 180/04. Dresden.

2.   HGB § 28 (auch EGBGB Art. 10).

Die Vorschriften des § 28, insbesondere auch die in Abs. 1 Satz 2, finden auf *ausländi-sche Gesellschaften*, die dem Auslandsrecht unterstehen, keine Anwendung.

Hat deshalb ein in Holland wohnender Kaufmann in Holland eine offene Handelsgesellschaft durch Aufnahme eines anderen als persönlich haftenden Gesellschafters in sein Geschäft gegründet, so kann der deutsche Schuldner die Aktivlegitimation seines ursprünglichen Gläubigers nicht durch Berufung auf § 28 Abs. 1 Satz 2 bestreiten. Maßgebend sind die Bestimmungen des holländischen Rechts über die gesetzlichen Folgen einer solchen Gesellschaftsgründung.

U. v. 14.12.1906; II 231/06. Köln.

3.   HGB § 28.

Der Anspruch des ausscheidenden Gesellschafters auf Abfindung gegen den Mitgesell-schafter, der bei der Dissoziation das Geschäft nebst Aktiven und Passiven allein über-nimmt, ist als eine durch die Geschäftsübernahme vertragsmäßig übernommene und im *Geschäftsbetriebe* des Übernehmers *entstandene Verbindlichkeit* des Übernehmers an-zusehen, für die, wenn ein Dritter in das Geschäft als Gesellschafter eintritt, die neue Gesellschaft haftet.

U. v. 27.3.1907; I 407/06. Dresden.

4.   = § 25 HGB Nr. 19.

U. v. 7.3.1906; V 380/05. Celle.
U. v. 17.2.1908; IV 292/07. Kammergericht.

5.   HGB § 28.

Zu den in Nr. 4 gedachten Vorbereitungsgeschäften gehört auch der *Erwerb eines Handelsgeschäfts im Ganzen.* Die durch den Erwerb eines Handelsgeschäfts eingegangene Schuld lastet als *Geschäftsschuld* auf diesem. Der Erwerber des Handelsgeschäfts haftet für diese Schuld so, als wenn sie *nach* dem Erwerbe durch den Geschäftsbetrieb entstanden wäre. Ob der Erwerber des Handelsgeschäfts zur Zeit des Erwerbs *Kaufmann* war oder nicht, ist unerheblich. Auch der Nichtkaufmann schließt ein Handelsgeschäft ab, wenn er ein kaufmännisch betriebenes Geschäft zum Weiterbetrieb erwirbt. Er wird eben dadurch Kaufmann und der Erwerb des Handelsgeschäfts ist sein erstes Geschäft als Kaufmann. Unerheblich ist auch die *Art,* in der sich der Erwerb eine kaufmännischen Geschäfts vollzieht, für die Beurteilung der hierdurch entstandenen Schuld als Geschäftsschuld (z. B. Erwerb im Wege der Erbauseinandersetzung).
U. v. 17.2.1908; IV 292/07. Kammergericht.

6.   HGB § 28 (auch § 343).

Der Begriff der „im Betriebe des Geschäftes" begründeten Forderungen in § 28 deckt sich mit der Bestimmung in § 343 Abs. 1, wonach alle Geschäfte eines Kaufmanns, die zum Betriebe seines Handelsgewerbes gehören, Handelsgeschäfte sind. Danach beschränken sich dieselben nicht auf die einzelnen Abschlüsse im Betriebe, sondern sie erstrecken sich auf alle geschäftlichen Beziehungen, die mit dem Betrieb in einem solchen Zusammenhange stehen, dass sie als Folge des betreffenden Gewerbebetriebes sich erweisen. Es können deshalb auch Ansprüche wegen Zuwiderhandlungen gegen eine Konkurrenzklausel darunter fallen.
U. v. 14.1.1910; II 227/09. E. 72, 434. Naumburg.

7.   HGB § 28 (auch BGB §§ 119, 123).

Die durch § 28 HGB den Gläubigern gegenüber selbständig begründete Verpflichtung des neu eingetretenen Gesellschafters ist unabhängig von dem dem Eintritt in das Geschäft zugrunde liegenden Vertrag und den behufs Eintragung in das Handelsregister abgegebenen Erklärungen und wird deshalb auch durch deren etwaige Nichtigkeit (z. B. infolge Irrtums oder arglistiger Täuschung) nicht berührt, es sei denn, dass im letzteren Falle der Gläubiger die Täuschung gekannt hat oder hätte kennen müssen.
U. v. 12.7.1911; II 67/11. E. 76, 439. Kammergericht.

8.   HGB § 28 (auch BGB § 139).

Tritt jemand auf Grund eines Vertrages mit einem Einzelkaufmann in dessen Geschäft als persönlich haftender Gesellschafter ein, so kann, auch wenn beide den Eintritt zum Handelsregister gleichzeitig anmelden (HGB § 108), die Haftung des Eintretenden für die bisherigen Geschäftsschulden (HGB § 28) nicht deshalb verneint werden, weil der Einzelkaufmann z. Zt. der Anmeldung geschäftsunfähig (geisteskrank) war. (Vgl. E. 51, 39; 76, 441.) BGB § 139 ist nicht anwendbar, da für die Frage der Haftung allein die Erklärung, in das Geschäft eintreten zu wollen, entscheidend ist und, wenn auch die

Erklärung mit der Anmeldung verbunden ist, es doch unmöglich ist, sie mit der Anmeldung zu einem einheitlichen Geschäft zusammenzufassen.
U. v. 14.11.1916; II 346/16. E. 89, 97. Karlsruhe.

9. HGB § 28.

Die im Betriebe des Geschäfts entstandenen Verbindlichkeiten des früheren Geschäftsinhabers, für die der neue Gesellschafter als Schuldner haftet, müssen zwar im Betriebe desselben Geschäfts entstanden sein, in das dieser eingetreten ist. Dadurch aber, dass die *Firma* etwa sich ändert, wird die Identität des *Geschäfts* nicht aufgehoben.
U. v. 14.11.1916; II 346/16. E. 89, 97. Karlsruhe.

10. HGB § 28 (auch § 123).

Die öffentliche Bekanntmachung des Eintritts eines persönlich haftenden Gesellschafters in das Geschäft eines Einzelkaufmanns kann als *Beginn der Geschäftstätigkeit* der so entstandenen offenen Handelsgesellschaft im Sinne des § 123 Abs. 2 angesehen werden, wenn die Bekanntmachung von der Gesellschaft herrührte oder doch dem Willen der Gesellschaft entsprach.
U. v. 11.11.1920; VI 263/20.

11. = § 25 HGB Nr. 50.
U. v. 14.1.1921; III 291/20.

12. HGB § 28.

1. Die Wirkung einer „abweichenden Vereinbarung" gegenüber einem Dritten i. S. des § 28 Abs. 2 tritt, da die von der Regel des § 28 Abs. 1 abweichende Vereinbarung durch einen *Gesellschafter* also *nach* Abschluss des Gesellschaftsvertrages geschehen muss, nur durch eine solche *Mitteilung* von dieser Vereinbarung ein, die *nach Gründung* der Gesellschaft erfolgt ist.
2. Auch das Versprechen einer Abfindung, das der Inhaber einer Firma dem ausscheidenden stillen Gesellschafter gegenüber erklärt, erzeugt im Zweifel (vgl. § 344 Abs. 1) eine zum Geschäftsbetriebe gehörige Verpflichtung im Sinne des § 28 Abs. 1 S. 2.
U. v. 7.6.1921; II 512/20. E. 102, 243.

13. HGB § 28.

Die Haftung nach § 28 Abs. 1 setzt die Fortführung einer früheren Firma (im Gegensatz zu § 25, vgl. dort Nr. 52) nicht voraus, tritt also auch dann ein, wenn der ursprüngliche Schuldner Minderkaufmann war. Erforderlich ist nur, dass die durch den Eintritt des Dritten gebildete Gesellschaft ein Vollhandelsgewerbe betreibt.
U. v. 5.2.1924; III 198/23.

14. HGB § 28.

Die Mitteilung eines Gesellschafters an den Dritten nach HGB § 28 Abs. 2 muss ohne schuldhaftes Zögern und im unmittelbaren Anschluss an die Vorgänge der Gesell-

schaftsgründung und Geschäftsübernahme erfolgen. Solange der Handelsverkehr normaler Weise die Rechtsverhältnisse der neuen Gesellschaft und die Übernahme und Fortführung des alten Geschäfts durch die Gesellschaft noch nicht als *endgültig* zu betrachten pflegt, ist im Allgemeinen die Zeit für eine Mitteilung nach HGB § 28 Abs. 2 noch
nicht vorbei.
U. v. 20.10.1928; I 106/28. Celle.

15.   HGB §§ 28, 123.

Wird der Vertrag, durch den jemand in das von einem Einzelkaufmann betriebene Handelsgeschäft als offener Handelsgesellschafter eintritt, von diesem wegen Irrtums oder
arglistiger Täuschung mit Erfolg angefochten, so haftet der Anfechtende für die vor
Abschluss des Gesellschaftsvertrags vorhandenen Geschäftsschulden nur a) wenn sein
Eintritt in das Geschäft in das Handelsregister eingetragen worden ist, b) wenn er allgemein oder dem einzelnen Gläubiger gegenüber in einer Weise als Gesellschafter aufgetreten ist, dass der Berufung auf die Nichtigkeit des Gesellschaftsvertrages die Einrede
der Arglist entgegenstehen würde.
U. v. 13.10.1933; II 110/33. E. 142, 98. Dresden.

16.   BGB §§ 123, 143; HGB § 28.

Die offene Handelsgesellschaft oder Kommanditgesellschaft haftet im Falle des § 28
HGB auch dann, wenn jemand als persönlich haftender Gesellschafter oder als Kommanditist in das Geschäft eines *Minderkaufmanns* im Sinne des § 4 Abs. 1 HGB eingetreten ist.
Im Falle des § 28 HGB wird die Haftung der Gesellschaft und des persönlich haftenden
Gesellschafters nicht schon dadurch beseitigt, dass der Gläubiger des Einzelkaufmanns
eine bei Abschluss des Gesellschaftsvertrages oder bei Abgabe der Haftungsübernah-
meerklärung erfolgte arglistige Täuschung gekannt hat oder hätte kennen müssen, sondern es bedarf dazu außer der Anfechtung des Gesellschaftsvertrages gegenüber dem
Vertragsgegner auch einer Anfechtung der öffentlichen oder besonderen Erklärung der
Haftungsübernahme gegenüber dem Gläubiger der Gesellschaft.
U. v. 8.7.1940; II 149/39. E. 164, 115.

§ 29

Jeder Kaufmann ist verpflichtet, seine Firma und den Ort seiner Handelsniederlassung bei dem Gericht,
in dessen Bezirke sich die Niederlassung befindet, zur Eintragung in das Handelsregister anzumelden; er
hat seine Firma zur Aufbewahrung bei dem Gerichte zu zeichnen.

1.   HGB § 29 (auch GewUVersG § 1).

Es besteht keine Verpflichtung für den Kaufmann, seine Eintragung in das Handelsregister zu dem Zwecke herbeizuführen, damit die in seinem Betriebe beschäftigten Perso-

nen der Vorteile der Unfallversicherung teilhaftig werden. Die Verpflichtung des § 29 HGB ist vielmehr eine öffentlich-rechtliche.

U. v. 14.2.1910; VII 146/09. E. 72, 408. Naumburg.

§ 30

Jede neue Firma muss sich von allen an demselben Orte oder in derselben Gemeinde bereits bestehenden und in das Handelsregister eingetragenen Firmen deutlich unterscheiden.

Hat ein Kaufmann mit einem bereits eingetragenen Kaufmanne die gleichen Vornamen und den gleichen Familiennamen und will auch er sich dieser Namen als seiner Firma bedienen, so muss er der Firma einen Zusatz beifügen, durch den sie sich von der bereits eingetragenen Firma deutlich unterscheidet.

Besteht an dem Orte oder in der Gemeinde, wo eine Zweigniederlassung errichtet wird, bereits eine gleiche eingetragene Firma, so muss der Firma für die Zweigniederlassung ein der Vorschrift des Abs. 2 entsprechender Zusatz beigefügt werden.

Durch die Landesregierung kann bestimmt werden, dass benachbarte Orte oder Gemeinden als ein Ort oder als eine Gemeinde im Sinne dieser Vorschrift anzusehen sind.

1.   HGB § 30 (auch § 37).

Die Kläger firmieren „Ferd. Becker Wittwe", die Beklagte hat befugterweise „Ferd. Beckers Söhne. Louis und Carl Becker" firmiert, nunmehr aber den Zusatz „Louis und Carl Becker" weggelassen. Der Klage auf Unterlassung der Führung der so geänderten Firma ist stattgegeben, weil in der Weglassung jenes Zusatzes die Annahme einer *neuen* Firma liege, diese neue Firma sich, wie das Berufungsgericht festgestellt habe, von der am gleichen Orte befindlichen Firma der Kläger nicht genügend unterscheide, demnach aber eine Verletzung zwar nicht des Namens-, wohl aber des Firmenrechts der Kläger vorliege. [Vgl. auch § 18 Nr. 1.]

U. v. 19.5.1900; I 91/00. Hamm.

2.   HGB § 30.

Der *Zusatz* in einer Firma bildet einen Bestandteil der Firma und mit dem Hauptbestandteil ein zusammenhängendes Ganzes. Ein *besonderer* firmenrechtlicher Schutz besteht für die Zusätze nicht. Der Firmenschutz ist nach § 10 auf den Ort oder die Gemeinde der Niederlassung beschränkt. Vom Standpunkte des *Firmenrechts* ist niemand behindert, den *Zusatz* zu einer Firma zu wählen, den bereits eine in einer *anderen* Gemeinde bestehende Firma gebraucht. Gegen etwaigen Missbrauch gewährt nicht das Handelsgesetzbuch, sondern § 8 des UnlWG und § 14 WarenZG Schutz. [Vgl. E. 2, 141; 20, 71.]

U. v. 26.11.1901; II 263/01. Darmstadt.

3.   HGB § 30.

Der § 8 UnlWG richtet sich auch gegen solche Firmen, die nach firmenrechtlichen Grundsätzen befugt geführt werden. Auch deckt sich der Tatbestand der *Verwechslungsgefahr* nach § 8 UnlWG nicht mit den Anforderungen, die der § 30 HGB für die

Unterscheidbarkeit zweier Firmen aufstellt. Der § 8 UnlWG ist auch nicht nur auf die, des Schutzes des § 30 HGB entbehrenden Firmen zu beziehen, die an verschiedenen Orten geführt werden.

U. v. 27.3.1907; I 581/06. Kammergericht.

4.   HGB § 30.

Nach der Vorschrift des § 30 wird nicht nur eine Unterscheidung zwischen der neuen und der bereits bestehenden Firma, sondern eine *deutliche* Unterscheidung verlangt.

Eine solche liegt nicht vor bezüglich der Firmen „Sparverein vereinigter Geschäftsleute zu Berlin, Gesellschaft m. b. H." und „Rabattsparverein der vereinigten Geschäftsleute (Klebe-System), Gesellschaft m. b. H. in Berlin". Wegen der auf Grund tatsächlicher Erwägungen festgestellten Verwechslungsgefahr ist daher die Löschung der letzteren, jüngeren Firma angeordnet worden.

U. v. 11.1.1908; I 469/06. Kammergericht.

5.   HGB § 30 (auch BGB § 433; UnlWG § 8).

Ist in dem Vertrag über den Verkauf eines Geschäfts die Firma als Hauptgegenstand mitverkauft, so ergibt sich, ohne dass hierüber noch eine besondere ausdrückliche Vereinbarung nötig war, als zum Pflichtkreise des Verkäufers gehörig, dass er nicht durch Wahl einer Firma, welche die Verwechselung mit der verkauften nahe legt und damit den wirtschaftlichen Wert der verkauften Firma zu seinen Gunsten beeinträchtigt, in den Bestand des veräußerten Gutes eingreift.

Er darf also nicht, wenn er nach Ablauf der vereinbarten Frist ein Konkurrenzgeschäft eröffnet, eine Firma gebrauchen, die zwar den Anforderungen des § 30 HGB genügt, aber bei der Eigenartigkeit der beiderseitigen Unternehmungen und den besonderen Verhältnissen des gegebenen Falles – es handelte sich um ein Beerdigungsinstitut – zwischen den beiden Geschäften nicht die dem Vertragswillen entsprechende Unterscheidung sichert, vielmehr die Gefahr der Verwechselung bestehen lässt. [„*Julius Grieneisen*" – Firma des verkauften Geschäfts, – „*Julius Ad. Grieneisen, Beerdigungsinstitut*" – Firma des neu gegründeten Geschäfts.]

U. v. 4.4.1908; I 140/07. Kammergericht.

6.   HGB § 30 (auch UnlWG § 16 n.F.).

Der Gebrauch einer nicht nach den Vorschriften des Firmenrechts bestehenden, in das Handelsregister eingetragenen Firma kann auf Grund des UnlWG untersagt werden.

U. v. 14.3.1911; II 557/10. E. 75, 370. Kammergericht.

7.   HGB § 30.

Eine abgesonderte Veräußerung von Haupt- und Zweigniederlassung ist gesetzlich zulässig. Durch diese Veräußerung werden die bisher in der Hand desselben Geschäftsinhabers vereinigten Teile seines Handelsunternehmens, von denen auch die Zweigniederlassung schon bisher eine gewisse rechtlich anerkannt Selbständigkeit besaß, selbständige Geschäfte. [Konflikt zwischen Oberstem Landesgericht München und Kammergericht.]

B. v. 20.9.1911; I B 1/11. E. 77, 60. LG Beuthen.

8.   HGB § 30.

Eine Zusammenstellung mehrerer Entscheidungen über die Frage der „deutlichen Unterscheidung" der Firmen, jedoch ohne eigene Entscheidung in der betreffenden Sache enthält:
B. v. 5.2.1918; II B 1/18. Landgericht Bromberg.

9.   HGB § 30.

An Firmen, die *denselben* oder einen *gleichartigen Gegenstand* benennen und somit schon wegen dieser Eigenschaft des Gegenstandes leicht der Verwechslungsgefahr ausgesetzt sind (z. B. „Brennstoffvertrieb G. m. b. H." und „Betriebsstoffgesellschaft m. b. H."), müssen *ganz besondere Anforderungen* gestellt werden, um diese in dem Gegenstand an sich gelegene Verwechslungsgefahr wieder zu beseitigen und sich voneinander *deutlich* zu unterscheiden. Es ist nicht nur das Wortbild und der Wortklang, sondern auch der *Wortsinn* für die Verwechslungsfähigkeit von Bedeutung.
U. v. 17.9.1920; II 90/20. E. 100, 45.

10.   HGB § 30 (auch UnlWG n. F. § 16).

Zum Unterschied zwischen HGB § 30 und UnlWG § 16.
Die Bestimmungen des HGB über das Firmenrecht wollen lediglich das ausschließliche subjektive Recht an der Firma als an einem Unterscheidungszeichen regeln; sie erheben diese zu einem besonderen Rechtsgute, fassen aber nicht den mit jenem Kennzeichen bezeichneten Gewerbebetrieb selbst schon als geschütztes Rechtsgut ins Auge. § 30 HGB ist überdies wesentlich öffentlich-rechtlicher Natur und bezweckt in erster Linie, die Interessen des Publikums und des Verkehrs zu schützen; einen Wettbewerb setzt er überhaupt nicht voraus. (Vgl. E. 20, 73; 75, 372.)
U. v. 17.1.1922; II 344/21.

11.   GmbHG §§ 3, 4; HGB § 30.

1. Eine Gesellschaft mit beschränkter Haftung kann nicht mehrere Firmen führen.
2. Haupt- und Zweigniederlassung müssen gleich sein. Zusätze zur Zweigniederlassungsfirma sind zwar möglich; würde durch solche aber die Firma der Zweigniederlassung zum selbständigen Geschäftsnamen, so ist ein weiterer Vermerk erforderlich, der sie als Zweigniederlassungsfirma kennzeichnet.
3. Entsprechendes gilt für andere Handelsgesellschaften.
B. v. 30.3.1926; II B 8/26. E. 113, 213. Jena.

12.   = § 18 HGB Nr. 19.
U. v. 9.6.1941; II 114/40. E. 167, 184.

13.   HGB §§ 30, 37; UnlWG n. F. § 16.

Bei der Beurteilung der Frage, ob eine Firma sich im Sinne des § 30 Abs. 1 HGB von einer anderen deutlich unterscheidet, kommt es nicht nur auf die Auffassung der kaufmännischen Kreise, sondern auf die in den Kreisen, mit denen die Firma geschäftlich in

Berührung gerät, herrschende Verkehrsauffassung an. Auch ist dabei auf das Verkehrs-
bedürfnis Rücksicht zu nehmen. Wenn ein kaufmännisches Unternehmen seinen Sitz an einen anderen Ort verlegt, an
dem bereits eine andere von seiner Firma nicht deutlich unterscheidbare Firma im Handelsregister eingetragen ist, ist es verpflichtet, eine von dieser Firma deutlich unterscheidbare Firma anzunehmen. Gegenüber dem aus den §§ 30 Abs. 1, 37 Abs. 2 HGB
hergeleiteten firmenrechtlichen Unterlassungs- und Löschungsanspruch der am Orte
länger ansässigen Firma kann es sich zwar, wenn ihm ein älteres Gebrauchsrecht i. S.
des § 16 UnlWG an seiner Firma zusteht, grundsätzlich einredeweise hierauf berufen. In
solchem Falle bedarf es aber einer billigen Interessenabwägung, bei der insbesondere
auch auf den etwaigen schutzwürdigen Besitzstand der am Orte länger ansässigen Firma
Rücksicht zu nehmen ist.
Der aus den §§ 30 Abs. 1, 37 Abs. 2 HGB hergeleitete firmenrechtliche Unterlassungs-
und Löschungsanspruch ist auf den Gebrauch bzw. die Tilgung der *bisherigen* Firma zu
beschränken und nicht auf die Verwendung eines bestimmten Firmenschlagwortes zu
richten, es sei denn, dass ausnahmsweise dieses Wort in keiner irgendwie gearteten Form
in der Firma geduldet werden kann.
U. v. 30.8.1943; II 26/43. E. 171, 321.

§ 31

Eine Änderung der Firma oder ihrer Inhaber sowie die Verlegung der Niederlassung an einen anderen
Ort ist nach den Vorschriften des § 29 zur Eintragung in das Handelsregister anzumelden.
Das Gleiche gilt, wenn die Firma erlischt. Kann die Anmeldung des Erlöschens einer eingetragenen
Firma durch die hierzu Verpflichteten nicht auf dem im § 14 bezeichneten Wege herbeigeführt werden,
so hat das Gericht das Erlöschen von Amtswegen einzutragen.

1.   = § 15 HGB Nr. 6.
U. v. 27.3.1907; VI 95/06. E. 65, 412. Hamm.

2.   = § 22 HGB Nr. 30.
B. v. 26.3.1931; II B 5/31 u. II B 6/31. E. 132, 138. Hamburg.

3.   HGB §§ 31, 105, 144, 156.
Die Firma einer offenen Handelsgesellschaft ist im Handelsregister zu löschen, wenn sie
kein Vollhandwerksgewerbe mehr betreibt und der Umfang ihres Betriebes auf den des
Kleingewerbes zurückgegangen ist. Die Gesellschaft besteht als Gesellschaft des bürgerlichen Rechts fort, wenn nicht die Gesellschafter die Abwicklung der offenen Handelsgesellschaft vornehmen.
B. v. 11.5.1937; II B 5/36. E. 155, 75.

§ 32

Wird über das Vermögen eines Kaufmanns der Konkurs eröffnet, so ist dies von Amtswegen in das Handelsregister einzutragen. Das Gleiche gilt von der Aufhebung des Eröffnungsbeschlusses sowie von der Einstellung und Aufhebung des Konkurses. Eine öffentliche Bekanntmachung der Eintragungen findet nicht statt. Die Vorschriften des § 15 bleiben außer Anwendung.

1.   HGB § 32 (auch §§ 70, 84, 88; BGB § 611).

Daraus, dass der Dienstverpflichtete keinen Anspruch auf Annahme seiner Dienste hat, folgt keineswegs, dass der zum Schadenersatze wegen Nichterfüllung des Vertrags verpflichtete Dienstberechtigte dem gegen Provision beschäftigten Dienstverpflichteten nicht dasjenige zu vergüten habe, was er durch die Leistung der Dienste erworben haben würde. Wie ein auf festen Lohn angestellter Dienstverpflichteter solchenfalls seinen Lohn, so kann auch ein auf Provision und Spesen angewiesener den Betrag der ihm entgangenen Provision und Spesen beanspruchen; auch ein Unterschied zwischen Handlungsgehilfen und Handlungsagenten besteht in dieser Hinsicht nicht.
U. v. 21.5.1912; III 270/11.

§ 33

Eine juristische Person, deren Eintragung in das Handelsregister mit Rücksicht auf den Gegenstand oder auf die Art und den Umfang ihres Gewerbebetriebs zu erfolgen hat, ist von sämtlichen Mitgliedern des Vorstandes zur Eintragung anzumelden.
Der Anmeldung sind die Satzung der juristischen Person und die Urkunden über die Bestellung des Vorstandes in Urschrift oder in öffentlich beglaubigter Abschrift beizufügen. Bei der Anmeldung zum Handelsregister einer Zweigniederlassung bedarf es der Beifügung der Urkunden über die Bestellung des Vorstandes nicht.
Bei der Eintragung sind die Firma und der Sitz der juristischen Person, der Gegenstand des Unternehmens und die Mitglieder des Vorstandes anzugeben. Besondere Bestimmungen der Satzung über die Befugnis des Vorstandes zur Vertretung der juristischen Person oder über die Zeitdauer des Unternehmens sind gleichfalls einzutragen.

Neufassung durch Gesetz vom 10.8.1937 (RGBl. I 1937, 892):

Eine juristische Person, deren Eintragung in das Handelsregister mit Rücksicht auf den Gegenstand oder auf die Art und den Umfang ihres Gewerbebetriebes zu erfolgen hat, ist von sämtlichen Mitgliedern des Vorstandes zur Eintragung anzumelden.
Der Anmeldung sind die Satzung der juristischen Person und die Urkunden über die Bestellung des Vorstandes in Urschrift oder in öffentlich beglaubigter Abschrift beizufügen. Bei der Eintragung sind die Firma und der Sitz der juristischen Person, der Gegenstand des Unternehmens und die Mitglieder des Vorstandes anzugeben. Besondere Bestimmungen der Satzung über die Befugnis des Vorstandes zur Vertretung der juristischen Person oder über die Zeitdauer des Unternehmens sind gleichfalls einzutragen.
Die Errichtung einer Zweigniederlassung ist durch den Vorstand unter Beifügung einer öffentlich beglaubigten Abschrift der Satzung anzumelden.

1.   HGB §§ 33, 36; Dritte VO des Reichspräsidenten zur Sicherung von Wirtschaft und
            Finanzen v. 6.10.1931, V. Teil Kap. 1 § 2 (RGBl. I S. 537, 554); O. d.; Preuß. VO
            über Sparkassen, sowie die kommunalen Giroverbände und kommunalen Kreditinsti-
            tute v. 20.7./4.8.1932 (GS S. 241/275).

Sparkassen von preußischen Gemeinden oder Gemeindeverbänden, die gemäß der Drit-
ten VO des Reichspräsidenten v. 6.10.1931, V. Teil, Kap. I, § 2 (RGBl. I S. 537, 554) zu
Anstalten mit eigener Rechtspersönlichkeit umgestaltet worden sind, brauchen nach § 36
HGB nicht in das Handelsregister eingetragen zu werden.
B. v. 19.4.1941; II B 3/41. E. 166, 334.

§ 34

Jede Änderung der nach § 33 Abs. 3 einzutragenden Tatsachen oder der Satzung, die Auflösung der
juristischen Person, falls sie nicht die Folge der Eröffnung des Konkurses ist, sowie die Personen der
Liquidatoren und die besonderen Bestimmungen über ihre Vertretungsbefugnis sind zur Eintragung in
das Handelsregister anzumelden.
Bei der Eintragung einer Änderung der Satzung genügt, soweit nicht die Änderung die im § 33 Abs. 3
bezeichneten Angaben betrifft, die Bezugnahme auf die bei dem Gericht eingereichten Urkunden über
die Änderung.
Die Anmeldung hat durch den Vorstand oder, sofern die Eintragung erst nach der Anmeldung der ersten
Liquidatoren geschehen soll, durch die Liquidatoren zu erfolgen.
Die Eintragung gerichtlich bestellter Vorstandsmitglieder oder Liquidatoren geschieht von Amtswegen.
Im Falle des Konkurses finden die Vorschriften des § 32 Anwendung.

§ 35

Die Mitglieder des Vorstandes und die Liquidatoren einer juristischen Person haben ihre Unterschrift
zur Aufbewahrung bei dem Gerichte zu zeichnen.

Zu §§ 34-35 keine Leitsätze.

§ 36

Ein Unternehmen des Reichs, eines Bundesstaats oder eines inländischen Kommunalverbandes braucht
nicht in das Handelsregister eingetragen zu werden. Erfolgt die Anmeldung, so ist die Eintragung auf die
Angabe der Firma sowie des Sitzes und des Gegenstandes des Unternehmens zu beschränken.

1.   HGB § 36.

Im Handelsregister eingetragene, unter § 36 HGB fallende Unternehmen der öffentlichen Hand sind trotz Weiterbestehens auf Antrag des Berechtigten im Handelsregister
zu löschen, wenn sie auf den gewerbsmäßigen Betrieb von Grundhandelsgeschäften i. S.
des § 1 Abs. 2 HGB gerichtet sind. Ob das auch für solche Unternehmen der öffentli-

chen Hand gilt, deren Eintragung im Handelsregister auf Grund der §§ 2, 3 HGB erfolgt ist, wird offengelassen.
B. v. 3.11.1936; II B 4/36. E. 152, 307.

2.   = § 33 HGB Nr. 1.
B. v. 19.4.1941; II B 3/41. E. 166, 334.

<h2 style="text-align:center">§ 37</h2>

Wer eine nach den Vorschriften dieses Abschnitts ihm nicht zustehende Firma gebraucht, ist von dem Registergerichte zur Unterlassung des Gebrauchs der Firma durch Ordnungsstrafen anzuhalten. Die Höhe der Strafen bestimmt sich nach § 14 Satz 2.
Wer in seinen Rechten dadurch verletzt wird, dass ein Anderer eine Firma unbefugt gebraucht, kann von diesem die Unterlassung des Gebrauchs der Firma verlangen. Ein nach sonstigen Vorschriften begründeter Anspruch auf Schadensersatz bleibt unberührt.

a) Anwendung des § 37; Verhältnis zu anderen gesetzlichen Bestimmungen:
   1, 2, 11, 12, 15, 18, 19, 20, 26, 28
b) Gebrauch einer Firma: 4, 10, 12, 19, 20, 21, 22, 23, 25
c) Unbefugter Gebrauch: 6, 7, 17, 22, 23, 24
d) Wirkungen des unbefugten Gebrauchs; Verhältnis des Abs. 1 zum Abs. 2: 16, 26
e) Einschreiten des Registerrichters: –
f) Klage des Verletzten; Begriff des Verletzten: 3, 5, 8, 9, 14, 16, 17
g) Klage auf Unterlassung: 9
h) Klage auf Schadensersatz: –
i) Verletzung einer ausländischen Firma: 13, 14
k) Anhang: 27

1.   HGB § 37 (auch UnlWG § 8).

Nur die ganze Firma, unter der der Kaufmann im Handel seine Geschäfte betreibt und die Unterschrift abgibt, wie sie für ihn in dem Handelsregister eingetragen ist, genießt den Rechtsschutz des Art. 27 HGB a. F. [jetzt § 37].
Hiernach kommt es nicht darauf an, ob in der Firma des Klägers, die dessen Familiennamen mit dem Zusatz American Steam Laundry enthält, der Zusatz im Verkehre mehr hervortritt als der Familienname, da die Firma als solche und unabhängig von den Anschauungen des Verkehrs über die Erheblichkeit ihrer einzelnen Bestandteile rechtswidrig ist.
[Vgl. Nr. 2.]
U. v. 5.1.1900; II 301/99. Dresden.

2.   HGB § 37.

Irrig ist die Annahme, dass seit dem Inkrafttreten des UnlWG auch *Teile* der Firma den Schutz des § 37 genießen. Denn das UnlWG hat die Materie des Firmenschutzes, wie sie im HGB geregelt ist, nicht abgeändert, es hat nur neue Bestimmungen getroffen, um den Gebrauch von Firmenbezeichnungen zum Zwecke des *unlauteren Wettbewerbs* zu ver-

hüten; wenn hiernach auch Teile einer Firma geschützt sind, so tritt dieser Schutz doch nur unter Voraussetzungen ein, die sich mit den bisherigen Bestimmungen des HGB nicht decken. [HGB a. F.; vgl. oben Nr. 1, unten Nr. 6.]
U. v. 5.1.1900; II 301/99. Dresden.

3.   HGB § 37 (auch BGB § 12; WarenZG §§ 8, 9).

Verletzt das eingetragene Zeichen das *Firmen- und Namensrecht*, so ist eine Klage auf Löschung des Warenzeichens zulässig. Denn die §§ 8, 9 WarenZG enthalten nur die *zeichenrechtlichen* Löschungsgründe. Daneben kann auch aus *privatrechtlichen* Gründen gegenüber dem eingetragenen Zeicheninhaber die Löschung des Zeichens verlangt werden. [Vgl. Nr. 4.]
U. v. 6.2.1900; II 337/99. Frankfurt.

4.   HGB § 37.

§ 37 verlangt den Gebrauch einer *Firma*.
Enthält daher das Wort „Döring" in der Bezeichnung der Ware als „Dörings Seife" den Gebrauch einer Firma überhaupt nicht, so ist § 37 zur Löschung des Zeichens „Dörings Seife" nicht anwendbar.
U. v. 6.2.1900; II 337/99. Frankfurt.

5.   = § 30 HGB Nr. 30.
U. v. 19.5.1900; I 91/00. Hamm.

6.   HGB § 37 (auch UnlWG § 8).

§ 37 [früher Art. 27 HGB a. F.] gewährt nur gegen den *unbefugten* Gebrauch einer Firma als Firma, und nicht gegen den *Missbrauch* einer Firma, die man befugt ist zu führen, einen Rechtsbehelf; in letzterer Beziehung kann nur § 8 UnlWG in Frage kommen. [Vgl. Nr. 2.]
U. v. 13.11.1900; II 199/00. Kammergericht.

7.   HGB § 37.

Wie in Nr. 4 u. 6 ausgeführt ist, gewährt nur der unbefugte *Gebrauch* einer Firma den Unterlassungsanspruch aus § 17 Abs. 2. Zur Annahme eines Gebrauchs einer fremden Firma werden jedoch Tatsachen erfordert, welche sich *unmittelbar* auf den *Geschäfts-betrieb* beziehen und den *Willen* bekunden, sich in diesem Betriebe der Firma zu bedienen.
Demgemäß wurde darin, dass eine Glasfabrik bei ihr bestellte Flaschen mit einer fremden Firma herstell-te, kein Gebrauch der Firma im Sinne des § 37 erblickt, da der Auftrag zur Herstellung der Waren, die Herstellung und Versendung der Waren unter der eigenen Firma ausgeführt wurde.
U. v. 5.3.1901; II 299/00. Hamburg. – Vgl. Nr. 19. – Ebenso: U. v. 8.12.1908; II 218/08. Hamburg.

8.   HGB § 37 (auch ZPO § 546).

Das Recht des Kaufmanns auf den ungestörten Gebrauch seiner Firma dient seinem Erwerbsinteresse und ist daher ein Vermögensrecht [vgl. E. 40, 412]. Bei einer aus § 37

Abs. 2 HGB zur Verteidigung des Firmenrechts des Klägers erhobenen Klage handelt es sich mithin um einen vermögensrechtlichen Anspruch im Sinne des § 546 ZPO.
U. v. 13.7.1901; I 122/01. Frankfurt.

9. HGB § 37.

Nach Art. 27 HGB a. F. kann ebenso wie nach § 37 Abs. 2 n. F. auf Unterlassung der weiteren Führung einer Firma nur derjenige klagen, der in *seinen Rechten* verletzt ist, *nicht* auch derjenige, der bloß in seinem *Interesse* verletzt ist. Die Rechtsverletzung kann bestehen in einer Verletzung des Firmenrechts, des Namensrechts und *eines jeden* sonstigen Rechts.
U. v. 26.11.1901; II 263/01. Darmstadt. – Vgl. Nr. 14.

10. HGB § 37.

Gebrauch einer Firma liegt nicht nur dann vor, wenn unter ihrer Anwendung ein Handelsgeschäft geschlossen wird; es fallen vielmehr alle Handlungen darunter, die den Willen kundgeben, sich bei dem Betriebe des Handelsgewerbes der Firma zu bedienen. Erforderlich jedoch ist, dass derjenige, der die Firma gebraucht, sich den Firmennamen in seiner Kaufmannseigenschaft beilegt.
Wer sich der Post gegenüber als befugt hinstellt, die unter der Aufschrift einer, wie er zugibt, gelöschten Firma eingehenden Sendungen in Empfang zu nehmen, weil er das Geschäft erworben habe, das früher unter dieser Firma betrieben worden sei, gebraucht nicht die Firma.
[Vgl. § 131 Nr. 5.]
U. v. 20.6.1903; I 135/03. E. 55, 121. Breslau.

11. HGB § 37 (auch WarenZG § 4).

Auch *Firmen* können als *Warenzeichen* dienen und zwar auch fremde.
U. v. 3.7.1903; II 113/03. E. 55, 241. Hamburg.

12. HGB § 37.

Für die Firma hat die Eintragung in das Handelsregister keine konstruktive Wirkung. Ebenso kann der Erwerber einer abgeleiteten Firma sich nicht auf seinen guten Glauben berufen [E. 25, 5].
U. v. 6.7.1903; I 254/03. Köln.

13. HGB § 37 (auch UV Art. 8).

Über die Verletzung einer ausländischen Firma durch eine inländische, schon vor dem UV bestehende Firma wird ausgeführt:
Verletzt die verklagte deutsche Firma das Firmenrecht der Klägerin, der Valvoline Oil Company in Newyork dadurch, dass sie unbefugt deren Firma in ihre eigene aufgenommen hat, so kann die Klägerin nach § 37 Abs. 2 HGB und Art. 8 der sogen. Pariser Konvention auf Löschung des Zusatzes klagen. Der Klage steht nicht entgegen, dass die Konvention erst am 1.5.1903 in Kraft getreten ist, während die beanstandete Firma schon seit November 1902 bestand. Die Beklagte konnte ein Recht auf Führung einer dem § 18 Abs. 2 HGB widersprechenden Firma niemals erwerben. Ihre Firmenführung war von

vornherein unstatthaft, ganz abgesehen davon, ob die amerikanische Firma ein subjektives Klagerecht besaß oder nicht.
U. v. 30.4.1904; I 14/04. Hamburg.

14.   HGB § 37.
Über die Aktivlegitimation in dem Falle Nr. 13 wird ausgeführt:
Eine Firma, der von der ausländischen Firma Valvoline Oil Company lediglich das ausschließliche Recht übertragen ist, deren Öle unter dieser Firma in Deutschland zu vertreiben, ist nicht in einem eigenen Rechte verletzt, wenn eine andere Firma den Zusatz Valvoline Oil Company in ihre Firma aufnimmt; sie kann daher auch nicht kraft eigenen Rechts auf Löschung des Zusatzes klagen.
[Vgl. Nr. 9.]
U. v. 30.4.1904; I 14/04. Hamburg.

15.   HGB § 37 (auch UnlWG § 1).
Der Gebrauch der in einer Firma enthaltenen Ortsbezeichnung kann wegen Verstoßes gegen § 1 UnlWG untersagt werden:
Demgemäß wurde der „Solingen-Dortmunder Vereinsbrauerei", die ihren Sitz in *Höhscheid* hatte, der Gebrauch der Ortsbezeichnung „Dortmunder" untersagt, weil die Bezeichnung Dortmunder Bier Herkunftsbezeichnung sei, der Gebrauch der Firma aber bewirke, dass ihr Bier als Dortmunder Bier behandelt werde, dieser Gebrauch daher zu einer unrichtigen tatsächlichen Angabe werde.
U. v. 13.5.1904; II 440/03. E. 58, 136. Köln.

16.   HGB § 37.
Die auf § 37 Abs. 2 gestützte Klage auf Unterlassung des Gebrauchs einer Firma muss abgewiesen werden, sowie dargetan ist, dass der Kläger das in Anspruch genommene Recht zum Gebrauche der gleichen Firma in Wirklichkeit nicht hat, ohne dass etwas darauf ankommt, ob der Beklagte zur Führung der Firma berechtigt ist.
U. v. 29.6.1904; I 205/04. Köln.

17.   HGB § 37 (auch BGB § 12).
Der Schutz des § 37 Abs. 2 ist nicht auf die Fälle beschränkt, wo die Firma an firmenrechtlichen Mängeln leidet, sondern erstreckt sich auch auf den Fall der Verletzung des Namenrechts.
Das Namenrecht des früheren Inhabers eines Geschäfts wird durch den vom Geschäftsnachfolger angenommenen Firmenzusatz: „früher Sch..." jedenfalls dann verletzt, wenn der Zusatz dazu dient, noch jetzt das Geschäft unter dem Namen des früheren Inhabers zu individualisieren.
U. v. 19.11.1904; I 542/03. Kassel.

18.   HGB § 37 (auch BGB § 12).
Der Inhaber einer Firma kann für einen in dieser vorkommenden Namen, den er selbst nicht trägt, nicht den Schutz des § 12 BGB, sondern nur den des § 37 HGB beanspruchen.
U. v. 9.12.1904; II 61/04. E. 59, 284. Köln.

19.   HGB § 37.

Wer eigene Waren mit einer fremden Firma versieht, verletzt nicht das Firmenrecht. [Vgl. E. 3, 165; 36, 14; oben Nr. 7.]

In dem *Feilhalten von Zigarren*, die mit der *Firma eines anderen* versehen sind, liegt daher kein Gebrauch dieser Firma.

U. v. 27.10.1905; II 267/05. Hamburg.

U. v. 22.5.1908; II 10/08. Nürnberg.

20.   HGB § 37 (auch BGB § 12).

Das WarenZG verbietet es nicht, ein und dasselbe Warenzeichen für mehrere Personen in die Zeichenrolle einzutragen, und zwar für jede einzelne mit der vollen gesetzlichen Wirkung, wenn nur die Eintragung von jeder für andere Waren als die bereits geschützten verlangt wird.

In dem Anbringen des *Warenzeichens Kodak* an den Waren liegt kein Versehen der Ware mit der Firma Kodak G. m. b. H. Es gebricht es auch das Erfordernis eines widerrechtlichen und unbefugten Handelns, wenn die durch Eintragung des Warenzeichens erworbenen Rechte ausgeübt werden. Diese Eintragung selbst war aber nach Lage der Gesetzgebung dadurch keine unbefugte, dass durch sie das von der Kodakgesellschaft berühmt gemachte Wort Kodak angeeignet wurde.

U. v. 12.12.1905; II 361/05. Hamburg.

21.   HGB § 37.

Die *Bezeichnung „Brauhaus"* in der Firma „AG Brauhaus Nürnberg" stellt auch dann nur eine allgemeine Geschäftsbezeichnung dar, wenn das Bier der gedachten Aktiengesellschaft als „Brauhausbier" in Nürnberg bekannt ist.

Die Firma „AG Brauhaus Nürnberg" besteht schon seit längerer Zeit. Der Beklagte hat vor einigen Jahren die Firma „Brauhaus Wöhrd Rudolf Engelhard" eintragen lassen, gebrauchte die Abkürzung „Brauhaus Wöhrd" und kündigt sein Bier als „Brauhausbier" an. Die Verwechselungsfähigkeit zwischen „Brauhaus Nürnberg" und „Brauhaus Wöhrd" wurde verneint und auch im übrigen § 37 als nicht verletzt bezeichnet.

U. v. 22.5.1908; II 10/08. Nürnberg.

22.   = § 18 HGB Nr. 6.

U. v. 21.10. 1908; I 641/07. E. 69, 310. Kammergericht.

23.   = § 18 HGB Nr. 7.

U. v. 7.12.1909; II 509/09. Kammergericht.

24.   HGB § 37 (auch BGB § 12 und zu 2: § 2205).

1. Ist ein Geschäftsinhaber widerruflich gestattet worden, eine fremden Namen in seiner Firma zu führen, so kann ein Rechtsnachfolger des Geschäftsinhabers sich einem Widerrufe des Berechtigten gegenüber auf Verjährung jedenfalls dann nicht berufen, wenn das Geschäft während der (30-jährigen) Verjährungsfrist nicht immer an derselben Hand geblieben ist. (Ob das absolute Namensrecht überhaupt der Verjährung unterliegt, wird dabei offen gelassen.)

2. Der Anspruch auf Unterlassung der Führung des fremden Namens kann, weil das Recht am Namen ein höchstpersönliches ist und dies bleibt, auch wenn es zum Gegenstand persönlicher Abreden gemacht wird, nicht vom Testamentsvollstrecker des Erben des Namensträgers, der die Führung gestattet hatte, geltend gemacht werden.
U. v. 8.3.1921; II 281/20.

25.   HGB § 37 (auch UnlWG n. F. § 16).

Ein Gebrauch der Firma *in abgekürzter Gestalt* ist für den rechtsgeschäftlichen Verkehr statthaft, wenn für jedermann erkennbar ist, dass es der Firmenberechtigte ist, der sich solcher Abkürzung bedient. (Vgl. E. 56, 419.) Dies gilt auch, wenn im Falle des Gebrauchs der Firma lediglich in der abgekürzten Gestalt die Gefahr der Verwechslung mit einer anderen Firma bestehen würde.
U. v. 7.10.1921; II 172/21.

26.   = § 23 HGB Nr. 9.
U. v. 23.3.1923; II 520/22.

27.   HGB § 37; UWG n. F. § 16.

Wer Bahn- und Postsendungen, die an seine frühere, für ihn gelöschte Firma und an seine jetzige Geschäftsadresse gerichtet sind, an sich nimmt und öffnet, um zu ermitteln, ob die Sendungen für ihn bestimmt sind, benutzt nicht unbefugt die auf der Adresse bezeichnete Firma.
U. v. 7.4.1925; II 242/24. Hamburg.

28.   BGB § 12; HGB § 37, UnlWG § 16.

Die eingetragene Firma ist geschützt nach § 12 BGB, § 37 Abs. 2 HGB, § 16 Abs. 1 UnlWG, wenn wesentliche Bestandteile der Firma als Telegrammadresse für eine mit wesentlich verschiedenem Wortlaut örtlich eingetragene andere Firma verwendet werden.
U. v. 10.3.1933; II 387/32. Nürnberg.

29.   = § 18 HGB Nr. 18.
U. v. 2.12.1939; II 60/39. E. 162, 121.

30.   = § 18 HGB Nr. 19.
U. v. 9.6.1941; II 114/40. E. 167, 184.

31.   = § 30 HGB Nr. 13.
U. v. 30.8.1943; II 26/43. E. 171, 321.

32.   BGB §§ 12, 826 i; HGB § 37; UnlWG n. F. §§ 1, 3, 16.

Ein Recht auf eine sogenannte Geschäfts-(Etablissements-)bezeichnung besteht nur so lange, als sie für ein lebendes Unternehmen gebraucht wird. Das Recht und damit der

Schutz gegen Beeinträchtigungen von Seiten Dritter fällt fort, wenn das Unternehmen, für das die Bezeichnung gebraucht wurde, nicht nur vorübergehend eingestellt worden ist.
U. v. 13.9.1943; II 76/43.

Erstes Buch. Vierter Abschnitt. Handelsbücher.

§ 38

Jeder Kaufmann ist verpflichtet, Bücher zu führen und in diesen seine Handelsgeschäfte und die Lage seines Vermögens nach den Grundsätzen ordnungsmäßiger Buchführung ersichtlich zu machen. Er ist verpflichtet, eine Abschrift (Kopie oder Abdruck) der abgesendeten Handelsbriefe zurückzubehalten und diese Abschriften sowie die empfangenen Handelsbriefe geordnet aufzubewahren.

1.   HGB § 38.

Eine gesetzliche Vermutung für die Richtigkeit der Eintragungen in Handelsbüchern besteht nicht, vielmehr unterliegt ihr Beweiswert der freien Würdigung des Richters.
U. v. 1.11.1905; I 187/05. Dresden.

§ 39

Jeder Kaufmann hat bei dem Beginne seines Handelsgewerbes seine Grundstücke, seine Forderungen und Schulden, den Betrag seines baren Geldes und seine sonstigen Vermögensgegenstände genau zu verzeichnen, dabei den Wert der einzelnen Vermögensgegenstände anzugeben und einen das Verhältnis des Vermögens und der Schulden darstellenden Abschluss zu machen.
Er hat demnächst für den Schluss eines jeden Geschäftsjahrs ein solches Inventar und eine solche Bilanz aufzustellen; die Dauer des Geschäftsjahrs darf zwölf Monate nicht überschreiten. Die Aufstellung des Inventars und der Bilanz ist innerhalb der einem ordnungsmäßigen Geschäftsgang entsprechenden Zeit zu bewirken.
Hat der Kaufmann ein Warenlager, bei dem nach der Beschaffenheit des Geschäfts die Aufnahme des Inventars nicht füglich in jedem Jahre geschehen kann, so genügt es, wenn sie alle zwei Jahre erfolgt. Die Verpflichtung zur jährlichen Aufstellung der Bilanz wird hierdurch nicht berührt.

1.   HGB § 39.

Die Firma, unter welcher der Geschäftsbetrieb erfolgt, ist in Rücksicht auf dessen Beziehungen und Ausdehnungen im Rechtsverkehr, insonderheit auf den Umfang der vorhandenen Kundschaft als wirkliches Vermögensobjekt schätzbar und ihre Aufnahme als Aktivum in das Eröffnungsinventar ist daher zulässig, sofern sie auf derivativem Wege erworben war.
U. v. 9.7.1901; III 160/01. Celle.

2.   HGB § 39 (auch § 40).

Die für die Forderung eines Kaufmanns bestellten *Pfänder* gehören nicht zu seinem Vermögen, sie sind daher nicht als „seine Vermögensgegenstände" in die Bilanz aufzunehmen. Sie können allerdings bei der Bilanzaufstellung in Betracht kommen wegen der Solvenz des Schuldners und der sonstigen Chancen der Realisierung der durch sie gesicherten Forderung, da Forderungen nach ihrem gegenwärtigen Stand einzustellen sind. Allein zur Feststellung dieses Werts ist eine Prüfung, ob die Forderung auch durch die Pfänder genügend gesichert ist, erst dann geboten, wenn der Schuldner und die, die sonst noch für die Forderung haften, nicht solvent sind oder doch Zweifel an ihrer Solvenz bestehen.

U. v. 25.4.1907; VI 435/06. Hamburg.

3.   HGB § 39 (auch § 346 und BGB § 730).

1. In einem Rechtsstreit unter früheren Gesellschaftern über eine vertragliche Abrechnungspflicht und deren Erfüllung hatte der Beklagte (Abrechnungsverpflichtete) eine *Bilanz* nebst Unterlagen vorgelegt, die für einen Teil der Abrechnungszeit *fremde*, d. h. das Gesellschaftsverhältnis *nicht* betreffende Posten ungesondert mit umfasste. Der Kläger (Abrechnungsberechtigte) machte geltend, die Bilanz lasse für den betreffenden Zeitabschnitt die das Gesellschaftsverhältnis berührenden Einnahmen und Ausgaben nicht erkennen. Dieses Vorbringen ist als Einwand gegen den *Aufbau*, das System der Abrechnung, angesehen worden, durch den die Abrechnung als *ungeeignet* bezeichnet wird, ihren Zweck zu erfüllen. Es bezieht sich also nicht auf die *sachliche* Unrichtigkeit oder auf das Fehlen *einzelner* Bilanzposten und ist daher im Rechtsstreit über die Abrechnungspflicht und deren Erfüllung für *zulässig* erachtet worden.

2. Kann eine als *Abrechnung* überreichte Bilanz nur in Verbindung mit dem Inhalte gleichzeitig überreichter Geschäftsbücher und Belege das erforderliche Bild über die gemeinschaftlichen Einnahmen und Auslagen und über die Höhe des Gewinn- oder Verlustanteils des Abrechnungsberechtigten geben, so ist dieser mit dem Einwande, es seien ihm wichtige Bücher oder Belege *nicht* zur Verfügung gestellt, nicht auf besondere Klage nach BGB § 810 zu verweisen. Darüber ist vielmehr im Rechtsstreit über die Abrechnungspflicht und deren Erfüllung zu entscheiden. Solange der Abrechnungsverpflichtete, nicht *sämtliche* für die Errechnung des Gewinn- oder Verlustanteils seines Gesellschafters erheblichen Bücher und Belege vorgelegt hat, ist er seiner Abrechnungspflicht noch nicht nachgekommen.

U. v. 19.10.1920; II 199/20. E. 100, 150.

4.   HGB §§ 39, 40.

Der noch nicht feststehende Gewinn aus der Beteiligung an einem fremden Unternehmen, das mit dem eigenen Geschäftsbetriebe das gleiche Geschäftsjahr hat, kann regelmäßig in die Bilanz des abgelaufenen Geschäftsjahres noch nicht als Aktivum eingestellt werden, auch wenn zur Zeit der tatsächlichen Bilanzaufstellung eine Gewinnfeststellung bei dem fremden Unternehmen stattgefunden haben sollte.

U. v. 23.10.1925; II 315/24. E. 112, 19. Jena.

§ 40

Die Bilanz ist in Reichswährung aufzustellen.

Bei der Aufstellung des Inventars und der Bilanz sind sämtliche Vermögensgegenstände und Schulden nach dem Werte anzusetzen, der ihnen in dem Zeitpunkte beizulegen ist, für welchen die Aufstellung stattfindet.
Zweifelhafte Forderungen sind nach ihrem wahrscheinlichen Werte anzusetzen, uneinbringliche Forderungen abzuschreiben.

1.   HGB § 40 (auch BGB § 738).

Die Bestimmung des Art. 31 a. F. [jetzt § 40], dass bei der Aufnahme des Inventars und der Bilanz sämtliche Vermögensstücke nach dem Wert anzusetzen sind, der ihnen zur Zeit der Aufnahme beizulegen ist, ist keine absolute Zwangsvorschrift. Dem einzelnen Gesellschafter einer offenen Handelsgesellschaft gewährt sie das Recht, zu verlangen, dass die Vermögensstücke der Gesellschaft nach richtiger Schätzung angesetzt werden. Sie hindert aber die unter sich einigen Gesellschafter nicht daran, in ihrem Rechtsverhältnis untereinander für die Dauer der Gesellschaft die Aktiven unter ihrem wahren Werte zu bewerten. Wenn es sich deshalb im Falle des Ausscheidens oder der Ausschließung eines Gesellschafters um die Ermittelung des Wertes seines Anteils am Gesellschaftsvermögen handelt, so ist keiner der Beteiligten an die zuletzt vor dem Ausscheiden aufgestellte Bilanz gebunden.
2 U. v. 4.10.1902; I 134+306/02. Kiel. – Ebenso: U. v. 15.5.1907; I 458/06. Naumburg. – U. v. 16.3.1908; I 244/07. Kammergericht. – Ebenso: U. v. 13.1.1914; II 495/13. Düsseldorf.

2.   HGB § 40.

Wer ein Patent kauft, kann zwar den Kaufpreis in die Bilanz einstellen; der Erfinder selbst aber kann nur seine Auslagen für Versuche, Modelle, Kosten, Gebühren und ähnliches als Aktivum einstellen.
U. v. 3.3.1904; I 464/03. Stuttgart.

3.   HGB § 40.

Bei der Aufstellung einer *Gewinnverteilungsbilanz*, die wesentlich verschieden ist von einer *Liquidationsbilanz*, ist zu beachten, dass das Fortbestehen des Geschäfts gesichert bleiben muss und deshalb bei Ermittlung der Werten der Einfluss wegfällt, den eine Liquidation ausüben würde. In der Gewinnverteilungsbilanz ist das Anlagevermögen (die Gebrauchsgegenstände) nach seinem Gebrauchswerte, nur das Betriebsvermögen (die Veräußerungsgegenstände) nach seinem Veräußerungswert anzusehen; die Bilanz darf nicht unrealisierten Gewinn zur Verteilung bringen.
U. v. 8.2.1905; I 446/04. Kammergericht.

4.   = § 39 HGB Nr. 2.
U. v. 25.4.1907; VI 435/06. Hamburg.

5.   HGB § 40 (auch GenG § 73).

Die nach Gesetz und Statut vorschriftsmäßig festgestellte Bilanz bleibt für die Auseinandersetzung mit dem ausgeschiedenen Genossen auch dann maßgebend, wenn sich nach-

träglich herausstellt, dass die Bilanz objektiv unrichtig war, z. B. Forderungen unter die Aktiven aufgenommen waren, die später als rechtlich nicht bestehend erwiesen wurden. [Vgl. Nr. 1.]
U. v. 15.1.1908; I 197/07. E. 68, 1. Kammergericht. – Ebenso (mit eingehender Begründung): U. v. 13.10.1909; I 423/08. Kammergericht.

6.   HGB § 40 (auch § 261).

Die Modalitäten der Zahlung einer Geldforderung kommen in der Bilanz regelmäßig überhaupt nicht zum Ausdrucke. Sie üben ihren Einfluss aus und müssen ihn ausüben auf die Schätzung der Forderung. In dieser Hinsicht ist von großer Bedeutung die mit einer Forderung verknüpfte Kreditgewährung.

Ist über diese in der Generalversammlung auf Befragen Aufschluss erteilt worden, und ist die Bewertung einer Kaufpreisforderung von 60.000 Mk. mit diesem Nominalbetrag in der Bilanz an sich nicht zu beanstanden, ist insbesondere die Forderung nicht wegen Unsicherheit des Käufers oder zu besorgender Uneinbringlichkeit geringer zu bewerten, so kann nicht deshalb von einer „Verschleierung" geredet werden, weil die 60.000 Mk., die in zehn Jahresraten von je 6.000 Mk. zu zahlen waren, nach dem Vertrage nicht in bar, sondern durch Aufrechnung getilgt werden sollen.
U. v. 25.3.1908; I 270/07. Dresden.

7.   HGB § 40 (auch § 261).

Darlehen, die eine Aktiengesellschaft nur aus dem Reingewinn zurückzuzahlen verpflichtet ist, sind als Passiva in die Bilanz *nicht* aufzunehmen.
U. v. 26.11.1912; II 259/12. E. 81, 17. Kammergericht.

8.   HGB § 40 (auch GmbHGes. § 41).

Freiwillige Abschreibungen, d. h. *bewusste* Minderbewertung vorhandener Gegenstände durch zu hohe Abschreibungen sind nur zulässig, soweit der Gesellschaftsvertrag dies bestimmt. Erfolgen sie, insbesondere bei einer GmbH, sei es auch von der Mehrheit der Gesellschaftsversammlung, ohne durch den Gesellschaftsvertrag gestattet zu sein, so kann jeder Gesellschafter wegen des ihm zustehenden Anspruchs auf den – durch zu hohe Abschreibungen geschmälerten – Reingewinn (GmbHGes. § 29) den die Bilanz feststellenden Gesellschaftsbeschluss *anfechten*. Gleiches gilt von Abschätzungen der für Abnutzung anzusetzenden Beträge, wenn sie sich als willkürlich, offenbar nach kaufmännischen Grundsätzen irrtümlich erweisen. (Vgl. E. 72, 37.)
U. v. 7.11.1916; II 259/16. Kammergericht.

9.   HGB § 40 (auch GmbHG §§ 29, 42).

Soweit nicht im Gesellschaftsvertrage einer GmbH ein anderes bestimmt ist, kann der Anspruch der Gesellschafter auf den nach der jährlichen Bilanz (GmbHG § 42, HGB § 40) sich ergebenden Reingewinn (GmbHG § 29) nicht willkürlich durch übermäßige Abschreibungen auf Vermögensgegenstände (z. B. zur Deckung künftiger Betriebsaufwendungen, Anschaffungskosten oder Geschäftsverluste) vereitelt oder geschmälert werden. (Vgl. HGB § 40 Nr. 8.)
U. v. 6.12.1918; II 222/18. E. 94, 213. Kammergericht.

10.   HGB §§ 40, 213, 261.

Die Bildung stiller Reserven kann durch die Satzung einer AG rechtswirksam gestattet werden.

U. v. 4.1.1924; II 320/23.

11.   = § 39 HGB Nr. 4.

U. v. 23.10.1925; II 315/24. E. 112, 19. Jena.

12.   HGB §§ 40, 241, 271.

Auch eine willkürliche Minderbewertung von Vermögensgegenständen in der Goldmarkeröffnungsbilanz macht den Bilanzgenehmigungsbeschluss nicht unheilbar nichtig, sondern gibt den Aktionären nur ein Anfechtungsrecht im Rahmen der §§ 271 ff. HGB.

U. v. 11.1.1927; II 178/26. E. 115, 378. Hamm.

13.   HGB §§ 40, 261, 271; Erg. Bd. IIb; GoldbilanzVO v. 28.3.1924 §§ 4, 5, 7.

Überbewertung der Aktiven oder zu niedrige Einsetzung der Passiven in der Reichsmarkeröffnungsbilanz verstößt gegen zwingende, im öffentlichen Interesse gegebene Vorschriften und macht deshalb die Bilanz und die auf ihrer Grundlage beschlossene Umstellung des Grundkapitals einer AG unheilbar nichtig. Das gleiche gilt für eine „Umstellung" *ohne* Eröffnungsbilanz vor und außerhalb des Umstellungsverfahrens.

U. v. 20.1.1928; II 281/27. E. 120, 28. Jena.

14.   AufwG § 80, HGB § 40.

Liegt der Stichtag einer Bilanz vor dem Inkrafttreten des AufwG, wird die Bilanz aber erst nach dem Inkrafttreten *festgestellt*, so muss hierbei, und zwar insbesondere bezüglich der Bewertung der *Aufwertungsverbindlichkeiten*, den Bestimmungen des AufwG Rechnung getragen werden.

U. v. 7.2.1933; II 283/32. Jena.

15.   HGB § 40.

Bei der *Bilanzumwertung* in Aufwertungsfällen ist der Bilanzstichtag entscheidend. Vorgänge zwischen dem *Bilanzstichtag* und dem *Bilanzaufstellungstag*, die bei der Erstaufstellung der umzuwertenden Bilanz hätten berücksichtigt werden können oder müssen (vgl. JW 1912 S. 305, U. 7.2.1933 II 283/32, JW 1933 S. 1011), kommen bei der Umwertung der festgestellten Bilanz nicht in Betracht. Auf sie kann nur bei der Festsetzung des Aufwertungsmaßstabes gemäß § 242 BGB Rücksicht genommen werden.

U. v. 20.11.1936; II 119/36.

16.   HGB § 40; GenG a. F. v. 12.5.1923, § 33.

Für Genossenschaften (jedenfalls für größere Genossenschaften) galt schon vor der VO über die Bilanzierung von Genossenschaften v. 30.5.1933 der Grundsatz, dass ihre Vermögensgegenstände in der Jahresbilanz höchstens zu dem Anschaffungs- oder Herstellungspreise angesetzt werden dürfen.

U. v. 26.10.1937; II 67/37.

17.   BGB §§ 157, 242; HGB § 40.

Wenn der Ertrag einer offenen Handelsgesellschaft oder Kommanditgesellschaft nach
den Grundsätzen einer ordnungsmäßigen Bilanzierung errechnet werden soll, können
die in den Bilanzen vorgenommenen Bewertungen im Zweifel nur daraufhin nachgeprüft werden, ob sie nach den Grundsätzen ordnungsmäßiger Bilanzierung vertretbar
und nicht willkürlich oder in kaufmännisch nicht vertretbarer Weise zum Nachteil des
Berechtigten festgesetzt sind. Es geht insbesondere nicht an, am Bilanzstichtage erkennbare Verluste auf eine längere Zeit über den Bilanzstichtag hinaus zu verteilen.
U. v. 6.9.1939; II 46/39. HRR 1940, Nr. 16; 10; DR 39, 2157.

18.   = § 22 HGB Nr. 39.
U. v. 11.9.1941; II 76/41. E. 167, 260.

§ 41

Das Inventar und die Bilanz sind von dem Kaufmanne zu unterzeichnen. Sind mehrere persönlich haftende Gesellschafter vorhanden, so haben sie alle zu unterzeichnen.
Das Inventar und die Bilanz können in ein dazu bestimmtes Buch eingeschrieben oder jedes Mal besonders aufgestellt werden. Im letzteren Falle sind sie zu sammeln und in zusammenhängender Reihenfolge
geordnet aufzubewahren.

1.   HGB § 41.

Die Unterzeichnung der Bilanz enthält kein Anerkenntnis zugunsten der darin aufgeführten Gläubiger des Kaufmanns.
U. v. 13.1.1913; VI 488/12. Königsberg.

2.   HGB § 41.

Rechtliche Bedeutung der Unterzeichnung der Bilanz. Bei einer Kommanditgesellschaft
muss die Unterzeichnung durch alle persönlich haftenden Gesellschafter erfolgen; eine
Vertretung dabei durch einen Prokuristen ist nicht zulässig.
U. v. 23.10.1925; II 315/24. E. 112, 19. Jena.

3.   HGB § 41.

Die öffentlich-rechtliche Pflicht des Kaufmanns, die Bilanz zu unterzeichnen (§ 41 Abs.
1 HGB), ist begründet im Interesse der Gläubiger des Kaufmanns. Ein Bilanzbuchhalter,
der vertraglich die Bilanzaufstellung eines Kaufmanns übernommen hat und wegen
falscher Bilanzaufstellung von diesem schadensersatzpflichtig gemacht wird, kann sich
regelmäßig nicht darauf berufen, der Kaufmann hätte ihm nicht ohne weiteres trauen
dürfen und die Bilanz nebst Unterlagen wegen der Vorschrift des § 41 Abs. 1 HGB
selbst nachprüfen müssen.
U. v. 26.1.1938; RAG 138/37. E. 19, 151.

§ 42

Unberührt bleibt bei einem Unternehmen des Reichs, eines Bundesstaats oder eines inländischen Kommunalverbandes die Befugnis der Verwaltung, die Rechnungsabschlüsse in einer von den Vorschriften der §§ 39 bis 41 abweichenden Weise vorzunehmen.

§ 43

Bei der Führung der Handelsbücher und bei den sonst erforderlichen Aufzeichnungen hat sich der Kaufmann einer lebenden Sprache und der Schriftzeichen einer solchen zu bedienen.
Die Bücher sollen gebunden und Blatt für Blatt oder Seite für Seite mit fortlaufenden Zahlen versehen sein.
An Stellen, die der Regel nach zu beschreiben sind, dürfen keine leeren Zwischenräume gelassen werden. Der ursprüngliche Inhalt einer Eintragung darf nicht mittelst Durchstreichens oder auf andere Weise unleserlich gemacht, es darf nichts radiert, auch dürfen solche Veränderungen nicht vorgenommen werden, deren Beschaffenheit es ungewiss lässt, ob sie bei der ursprünglichen Eintragung oder erst später gemacht worden sind.

§ 44

Die Kaufleute sind verpflichtet, ihre Handelsbücher bis zum Ablaufe von zehn Jahren, von dem Tage der darin vorgenommenen letzten Eintragung an gerechnet, aufzubewahren.
Dasselbe gilt in Ansehung der empfangenen Handelsbriefe und der Abschriften der abgesendeten Handelsbriefe sowie in Ansehung der Inventare und Bilanzen.

Zu §§ 42-44 keine Leitsätze.

§ 45

Im Laufe eines Rechtsstreits kann das Gericht auf Antrag oder von Amts wegen die Vorlegung der Handelsbücher einer Partei anordnen.
Die Vorschriften der Zivilprozessordnung über die Verpflichtung des Prozessgegners zur Vorlegung von Urkunden bleiben unberührt.

a) Allgemeines, Handelsbücher: 3, 5
b) Vorlegung von Handelsbüchern: 1, 2, 4, 6, 7
c) Bestimmungen der ZPO über Vorlegung von Urkunden: 5, 6

1.   HGB § 45.
Die Anordnung der Vorlegung von Handelsbüchern hängt vom Ermessen des Gerichts ab („kann"), die Partei hat kein Recht darauf [vgl. ROHG 2, 127]. Die bloße Bereitwilligkeitserklärung des Klägers begründet eine Verpflichtung desselben zur Vorlegung namentlich dann nicht, wenn sie erst nach Stellung und Zurückweisung des Vorlegungsantrages des Beklagten und unter ausdrücklicher Verwahrung gegen eine derartige Verpflichtung erfolgt ist.
U. v. 9.2.1900; III 366/99. Celle.

2.   HGB § 45.

Die Vorschrift des § 45 setzt voraus, dass Behauptungen aufgestellt sind, welche die Anordnung einer Beweisaufnahme rechtfertigen, gibt aber dem Gerichte nicht die Befugnis, die Vorlegung der Handelsbücher zu dem Zwecke anzuordnen, um der beweispflichtigen Partei das zur näheren Begründung ihrer Behauptungen erforderliche Material zu verschaffen.

U. v. 26.4.1902; III 154/02. Naumburg. – Vgl. U. v. 12.2.1923; VI 298/22. – Ebenso: U. v. 7.4.1924; V 867/23. – Ebenso: U. v. 26.6.1926; I 268/25.

3.   HGB § 45.

§ 45 bezieht sich nur auf die Geschäftsbücher eines *Vollkaufmanns*. Die herrschende Ansicht, dass Handelsbücher, deren Führung und Aufbewahrung das Gesetz (§§ 38, 44) jedem Kaufmanne zur Pflicht macht, gemeinschaftliche Urkunden sein *können*, lässt sich auf gewöhnliche Geschäftsbücher von anderen Gewerbetreibenden nicht ausdehnen, deren Einträge regelmäßig nicht die Bedeutung einer objektiven Beurkundung für die Rechtsbeziehungen zu den Kunden haben.

U. v. 23.10.1903; II 496/03. Köln.

4.   HGB § 45.

Der Bürge kann zum Beweise der Zahlung des Hauptschuldners verlangen, dass der Gläubiger seine Handelsbücher vorlege (BGB § 810).

U. v. 5.11.1903; VI 155/03. E. 56, 109. Köln.

5.   HGB § 45.

Handelsbücher sind insoweit *gemeinschaftliche Urkunden*, als der einzelne Eintrag ein zwischen den Parteien bestehendes Rechtsverhältnis beurkundet. [Vgl. E. 20, 45.]

U. v. 7.11.1906; I 135/06. Königsberg.

6.   HGB § 45 (auch § 47).

Die in § 45 zugelassene Anordnung der Vorlegung der Handelsbücher beschränkt sich *nicht auf Prozesse über Handelssachen*. Dies ergibt sowohl die allgemeine Fassung des § 45 Abs. 1 wie auch der § 47, denn die dort erwähnten Erbschafts-, Gütergemeinschafts- und Gesellschaftsteilungssachen brauchen keine Handelssachen zu sein. Dass es sich bei diesen Auseinandersetzungen um das Vermögen eines Kaufmanns handeln müsste, ist auch § 47 nicht zu entnehmen. Auch aus Art. 2 EG z. HGB ist eine Beschränkung der Vorlegungspflicht auf Handelssachen nicht zu entnehmen.

Danach ist die Anordnung der Vorlegung der Handelsbücher eines Bankiers oder Bankvereins in einem Steuerstreite zulässig.

U. v. 29.5.1908; VII 449/07. E. 69, 20. Colmar.

7.   HGB § 45 (auch ZPO § 286).

§ 45 Abs. 1 HGB enthält nur eine Besonderheit bezüglich des *Beweismittels*. Daraus ist aber nicht eine Abweichung von den materiellrechtlichen Grundsätzen über die *Beweis-*

last oder von der allgemeinen Vorschrift des § 286 ZPO, betreffend die freie Beweiswürdigung der Gerichte, zu folgern. Die Richtigkeit des Satzes, aus der Pflicht des Kaufmanns zur Führung von Handelsbüchern ergebe sich, dass dieser den Inhalt der von ihm geführten Bücher bis zum Beweis ihrer Unrichtigkeit gegen sich gelten lassen müsse, ist für die *gegenwärtige* Gesetzgebung jedenfalls insoweit nicht anzuerkennen, als daraus sich eine Beschränkung der den Instanzgerichten auch bezüglich der Handelsbücher zustehenden freien Beweiswürdigung ergeben würde.
U. v. 10.7.1911; II 674/10. Kammergericht.

8. HGB § 45.
§ 45 gilt nicht nur für Handelssachen, sondern auch für andere Rechtsstreitigkeiten (vgl. oben Nr. 6). Er ermächtigt das Gericht, nach seinem Ermessen die Vorlegung der Handelsbücher einer Partei auch dann anzuordnen, wenn die Gegenpartei darauf kein Recht hat. Ob von dieser Befugnis Gebrauch gemacht werden soll, ob insbesondere die Behauptungen des Klägers bestimmt genug sind, um eine Beweislast zu rechtfertigen (vgl. JW 02, 545 Nr. 10), ist Tatfrage.
U. v. 19.12.1921; IV 136/21.

§ 46

Werden in einem Rechtsstreite Handelsbücher vorgelegt, so ist von ihrem Inhalte, soweit er den Streitpunkt betrifft, unter Zuziehung der Parteien Einsicht zu nehmen und geeignetenfalls ein Auszug zu fertigen. Der übrige Inhalt der Bücher ist dem Gericht insoweit offen zu legen, als es zur Prüfung ihrer ordnungsmäßigen Führung notwendig ist.

Zu § 46 kein Leitsatz.

§ 47

Bei Vermögensauseinandersetzungen, insbesondere in Erbschafts-, Gütergemeinschafts- und Gesellschaftsteilungssachen, kann das Gericht die Vorlegung der Handelsbücher zur Kenntnisnahme von ihrem ganzen Inhalt anordnen.

1. = § 45 HGB Nr. 6.
U. v. 29.5.1908; VII 449/07. E. 69, 20. Colmar.

Erstes Buch. Fünfter Abschnitt. Prokura und Handlungsvollmacht.

⟨vor §§ 48-58⟩

1.   HGB I. 5 (auch BGB I. 3, 5).

Wenn ein Handlungsgehilfe, der für seinen Geschäftsherrn Kunden anzuwerben und Vertragsbedingungen zu vermitteln hat, bei dieser ihm obliegenden Tätigkeit Erklärungen abgibt, so muss sich der Geschäftsherr um das bereits Verhandelte kümmern und es gegen sich gelten lassen, wenn bei dem Abschlusse des Vertrags selbst nicht irgend etwas Gegenteiliges erklärt worden ist.
U. v. 1.2.1907; II 272/06. Kammergericht.

§ 48

Die Prokura kann nur von dem Inhaber des Handelsgeschäfts oder seinem gesetzlichen Vertreter und nur mittelst ausdrücklicher Erklärung erteilt werden.
Die Erteilung kann an mehrere Personen gemeinschaftlich erfolgen (Gesamtprokura).

1.   HGB § 48 (auch §§ 125, 232; BGB § 181; GmbHG § 35; GenG § 25).

Die Anordnung einer Gesamtvertretung schließt es nicht aus, dass der zweite Gesamtvertreter dem ersten, der nach außen hin handelt, durch eine an den ersten gerichtete formlose Erklärung wirksam Vollmacht und Genehmigung erteilt. Nur muss, da die Zustimmung im Namen des Vertretenen, mithin von beiden Vertretern zu erklären ist, der erste mit der Zustimmung einverstanden sein. Auch darf der erste Vertreter nicht einen in bestimmter Art vorzunehmenden Beitritt des zweiten, z. B. die Mitunterschrift der Urkunde, dem Geschäftsgegner gegenüber vorbehalten haben.
U. v. 14.2.1913; II 378/12. E. 81, 325. Kiel.

2.   HGB § 48 (auch ZPO §§ 137, 355-370, 420).

Der Prokurist einer Partei kann nicht nach ZPO § 137 als Partei gehört, sondern nur als Zeuge vernommen werden.
U. v. 9.7.1921; V 156/21. E. 102, 328.

3.   HGB §§ 48, 53, 125, 232.

In der sog. unechten Gesamtvertretung nach §§ 125 Abs. 3, 232 Abs. 2 HGB kann der Prokurist auch zur Bestellung und Anmeldung eines Prokuristen mitwirken.
B. v. 22.12.1931; II B 30/31. E. 134, 303. Liegnitz.

§ 49

Die Prokura ermächtigt zu allen Arten von gerichtlichen und außergerichtlichen Geschäften und Rechtshandlungen, die der Betrieb eines Handelsgewerbes mit sich bringt.

Zur Veräußerung und Belastung von Grundstücken ist der Prokurist nur ermächtigt, wenn ihm diese Befugnis besonders erteilt ist.

1. HGB § 49 (auch ZPO § 51).

Der Prokurist ist im Sinne der ZPO nicht gesetzlicher Vertreter des prozessunfähigen Prinzipals.

U. v. 22.6.1907; I 40/07. Kammergericht.

2. HGB § 49.

Die Prokura ermächtigt den Prokuristen nach außen zu *allen Geschäften und Rechtshandlungen*, die der Betrieb irgendeines Handelsgewerbes, nicht gerade des in Frage stehenden konkreten Handelsgewerbes möglicherweise mit sich bringen kann, die Vertretungsmacht umfasst auch *ungewöhnliche und selten vorkommende Geschäfte*. [Vgl. E. d. ROHG 13, 224.]

Der Sohn des Inhabers der beklagten Firma hatte sich als deren Prokurist im Namen der Firma für eine von ihm kontrahierte Schuld der Klägerin gegenüber ohne Wissen seines Vaters verbürgt. Seine Ermächtigung zu dieser Bürgschaft wurde auf Grund des § 49 HGB bejaht.

U. v. 17.12.1908; VI 6/08. Hamburg.

3. HGB § 49.

Die Prokura ermächtigt *nicht* zum Abschluss eines auf Stilllegung des Betriebes zielenden Vertrags, ebenso wenig zu dem Antrage auf Löschung der Firma.

U. v. 28.4.1922; III 506/21.

§ 50

Eine Beschränkung des Umfanges der Prokura ist Dritten gegenüber unwirksam.

Dies gilt insbesondere von der Beschränkung, dass die Prokura nur für gewisse Geschäfte oder gewisse Arten von Geschäften oder nur unter gewissen Umständen oder für eine gewisse Zeit oder an einzelnen Orten ausgeübt werden soll.

Eine Beschränkung der Prokura auf den Betrieb einer von mehreren Niederlassungen des Geschäftsinhabers ist Dritten gegenüber nur wirksam, wenn die Niederlassungen unter verschiedenen Firmen betrieben werden. Eine Verschiedenheit der Firmen im Sinne dieser Vorschrift wird auch dadurch begründet, dass für eine Zweigniederlassung der Firma ein Zusatz beigefügt wird, der sie als Firma der Zweigniederlassung bezeichnet.

1. HGB § 50 (auch WO Art. 21-24).

Der Umstand, dass der Prokurist seine Vollmacht missbraucht hat, um (nicht seinem Geschäftsherrn, sondern) sich selbst Kredit zu verschaffen, kann dem Kreditgeber *nur dann* mit Erfolg entgegengesetzt werden, wenn dieser oder sein Vertreter bei der Kreditgewährung um die widerrechtliche Absicht des Prokuristen *gewusst* und *vorsätzlich* mit ihm zur Schädigung des Prinzipals *zusammengewirkt* hat. Selbst grobe Fahrlässigkeit des Kreditgebers genügt nicht. (Vgl. E. 9, 148; 57, 391.)

U. v. 5.10.1918; V 149/18. Colmar.

2. BGB § 164; HGB § 50.

Das Stammhaus kann auch im Namen und für Rechnung einer Zweigniederlassung eine Verbindlichkeit übernehmen, wenn beide denselben Inhaber haben, und zwar auch durch einen im Stammhaus angestellten Vertreter des Geschäftsinhabers.

U. v. 9.10.1925; VI 160/25. Kammergericht.

3. HGB § 50; W. e. 12; Pr. StStG, TSt 19, § 3.

Nach § 50 HGB ist allerdings eine Beschränkung des Inhalts der Prokura Dritten gegenüber unwirksam. Dies gilt nach § 50 Abs. 2 insbesondere von der Beschränkung, dass die Prokura nur für eine „gewisse Zeit" ausgeübt werden soll. Mit Recht ist diese Vorschrift stempelrechtlich außer Betracht gelassen, da nach § 3 Abs. 2 Pr. StStG selbst die Hinzufügung einer „Bedingung" für die Stempelpflichtigkeit der Urkunde ohne Bedeutung ist.

U. v. 4.11.1932; VII 202/32. Kammergericht.

§ 51

Der Prokurist hat in der Weise zu zeichnen, dass er der Firma seinen Namen mit einem die Prokura andeutenden Zusatze beifügt.

1. HGB § 51 (auch § 57; BGB § 126; WO Art. 4, 21).

Der Vorschrift in § 126 Abs. 1 BGB ist genügt, wenn bei gesetzlich vorgeschriebener Schriftform der bevollmächtigte Vertreter ausschließlich mit dem Namen (der Firma) des Vertretenen unterschreibt.

U. v. 21.12.1901; I 385/01. E. 50, 51. Kammergericht.

2. HGB § 51 (auch BGB § 164; WO Art. 21).

Über das vom *Manne der Geschäftsinhaberin* mit seinem, mit *der Firma übereinstimmenden Namen* geschriebene Akzept wird ausgeführt:

Hatte die Klägerin einen Wechsel auf „Herrn Adolf Moll" gezogen, war Inhaberin der Firma „Adolf Moll" die Ehefrau Adolf Molls und hat deren Mann, als ihr Prokurist, mit seinem bürgerlichen Namen „Adolf Moll" akzeptiert, so muss die Klägerin, die die Ehefrau Moll aus dem vom Mann erteilten Akzept in Anspruch nimmt, nachweisen, dass letzterer bei der Akzeptierung im Namen der Frau gehandelt hat. Dies umso mehr, als gegebenenfalls die Ordnungsvorschrift des § 51 HGB verletzt sein würde, und als die Klägerin selbst den Mann für den Wechselverpflichteten gehalten und gegen ihn bereits einen Prozess angestrengt und ein rechtskräftiges Urteil erwirkt hatte. [Vgl. übrigens BGB § 164 Nr. 24, sowie BGB § 126 Nr. 4 und 57.]

U. v. 26.2.1908; I 247/07. Kammergericht.

§ 52

Die Prokura ist ohne Rücksicht auf das der Erteilung zu Grunde liegende Rechtsverhältnis jederzeit widerruflich, unbeschadet des Anspruchs auf die vertragsmäßige Vergütung.

Die Prokura ist nicht übertragbar.

Die Prokura erlischt nicht durch den Tod des Inhabers des Handelsgeschäfts.

1. HGB §§ 52, 70.

Die nach außen wirkende Entziehung der Prokura kann dem Handlungsgehilfen einen wichtigen Grund zur fristlosen Kündigung des Dienstverhältnisses geben.

Sie kann auch im Innenverhältnis zum Prokuristen unberechtigt sein und verpflichtet dann den Prinzipal zum Schadensersatz.

U. v. 2.3.1929; RAG 529/28. E. 3, 281. Essen.

2. HGB §§ 52, 116.

Die Gesellschafter einer offenen Handelsgesellschaft können im Innenverhältnis zueinander den Widerruf einer Prokura von der Zustimmung aller, auch der sonst von der Geschäftsführung ausgeschlossenen Gesellschafter abhängig machen.

Widerruft ein geschäftsführender vertretungsberechtigter Gesellschafter die Prokura, ohne die im Gesellschaftsvertrage vorgeschriebene Zustimmung der anderen Gesellschafter eingeholt zu haben, so können diese auf Wiedererteilung der Prokura an den bisherigen Prokuristen klagen.

U. v. 27.1.1940; II 151/39. E. 163, 35.

§ 53

Die Erteilung der Prokura ist von dem Inhaber des Handelsgeschäfts zur Eintragung in das Handelsregister anzumelden. Ist die Prokura als Gesamtprokura erteilt, so muss auch dies zur Eintragung angemeldet werden.

Der Prokurist hat die Firma nebst seiner Namensunterschrift zur Aufbewahrung bei dem Gerichte zu zeichnen.

Das Erlöschen der Prokura ist in gleicher Weise wie die Erteilung zur Eintragung anzumelden.

1. BGB § 839; HGB § 53; RVerf. Art. § 131.

Dem Rechtspfleger liegt nicht nur den unmittelbar Beteiligten, sondern auch jedem Dritten gegenüber, dessen Interessen durch eine Prokuraeintragung berührt werden können, die amtliche Pflicht ob, die Wirksamkeit und Eintragungsfähigkeit einer Prokuraerteilung zu prüfen und bei berechtigten Bedenken den Eintragungsvermerk abzulehnen.

U. v. 24.1.1930; III 75/29. E. 127, 153. Kammergericht.

2. = § 48 HGB Nr. 3.

B. v. 22.12.1931; II B 30/31. E. 134, 303. Liegnitz.

§ 54

Ist jemand ohne Erteilung der Prokura zum Betrieb eines Handelsgewerbes oder zur Vornahme einer bestimmten zu einem Handelsgewerbe gehörigen Art von Geschäften oder zur Vornahme einzelner zu einem Handelsgewerbe gehöriger Geschäfte ermächtigt, so erstreckt sich die Vollmacht (Handlungsvollmacht) auf alle Geschäfte und Rechtshandlungen, die der Betrieb eines derartigen Handelsgewerbes oder die Vornahme derartiger Geschäfte gewöhnlich mit sich bringt.

Zur Veräußerung oder Belastung von Grundstücken, zur Eingehung von Wechselverbindlichkeiten, zur Aufnahme von Darlehen und zur Prozessführung ist der Handlungsbevollmächtigte nur ermächtigt, wenn ihm eine solche Befugnis besonders erteilt ist.

Sonstige Beschränkungen der Handlungsvollmacht braucht ein Dritter nur dann gegen sich gelten zu lassen, wenn er sie kannte oder kennen musste.

a) Vollmachterteilung: 1, 3, 5, 7, 8, 13, 15, 20, 21, 31
b) Umfang der Vollmacht: 5, 10, 11, 14, 17, 18, 20, 26, 28, 29, 35
c) Ermächtigung zur Vornahme eines einzelnen Geschäftes: 6
d) Ausnahme des Abs. 2: 8, 11, 30
e) Besondere Ermächtigung nach Abs. 2: 2, 8, 11, 16, 36
f) Beschränkungen der Vollmacht: –
g) Geschäfte, die der Betrieb gewöhnlich mit sich bringt: 6, 9, 12
h) Geschäfte, die *nicht* unter den gewöhnlichen Betrieb fallen: 4, 10
i) Insbesondere telefonische Verhandlungen: 19, 23, 25
k) Mangel der Vollmacht und die Folgen: 22, 24, 32
l) Sparkasse, Anhang: 26, 28, 31, 33, 34

1.   HGB § 54.

Wenn ein Prinzipal es zulässt, dass ein anderer sich als Handlungsbevollmächtigter geriert, so ist an sich eine Handlungsvollmacht, und damit auch die Ermächtigung, Rechtsgeschäfte einzugehen, als erteilt anzusehen. In Versicherungsverhältnissen liegt nur im Zweifel dann eine von Erteilung eines entsprechenden Auftrags unabhängige Vollmacht zum Abschlusse von Versicherungsverträgen vor, wenn ein Agent befugt ist, allein die Police zu unterschreiben und dem Versicherungsnehmer auszuhändigen.

Ein Versicherungsvertrag kommt zustande, wenn die Unterzeichnung der Police und deren Aushändigung durch den zur Vornahme *dieser* Handlungen bevollmächtigten, nicht aber mit dem Vertragsabschlusse beauftragten Agenten geschieht. Dem Dritten gegenüber kommt es darauf an, ob und wie die Bevollmächtigung in die äußere Erscheinung tritt.
U. v. 7.1.1902; VII 349/01. E. 50, 75. Frankfurt.

2.   HGB § 54.

Die Ermächtigung zur Eingehung von Wechselverbindlichkeiten gemäß § 54 Abs. 2 kann auch stillschweigend erteilt werden und in einem solchen Verhalten des Prinzipals enthalten sein, durch das nach den Anschauungen von Treu und Glauben im Verkehre das Publikum zu der Annahme berechtigt wird, dass dem Handlungsbevollmächtigten diese Ermächtigung erteilt sei. [Vgl. E. 43, 189; vgl. Nr. 1.]
U. v. 5.11.1902; I 184/02. Naumburg.

3.   HGB § 54 auch BGB § 167).

Das Reichsgericht hat zwar erkannt, dass derjenige, der durch sein schlüssiges Verhalten einen anderen zur Annahme einer Bevollmächtigung *verleitet* hat, dem Gegenkontrahenten für das wirkliche Bestehen der Vollmacht haftet, und ferner, dass in der bei einer Genossenschaftskasse allgemein eingeführten und jahrelang fortgesetzten Übung, den

Kassierer allein Einzahlungen entgegennehmen und darüber quittieren zu lassen, eine Ermächtigung desselben zu diesem Verfahren erblickt werden müsse. Dabei ist aber auf die Person des Gegenkontrahenten, seine Kenntnis vom Mangel der Ermächtigung und seine geschäftliche Erfahrung überhaupt Rücksicht zu nehmen.

Wenn daher der Bankier einer Firma in Kenntnis vom Bestehen der Kollektivprokura gegen die alleinige Quittung *eines* Kollektivprokuristen Zahlungen leistet, so tut er dies auf seine Gefahr; der Firmeninhaber hat keine Veranlassung, bei Prüfung der Kontokorrentabschlüsse solche Zahlungen zu beanstanden. Er haftet dem Bankier auch nicht aus dem Gesichtspunkte, dass er seine Aufsichtspflicht hinsichtlich des Kollektivprokuristen verletzt habe, da diese Pflicht nicht dem Bankier gegenüber bestand.

U. v. 22.6.1904; I 135/04. Celle.

4. HGB § 54.

Die Vereinbarung eines *ausländischen Gerichtsstandes für alle* aus dem Geschäftsverkehre der Parteien entstehenden Streitigkeiten ist keine Rechtshandlung, welche die Vornahme von Kaufgeschäften *gewöhnlich* mit sich bringt.

U. v. 10.2.1905; II 497/04. Posen.

5. HGB § 54 (auch GenG § 17).

Die Frage, ob ein Kaufmann einem seiner *Angestellten Vollmacht* zur Vornahme von Rechtsgeschäften erteilt hat, und der Umfang der Vollmacht muss nach dem in die äußere Erscheinung getretenen Verhalten des Kaufmanns beurteilt werden. [Vgl. Nr. 7.]

U. v. 14.3.1907; VI 284/06. E. 65, 292. Hamm. – Vgl. unten Nr. 17; U. v. 21.9.1920; II 102/20.

6. HGB § 54 (auch § 343).

Die §§ 343 flg. finden auf *alle* Geschäfte eines Kaufmanns, also auch auf Vergleiche Anwendung, sofern sie zum Betriebe seines Handelsgewerbes gehören. Ein *Vergleich über eine den Gegenstand eines Prozesses bildende*, auf einem zwischen Kaufleuten geschlossenen Warenkaufe beruhende *Forderung* fällt daher, auch abgesehen von der Vermutung des § 344 Abs. 1, beiderseits in den Bereich des Betriebs des Handelsgewerbes. Insoweit ist also auch die Voraussetzung des § 54 erfüllt.

Nach der jetzigen Fassung des § 54 fällt auch die *Ermächtigung zur Vornahme eines einzelnen Geschäfts* unter diese Bestimmung.

U. v. 22.3.1907; VII 280/06. Köln.

7. HGB § 54 (auch BGB § 167).

Eine *Vollmacht*, insbesondere eine Handlungsvollmacht, kann auch *stillschweigend, durch schlüssige Handlungen* erteilt werden. Die Annahme einer solchen Vollmacht ist namentlich dann gerechtfertigt, wenn sich jemand Dritten gegenüber als Bevollmächtigter eines andern geriert und dieser es in einer Weise geschehen lässt, die im redlichen Rechtsverkehre nur als Erteilung einer entsprechenden Vollmacht aufgefasst werden kann.

Zur Annahme einer solchen stillschweigend erteilten Vollmacht bedarf es nicht notwendig einer Feststellung des *inneren* Verhältnisses, welches zwischen dem Vollmachtgeber

und dem Bevollmächtigten in bezug auf das in Betracht kommende Rechtsverhältnis bestanden hat.
U. v. 31.1.1908; II 478/07. Kiel.

8.   HGB § 54.

Wenn der *zur Empfangnahme von Briefen ermächtigte Direktor einer Genossenschaft,* der nicht Vorstandsmitglied ist und *Wechsel nur gemeinsam mit einem Vorstandsmitglied* ausstellen darf, einen von ihm und einem Vorstandsmitglied auf einen Dritten gezogenen Wechsel mit dem Akzept des letzteren und einem Schreiben entgegennimmt, in welchem der Akzeptant die Verpflichtung der Genossenschaft zur Selbsteinlösung des Wechsels sich ausbedingt, kann durch die Annahme des Wechsels seitens der Genossenschaft und die Verfügung über denselben eine stillschweigende Vereinbarung des Akzeptanten mit der Genossenschaft dahin zustande kommen, dass die Genossenschaft den Wechsel selbst einzulösen hat.
U. v. 7.11.1908; I 574/07. Hamm.

9.   HGB § 54 (auch BGB § 341).

Der Vorbehalt der Vertragsstrafe kann wirksam nur *bei* der Annahme der Erfüllung, also weder vorher noch nachher erklärt werden, wozu eine bei der Annahme erfolgende, dem Schuldner irgendwie erkennbare Kundgebung des Vorbehaltswillens des Gläubigers erforderlich ist. Es genügt daher nicht, dass ein solcher Vorbehalt vor der Annahme in einer Weise gemacht ist, dass das Fortwirken des Vorbehalts bei der Annahme unterstellt werden muss.

Als legitimierte Vertreter des Gläubigers zur Abgabe einer solchen Erklärung durch das Telefon sind nicht ohne weiteres alle Personen, die tatsächlich in der Lage waren, aus dem Kontor des Gläubigers zu telefonieren, sondern nur Prokuristen oder Handlungsbevollmächtigte des Gläubigers anzusehen, sofern bei letzteren eine der Voraussetzungen des § 54 Abs. 1 HGB zutrifft, also namentlich auch solche Angestellte, zu deren Geschäftskreis die Annahme der Vertragserfüllung des Schuldners gehört.
U. v. 14.12.1909; II 154/09. Hamm.

10.   HGB § 54.

Hat der Leiter einer Zweigniederlassung, dem diese Leitung als Handlungsbevollmächtigten ohne Prokura oblag, ein Geschäft abgeschlossen, das die Zweigniederlassung bisher niemals in dieser Art und Umfang abgeschlossen hat, und kann es auch wegen großer finanzieller Tragweite nicht als ein solches angesehen werden, das der Betrieb einer Zweigniederlassung überhaupt mit sich bringt, so reicht die gesetzliche Befugnis des Leiters, die den Inhalt seiner Handlungsvollmacht nach § 54 umfasst, nicht dazu aus, den Inhaber der Firma für dieses durch den Filialleiter geschlossene Geschäft verantwortlich zu machen. [Vgl. E. 52, 89.]
U. v. 10.11.1910; II 126/10. Stuttgart.

11.   HGB § 54.

Die Erteilung einer Generalvollmacht an einen Handlungsbevollmächtigten genügt nicht ohne weiteres, um den letzteren zur Zeichnung von Wechseln für den Prinzipal zu ermächtigen. Die besondere Vollmacht braucht jedoch nicht mit ausdrücklichen Worten erteilt zu werden; vielmehr kann sich der darauf gerichtete Wille des Prinzipals auch aus konkludenten Handlungen, insbesondere auch aus dem Gesamtinhalt einer schriftlichen Vollmacht, die die fragliche Befugnis *nicht* ausdrücklich erwähnt, ergeben.
U. v. 1.4.1911; I 60+61/10. E. 76, 202. Hamburg.

12.   HGB § 54.

Die Schalterbeamten einer Großbank sind ermächtigt, alle Geschäfte und Rechtshandlungen vorzunehmen, die nach der Verkehrsauffassung der Schalterverkehr gewöhnlich mit sich bringt.
U. v. 8.12.1914; III 299/14. E. 86, 86. Dresden.

13.   HGB § 54.

Ob eine Vertretungsmacht besteht oder fortbesteht, ist allgemein nach den Anschauungen des Verkehrs zu beurteilen, nicht lediglich nach der Auffassung, zu der gerade die das Bestehen der Vollmacht behauptende Person kommen musste.
U. v. 8.10.1915; II 249/15. Rostock.

14.   HGB § 54 (auch § 820 HGB).

Der zum Abschlusse von Feuerversicherungen ermächtigte Agent gilt trotz gegenteiliger Anweisung Dritten gegenüber zur selbständigen Versicherung „nur gegen Kriegsgefahr" für ermächtigt, wenn er mit Genehmigung seiner Gesellschaft Policen gezeichnet hat, in denen Kriegsrisiko übernommen ist.
U. v. 13.5.1916; I 187/15. E. 88, 231. Köln.

15.   HGB § 54.

Zwar kann ein Gesamtprokurist (auch stillschweigend) zugleich zum Einzelhandlungsbevollmächtigten bestellt werden. Eine derartige Bestellung liegt aber nicht schon ohne weiteres in der Bestellung zum Gesamtprokuristen. Dies ist z. B. insofern von Bedeutung, als ein Gesamtprokurist eine geringere Vertretungsmacht wie ein Einzelhandlungsbevollmächtigter haben kann.
U. v. 8.6.1917; II 23/17. E. 90, 299. Köln.

16.   HGB § 54 (auch ZPO § 1041).

Auch die Beteiligung an einem vor einem *Schiedsgericht* anhängigen Verfahren ist *„Prozessführung"* im Sinne des § 54 Abs. 2 HGB, zu der also der Handlungsbevollmächtigte einer *besonderen* Vollmacht bedarf. Mangels einer solchen kann von der Partei, für die vor dem Schiedsgericht ihr Handlungsbevollmächtigter als ihr Vertreter

verhandelt hat, Aufhebung des Schiedsspruchs gemäß ZPO § 1041 Nr. 3 verlangt werden.
U. v. 19.3.1918; VII 22/18. Hamm.

17.   HGB § 54.
Unter Zustimmung zu dem oben Nr. 5 mitgeteilten Grundsatz wird ausgeführt:
1. Der Kaufmann, welcher zulässt, dass sein Angestellter bei Führung geschäftlicher Verhandlungen die Briefe namens der Firma zeichnet, muss sich gefallen lassen, dass der Dritte diesen Angestellten als *Handlungsbevollmächtigten* ansieht. Dem Einzelnen kann nicht zugemutet werden, über die Ermächtigung des für einen anderen Auftretenden genaue Ermittelungen anzustellen, solange er nach dem äußeren Anschein anzunehmen berechtigt ist, dass der Auftraggeber seinen Vertreter zu decken gewillt ist.
2. Hat in einem solchen Falle der Angestellte erklärt, dass er das ihm gewordene Angebot erst seinem Dienstherrn weitergeben müsse, so ist der Anbietende berechtigt, der späteren mündlichen Erklärung des Angestellten Vertrauen zu schenken, braucht also nicht damit zu rechnen, dass die Erklärung möglicherweise von dem Dienstherrn nicht gedeckt worden sei.
U. v. 21.9.1920; II 102/20. E. 100, 48. – Wie Abs. 1: U. v. 22.3.1921; II 342/20. – Vgl. zu Abs. 1: U. v. 4.10.1921; III 97/21. – Vgl. U. v. 13.3.1923; II 270/22.

18.   HGB § 54 (auch BGB §§ 120, 166).
Hat der Inhaber eines Handelsgeschäfts dessen Leitung für die Zeit seiner Abwesenheit einem andern übertragen, so kommt es für die Frage des Vertragsschlusses zwischen der Firma und einem Dritten lediglich auf die von dem *Geschäfte* aus an den Dritten gerichteten Erklärungen an und nicht darauf, was der Geschäftsinhaber gewollt und welche Weisungen er in der betreffenden Angelegenheit von seinem auswärtigen Aufenthaltsorte aus seinem Personal erteilt hat (vgl. E. 100, 48; 65, 292). Eine derartige Weisung des abwesenden Geschäftsinhabers stellt im Zweifel nicht einen Auftrag zur Übermittlung einer Willenserklärung i. S. des § 120 BGB dar. Solange sich nicht ein anderes aus den Umständen ergibt, ist vielmehr anzunehmen, dass trotz der Weisung der Vertreter auf Grund eigener Entschließung und in eigener Verantwortlichkeit und nicht als bloßer Bote tätig werden sollte.
U. v. 16.1.1923; II 130/22. E. 106, 200.

19.   HGB § 54 (auch BGB § 556).
Zur Entgegennahme eines telefonischen wörtlichen Angebots der Mietsache (§§ 295, 556 BGB) ist, ebenso wie zu der von Mängelrügen, Fristbestimmungen und anderen einseitigen rechtsgeschäftlichen Erklärungen nicht nur ein zum Vertragsschluss ermächtigter Vertreter, sondern grundsätzlich jeder Angestellte eines Kaufmanns befugt, der mit dessen Zustimmung in seinen Geschäftsräumen den Fernsprecher bedient. (Vgl. E. 102, 295, auch den U.-Auszug bei BGB § 557.)
U. v. 9.2.1923; III 314/22.

20.   BGB §§ 147, 164-181, HGB § 54.

Wer seinen auswärtigen, der Abschlussvollmacht entbehrenden Vertreter briefliche Angebote an Dritte machen lässt, muss auch briefliche Annahmeerklärungen, welche diese Dritte an den Vertreter senden, sofern sie der Vorschrift des § 147 Abs. 2 entsprechen, als rechtzeitig erfolgt anerkennen. Die Gefahr verspäteter Weitergabe durch den Vertreter trägt der Vertretene.
U. v. 14.12.1923; II 217/23.

21.   BGB §§ 164, 167; HGB § 54.

Die Frage, ob ein Kaufmann einen seiner Angestellten Vollmacht zur Vornahme von Rechtsgeschäften erteilt hat, sowie der Umfang der Vollmacht müssen mit Rücksicht auf die von dem kaufmännischen Verkehr geforderte Rechtssicherheit wesentlich nach dem in die *äußere* Erscheinung getretenen Verhalten des Kaufmanns beurteilt werden. Dem einzelnen kann nicht zugemutet werden, über Dasein um Umfang der Vollmacht eines mit ihm abschließenden Angestellten genaue Ermittelungen anzustellen, solange er nach dem in die äußere Erscheinung getretenen Verhalten des Prinzipals zu der Annahme berechtigt ist, dass dieser das Verhalten des Angestellten billigt (vgl. E. 100, 48; 105, 183).
U. v. 18.1.1924; II 213/23. – Vgl. U. v. 31.5.1924; V 864/23.

22.   BGB § 177; HGB §§ 54, 346.

Schließt jemand gutgläubig mit dem Angestellten eines Kaufmanns ab, obgleich demselben die Abschlussvollmacht fehlt, so ist der Prinzipal verpflichtet, gegen das den Abschluss bestätigende Schreiben des Dritten alsbald Widerspruch zu erheben, wenn das Geschäft nicht als von ihm genehmigt gelten soll.
U. v. 3.6.1924; II 823/23.

23.   BGB §§ 130, 167; HGB § 54.

Der Kaufmann, der an das Fernsprechnetz angeschlossen ist, muss Erklärungen, die auf diesem Wege zugehen und von seinen Angestellten *entgegengenommen* werden, ebenso gegen sich gelten lassen, wie wenn sie ihm persönlich gegenüber abgegeben worden wären (vgl. E. 102, 295). Dagegen wird eine Ermächtigung der Angestellten zur *Abgabe* rechtsgeschäftlicher Erklärungen durch die Unterhaltung eines Fernsprechanschlusses nicht begründet.
U. v. 3.2.1925; III 875/23. Stuttgart.

24.   BGB §§ 164-181, 164; HGB § 54.

Die von der Rechtsprechung aufgestellten Grundsätze darüber, dass auch beim Fehlen der Vertretungsmacht der Prinzipal es gegen sich gelten lassen muss, wenn unter seiner Duldung oder unter seiner fahrlässigen Unkenntnis sein Angestellter nach außen hin so aufgetreten ist, als ob er Vertretungsmacht hätte (vgl. HGB § 54 Nr. 21 u. a.), setzen eine

gewisse Häufigkeit des verkehrsgefährdeten Verhaltens des Angestellten voraus. Ein
vereinzelt gebliebenes Vorkommnis genügt dafür nicht.
Das BG tritt aber auch hiermit nicht in Widerspruch, wenn es unter den nachstehenden besonderen
Umständen des Falles annimmt, der Beklagte hätte von Seiten des Klägers auf die Unverbindlichkeit der
abgegebenen Erklärungen besonders hingewiesen werden müssen. Beklagter war kurz vor Ablauf der
für die Ausübung seines Wiederkaufsrechts gesetzten Ausschlussfrist in den Geschäftsräumen der Klägerin, einer Kleinbahngesellschaft, erschienen, hatte den Vorstand der Direktion zu sprechen gewünscht
und war darauf von einem Bediensteten der Gesellschaft zu einem ihrer Angestellten geführt worden,
der mit dem Beklagten über das Wiederkaufsrecht verhandelte. Bezüglich der hierbei abgegebenen
rechtsgeschäftlichen Erklärungen war in Zweifel gezogen, ob der Angestellte, dessen Persönlichkeit
nicht mehr festgestellt werden konnte, Vertretungsmacht gehabt habe, die Klägerin zu verpflichten.
U. v. 10.06.1925; V 427/24. Köln.

25.   BGB §§ 164-181; HGB § 54.

An dem Grundsatz, dass ein kaufmännischer Angestellter, der den Fernsprecher bedient,
um dieser Tätigkeit willen nicht als ermächtigt gilt, bindende Erklärungen für den Geschäftsherrn abzugeben (E. 61, 127; RG in LZ 1925 Sp. 206 Nr. 3 und in Jur. W, 1925
S. 611 Nr. 15; RG im Recht 1924 Nr. 597; RG in Richterzeitung 1925, Beil. Nr. 169),
wird festgehalten. Offengelassen wurde die Frage, ob eine andere Beurteilung statt hat,
wenn eine fernmündliche Anfrage an eine Bank in Depotangelegenheiten gerichtet wird
und der die Auskunft erteilende Angestellte in der Depotabteilung beschäftigt ist.
U. v. 5.6.1926; I 366/25. Hamburg.

26.   HGB § 54.

1. Ob es sich bei einer Sparkasse um ein Geschäft der laufenden Verwaltung handelt, ist
nach der besonderen Geschäftslage der Sparkasse zu beurteilen, und nicht nach den
Bedürfnissen Dritter oder des außerhalb der Verwaltung liegenden Verkehrs.
2. Wenn Sparkassen kommunaler Verbände wegen des gewerblichen Betriebes von
Bankgeschäften die Kaufmannseigenschaft zuzusprechen ist, so bleiben gleichwohl die
in den Sparkassensatzungen enthaltenen, im öffentlichen Interesse gegebenen Beschränkungen der Sparkassenbeamten in der Vertretungsmacht der Sparkassen bestehen. Die
Grundsätze des § 54 HGB, wonach in der stillschweigenden Duldung des Prinzipals,
dass sein Angestellter seine Vertretungsbefugnis übertritt, eine stillschweigende Bevollmächtigung zu erblicken ist, finden keine Anwendung, wenn die Satzungen bestimmte
Vorschriften für Vollmachtserteilungen enthalten und diese Vorschriften nicht beobachtet worden sind. Kann die Vollmacht z. B. nur durch Beschluss des Vorstandes erfolgen
und sind alle Beschlüsse des Vorstandes nach den Satzungen schriftlich niederzulegen,
so ist damit satzungsgemäß eine „stillschweigende Bevollmächtigung" ausgeschlossen,
ebenso wenn satzungsmäßig nur „schriftliche" Erteilung der Vollmacht zulässig ist.
3. Im Verkehr der Banken mit Sparkassen besteht eine Prüfungspflicht der Banken, ob
die sich als Vertreter der Sparkasse bezeichnenden Personen wirklich Vertretungsmacht
besitzen.

4. Ein Gewohnheitsrecht des Inhalts, dass die Sparkassen im Verkehr mit Banken aus den Erklärungen ihrer Beamten, auch wenn diese keine Vollmacht haben, haften, kann sich gegen den Inhalt der Sparkassensatzungen nicht bilden.
U. v. 1.3.1927; II 373/26. E. 116, 247. Stettin.

27. BGB § 167, HGB § 54 Abs. 2.
Hat im kaufmännischen Verkehr ein Prinzipal längere Zeit hindurch wissentlich oder fahrlässig geduldet, dass in seinem Namen ein Angestellter für ihn Wechsel girierte, so hat er damit nach außen den Anschein erweckt, dass der Angestellte berufen sei, für ihn Wechselverbindlichkeiten einzugehen und er kann sich daher nicht darauf berufen, dass diese stillschweigende Vollmacht Akzepte, die von dem Angestellten im Namen des Prinzipals gezeichnet sind, nicht umfasse.
U. v. 27.5.1927; II 521/26. E. 117, 164. Kammergericht.

28. HGB § 54.
Die leitenden Angestellten in den Depositenkassen der Großbanken gelten nach der Auffassung des Verkehrs als zum Abschluss von bankmäßigen Geschäften in weitem Umfang bevollmächtigt. Diese Auffassung muss auch die Leitung der Bank gegen sich gelten lassen, solange sie nicht Maßnahmen zur Einschränkung getroffen hat.
U. v. 20.10.1927; IV 218/27. E. 118, 234. Kammergericht.

29. HGB § 54.
Die Ausstellung eines Lagerscheins auf einem Firmenbriefbogen unter Verwendung des Firmenstempels lässt für sich allein nicht Schlüsse darauf zu, dass der Unterzeichnende zur Ausstellung von Lagerscheinen im Namen der Firma befugt gewesen ist.
U. v. 2.11.1927; I 148/27. Hamm.

30. HGB § 54.
Zur Eingehung von Wechselverbindlichkeiten gehört auch die Übernahme der schuldrechtlichen Verpflichtung, eine Wechselverbindlichkeit zu übernehmen.
U. v. 16.2.1928; IV 535/27. Düsseldorf.

31. BGB §§ 276, 278; HGB § 54; WO § 81.
1. Das Dulden von satzungswidrigen Wechselerklärungen der Sparkassenbeamten einer kommunalen Sparkasse durch den Sparkassenvorstand zieht eine wechselmäßige Haftung der Sparkasse bzw. des Kommunalverbandes aus der satzungswidrigen Wechselerklärung unter dem Gesichtspunkt der stillschweigenden Vollmacht dann nach sich, wenn die Satzungen eine Bevollmächtigung allgemein und demgemäß auch eine solche der Kassenbeamten zulassen (JW. 1927 Nr. 1251 Nr. 8); nicht dagegen, wenn die ausdrückliche Bevollmächtigung der Kassenbeamten nach den Satzungen unzulässig ist.
2. Tritt wegen mangelnder Vertretungsbefugnis der Kassenbeamten und wegen Unzulässigkeit stillschweigender Bevollmächtigung derselben eine *wechselmäßige* Haftung aus den satzungswidrigen Wechselerklärungen der Kassenbeamten nicht ein, so ist

gleichwohl gemäß BGB §§ 276, 278 eine Schadensersatzpflicht des Kommunalverbandes (des Kreises oder der Stadtgemeinde, die die Sparkasse eingerichtet haben) begründet, wenn der gesetzliche Vertreter desselben bei *einer dauernden Geschäftsverbindung* und ständigem Wechselgiroverkehr der Sparkasse mit einer Bank trotz Kenntnis der unbefugten Vollziehung von Indossamenten (oder sonstiger Wechselerklärungen) seitens der Sparkassenbeamten für die Sparkasse nicht einschreitet und die Bank nicht aufklärt, obwohl er weiß, dass eine von ihm der Bank gemachte Mitteilung (wenn auch durch Missverständnis der Bank) im Sinne einer Bevollmächtigung zur Abgabe von Wechselerklärungen gedeutet wird. Denn in einer solchen Handlungsweise liegt ein gröblicher Verstoß gegen Treu und Glauben im Verkehr. (Vgl. E. Bd. 27 S. 118; Bd. 65 S. 141; Bd. 67 S. 395.)
U. v. 23.11.1928; II 166/28. E. 123, 351. Kassel.

32.   BGB § 157; HGB § 54.
Wird eine Lizenzabgabe vom Umsatze der Erzeugnisse eines Fabrikbetriebs ausbedungen, und der demselben Rechtssubjekt (Stiftung) gehörige Schwesterbetrieb nimmt wider Erwarten ebenfalls die Produktion auf, so ist auch aus dem Umsatze des Schwesterbetriebes die Abgabe zu entrichten. Denn der Wille der Beteiligten ging dahin, dass die ganze Produktion der Stiftung lizenzpflichtig sei; nur erwarte man, dass sie ausschließlich in dem einen Betrieb erfolge. Die aus dem Vertrag allein berechtigte und verpflichtete Stiftung kann sich nicht darauf berufen, dass ihr Bevollmächtigter nur für den einen Betrieb habe handeln dürfen und nicht für den Schwesterbetrieb.
U. v. 11.5.1929; I 34/29. Jena.

33.   HGB § 54.
Daraus, dass eine städtische Sparkasse satzungswidrig Bankgeschäfte größeren Umfangs betreibt, kann nicht ohne weiteres hergeleitet werden, dass die Stadt in den Räumen und mit dem Personal der Sparkasse eine Stadtbank betreibt und dass die Stadt deshalb ohne Rücksicht auf die Ordnung der Vertretungsmacht in der Sparkassensatzung haftet.
U. v. 20.1.1930; VIII 505/29. E. 127, 226. Düsseldorf.

34.   HGB § 54.
Satzungsvorschriften für Sparkassen, die die Vertretungsmacht ihrer Organe einschränken, gelten nicht für Geschäfte der laufenden Verwaltung.
U. v. 17.6.1930; VII 566/29. Naumburg.

35.   HGB § 54.
Die stillschweigende Vollmacht eines Vertreters zur Einziehung von Geld ist für einen Einzelfall ohne Bedeutung, in welchem ein besonderer, die Empfangnahme durch den Vertreter ausschließender Zahlungsweg vorgeschrieben ist. Zahlung an den Vertreter würde in solchem Fall nur wirksam sein, wenn der Geschäftsherr ersichtlich die Zah-

lungsbedingung durchweg als bedeutungslose Formvorschrift behandelt und Zahlungen an den Vertreter geduldet hätte.

U. v. 7.1.1933; I 101/32. Köln.

36. BGB § 167; HGB § 54; EGzBGB Art. 99.

Die Vorschrift in der Satzung der Sparkasse eines preußischen Kreiskommunalverbandes, dass Urkunden über Vereinbarungen betr. Vorrangseinräumung im Grundbuch von mehreren Vorstandsmitgliedern in bestimmter Form zu vollziehen seien, enthält eine mit dem geltenden privaten Reichsrecht vereinbare Beschränkung der Vertretungsmacht der Sparkassenorgane. Diese Beschränkung erstreckt sich auch auf die Erteilung einer Vollmacht zur Eingehung einer entsprechenden Verpflichtung; sie bliebe, wenn infolge Ausdehnung des Geschäftsbetriebes der Sparkasse auf bankmäßige Geschäfte der Kommunalverband insoweit Kaufmann geworden sein sollte, auch von der Geltung des § 54 HGB unberührt.

Die Verpflichtung zur Vorrangseinräumung ist jedenfalls dann kein Geschäft der laufenden Verwaltung, wenn die Eingehung einer solchen Verpflichtung in der Satzung bei den der Beschränkung der Vertretungsmacht unterfallenden Geschäften besonders aufgeführt wird.

U. v. 24.11.1934; V 237/34. E. 146, 42. Celle.

§ 55

Die Vorschriften des § 54 finden auch auf Handlungsbevollmächtigte Anwendung, die als Handlungsreisende zur Vornahme von Geschäften an Orten verwendet werden, an denen sich eine Niederlassung des Geschäftsinhabers nicht befindet.

Die Reisenden gelten insbesondere für ermächtigt, den Kaufpreis aus den von ihnen abgeschlossenen Verkäufen einzuziehen und dafür Zahlungsfristen zu bewilligen.

Die Anzeige von Mängeln einer Ware, die Erklärung, dass eine Ware zur Verfügung gestellt werde, sowie andere Erklärungen solcher Art können dem anwesenden Reisenden gegenüber abgegeben werden.

1. HGB § 55.

Die besondere finanzielle Tragweite eines Geschäfts kann diese als außerhalb des von einem Handlungsreisenden verwalteten Geschäftskreises und damit *außerhalb der Handlungsvollmacht* des Reisenden liegend erscheinen lassen, da die Handlungsvollmacht nur auf das geht, was der Geschäftsbetrieb gewöhnlich mit sich bringt.

U. v. 27.6.1902; II 115/02. E. 52, 89. Karlsruhe.

2. HGB § 55 (auch § 87).

Aus § 55 ergibt sich nicht, dass der Handlungsgehilfe als *Handlungsreisender* Vollmacht hat, für den Geschäftsherrn Verträge fest abzuschließen. In dieser Beziehung richten sich Dasein und Umfang seiner Vollmacht vielmehr nach dem im § 54 Bestimmten, d. h. es hängt davon ab, ob und in welchem Umfang er im Allgemeinen zum Abschluss oder nur zur Vermittlung von Geschäften ermächtigt worden ist. Daher ergibt

sich auch nicht aus § 87, dass der *Handlungsagent* als Handlungsreisender kraft Gesetzes Abschlussvollmacht besitzt.
U. v. 7.10.1919; II 120/19. E. 97, 1. – Ebenso: U. v. 26.1.1923; III 171/22.

3.   HGB §§ 55, 86; BGB § 164.

Die Tatsache, dass ein Stadtreisender, der keine Inkassovollmacht hat, jahrelang die von einem Käufer erhaltenen Kaufpreise an den Geschäftsherrn abgeliefert hat, begründet allein nicht den Rechtsschein der Vollmacht. Es muss hinzukommen, dass dem Geschäftsherrn die Inkassotätigkeit des Stadtreisenden erkennbar war.
U. v. 28.11.1930; II 108/30. Kammergericht.

4.   HGB §§ 55, 87, 59; BGB §§ 242, 611.

Wird einem Handlungsreisenden vom Prinzipal ohne wichtigen Grund die weitere Reisetätigkeit unterbunden, so hat der Reisende außer seinem Gehalt Anspruch auf denjenigen Teil der vereinbarten Reisespesen, den er an den Reisetagen für seinen Lebensunterhalt verwenden und so an den heimischen Unterhaltskosten ersparen konnte.
U. v. 6.10.1937; RAG 137/37. E. 19, 12.

§ 56

Wer in einem Laden oder in einem offenen Warenlager angestellt ist, gilt als ermächtigt zu Verkäufern und Empfangnahmen, die in einem derartigen Laden oder Warenlager gewöhnlich geschehen.

1.   HGB § 56.

Unter *Laden oder offenem Warenlager* im Sinne des § 56 ist jeder geschlossene Raum zu verstehen, der zum freien Eintritte für das Publikum und zum Abschlusse von Geschäften, wenn auch nur vorübergehend, bestimmt ist.
Daher ist ein zur Aufnahme von *Waren auf einer Ausstellung bestimmter Stand* als Laden oder offenes Warenlager im Sinne des § 56 erachtet worden.
U. v. 20.10.1908; II 289/08. E. 69, 307. Köln.

2.   HGB § 56.

Die Worte „gilt ermächtigt zu Verkäufen und Empfangnahmen" setzen voraus, dass die Verkäufe und Empfangnahmen *in* dem Laden oder dem offenen Warenlager vorgenommen werden (vgl. Art. 50 AHGB).
U. v. 18.1.1924; II 299/23.

3.   HGB § 56.

Die Vermutung der Verkaufsermächtigung des in einem Laden Angestellten erstreckt sich auch auf ein solches Geschäft, das zu den im Laden gewöhnlich abgeschlossenen gehört, wegen der besonderen Umstände des Falles aber im Laden nur angebahnt und im Anschluss daran gleich hinterher an einer anderen Stelle zum Abschluss gebracht wird.
U. v. 23.1.1924; I 207/23. E. 108, 48.

4. HGB § 56.

Der Ladenangestellte, der nach § 56 zum Kaufabschluss befugt ist, muss nach den Grundsätzen von Treu und Glauben im Geschäftsverkehr auch als ermächtigt gelten, im Laden nur begonnene Kaufverhandlungen an anderer Stelle, also auch telefonisch mit dem nicht wieder persönlich erscheinenden Kunden, zum Abschluss zu bringen (übereinstimmend oben Nr. 3).

U. v. 17.11.1925; II 53/25. Kammergericht.

§ 57

Der Handlungsbevollmächtigte hat sich bei der Zeichnung jedes eine Prokura andeutenden Zusatzes zu enthalten; er hat mit einem das Vollmachtsverhältnis ausdrückenden Zusatze zu zeichnen.

1. = § 51 HGB Nr. 1.

U. v. 21.12.1901; I 385/01. E. 50, 51. Kammergericht.

2. HGB §§ 57, 84.

Das Merkmal wirtschaftlicher Abhängigkeit des Vertreters vom Geschäftsherrn ist für die Abgrenzung zwischen Handlungsgehilfe und Agent nur mit Vorsicht heranzuziehen und nur dann von Bedeutung, wenn der Vertreter zu den wirtschaftlich schwachen Personen gehört.

U. v. 15.2.1930; RAG 371/29. E. 5, 151. Berlin.

§ 58

Der Handlungsbevollmächtigte kann ohne Zustimmung des Inhabers des Handelsgeschäfts seine Handlungsvollmacht auf einen anderen nicht übertragen.

Zu § 58 kein Leitsatz.

Sechster Abschnitt. Handlungsgehilfen und Handlungslehrlinge.

⟨vor §§ 59-83⟩

1. HGB I. 6 (auch EG z. HGB Art. 1).

Die Art. 170, 171 EG z. BGB finden zwar an sich auch auf die Rechtsverhältnisse der Handlungsgehilfen Anwendung, aber erst mit Wirkung vom 1.1.1900 an. Für die Zeit vom 1.1.1898 bis zum 31.12.1899 hat deshalb zur Ergänzung des Rechtes der Handlungsgehilfen das alte Recht gegolten. Dieses stellt eine dem Art. 171 entsprechende Rechtsregel nicht auf. Ihre Anwendung auf die am 1.1.1898 bestehenden Dienstverhältnisse lässt sich auch nicht damit begründen, dass es dem Parteiwillen entspreche, ein

kündbares, aber nicht gekündigtes Dienstverhältnis dem inzwischen eingetretenen neuen
Gesetze zu unterwerfen.
U. v. 30.5.1900; I 109/00. Stuttgart.
U. v. 11.7.1900; I 146/00. Celle.

2.   HGB I. 6 (auch EG z. HGB Art. 1; BGB § 343).
§ 343 BGB kann nicht schon mit der Einführung des 6. Abschnitts des 1. Buches des
HGB am 1.1.1898 als gleichzeitig eingeführt gelten.
U. v. 26.6.1900; II 328/99. Köln.

3.   BGB §§ 611-630; HGB §§ 59-83.
Hat der Dienstverpflichtete im Betriebe des Arbeitgebers sowohl kaufmännische als
auch nichtkaufmännische Dienste zu leisten, so hängt die Frage, ob er als Handlungsgehilfe oder gewerblicher oder technischer Gehilfe anzusehen ist, davon ab, ob die kaufmännischen oder die nicht kaufmännischen Dienste nach den Umständen des Falles als
die überwiegenden anzusehen sind.
U. v. 24.6.1931; RAG 552/30. Dortmund.

§ 59

Wer in einem Handelsgewerbe zur Leistung kaufmännischer Dienste gegen Entgelt angestellt ist (Handlungsgehilfe), hat, soweit nicht besondere Vereinbarungen über die Art und den Umfang seiner Dienstleistungen oder über die ihm zukommende Vergütung getroffen sind, die dem Ortsgebrauch entsprechenden Dienste zu leisten sowie die dem Ortsgebrauch entsprechende Vergütung zu beanspruchen. In
Ermangelung eines Ortsgebrauchs gelten die den Umständen nach angemessenen Leistungen als vereinbart.

a) Allgemeines, Begriff des Handlungsgehilfen: 15, 21, 22
b) Anstellung: –
c) Dienstverhältnis: 2, 10
d) Art und Umfang der Dienstleistungen: –
e) Vergütung, Tantieme, Gratifikation: 4, 6, 7, 8, 9, 11, 12, 18, 19, 24
f) Ortsgebrauch: 5
g) Handlungsgehilfen sind: 1, 3, 13, 14, 20, 23, 25
h) Handlungsgehilfen sind nicht: 17
i) Reisende: 16
k) Anhang: 15, 21, 26

1.   HGB § 59
Die Anstellung als *Vorsteher einer Filiale* ergibt ein Anstellungsverhältnis für kaufmännische Dienste, sie bedingt ein Abhängigkeits- und Dienstverhältnis. Der Filialleiter ist
als solcher nicht selbständiger Kaufmann und nicht Agent, sondern *Handlungsgehilfe*.
Auch dadurch, dass die Entlohnung des Filialleiters in Form von *Provisionen* für die von
ihm verkauften Waren erfolgt, wird hieran nichts geändert.
U. v. 17.1.1902; II 388/01. Köln.

2.   HGB § 59.

Das Dienstverhältnis eines Handlungs- oder Gewerbegehilfen wird nicht zum *Gesell-schaftsverhältnis*, weil ihm neben dem festen Gehalte für die zu leistenden Dienste auch ein Anteil aus dem Reingewinne des Handlungs- oder Gewerbeunternehmens zugesichert wird. [Altes Recht.]
U. v. 30.5.1907; VI 342/06. Kammergericht.

3.   HGB § 59.

Der von einer Brauerei eingesetzte *Verwalter* einer *Schankwirtschaftsfiliale*, der den Verkauf der von der Brauerei gelieferten Waren nach den vorgeschriebenen Maßen und Preisen im Bereiche der Filiale selbständig zu besorgen, darüber Buch zu führen und abzurechnen hat, ist *Handlungsgehilfe*.
U. v. 16.10.1908; III 17/08. Kammergericht.

4.   HGB § 59 (auch BGB §§ 138, 611).

Ein Dienstvertrag nach welchem der als Leiter einer Filiale angestellte Handlungsgehilfe kein festes Gehalt bezieht, sondern am Gewinn und Verluste der Filiale beteiligt ist, ist wegen Verstoßes gegen die guten Sitten nichtig.
U. v. 26.11.1909; III 11/09. Hamm.

5.   HGB § 59.

Eine Übung, die von einer beträchtlichen Mehrheit befolgt wird, genügt noch nicht, um einen Ortsgebrauch im Sinne des § 59 zu bilden.
U. v. 3.3.1911; III 65/10. Konsulargericht Shanghai.

6.   HGB § 59 (auch § 65).

Ist dem Angestellten vom Prinzipal *Anteil am Gewinn* zugesichert (Fall des „commis intéressé"), so ist für die Verteilung der durch den eigentlichen *Betrieb* erzielte *Ge-schäftsgewinn* und nicht der bilanzmäßige (etwa durch eine Änderung in der Bewertung der Lagerbestände buchmäßig erzielte) Vermögensgewinn maßgebend. Die entsprechende Anwendung des § 120 HGB steht dem nicht entgegen, da hiernach die Bilanz nur die *Grundlage* der Gewinnberechnung bilden soll.
U. v. 4.2.1913; III 333/12. Hamm.

7.   HGB § 59 (auch BGB § 611).

Weihnachtsgratifikationen sind keine reine Freigebigkeiten des Dienstberechtigten, deren Gewährung seinem Belieben anheimgestellt ist, sondern Vergütungen besonderer Art neben dem Gehalt, die insbesondere den Zweck haben, den Angestellten für das Ausharren im Dienste zu belohnen und ihn zur Fortsetzung des Dienstes anzuspornen. Deshalb ist auch regelmäßig die Entstehung des Anspruchs davon abhängig, dass der Angestellte bis Weihnachten im Dienste verbleibt. Kündigt der Dienstherr das Dienstverhältnis vor Weihnachten, weil sich der Dienstverpflichtete grobe Verfehlungen zu

schulden kommen ließ, so besteht kein Anspruch auf die Gratifikation, auch wenn die Kündigung erst zu einer Weihnachten nachfolgenden Zeit in Wirksamkeit tritt.
U. v. 16.9.1913; III 154/13. Naumburg.

8.   HGB § 59 (auch BGB § 138).

Darin, dass ein Handlungsgehilfe für seine Dienste durch Gewährung eines Anteils am Reingewinn entlohnt wird, ist ein Verstoß gegen die guten Sitten nur dann zu finden, wenn die besonderen Umstände des Falles die Vereinbarung als verwerflich erscheinen lassen. Das gilt, auch wenn der Gewinnanteil nicht neben einem festen Gehalt, sondern an Stelle eines solchen gewährt wird.
U. v. 22.10.1913; III 247/13. Kammergericht.

9.   HGB § 59 (auch § 65).

Ist einem Handlungsgehilfen abweichend von § 65 *ohne Rücksicht auf seine Mitwirkung beim Geschäftsabschluss* eine Vergütung für *Lieferungen* zugesagt, so kann er diese im Zweifel nur für die Lieferungen verlangen, die während der Dauer seines Dienstverhältnisses wirklich *erfolgt* sind.
Dass die *Bestellung* in die Dienstvertragszeit fällt, genügt nicht, sofern nichts Gegenteiliges vereinbart ist.
U. v. 10.7.1919; III 88/19. Kammergericht.

10.   HGB § 59.

Der am Reingewinn des Geschäfts beteiligte Handlungsgehilfe hat einen Anspruch auf Vorlegung der Jahresbilanz und auf Einsicht der Bücher und Papiere.
U. v. 24.2.1920; III 369/19.

11.   HGB § 59.

Die Bestimmung des § 59 (wonach der Handlungsgehilfe regelmäßig die ortsübliche bezw. angemessene Vergütung beanspruchen kann) findet nicht nur auf das Gehalt des Handlungsgehilfen, sondern auch auf *sonstige* etwaige Vergütungen Anwendung. In dieser Hinsicht entbehrt auch das Versprechen eines Anteils am Reingewinn oder auch einer sog. *Gratifikation* ohne Angabe von deren Höhe nicht etwa aus diesem Grunde der Rechtswirksamkeit.
U. v. 5.11.1920; III 200/20.

12.   HGB § 59 (auch BGB § 612).

Wird einem *technischen* Gehilfen (oder Handlungsgehilfen, vgl. HGB § 59 Nr. 1) eines Kaufmanns eine *Tantieme* als Teil seines Arbeitseinkommens zugesichert, so hat er auf sie einen klagbaren Anspruch auch dann, wenn über deren Höhe der Prozentsatz nicht bestimmt ist. Sie ist alsdann nach dem Betrage zu bemessen, der nach Art und Ort des Geschäfts- oder Fabrikbetriebs üblich ist, soweit nicht im Einzelfall etwa ein Vertrag nach § 315, 316 vorliegt.
U. v. 10.12.1920; III 237/20.

13. HGB § 59.

Ein Acquisiteur gilt im Allgemeinen als Handlungsgehilfe, nicht als Versicherungsagent.

U. v. 21.3.1928; RAG 93/27. E. 1, 263. Hamburg.

14. HGB §§ 59, 84; Erg. Bd. IId; Tarifvertrag für die kaufmännischen Angestellten des Stadtgebietes Frankfurt a. M.

Ein *Stadtreisender* gilt in der Regel deshalb nicht als Handlungsagent, sondern als Handlungsgehilfe, weil er keine selbständige Kaufmannseigenschaft besitzt, von dem Geschäftsherrn sachlich abhängt, ihm persönlich untergeordnet ist und täglich oder doch an mehreren Tagen der Woche im Geschäft zu erscheinen hat, um daselbst außerhalb der Kundenbesuchszeit wenigstens solche Arbeiten zu leisten, die sich auf seine Verkaufstätigkeit beziehen. Im Einzelnen kann die Entscheidung stets nur von Fall zu Fall getroffen werden, es kommt auf den sachlichen Inhalt des zwischen Geschäftsherrn und Stadtreisenden geschlossenen Vertrages sowie auf die Art der Beschäftigung des letzteren und auf den Tarifvertrag an, dem beide unterstehen (vgl. auch E. 87, 442 ff.).

U. v. 21.3.1928; RAG 21/28. E. 1, 268. Frankfurt.

15. HGB §§ 59, 84.

Hatten die Parteien das zuvor zwischen ihnen bestehende (Handlungsgehilfen-) Dienstverhältnis ausdrücklich in einen Agenturvertrag umgewandelt, so ist das zwar für die rechtliche Beurteilung des Vertragsverhältnisses nicht schlechthin entscheidend; immerhin ist es aber nicht rechtsirrtümlich, wenn der Richter aus dem Verhalten der Parteien die Folgerung zieht, dass derjenige Teil, der sich auf die dem übereinstimmend kundgebenden beiderseitigen Willen entgegenstehende Rechtslage beruft, die Beweislast trägt.

Für die Abgrenzung zwischen Dienstvertrag und Agenturvertrag ist in erster Linie das Maß der persönlichen Selbständigkeit maßgebend, das dem Vertreter verbleibt.

U. v. 14.3.1928; RAG 82/27. E. 1, 525. Frankfurt.

16. HGB § 59.

Dem Provisionsreisenden steht kein Recht auf Ausübung seiner Reisetätigkeit und – wenn er durch den Prinzipal daran gehindert wird – kein Anspruch auf Schadensersatz zu.

U. v. 23.7.1928; RAG 182/183/28. E. 2, 138. Berlin.

17. HGB § 59; GewO § 121.

Die Frage, ob eine Kassiererin (Billetverkäuferin) bei einem Lichtspieltheater als Handlungsgehilfin im Sinne des § 59 HGB anzusehen ist, lässt sich allgemein und losgelöst von den besonderen Umständen des Einzelfalls weder bejahen noch verneinen.

Im vorliegenden Falle wurden die Dienstleistungen der Klägerin nach den getroffenen Feststellungen nicht als kaufmännische gewertet, die Klägerin wurde vielmehr als Gewerbegehilfin nach §§ 121 ff. GewO angesehen.

U. v. 23.7.1928; RAG 66/28. E. 2, 131. Berlin.

18.   HGB § 59.

Das Wesen der *Gratifikation* (mag sie vereinbart oder nicht vereinbart zur Belohnung für geleistete oder als Ansporn für noch zu leistende Dienste gewährt werden) besteht darin, dass sie *neben und außerhalb* des regelmäßigen Gehaltes gezahlt wird. Damit ist aber eine Anrechnung auf das Gehalt nicht vereinbar.

U. v. 3.11.1928; RAG 260/28. E. 2, 287. Braunschweig.

19.   HGB § 59.

Zahlt der Arbeitgeber einem Angestellten zunächst freiwillig, dann aber regelmäßig und eine Reihe von Jahren hindurch ohne Vorbehalt eine Gratifikation, so kann in diesem Verhalten eine stillschweigende Zusage gefunden werden. Dies kann auch für den Fall, dass allen Angestellten des Geschäftes regelmäßig eine Gratifikation gezahlt wird, für einen Neueingestellten gelten.

U. v. 15.6.1929; RAG 180/29. E. 4, 65. Leipzig.

20.   HGB § 59.

Die „Warenverteiler" einer Warenvertriebsgesellschaft sind kaufmännische Angestellte, keine Gewerbegehilfen.

U. v. 27.7.1929; RAG 188/29. Altona.

21.   HGB §§ 59, 82a.

Im Gegensatz zum Handlungsgehilfen, der seine kaufmännischen Dienste gegen ein entsprechendes Entgelt zur Verfügung stellt, leistet der kaufmännische Volontär seine Dienste unentgeltlich zum Zwecke des Erwerbs von Kenntnissen im Handlungszweige des Prinzipals oder der Vertiefung solcher Kenntnisse. Die Tatsache, dass jemand eine kaufmännische Lehrzeit durchgemacht hat oder in einem anderen Handelszweige als Handelsgehilfe tätig gewesen ist, schließt den Abschluss eines Volontärvertrages ebenso wenig aus, wie die Tatsachen, dass er keine dem Prinzipal entsprechende gesellschaftliche Stellung einnimmt.

U. v. 23.11.1929; RAG 299/29. E. 4, 310. Breslau.

22.   HGB §§ 59, 84.

Für die Abgrenzung zwischen Handlungsagent und Handlungsgehilfen darf der Gesichtspunkt einer wirtschaftlichen Abhängigkeit des Dienstverpflichteten vom Geschäftsherrn nur mit Vorsicht herangezogen werden. Es sind ferner bei der Abgrenzung die sämtlichen Umstände des einzelnen Falles heranzuziehen und daher muss dem Ermessen des Tatrichters ein gewisser Spielraum verbleiben.

U. v. 15.2.1930; RAG 573/29. Berlin.

23.   HGB §§ 59, 66, 67.

Der Betriebs- oder Werkstattschreiber ist in der Regel als Handlungsgehilfe anzusehen.

U. v. 7.1.1931; RAG 449/30. E. 7, 250. Elberfeld.

24.   HGB § 59.
Dem am Reingewinn des Geschäfts beteiligten Angestellten, der im Laufe eines Geschäftsjahres ausscheidet, steht mangels abweichender Vereinbarungen kein Anspruch
auf seinen Anteil an dem bis zu seinem Ausscheiden erzielten Gewinne und auf Aufstellung einer besonderen Zwischenbilanz zu. Er kann vielmehr nur von dem, dem Jahrestei-
le bis zu seinem Ausscheiden entsprechenden Teile des Reingewinnes des ganzen Geschäftsjahres den vertraglichen Anteil und die Vorlage der Bilanz und Geschäftsbücher
für das ganze Geschäftsjahr fordern (so schon U. v. 11.4.1919; III 519/18).
U. v. 24.4.1931; III 272/30. Hamburg.

25.   HGB § 59; VO §§ 1, 2; Tarifvertrag für den Einzelhandel in Hamborn vom
               27.6.1928 § 4 Ziff. 3; Tarifvertrag für den Einzelhandel in Groß-Duisburg vom
               4.4.1927 § 6.
Die in die Verkaufsstelle einer Fleischwarenfabrik als Filialleiter eingestellten Eheleute
(Metzger), die auf Verlangen des Dienstherrn jederzeit die Leitung einer anderen Filiale
übernehmen müssen, sind auch dann, wenn sie lediglich Provision erhalten und die Kosten ihres Hilfspersonals tragen müssen, nicht Pächter oder Agenten, sondern Handlungsgehilfen, auf deren Vertragsverhältnis die tariflichen Bestimmungen anzuwenden
sind.
U. v. 28.10.1931; RAG 21/31. Duisburg-Hamborn.

26.   HGB § 59.
Zigarren- und Zigarettenverkäufer in Gaststätten sind in der Regel keine Handlungsgehilfen. Das Vertragsverhältnis kann aber so gestaltet sein, dass ihnen Handlungsgehilfeneigenschaft zukommt, zumal dann, wenn sie nicht im Dienste des Gaststätteninhabers
stehen und nicht für dessen Rechnung tätig sind.
U. v. 9.9.1933; RAG 164/33. LAG Berlin.

27.   HGB §§ 59, 84.
Haben Parteien für ihr Vertragsverhältnis Bestimmungen getroffen, die regelmäßige
Kennzeichen eines *Handlungsgehilfenvertrags* sind, so können diese Bestimmungen
nicht als gewollte *Ausnahmeregelung* eines *Handlungsagentenvertrags* aufgefasst werden. Der Vertrag muss vielmehr als Handlungsgehilfenvertrag behandelt werden, wenn
er nicht überwiegend Merkmale eines Handlungsagentenvertrags aufweist. Dies gilt
besonders dann, wenn die Vorbildung und gesellschaftliche Stellung des Dienstverpflichteten eine ausreichende Erklärung dafür abgibt, warum etwa die Vertragsparteien
den Ausdruck Handlungsgehilfe absichtlich vermieden haben könnten, obgleich das
Vertragsverhältnis rein rechtlich gesehen, durchaus als Handlungsgehilfenverhältnis
erscheint.
U. v. 6.11.1935; RAG 163/35. E. 15, 339.

28.   HGB § 59.

Die Trinkhallenwärter der von der Beklagten in Frankfurt a. M. unterhaltenen zahlreichen Trinkhallen sind keine Handlungsgehilfen, sondern gewerbliche Arbeiter.

U. v. 15.2.1936; RAG 277/35.

29.   HGB §§ 59, 67.

Der im Anstellungsverhältnis befindliche Zeitungswerber (Bezieherwerber, Abonnentensammler) leistet kaufmännische Dienste und ist daher Handlungsgehilfe.

U. v. 13.3.1937; RAG 254/36. E. 18, 172.

30.   = § 55 HGB Nr. 4.

U. v. 6.10.1937; RAG 137/37. E. 19, 12.

31.   HGB § 59.

Der Inhaber eines Zeitungsverkaufsstandes kann ohne Rücksicht auf die Art seiner kaufmännischen Vorbildung je nach der Art der Tätigkeit und der mit dem Verkauf verbundenen Abrechnung und Kassenführung kaufmännischer Angestellter sein, der tariflich als solcher zu entlohnen ist.

U. v. 23.2.1938; RAG 227/37.

32.   HGB § 59.

Ein bei einer Handelsfirma als „Aufbereitungs-Ingenieur für Innen- und Außendienst" angestellter Ingenieur, dessen Haupttätigkeit darin besteht, durch seine technischen Fähigkeiten den Absatz der von seiner Firma vertriebenen technischen Erzeugnisse zu fördern, ist Handlungsgehilfe.

U. v. 2.11.1938; RAG 76/38. E. 20, 187.

33.   AOG §§ 27, 31, 32; HGB § 59; GewO § 121.

Für die tarifliche Einordnung von Betrieben, die verschiedenen Zwecken dienen, ist der Betriebszweck, der als überwiegend anzusehen ist, entscheidend.

Zur Frage, welche Voraussetzungen an eine selbständige Betriebsabteilung zu stellen sind, damit diese eine tarifliche Sonderbehandlung beanspruchen kann.

Kaufmännisch beschäftigt und daher in einem handelsgewerblichen Betriebe als *Handlungsgehilfe* anzusehen ist ein Angestellter dann, wenn seine Tätigkeit dem Warenverkauf dient und nicht rein mechanischer Art ist, also kaufmännische Kenntnisse und Fähigkeiten voraussetzt. Dabei ist die Verkehrsauffassung zu berücksichtigen.

Verwirkungsklauseln in Tarif- oder Betriebsordnungen sind grundsätzlich eng auszulegen.

U. v. 14.6.1939; RAG 239/38. E. 21, 202.

34. HGB § 59.

Zur Frage, ob ein kaufmännischer Angestellter die Handlungsgehilfeneigenschaft ohne weiteres verliert, wenn er vom Unternehmer auf einen anderen Arbeitsplatz gestellt wird, auf dem er nur gewerbliche Arbeit verrichtet.

U. v. 23.1.1940; RAG 142/39. E. 22, 241.

35. BGB §§ 323, 324, 325; HGB § 59.

Folgen Ereignisse, die die Fortführung eines Einzelhandelsgeschäftes unmöglich machen, daraus, dass der Geschäftsinhaber Jude ist, so liegt ein Fall des *„Betriebsrisikos"* vor. Eine Verkäuferin, die auf festes Gehalt „Umsatzprovision" und „Prämie" angestellt ist, kann daher bis zur Beendigung des Beschäftigungsverhältnisses die Zahlung auch von „Umsatzprovision" und „Prämie" verlangen.

U. v. 31.1.1940; RAG 152/39. E. 22, 265.

§ 60

Der Handlungsgehilfe darf ohne Einwilligung des Prinzipals weder ein Handelsgewerbe betreiben noch in dem Handelszweige des Prinzipals für eigene oder fremde Rechnung Geschäfte machen.

Die Einwilligung zum Betrieb eines Handelsgewerbes gilt als erteilt, wenn dem Prinzipal bei der Anstellung des Gehilfen bekannt ist, dass er das Gewerbe betreibt, und der Prinzipal die Aufgabe des Betriebs nicht ausdrücklich vereinbart.

1. HGB § 60.

Auf ein vor dem 1.1.1898 begründetes Dienstverhältnis eines Handlungsgehilfen findet nicht § 60 des neuen, sondern Art. 59 des alten HGB Anwendung.

Die Vorschrift des § 60 gehört dem nachgiebigen Rechte an; auch künftig kann ein Handlungsgehilfe durch Vertrag der gleichen Beschränkung unterworfen werden, die bisher gesetzlich – Art. 59 HGB a. F. – für ihn bestand.

U. v. 11.7.1900; I 146/00. Köln.

2. HGB § 60.

Dem Prinzipale steht nicht gegen den Handlungsgehilfen, der den übernommenen Dienst nicht antritt oder vor Ablauf der Dienstzeit verlässt, ein klagbarer Rechtsanspruch dahin zu, dass er in der Zeit, während er sich vom Dienste fernhält, nicht irgendeinem anderen Prinzipale Dienste leistet. [Hierdurch wird U. v. 20.9.1907; III 59/07. E. 67, 3 beseitigt.]

B. d. VerZS 24.1.1910; I 188/08. E. 72, 393.

3. HGB § 60.

Das Verbot des § 60 trifft keineswegs *nur* den Betrieb eines *fertig eingerichteten* Handelsgewerbes. Es ist aber dem Handelsgehilfen nicht verboten, während der Dauer seines Dienstverhältnisses einen demnächst nach dessen Beendigung zu beginnenden selb-

ständigen Geschäftsbetrieb vorzubereiten, vorausgesetzt, dass er dadurch nicht seine
sonstigen Vertragspflichten verletzt.
U. v. 10.10.1911; III 414/10. Düsseldorf.

4.   HGB § 60 wie BGB § 339.
Darin, dass der mit einem Wettbewerbsverbot belastete Kaufmann die Gründung eines
Konkurrenzgeschäfts durch seinen Angestellten zulässt, und nicht von dem ihm nach
§ 60 HGB zustehenden Verbietungsrecht Gebrauch macht, kann eine *indirekte Beteili-
gung* an der Errichtung des Geschäfts erblickt werden.
U. v. 1.7.1919; II 562/14. E. 96, 171. Köln.

5.   HGB §§ 60, 61.
Für die Zugehörigkeit eins einzelnen Geschäfts zum Handelszweige des Prinzipals
kommt es nicht auf die abstrakte Möglichkeit, sondern auf die konkrete Art des Geschäftsbetriebes des Prinzipals an. Bei einer Bank genügt daher noch nicht, dass ein
Geschäft, wie z. B. Kauf oder Verkauf von Devisen und ausländischen Geldsorten, an
und für sich zu den Geschäften des Bankgewerbes gehört. Andererseits kann es aber
nicht darauf ankommen, ob der Prinzipal das Geschäft, das in den Rahmen seines Betriebes fällt, auch selbst vorgenommen oder etwa grundsätzlich abgelehnt haben würde.
Die §§ 60, 61 sind vielmehr hier in jedem Falle anzuwenden.
U. v. 19.12.1924; III 144/24. E. 109, 355. Königsberg.

§ 61

Verletzt der Handlungsgehilfe die ihm nach § 60 obliegende Verpflichtung, so kann der Prinzipal Schadensersatz fordern; er kann statt dessen verlangen, dass der Handlungsgehilfe die für eigene Rechnung
gemachten Geschäfte für fremde Rechnung bezogene Vergütung herausgebe oder seinen Anspruch auf
die Vergütung abtrete.
Die Ansprüche verjähren in drei Monaten von dem Zeitpunkt an, in welchem der Prinzipal Kenntnis von
dem Abschlusse des Geschäfts erlangt; sie verjähren ohne Rücksicht auf diese Kenntnis in fünf Jahren
von dem Abschlusse des Geschäfts an.

1.   HGB § 61.
Neben dem Schadensersatzanspruch und dem Rechte des Selbsteintritts des Prinzipals
ist diesem auch der *Anspruch auf Unterlassung eigenen Gewerbebetriebs* seitens des
Handlungsgehilfen oder eigener Geschäftsabschlüsse im Handelszweige des Prinzipals
zuzugestehen. Die im § 61 Abs. 2 geordnete *Verjährung* bezieht sich auch *auf diesen
Unterlassungsanspruch*. Die Frist ist von dem Zeitpunkt an zu berechnen, wo der Prinzipal im gegebenen Falle von der Beteiligung des Gehilfen an der von ihm gegründeten
Gesellschaft und von deren Betrieb Kenntnis erhalten hat. Weitere von ihm im Betrieb
der Gesellschaft abgeschlossene Einzelgeschäfte kommen für den vorliegenden Klaganspruch und dessen Verjährung nicht in Betracht.
U. v. 1.5.1906; III 478/05. E. 63, 252. Jena.

2.   HGB § 61.

Dem Prinzipale, dessen Handlungsgehilfe ohne seine Einwilligung einer offenen Handelsgesellschaft beigetreten ist, steht ein Eintrittsrecht weder in diese Gesellschaft selbst, noch in die einzelnen von dieser geschlossenen Geschäfte zu und zwar ohne Rücksicht darauf, ob der Geschäftszweig der Handelsgesellschaft derselbe ist wie der des Prinzipals oder ein anderer. Der Prinzipal ist hier – abgesehen von dem Unterlassungsanspruche – lediglich auf den Schadensersatzanspruch gegen den vertragsbrüchigen Handlungsgehilfen angewiesen.
U. v. 27.5.1910; III 324/09. E. 73, 423. Köln. – Vgl. Nr. 3.

3.   HGB § 61.

Im Anschluss an die Entscheidung unter Nr. 2 wird weiter ausgeführt:
Ebenso wenig hat der Prinzipal einen Anspruch auf die Herauszahlung dessen, was bei der Auflösung der Gesellschaft dem Handlungsgehilfen zufällt, denn ein solcher Anspruch würde ein Eintrittsrecht in die Gesellschaft als solche voraussetzen.
U. v. 25.10.1910; III 386/09. Kammergericht.

4.   HGB § 61.

Unter dem für eigene Rechnung „gemachten Geschäfte" des Handlungsgehilfen im Sinne des § 61 ist nicht ein jedes selbständiges *Rechtsgeschäft*, sondern ein in sich zusammenhängendes wirtschaftliches Geschäft, das aus einer Reihe von selbständigen Rechtsgeschäften bestehen kann, ein „gemachtes Geschäft" im Sinne der kaufmännischen Ausdrucksweise zu verstehen. [Vgl. ALR § 525 II, 8, E. 45, 51 flg.]
U. v. 25.10.1910; III 386/09. Kammergericht.

5.   = § 60 HGB Nr. 5.
U. v. 19.12.1924; III 144/24. E. 109, 355. Königsberg.

6.   HGB § 61.

Ist die Verjährung eines Anspruchs aus § 61 HGB vollendet, so steht die Einrede der Verjährung auch einem auf unerlaubte Handlung (§ 826 BGB) gestützten Schadensersatzanspruch aus der Vertragsverletzung des Handlungsgehilfen entgegen.
U. v. 6.4.1937; II 257/36.

§ 62

Der Prinzipal ist verpflichtet, die Geschäftsräume und die für den Geschäftsbetrieb bestimmten Vorrichtungen und Gerätschaften so einzurichten und zu unterhalten, auch den Geschäftsbetrieb und die Arbeitszeit so zu regeln, dass der Handlungsgehilfe gegen eine Gefährdung seiner Gesundheit, soweit die Natur des Betriebs es gestattet, geschützt und die Aufrechterhaltung der guten Sitten und des Anstandes gesichert ist.
Ist der Handlungsgehilfe in die häusliche Gemeinschaft aufgenommen, so hat der Prinzipal in Ansehung des Wohn- und Schlafraums, der Verpflegung sowie der Arbeits- und Erholungszeit diejenigen Einrich-

tungen und Anordnungen zu treffen, welche mit Rücksicht auf die Gesundheit, die Sittlichkeit und die Religion des Handlungsgehilfen erforderlich sind.

Erfüllt der Prinzipal die ihm in Ansehung des Lebens und der Gesundheit des Handlungsgehilfen obliegenden Verpflichtungen nicht, so finden auf seine Verpflichtungen zum Schadensersatze die für unerlaubte Handlungen geltenden Vorschriften der §§ 842 bis 846 des Bürgerlichen Gesetzbuchs entsprechende Anwendung.

Die dem Prinzipal hiernach obliegenden Verpflichtungen können nicht im voraus durch Vertrag aufgehoben oder beschränkt werden.

1.   HGB § 62.

Übernimmt der Prinzipal gewerbsmäßig das Abbrennen von Feuerwerkskörpern, so ist er, wenn er sich eines Handlungsgehilfen zur Unterstützung bedient, aus dem Vertrage verpflichtet, die Feuerwerksvorrichtungen, die er jenem zur Verwendung übergibt, so einzurichten, dass jener gegen körperliche Gefahr, soweit die Natur der Sache es gestattet, geschützt ist. Für die *mangelhafte* Beschaffenheit und deren Folgen ist der Prinzipal solange haftbar zu machen, bis er den Nachweis liefert, dass ihm der Mangel trotz angewandter Sorgfalt verborgen geblieben ist.

U. v. 30.4.1901; III 119/01. Kiel.

2.   HGB § 62 (auch BGB § 618).

Die dem Prinzipale seinen Dienstberechtigten gegenüber nach § 618 Abs. 1 BGB und § 62 Abs. 1 HGB obliegenden Pflichten erstrecken sich auch besonders auf den Schutz von Leib und Leben für den Fall von Bränden im Geschäftslokale.

Werden daher auf Anordnung des Prinzipals Ausgangstüren zur Verhütung etwaiger Diebstähle ständig verschlossen gehalten, ohne dass Vorkehrungen getroffen sind, sie im Fall eines Brandes sofort für das Personal zu öffnen, so liegt darin ein zum Schadensersatze verpflichtendes schweres Verschulden des Prinzipals. Er kann sich nicht damit entschuldigen, dass er sich bei jener Anordnung *keine Gedanken* über die *im Falle eines Brandes* damit verbundenen Gefahren gemacht habe, denn gerade *hierin* liegt schon eine schuldhafte Außerachtlassung der im Gesetze gebotenen Sorgfalt.

U. v. 9.3.1903; VI 364/02. Karlsruhe.

3.   HGB § 62.

Die Verpflichtung des Prinzipals aus § 62 deckt sich mit der des § 120 a GewO betreffs Sicherstellung der Gewerbsarbeiter. Sowenig nach dieser Bestimmung der Gewerbeunternehmer gegenüber einem Schadensersatzanspruch einwenden kann, dass ein tüchtiger Betriebsleiter bestellt gewesen sei, sowenig kann es der Prinzipal nach § 62.

Eine Verkäuferin war durch den Zusammenbruch einer morschen Ladenleiter verletzt; der Einwand des Prinzipals, er betrete das Geschäft niemals, sondern überlasse dessen Führung vollständig seinem tüchtigen Geschäftsführer, wurde zurückgewiesen.

U. v. 16.9.1904; III 64/04. Kammergericht.

4.   HGB § 62.

Der Umstand, dass der Vorfall unaufgeklärt ist, kann nicht dem Verletzten zugute kommen, denn er muss die Ursächlichkeit mangelhafter Unterhaltung nachweisen.

Die Haftung des Prinzipals wurde im gegebenen Falle verneint, wo der Angestellte durch das Herabstürzen des Verschlussbrettes eines Rolladenkastens verletzt worden war.
U. v. 17.5.1907; III 427/06. Köln.

5. HGB § 62.

Die Verpflichtung, die der § 62 dem Dienstberechtigten bezüglich der Einrichtung und Unterhaltung der Geschäftsräume auferlegt, ist nicht auf die speziell als Arbeitsstätte dienenden Räume zu beschränken, sondern auch auf die Treppen zu beziehen, die der Dienstpflichtige anlässlich seiner Obliegenheiten, insbesondere um zur eigentlichen Arbeitsstätte zu gelangen, oder von da ins Freie zu kommen, betreten muss.
U. v. 2.6.1911; III 638/10. Jena.

6. HGB § 62 (auch § 76; BGB §§ 278, 618).

§ 278 BGB ist auch in den Fällen anwendbar, wo der Dienstherr nach § 618 Abs. 3 BGB, § 62 Abs. 3, bezw. § 76 HGB gewissen dritten Personen für gewisse Vermögensschäden infolge der schuldhaften Tötung des Dienstpflichtigen gemäß § 844 Abs. 2 BGB haftet.
U. v. 20.11.1911; VI 213/11. E. 77, 408. Köln.

7. HGB § 62 (auch KaufmGG § 5).

Für Ansprüche aus § 62 HGB sind die ordentlichen Gerichte zuständig, da sie nur mittelbar auf dem Dienstvertrag beruhen (vgl. BGB § 618 Nr. 35, GewGG § 3 Nr. 2).
U. v. 18.6.1915; III 80/15. E. 87, 83. Kammergericht.

§ 63

Wird der Handlungsgehilfe durch unverschuldetes Unglück an der Leistung der Dienste verhindert, so behält er seinen Anspruch auf Gehalt und Unterhalt, jedoch nicht über die Dauer von sechs Wochen hinaus.

Der Handlungsgehilfe ist nicht verpflichtet, sich den Betrag anrechnen zu lassen, der ihm für die Zeit der Verhinderung aus einer Kranken- oder Unfallversicherung zukommt. Eine Vereinbarung, welche dieser Vorschrift zuwiderläuft, ist nichtig.

Dem § 63 Abs. 1 wurde angefügt (VO vom 1.12.1931):
Der Anspruch kann nicht durch Vertrag ausgeschlossen oder beschränkt werden.

1. HGB § 63.

Der Paragraph enthält nur Bestimmungen *für die Vertragszeit.* Die Worte in Abs. 1: „so behält er seinen Anspruch" setzen das Fortbestehen des vertragsmäßigen Anspruchs voraus; keineswegs wird durch sie der allgemeine Grundsatz aufgestellt, dass ein Prinzipal seinem erkrankten Gehilfen sechs Wochen lang Gehalt und Unterhalt gewähren

müsse. Endigt das Dienstverhältnis z. B. durch Kündigung, so fällt auch der Anspruch
aus § 63 weg.
U. v. 17.5.1901; III 88/01. Kammergericht.

2.   HGB § 63.

Eine TV-Bestimmung, nach der der Angestellte im Krankheitsfalle auf sein Gehalt verzichtet und neben dem Krankengelde noch einen Zuschuss erhält, der dem Betrage des
regelmäßigen Einkommens abzüglich des Krankengeldes entspricht, verstößt gegen § 63
Abs. 2.
U. v. 30.11.1927; RAG 7/27. E. 1, 37. Essen.

3.   BGB §§ 157, 616; HGB § 63; Arbeitsrecht, Allgemeines.

Der Arbeitgeber ist nicht berechtigt, das Krankengeld vom Lohne in Abzug zu bringen,
wenn der Arbeitnehmer während des Urlaubs erkrankt ist und der Arbeitsvertrag bestimmt, dass im Falle einer durch unverschuldete Erkrankung verursachten Erwerbsun-
fähigkeit der Lohn für eine gewisse Zeit unter Abzug der reichsgesetzlichen Leistungen
weitergezahlt wird.
U. v. 20.6.1928; RAG 48/28. E. 2, 69. Darmstadt.

4.   HGB § 63.

Die durch außerehelichen Verkehr erworbene Geschlechtskrankheit ist kein unverschuldetes Unglück i. S. des § 63.
U. v. 15.6.1929; RAG 659/28. E. 4, 73. Frankfurt.

5.   HGB § 63.

Die plötzlich eintretende Verschlimmerung eines vorhandenen Leidens (Basedowsche
Krankheit) kann als „Unglück" (§ 63 HGB) gelten.
U. v. 20.9.1930; RAG 175/30. Kiel.

6.   HGB §§ 63, 72.

Der Anspruch des kranken Handlungsgehilfen auf Fortzahlung des Gehalts endet –
abgesehen von dem Fall fristloser Entlassung wegen anhaltender Arbeitsunfähigkeit
infolge unverschuldeten Unglücks – stets mit dem (wie auch immer herbeigeführten)
Ablauf des Dienstverhältnisses. Fristgemäße Kündigung durch den Prinzipal während
der Erkrankung des Handlungsgehilfen ist zulässig.
U. v. 26.9.1931; RAG 66/31. Karlsruhe.

7.   HGB § 63.

Die Schwangerschaft einer verheirateten Frau kann nicht ohne weiteres als ein Unglück
im Sinne des § 63 HGB bezeichnet werden, wenn sie als natürliche Begleiterscheinung
eine zeitweise Arbeitsunfähigkeit verursacht.
U. v. 19.3.1932; RAG 526/31. Berlin.

8.   BGB § 616; HGB § 63; G. über die Beschäftigung vor und nach der Niederkunft vom
                      16.7.1927 (MutterschutzG) § 2.

Durch § 2 Abs. 3 des MutterschutzG ist die Anwendung des § 63 HGB oder des § 616
BGB nicht ausgeschlossen.
U. v. 19.3.1932; RAG 526/31. E. 10, 343. Berlin.

9.   HGB § 63.
Außereheliche Schwangerschaft ohne krankhafte Begleiterscheinungen ist kein unver-
schuldetes Unglück i. S. von § 63 Abs. 1 HGB.
U. v. 27.7.1932; RAG 226/32. E. 11, 306. Berlin.

10.   HGB §§ 72, 63.
Der bloße, nicht etwa schuldhaft herbeigeführte Verdacht, eine strafbare Handlung begangen zu haben, bildet grundsätzlich keinen Grund zur fristlosen Entlassung des Handlungsgehilfen, wohl aber eine Untersuchungshaft, wenn von vornherein mit einer längeren Dauer derselben zu rechnen war, und solche Erwartung sich nachträglich bestätigt.
Längere unschuldig erlittene Untersuchungshaft eines Handlungsgehilfen bedeutet für
ihn ein unverschuldetes Unglück, durch das er längere Zeit an der Verrichtung seiner
Dienste verhindert wird. Er behält deshalb auch im Falle berechtigter fristloser Kündigung den Anspruch auf Gehalt für die Dauer von 6 Wochen.
U. v. 10.8.1932; RAG 145/32. Harburg-Wilhelmsburg.

11.   BGB § 617, HGB § 63.
Ist das Arbeitsverhältnis derart, dass der Arbeitnehmer außer Barlohn Kost und Wohnung beim Dienstherrn erhält, so kann er nicht Barlohn nach dem Satze des vollen Tarif-
lohns – der keine Naturalleistungen enthält – fordern, wenn er während einer Krankheit
(ohne zwingende Notwendigkeit und ohne dem Dienstherrn gegenüber nach § 326 BGB
zu verfahren) sich im Hause der Eltern verpflegen lässt.
U. v. 22.9.1934; RAG 117/34. E. 14, 214. Berlin.

12.   BGB § 616; HGB § 63.
Eine Angestellte, die sich wegen Erbkrankheit unfruchtbar machen lässt und zur Vorbe-
reitung des Gutachtens 16 Tage und fast 3 Monate später noch einmal 5 Wochen die
Arbeit versäumt, kann für die versäumten 5 Wochen Lohn verlangen.
U. v. 14.12.1935; RAG 145/35. E. 16, 73. Düsseldorf.

13.   HGB § 63.
Nach Eintritt von Arbeitsfähigkeit ohne Ausheilung eines Leidens und nach Wiederauf-
nahme der Arbeit wird ein Anspruch auf Gehalt für 6 Wochen durch eine erneute
Dienstbehinderung infolge des gleichen Leidens nicht von neuem begründet. (Ein an 6
Wochen fehlender Rest bei der ersten Erkrankung ist vom Prinzipal in der Zeit der zwei-
ten Dienstbehinderung entschädigt worden.)
U. v. 28.10.1936; RAG 120/36. E. 17, 281.

14.   BGB §§ 611, 616; HGB § 63.

Der Handlungsgehilfe, der gegen Gehalt und Provision angestellt ist, hat (wenn ein anderes nicht vereinbart oder durch die Tarif- oder Betriebsordnung bestimmt ist) im Falle einer Erkrankung gemäß § 63 HGB Anspruch auf eine Vergütung, bei der neben dem festen Gehaltsteil der mutmaßliche Provisionsverdienst jedenfalls insoweit berücksichtigt werden muss, als sich der Provisionsanspruch als Entgelt für die von dem Handlungsgehilfen gewöhnlich zu erwartende Leistung oder seine regelmäßige Tätigkeit darstellt. Dabei kann ein durchschnittlicher Provisionsverdienst zugrunde gelegt werden.

Für die Urlaubsvergütung des unselbständigen Provisionsvertreters muss dasselbe gelten, sofern nicht ein anderes vereinbart oder bestimmt ist.
U. v. 20.1.1937; RAG 219/36. E. 18/122.

15.   HGB §§ 63, 70.

Außereheliche Schwangerschaft einer kaufmännischen Angestellten ist auch nach heutiger Anschauung kein „selbstverschuldetes Unglück" i. S. von § 63 Abs. 1 (ebenso für die frühere Zeit: RAG Bd. 11 S. 306).

Die äußerlich in die Erscheinung tretende außereheliche Schwangerschaft einer kaufmännischen Angestellten (z. B. einer Verkäuferin in einem kleinen Ladengeschäft) kann Grund zur fristlosen Kündigung sein.
U. v. 21.8.1937; RAG 90/37.

16.   HGB § 63.

Lässt sich eine Handlungsgehilfin, die herzleidend ist, auf ärztlichen Rat hin durch operativen Eingriff unfruchtbar machen nur aus Sorge vor einer nochmaligen Schwängerung, die sie wegen ihres Herzleidens nach ärztlicher Ansicht in Lebensgefahr bringen müsste, so bedeutet der operative Eingriff als solcher kein „unverschuldetes Unglück" im Sinne des § 63 HGB. Ein Anspruch auf Bezahlung der Sechswochenfrist ist nicht gegeben, weil es an dem notwendigen ursächlichen Zusammenhang zwischen dem als „unverschuldetes Unglück" anzusehenden Herzleiden und der durch den operativen Eingriff bedingten Arbeitsversäumnis fehlt. Ob die Handlungsgehilfin unverlobt, verlobt oder verheiratet ist, spielt dabei keine Rolle.
U. v. 20.10.1937; RAG 112/37. E. 19, 18.

17.   VO über die Einberufung zu Übungen der Wehrmacht v. 25.11.1935 (RGBl. I, S.
                1358; HGB § 63.

Der dem Angestellten (Arbeiter) für eine Wehrmachtsübung vom Unternehmer erteilte Urlaub endet mit dem vorzeitigen Ende dieser Übung. Es treten daher die beiderseitigen Rechte und Pflichten aus dem Arbeitsverhältnis unbeschränkt wieder ein.

Ein Unfall bei einer turnerischen oder sportlichen Betätigung, deren Gefahren *nicht* (infolge ihrer objektiven Größe oder infolge des zu geringen Könnens des Ausübenden) unverhältnismäßig sind, ist ein *„unverschuldetes Unglück"*.
U. v. 1.2.1939; RAG 139/38. E. 20, 322.

18. BGB § 616; HGB § 63.

Der Begriff Unglück in § 63 HGB kann nicht mehr in dem engen Wortsinne „als ein den Menschen abweichend von dem normalen Verlauf des Lebens unerwartet und hart treffendes Ereignis" (RAG Bd. 10 S. 343, Bd. 11 S. 306) ausgelegt werden, sondern es muss der Sinn und Zweck dieser Bestimmung nach den heutigen nationalsozialistischen Grundanschauungen von dem Wesen des Arbeitsverhältnisses erforscht werden. Danach müssen auch Arbeitsbehinderungen infolge normaler Schwangerschaftsbeschwerden unter § 63 HGB fallen.

Unverschuldet i. S. des § 63 HGB, § 616 BGB sind auch nicht nur die Arbeitsbehinderungen, die der Gefolgsmann nicht zu vertreten hat. Es kommt vielmehr darauf an, ob das ursächliche Verhalten zugleich ein Verstoß gegen die Treupflicht des Gefolgsmanns ist oder das Verlangen auf Fortzahlung des Lohnes eine Ausnutzung der Treupflicht des Unternehmers sein würde. Auf den unehelichen Verkehr, namentlich den vorehelichen Verkehr treffen diese Voraussetzungen im Allgemeinen nicht zu.

U. v. 29.7.1941; RAG 78/41. E. 25, 160.

19. HGB § 63; VO z. Abänd. und Erg. v. Vorschriften auf dem Gebiete des Arbeitsrechts v. 1.9.1939 (RGBl. I S. 1683) § 1.

Das Wiederaufleben des Beschäftigungsverhältnisses und das Wiedererstehen des Lohnanspruchs entfallen nicht durch eine Krankheit des Gefolgmanns bei Meldung zum Dienstantritt. Dies gilt jedenfalls dann, wenn die Krankheit keine Folge des Wehrdienstes ist.

Die Durchführung eines von der Reichsangestelltenversicherung gewährten Heilverfahrens ist als Folge einer Erkrankung und damit als unverschuldetes Unglück anzusehen. Das gilt auch dann, wenn der Handlungsgehilfe während der Zeit des Heilverfahrens nach seinem augenblicklichen Befinden nicht arbeitsunfähig krank ist.

U. v. 18.3.1941; RAG 205/40. E. 24, 353.

20. BGB § 616; HGB § 63; GewO § 133c.

Wird in einem Betriebe – sei es auch aus kriegswirtschaftlichen Gründen – seit längerer Zeit von den Gefolgschaftsmitgliedern regelmäßig Mehrarbeit geleistet und wird hierfür eine besondere Vergütung gewährt, so besteht für den Gefolgsmann im Falle des § 616 Abs. 1 BGB mangels abweichender Regelung ein Anspruch auf ihre Weitergewährung im Falle der Erkrankung, in den Fällen des § 616 Abs. 2 BGB, § 63 HGB und § 133c Abs. 2 RGewO aber für den Angestellten ein unabdingbarer Anspruch auf die Weitergewährung für die gesetzlich bestimmte Höchstzeit.

U. v. 17.7.1942; RAG 70/42. E. 26, 270.

21.   BGB § 616; HGB § 63; GewO § 133c; Wehrmachtsfürsorge- und versorgungsG v.
           26.8.1938 – WFVG – (RGBl. I S. 1077, 1080) i. d. F. v. 20.8.1940 (RGBl. I S. 1162)
           und v. 7.5.1942 (RGBl. I S. 281) §§ 71 ff., 84; Einsatzfürsorge- und –VersorgungsG
           v. 6.7.1939 (RGBl. I S. 1217) §§ 2, 7.

Die beiderseitigen Rechte und Pflichten aus dem Arbeitsverhältnis leben mit dem Augenblick der Entlassung des zur Dienstleistung im Wehrdienst einberufenen Gefolgs-
mannes von selbst, ohne zuvorige Meldung zur Aufnahme der Arbeit und Wiederein-
gliederung in den Betrieb, wieder auf.

Ein während der Dienstleistung beim Wehrdienst eingetretenes unverschuldetes Unglück (Erkrankung), das den Gefolgsmann nach seiner Entlassung an der Verrichtung
der Dienste in seinem Arbeitsverhältnis hindert, begründet der Anspruch auf Gewährung
des Gehalts oder Lohnes gemäß den gesetzlichen Bestimmungen (§ 616 BGB, § 63
HGB, § 133c Abs. 2 RGewO), und zwar auch dann, wenn das Unglück mit dem Wehrdienst in ursächlichem Zusammenhang steht.

Die schuldhafte Unterlassung oder Verzögerung der Meldung zur Aufnahme der Arbeit
steht diesem Anspruch nicht entgegen; doch kann sie einen Anspruch des Arbeitgebers
auf Schadensersatz gegen ihn begründen.

Bezüge, die dem entlassenen Wehrdienstpflichtigen auf Grund des WFVG (§§ 71 ff.)
zufließen, sind auf den Anspruch nicht anzurechnen. Die Absetzung eines Versehrten-
geldes nach § 84 WFVG und einer Versehrtengeldzulage nach §§ 2, 7 EWFVG von
diesem Anspruch ist nach § 84 Abs. 2 WFVG ausgeschlossen.

U. v. 1.12.1942; RAG 104/42. E. 27, 67.

22.   G. über die Beschäftigung Schwerbeschädigter v. 12.1.1923 (RGBl. I S. 57); HGB
                                                                                           § 63.

An der Rechtsprechung, dass ein infolge seines Versorgungsleidens erkrankter Schwerbeschädigter grundsätzlich die Weiterzahlung seines Lohnes oder Gehalts bis zur ordnungsmäßigen Lösung seines Arbeitsverhältnisses beanspruchen kann, dass dieser Anspruch jedoch – soweit nicht Vorschriften zwingender Art im Wege stehen – abgedun-
gen werden kann, ist festgehalten (RAG Bd. 2 S. 9 ff., Bd. 5 S. 44 ff., Bd. 6 S. 101 ff.
und S. 243 ff.)

U. v. 28.5.1943; RAG 12/43. E. 27, 220.

23.   GewO § 133c; HGB § 63; BGB § 616.

Die Wiederholung einer akuten Erkrankung schließt die Anwendung des § 133c Abs. 2
RGewO (§ 63 HGB, § 616 BGB) nicht aus, selbst wenn die wiederholten Krankheitsfäl-
le auf einer durch dasselbe Grundleiden hervorgerufenen Krankheitsbereitschaft beruhen; nur muss bei Eintritt der späteren Erkrankung die frühere ausgeheilt und die volle
Arbeitsfähigkeit wieder eingetreten sein. Es ist offen gelassen worden, ob diese Grundsätze auch bei besonders enger Aufeinanderfolge der Einzelerkrankungen gelten.

U. v. 12.2.1943; RAG 132/42. E. 27, 137.

24. BGB § 616; HGB § 63; GewO § 133c.

Als *regelmäßige* Mehrarbeiten, für die eine vor der Erkrankung eines Angestellten gewährte Vergütung während der gesetzlich bestimmten Zeit der Krankheit weiterzugewähren ist, sind auch solche anzusehen, die zwar nicht täglich, in ununterbrochener Folge, aber doch mit solcher Häufigkeit aus der inneren Notwendigkeit der Arbeiten heraus geleistet werden, dass die Arbeiten eine zusammenhängende Folge bilden und daher nicht als unregelmäßig gelten können.
U. v. 7.5.1943; RAG 147/42. E. 27, 204.

§ 64

Die Zahlung des dem Handlungsgehilfen zukommenden Gehalts hat am Schlusse jedes Monats zu erfolgen. Eine Vereinbarung, nach der die Zahlung des Gehalts später erfolgen soll, ist nichtig.

Zu § 64 kein Leitsatz.

§ 65

Ist bedungen, dass der Handlungsgehilfe für Geschäfte, die von ihm geschlossen oder vermittelt werden, Provisionen erhalten solle, so finden die für die Handlungsagenten geltenden Vorschriften des § 88 und des § 91 Satz 1 Anwendung.

1. HGB § 65 (auch § 91).

Im Falle des § 65 kann der Handlungsgehilfe nicht nur die *Vorlegung* eines Buchauszuges, sondern auch die *Erteilung einer Abschrift* verlangen.
U. v. 7.12.1909; III 502/07. Konsulargericht Tientsin.

2. HGB § 65 (auch § 88).

Der Agent, der Sukzessivlieferungsverträge vermittelt, hat die ihm nach § 88 zustehende Provision auch dann zu beanspruchen, wenn die Ausführung der Geschäfte in die Zeit nach Lösung des Agentenverhältnisses fällt. Dieser Grundsatz ist gemäß § 65 auf den Handlungsgehilfen dann entsprechend anzuwenden, wenn bedungen ist, dass der Handlungsgehilfe für Geschäfte, die von ihm geschlossen oder vermittelt worden sind, Provisionen erhalten solle.
U. v. 16.1.1912; III 113/11. Celle. – Vgl. Nr. 3.

3. HGB § 65.

Im Anschluss an Nr. 2 wird fortgefahren:
Ist der Handlungsgehilfe zum Abschluss oder zur Vermittlung von Geschäften ausdrücklich für einen bestimmten Bezirk bestellt, so gebührt ihm nicht wie dem Handlungsagenten nach § 89 ohne weiteres, sondern nur im Falle besonderer Vereinbarungen die Provision auch für *solche* Geschäfte, die in seinem Bezirk ohne seine Mitwirkung durch den Prinzipal oder für diesen abgeschlossen worden sind [vgl. Nr. 2].
U. v. 16.4.1912; III 393/11. Düsseldorf.

4.   = § 59 HGB Nr. 6.
U. v. 4.2.1913; III 333/12. Hamm.

5.   HGB § 65.
Dem am Reingewinn des Geschäfts beteiligten Handlungsgehilfen, der im Laufe eines
Geschäftsjahrs ausscheidet, steht mangels abweichender Vereinbarung kein Anspruch
auf seinen Anteil an dem bis zu seinem Ausscheiden erzielten Gewinn und auf Aufstellung einer besonderen Zwischenbilanz zu. Er kann vielmehr nur von dem dem Jahrestei-
le bis zu seinem Ausscheiden entsprechenden *Teile* des Reingewinns des ganzen Geschäftsjahrs den vertraglichen Anteil und Vorlage der Bilanz und der Geschäftsbücher
für das ganze Geschäftsjahr fordern, letzteres mit der Einschränkung, dass die Einsicht
nur insoweit gestattet zu werden braucht, als die Prüfung des Reingewinns es erfordert.
U. v. 11.4.1919; III 519/18. Kammergericht.

6.   = § 59 HGB Nr. 9.
U. v. 10.7.1919; III 88/19. Kammergericht.

7.   HGB § 65.
Der Zusicherung einer *Umsatzprovision* liegt zwar regelmäßig der Gedanke zugrunde,
dass der Umsatz auf einer mitwirkenden Tätigkeit des Versprechensempfängers beruht.
Daraus ist aber auch umgekehrt zu folgern, dass eine erhebliche Erweiterung seiner
Tätigkeit auf ursprünglich *nicht* ins Auge gefasste Gebiete im Zweifel eine *Ausdehnung*
der Provisionsansprüche zur Folge haben muss.
U. v. 19.11.1920; III 431/20.

8.   BGB § 611; HGB §§ 65, 88.
Sind einem Angestellten Versicherungs-Provisionen zu gewähren, so fallen sie mit der
Auflösung des Dienstverhältnisses des Angestellten nicht weg, soweit sie (wenn auch
nur aufschiebend bedingt) *vorher entstanden* sind. Eine gegenteilige Vereinbarung muss
der Dienstherr beweisen.
U. v. 29.1.1936; RAG 253/35.

9.   HGB §§ 65, 88, 91; VO zur Abänd. und Erg. v. Vorschriften auf dem Gebiete des
            Arbeitsrechts v. 1.9.1939 (RGBl. I S. 1683) § 1.
Erörterungen über die rechtlichen Wirkungen der Einberufung eines Reisevertreters zum
Heere auf sein Vertragsverhältnis.
U. v. 1.7.1941; RAG 52/41. E. 25, 131.

§ 66

Das Dienstverhältnis zwischen dem Prinzipal und dem Handlungsgehilfen kann, wenn es für unbestimmte Zeit eingegangen ist, von jedem Teile für den Schluss eines Kalendervierteljahres unter Einhaltung einer Kündigungsfrist von sechs Wochen gekündigt werden.

1. HGB § 66.

Eine Absicht des Handlungsgehilfen, auf Einhaltung der zu seinen Gunsten bestehenden Kündigungsfrist zu verzichten, ist nicht zu vermuten.

U. v. 23.7.1928; RAG 102/28. Würzburg.

2. KO §§ 22, 59; HGB § 66.

Wird einem Handlungsgehilfen, der nach Eröffnung des Konkurses in dem Betriebe des Gemeinschuldners weiter beschäftigt bleibt, von dem Konkursverwalter gekündigt, so unterliegt diese Kündigung mangels abweichender Vereinbarung den gesetzlichen Vorschriften, sie ist also nur unter Einhaltung einer Frist von sechs Wochen zum Schluss des Kalendervierteljahres zulässig. Der Anspruch des Handlungsgehilfen auf Zahlung des Gehalts bis zu diesem Termin ist Masseschuld.

U. v. 22.12.1928; RAG 488/28. Nürnberg.

3. HGB §§ 66, 67.

Eine den Bestimmungen des § 67 zuwiderlaufende Kündigungsabrede ist nur insoweit nichtig, als sie eine zulässige Vereinbarung einschränkt. Nicht die gesetzliche Kündigungsfrist des § 66 tritt an ihre Stelle, sondern eine Ausdehnung der vereinbarten Frist im Rahmen des nach § 67 Zulässigen.

U. v. 19.10.1929; RAG 211/29. Darmstadt.

4. BGB § 620; HGB §§ 66, 67.

Um die Annahme eines in der Dauer unbestimmten Dienstverhältnisses und die Anwendung des § 67 HGB auszuschließen, genügt es nicht, dass die Arbeit dem bei der Einstellung angegebenen Zwecke wirklich dienen sollte und dient. Es kommt vielmehr darauf an, ob der Zweck für die Dauer des Verhältnisses ausdrücklich oder nach den Umständen (RAG Bd. 1 S. 226: Annahme für einen Bau) als Maß und Grenze gesetzt ist.
Die Arbeit „Einrichtung einer Kartei" im vorliegenden Falle war nicht in diesem Sinne als zeitlose Grenze gesetzt.

U. v. 27.11.1929; RAG 302/29. E. 4, 281. Berlin.

5. = § 59 HGB Nr. 23.

U. v. 7.1.1931; RAG 449/30. E. 7, 250. Elberfeld.

6. BGB § 624; HGB §§ 66, 67.

Auf ein Dienstverhältnis, das auf Lebenszeit geschlossen ist, finden nicht die §§ 66, 67 HGB (Abschluss auf unbestimmte Zeit), sondern § 624 BGB Anwendung.
Kündigungsbestimmungen in einem Anstellungsvertrage, die den Handlungsgehilfen gegenüber dem Prinzipal günstiger stellen, werden durch § 67 Abs. 2 HGB nicht betroffen (so schon E. Bd. 68 S. 137).

U. v. 10.12.1932; RAG 359/32. Hamburg.

7.   BGB § 138; HGB § 66; AOG § 2; Anordnung z. Durchf. des Vierjahresplans über
            die Beschäftigung älterer Angestellter v. 7.11.1936.
Zur Frage der Sittenwidrigkeit einer Kündigung.
Der Betriebsführer, der einen auf Grund der Anordnung eingestellten älteren Angestellten zuerst mit
Nebenarbeiten beschäftigt, um so auch Gelegenheit zu haben, von der Persönlichkeit und der Arbeit des
Angestellten einen Eindruck zu gewinnen, verletzt dadurch noch nicht die ihm obliegende Fürsorge-
pflicht. Wohl aber verletzt der Angestellte seine Treupflicht, wenn er ohne Mäßigung in der Form be-
strebt ist, in die Stelle anderer Angestellten einzurücken, und dabei die Ehre des Betriebsführers angreift.
Die von diesem ausgesprochene Kündigung verstößt in solchem Falle nicht gegen die guten Sitten.
U. v. 7.12.1938; RAG 119/38. E. 20, 281.

§ 67

Wird durch Vertrag eine kürzere oder längere Kündigungsfrist bedungen, so muss sie für beide Teile
gleich sein; sie darf nicht weniger als einen Monat betragen.
Die Kündigung kann nur für den Schluss eines Kalendermonats zugelassen werden.
Die Vorschriften des Abs. 1 finden auch in dem Falle Anwendung, wenn das Dienstverhältnis für bestimmte Zeit mit der Vereinbarung eingegangen wird, dass es in Ermangelung einer vor dem Ablaufe
der Vertragszeit erfolgten Kündigung als verlängert gelten soll.
Eine Vereinbarung, die diesen Vorschriften zuwiderläuft, ist nichtig.

1.   HGB § 67 (auch BGB § 139).
§ 67 Abs. 2 ist dahin einschränkend auszulegen, dass nur diejenigen abweichenden Vereinbarungen nichtig sind, die den Handlungsgehilfen gegenüber dem Prinzipale ungün-
stiger stellen. Kündigungsbestimmungen im Anstellungsvertrage, die den Handlungsgehilfen dem Prinzipale gegenüber günstiger stellen, sind gültig. § 139 BGB findet keine
Anwendung.
U. v. 17.9.1907; III 72/07. Rostock.
U. v. 1.5.1908; III 551/07. E. 68, 317. Kiel. – Wie S. 1: U. v. 27.1.1925; III 265/24.

2.   HGB § 67.
Wird eine längere Kündigungsfrist, als die in § 66 vorgesehene sechswöchige, vereinbart, so bedarf es nicht noch einer besonderen Vereinbarung, dass die Kündigung zu
jedem Monatsschlusse zulässig sein solle. Vielmehr wird in diesem Falle die Vorschrift
des § 66, wonach die Kündigung nur für den Schluss eines Kalendervierteljahres zulässig ist, ohne weiteres durch den § 67 Abs. 2 ersetzt.
U. v. 9.6.1905; III 545/04. Colmar.

3.   HGB § 67 (auch GewO § 133aa).
Eine Vereinbarung über die Wichtigkeit besonderer Auflösungsgründe verstößt nicht
gegen die Grundsätze der §§ 67 HGB 133aa GewO, es sei denn, dass mit der Vereinbarung dem Dienstherrn auch die Möglichkeit gewährt ist, das Dienstverhältnis einseitig
nach subjektivem Ermessen und ohne Angabe von Gründen zu lösen.
U. v. 7.1.1914; III 379/13. Dresden.

4.   HGB § 67.

Verträge, die auf eine Woche abgeschlossen werden mit der Maßgabe, dass sie sich bei Nichtkündigung innerhalb der Woche immer um eine Woche verlängern, fallen unter § 67 Abs. 3 HGB und sind mit einer Frist von einem Monat (§ 67 Abs. 1) kündbar.
U. v. 5.12.1928; RAG 217/28. E. 3, 15. Freiburg. – Zustimmend: U. v. 27.8.1930; RAG 145/30.

5.   = § 66 HGB Nr. 3.
U. v. 19.10.1929; RAG 211/29. Darmstadt.

6.   = § 66 HGB Nr. 4.
U. v. 27.11.1929; RAG 302/29. E. 4, 281. Berlin.

7.   = § 59 HGB Nr. 23.
U. v. 7.1.1931; RAG 449/30. E. 7, 250. Elberfeld.

8.   = § 66 HGB Nr. 6.
U. v. 10.12.1932; RAG 359/32. Hamburg.

9.   = § 59 HGB Nr. 29.
U. v. 13.3.1937; RAG 254/36. E. 18, 172.

§ 68

Die Vorschriften des § 67 finden keine Anwendung, wenn der Handlungsgehilfe einen Gehalt von mindestens fünftausend Mark für das Jahr bezieht.
Es bleiben ferner außer Anwendung, wenn der Handlungsgehilfe für eine außereuropäische Handelsniederlassung angenommen ist und nach dem Vertrage der Prinzipal für den Fall, dass er das Dienstverhältnis kündigt, die Kosten der Rückreise des Handlungsgehilfen zu tragen hat.

1.   HGB § 68; GewO § 133; KündigungsschutzG v. 9.7.1926 §§ 1, 2.

Bei einer Versetzung des Angestellten von der inländischen Hauptniederlassung zur außereuropäischen Zweigniederlassung ist das KündigungsschutzG jedenfalls dann anzuwenden, wenn das Dienstverhältnis in Deutschland für eine Beschäftigung in Deutschland eingegangen war und nach der auswärtigen Tätigkeit in Deutschland fortgesetzt werden und dort seine Abschluss finden soll.
U. v. 23.11.1929; RAG 252/29. Berlin.

§ 69

Wird ein Handlungsgehilfe nur zu vorübergehender Aushilfe angenommen, so finden die Vorschriften des § 67 keine Anwendung, es sei denn, dass das Dienstverhältnis über die Zeit von drei Monaten hinaus fortgesetzt wird. die Kündigungsfrist muss jedoch auch in einem solchen Falle für beide Teile gleich sein.

1. HGB § 69.

Wird ein Handlungsgehilfe laut Vertrag zur Aushilfe i. S. des § 59 HGB eingestellt, so spricht keine Vermutung dafür, dass dies zur Umgehung des Gesetzes geschehen ist.
U. v. 2.3.1929; RAG 418/28. Duisburg.

2. HGB § 69.

Ob ein einheitliches Aushilfsverhältnis oder mehrere sich aneinander anschließende vorliegen, ist wesentlich Tatfrage.
U. v. 27.11.1929; RAG 302/29. E. 4, 281. Berlin.

§ 70

Das Dienstverhältnis kann von jedem Teile ohne Einhaltung einer Kündigungsfrist gekündigt werden, wenn ein wichtiger Grund vorliegt.
Wird die Kündigung durch vertragswidriges Verhalten des anderen Teiles veranlasst, so ist dieser zum Ersatze des durch die Aufhebung des Dienstverhältnisses entstehenden Schadens verpflichtet.

a) Allgemeines, Vorliegen eines wichtigen Grundes:
   5, 7, 8, 11, 15, 16, 18, 21, 23, 26, 27, 28, 29, 31, 40
b) Maßgebender Zeitpunkt: 6, 9, 13, 20
c) Kenntnis: –
d) Frühere Verfehlungen: 3, 9
e) Tatfrage–Rechtsfrage: 1
f) Kündigung, wichtiger Grund, Entlassung: 12, 25, 30, 32, 33, 34, 35, 37, 38, 39, 40
g) Zeitpunkt der Entlassung: 10, 12, 20
h) Vertragswidriges Verhalten: 7, 18, 24
i) Schadensersatz: 22
k) Verzicht auf die Dienste: 2, 24
l) Prozessuales: 4, 14, 17, 19
m) Anhang: 30

1. HGB § 70.

Die Frage, ob ein „wichtiger Grund" im Sinne des § 70 die vorzeitige Auflösung des Dienstverhältnisses rechtfertigt, ist eine *Tat-*, *nicht* eine *Rechtsfrage*. Das gleiche gilt hinsichtlich einer *Vertragsbestimmung*, nach der „*triftige* Gründe" eine vorzeitige Auflösung rechtfertigen sollen.
U. v. 19.2.1901; III 350/00. Stuttgart. – Ebenso [vgl. E. 38, 115]: U. v. 6.11.1906; III 92/06. Dresden. – U. v. 18.12.1906; III 171/06. Darmstadt. – Wie S. 1: U. v. 12.11.1918; III 223/18. Düsseldorf.

2. HGB § 70.

Mangels einer Entlassung des Handlungsgehilfen besteht der Anstellungsvertrag trotz des *Verzichtes* des Prinzipals auf dessen Dienste fort. Ein solcher Verzicht befreit nicht den Prinzipal, seinerseits den Vertrag zu erfüllen. Dies gilt auch dann, wenn der Handlungsgehilfe Vertragsverletzungen begangen hat, falls eine Entlassung tatsächlich nicht erfolgt ist.

U. v. 11.11.1902; II 425/02. Köln.

3. HGB § 70.

Beim Eintritte neuer Pflichtverletzungen kann auf die früheren, zunächst verziehenen Verfehlungen zurückgegriffen werden.

Tatsachen, die sich nach der Entlassung ereignen, können als Gründe für die sofortige Aufhebung des Dienstverhältnisses in Betracht kommen.

U. v. 29.5.1903; III 44/03. Kammergericht. – Ebenso wie Satz 2 [Vgl. E. 32 Nr. 62]: U. v. 27.11.1908; III 109/08. Braunschweig.

4. HGB § 70 (auch ZPO § 318).

Wenn der verklagte Prinzipal mehrere Entlassungsgründe als selbständige geltend gemacht hat, so können zwar einige davon vorweg durch Zwischenurteil zurückgewiesen werden; dies hat aber nur die Wirkung, dass jeder der zurückgewiesenen Gründe *für sich allein* keinen wichtigen Entlassungsgrund darstellt. Daneben ist im Endurteile zu prüfen, ob nicht doch in dem *gesamten Verhalten* des Klägers ein Entlassungsgrund gegeben sei. Letzteres kann angenommen werden, auch wenn jeder der behaupteten Gründe, für sich allein betrachtet, verworfen wird.

U. v. 12.7.1904; II 292/04. Köln.

5. HGB § 70.

Ein wichtiger Grund zur sofortigen Entlassung eines Handlungsgehilfen ist nicht die oft willkürliche Einstellung des Geschäftes des Prinzipals als solche, sondern nur die Einstellung, der selbst ein wichtiger Grund zugrunde liegt. Es ist danach zu prüfen, ob dem Prinzipale die Fortsetzung des Geschäfts nach *Treu und Glauben* zuzumuten war.

U. v. 14.6.1904; III 114/03. Hamm.

6. HGB § 70.

Bei der Beurteilung der Zulässigkeit der Entlassung *kann* auch das Verhalten des Gehilfen *nach* der Entlassung in Betracht gezogen werden.

U. v. 4.10.1904; III 96/04. Köln.

7. HGB § 70.

Nach der jetzigen Anschauung von der sozialen Stellung des Bediensteten bildet eine *würdige und rücksichtsvolle Behandlung* des Untergebenen ebenso sehr eine *Vertragspflicht* des Dienstherrn wie die Verpflichtung zur Gehaltszahlung. Daher gibt der Dienstherr, der seinen Untergebenen andauernd kränkt und in seiner sozialen Stellung schädigt, diesem nicht nur einen „wichtigen Grund" im Sinne von § 70 Abs. 1, sondern

betätigt gleichzeitig auch ein „vertragswidriges Verhalten" im Sinne von §§ 70 Abs. 2 und 75 Abs. 1.
U. v. 24.3.1905; III 8/05. Karlsruhe.

8.   HGB § 70.

Bei der Frage, ob ein wichtiger Grund zur Entlassung eines kaufmännischen Angestellten vorliegt, kommt es nicht lediglich auf eine objektive Schädigung des Dienstberechtigten und Verletzung seiner Interessen an, sondern vor allem darauf, ob für ihn *vom Standpunkte vernünftigen kaufmännischen Ermessens gerechtfertigte Befürchtung* bestanden hat, dass seine Interessen durch den Angestellten gefährdet seien.
U. v. 16.5.1905; II 92/05. Köln.

9.   HGB § 70 (auch GewO § 133b).

Die Aufhebung des Dienstverhältnisses kann auch dann verlangt werden, wenn der *wichtige Grund schon vor Abschluss des Dienstvertrags* sich ereignet hat, in seiner Wirkung aber noch fortdauert.
Daher kann der Prinzipal das Dienstverhältnis aufheben, wenn er erst hinterher erfährt, dass der Angestellte wegen Wechselfälschung, Diebstahls und Betrugs vorbestraft ist. Hat er aber bald nach dem Dienstantritt erfahren, der Angestellte habe „wegen Betrügereien schon ein paar Jahre gesessen", und setzt er das Dienstverhältnis trotzdem fort, so kann er nicht hinterher auf diesen Entlassungsgrund zurückgreifen.
Ähnlich: U. v. 24.10.1905; III 93/05. Frankfurt.
U. v. 24.4.1906; III 581/05. Hamm.
U. v. 12.7.1907; III 466/06. Kammergericht.

10.   HGB § 70.

Erst mit Ablauf der im Vertrage bestimmten Kündigungsfrist, nicht schon durch die Kündigung des Prinzipals, tritt die Entlassung ein.
Hat daher der Prinzipal am 31. März zum 1. Oktober gekündigt, der Handlungsgehilfe aber am 3. April seine Stellung verlassen, so ist die Beendigung des Vertragsverhältnisses durch diesen Austritt, nicht durch eine „Entlassung" des Handlungsgehilfen erfolgt. Deshalb kann letzterer sich nicht auf die Vertragsbestimmung berufen, dass für den Fall seiner Entlassung nach sechsmonatiger Kündigung seine Belastung mit der Hälfte der Überfahrtkosten wegfalle. Ein wichtiger Grund des Handlungsgehilfen zur sofortigen Kündigung begründet nicht den im Vertrag nur für den Fall seiner Entlassung vereinbarten Wegfall der gedachten Belastung.
U. v. 22.1.1907; III 324/06. Konsulargericht Shanghai.

11.   HGB § 70.

Der *Eintritt einer Aktiengesellschaft in die Liquidation* ist an sich kein Grund im Sinne des § 70, den Angestellten sofort zu entlassen.
U. v. 1.5.1908; III 551/07. E. 68, 317. Kiel.

12.   HGB § 70.

Nach § 70 Abs. 1 hebt die fristlose Kündigung *ohne* wichtigen Grund das Dienstverhältnis nicht auf.

U. v. 27.10.1908; III 11/08. Köln.

13.   HGB § 70.

Die schon zur Zeit der Anstellung vorhandene Unfähigkeit des Handlungsgehilfen kann auch als wichtiger Kündigungsgrund vom Prinzipale geltend gemacht werden, aber nur unter der Voraussetzung, dass er noch in der Lage wäre, aus diesem Grunde den Anstellungsvertrag wirksam anzufechten. Dazu genügt nicht, dass der Handlungsgehilfe unfähig ist, seine Dienstobliegenheiten mit Erfolg auszuführen, sondern es ist erforderlich, dass er auch diejenigen elementaren Kenntnisse und Naturanlagen nicht besitze, welche man für einen Handlungsgehilfen in seiner Stellung allgemein voraussetzen darf.

U. v. 31.3.1909; I 227/08. Hamm.

14.   HGB § 70 (auch BGB §§ 241, 325, 326).

Dem Prinzipale steht nicht gegen den Handlungsgehilfen, der den übernommenen Dienst nicht antritt oder vor Ablauf der Dienstzeit verlässt, ein klagbarer Rechtsanspruch dahin zu, dass er in der Zeit, während er sich vom Dienste fernhält, nicht irgendeinem anderen Prinzipale Dienst leiste.

B. d. VerZG v. 24.1.1910; I 188/08. E. 72, 393.

15.   HGB § 70.

Nicht einmal die Aufgabe des ganzen Geschäfts berechtigt unter allen Umständen den Prinzipal zur sofortigen Kündigung.

U. v. 27.10.1910; VI 442/09. Jena.

16.   HGB § 70.

Auch wenn ein als Handlungsgehilfe für das *Gesamtgeschäft* eines Kaufmanns angenommener Handlungsgehilfe zum Prokuristen eines Zweiggeschäfts bestellt ist, berechtigt, die – durch vom Prinzipal nicht zu vertretende Umstände veranlasste – Auflösung des Zweiggeschäfts den Prinzipal in der Regel nicht zur sofortigen Kündigung. Denn in einem solchen Falle liegt für den Prinzipal regelmäßig nicht schlechthin die Unmöglichkeit vor, von den Diensten des auf der einen Stelle nicht mehr verwendbaren Handlungsgehilfen fernerhin Gebrauch zu machen.

U. v. 27.10.1910; VI 442/09. Jena.

17.   HGB § 70 (auch § 72; BGB § 626; GewO § 133b).

Es ist im Wesentlichen eine vom Richter unter Würdigung der Verhältnisse des Einzelfalles zu entscheidende *Tatfrage*, ob ein wichtiger Grund zur sofortigen Kündigung im Sinne von §§ 70, 72 HGB (oder zutreffendenfalls gemäß § 626 BGB, 133b GewO)

gegeben sei, und es ist diese Entscheidung für die Regel der Nachprüfung des Revisionsgerichts unzugänglich.
U. v. 27.10.1910; VI 442/09. Jena.

18.   HGB § 70 (auch § 92).

Der Kaufmann (Prinzipal) hat nicht nur allgemein die sittliche Pflicht, seine Geschäfte ehrenhaft, redlich und nach den Grundsätzen eines ehrbaren Kaufmanns zu führen; es besteht für ihn den Angestellten, auch den Agenten, gegenüber diese Verpflichtung als eine stillschweigend begründete Vertragspflicht. Eine sittlich verwerfliche Geschäftsführung verletzt zugleich diese Vertragspflicht, auch wenn durch das Verhalten wirtschaftliche Interessen des Agenten nicht unmittelbar berührt werden und kann einen *wichtigen Grund* zur sofortigen Kündigung bilden.
U. v. 4.10.1911; III 547/10. E. 77, 96. Kammergericht.

19.   HGB § 70.

In der Revisionsinstanz darf nur nachgeprüft werden, ob in abstracto ein bestimmtes Handeln, eine bestimmte Eigenschaft oder ein bestimmtes Ereignis einen wichtigen Grund zur sofortigen Auflösung eines Dienstverhältnisses bilden kann. [Vgl. BGB § 626 Nr. 17.]
U. v. 20.10.1911; III 594/10. Dresden.

20.   HGB § 70 (auch § 92; BGB § 626).

Aus einem die sofortige Auflösung des Dienstverhältnisses rechtfertigenden wichtigen Grunde braucht die Kündigung nicht notwendig sofort zu erfolgen. Die Kündigung unter Einhaltung der gesetzlichen oder vereinbarten Kündigungsfrist ist gegenüber der sofortigen Aufhebung des Dienstverhältnisses die mildere Maßregel; daher ist der zu der letzteren Berechtigte grundsätzlich auch zu jener als befugt zu erachten.
U. v. 5.12.1911; III 585/10. Düsseldorf.

21.   HGB § 70 (auch BGB II. 7. 6; GmbHG § 38).

Der Geschäftsführer einer Gesellschaft m.b.H. ist der *gesetzliche Vertreter* der Gesellschaft. Sein Verhältnis zur Gesellschaft wird nicht durch das HGB, sondern durch das GmbHG und durch die Bestimmungen des BGB über den Dienstvertrag geregelt.
U. v. 15.12.1911; II 321/11. Kammergericht.

22.   = § 32 HGB Nr. 1.

U. v. 21.5.1912; III 270/11. Jena.

23.   HGB § 70.

Wie selbst die *Aufgabe* des ganzen Geschäfts den Dienstherrn nicht berechtigt, den Handlungsgehilfen sofort zu entlassen, so berechtigt ihn auch nicht ohne weiteres die

Verlegung des ganzen Geschäfts an einen anderen Ort, den Handlungsgehilfen wider seinen Willen dorthin zu *versetzen*.
U. v. 7.7.1914; III 135/14. Hamm.

24. HGB § 70.

Der entlassene Dienstverpflichtete ist befugt, obwohl er sich dem bisherigen Dienstherrn zur Verfügung stellt, seine Dienste, von denen dieser keinen Gebrauch macht, anderweit zu verwerten und zwar auch in einem mit dem Dienstherrn im Wettbewerbe stehenden Geschäfte, soweit nicht ein Wettbewerbsverbot entgegensteht. Hat der Dienstherr den Dienstverpflichteten ungerechtfertigt entlassen, so muss er es sich gefallen lassen, wenn dieser seine bisherigen Kunden für das neue Geschäft zu gewinnen sucht.
U. v. 22.2.1916; III 355/15. E. 88, 127. Kammergericht. – Ebenso: U. v. 2.1.1918; III 347/17. Kammergericht.

25. HGB § 70 (auch BGB § 626).

Die Kündigung aus wichtigen Gründen kann nicht durch Vertrag im voraus ausgeschlossen oder eingeschränkt werden. Vgl. E. 69, 365; 75, 234.
U. v. 6.10.1916; III 161/16. Colmar.

26. HGB § 70.

Der Abs. 2 findet auf das Verhältnis des Handlungsagenten zum Geschäftsherrn Anwendung. Er setzt *schuldhafte* Vertragswidrigkeit voraus.
U. v. 3.11.1916; III 106/16. Jena.

27. HGB § 70 (auch BGB §§ 196, 628).

Die wegen vertragswidrigen Verhalten des Dienstherrn an die Stelle der Lohnforderung des Dienstverpflichteten tretende *Schadensersatzforderung* aus BGB § 628 Abs. 2 oder HGB § 70 Abs. 2 unterliegt ebenso wie die Lohnforderung (z. B. ein Tantiemeanspruch) der *kurzen* Verjährung des § 196 Nr. 8 BGB. (Vgl. E. 61, 390).
U. v. 22.1.1918; III 377/17. Hamburg.

28. HGB § 70 (auch BGB § 626).

Der § setzt ein Verschulden auf Seiten des Dienstverpflichteten nicht voraus.
U. v. 24.6.1919; III 579/18. Köln.

29. HGB § 70.

1. Die Stellung des Angestellten zum Geschäftsherrn ist nach Treu und Glauben unter Berücksichtigung der beiderseitigen Interessen zu beurteilen. Der wiederholt beleidigte Angestellte kann daher, wenn weitere Beleidigungen zu befürchten sind, eine Sicherheit gegen solche verlangen und, bis sie gegeben ist, die vertragliche Dienstleistung *verweigern*.
2. Fernbleiben des Angestellten vom Dienste ist nicht schon Entlassungsgrund, wenn eine Erkrankung, durch die er sich an der Dienstleistung verhindert glaubte, in Wahrheit

kein Hindernis bildete. Es ist vielmehr, namentlich bei Zuständen nervöser Erregung, zu prüfen, ob nach den Umständen der Angestellte ohne Verletzung der im Verkehr erforderlichen Sorgfalt der Überzeugung sein durfte, dass er durch seinen Zustand an der Dienstleistung verhindert sei.
U. v. 15.2.1921; III 343/20.

30. HGB § 70.
Zur Rechtfertigung einer fristlosen Kündigung können auch solche Tatsachen verwertet werden, die sich erst *nach* der Kündigung ereignen (vgl. E. 88, 128).
U. v. 3.3.1925; III 321/24. Kammergericht.

31. BGB § 626; HGB § 70.
§ 626 BGB und § 70 HGB sind zwar insofern zwingenden Rechtes, als sie einen im Voraus ausgesprochenen bedingungslosen Verzicht des Dienstherrn auf Geltendmachung der ihm zustehenden Kündigungsbefugnis ausschließen (E. 69, 363). Sie schließen aber nicht aus, dass die Parteien für ein Einzeldienstverhältnis vereinbaren, gewisse Gründe, die in der Regel als wichtig im Sinne der genannten Vorschriften angesehen würden und eine fristlose Entlassung rechtfertigen würden, sollten diese Wirkung nicht haben oder der Dienstverpflichtete solle in Bezug auf die Entlassungsmöglichkeiten einem Staatsbeamten gleichstehen und nur aus Gründen entlassen werden können, welche die disziplinarische Entfernung eines solchen aus dem Staatsdienste begründen würden. (Leipz. Ztschr. 1914, 1846 Nr. 6; ferner U. III 359/23 oben § 626 BGB Nr. 53).
U. v. 19.5.1925; III 346/24. Düsseldorf.

32. BGB § 626; HGB § 70; GewO § 133b.
1. Einem Schwerbeschädigten kann auch ohne Zustimmung der Hauptfürsorgestelle gekündigt werden, wenn nach den gesetzlichen Vorschriften wegen eines wichtigen Grundes (§§ 70 ff. HGB; § 626 BGB; § 133b GewO) eine fristlose Kündigung zugelassen ist.
2. Ein wichtiger Grund liegt vor, wenn Umstände eingetreten sind, die nach verständigem Ermessen dem einen oder anderen Teile die Fortsetzung des Verhältnisses nicht mehr zumuten lassen, da durch sie das Interesse eines Teiles in unbilliger Weise geschädigt werden würde. Solche Umstände können auch ohne ein Verschulden der Parteien eintreten und sind auch in diesem Falle geeignet, einen wichtigen Grund abzugeben (vgl. U. III 579/18 v. 24.6.1919).
Im vorliegenden Falle lag die Sache so, dass die Beklagte vertraglich verpflichtet war, auf Verlangen der Kantinengemeinschaft entweder den Kläger zu entlassen oder die Betriebsstelle aufzugeben und einen erheblichen Ausfall in ihrem Umsatze auf sich zu nehmen. In jedem Falle würde Kläger seine Stelle verloren haben. Es lag also ein wichtiger Grund vor.
U. v. 11.1.1928; RAG 34/27. Erfurt.

33.   BGB § 626; HGB § 70.

Die Frage, ob die Verheiratung einer weiblichen Angestellten die sofortige Aufhebung des Arbeitsverhältnisses durch den Prinzipal rechtfertigt, lässt sich nicht im Allgemeinen beantworten, vielmehr hängt die Beurteilung von der Lage der Umstände des Einzelfalles ab. Nur wenn bei Berücksichtigung dieser Umstände zu befürchten steht, dass die Verheiratung in ihren Folgen so nachteilig und störend auf den Geschäftsbetrieb des Prinzipals einwirkt, dass diesem die Aufrechterhaltung des Vertragsverhältnisses nicht zugemutet werden kann, ist sie als Entlassungsgrund anzuerkennen. Ein hiervon abweichender Grundsatz ist auch in E. 110, 297 nicht aufgestellt.
U. v. 29.9.1928; RAG 129/28. E. 2, 232. Berlin.

34.   BGB § 626; HGB § 70; GewO § 133b

Zwar wird in der Entlassung eines Dienstverpflichteten in der Regel zugleich eine ordentliche Kündigung für den nächst zulässigen Termin erblickt werden können. Eine ordentliche Kündigung enthält aber nicht umgekehrt zugleich eine Entlassung für den Fall des Eintritts eines wichtigen Grundes. Auch der Rechtsbehelf der Entlassung steht unter dem Grundsatz von Treu und Glauben, mit ihm ist es unvereinbar, wenn sich der Dienstberechtigte noch nach Jahr und Tag auf einen ihm längst bekannten Entlassungsgrund berufen könnte.

Wirksam wird eine Entlassung erst mit dem Zeitpunkt ihres Zugehens an den Dienstverpflichteten. Keine Rückwirkung auf die Zeit des Eintritts des Grundes.
U. v. 18.9.1928; II 160/28. E. 122, 38. Hamburg.

35.   = § 52 HGB Nr. 1.
U. v. 2.3.1929; RAG 529/28. E. 3, 281. Essen.

36.   HGB § 70.

Ein Provisionsreisender kann auch ohne besondere Abrede damit rechnen, dass er innerhalb vernünftiger Grenzen Kreditgeschäfte abschließen dürfe. Tut er das eine gewisse Zeit hindurch ohne Widerspruch des Prinzipals, so erwirbt er dadurch noch kein vertragliches Recht darauf, dass es bei dieser Art der Geschäftsführung ohne Rücksicht auf die geschäftlichen Interessen des Prinzipals bleiben müsse. Verlangt dieser infolge eigener wirtschaftlicher Nöte plötzlich den Abschluss reiner Kassa-Geschäfte, so liegt darin, wenn nicht aus Schikane oder reiner Willkür gehandelt wird, kein schuldhaftes vertragswidriges Verhalten, das den Reisenden zu dem Verlangen auf Schadensersatz, d. h. auf Ersatz etwaiger Provisionsausfälle berechtigt.
U. v. 1.3.1930; RAG 461/29. E. 5, 190. Berlin.

37.   HGB § 70.

Strafanzeige gegen den Geschäftsherrn kann wichtiger Grund zur fristlosen Entlassung sein.
U. v. 1.11.1930; 192/30. Chemnitz.

38. HGB §§ 70, 72; SchwerbeschG v. 12.1.1923 § 13.

Ansteckende Krankheit des Handlungsgehilfen, die eine Folge der Kriegsbeschädigung ist, kann ohne Zustimmung der Hauptfürsorgestelle den Prinzipal zur Entlassung berechtigen. (Vgl. auch RAG Bd. 4 S. 49.)

U. v. 21.3.1931; RAG 506/30. Darmstadt.

39. BGB § 626; HGB § 70.

Ob die mittelbare Beschränkung des Kündigungsrechts durch die Vereinbarung einer im Kündigungsfall zu zahlenden Vertragsstrafe so wesentlich ist, dass sie dem Gesetzeszweck oder den guten Sitten zuwiderläuft, lässt sich nur nach den Umständen des einzelnen Falls entscheiden.

U. v. 8.7.1931; RAG 694/30. Altona.

40. BGB § 626; HGB § 70.

Ein auf feste Zeit abgeschlossener Dienstvertrag kann vorzeitig nur beim Vorliegen eines wichtigen, die fristlose Kündigung rechtfertigenden Grundes gelöst werden. Reichen die Umstände des Einzelfalles zur Annahme eines solchen Grundes nicht aus, so ist der Vertrag durchzuhalten. Die Ansicht, dass dann unter Umständen eine außerordentliche Kündigung mit gesetzlicher Frist zuzulassen sei, ist mit den geltenden Gesetzen unvereinbar.

U. v. 14.12.1932; RAG 369/32. Hamburg.

41. HGB §§ 70, 72.

Zur fristlosen Entlassung eines leitenden Angestellten genügt regelmäßig zwar nicht der bloße Verdacht, dass er einkassierte Beträge unterschlagen hat, wenn nach der Sachlage ohne weiteres auch eine andere Entstehung des Fehlbetrages möglich ist (RAG Bd. 6 S. 223). Weiß jedoch z. B. der Leiter einer selbständigen Verkaufsabteilung, dass die Buchführung mangelhaft ist, sind aber die von ihm abgelieferten Beträge richtig gebucht, so kann dadurch ein so schwerwiegender Verdacht der Unterschlagung gegen ihn begründet sein, dass man ihm zumuten muss, er habe das dadurch zerstörte Vertrauen des Prinzipals selbst wieder herzustellen gehabt, dazu sei der bloße Hinweis auf die mangelhafte Buchführung ungeeignet gewesen, er habe vielmehr die nahe Möglichkeit einer anderen Entstehung der Fehlbeträge angeben müssen.

U. v. 23.6.1934; RAG 318/33. Köln.

42. HGB § 70.

An das Verhalten eines leitenden Angestellten sind erhöhte Anforderungen zu stellen.

U. v. 25.7.1934; RAG 101/34. E. 14, 176. Berlin.

43. BGB § 626; HGB § 70.

Polizeiliche Schließung eines Warenhauses in der Zeit der nationalen Revolution berechtigt den Inhaber nicht ohne weiteres zur sofortigen Entlassung seines Personals.

U. v. 27.6.1934; RAG 80/34. E. 14, 161. Osnabrück.

44. HGB § 70.

Für die Frage, ob die bisherige Betätigung eines gehobenen Angestellten für die SPD einen wichtigen Grund zur fristlosen Entlassung bedeutet, bedarf es auch bei einem früher unter sozialdemokratischem Einflusse, jetzt unter nationalsozialistischer Führung stehenden wirtschaftlichen Geschäftsbetriebe des Eingehens auf die besonderen Umstände des Falles.

U. v. 12.1.1935; RAG 179/34. E. 14, 306. Berlin

45. HGB § 70.

Wenn ein Angestellter sich auf einen Fernsprechanruf des Geschäftsherrn, der den Angestellten persönlich zu sprechen wünscht, verleugnen lässt, so liegt zwar regelmäßig eine Verletzung der dienstvertraglichen Pflichten vor. Ob aber eine einmalige derartige Pflichtverletzung den Geschäftsherrn schon zur fristlosen Entlassung berechtigt, hängt von den Umständen des einzelnen Falles ab. Wenn es sich um einen Angestellten in gehobener Stellung, z. B. wie hier, um einen Organisationsleiter handelt, wiegt der Ungehorsam, der in der Verweigerung der persönlichen Rücksprache liegt, im Allgemeinen nicht so schwer, wie bei einem Angestellten in mehr untergeordneter Stellung

U. v. 25.5.1935; RAG 36/35. E. 15, 146.

46. BGB § 626; HGB § 70; KO § 22.

Das Recht des Konkursverwalters, einem Angestellten der in Konkurs gegangenen Firma nach Eröffnung des Konkursverfahrens aus einem wichtigen Grunde zu kündigen, wird durch § 22 KO nicht ausgeschlossen. Als wichtiger Kündigungsgrund können dabei alle die Umstände angesehen werden, die eine Weiterbeschäftigung des Angestellten vom Standpunkte der besonderen Stellung des Konkursverwalters und unter dem Gesichtspunkte der Verwirklichung des Konkurszwecks für völlig unzumutbar erscheinen lassen; auch vor der Konkurseröffnung liegende Umstände können herangezogen werden. Der Angestellte kann sich nicht schlechthin damit entschuldigen, er habe auf Weisung des Gemeinschuldners oder in dessen Interesse gehandelt.

U. v. 26.10.1935; RAG 184/35. E. 16, 8.

47. BGB § 626; HGB § 70; G. über beschränkte Auskunft aus dem Strafregister und Tilgung von Strafvermerken v. 9.4.1920 (RGBl. S. 507) §§ 1, 2, 4, 6, 8.

Zwischen einer Bank und einem Angestellten, der sich bei ihr um Anstellung bewirbt, kann wirksam vereinbart werden, dass das Verschweigen gerichtlicher Bestrafungen die Bank zur Entlassung berechtigt.

Auch ohne solche Vereinbarung können von dem Bankangestellten früher erlittene Bestrafungen wegen Betrugs und Urkundenfälschung, auch wenn sie erlassen sind und auf Anordnung nur der beschränkten Auskunft aus dem Strafregister und den polizeilichen Listen unterliegen, für die Bank einen wichtigen Grund zur Entlassung abgeben.

U. v. 7.3.1936; RAG 228/35. E. 16, 173.

48.   BGB § 626; HGB § 70.

Ereignisse oder Umstände, die von außen her auf das Arbeitsverhältnis in einer die Interessen des Arbeitgebers unmittelbar gefährdenden Weise einwirken, können im Einzelfall, auch wenn ein Verschulden des Arbeitnehmers nicht nachgewiesen ist, den Arbeitgeber zur sofortigen Auflösung des Arbeitsverhältnisses berechtigen, sofern sie, wenn
auch nur in ihrem Werden, eine entsprechende Beziehung zu der Person des Arbeitnehmers aufweisen und eine so schwere Störung des Vertrauensverhältnisses zwischen den
Vertragsteilen verursachen, dass dem Arbeitgeber die Fortsetzung des Arbeitsverhältnisses nicht zuzumuten ist.
U. v. 25.4.1936; RAG 12/36.

49.   BGB § 626; HGB § 70.

Eine Vereinbarung, dass auch bei fristloser Entlassung der Ruhegehaltsanspruch eines
leitenden, langjährigen Angestellten erhalten bleiben soll, ist möglich. Ob ein Ruhegeld-
abkommen in diesem Sinne vorliegt und der Ruhegehaltsanspruch nicht entfallen ist, ist
Sache tatrichterlicher Würdigung.
U. v. 25.11.1936; RAG 144/36. E. 17, 346.

50.   = § 63 HGB Nr. 15.
U. v. 21.8.1937; RAG 90/37.

51.   HGB § 70.

Nichtbeteiligung eines höheren Angestellten am Winterhilfswerk 1936/37 kann wichtiger Grund zur fristlosen Kündigung sein.
U. v. 27.10.1937; RAG 132/37.

52.   BGB § 626; HGB §§ 70, 72; RGewO §§ 123, 133b.

Die Verwirkung des Rechtes zur fristlosen Entlassung setzt in der Regel die Kenntnis
des in Personalfragen entscheidenden Vorgesetzten voraus. Die Kenntnis eines nachge-
ordneten Vorgesetzten vermag dem Dienstherrn das Entlassungsrecht nicht zu nehmen.
U. v. 15.5.1943; RAG 23/42. E. 26, 219.

§ 71

Als ein wichtiger Grund, der den Handlungsgehilfen zur Kündigung ohne Einhaltung einer Kündigungsfrist berechtigt, ist es, sofern nicht besondere Umstände eine andere Beurteilung rechtfertigen, namentlich anzusehen:

1. wenn der Handlungsgehilfe zur Fortsetzung seiner Dienste unfähig wird;
2. wenn der Prinzipal den Gehalt oder den gebührenden Unterhalt nicht gewährt;
3. wenn der Prinzipal den ihm nach § 62 obliegenden Verpflichtungen nachzukommen verweigert;
4. wenn sich der Prinzipal Tätlichkeiten, erhebliche Ehrverletzungen oder unsittliche Zumutungen
   gegen den Handlungsgehilfen zu Schulden kommen lässt oder es verweigert, den Handlungsgehilfen gegen solche Handlungen eines anderen Angestellten oder eines Familienangehörigen des
   Prinzipals zu schützen.

1. HGB § 71.

Die Ehrverletzungen des Prinzipals müssen solche sein, bei denen dem Handlungsgehilfen die Fortsetzung des Dienstverhältnisses nach Treu und Glauben nicht zuzumuten ist. Auf die Absichtlichkeit der Ehrverletzung kommt es nicht an.
U. v. 26.3.1915; III 506/14. Dresden.

§ 72

Als ein wichtiger Grund, der den Prinzipal zur Kündigung ohne Einhaltung einer Kündigungsfrist berechtigt, ist es, sofern nicht besondere Umstände eine andere Beurteilung rechtfertigen, namentlich anzusehen:

1. wenn der Handlungsgehilfe im Dienste untreu ist oder das Vertrauen missbraucht oder die ihm nach § 60 obliegende Verpflichtung verletzt;
2. wenn er seinen Dienst während einer den Umständen nach erheblichen Zeit unbefugt verlässt oder sich beharrlich weigert, seinen Dienstverpflichtungen nachzukommen;
3. wenn er durch anhaltende Krankheit, durch eine längere Freiheitsstrafe oder Abwesenheit oder durch eine die Zeit von acht Wochen überschreitende militärische Dienstleistung an der Verrichtung seiner Dienste verhindert wird;
4. wenn er sich Tätlichkeiten oder erhebliche Ehrverletzungen gegen den Prinzipal oder dessen Vertreter zu Schulden kommen lässt.

Erfolgt die Kündigung, weil der Handlungsgehilfe durch unverschuldetes Unglück längere Zeit an der Verrichtung seiner Dienste verhindert ist, so wird dadurch der im § 63 bezeichnete Anspruch des Gehilfen nicht berührt.

1. HGB § 72.

Eine Untreue eines Handlungsreisenden, die den Prinzipal zu seiner Entlassung berechtigt, kann darin gefunden werden, dass der Reisende ohne Wissen und Genehmigung des Prinzipals und unberechtigt Zechbeträge, zu deren Ausgleichung er bedeutende Spesen erhielt, als Dekorts angesetzt hat, ohne den Prinzipal über die Natur dieser Dekorts, die als solche in Wahrheit nicht anzusehen sind, aufzuklären. [HGB a. F.]
U. v. 3.1.1900; I 385/99. Kammergericht.

2. HGB § 72 (auch § 124).

Eine Verletzung der Artt. 62, 64 HGB a. F. [jetzt §§ 70, 72] ist darin nicht zu erblicken, wenn das Berufungsgericht einen rechtmäßigen Grund zur Entlassung eines Handlungsreisenden darin gefunden hat, dass dieser längere Zeit, bevor das bestehende Vertragsverhältnis verlängert worden war, einen an einen Teilhaber der Prinzipalin, einer offenen Handelsgesellschaft, gerichteten Privatbrief unbefugt eröffnet hatte. Rechtsirrig dagegen ist die Annahme des Berufungsgerichts, wonach dem Umstande schlechthin keine Bedeutung beigemessen wird, dass dieses Vorkommnis schon während der früheren Dienstperiode des Reisenden einem anderen vertretungsberechtigten Teilhaber der Gesellschaft bekannt geworden war. Denn dieser konnte, wenngleich der Entlassungsgrund wesentlich den *anderen* Gesellschafter verletzte, in *Vertretung der Firma* verzeihen oder

verzichten. Aber auch wenn er nicht verzichtet hat, so muss doch seine *Kenntnis* von
dem Vorfall auch als der offenen Handelsgesellschaft bei der Erneuerung des Dienstverhältnisses innewohnend betrachtet werden. Denn es genügt das Wissen des einen Teilhabers, um den Reisenden zu berechtigen, sich auf das Wissen der offenen Handelsgesellschaft bei der Übereinkunft über die Dienstverlängerung zu berufen, auch wenn
letztere von einem anderen Teilhaber abgeschlossen ist. [Vgl. E. 43, 106; auch 9, 145; s.
weiter § 124 Nr. 1.]
U. v. 29.6.1900; II 87/00. Köln.

3.   HGB § 72.

Die Frage, ob im einzelnen Falle das unsittliche Verhalten des Handlungsgehilfen als ein
wichtiger Grund anzusehen sei, der zur Dienstentlassung berechtigt, ist eine Tat- und
nicht eine Rechtsfrage; die einzelnen Beispiele des Art. 64 HGB a. F. [jetzt § 72] sind
weder erschöpfend noch auch zwingender Natur.
Wenn daher das Berufungsgericht in dem festgestellten Konkubinatsverhältnisse des Handlungsgehilfen
einen wichtigen Grund zur sofortigen Dienstentlassung findet, so ist dies mit der Revision nicht anfechtbar, mag immerhin auch die Bestimmung in Nr. 6 des Art. 64 [jetzt § 72 Nr. 6] im Allgemeinen voraussetzen, dass der unsittliche Lebenswandel nach außen hervorgetreten ist und Anstoß und Ärgernis erregt
hat, und nicht jedes Konkubinatsverhältnis unter allen Umständen einen Entlassungsgrund bilden.
[HGB a. F.]
U. v. 27.11.1900; III 240/00. Darmstadt.

4.   HGB § 72.

Wenn ein Handlungsgehilfe Behauptungen aufgestellt hat, die *für den Prinzipal der*
Vorwurf des Betruges enthalten, aus deren Form aber eine Beleidigungsabsicht nicht zu
entnehmen ist, so muss der Prinzipal, um seine Berechtigung zur sofortigen Entlassung
des Angestellten darzutun, die Unwahrheit der Behauptungen beweisen. hat jedoch der
Handlungsgehilfe den Vorwurf des Betrugs in unziemlicher Weise erhoben, so muss er
den Wahrheitsbeweis führen.
U. v. 31.3.1905; III 389/04. Naumburg.
U. v. 16.5.1905; III 126/05. Naumburg.

5.   HGB § 72.

Auch eine *beleidigte Äußerung* des Handlungsgehilfen über den Prinzipal, die diesen
zur Zeit der Kündigung unbekannt war, kann für die Frage, ob ein gerechter Anlass zu
Kündigung vorlag, verwertet werden.
U. v. 9.2.1906; III 563/05. Kammergericht.

6.   HGB § 72.

Der Begriff der *anhaltenden Krankheit im Sinne des § 72 Nr. 3 ist wesentlich rechtliche*
Natur und das Revisionsgericht daher in der Lage, auf Grund des vom Berufungsgerich-
te festgestellten Sachverhalts zu prüfen, ob seine Voraussetzungen im einzelnen Fall
vorliegen.

Diese Frage ist zu bejahen, wenn der Prinzipal nach den wiederholten Erkrankungen des Handlungsgehilfen während eines Jahres und nach dessen eigenen Mitteilungen zu der Annahme berechtigt war, dass der Handlungsgehilfe durch seine Krankheit für nicht absehbare Zeit an der Verrichtung seiner Dienste verhindert sein werde.
U. v. 29.8.1906; I 362/06. Kammergericht.

7. HGB § 72.
Zur Anwendung des § 72 Nr. 1 ist der Gesichtspunkt einer *Schädigung des Vermögens des Prinzipals* nicht ausschließlich oder auch nur vorwiegend maßgebend. Vielmehr kommt es wesentlich in Betracht, dass das Verhalten des Handlungsgehilfen geeignet ist, ihn des Vertrauens des Prinzipals unwürdig erscheinen zu lassen und die Besorgnis zu begründen, dass die Tätigkeit des Handlungsgehilfen seine Interessen gefährden werde.
U. v. 5.1.1909; III 128/08. Dresden.

8. HGB § 72.
Die in § 72 aufgeführten Beispiele sind nicht zwingend. Auch beim vorliegen eines der hier aufgezählten Tatbestände („Untreue" usw.) kann der Richter *aus besonderen Gründen* die Berechtigung zur Aufhebung des Dienstvertrags verneinen. Bezüglich des Vorliegens dieser besonderen Gründe ist der Handlungsgehilfe beweispflichtig.
U. v. 27.10.1910; VI 442/09. Jena.

9. = § 70 HGB Nr. 17.
U. v. 27.10.1910; VI 442/09. Jena.

10. HGB § 72.
Erhebliche Ehrverletzungen i. S. des § 72 Nr. 4 sind solche, bei denen dem Beleidigten die Fortsetzung des Dienstverhältnisses nach Treu und Glauben nicht zugemutet werden kann. (Ebenso U. III 506/14.)
U. v. 22.6.1917; III 61/17. Düsseldorf.

11. HGB § 72.
Beleidigt ein Handlungsgehilfe einer Kommanditgesellschaft einen persönlich haftenden Gesellschafter, so kann darin ein wichtiger Grund zur sofortigen Entlassung auch dann liegen, wenn der Handlungsgehilfe der Aufsichtsgewalt des Beleidigten deshalb nicht unterlag, weil diesem lediglich die Vertretung der Gesellschaft nach außen, nicht auch ein Aufsichtsrecht im Geschäftsbetriebe zustand.
U. v. 23.9.1919; III 81/19.

12. BGB §§ 123, 242; HGB § 72.
Der frühere Fabrikleiter der beklagten GmbH klagt auf Zahlung der ihm anlässlich seines Ausscheidens zugesagten Abfindung. Die Zusage ist von der Beklagten aus § 123 BGB angefochten, weil der Kläger während der Verhandlungen über sein Ausscheiden einem Dritten, der mit der Beklagten einen Rechtsstreit führte, eine eidesstattliche Erklärung abgegeben hatte, die zur Unterstützung des gegen die Beklag-

te von dem Dritten erhobenen Vorwurfs eines vertragswidrigen Verhaltens geeignet war. Zugleich ist die fristlose Kündigung ausgesprochen worden.

Das bloße Verschweigen einer Tatsache, deren Kenntnis den Gegner vom Vertragsabschluss abgehalten haben würde, ist nur dann als arglistige Täuschung anzusehen, wenn der Gegner nach der Verkehrsauffassung die Mitteilung dieser Tatsache erwarten durfte, und der Verschweigende sich dessen bewusst war (E. 58, 355; 62, 149; 111, 234; auch III 14/16). Auch aus der besonderen Treupflicht des Angestellten (§ 72 Abs. 1 Nr. 1 HGB) lässt sich eine Pflicht zu so weitgehender Offenherzigkeit nicht herleiten, dass dieser dem Dienstherrn ohne weiteres die Tatsachen mitzuteilen hätte, die zu seiner fristlosen Entlassung einen gesetzlichen Grund abgaben. Bei Verhandlungen über freiwillige Lösung des Angestelltenverhältnisses besteht eine solche Verpflichtung ebenso wenig wie während ungestörter Dauer desselben. Wohl aber kann das Verhalten des Angestellten in seiner *Gesamtheit*, wie er es jetzt durch seine Klage offen zur Schau stellt, den Einwand der Arglist rechtfertigen: er hat die in seinem Dienstverhältnis gewonnenen Kenntnisse zur Schädigung der Beklagten missbraucht und infolge deren Unkenntnis hiervon sich den Vorteil der Abfindung zu erschleichen gewusst.
U. v. 22.12.1925; VI 374/25. Kammergericht.

13. = § 70 HGB Nr. 38.
U. v. 21.3.1931; RAG 506/30. Darmstadt.

14. = § 63 HGB Nr. 6.
U. v. 26.9.1931; RAG 66/31. Karlsruhe.

15. = § 63 HGB Nr. 10.
U. v. 10.8.1932; RAG 145/32. Harburg-Wilhelmsburg.

16. = § 70 HGB Nr. 41.
U. v. 23.6.1934; RAG 318/33. Köln.

17. = § 70 HGB Nr. 52.
U. v. 15.5.1942; RAG 23/42. E. 26, 219.

§ 73

Bei der Beendigung des Dienstverhältnisses kann der Handlungsgehilfe ein schriftliches Zeugnis über die Art und Dauer der Beschäftigung fordern. Das Zeugnis ist auf Verlangen des Handlungsgehilfen auch auf die Führung und die Leistungen auszudehnen.
Auf Antrag des Handlungsgehilfen hat die Ortspolizeibehörde das Zeugnis kosten- und stempelfrei zu beglaubigen.

1.   HGB § 73 (auch ZPO § 546).

Der Anspruch auf ein *Zeugnis* gemäß § 73 HGB ist ein *vermögensrechtlicher* im Sinne des § 546 ZPO, da das Zeugnis bezweckt, das wirtschaftliche Fortkommen des Handlungsgehilfen zu sichern, nichtvermögensrechtliche Ansprüche im Sinne des § 546 a. a. O. aber nur solche sind, durch die Familienrechte oder reine Ehrenrechte geltend gemacht werden.

U. v. 27.5.1902; III 48/02. Kammergericht.

2.   HGB § 73.

Die unter Kaufleuten bestehende Übung, über ihre Angestellten während und nach Beendigung des Dienstverhältnisses *Auskunft* zu geben, stellt *keine* Verkehrssitte dar, nach der diese Übung als Erfüllung einer aus dem Anstellungsvertrage sich ergebenden *Pflicht* aufgefasst wird.

U. v. 18.11.1912; VI 221/12. Kammergericht.

3.   HGB § 73 (auch BGB § 630; HGB § 84).

Dem *Handlungsagenten* steht ein Anspruch auf ein Zeugnis weder nach § 630 BGB noch nach § 73 HGB zu.

U. v. 7.1.1916; III 246/15. E. 87, 440. Dresden.

4.   BGB § 630; HGB § 73.

Das Zeugnis über Leistungen und Führung enthält immer ein Urteil. Es umschließt insoweit ein subjektives Moment, und es kann daher, soweit es sich um lediglich subjektiv zu würdigende Leistungen handelt, dem Arbeitgeber auch nur ein subjektiv richtiges Urteil zugemutet werden. Vor allem muss aber das Zeugnis richtig und wahr sein. Ein einzelner Vorfall darf in ihm nicht genannt werden, falls hierdurch für Dritte ein falsches Bild erweckt wird.

U. v. 22.2.1933; RAG 480/33. E. 12, 275. Münster.

5.   HGB § 73.

§ 73 HGB hat grundsätzlich die Ausstellung eines einheitlichen Zeugnisses im Auge und es kann dem Arbeitgeber billigerweise die nachträgliche Ausdehnung auf Führung und Leistungen nur zugemutet werden, wenn entweder die Ausdehnung unmittelbar im Anschluss an die Ausstellung des Zeugnisses oder nach Einsichtnahme in dessen Inhalt begehrt wird oder, wenn besondere Gründe vorliegen, die das nachträgliche Begehren berechtigt erscheinen lassen.

U. v. 4.1.1928; RAG 56/27. E. 1, 118. Münster.

6.   BGB § 630; HGB § 73; GewO § 113; E 1 Pr. Allg. BergG § 84.

Ein sog. erweitertes Teilzeugnis, das sich – abgesehen von den Angaben über die Art und Dauer der Beschäftigung – auf die Führung oder auf die Leistungen beschränkt, kann nicht verlangt werden.

U. v. 12.10.1935; RAG 164/35. E. 15, 314.

7.   BGB § 630; HGB § 73.

Zeugnisse müssen äußerlich frei von Fehlern und Einschaltungen sein, die zu Zweifeln über ihre Herkunft Anlass geben können.

U. v. 25.1.1936; RAG 272/35.

§ 74 a. F.

Eine Vereinbarung zwischen dem Prinzipal und dem Handlungsgehilfen, durch welche dieser für die Zeit nach der Beendigung des Dienstverhältnisses in seiner gewerblichen Tätigkeit beschränkt wird, ist für den Handlungsgehilfen nur insoweit verbindlich, als die Beschränkung nach Zeit, Ort und Gegenstand nicht die Grenzen überschreitet, durch welche eine unbillige Erschwerung des Fortkommens des Handlungsgehilfen ausgeschlossen wird.

Die Beschränkung kann nicht auf einen Zeitraum von mehr als drei Jahren von der Beendigung des Dienstverhältnisses an erstreckt werden.

Die Vereinbarung ist nichtig, wenn der Handlungsgehilfe zur Zeit des Abschlusses minderjährig ist.

a) Begriff der Konkurrenzklausel: –
b) Vereinbarung der Konkurrenzklausel: 17
c) Auslegung der Konkurrenzklausel: 9, 11
d) Diensteintritt in ein Konkurrenzgeschäft: 11, 14
e) Errichtung eines Konkurrenzgeschäfts: 12
f) Vertragsstrafe: 4
g) Umfang der zulässigen Beschränkung: 1, 9, 10
h) Interesse des Handlungsgehilfen: 5
i) Interesse des Prinzipals: 3
k) Unzulässige Beschränkung: 5, 8, 19
l) Zuwiderhandeln: 6, 7, 12
m) Einschränkung des Konkurrenzverbots durch den Richter: 10, 15, 20
n) Minderjährige: –
o) Keine analoge Ausdehnung des §: 13, 17, 18
p) Übergangszeit: 2, 16

1.   HGB § 74.

Der Auffassung des Berufungsgerichts, dass die Beschränkung, die durch eine Konkurrenzklausel der Erwerbstätigkeit und dem Fortkommen eines Handlungsreisenden auferlegt wird, nach Zeit, Ort und Inhalt den guten Sitten nicht widerstreite, kann nicht entgegengetreten werden, wenn der Reisende gelernter Kolonialwarenhändler ist, die Vertragsklausel ihm nur die Beteiligung am Vertriebe *von Spirituosen* und auch diese nur auf die Dauer von zwei Jahren verschließt, ihm aber die Tätigkeit in dem sonstigen weiteren Gebiete des Kolonialwarenhandels offen hält und wenn für ihn keine Schwierigkeiten für die Entfaltung seiner Tätigkeit auf diesem Gebiete vorhanden sind. [HGB a. F.]

U. v. 3.1.1900; I 385/99. Kammergericht.

2. HGB § 74.

Die §§ 74, 75 haben keine rückwirkende Kraft [vgl. E. 42, 97; 43, 23]. Das alte Recht ist auch dann anzuwenden, wenn das Dienstverhältnis erst im Laufe des Jahres 1898 aufgelöst worden ist, oder wenn die Wirksamkeit des vor dem 1.1.1898 geschlossenen Vertrags erst mit diesem Tag eintreten sollte. Denn bei der Vereinbarung einer Vertragsstrafe besteht das Schuldverhältnis schon durch die Vereinbarung, und die Zuwiderhandlung bestimmt nur die Fälligkeit der bedingt geschuldeten Strafe. Eine dem Art. 171 EGBGB entsprechende Bestimmung ist aber zum 1.1.1898 nicht in Kraft getreten. [Vgl. § 75 Nr. 1.]

U. v. 7.4.1900; I 36/00. Naumburg.

U. v. 30.5.1900; I 109/00. Stuttgart.

U. v. 11.7.1900; I 146/00. Celle.

U. v. 27.10.1900; I 227/00. Kassel.

U. v. 16.4.1901; III 53/01. E. 48, 129. Stuttgart. – Ebenso: U. v. 8.4.1902; II 27/02. Köln. – Ebenso: U. v. 24.2.1903; III 376/02. Frankfurt. – U. v. 6.10.1903; II 105/03. Köln.

3. HGB § 74.

Bei der Prüfung der Frage, ob eine Konkurrenzklausel eine übermäßige Erschwerung für das Fortkommen des Handlungsgehilfen in sich schließe, ist auch das berechtigte Interesse des Geschäftsinhabers, das sich aus der Besonderheit seines Geschäftsbetriebes ergibt, zu berücksichtigen. Je enger begrenzt der Betrieb eines Geschäftes seinem Gegenstande nach ist, umso weiter pflegt er sich räumlich auszudehnen und umso lebhafter ist das Interesse des einzelnen Inhabers eines derartigen Geschäfts an der Abwehr der Konkurrenz. (HGB a. F.)

U. v. 30.5.1900; I 109/00. Stuttgart.

4. HGB § 74.

Es entspricht dem Wesen der die Erwerbsfreiheit einschränkenden Strafvereinbarungen, in welchen gegen eine Vertragsstrafe ein Konkurrenzverbot vereinbart wird und die Strafe ihrer Höhe nach dazu bestimmt erscheint, dass der Verpflichtete sich von der ihm auferlegten Beschränkung durch die festgesetzte Strafleistung freimachen kann. [Altes Recht.]

U. v. 4.7.1902; III 110/02. Breslau.

5. HGB § 74.

Eine den Handlungsgehilfen für die Zeit nach der Beendigung des Dienstverhältnisses in seiner gewerblichen Tätigkeit unzulässig beschränkende Vereinbarung kann auch dann angenommen werden, wenn dem Handlungsgehilfen durch die ihm auferlegte *Verpflichtung zur Geheimhaltung der Fabrikationsgeheimnisse* des Prinzipals die Erlangung einer anderen Stelle oben die Gründung einer selbständigen Existenz wesentlich erschwert wird.

U. v. 24.2.1903; III 376/02. Frankfurt.

6.   HGB § 74 (auch BGB § 320).

Ein Handlungsgehilfe kann das Zuwiderhandeln gegen ein erst nach Beendigung seines
Dienstverhältnisses in Kraft getretenes Konkurrenzverbot nicht damit rechtfertigen, dass
der Prinzipal seiner vertraglichen Verpflichtung zu Rechnungslegung und Provisions-
zahlungen nicht nachgekommen sei.
U. v. 13.3.1903; III 428/02. E. 54, 123. Naumburg.

7.   HGB § 74.

Ein auf Umgehung einer Konkurrenzklausel gerichtetes Verhalten steht nach dem
Grundsatze von Treu und Glauben ihrer unmittelbaren Verletzung gleich.
U. v. 6.10.1903; III 268/03. Hamburg.

8.   HGB § 74.

Eine die Grenzen des § 74 Abs. 1 überschreitende Konkurrenzklausel ist nicht vollständig, sondern nur hinsichtlich des Übermaßes unverbindlich.
U. v. 18.12.1903; III 255/03. Köln.

9.   HGB § 74.

Die Vertragsbestimmung, dass der Prinzipal zu bestimmen habe, welches Geschäft als
ein dem Gehilfen untersagtes Konkurrenzgeschäft zu betrachten sei, ist nicht unwirksam;
auf sie findet BGB § 315 Anwendung, so dass der Prinzipal seine Entscheidung *nicht
nach Willkür*, sondern *nach billigem Ermessen* treffen müsste. Da nach § 74 die Grenz-
linie *wirksamer* Konkurrenzklauseln durch die *„unbillige* Erschwerung des Fortkommens"* gebildet wird, enthält obige, auf die *Billigkeit* des Prinzipals gegründete Klausel
keine Überschreitung der Grenzen des § 74.
U. v. 15.3.1904; III 379/03. Kammergericht.

10.   HGB § 74.

Die §§ 74, 75 sind nicht etwa nur dann anzuwenden, wenn vor Beendigung des Dienstverhältnisses durch Richterspruch die für billig erachtete *Beschränkung* des Konkurrenzverbots nach Ort, Zeit und Gegenstand festgestellt ist.
U. v. 18.3.1904; III 525/03. Celle.

11.   HGB § 74.

Über die Auslegung der Worte *„Bei keinem Konkurrenzgeschäft eintreten"* wird ausgeführt:
Die tatsächliche Feststellung, dass mit dem Ausdrucke: *„bei keinem Konkurrenzgeschäft eintreten"* nur
der Fall des tatsächlichen Dienstantritts, der *wirklichen Aufnahme der Arbeit bei der Konkurrenzfirma*
zu verstehen ist, während der bloße Abschluss eines Dienstvertrags mit einem konkurrierenden Geschäfte nicht schon unter die Strafbestimmung fällt, ist nicht als rechtsirrtümlich erachtet worden.
U. v. 20.3.1906; III 333/05. Augsburg.

12.   HGB § 74 (auch § 75).

Auch solche Handlungsgehilfen, denen der Prinzipal gestattet hat, unter ihrer eigenen Firma mit eigenem Kapital auf eigene Rechnung Handelsgeschäfte in bestimmten Artikeln zu betreiben, können sich dem Prinzipale gegenüber, der die bei Zuwiderhandlung gegen ein Konkurrenzverbot festgesetzte Vertragsstrafe einklagen, darauf berufen, dass der Prinzipal durch vertragswidriges Verhalten zur Lösung des Dienstverhältnisses Grund gegeben habe.
U. v. 12.12.1906; I 222/06. Jena.

13.   HGB § 74 (auch BGB § 138).

Auf die Vereinbarung von Konkurrenzverboten zwischen Personen, die sich zur Zeit des Vertragsabschlusses selbständig gegenüberstanden, können die Bestimmungen in § 74 HGB auch *nicht analog* angewendet werden. Ebenso erscheint es bedenklich, die Bestimmung in § 74 auf eine Vereinbarung zwischen dem Inhaber einer Lehranstalt und dem bei ihm angestellten Lehrer anzuwenden. [Vgl. BGB § 138 Nr. 121, 123.]
U. v. 28.5.1907; II 31/07. Dresden.
U. v. 21.8.1907; III 291/07. Köln. – Vgl. Nr. 18.

14.   HGB § 74.

Ein Handlungsgehilfe, der sich verpflichtet hat, in kein Konkurrenzgeschäft *einzutreten*, darf auch ein solches nicht *errichten*.
U. v. 21.8.1907; III 291/07. Köln.

15.   HGB § 74 (auch BGB § 343).

Ist eine *Vertragsstrafe für die Verletzung eines Wettbewerbsverbotes* ausgemacht, so ist die Beschränkung der Strafe gemäß § 343 nicht schlechthin in demselben Umfange vorzunehmen, in dem das Wettbewerbsverbot dem Gegenstande nach zu beschränken ist. Denn die Vertragsstrafe soll die Verletzung des vertragsmäßigen Wettbewerbsverbotes selbstverständlich nur, soweit dieses nach § 74 HGB verbindlich ist, verhüten und nach erfolgter Verletzung das berechtigte Interesse des Gläubigers wahren. Für eine beantragte Herabsetzung der Vertragsstrafe sind lediglich die Vorschriften des § 343 BGB maßgebend.
U. v. 10.1.1908; III 222/07. Hamburg.
Vgl. U. v. 10.12.1907; III 199/07. Celle.

16.   HGB § 74 (auch EG z. BGB Art. 171).

Ist die *Gültigkeit des über den 1.7.1900 hinaus fortgesetzten Dienstverhältnisses* aus den in Art. 171 EG z. BGB Nr. 14 mitgeteilten Gründen lediglich nach dem neuen Rechte zu beurteilen, und zwar so, wie wenn der Vertrag erst nach diesem Tag abgeschlossen worden wäre, so kommt die Bestimmung in § 74 Abs. 3 HGB nicht in Frage, wenn der Handlungsgehilfe zwar bei Eingehung des ursprünglichen Vertrags minderjährig, am 1.1.1900 aber volljährig war.
U. v. 10.1.1908; III 222/07. Hamburg.

17.   HGB § 74.

Die Konkurrenzklausel im Sinne des § 74 braucht nicht bei der Anstellung des Handlungsgehilfen vereinbart zu werden, es genügt ihre nachträgliche Abrede, sofern nur das Dienstverhältnis noch besteht. Wird es gleichzeitig aufgelöst, so ist für die Anwendung des § 74 kein Raum.

§ 74 greift daher nicht Platz, wenn durch den die Konkurrenzklausel enthaltenden Vertrag das Dienstverhältnis aufgelöst wurde und der bisherige Handlungsgehilfe eine Filiale des Dienstherrn mit sämtlichen Beständen zum Anschaffungswert übernahm. Der Vertrag ist von dem Übernehmer der Konkurrenzklausel nicht als Handlungsgehilfe, sondern als Kaufmann abgeschlossen worden, da dieser Kauf zur Verwirklichung seiner Absicht, ein Handelsgewerbe zu betreiben, bestimmt war.
U. v. 15.1.1908; I 131/07. E. 67, 333. Breslau. – Vgl. Nr. 18.

18.   HGB § 74 (auch § 75).

Auf Fälle, in denen der *bisherige* Handlungsgehilfe mit seinem *bisherigen* Prinzipal einen Vertrag schließt, in dem er sich aus *anderem* Grund einem Wettbewerbsverbot unterwirft, können die Vorschriften in §§ 74, 75 keine Anwendung finden. [Vgl. Nr. 13 und 17.]
U. v. 22.12.1908; III 131/08. Naumburg.

19.   HGB § 74 (auch GewO § 133 ff.).

Mit Rücksicht auf die konkrete Sachlage kann auch das – sachlich wie örtlich – engstbegrenzte Wettbewerbsverbot wegen unbilliger Erschwerung des Fortkommens des Verpflichteten ungültig sein.

Im gegebenen Falle wurde ein Konkurrenzverbot, das eine völlige Untersagung der für den Beklagten allein in Betracht kommenden Tätigkeit bedeutete, für ungültig erklärt trotz der sachlichen Beschränkung auf den Bau maschineller Einrichtungen für die Kaliindustrie und trotz der geringen örtlichen Entfernung zwischen den Städten Braunschweig und Straßfurt.
U. v. 2.7.1909; III 372/08. Braunschweig.

20.   HGB § 74.

Es bedarf in jedem Falle der Abwägung, ob ohne übermäßige Beschränkung der vom Verbote betroffene *Kreis* von Tätigkeiten und damit die Möglichkeit verschlossen werden durfte, aus diesem Kreise die eine zu wählen. Eine vergleichende Prüfung, ob die im Wettbewerbsverbote gegebene Beschränkung das zulässige Maß überschreitet, kann aber nicht nur in der Weise und mit dem Ergebnisse stattfinden, dass das Verbot in seiner Gesamtheit ausdrückt für verbindlich oder unverbindlich erklärt wird. Der Richter hat die übermäßige Beschränkung auf das richtige Maß zurückzuführen und die Grenzen zu bestimmen, innerhalb deren eine Unbilligkeit nicht vorliegt. Damit genügt er seiner Aufgabe in einem Rechtsstreite, dessen Ziel die Gewissheit darüber ist, ob durch eine bestimmte Tätigkeit eine Vertragsstrafe verwirkt werden konnte.
U. v. 15.11.1911; III 639/10. E. 77, 399. Kammergericht.

§ 74 n. F. (Gesetz vom 10.6.1914)

Eine Vereinbarung zwischen dem Prinzipal und dem Handlungsgehilfen, die den Gehilfen für die Zeit nach Beendigung des Dienstverhältnisses in seiner gewerblichen Tätigkeit beschränkt (Wettbewerbsverbot), bedarf der Schriftform und der Aushändigung einer vom Prinzipal unterzeichneten, die vereinbarten Bestimmungen enthaltenden Urkunde an den Gehilfen.
Das Wettbewerbsverbot ist nur verbindlich, wen sich der Prinzipal verpflichtet, für die Dauer des Verbots eine Entschädigung zu zahlen, die für jedes Jahr des Verbots mindestens die Hälfte der von dem Handlungsgehilfen zuletzt bezogenen vertragsmäßigen Leistungen erreicht.

1. HGB § 74 n. F. (auch §§ 74a, 74b, 75b).
1. Die Vorschriften der §§ 74 ff. HGB über das Wettbewerbsverbot in Verträgen mit Handlungsgehilfen finden Anwendung ohne Rücksicht darauf, ob der Handlungsgehilfe vor Abschluss des Dienstvertrages selbständiger Kaufmann oder in abhängiger Stellung war, also auch dann, wenn ein selbständiger Kaufmann sein Handelsgeschäft veräußert und gleichzeitig zum Erwerber in ein Angestelltenverhältnis tritt. Jedoch ist hierbei Voraussetzung, dass der Abschluss des Dienstvertrages wirtschaftlich von *wesentlicher Bedeutung* für das Veräußerungsgeschäft, dass das Wettbewerbsverbot also nicht mit einer reinen Geschäftsveräußerung verbunden war (vgl. U. III 302/10 [LZ 11, 936]). Unerheblich für die Anwendung der §§ 74 ff. ist ferner, ob der Veräußerer nach dem Vertrage das Geschäft auch weiterhin *nach außen* als selbständiger Kaufmann führen soll.
2. Gewinnanteile sind wechselnde Bezüge im Sinne des § 74b Abs. 2.
3. Die Vereinbarung einer Wettbewerbsverbotsdauer von mehr als 2 Jahren macht nicht das Verbot im Ganzen nichtig, sondern kann nur zu einer Herabsetzung der vertraglichen Zeitdauer führen.
U. v. 1.3.1921; II 459/20. E. 101, 376.

2. HGB §§ 74 n. F.; 74c, 75 n. F.
Erklärt sich der Prinzipal bei der Kündigung bereit, während der Dauer der durch ein vertragsmäßiges Wettbewerbsverbot bewirkten Beschränkung dem Gehilfen die vollen, zuletzt von ihm bezogenen vertragsmäßigen Leistungen zu gewähren, so ist auf diese Leistungen anderweiter Verdienst des Handlungsgehilfen nicht anzurechnen. § 74c HGB findet keine Anwendung.
U. v. 19.10.1926; III 3/26. E. 114, 409. Kammergericht.

3. HGB § 74.
Übernimmt ein Angestellter, nach dem Ausscheiden aus seiner Stellung, die Verpflichtung, binnen 2 Jahren nach Beendigung des Vertrags an bestimmten Unternehmungen in Deutschland ohne schriftliche Zustimmung seiner alten Firma irgendeine Beschäftigung nicht anzunehmen, so liegt ein Wettbewerbsverbot i. S. des § 74 Abs. 1 HGB vor.
U. v. 13.2.1932; RAG 361/31. Berlin.

4.   BGB §§ 125, 126, 242; HGB §§ 74, 75d; ZPO § 551.

Zur Wirksamkeit eines mit dem Handlungsgehilfen vereinbarten Wettbewerbsverbots
genügt die schriftliche Bestätigung durch den Geschäftsherrn nicht, es muss auch die
Vereinbarung selbst von beiden Teilen in der durch § 126 Abs. 2 BGB vorgeschriebenen
Weise unterzeichnet sein.

Erreicht die für das Wettbewerbsverbot vereinbarte Entschädigung nicht das in § 74
Abs. 2 HGB bestimmte Mindestmaß, so kann sich zwar der Geschäftsherr auf die Ver-
einbarung nicht berufen, der Handlungsgehilfe aber kann die vereinbarte (geringere)
Vergütung fordern, wenn er sich freiwillig dem Wettbewerbsverbot unterwirft.

Hat der Geschäftsherr mit einem Angestellten mündlich ein Wettbewerbsverbot verein-
bart und zieht er einen anderen, juristisch vorgebildeten Angestellten hinzu, um das
Abkommen juristisch einwandfrei und formgerecht zu fassen, werden hierbei gleich-
wohl nicht beide Formvorschriften des § 74 Abs. 1 HGB beachtet, so kann, wenn der
Geschäftsherr Nichtigkeit des Abkommens wegen Mangels der Form geltend macht, der
Angestellte möglicherweise die Arglisteinrede erheben. Ist über die Arglisteinrede vom
Berufungsgericht nicht entschieden worden, so liegt ein Revisionsgrund im Sinne des
§ 551 Nr. 7 ZPO vor.

U. v. 23.6.1934; RAG 22/34. E. 14, 143. Berlin.

5.   BGB § 139; HGB § 74.

Nach § 139 kommt es nicht darauf an, ob die Parteien den nichtigen Teil bei Kenntnis in
gültiger Form abgeschlossen haben würden, sondern darauf, ob sie den *Restvertrag* auch
ohne den nichtigen Teil abgeschlossen haben würden.

Die Regel des § 139 ist im Falle der Nichtigkeit eines *Wettbewerbsverbots* unanwend-
bar, da die Nichtigkeit des ganzen Dienstvertrages die vom Gesetz beabsichtigte Wirkung von Schutzvorschriften zugunsten des Dienstverpflichteten (z. B. §§ 74 ff. HGB,
138 Abs. 1 BGB) in ihr Gegenteil verkehren und diesen statt dessen, praktisch schlechter
stellen würde.

U. v. 11.12.1934; III 111/34. E. 146/116. Köln.

6.   BGB § 278; HGB §§ 74, 75d.

Rät der im Handelsbetriebe einer GmbH Beschäftigte, der über Rechtskenntnisse verfügt
(Referendar) einer Angestellten desselben Betriebes, ihre Ansprüche aus dem Vertrage,
darunter die Entschädigung für die Unterwerfung unter ein Wettbewerbsverbot, schriftlich klarstellen zu lassen, setzt er darauf den Vertrag auf und lässt er ihn von einem der
Geschäftsführer unterschreiben, so folgt daraus nicht mit Notwendigkeit, dass sich die
GmbH seiner zur Erfüllung einer eigenen Verbindlichkeit, die ihr der Angestellten gegenüber oblag, bedient habe.

U. v. 13.6.1936; RAG 59A/36. E. 17, 225.

7. HGB §§ 74, 75d.

Die Vereinbarung einer Entschädigung, die unter der Hälfte des letzten Diensteinkommens liegt, führt nicht zur Nichtigkeit der ganzen Wettbewerbsabrede. Der Unternehmer kann sich gemäß § 75d vielmehr auf den Verstoß gegen § 72 Abs. 2 nicht berufen, sondern muss, falls der Handlungsgehilfe die Wettbewerbsabrede beachtet hat, mindestens den vereinbarten Betrag zahlen.

U. v. 20.5.1941; RAG 15/41. E. 25, 69.

§ 74 a (Gesetz vom 10.6.1914)

Das Wettbewerbsverbot ist insoweit unverbindlich, als es nicht zum Schutze eines berechtigten geschäftlichen Interesses des Prinzipals dient. Es ist ferner unverbindlich, soweit es unter Berücksichtigung der gewährten Entschädigung nach Ort, Zeit oder Gegenstand eine unbillige Erschwerung des Fortkommens des Gehilfen enthält. Das Verbot kann nicht auf einen Zeitraum von mehr als zwei Jahren von der Beendigung des Dienstverhältnisses an erstreckt werden.

Das Verbot ist nichtig, wenn die dem Gehilfen zustehenden jährlichen vertragsmäßigen Leistungen den Betrag von fünfzehnhundert Mark nicht übersteigen. Das Gleiche gilt, wenn der Gehilfe zur Zeit des Abschlusses minderjährig ist oder wenn sich der Prinzipal die Erfüllung auf Ehrenwort oder unter ähnlichen Versicherungen versprechen lässt. Nichtig ist auch die Vereinbarung, durch die ein Dritter an Stelle des Gehilfen die Verpflichtung übernimmt, dass sich der Gehilfe nach der Beendigung des Dienstverhältnisses in seiner gewerblichen Tätigkeit beschränken werde.

Unberührt bleiben die Vorschriften des § 138 des Bürgerlichen Gesetzbuchs über die Nichtigkeit von Rechtsgeschäften, die gegen die guten Sitten verstoßen.

1. = § 74 n. F. Nr. 1.

U. v. 1.3.1921; II 459/20. E. 101, 376.

§ 74 b (Gesetz vom 10.6.1914)

Die nach § 74 Abs. 2 dem Handlungsgehilfen zu gewährende Entschädigung ist am Schlusse jedes Monats zu zahlen.

Soweit die dem Gehilfen zustehenden vertragsmäßigen Leistungen in einer Provision oder in anderen wechselnden Bezügen bestehen, sind sie bei der Berechnung der Entschädigung nach dem Durchschnitt der letzten drei Jahre in Ansatz zu bringen. Hat die für die Bezüge bei der Beendigung des Dienstverhältnisses maßgebende Vertragsbestimmung noch nicht drei Jahre bestanden, so erfolgt der Ansatz nach dem Durchschnitt des Zeitraums, für den die Bestimmung in Kraft war.

Soweit Bezüge zum Ersatze besonderer Auslagen dienen sollen, die infolge der Dienstleistung entstehen, bleiben sie außer Ansatz.

1. = § 74 n. F. Nr. 1.

U. v. 1.3.1921; II 459/20. E. 101, 376.

§ 74 c (Gesetz vom 10.6.1914)

Der Handlungsgehilfe muss sich auf die fällige Entschädigung anrechnen lassen, was er während des Zeitraums, für den die Entschädigung gezahlt wird, durch anderweite Verwertung seiner Arbeitskraft

erwirbt oder zu erwerben böswillig unterlässt, soweit die Entschädigung unter Hinzurechnung dieses Betrags den Betrag der zuletzt von ihm bezogenen vertragsmäßigen Leistungen um mehr als ein Zehntel übersteigen würde. Ist der Gehilfe durch das Wettbewerbsverbot gezwungen worden, seinen Wohnsitz zu verlegen, so tritt an die Stelle des Betrags von einem Zehntel der Betrag von einem Viertel. Für die Dauer der Verbüßung einer Freiheitsstrafe kann der Gehilfe eine Entschädigung nicht verlangen.
Der Gehilfe ist verpflichtet, dem Prinzipal auf Erfordern über die Höhe seines Erwerbes Auskunft zu erteilen.

1.   = § 74 n. F. HGB Nr. 2.

U. v. 19.10.1926; III 3/26. E. 114, 404. Kammergericht.

2.   HGB § 74c; GewO § 133f.

Wird einem technischen Angestellten in Zusammenhang mit einer Wettbewerbsabrede eine sogen. Karenzentschädigung versprochen, so finden darauf die Bestimmungen in § 74c HGB über die Anrechnungspflicht anderweitigen Erwerbs auch nicht sinngemäß Anwendung. Die Anrechnungspflicht kann nur durch Vereinbarung oder tarifliche Bestimmungen begründet werden.
U. v. 12.6.1940; RAG 205/39. E. 23, 297.

§ 75 a. F.

Gibt der Prinzipal durch vertragswidriges Verhalten dem Handlungsgehilfen Grund, das Dienstverhältnis gemäß den Vorschriften der §§ 70, 71 aufzulösen, so kann er aus einer Vereinbarung der im § 74 bezeichneten Art Ansprüche nicht geltend machen. Das Gleiche gilt, wenn der Prinzipal das Dienstverhältnis kündigt, es sei denn, dass für die Kündigung ein erheblicher Anlass vorliegt, den er nicht verschuldet hat, oder dass während der Dauer der Beschränkung dem Handlungsgehilfen das zuletzt von ihm bezogene Gehalt fortgezahlt wird.
Hat der Handlungsgehilfe für den Fall, dass er die in der Vereinbarung übernommene Verpflichtung nicht erfüllt, eine Strafe versprochen, so kann der Prinzipal nur die verwirkte Strafe verlangen; der Anspruch auf Erfüllung oder auf Ersatz eines weiteren Schadens ist ausgeschlossen. Die Vorschriften des Bürgerlichen Gesetzbuchs über die Herabsetzung einer unverhältnismäßig hohen Vertragsstrafe bleiben unberührt.
Vereinbarungen, welche diesen Vorschriften zuwiderlaufen, sind nichtig.

a) Vertragswidriges Verhalten: 6, 10
b) Kündigung: 2, 7
c) Erheblicher Anlass: 3, 5, 8, 9, 11, 16, 17
d) Vertragsstrafe: 10, 13, 19
e) Herabsetzung: 1
f) Nach Abs. 3 nichtige Vereinbarungen: 12, 18
g) Behauptungs- und Beweislast: 4
h) Analoge Anwendung des § 75: 14, 15

1.   HGB § 75 (auch EG z. HGB Art. 1).

Wenn § 75 Abs. 2 Satz 2 HGB bestimmt, dass „die Vorschriften des BGB über die Herabsetzung einer unverhältnismäßig hohen Vertragsstrafe *unberührt* bleiben" sollen, so liegt darin nicht, dass für den Umfang des § 75 diese Vorschriften schon mit dessen früherer Geltung nach Art. 1 Abs. 2 EG in Kraft getreten sind. [Wegen des Rechts der Übergangszeit vgl. § 74 Nr. 2.]

U. v. 27.10.1900; I 227/00. Kassel.

2. HGB § 75.

Hat der Handlungsgehilfe dem Prinzipale zum Ende des Quartals gekündigt und kündigt der Prinzipal sodann *vor dem Ende des Quartals* ohne Einhaltung einer Kündigungsfrist für den folgenden Tag, ohne dass für *diese* Kündigung ein erheblicher Anlass vorgelegen hätte, so kann der Prinzipal gemäß § 75 aus den Vereinbarungen über das Konkurrenzverbot Ansprüche nicht geltend machen, denn zur Zeit der zweiten Kündigung war infolge der erst auf einen späteren Zeitpunkt erfolgten ersten Kündigung das Dienstverhältnis noch nicht aufgehoben; die Aufhebung erfolgte durch die zweite Kündigung, so dass die erste damit gegenstandslos wurde.

U. v. 6.12.1901; III 383/01. Celle.

3. HGB § 75.

Ein erheblicher Anlass für die Kündigung im Sinne des § 75 ist nicht nur dann gegeben, wenn ein Grund zur Kündigung ohne Einhaltung einer Kündigungsfrist vorliegt, sondern schon dann, wenn ein Ereignis eingetreten ist, das seiner Natur nach einen verständig denkenden, insbesondere auch das Interesse des durch die Konkurrenzklausel in anderweiter Erwerbstätigkeit beschränkten Handlungsgehilfen an Aufrechterhaltung des Dienstverhältnisses nicht außer Betracht lassenden Prinzipal zur Auflösung desselben zu bestimmen geeignet ist.

Im gegebenen Fall ist ein erheblicher Anlass darin gefunden worden, dass der Handlungsgehilfe an den Prinzipal ein Schreiben gerichtet hatte, worin er Anordnungen und Maßnahmen des Prinzipals nicht nur sehr abfällig kritisierte, sondern verhöhnte und verspottete.

U. v. 22.9.1903; III 120/03. Celle. – Ebenso: U. v. 11.10.1904; III 112/04. Hamburg.

4. HGB § 75.

Gegenüber der Klage des Prinzipals gegen den Angestellten aus einem Konkurrenzverbote stellt sich das Vorbringen des letzteren, dass ihm durch den Prinzipal oder dessen Konkursverwalter das Dienstverhältnis gekündigt sei, als rechtshindernder *Einwand* dar. Das Vorbringen des Klägers, dass für die Kündigung ein erheblicher Anlass vorgelegen habe, den er nicht verschuldet habe, ist als *Replik* gegenüber jenem Einwande zu betrachten, für die demgemäß den Kläger die Darlegungs- und Beweispflicht trifft.

U. v. 29.9.1903; III 138/03. Kammergericht.

5. HGB § 75.

Die Konkurseröffnung über das Vermögen des Geschäftsherrn ist an sich kein unverschuldeter Anlass für die Kündigung des Handlungsgehilfen; es ist dabei aber ebensowenig von vornherein anzunehmen, dass den Gemeinschuldner der Vorwurf eines *Verschuldens* treffe. Der Geschäftsherr muss die vom Konkursverwalter nach § 22 KO aus-

gesprochene Kündigung wie eine von ihm selbst ausgegangene gegen sich gelten lassen, kann aber zu ihrer Rechtfertigung auch Kündigungsgründe im Sinne der §§ 70, 72 anführen, die als solche bei der Entlassung nicht angegeben waren.
U. v. 29.9.1903; III 138/03. Kammergericht.

6.   HGB § 75.

Der § 75 Abs. 1 Satz 1 ist auch dann anwendbar, wenn der vertragswidrig behandelte Handlungsgehilfe den Dienst nicht sofort, sondern unter Einhaltung der Kündigungsfrist verlässt, nur ist dann stets zu prüfen, ob nicht in dem Verbleibenden im Dienst eine Verzeihung liegt. Es genügt, wenn Gründe vorliegen, die die sofortige Dienstauflösung *objektiv* rechtfertigen, sie brauchen *nicht* auch subjektiv für den Dienstaustritt *entscheidend* gewesen sein. Konkurrierendes Verschulden des Handlungsgehilfen kann nur insoweit erheblich sein, als es dem Verhalten des Prinzipals zur Entschuldigung dienen *kann*; eine eigentliche Kompensation *beiderseitigen* Verschuldens kennt das Gesetz *nicht*.
U. v. 22.1.1904; III 425/03. E. 56, 372. Dresden. – Ebenso: U. v. 2.2.1906; II 258/05. Colmar.

7.   HGB § 75.

Der dem Handlungsgehilfen das Dienstverhältnis kündigende Prinzipal muss, wenn er sich durch Fortzahlung des Gehaltes seine Ansprüche aus dem vereinbarten Wettbewerbsverbote wahren will, sofort bei der Kündigung dem Handlungsgehilfen die Fortzahlung des Gehalts zusichern.
U. v. 1.11.1904; II 234/04. E. 59, 125. Köln.

8.   HGB § 75.

Ereignisse, die erst nach der Kündigung eintreten, können einen erheblichen Anlass im Sinne des Gesetzes für die vorher erfolgte Kündigung nicht bilden.
U. v. 1.11.1904; II 234/04. Köln.

9.   HGB § 75.

Entschließt sich der Geschäftsherr zur *Aufgabe des Geschäfts oder einer Abteilung* desselben aus sachlichen Gründen, so bildet dies für ihn einen erheblichen Anlass zur Kündigung des Personals im Sinne des § 75.
U. v. 23.11.1906; III 196/06. Köln.

10.   = § 74 a. F. HGB Nr. 12.
U. v. 12.12.1906; I 222/06. Jena.

11.   HGB § 75.

Grober Vertrauensbruch des Handlungsgehilfen als Grund zur sofortigen Entlassung:
Es enthält einen groben, die *sofortige Entlassung rechtfertigenden Vertrauensbruch*, wenn bei dem Handlungsgehilfen Papiere, Konstruktionszeichnungen und Notizen vorgefunden werden, welche Beschreibungen der an die einzelnen Zechen von seiner Firma, einer Maschinenfabrik, gelieferten Gegen-

stände enthielten, zu Zwecken des Wettbewerbs gemacht und für den Wettbewerb einer Konkurrenzfirma von besonderer Bedeutung gewesen sind.
U. v. 1.2.1907; III 259/06. Köln.

| 12. | HGB § 75. |

Verstößt eine Bestimmung des Wettbewerbsabkommens gegen § 75 Abs. 1 und ist sie deshalb nach Abs. 3 nichtig, so hat diese Nichtigkeit nicht die Ungültigkeit des ganzen Abkommens zur Folge.
U. v. 28.1.1908; III 321/07. Köln.

| 13. | HGB § 75 (auch BGB § 343; GmbHG § 35). |

Auf die Vertragsstrafe im Dienstvertrage des Geschäftsführers einer Gesellschaft m.b.H. findet § 75 Abs. 1 Satz 2 HGB keine Anwendung, wohl aber § 343 Abs. 1 BGB.
U. v. 28.1.1908; II 308/07. Köln.

| 14. | HGB § 75 (auch GewO 7. II.). |

Auf das Verhältnis des Prinzipals zu seinen Gewerbegehilfen sind dieselben Grundsätze anzuwenden, wie sie der § 75 HGB für das Verhältnis des Prinzipals zu den Handlungsgehilfen aufstellt.
U. v. 31.3.1908; III 489/07. Celle.

| 15. | = § 74 a. F. HGB Nr. 18. |

U. v. 22.12.1908; III 131/08. Naumburg.

| 16. | HGB § 75. |

Zur Annahme eines „erheblichen Anlasses" einer Kündigung im Sinne des § 75 Abs. 1 Satz 2 genügt ein minder wichtiger Tatbestand als für den Begriff des wichtigen Grundes im Sinne der §§ 70, 72, insbesondere eine wohlbegründete Unzufriedenheit mit den Leistungen des Handlungsgehilfen. Für den Prinzipal ist namentlich ein ausreichender Grund zur Auflösung des Dienstverhältnisses gegeben, wenn sich der Handlungsgehilfe wegen mangelhafter und unlohnender Leistungen nicht für den von ihm zu versehenden Geschäftszweig eignet oder wenn ein Reisender ihm fingierte Warenbestellungen aufgibt.
Liegt ein erheblicher Anlass zur Kündigung seitens des Prinzipals vor, so ist dieser jedenfalls dann nicht verpflichtet, diesen Anlass bei der Kündigung dem Handlungsgehilfen mitzuteilen, wenn diesem der Anlass der Kündigung bekannt oder erkennbar ist.
U. v. 12.1.1911; II 298/10. Darmstadt.

| 17. | HGB § 75 (auch GewO § 133f). |

§ 75 Abs. 2 HGB findet auf die im § 133f GewO bezeichneten Angestellten *keine* entsprechende Anwendung.
U. v. 26.4.1911; III 366/10. Kammergericht.

18.   HGB § 75 (auch BGB §§ 138, 139, 339).
Die Verpfändung des Ehrenwortes in Verträgen bzw. für eine vermögensrechtliche Verbindlichkeit ist unzulässig und verstößt gegen die guten Sitten. Die ehrenwörtlich übernommenen Verpflichtungen (Vertragsstrafe, Konkurrenzklausel) sind nichtig.
U. v. 23.1.1912; III 164/11. E. 78, 258. Nürnberg.

19.   HGB § 75 (auch BGB § 826; UnlWG § 1).
Das bewusste Hinwirken darauf, dass ein Angestellter sein einem früheren Prinzipal bei
strafe gegebenes Versprechen, während gewisser Zeit bei einem Konkurrenzunternehmen nicht in Stellung zu treten, nicht einhält, ist bei dem Vorliegen der sonstigen Voraussetzungen des § 1 des Gesetzes gegen den unlauteren Wettbewerb ein Verstoß gegen
die guten Sitten im Sinne dieses Gesetzes.
U. v. 10.12.1912; II 333/12. E. 81, 86. Kammergericht.

§ 75 n. F. (Gesetz vom 10.6.1914)

Löst der Gehilfe das Dienstverhältnis gemäß den Vorschriften der §§ 70, 71 wegen vertragswidrigen
Verhaltens des Prinzipals auf, so wird das Wettbewerbverbot unwirksam, wenn der Gehilfe vor Ablauf
eines Monats nach der Kündigung schriftlich erklärt, dass er sich an die Vereinbarung nicht gebunden
erachte.
In gleicher Weise wird das Wettbewerbverbot unwirksam, wenn der Prinzipal das Dienstverhältnis
kündigt, es sei denn, dass für die Kündigung ein erheblicher Anlass in der Person des Gehilfen vorliegt
oder dass sich der Prinzipal bei der Kündigung bereit erklärt, während der Dauer der Beschränkung dem
Gehilfen die vollen zuletzt von ihm bezogenen vertragsmäßigen Leistungen zu gewähren. Im letzteren
Falle finden die Vorschriften des § 74b entsprechende Anwendung.
Löst der Prinzipal das Dienstverhältnis gemäß den Vorschriften der §§ 70, 72 wegen vertragswidrigen
Verhaltens des Gehilfen auf, so hat der Gehilfe keinen Anspruch auf die Entschädigung.

1.   = § 74 n. F. HGB Nr. 2.
U. v. 19.10.1926; III 3/26. E. 114, 409. Kammergericht.

§ 75 a (Gesetz vom 10.6.1914)

Der Prinzipal kann vor der Beendigung des Dienstverhältnisses durch schriftliche Erklärung auf das
Wettbewerbsverbot mit der Wirkung verzichten, dass er mit dem Ablauf eines Jahres seit der Erklärung
von der Verpflichtung zur Zahlung der Entschädigung frei wird.

Zu § 75a kein Leitsatz.

§ 75 b (Gesetz vom 10.6.1914)

Ist der Gehilfe für eine Tätigkeit außerhalb Europas angenommen, so ist die Verbindlichkeit des Wett-
bewerbverbots nicht davon abhängig, dass sich der Prinzipal zur Zahlung der im § 74 Abs. 2 vorgesehe-

nen Entschädigung verpflichtet. Das Gleiche gilt, wenn die dem Gehilfen zustehenden vertragsmäßigen Leistungen den Betrag von Achttausend Mark für das Jahr übersteigen; auf die Berechnung des Betrags der Leistungen finden die Vorschriften des § 74b Abs. 2, 3 entsprechende Anwendung.

1. = § 74 n. F. HGB Nr. 1.

U. v. 1.3.1921; II 459/20. E. 101, 376.

§ 75 c (Gesetz vom 10.6.1914)

Hat der Handlungsgehilfe für den Fall, dass er die in der Vereinbarung übernommene Verpflichtung nicht erfüllt, eine Strafe versprochen, so kann der Prinzipal Ansprüche nur nach Maßgabe der Vorschriften des § 340 des Bürgerlichen Gesetzbuchs geltend machen. Die Vorschriften des Bürgerlichen Gesetzbuchs über die Herabsetzung einer unverhältnismäßig hohen Vertragsstrafe bleiben unberührt.
Ist die Verbindlichkeit der Vereinbarung nicht davon abhängig, dass sich der Prinzipal zur Zahlung einer Entschädigung an den Gehilfen verpflichtet, so kann der Prinzipal, wenn sich der Gehilfe einer Vertragsstrafe der im Abs. 1 bezeichneten Art unterworfen hat, nur die verwirkte Strafe verlangen; der Anspruch auf Erfüllung oder auf Ersatz eines weiteren Schadens ist ausgeschlossen.

Zu § 75c kein Leitsatz.

§ 75 d (Gesetz vom 10.6.1914)

Auf eine Vereinbarung, durch die von den Vorschriften der §§ 74 bis 75c zum Nachteil des Handlungsgehilfen abgewichen wird, kann sich der Prinzipal nicht berufen. Das gilt auch von Vereinbarungen, die bezwecken, die gesetzlichen Vorschriften über das Mindestmaß der Entschädigung durch Verrechnung oder auf sonstige Weise zu umgehen.

1. = § 74 n. F. HGB Nr. 4.

U. v. 23.6.1934; RAG 22/34. E. 14, 143. Berlin.

2. = § 74 n. F. HGB Nr. 6.

U. v. 13.6.1936; RAG 59/36. E. 17, 225.

3. = § 74 n. F. HGB Nr. 7.

U. v. 20.5.1941; RAG 15/41. E. 25, 69.

§ 75 e (Gesetz vom 10.6.1914)

Die Entschädigung, die der Handlungsgehilfe auf Grund der Vorschriften der §§ 74 bis 75d für die Zeit nach der Beendigung des Dienstverhältnisses beanspruchen kann, gehört zu den Dienstbezügen im Sinne des § 61 Nr. 1 der Konkursordnung.
Der Anspruch auf die Entschädigung kann zum Zwecke der Sicherstellung oder Befriedigung eines Gläubigers erst dann gepfändet werden, wenn der Tag, an dem sie zu entrichten war, abgelaufen ist,

ohne dass der Gehilfe sie eingefordert hat. Die Pfändung ist jedoch zulässig, soweit die Entschädigung allein oder zusammen mit den in den §§ 1, 3 des Gesetzes, betreffend die Beschlagnahme des Arbeits- oder Dienstlohns, bezeichneten Bezügen die Summe von Fünfzehnhundert Mark für das Jahr übersteigt. Die Vorschriften des § 2, des § 4 Nr. 2, 3 und des § 4a des bezeichneten Gesetzes finden entsprechende Anwendung.

§ 75 f (Gesetz vom 10.6.1914)

Auf eine Vereinbarung, durch die sich ein Prinzipal einem anderen Prinzipal gegenüber verpflichtet, einen Handlungsgehilfen, der bei diesem im Dienste ist oder gewesen ist, nicht oder nur unter bestimmten Voraussetzungen anzustellen, findet die Vorschrift des § 152 Abs. 2 der Gewerbeordnung Anwendung.

Zu §§ 75e–75f kein Leitsatz.

§ 76 a. F.

Die Vorschriften der §§ 60 bis 63, 74, 75 finden auch auf Handlungslehrlinge Anwendung.
Der Lehrherr ist verpflichtet, dafür zu sorgen, dass der Lehrling in den bei dem Betriebe des Geschäfts vorkommenden kaufmännischen Arbeiten unterwiesen wird; er hat die Ausbildung des Lehrlings entweder selbst oder durch einen geeigneten, ausdrücklich dazu bestimmten Vertreter zu leiten. Die Unterweisung hat in der durch den Zweck der Ausbildung gebotenen Reihenfolge und Ausdehnung zu geschehen.
Der Lehrherr darf dem Lehrlinge die zu seiner Ausbildung erforderliche Zeit und Gelegenheit durch Verwendung zu anderen Dienstleistungen nicht entziehen; auch hat er ihm die zum Besuche des Gottesdienstes an Sonntagen und Festtagen erforderliche Zeit und Gelegenheit zu gewähren. Er hat den Lehrling zur Arbeitsamkeit und zu guten Sitten anzuhalten.
In Betreff der Verpflichtung des Lehrherrn, dem Lehrling die zum Besuch einer Fortbildungsschule erforderliche Zeit zu gewähren, bewendet es bei den Vorschriften des § 120 der Gewerbeordnung.

1.   HGB § 76.

Wer einen Minderjährigen zu dessen Ausbildung in seine häusliche Gemeinschaft aufnimmt, übernimmt damit ohne weiteres die Pflicht, an Stelle des Vaters oder Vormundes für das leibliche Wohl des Minderjährigen zu sorgen. Daraus erwächst ihm auch die Pflicht, wenn das Befinden des Lehrlings die Zuziehung eines Arztes erfordert, für ärztliche Behandlung zu sorgen; lehnt der Lehrling dies ab, so hat der Lehrherr durch ernste Vorhaltungen und eventuell durch strenge Anweisung auf ihn einzuwirken.
U. v. 11.7.1904; VI 525/03. Kammergericht.

2.   HGB § 76 (auch §§ 65, 618; BGB § 278).

§ 278 BGB ist auch in den Fällen anwendbar, wo der Dienstherr nach § 618 Abs. 3 BGB, § 62 Abs. 3, bzw. § 76 HGB gewissen dritten Personen für gewisse Vermögensschäden infolge der schuldhaften Tötung des Dienstpflichtigen gemäß § 844 Abs. 2 BGB haftet.
U. v. 20.11.1911; VI 213/11. E. 77, 408. Köln.

§ 76 Abs. 1 n. F. (Gesetz vom 10.6.1914)

Die Vorschriften der §§ 60 bis 63, 75f gelten auch für Handlungslehrlinge. Vereinbarungen, durch die diese für die Zeit nach der Beendigung des Lehr- oder Dienstverhältnisses in ihrer gewerblichen Tätigkeit beschränkt werden, sind nichtig.

1. HGB § 76 n. F. (auch BGB § 832).

Ebenso wie der gewerbliche (vgl. E. 52, 69) gehört auch der *kaufmännische* Lehrherr zu den Personen, die kraft Gesetzes zur Führung der Aufsicht über ihre minderjährigen Lehrlinge verpflichtet sind, und haftet vorbehaltlich des Entlastungsbeweises des § 832 für den Schaden, den diese dritten Personen in den Geschäftsräumen von diesen aus und während der Geschäftszeiten, auf die tatsächlich meistens die Aufsichtsmöglichkeit des Lehrherrn sich beschränkt, zufügen.
U. v. 1.12.1919; VI 295/19. E. 97, 229.

2. HGB § 76 n. f.; TVVO § 1, Tarifvertrag des Vereins der Färbereien u. chemischen Waschanstalten Groß-Berlins.

Ist dem Handlungslehrling nach dem Tarifvertrag eine bestimmte monatliche Vergütung ausgesetzt, diese auch nicht zum Monatsgehalt des Handlungsgehilfen in Beziehung gesetzt, im Lehrvertrag auf diese Vergütung verwiesen und dem Lehrherrn die Pflicht auferlegt, dem Lehrling für den Besuch der Fachschule die erforderliche Freizeit zu gewähren und ihn zum regelmäßigen und pünktlichen Schulbesuch anzuhalten, so ist eine Kürzung der Vergütung für die durch den Schulbesuch ausfallenden Arbeitsstunden nicht gerechtfertigt.
U. v. 23.9.1933; RAG 157/33. Berlin.

§ 77

Die Dauer der Lehrzeit bestimmt sich nach dem Lehrvertrag, in Ermangelung vertragsmäßiger Festsetzung nach den örtlichen Verordnungen oder dem Ortsgebrauche.
Das Lehrverhältnis kann, sofern nicht eine längere Probezeit vereinbart ist, während des ersten Monats nach dem Beginne der Lehrzeit ohne Einhaltung einer Kündigungsfrist gekündigt werden. Eine Vereinbarung, nach der die Probezeit mehr als drei Monate betragen soll, ist nichtig.
Nach dem Ablaufe der Probezeit finden auf die Kündigung des Lehrverhältnisses die Vorschriften der §§ 70 bis 72 Anwendung. Als ein wichtiger Grund zur Kündigung durch den Lehrling ist es insbesondere auch anzusehen, wenn der Lehrherr seine Verpflichtungen gegen den Lehrling in einer dessen Gesundheit, Sittlichkeit oder Ausbildung gefährdenden Weise vernachlässigt.
Im Falle des Todes des Lehrherrn kann das Lehrverhältnis innerhalb eines Monats ohne Einhaltung einer Kündigungsfrist gekündigt werden.

§ 78

Wird von dem gesetzlichen Vertreter des Lehrlings oder, sofern dieser volljährig ist, von ihm selbst dem Lehrherrn die schriftliche Erklärung abgegeben, dass der Lehrling zu einem anderen Gewerbe oder zu einem anderen Beruf übergehen werde, so endigt, wenn nicht der Lehrling früher entlassen wird, das Lehrverhältnis nach dem Ablauf eines Monats.

Tritt der Lehrling der abgegebenen Erklärung zuwider vor dem Ablaufe von neun Monaten nach der Beendigung des Lehrverhältnisses in ein anderes Geschäft als Handlungslehrling oder als Handlungsgehilfe ein, so ist er dem Lehrherrn zum Ersatze des diesem durch die Beendigung des Lehrverhältnisses entstandenen Schadens verpflichtet. Mit ihm haftet als Gesamtschuldner der neue Lehrherr oder Prinzipal, sofern er von dem Sachverhalte Kenntnis hatte.

§ 79

Ansprüche wegen unbefugten Austritts aus der Lehre kann der Lehrherr gegen den Lehrling nur geltend machen, wenn der Lehrvertrag schriftlich geschlossen ist.

§ 80

Bei der Beendigung des Lehrverhältnisses hat der Lehrherr dem Lehrling ein schriftliches Zeugnis über die Dauer der Lehrzeit und die während dieser erworbenen Kenntnisse und Fähigkeiten sowie über sein Betragen auszustellen.
Auf Antrag des Lehrlinges hat die Ortspolizeibehörde das Zeugnis kosten- und stempelfrei zu beglaubigen.

§ 81

Personen, die nicht im Besitze der bürgerlichen Ehrenrechte sind, dürfen Handlungslehrlinge weder halten noch sich mit der Anleitung von Handlungslehrlingen befassen. Der Lehrherr darf solche Personen zur Anleitung von Handlungslehrlingen nicht verwenden.
Die Entlassung von Handlungslehrlingen, welche diesem Verbote zuwider beschäftigt werden, kann von der Polizeibehörde erzwungen werden.

§ 82

Wer die ihm nach § 62 Abs. 1, 2 oder nach § 76 Abs. 2, 3 dem Lehrlinge gegenüber obliegenden Pflichten in einer dessen Gesundheit, Sittlichkeit oder Ausbildung gefährdenden Weise verletzt, wird mit Geldstrafe bis zu einhundertfünfzig Mark bestraft.
Die gleiche Strafe trifft denjenigen, welcher entgegen der Vorschrift des § 81 Handlungslehrlinge hält, ausbildet oder ausbilden lässt.

Zu §§ 77-82 kein Leitsatz.

§ 82 a (Gesetz vom 10.6.1914)

Auf Wettbewerbverbote gegenüber Personen, die, ohne als Lehrlinge angenommen zu sein, zum Zwecke ihrer Ausbildung unentgeltlich mit kaufmännischen Diensten beschäftigt werden (Volontäre), finden die für Handlungsgehilfen geltenden Vorschriften insoweit Anwendung, als sie nicht auf das dem Gehilfen zustehende Entgelt Bezug nehmen.

1.   = § 59 HGB Nr. 21.
U. v. 23.11.1929; RAG 299/29. E. 4, 310. Breslau.

§ 83

Hinsichtlich der Personen, welche in dem Betrieb eines Handelsgewerbes andere als kaufmännische Dienste leistet, bewendet es bei den für das Arbeitsverhältnis dieser Personen geltenden Vorschriften.

Zu § 83 kein Leitsatz.

Siebenter Abschnitt. Handlungsagenten.

⟨**vor §§ 84-92**⟩

1.   HGB I. 7 (auch BGB II 7, 6; § 625).

Wenn auch der Agenturvertrag kein Dienstverhältnis begründet, auf das unterschiedslos alle Regeln des Dienstvertrags Anwendung zu finden hätten [Ausnahmen: Ablehnung der Anwendung der §§ 22 und 61 Nr. 1 KO in E. 62, 249; 63, 73], so ist doch der Agenturvertrag als eine Unterart des Dienstvertrags anzusehen, und zwar als ein solcher, der dem Dienstverpflichteten die Selbständigkeit in der Art der Leistung der Dienste, die Vermittlung der Geschäfte für den Geschäftsherrn, überlässt. [Vgl. E. 62, 249; 63, 73.] Insbesondere ist im gegebenen Falle der § 625 BGB für anwendbar erachtet worden.
U. v. 14.1.1908; III 261/07. Hamburg.

2.   HGB I. 7 (auch HGB § 346; BGB § 151).

Ein Handlungsagenturvertrag kann auch *stillschweigend geschlossen* werden; ein solcher Abschluss ist in dem Stillschweigen auf ein Bestätigungsschreiben gefunden worden in folgendem Falle:

Der klägerische Brief war eine Antwort auf das vorhergegangene beklagtische Schreiben über eine in S. mündlich geschlossene Übereinkunft der Streitteile und es bezweckten beide Schreiben eine schriftliche Bestätigung dieser Übereinkunft. Wenn nun Beklagte auf das klägerische Antwortschreiben, welches in seiner Nachschrift eine Klarstellung der in dem beklagtischen Bestätigungsschreiben niedergelegten Auffassung jener mündlichen Übereinkunft bezweckte, Stillschweigen beobachtete, den Kläger von S. abreisen und in Spanien seine Tätigkeit als Handlungsagent beginnen ließ, so kann hierin nur der stillschweigende Abschluss eines Handlungsagenturvertrags, mit dem in der klägerischen Nachschrift betonten Vertragsinhalte gefunden werden, indem eine andere Auffassung wider Treu und Glauben verstoßen würde.
U. v. 12.5.1908; III 350/07. Naumburg.

3.   HGB I. 7 (auch BGB II. 7, 6).
Die Bezeichnung als Generalvertreter enthält keinen technischen Begriff. Er wird sogar
in den Fällen gebraucht, in denen der Generalvertreter nicht nur im eigenen Namen,
sondern auch für eigene Rechnung handelt [E. 46, 121, 124; 65, 37].
U. v. 14.11.1911; III 586/10. Hamburg.

4.   EG z. BGB Art. 11; HGB §§ 84-92.
Über den Umfang der Vertretungsmacht des Agenten entscheidet das Recht des Ortes,
an dem der Verkehr des Dritten mit dem Agenten stattgefunden hat (E. 38, 196; 51, 149;
JW 1910 S. 181).
U. v. 23.3.1929; I 272/28. Dresden.

5.   KO § 61; HGB §§ 84-92.
Wenn auch der Handlungsagent in neuerer Zeit vom Unternehmer wirtschaftlich abhän-
giger geworden ist, und vor allem der Einfirmenvertreter häufig als arbeitnehmerähnli-
che Person i. S. des § 5 Abs. 1 Satz 2 ArbGG zu gelten hat, so rechtfertigt das nicht, dem
Handlungsagenten als solchem im gegebenen Falle das in § 61 Nr. 1 KO bestimmte
Konkursvorrecht für seine Forderungen an den Gemeinschuldner zuzuerkennen. Viel-
mehr bestimmt sich die Anwendbarkeit des § 61 Nr. 1 KO weiterhin danach, ob die
Stellung der betreffenden Person rechtlich als die eines Handlungsagenten oder die eines
Handlungsgehilfen zu werten ist.
U. v. 2.12.1941; RAG 104/41. E. 26, 18.

§ 84

Wer, ohne als Handlungsgehilfe angestellt zu sein, ständig damit betraut ist, für das Handelsgewerbe
eines Anderen Geschäfte zu vermitteln oder im Namen des Anderen abzuschließen (Handlungsagent),
hat bei seinen Verrichtungen das Interesse des Geschäftsherrn mit der Sorgfalt eines ordentlichen Kaufmanns wahrzunehmen.
Er ist verpflichtet, dem Geschäftsherrn die erforderlichen Nachrichten zu geben, namentlich ihm von
jedem Geschäftsabschluss unverzüglich Anzeige zu machen.

a) Allgemeines, Begriff des Agenturvertrags: 1, 9, 14, 18, 24, 25, 27, 28, 31, 34, 35, 36
b) Abgrenzung gegen den Dienstvertrag des BGB: 7, 31, 32
c) Handelsagent: 6, 7, 12, 25
d) Verhältnis zwischen Agent und Prinzipal: 9, 15, 17, 21, 23, 24, 29, 30
e) Wahrnehmung der Interessen des Prinzipals: 11
f) Benachrichtigungspflicht: 20, 22
g) Geschäftsabschluss: 2, 4, 5, 10
h) Vertragsverletzung: 3, 8, 13, 16, 19, 21, 26
i) Anhang: –

1. HGB § 84 (auch BGB § 433).

Nicht ein Agenturvertrag, sondern in der Hauptsache nur ein pactum de vendendo liegt vor, wenn der Beklagte dem Kläger für einen bestimmten Bezirk seine Generalvertre-tung und den Alleinverkauf einer bestimmten Ware überträgt, diese Ware dem Kläger zu bestimmten Preisen zu liefern und die ihm zugehenden Aufträge aus dem Bezirk an den Kläger zur Ausführung abzugeben verspricht, der Kläger dagegen den Preis an seine Abnehmer beliebig bestimmt. Denn danach *vermittelt* der Kläger keine Geschäfte des Beklagten; er kauft auf eigene Rechnung von diesem und verkauft auf eigene Rechnung an andere, und ferner nicht in dessen Namen, sondern in *eigenem Namen*. Er ist auch nicht *verpflichtet*, für das Geschäft des Beklagten tätig zu sein.
U. v. 29.5.1900; III 79/00. E. 46, 121. Frankfurt.

2. HGB § 84.

Es besteht nicht irgendeine tatsächliche, geschweige denn rechtliche Vermutung dafür, dass der Agent zum Vertragsabschlusse bevollmächtigt sei. [Altes Recht.]
U. v. 30.10.1900; VII 196/00. Hamm.

3. HGB § 84.

Über Anfechtung eines Teilungsplans wegen treuloser Verletzung der Vertragspflicht seitens eines Agenten s. ZPO § 878 Nr. 3.
U. v. 7.1.1902; VII 395/01. München.

4. HGB § 84 (auch § 85).

Wenn der Agent keine Abschlussvollmacht hat, also bloß sogenannter Vermittlungs-agent ist, so kann und darf er den Vertrag nicht endgültig abschließen; er hat an sich nur den Auftrag, die Kunden aufzusuchen, sie zum Abschlusse zu bewegen, die Bestellun-gen entgegenzunehmen und dem Geschäftsherrn zu übermitteln. Immerhin aber handelt auch der Vermittlungsagent bei dieser den Abschluss vorbereitenden Tätigkeit als Ver-treter des Geschäftsherrn. Daher hat dieser das vom Agenten im Rahmen der demselben zugewiesenen Handelstätigkeit vermittelte Geschäft, wenn er daraus Rechte herleiten will, *so gegen sich gelten zu lassen, wie es der Agent mit dem Kunden beredet hat.* Den Geschäftsherrn trifft die Verantwortung für die vom Agenten über die Natur des Ge-schäfts erteilte Auskunft und für den Inhalt, mit welchem der Agent ihm die daraufhin entgegenommene Offerte übermittelt hat. Er, der Prinzipal, hat die Folgen zu tragen, wenn er sich einer *unzuverlässigen* Zwischenperson bedient [vgl. E. 30, 28 u. 214; U. v. 26.3.1898, I 455/97 u. U. v. 14.12.1898, I 329/98]. Nur *eine* Einschränkung ergibt sich aus der Natur der Sache, wie aus dem Grundsatze von Treu und Glauben im Rechtsver-kehre: die Sache darf nicht so liegen, dass der dritte Kontrahent gewusst hat, oder dar-über nicht im Zweifel sein konnte, das von dem Agenten Erklärte stehe mit dem Willen des Geschäftsherrn in Widerspruch [E. 36, 42].
U. v. 3.4.1902; VI 391/01. E. 51, 147. Hamburg.

5.   HGB § 84.

Was im *Schlusssatz* von Nr. 4 ausgesprochen ist, gilt erst recht, wenn der Agent dem Vertragsgegner ausdrücklich *erklärt* hat, er dürfe nach dem Willen seines Geschäftsherrn das Geschäft nicht selbständig so abschließen, wie gewünscht, er müsse seinem Geschäftsherrn die Entscheidung überlassen, und wenn dann der Geschäftsherr dem ihm vom Agenten *unrichtig* übermittelten Antrag dem Vertragsgegner gegenüber schlechthin annimmt. In solchem Falle war der Agent *nicht* Vertreter des Willens seines Herrn und der Vertrag kann höchstens als so zustande gekommen gelten, wie die unrichtig übermittelte Offerte ihn ergab. [Vgl. BGB § 120 Nr. 1.]
U. v. 1.3.1904; VII 377/03. Frankfurt.

6.   HGB § 84.

Ein mit der Vermittlung des Absatzes eines patentierten Fabrikationsartikels ständig betrauter selbständiger Kaufmann hört deswegen nicht auf, Handlungsagent zu sein, weil er sich unter Vertragsstrafe verpflichtet hat, *für einen gewissen Mindestabsatz einzustehen.*
U. v. 12.1.1907; I 254/06. E. 65, 86. Karlsruhe.

7.   HGB § 84.

Wenn auch die Handlungsagenten *selbständige Kaufleute* sind, so stehen sie doch zum Geschäftsherrn im Verhältnisse des Dienstverpflichteten zum Dienstberechtigten.
U. v. 5.3.1907; III 293/06. Dresden.

8.   HGB § 84 (auch BGB § 138).

Eine schroffe, gegen die guten Sitten verstoßende Pflichtverletzung des Agenten liegt vor, wenn er das *unredliche Geschäftsgebaren* seines Geschäftsherrn einem Dritter gegen Ausbedingung einer Geldvergütung *verrät.*

An der Verwerflichkeit einer solchen Handlungsweise kann auch der Umstand nichts ändern, dass es sich bei den an den Prozessgegner des Geschäftsherrn verratenden Tatsachen um ein unredliches Geschäftsgebaren des letzteren gegenüber dem ersteren handelte, und dass der Agent fürchten musste infolge seiner Handlungsweise seine Stellung zu verlieren. Der Vertrag über die bedungene Vergütung ist daher nichtig.
U. v. 5.3.1907; III 293/06. Dresden.

9.   HGB § 84 (auch § 92).

Ist das Agenturverhältnis durch einen gültigen Vertrag begründet worden, so kann es nach § 92 beim Vorliegen eines wichtigen Grundes ohne Einhaltung einer Kündigungsfrist gekündigt werden, selbst ehe es tatsächlich in Wirksamkeit getreten ist.

Als ein solcher *wichtiger Grund* kann es angesehen werden, wenn der Agent unter falschem Namen beim Prinzipale Waren bestellt hat für eine Firma, der er die Waren nicht abgeliefert hat, und wenn er sie für sich selbst verbraucht, aber nicht bezahlt hat.
U. v. 12.4.1907; III 306/06. Hamburg.

10. HGB § 84.

Um einen Abschluss auf eigene Rechnung oder im eigenen Namen handelt es sich, wenn eine selbständige Bestätigung der Ordres seitens des Agenten in Frage ist.
Ersucht der Prinzipal den Agenten, in der Folge keine Ordre mehr selbständig zu bestätigen, da derartige Bestätigungen nur durch ihn zu erfolgen hätten, und hält sich dem entgegen der Agent zu solchen „direkten Geschäften" für berechtigt, ohne jedoch nochmals noch einen selbständigen Geschäftsabschluss vorzunehmen, so gibt die tatsächliche Feststellung des Berufungsgerichts, dass das bloße Festhalten des Agenten an seiner *Ansicht*, zu selbständigen Abschlüssen berechtigt zu sein, keinen die Kündigung rechtfertigenden wichtigen Grund abgebe, zu rechtlichen Bedenken keinen Anlass.
U. v. 4.10.1907; III 61/07. Frankfurt.

11. HGB § 81.

Ein ständiges Betrautsein mit der Vertretung, d. h. „*Wahrnehmung*" der Interessen des Handelsgewerbes eines andren begründet *nur* dann die Rechtsstellung eines Agenten, wenn sie entweder durch *Vermittlung* von Geschäften für den andern oder durch Abschluss von solchen *im Namen des andern* erfolgt.
U. v. 11.11.1910; III 460/09. Hamburg.

12. = § 1 HGB Nr. 11.
U. v. 17.1.1911; III 63/10. Kammergericht.

13. HGB § 84 (auch § 779).

Der Rückversicherer kann sich, wenn der Vertrag durch den beiderseitigen gemeinschaftlichen Agenten geschlossen ist, gegenüber dem Erstversicherer auf Arglist des Agenten oder Verletzung der Anzeigepflicht durch ihn nicht berufen.
U. v. 7.12.1910; I 240/09. E. 74, 412. Konsulargericht Shanghai.

14. HGB § 84.

Vermittlung und Abschluss von Geschäften sind das Wesentliche, Bezeichnende für das Agenturverhältnis. Der Annahme eines solchen steht es aber nicht entgegen, wenn außer dieser Tätigkeit noch andere Geschäfte kaufmännischer oder auch technischer Art vertragsmäßig übernommen sind.
U. v. 4.10.1911; III 547/10. E. 77, 96. Kammergericht.

15. HGB § 84 (auch §§ 88, 89).

Dem Handlungsagenten steht eine Provision für die erst nach Beendigung des Agenturverhältnisses abgeschlossenen Geschäfte auch dann nicht zu, wenn der Abschluss auf Grund eines Vertretungsverhältnisses (Unteragentur) erfolgt ist, das der Agent selbst noch während des Agenturverhältnisses zustande gebracht hat.
U. v. 12.1.1912; III 156/11. E. 78, 252. Köln.

16. = § 32 HGB Nr. 1.
U. v. 21.5.1912; III 270/11. Jena.

17.   = § 73 HGB Nr. 3.
U. v. 7.1.1916; III 246/15. E. 87, 440. Dresden.

18.   HGB § 84.
Der Umstand, dass jemand neben der Provision ein festes Gehalt bezieht, steht der Annahme, dass er Handlungsagent sei, nicht entgegen.
U. v. 18.4.1916; III 465/15. Hamburg.

19.   HGB § 84.
Ein Agent darf seinem Geschäftsherrn gegenüber die geschäftlichen Verhältnisse eines Kunden nicht als günstige bezeichnen, ohne sichere und zuverlässige Beweise dafür zu haben. Tut er dies dennoch und entsteht dem Geschäftsherrn dadurch ein Schaden, dass er im Vertrauen auf die Richtigkeit der objektiv unrichtigen Auskunft dem Kunden Kredit gewährt, so haftet der Agent aus dem Agenturvertrage auf Schadensersatz.
U. v. 15.1.1918; III 395/17. Kammergericht.

20.   HGB § 84.
Der Agent ist verpflichtet, dem Geschäftsherrn Mitteilung zu machen von erheblichen Tatsachen oder Gerüchten über die Kreditwürdigkeit eines Kunden, von denen er nach dem Geschäftsschluss, oder zu einer Zeit Kenntnis erhält, in der dem Geschäftsherrn noch die Möglichkeit gegeben ist, Maßregeln zur Wahrung seines Interesses zu ergreifen. (Vgl. E. 18, 112.)
U. v. 29.1.1918; III 408/17. E. 92, 121. Colmar.

21.   HGB § 84 (auch § 92).
Der Umstand, dass der Agent *auch* auf eigene Rechnung beziehen darf, steht der Annahme eines Agenturvertrages mit der Befugnis des Geschäftsherrn, den Vertrag dem Vorhandensein eines wichtigen Grundes ohne Einhaltung einer Frist zu kündigen, nicht entgegen. Es besteht aber auch eine solche Kündigungsbefugnis, entsprechend den §§ 626, 723 BGB, 92 Abs. 2 HGB, die nur Ausflüsse eines allgemeinen Rechtsgrundsatzes sind, bei allen Fällen einer *dauernden Interessenverknüpfung*, also selbst dann, wenn ein Agenturverhältnis deshalb nicht vorliegt, weil der Bezug *nur* auf eigene Rechnung des Beziehenden zu erfolgen hat. (Vgl. HGB § 92 Nr. 12, 13; E. 65, 37.)
U. v. 22.11.1918; III 221/18. Kammergericht.

22.   HGB § 84.
Dem Handlungsagenten liegt nach feststehender Rechtsprechung die Prüfung der Kreditwürdigkeit der Kunden ob, die er dem Geschäftsherrn zuführt, ebenso die Mitteilung aller Bedenken, in dieser Beziehung. (Vgl. ROHG 22, 117; E. 18, 112; JW 93, 38; 543 und oben Nr. 20.)
U. v. 15.2.1919; V 315/18. Kammergericht.

23. HGB § 84 (auch BGB § 157).

Bei einem Agenturverhältnis besteht – da es sich als Vertrauensverhältnis darstellt, das beide Teile zur Wahrung von Treu und Glauben verpflichtet und ein vertrauensvolles Zusammenwirken erfordert, vgl. U. III 342/11 – eine *Offenbarungspflicht* des Verpflichteten in Ansehung der Umstände, die für den Entschluss des Berechtigten bestimmend sein können, z. B. bezüglich der Kreditwürdigkeit eines Kunden, mit dem ein Vertrag geschlossen werden soll. (Vgl. HGB § 84 Nr. 19, 20.)
U. v. 19.2.1919; V 332/18. Kammergericht.

24. HGB § 84 (auch § 88 und BGB § 652).

1. Durch das Versprechen einer Provision für die in Aussicht genommene Vermittelung einer unbestimmten Anzahl von Geschäften (z. B. für Heeresaufträge) wird kein Handelsagenturverhältnis begründet, sondern nur ein *Mäklervertrag* abgeschlossen, da jenes das Bestehen eines gegenseitigen Vertragsverhältnisses (Dienstvertrag), aus dem der Handelsagent zur Tätigkeit für den Geschäftsherrn *verpflichtet* ist, voraussetzt.
2. Wird bei einem Mäklervertrage durch besondere Vereinbarung der Provisionsanspruch von der Ausführung des Geschäfts abhängig gemacht, so entsteht der Provisionsanspruch nicht, wenn die Ausführung aus irgend einem, sei es auch auf das schuldhafte Verhalten des Geschäftsherrn zurückzuführenden Grunde unterbleibt mit der einzigen schon aus § 162 BGB sich ergebenden Einschränkung, dass der Geschäftsherr die Ausführung des Geschäfts nicht in einer gegenüber dem Mäkler wider Treu und Glauben verstoßenden Weise, also insbesondere nicht in der Absicht, diesem die Provision zu entziehen, vereiteln darf; § 88 Abs. 2 HGB kann weder unmittelbare noch entsprechende Anwendung finden. (Vgl. BGB § 652 Nr. 78 [abgedr. JW 16, 1585] und Nr. 88 [abgedr. Bolze Praxis Bd. 6 Nr. 491].
U. v. 17.3.1919; V 636/18. E. 95, 134. Kammergericht. – Vgl. zu Abs. 2: U. v. 5.1.1921; V 146/20.

25. HGB § 84 (auch §§ 89, 383).

Der Kommissions- und der Handlungsagenturvertrag schließen einander nicht aus. Kaufleute, die ständig damit betraut sind, im eigenen Namen für Rechnung eines anderen Waren zu kaufen oder zu verkaufen, die so genannten Kommissionsagenten, stehen in ihren persönlichen Beziehungen zum Geschäftsherrn den Handlungsagenten gleich, während im Übrigen die durch die Geschäftsbesorgung begründeten rechtlichen Beziehungen nach den Vorschriften über das Kommissionsgeschäft zu beurteilen sind. Auf Kommissionsagenten mit ausschließlicher Verkaufsbefugnis können die für Bezirksagenten getroffenen Bestimmungen des § 89 entsprechende Anwendung finden. (Vgl. § 92 Nr. 6.)
U. v. 18.2.1920; I 204/19.

26. HGB § 84.

In einem Falle, in dem einem Handlungsagenten durch eine Konkurrenzklausel allgemein die direkte oder indirekte Vertretung von Konkurrenzfirmen untersagt war, ist

ausgesprochen, es komme für die Frage der Übertretung des Konkurrenzverbots nicht notwendig darauf an, ob die vertragswidrige Tätigkeit des Agenten den Geschäftsherrn unmittelbar geschädigt habe oder nicht. Auch eine Tätigkeit, die nur möglicherweise und vielleicht erst in Zukunft eine Schädigung zur Folge haben könne, reiche unter Umständen aus, um einen Verstoß gegen das Konkurrenzverbot anzunehmen.
U. v. 6.4.1920; V 455/19.

27.   HGB § 84 (auch BGB § 157).

Der Geschäftsherr darf bei seiner Entschließung, ob er die vom Agenten beigebrachten Aufträge annehmen will, nicht schlechthin nach reiner Willkür verfahren. Er ist vielmehr nach dem hier anwendbaren § 157 BGB zum Schadensersatz verpflichtet, wenn er wider Treu und Glauben (z. B. bei einem auf längere Zeit abgeschlossenen Agenturvertrage ohne jeden Grund) die vom Agenten vermittelten Geschäfte ablehnt (vgl. U. III 308/13 [JW 1914, 403 Nr. 5]).
U. v. 6.4.1921; V 464/20.

28.   HGB § 84.

Ein Agenturverhältnis kann auch durch stillschweigende Vereinbarung zu Stande kommen, wenn die Tätigkeit des Geschäftsvermittlers sich objektiv als Agenturtätigkeit, insbesondere als eine dauernde Tätigkeit darstellt, und dem Geschäftsherrn erkennbar war, dass der Vermittler seine Dienste als Tätigkeit eines Agenten aufgefasst wissen wollte.
U. v. 15.2.1922; V 372/21.

29.   HGB §§ 84, 87.

Der Handlungsagent, der als Handlungsreisender tätig ist, ist zur Einsendung von Reiseberichten an den Geschäftsherrn verpflichtet, selbst wenn er keine Geschäftsabschlüsse erzielt. Art, Umfang und Zeit der Berichterstattung hängt von den Umständen des einzelnen Falles ab.
U. v. 28.6.1924; V 694/23. Köln.

30.   BGB § 280; HGB § 84.

Wenn der Geschäftsherr seinen Betrieb *verpachtet*, so wird er von den Pflichten gegen seinen Handlungsagenten nicht ohne weiteres frei. (BGB § 280) Auch wenn die Verhältnisse ihn zu dieser Umstellung vielleicht genötigt haben, blieb es seine Pflicht, bei den Abmachungen mit dem Pächter in irgendeiner Gestalt auf die Interessen des Agenten Rücksicht zu nehmen. Durch eine Unterlassung in dieser Beziehung kann er schuldhaft gehandelt haben. Die Grenzen der Vertretungspflicht dürfen nicht zu eng gezogen werden.
U. v. 2.3.1926; VI 365/25. Stuttgart.

31.   = § 59 HGB Nr. 14.
U. v. 21.3.1928; RAG 21/28. E. 1, 268. Frankfurt.

32.   = § 59 HGB Nr. 15.
U. v. 14.3.1928; RAG 82/27. E. 1, 252. Frankfurt.

33.   = § 57 HGB Nr. 2.
U. v. 15.2.1930; RAG 371/29. E. 5, 151. Berlin.

34.   = § 59 HGB Nr. 22.
U. v. 15.2.1930; RAG 573/29. Berlin.

35.   HGB § 84; KO § 61.
Der Handlungsagent genießt kein Vorrecht im Konkurse, auch wenn er durch die für
einen Geschäftsherrn übernommenen Dienste vollständig oder doch nahezu vollständig
in Anspruch genommen ist.
U. v. 10.12.1930; RAG 227/30. E. 7, 166. Görlitz.

36.   HGB § 84; BGB § 394; LohnbeschlagnahmeG § 1.
Die Provisionsforderungen des Handelsagenten unterliegen nicht dem Lohnbeschla-
gnahmeG, auch wenn er seine Dienste lediglich einem Geschäftsherrn widmet.
U. v. 10.12.1930; RAG 397/30. E. 7, 172. Magdeburg.

37.   HGB §§ 84, 88.
Möglich sind Verletzungen der Treupflicht des Handlungsagenten von solcher Schwere,
dass er alle seine Provisionsansprüche verwirkt, auch aus solchen Geschäften, die von
der Verletzung nicht gerade berührt werden.
U. v. 7.2.1935; VI 341/34. Hamm.

38.   BGB § 242; HGB § 84.
Die Delkrederehaftung des Generalagenten für seine Unteragenten ist Bürgschaft. Die
Einrede der Vorausklage steht dem Generalagenten aber nur gemäß § 349 HGB zu.
Bei der Auslegung einer ohne Verschulden eintretenden Delkrederehaftung des Gene-
ralagenten ist § 242 BGB in weitem Maße zu berücksichtigen. Eine solche Delkrede-
haftung umfasst nicht Fälle, in denen die Versicherungsgesellschaft in der Lage ist, den
ihr entstehenden Schaden bei dritten Personen (nicht den Unteragenten) zu decken.
U. v. 29.3.1935; VII 363/34.

39.   = § 59 HGB Nr. 27.
U. v. 6.11.1935; RAG 163/35. E. 15, 339.

40.   HGB § 84, ArbGG § 5.
Die wirtschaftliche Unselbständigkeit eines Vermittlungsagenten, die seine arbeitneh-
merähnliche Eigenschaft begründet, kann nur aus dem Gesamtbild und der tatsächlichen

Ausführung des Agenturvertrages beurteilt werden, nicht aus einzelnen bestimmten Anzeichen, wie der Übernahme eines beschränkten eigenen Unternehmerrisikos.
U. v. 6.11.1935; RAG 189/35. E. 15, 350.

41.							BGB §§ 119, 123; HGB §§ 84, 87.
Der Nichtarier, der sich um Beschäftigung als reisender Handlungsagent bewirbt, ist nicht schlechthin zur Angabe seiner Abstammung verpflichtet. Die Umstände (insbesondere die Art des Betriebes) können aber eine solche Angabe erfordern. In diesem Falle ist bei Verschweigen der nichtarischen Abstammung der Vertrag wegen arglistiger Täuschung oder Irrtums über persönliche Eigenschaften des Vertreters anfechtbar.
U. v. 9.6.1937; RAG 60/37. E. 18, 265.

42.							HGB § 84; BGB § 242; AOG § 2.
Die Grundsätze, die im Falle der Betriebsgefahr für die rechtliche Behandlung der Bezüge von Angestellten maßgebend sind (RAG Bd. 24 S. 123) können bei besonderen Gestaltungen des Agenturverhältnisses, z. B. beim Einfirmenvertreter, auch auf die Ansprüche der auf Provision arbeitenden Handlungsagenten Anwendung finden.
U. v. 30.7.1943; RAG 25/43. E. 27, 268.

§ 85

Hat ein Handlungsagent, der nur mit der Vermittelung von Geschäften betraut ist, ein Geschäft im Namen des Geschäftsherrn mit einem Dritten abgeschlossen, so gilt es als von dem Geschäftsherrn genehmigt, wenn dieser nicht unverzüglich, nachdem er von dem Abschlusse Kenntnis erlangt hat, dem Dritten gegenüber erklärt, dass er das Geschäft ablehne.

1.							= § 84 HGB Nr. 4.
U. v. 3.4.1902; VI 391/01. E. 51, 147. Hamburg.

2.							HGB § 85.
Die in Nr. 1 ausgesprochenen Grundsätze finden *keine* Anwendung, wenn der Geschäftsherr den Vertragsinhalt bestimmt und klar formuliert hatte und der Agent dann nachträglich willkürliche Änderungen daran vorgenommen hat.
U. v. 30.6.1902; VI 120/02. Dresden.

3.							HGB § 85.
Bei einem durch einen Vermittlungsagenten abgeschlossenen Geschäfte haftet der Geschäftsherr nicht für Zusicherungen des Agenten, wenn der Gegenkontrahent auf Verlangen des Geschäftsherrn nachträglich einen besonderen, die Zusicherungen nicht enthaltenden Bestellschein unterschrieben und der Geschäftsherr die Bestellung „zu den im Bestellschein angegebenen Bedingungen" angenommen hat.
U. v. 29.11.1904; II 114/04. Karlsruhe.

4.   HGB § 85.

Die Vorschrift des § 85 ist nicht analog auf den Fall anzuwenden, wenn der Vermittlungsagent das Geschäft nicht im Namen des Geschäftsherrn abgeschlossen, sondern nur die *bindende Offerte des Dritten entgegengenommen* und dem Geschäftsherrn übermittelt hat.

U. v. 28.2.1905; II 494/04. E. 60, 187. Hamburg.

5.   HGB § 85 (auch BGB § 177).

HGB § 85 setzt ein *dauerndes* Vertrauensverhältnis zwischen dem Agenten und dem Geschäftsherrn voraus, findet daher keine Anwendung, wenn ein Makler nur von Fall zu Fall seine Dienste dem Geschäftsherrn anbietet. Deshalb kommt z. B., wenn ein solcher Makler die ihm erteilte *Abschlussvollmacht überschreitet*, für die Frage der Wirksamkeit des abgeschlossenen Geschäfts gegenüber dem Geschäftsherrn nicht § 85 HGB, sondern § 177 BGB (ausdrückliche oder stillschweigende Genehmigung des Geschäftsherrn) zur Anwendung. Hat der Geschäftsherr noch vor Empfang der von dem Makler ihm übersandten Schlussnote und bevor der andere Vertragsteil ihn zur Erklärung über die Genehmigung aufgefordert hat, dem *Makler* gegenüber die Genehmigung verweigert, so ist das Geschäft ihm gegenüber unwirksam, ohne dass es einer Wiederholung der Verweigerung gegenüber dem *anderen Vertragsteil* bedarf.

U. v. 13.11.1917; II 236/17. Hamburg.

6.   HGB § 85.

§ 85 setzt voraus, dass der Agent unter Überschreitung seiner Vermittelungsvollmacht ein Geschäft mit einem Dritten im Namen des Geschäftsherrn fest abgeschlossen hat. Er findet deshalb weder Anwendung, wenn der Agent den bindenden Vertragsantrag des Dritten lediglich dem Geschäftsherrn übermittelt hat, (s. o. Nr. 4), noch dann, wenn der Agent das Geschäft nur unter Vorbehalt der Genehmigung des Geschäftsherrn geschlossen hat. Denn in beiden Fällen ist der Dritte durch die allgemeinen gesetzlichen Bestimmungen der §§ 146 ff., 177 BGB genügend geschützt.

U. v. 30.9.1919; II 105/19. E. 96, 287. – Zustimmend: U. v. 17.2.1920; II 369/19.

7.   HGB § 85.

Der Geschäftsherr gilt im Falle nicht unverzüglicher Ablehnung des mitgeteilten Geschäftsabschlusses nur dann als genehmigend, wenn er Kenntnis davon hat, dass der zum Abschluss nicht bevollmächtigte Agent doch fest abgeschlossen hat.

U. v. 7.10.1919; II 120/19. E. 97, 1.

8.   HGB § 85.

§ 85 ist nicht über seinen klaren Wortlaut hinaus auszulegen. Er trifft namentlich nicht auf den Fall zu, dass der Vermittlungsagent ein lediglich den Dritten bindendes Angebot von diesem entgegengenommen und dem Geschäftsherrn übermittelt hat. (Vgl. E. 60, 187; 96, 286; 97, 1.)

U. v. 27.6.1922; VII 663/21.

9.   HGB § 85.

Das auf schuldhafter Säumnis beruhende Unterbleiben der Ablehnung ist eine der Voraussetzungen des Erfüllungsanspruchs, der sich aus § 85 für den Dritten ergibt und deshalb als eine Tatsache zu betrachten, welche dieser zu beweisen und nicht als eine Tatsache, welche der Gegner zu widerlegen hat.
U. v. 11.7.1923; III 734/22.

10.   HGB § 85.

Die Anwendung des § 85 hat zur Voraussetzung, dass der Geschäftsherr von der Überschreitung der dem Vermittlungsagenten erteilten Ermächtigung Kenntnis erlangt hat.
Musste der Geschäftsherr nach der ihm gewordenen Nachricht von dem Inhalt des Geschäfts annehmen, dass der Agent sich in den Grenzen der Ermächtigung gehalten habe,
so bestand für ihn keine Veranlassung, dem Dritten gegenüber die Ablehnung des Geschäftsabschlusses ausdrücklich zu erklären.
U. v. 10.5.1924; I 598/23.

11.   HGB § 85.

§ 85 HGB findet auf den Handlungsagenten, der zum Abschluss unter Vorbehalt der
Genehmigung des Geschäftsherrn ermächtigt ist, keine unmittelbare Anwendung. Ent-
sprechende Anwendung kann aber geboten sein.
U. v. 24.4.1926; I 340/25. E. 113, 261.

§ 86

Zur Annahme von Zahlungen für den Geschäftsherrn sowie zur nachträglichen Bewilligung von Zahlungsfristen ist der Handlungsagent nur befugt, wenn ihm die Ermächtigung dazu besonders erteilt ist.
Die Anzeige von Mängeln einer Ware, die Erklärung, dass eine Ware zur Verfügung gestellt werde,
sowie andere Erklärungen solcher Art können dem Handlungsagenten gegenüber abgegeben werden.

1.   HGB § 86.

Zu den „anderen" Erklärungen i. S. des § 86 Abs. 2, die der Agent entgegennehmen –
nicht abgeben – darf, ist auch der *Widerspruch* gegen einen Bestätigungsbrief seines
Geschäftsherrn zu rechnen.
U. v. 1.2.1921; III 232/20.

2.   HGB § 86 (auch BGB § 130 und HGB § 377).

Der Kaufmann, der sich zur Erledigung des Geschäftsverkehrs besonderer Geschäftsräume mit Angestellten bedient, gibt dadurch zu erkennen, dass er mittels dieser Einrichtung mit Dritten zu verkehren bereit ist, und muss daher geschäftliche Kundgebungen,
die auf diesem Wege in den Bereich seines Geschäfts gelangen, so gegen sich gelten
lassen, als wenn sie an ihn persönlich gelangt wären (vgl. E. 61, 125). Das gilt auch für
Mängelanzeigen im Sinne des § 377 HGB. Daher gelten Mängelanzeigen durch Fern-

sprecher, die in Abwesenheit des Geschäftsinhabers eingehen, auch wenn sie ihm *nicht* übermittelt werden, als in dem Zeitpunkt gemacht, in dem sie in den *Geschäftsräumen* von einem seiner (kaufmännischen) Angestellten entgegengenommen worden sind.
U. v. 24.6.1921; III 15/21. E. 102, 295.

3. = § 55 HGB Nr. 3.
U. v. 28.11.1930; II 108/30. Kammergericht.

4. BBG § 166; HGB § 86.
Der Geschäftsherr braucht die Kenntnis seines Agenten von einer Tatsache dann nicht gegen sich gelten zu lassen, wenn der Geschäftsgegner wusste oder sich sagen musste, dass der Geschäftsherr bei Kenntnis der Tatsache nicht abgeschlossen hätte, und wenn der Geschäftsgegner zugleich damit rechnet, dass der Geschäftsherr die Tatsache von dem Agenten nicht erfahren werde.
U. v. 14.10.1931; I 10/31. E. 134, 67. Hamburg.

§ 87

Ist der Handlungsagent als Handlungsreisender tätig, so finden die Vorschriften des § 55 Anwendung.

1. HGB § 87.
Ein „Handlungsreisender" kann je nach der konkreten Sachlage Handlungsgehilfe oder Handlungsagent sein.
U. v. 8.10.1907; III 78/07. Darmstadt.

2. = § 55 HGB Nr. 2.
U. v. 7.10.1919; II 120/19. E. 97, 1.

3. = § 84 HGB Nr. 29.
U. v. 28.6.1924; V 694/23. Köln.

4. = § 84 HGB Nr. 41.
U. v. 9.6.1937; RAG 60/37. E. 18, 265.

5. = § 55 HGB Nr. 4.
U. v. 6.10.1937; RAG 137/37. E. 19, 12.

§ 88

Soweit nicht über die dem Handlungsagenten zu gewährende Vergütung ein Anderes vereinbart ist, gebührt ihm eine Provision für jedes zur Ausführung gelangte Geschäft, welches durch seine Tätigkeit zu Stande gekommen ist. Besteht die Tätigkeit des Handlungsagenten in der Vermittelung oder Abschließung von Verkäufen, so ist im Zweifel der Anspruch auf die Provision erst nach dem Eingange der Zahlung und nur nach dem Verhältnisse des eingegangenen Betrags erworben.

Ist die Ausführung eines Geschäfts in Folge des Verhaltens des Geschäftsherrn ganz oder teilweise unterblieben, ohne dass hierfür wichtige Gründe in der Person desjenigen vorlagen, mit welchem das Geschäft abgeschlossen ist, so hat der Handlungsagent die volle Provision zu beanspruchen.

Ist die Höhe der Provision nicht bestimmt, so ist die übliche Provision zu entrichten.

Die Abrechnung über die zahlenden Provisionen findet, soweit nicht ein Anderes vereinbart ist, am Schlusse eines jeden Kalenderhalbjahres statt.

a) Provision: 3, 11, 13, 14, 18, 19, 20, 26
b) Vorbereitung und Ausführung des Geschäfts: 3, 8, 10, 11, 13, 14, 23, 27, 28
c) Zustandekommen durch den Agenten; maßgebender Zeitpunkt: 5, 8, 13, 22
d) Eingang der Zahlung: –
e) Unterbliebene Ausführung: 1, 2, 6, 9, 10, 15, 16, 17, 24, 25, 28
f) Wichtiger Grund: 1, 2, 15
g) Beweis: 4, 7
h) Höhe der Provision: 19, 21
i) Abrechnung der Provision: –
k) Anhang: –

1.   HGB § 88.

Ist dem Agenten die Agentur für den Vertrieb von bestimmten Fabrikaten übertragen worden, so darf ihm vom Auftraggeber die Gelegenheit, durch Absatz der betreffenden Waren die bedungene Provision zu verdienen, nicht willkürlich entzogen werden, er darf auch über die einschlägigen Verhältnisse nicht getäuscht werden. Andererseits ist seine Tätigkeit doch auch von den Verhältnissen des Geschäfts, den eintretenden Konjunkturen usw. abhängig. Insbesondere darf dem Auftraggeber nicht zugemutet werden, mit Schaden oder doch ohne Gewinn lediglich im Interesse des Kommittenten Geschäfte zu machen. [Vgl. Nr. 2.]
U. v. 20.3.1903; II 398/02. Köln.

2.   HGB § 88.

Der § 88 Abs. 2 setzt nicht notwendig ein Verschulden des Geschäftsherrn voraus, vielmehr kann auch ein Verhalten genügen, das an sich kein Verschulden in sich schließt, wie die Rückgängigmachung des Geschäfts aus Gefälligkeit dem Dritten gegenüber, wenn nur nicht für das Unterbleiben der Ausführung ein wichtiger Grund in der Person des Dritten, also etwa Zahlungsunfähigkeit, vorliegt. Erforderlich ist nur, dass das Verhalten des Geschäftsherrn ursächlich für das Unterbleiben des Geschäfts geworden ist. – Unter dem Verhalten des Geschäftsherrn im Sinne des Abs. 2 ist nicht nur ein solches zu verstehen, das unmittelbar das Unterbleiben der Ausführung des Geschäfts in sich schließt, wie die Erfüllungsverweigerung, sondern auch dasjenige, das dem anderen

Vertragsteil ein Recht, von der Ausführung des Geschäfts Abstand zu nehmen, gewährt und so mittelbar das Unterbleiben dieser Ausführung verursacht. – Es begründet auch keinen Unterschied, ob die Ausführung des Geschäfts wegen eines Verschuldens oder eines willkürlichen Verhaltens des Geschäftsherrn bei der *Erfüllung* oder schon bei dem *Abschlusse* des Geschäfts unterblieben ist. [Vgl. Nr. 1.]
U. v. 13.10.1903; III 155/03. Nürnberg. – Vgl. Nr. 4, 6, 7. – Vgl. Nr. 10.

3. HGB § 88.

Der Provisionsanspruch des Handlungsagenten ist begründet, wenn das von ihm vermittelte und das zur Ausführung gelangte Geschäft im Wesentlichen übereinstimmen; dabei ist das Schwergewicht auf den wirtschaftlichen Erfolg zu legen.
U. v. 27.10.1903; III 173/03. Kiel.

4. HGB § 88.

Das Vorhandensein der in Abs. 2 gedachten *wichtigen Gründe* hat der Geschäftsherr, als Grund seiner Befreiung von der Verpflichtung zur Zahlung der Provision, *nachzuweisen* [vgl. auch Nr. 7]. Immerhin aber hat nach dem Eingange des angeführten Abs. 2 der Agent als Voraussetzung seines Provisionsanspruchs darzutun, dass die Ausführung *infolge des Verhaltens des Geschäftsherrn* unterblieben sei.
Unter diesem Verhalten ist ein solches zu verstehen, durch welches die Nichtausführung vom Geschäftsherrn verschuldet oder wenigstens in freier Entschließung herbeigeführt worden ist. Dahin gehört nicht ohne weiteres der Fall, wenn durch die Eröffnung des Konkurses über das Vermögen des Geschäftsherrn die Nichtausführung der vom Agenten vermittelten Geschäfte veranlasst worden ist. Der Agent kann daher in einem solchen Falle mangels besonderer Umstände einen Anspruch auf Provision nicht geltend machen.
[Vgl. Nr. 2, 6.]
U. v. 16.3.1906; III 345/05. E. 63, 69. Breslau.

5. HGB § 88 (auch § 89).

Behufs Begründung des Provisionsanspruchs muss zwar nach § 88 der durch die Tätigkeit des Agenten herbeigeführte Geschäftsabschluss *innerhalb der Vertragszeit des Agenten* erfolgen; der hierdurch entstandene bedingte Provisionsanspruch wird aber auch dann wirksam, wenn die Bedingung, nämlich die Ausführung des Geschäfts, erst später eintritt, und das Gleiche muss nach § 89 auch beim Bezirksagenten für die sogen. direkten, von ihm nicht vermittelten Geschäftsabschlüsse aus seinem Bezirke gelten.
U. v. 20.4.1906; III 395/05. Celle.

6. HGB § 88.

Über die Frage, wann der Rücktritt des Käufers wegen nicht *rechtzeitiger* Lieferung dem Geschäftsherrn zum Verschulden anzurechnen ist, wird ausgeführt:
Kann der Geschäftsherr nicht, oder nicht rechtzeitig, liefern, weil sein Lieferant wegen Überbürdung und zeitweiliger Störung der Maschinen nicht rechtzeitig liefert, und tritt deshalb der Käufer zurück, so ist darin ein *Verschulden des Geschäftsherrn* im Sinne des § 88 Abs. 2 nur dann zu finden, wenn die Ver-

kaufs- und Lieferungsaufträge in Kenntnis oder schuldhafter Unkenntnis der Leistungsunfähigkeit der liefernden Fabrik von dem Geschäftsherrn gegeben wären.
U. v. 1.5.1906; III 409/05. Hamburg.

7.   HGB § 88.

Hat der Prinzipal das vom Agenten vermittelte *Geschäft nicht ausgeführt*, weil der Besteller nicht „gut" sei, so liegt die *Beweislast* nicht ihm ob; vielmehr muss der Agent beweisen, dass der Besteller „gut" sei. [Vgl. Nr. 4.]
U. v. 4.1.1907; III 242/06. Kammergericht.

8.   HGB § 88.

Über die Auslegung der Vertragsbestimmung, wonach der Agent Provision erhalten soll für alle Geschäfte mit einem Kunden, dessen *Geschäftsverbindung er vermittelt* hat, wird ausgeführt:
Die Vertragsbestimmung, wonach dem Agenten eine Provision zukommen soll auch aus allen Geschäften, die mit einem Kunden ohne seine Vermittlung abgeschlossen worden sind, sofern nur er diesen Kunden dem Geschäftsherrn zugeführt, also die *Geschäftsverbindung* vermittelt hat, muss sich sinngemäß zeitlich beschränken auf die Bestellungen, die während der Geschäftstätigkeit des Agenten noch eingegangen sind. Dem letzteren können *nicht* für alle Zukunft Provisionen zugesagt sein, während er Dienste für den Geschäftsherrn nicht mehr leistet, lediglich deshalb, weil er eine diesem vorteilhafte Geschäftsverbindung einmal angebahnt hat; diese Provision ist in der Tat daher eine Vergütung für die Gesamttätigkeit des Agenten im Dienste des Geschäftsherrn, und sie hört mit dem Ende seiner Tätigkeit auf.
U. v. 18.4.1907; VI 436/06. Kammergericht.

9.   HGB § 88.

Im Falle der Kündigung eines einer *Kündigung unterliegenden Lieferungsvertrages* seitens des Verwalters des zum Vermögen des Prinzipals eröffneten *Konkurses* kann der Agent Provision für die Folgezeit nicht beanspruchen.
U. v. 10.1.1908; III 232/08. Hamburg.

10.   HGB § 88.

Die Annahme zu großer Bestellung seitens eines Fabrikanten, die er dann nur zum Teil ausführen kann, ist an sich auf sein eigenes Verhalten zurückzuführen und insoweit von ihm selbst verschuldet. Demnach ist der Provisionsanspruch des Agenten, der diese Bestellung vermittelt hat, begründet. [Vgl. Nr. 2.]
U. v. 4.10.1910; II 649/09. E. 74, 167. Köln.

11.   = § 65 HGB Nr. 2.
U. v. 16.1.1912; III 113/11. Celle.

12.   = § 84 HGB Nr. 15.
U. v. 12.1.1912; III 156/11. E. 78, 252. Köln.

13.   = § 32 HGB Nr. 1.
U. v. 21.5.1912; III 270/11. Jena.

14.   HGB § 88 (auch §§ 89, 91).
Ist der Handlungsagent gemäß § 89 für einen bestimmten Bezirk bestellt worden, so bleiben seine aus §§ 89, 91 S. 2 folgenden (*örtlichen*) Rechte unberührt durch eine (*sachliche*) Vertragsbestimmung über die Art und Form der Tätigkeit, welche die Voraussetzung für den Provisionsanspruch sein soll.
Vereinbarung, dass eine Provision für Vertragsangebote von Seiten des Geschäftsherrn und für Aufträge an ihn vom Handlungsagenten nur dann verdient sein soll, wenn die Angebote oder Aufträge auf Grund bestimmter Bemühungen des Agenten zustande gekommen sind.
U. v. 7.11.1916; III 215/16. Celle.

15.   HGB § 88.
Der Geschäftsherr hat die *schuldhafte* Verletzung des Agenturvertrages zu vertreten. Der Agent kann aber nicht verlangen, dass der Geschäftsherr ohne Rücksicht auf seine eigene Lage und auf seinen eigenen Vorteil ihm einen gleichmäßig hohen Verdienst ermögliche und lediglich behufs Sicherung des Provisionsgewinns des Agenten zu eigenem Schaden den bisherigen Betrieb fortsetze (vgl. E. 31, 59; 63, 69).
U. v. 1.12.1916; III 286/16. Köln.

16.   HGB § 88.
Der Geschäftsherr darf dem Agenten keine Verkaufsaufträge erteilen, wenn er die Leistungsfähigkeit seines Lieferanten (z. B. des Fabrikanten) kennt. (Vgl. oben Nr. 6.) Tut er dies dennoch, so kann der Agent, da die Nichtausführung des Geschäfts auf das Verhalten des Geschäftsherrn zurückzuführen ist, gemäß Abs. 2, die volle Provision verlangen. Das Gleiche gilt, wenn der Geschäftsherr dem Agenten einen Verkaufsauftrag erteilt, obwohl er mit ausreichender Sicherheit für die Beschaffung der zu verkaufenden Waren von Seiten seines Fabrikanten nicht rechnen konnte.
U. v. 5.2.1918; III 305/17. Hamburg.

17.   HGB § 88.
Der Anspruch eines Handlungs-Agenten mit Abschlussvollmacht auf Provision gemäß Absatz 2 erwächst auch, wenn infolge des Verhaltens des Geschäftsherrn die Ausführung ganz oder teilweise unterblieben ist, nur insoweit, als der Agent innerhalb seiner Abschlussvollmacht tätig geworden ist.
U. v. 14.12.1918; V 307/18. Kammergericht.

18.   = § 84 HGB Nr. 24.
U. v. 17.3.1919; V 363/18. E. 95, 134. Kammergericht. – Vgl. zu Abs. 2: U. v. 2.11.1921; V 112/21.

19.   HGB § 88 (auch BGB § 188 und Kriegsnotrecht I).

Der Grundsatz, dass die Vereinbarung einer unverhältnismäßig hohen Provision für die Vermittelung von Kriegslieferungen einen Verstoß gegen die guten Sitten enthält, wenn die durch den Kriegsbedarf für die Heeresverwaltung geschaffene Notlage dazu benutzt wird, um sich auf Kosten der Gesamtheit einen übermäßigen Gewinn zu verschaffen (vgl. E. 90, 402; 93, 208), ist auch auf Agenturverträge anzuwenden.
U. v. 19.6.1920; V 66/20.

20.   HGB § 88.

Die prozentual bemessene Provision ist ein bestimmter Anteil an dem Geldwerte des einzelnen Geschäftes oder auch an dem durch dieses erzielten Geschäftsgewinn. Sie bestimmt sich nach Handelsbrauch regelmäßig (mangels abweichender Vereinbarung) nach dem dem Geschäftsherrn aus dem *einzelnen* Geschäft zufließenden Gewinn. Allgemeine Geschäftsunkosten verringern diesen Gewinn nicht, wohl aber Unkosten, die das einzelne Geschäft unmittelbar berühren, z. B. Rabatte, Skonti, Umsatzprovisionen.
U. v. 29.9.1920; V 122/20.

21.   HGB § 88 (auch BGB § 653).

Der Handlungsagent oder Mäkler, der Provision in der angemessenen Höhe fordert, ist beweispflichtig dafür, dass deren Höhe nicht vereinbarungsgemäß bestimmt ist. Das gilt auch dann, wenn eine vertragliche Regelung seines Provisionsanspruchs von vornherein in Aussicht genommen war, und seine Tätigkeit schon vor dieser Regelung begonnen hatte, das Geschäft aber erst *nach* dieser Regelung abgeschlossen ist. (Vgl. E. 57, 46; 68, 305; 88, 373.)
U. v. 28.6.1922; V 100/22.

22.   HGB § 88 (auch BGB § 652).

Die Tatsache allein, dass ein vermitteltes Geschäft Gelegenheit gegeben hat, später noch ein anderes abzuschließen, macht, wenn dem Agenten die Provision für alle direkten und indirekten Geschäfte versprochen worden ist, das andere Geschäft *nicht* provisionspflichtig. Vielmehr muss auch für dieses noch eine Vermittlertätigkeit aufgewendet sein. (Vgl. U. V 308/21 – oben BGB § 652 Nr. 112.) Dazu aber gehört, dass das spätere Geschäft innerhalb der angebahnten Geschäftsverbindung liegt, also *Nachgeschäft* ist. Soweit es aus einer anderen Geschäftsverbindung hervorgegangen ist, kann es als *indirekt* auf die Vermittlung des Agenten zurückzuführendes Geschäft nicht gelten.
U. v. 10.3.1923; V 365/22.

23.   HGB §§ 88, 89.

Solange ein Bezirksagenturverhältnis besteht, darf der Bezirksagent, auch wenn er durch Kriegsdienst an Ausübung einer Agenturtätigkeit verhindert ist, für die in seinem Bezirke ohne seine Mitwirkung durch den Geschäftsherrn oder für diesen geschlossenen Ge-

schäfte Provision fordern, sofern nicht solche Forderung nach Lage des Einzelfalles gegen Treu und Glauben verstößt.
U. v. 28.11.1924; VI 208/24. E. 109, 255. Dresden.

24. BGB §§ 31, 324; HGB § 88.

Musste eine Aktiengesellschaft wegen Unregelmäßigkeiten ihres Direktors ihren Betrieb zeitweilig einstellen und wurde dadurch die Tätigkeit ihres Agenten vorübergehend unterbunden, so kann der Agent nicht ohne weiteres auf Grund des § 324 BGB Schadensersatzansprüche gegen die Gesellschaft erheben, weil die unlauteren Machenschaften des Direktors ein von ihr zu vertretendes Verschulden bilden, das ihm seine Leistung unmöglich gemacht hat. Denn mögen für die Beurteilung der Vertretbarkeit auch nicht bloß diejenigen Umstände in Betracht kommen, welche die Unmöglichkeit unmittelbar herbeigeführt haben, sondern auch die mittelbar wirksam gewesenen Vorgänge zu berücksichtigen sein, so brauchte die Gesellschaft doch nur im Rahmen der §§ 31, 278 BGB für die Handlungen ihres Direktors einzustehen.
U. v. 28.4.1925; VI 441/24. Köln.

25. HGB § 88.

Wenn ein Geschäftsherr, der Grund hat, an der Leistungsfähigkeit seines Lieferanten zu zweifeln, es unterlässt, sich über die Warenmenge, auf deren Bezug er rechnen kann, Gewissheit zu verschaffen und seinen Agenten davon zu verständigen, so dass dieser weiter Zeit und Geld für die Einholung von Aufträgen verwendet, die dann nicht ausgeführt werden können, so kann darin ein Verhalten des Geschäftsherrn gesehen werden, das ihn gemäß § 88 Abs. 2 HGB verpflichtet, dem Agenten die volle Provision zu zahlen (vgl. E. 74, 167, JW 1906, 399 Nr. 31 ferner oben Nr. 16).
U. v. 3.7.1925; VI 155/25. Düsseldorf.

26. HGB § 88.

Wenn beim Abschluss eines Kaufvertrages vereinbart worden ist, dass der Käufer den festgesetzten Fakturapreis in den vom Verkäufer bestimmten Effekten zu begleichen habe, so hat der Agent die ihm vom Fakturapreise zugesagte Provision zu verlangen, sobald die Effekten bei dem Verkäufer eingehen. Der provisionspflichtige Verkäufer schuldet ihm nicht bloß die Provision von dem Werte der Effekten, wenn diese bei dem alsbald erfolgten Verkauf wegen des Kurssturzes nur einen Betrag gebracht haben, der hinter dem Fakturapreis wesentlich zurückblieb.
U. v. 4.5.1928; VII 661/27. E. 121, 125. Köln.

27. HGB § 88.

Nicht jede vorbereitete Tätigkeit eines Agenten kann als ursächlich für den später von einem anderen Agenten zustande gebrachten Geschäftsabschluss angesehen werden, sondern nur die Tätigkeit, die für den Abschluss unentbehrlich war.
U. v. 20.12.1929; II 228/29. Braunschweig.

28.   HGB § 88.

Hat der Handlungsagent ein Geschäft angebahnt, und wird er bei den Schlussverhand-
lungen vom Geschäftsherrn arglistig umgangen, so kann er ebenso Provision beanspruchen, als wenn das Geschäft durch seine Tätigkeit zustande gekommen wäre. Anders
liegt es, wenn er nur einen aufschiebend bedingten Abschluss zustande gebracht und den
Eintritt der Bedingung nicht erreicht haben würde.

U. v. 6.3.1933; VI 413/33. Hamm.

29.   = § 84 HGB Nr. 37.

U. v. 7.2.1935; VI 341/34. Hamm.

30.   = § 65 HGB Nr. 8.

U. v. 29.1.1936; RAG 253/35.

31.   HGB § 88.

Für die Frage, ob die dem Hauptagenten zustehenden Einzugsgebühren (Inkassoprovi-
sionen) ganz oder teilweise eine, auch noch nach dem Ausscheiden des Agenten aus
dem Dienste der Versicherungsgesellschaft weiterzuzahlende Vergütung für den Abschluss dem Versicherer zugeführter neuer Versicherungen enthalten, kommt es, wenn
(wie im Bereiche der Lebensversicherung) kein allgemein verbindlicher Brauch festzustellen ist, auf den aus dem Inhalte des Agenturvertrags (oder den sonstigen Umständen)
zu ermittelnden Vertragswillen an (vgl. RAG Bd. 16 S. 146).

U. v. 23.2.1937; VII 278/36.

32.   BGB § 138; HGB § 88.

Die Zusage von Provisionen nur für den Fall eines bestimmten geschäftlichen *Gesamter-
folges* ist nicht sittenwidrig. Auch dem Agenten muss aber unter besonderen Umständen
eine auskömmliche Verdienstmöglichkeit geboten werden. Dabei ist der Umstand, dass
die Verdienstmöglichkeit gerade in dem ihm zugewiesenen Vertreterbezirk unzulänglich
war, nicht deshalb unerheblich, weil Vertreter der Firma in anderen Bezirken auskömm-
lich verdienen.

U. v. 8.12.1937; RAG 150/37.

33.   HGB §§ 88, 396.

Auf die Provisionsforderung eines Kommissionsagenten ist § 88, nicht § 396 HGB anzuwenden.

U. v. 9.12.1939; II 113/39.

34.   = § 65 HGB Nr. 9.

U. v. 1.7.1941; RAG 52/41. E. 25, 131.

35. HaftpflG § 3; HGB § 88.

Die vom Ernährer verdienten, bei seinem Tode noch ausstehenden Provisionen sind Nachlassbestandteile, nicht Einkünfte der Hinterbliebenen, und können auf ihren Schadensersatzanspruch nur mit den aus ihnen erzielten Zinsen angerechnet werden.
U. v. 8.5.1942; VI 96/41.

§ 89

Ist der Handlungsagent ausdrücklich für einen bestimmten Bezirk bestellt, so gebührt ihm die Provision im Zweifel auch für solche Geschäfte, welche in dem Bezirk ohne seine Mitwirkung durch den Geschäftsherrn oder für diesen geschlossen sind.

1. HGB § 89.

Der § 89 führt keinen neuen Rechtssatz ein, sondern gibt eine Auslegungsregel, die lediglich der Natur der Sache entspricht und daher auch für das früher geltende Recht für anwendbar zu erachten ist. Als ein gegen die aufgestellte Vermutung streitender Umstand ist nicht die Tatsache zu erachten, dass der Agent mit Wissen des Geschäftsherrn auch andere in demselben Geschäftszweig arbeitende Firmen vertreten hat.
U. v. 1.7.1901; I 101/01. Hamburg. – Vgl. Nr. 5.

2. = § 88 HGB Nr. 5.
B. v. 20.4.1906; III 395/05. Celle.

3. HGB § 89 (auch BGB §§ 157, 339).

Hat eine Firma einem Kaufmanne für einen bestimmten Bezirk den *Alleinvertrieb* ihrer Ware übertragen und sich für den Fall, dass sie selbst Waren in den Bezirk liefere, einer Konventionalstrafe unterworfen, so ist die Konventionalstrafe auch dann als verwirkt anzusehen, wenn sie an einen Käufer liefert, an den zu liefern der Vertreter sich wegen dessen schlechter Vermögenslage geweigert hatte, es sei denn, dass er der Firma das fragliche Geschäft ausdrücklich freigegeben hätte. [Alt-rechtlicher Fall.]
U. v. 28.2.1907; VI 289/06. Hamburg.

4. HGB § 89.

Für den Anspruch des Bezirksagenten auf Provision in Bezug auf ein ohne seine Mitwirkung abgeschlossenes Geschäft ist es Voraussetzung, dass das Bezirksagentenverhältnis zur Zeit des *Geschäftsabschlusses* noch besteht. [Vgl. Nr. 2.]
U. v. 20.3.1908; III 434/07. Hamm.

5. HGB § 89.

Die in § 89 aufgestellte Auslegungsregel (vgl. Nr. 1) kann widerlegt werden nicht nur durch den Beweis einer entgegenstehenden *ausdrücklichen Vereinbarung*, sondern auch

durch *Darlegung von Umständen*, aus denen sich ein anderer Wille der Vertragschließenden ergibt.
U. v. 11.4.1911; III 304/10. Marienwerder.

6.   = § 84 HGB Nr. 15.
U. v. 12.1.1912; III 156/11. E. 78, 252. Köln.

7.   = § 88 HGB Nr. 14.
U. v. 7.11.1916; III 215/16. Celle.

8.   HGB § 89 (auch Kriegsnotrecht I).
Die nach Kriegsausbruch mit den Bekleidungsämtern abgeschlossenen Verkäufe über
Heereslieferungen kommen schon durch die „vorläufige Mitteilung" des Bekleidungs-
Beschaffungsamts in Berlin (durch welche die zu liefernden Waren, deren Mengen, die
Einheitspreise und Lieferungsbedingungen für beide Teile bindend festgesetzt und die
angegebenen Mengen dem Verkäufer „zugeschlagen" werden) in Verbindung mit der
Annahmeerklärung des Verkäufers zu dieser, nicht erst durch die „endgültigen Liefe-
rungsaufträge" der *örtlichen* Bekleidungsämter zustande, so dass dem Berliner Bezirks-
agenten des Verkäufers gemäß HGB § 89 die Provision gebührt.
U. v. 5.7.1918; III 130/18. Kammergericht. – Vgl. U. v. 6.11.1920; V 119/20.

9.   = § 84 HGB Nr. 25.
U. v. 18.2.1920; I 204/19.

10.   HGB § 89 (auch Kriegsnotrecht I).
Die dem Bezirksagenten nach § 89 HGB für ein Geschäft zustehende Provision fällt
zwar nicht ohne weiteres deshalb fort, weil seine Mitwirkung bei dem Geschäfte unmöglich war. Ist aber die Mitwirkung des Agenten infolge von Kriegsverordnungen tatsächlich im Wesentlichen ausgeschaltet, so kann die Auslegung des Agenturvertrages gemäß
§ 157 BGB ergeben, dass dem Agenten die Provision *nicht* zustehen soll.
U. v. 23.6.1920; V 80/20.

11.   HGB § 89.
Die Bezirksagenten in der Provinz haben für die vom Bekleidungsbeschaffungsamt in
Berlin geschlossenen Geschäfte *keine* Provision zu beanspruchen, auch wenn die Liefe-
rungen an das in ihrem Bezirk befindliche Bekleidungsamt erfolgen (vgl. oben Nr. 8).
U. v. 5.11.1921; V 150/21.

12.   HGB § 89 (auch Kriegsnotrecht I).
Das Zigarettenamt in Insterburg (während des Krieges beim Stabe des Oberbefehlsha-
bers Oft) war in Ansehung des Abschlusses von Zigarettenkäufen *selbständig*, also nicht
der Monopolverwaltung untergeordnet. Aufträge von diesem Amt waren daher als aus
dem Bezirk Ostpreußen eingegangen anzusehen. Daraus folgte im Falle des Zustande-

kommens von Verträgen gemäß §§ 88, 89 HGB eine *Provisionsberechtigung* des für diesen Bezirk bestellten Handlungsagenten des Zigarettenlieferanten.
U. v. 11.10.1922; V 157/22.

13. HGB § 89.
Der Handlungsagent, der für einen bestimmten Bezirk bestellt ist, hat keinen Anspruch auf Provision für solche Geschäfte, die von einem in seinem Bezirke wohnenden *„Kommissionsagenten"* des Geschäftsherrn (vgl. E. 69, 363. U. I 204/1919) in eigenem Namen, aber für Rechnung des Geschäftsherrn mit Kunden abgeschlossen werden, die *außerhalb* des Bezirks des Agenten wohnen.
U. v. 29.3.1924; V 739/23.

14. = § 88 HGB Nr. 23.
U. v. 28.11.1924; VI 208/24. E. 109, 255. Dresden.

15. HGB § 89.
Ein naher wirtschaftlicher und örtlicher Zusammenhang zwischen zwei teilweise aus verschiedenen Teilhabern bestehenden Handelsgesellschaften, von denen die eine innerhalb, die andere außerhalb des Bezirks eines für einen bestimmten Bezirk bestellten Handlungsagenten ihren Sitz hat, nötigt für sich allein nicht, diesem für die Geschäfte des Geschäftsherrn mit der außerhalb liegenden Firma Provision zuzusprechen, auch wenn die Geschäftsverbindung mit Abschlüssen mit der innerhalb liegenden Firma begonnen hatte.
U. v. 22.2.1927; VI 380/26. Augsburg.

16. HGB § 89.
Ein Provisionsanspruch des Bezirksagenten wird nicht begründet, wenn der Geschäftsherr zwecks Abwendung des Konkurses oder der sonst notwendigen Einstellung des Betriebes seinen Gläubigern zur Abgeltung ihrer Ansprüche Waren liefert.
U. v. 3.3.1933; II 276/32. E. 140, 80. Düsseldorf.

§ 90

Für die im regelmäßigen Geschäftsbetrieb entstandenen Kosten und Auslagen kann der Handlungsagent in Ermangelung einer entgegenstehenden Vereinbarung oder eines abweichenden Handelsgebrauchs Ersatz nicht verlangen.

Zu § 90 kein Leitsatz.

§ 91

Der Handlungsagent kann bei der Abrechnung mit dem Geschäftsherrn die Mitteilung eines Buchauszugs über die durch seine Tätigkeit zu Stande gekommenen Geschäfte fordern. Das gleiche Recht steht ihm in Ansehung solcher Geschäfte zu, für die ihm nach § 89 die Provision gebührt.

1.   = § 65 HGB Nr. 1.

U. v. 7.12.1909; III 502/07. Konsulargericht Tientsin.

2.   HGB § 91 (auch BGB § 810).

Das Recht des Handlungsagenten auf Mitteilung eines Buchauszugs (§ 91 HGB) ist gegenüber dem Rechte aus § 810 BGB nicht ein Mehr oder Weniger, sondern ein dem Wesen nach Verschiedenes; durch Art. 2 EG z. BGB wird demnach das Recht des Agenten auf Einsicht in die Handelsbücher des Geschäftsherrn gemäß und im Rahmen des § 810 nicht ausgeschlossen.

Belanglos ist, dass der zwischen dem Geschäftsherrn und dem Agenten bestehende Agenturvertrag außerhalb der Handelsbücher steht und diese zunächst bestimmt sind, über das Rechtsverhältnis des Geschäftsherrn zu den Kunden Aufschluss zu geben. Das in § 810 geforderte „rechtliche Interesse" des Agenten ist vorhanden, wo und soweit der Rechtsbehelf des § 91 versagt. Auf ein Verschulden des Geschäftsherrn kommt es nicht an; Buchauszüge, die erst auf Vorstellung des Agenten hin richtig gestellt werden, verschaffen dem Agenten keine hinreichende Unterlage für die Berechnung seiner Ansprüche.

U. v. 14.5.1915; III 398/14. E. 87, 10. Kammergericht.

3.   HGB § 91.

Der Anspruch auf Erteilung eines Buchauszugs dient nur der Provisionsabrechnung und wird *schon* durch das Handlungsagenturverhältnis an sich begründet, aber auch *nur* durch dieses.

Die Erneuerung und Vervollständigung des Buchauszugs kann dem Geschäftsherrn nicht auferlegt werden, wenn er glaubhaft versichert, dass die mit dem Klagantrag gemeinten weiteren Geschäfte nach seiner Auffassung überhaupt nicht vorhanden oder nicht provisionspflichtig sind, und wenn der Handlungsagent tatsächliche Angaben über das Vorhandensein bestimmter, im Buchauszug fehlender *Geschäftsgruppen* nicht zu machen weiß.

U. v. 2.11.1915; III 139/15. Naumburg.

4.   HGB § 91.

Auch derjenige, welchem der Alleinverkauf der Waren eines andern auf eigene Rechnung für einen bestimmten Bezirk übertragen ist, hat *Anspruch auf Auskunftserteilung* über die vertragswidrig von dem andern unmittelbar geschlossenen Geschäfte. Dies jedenfalls dann, wenn der anderweite Nachweis der Höhe des durch die Vertragsverlet-

zung entstandenen Schadens unerachtet des § 287 ZPO besonderen Schwierigkeiten unterliegt. (Das Urteil verweist auf E. 65, 37, wo HGB § 92 Abs. 2 auf ein derartiges agenturähnliches Verhältnis für anwendbar erklärt wird.)
U. v. 3.11.1916; III 73/16. Hamm.

5.   = § 88 HGB Nr. 14.
U. v. 7.11.1916; III 215/16. Celle.

6.   HGB § 91 (auch BGB § 259).
Ein Kaufmann, dem die *Generalvertretung* derart übertragen ist, dass er den Absatz der Waren des Auftraggebers für einen bestimmten Bezirk zu betreiben, der Auftraggeber aber alle Bestellungen aus diesem Bezirk ihm zu überweisen hat, hat gleich einem *Bezirksagenten* einen Anspruch auf *Auskunftserteilung* über die von dem Auftraggeber vertragswidrig *unmittelbar* abgeschlossenen Geschäfte des Bezirkes, gleichviel ob er in der Bestimmung des Weiterverkaufspreises mehr oder weniger beschränkt war oder völlig freie Hand hatte.
U. v. 12.2.1918; III 254/17. E. 92, 201. Hamm.

7.   HGB § 91 (auch BGB § 810).
Dem rechtlichen Interesse des Handlungsagenten an der Büchereinsicht steht das ernste und berechtigte Interesse des Geschäftsherrn an der Geheimhaltung seiner Handelsbücher, überdies aber auch der § 91 HGB entgegen, wonach dem Agenten für die Abrechnung mit dem Geschäftsherrn in erster Linie das Recht auf die Mitteilung eines Buchauszuges eingeräumt ist. Es ist deshalb das rechtliche Interesse des Agenten nur für gegeben zu erachten, wenn der Rechtsbehelf des § 91 HGB infolge besonderer vom Geschäftsherrn zu vertretender oder doch in seinem Geschäftsbetriebe liegender Umstände versagt, insbesondere, wenn der erteilte Buchauszug nicht nur eine vereinzelte Unrichtigkeit, sondern durchschnittliche oder durchgängige Unzuverlässigkeit aufweist (vgl. E. 87, 10).
U. v. 20.12.1922; V 196/22.

8.   HGB § 91.
Die Ansprüche des Handelsagenten auf Erteilung eines Buchauszuges und auf Gewährung der Einsicht in die Geschäftsbücher (HGB § 91; E. 87, 11) sind bloße Hilfsansprüche und können nicht mehr erhoben werden, wenn der mit ihnen verfolgte Zweck (z. B. wegen Verjährung des Hauptanspruchs, zu dessen Vorbereitung sie dienen sollen) aus irgendeinem Grunde weggefallen ist.
U. v. 7.12.1928; II 206/28. Breslau.

9.   = § 65 HGB Nr. 9.
U. v. 1.7.1941; RAG 52/41. E. 25, 131.

§ 92

Das Vertragsverhältnis zwischen dem Geschäftsherrn und dem Handlungsagenten kann, wenn es für unbestimmte Zeit eingegangen ist, von jedem Teile für den Schluss eines Kalendervierteljahrs unter Einhaltung einer Kündigungsfrist von sechs Wochen gekündigt werden. Das Vertragsverhältnis kann von jedem Teile ohne Einhaltung einer Kündigungsfrist gekündigt werden, wenn ein wichtiger Grund vorliegt.

1.   HGB § 92.

Als ein *wichtiger Grund zur Kündigung* muss es gelten, wenn der Fabrikationsgegenstand, auf dessen Absatz sich der Agenturvertrag ausschließlich bezieht, von dem Fabrikanten dauernd in einer Beschaffenheit geliefert wird, die dessen Tauglichkeit für den Zweck, dem er dienen soll, und damit dessen Absatzfähigkeit aufhebt oder doch wesentlich beeinträchtigt.
U. v. 12.1.1907; I 254/06. E. 65, 86. Karlsruhe. – Ebenso: U. v. 12.4.1911; I 49/10. Karlsruhe.

2.   = § 84 HGB Nr. 9.
U. v. 12.4.1907; III 306/06. Hamburg.

3.   HGB § 92.
Über einen wichtigen Grund zur Kündigung eines agenturähnlichen Vertrags s. BGB § 433 Nr. 126.
U. v. 5.7.1907; II 112/07. Frankfurt.

4.   HGB § 92.
Über die Frage, inwieweit *Unhöflichkeit im brieflichen Verkehr* ein Grund zur Aufhebung des Vertrags ist, wird ausgeführt:
Wenn auch darin, dass der Agent in seiner Geschäftskorrespondenz andauernd die Regeln der Höflichkeit und des Anstandes gröblich verletzt hat, ein die Aufhebung des Vertragsverhältnisses rechtfertigender wichtiger Grund gefunden werden kann, so kann doch aus den konkreten Umständen des Falles das Gegenteil sich ergeben, so wenn der Prinzipal gegen den vom Agenten in seiner Korrespondenz angeschlagenen Ton niemals Einspruch erhoben hat, und seine eigenen Briefe ebenfalls ziemlich unhöfliche gewesen sind.
U. v. 12.11.1907; III 325/07. Kammergericht.

5.   HGB § 92.
Eine *erhebliche Beleidigung* des Geschäftsherrn durch den Agenten kann einen wichtigen Grund im Sinne des § 92 Abs. 2 bilden.
U. v. 11.2.1908; III 282/07. Düsseldorf.

6.   HGB § 92.
Die Kündigungsvorschriften des § 92 finden entsprechende Anwendung auf diejenigen Kaufleute, die ständig damit betraut sind, im eignen Namen für Rechnung eines andern Handelsgeschäfte abzuschließen (sogen. *Kommissionsagenten*).

U. v. 24.10.1908; I 53/08. E. 69, 363. Düsseldorf. – Ebenso: U. v. 3.11.1916; III 73/16. Hamm. – Vgl. § 84 Nr. 25.

7. HGB § 92 (auch BGB § 628).

Über Ersatzansprüche im Falle vorzeitiger Aufhebung des Agenturverhältnisses enthält das Handelsgesetzbuch keine Bestimmung. Hier greifen die Vorschriften des § 628 BGB ein, die grundsätzlich auf alle Dienstverhältnisse, also in Ermangelung entgegenstehender Sondervorschriften auch auf das Agenturverhältnis anwendbar sind und die Anwendung der allgemeinen Bestimmungen der §§ 325, 326 BGB ausschließen.

U. v. 11.11.1910; III 701/09. Köln.

8. HGB § 92.

Hat eine Firma einem Dritten den Alleinverkauf ihrer Fabrikate für ein geografisch abgegrenztes Gebiet übertragen, so ist auf das Rechtsverhältnis dieser Parteien, auch wenn der Dritte nicht die Stellung eines Handlungsgehilfen bei der Firma gehabt hat, der § 92 entsprechend anzuwenden. [Vgl. E. 65, 37.]

U. v. 2.12.1910; II 55/10. Hamburg. – Ebenso: U. v. 3.11.1916; III 73/16. Hamm.

9. HGB § 92.

Dem Geschäftsherrn ist nicht zuzumuten, einen verlustbringenden Betrieb lediglich wegen des Agenten fortzusetzen. Die in solchem Falle vorzeitig erklärte Kündigung verpflichtet den Geschäftsherrn nicht zum Schadensersatz [E. 31, 61]. Demnach ist der Regel nach die durch die Unmöglichkeit eines lohnenden Fortbetriebs veranlasste Auflösung des Geschäfts als ein wichtiger Grund im Sinne des § 92 Abs. 2 anzusehen.

U. v. 2.12.1910; II 55/10. Hamburg.

10. = § 70 HGB Nr. 18.

U. v. 4.10.1911; III 547/10. E. 77, 96. Kammergericht.

11. = § 70 HGB Nr. 20.

U. v. 5.12.1911; III 585/10. Düsseldorf.

12. HGB § 92 (auch BGB § 623, 624, 723).

Auf ein auf unbestimmte Zeit eingegangenes gesellschafts- oder dienstvertragsähnliches Vertragsverhältnis sind die Vorschriften der §§ 623, 723 BGB, § 92 HGB entsprechend anzuwenden und die Kündbarkeit wenigstens nach Ablauf einer angemessenen Zeit und nach Zuweisung mehrerer Geschäfte seitens des Vermittlers an den Unternehmer zu bejahen.

In gegebenem Falle hatte sich der Beklagte im Jahre 1902 verpflichtet, dem Kläger „für Zuweisung und Erhalt des Auftrags für einen Villenbau 100 M. zu zahlen und ihm für die durch ihn – den Beklagten – zur Ausführung kommenden Bauten die Heizungs- und Lüftungsanlagen zu übertragen". Der Beklagte hatte dem Kläger die Ausführung zweier Heizungsanlagen im Werte von 800 und 2690 M. zugewiesen und dann im Jahre 1909 den Vertrag gekündigt. Die Kündigung wurde für gerechtfertigt erklärt.

U. v. 27.2.1912; III 314/11. E. 78, 421. Dresden.

13.   HGB § 92 (auch § 133; BGB §§ 242, 626, 723).

Bei lang dauernden Bezugsverpflichtungen darf der Verpflichtete im Falle der Zerstö-
rung des guten Einvernehmens oder des Vertrauens die Erfüllung verweigern oder sich
von seiner Verpflichtung für die Zukunft lossagen.

U. v. 27.2.1912; II 445/11. E. 78, 385. Köln.

14.   HGB § 92.

Der Nachprüfung des Revisionsgerichts unterliegt lediglich die Frage, ob die festgestellten Vorkommnisse einen wichtigen Aufhebungsgrund abgeben *können*.
Zur Annahme eines wichtigen Grundes können auch solche Umstände herangezogen
werden, die nach der Entlassung des Agenten sich ereignet haben.

U. v. 15.10.1915; III 97/15. Marienwerder.

15.   HGB § 92 (auch EG z. BGB Art. 11).

Für die Frage, nach *welchem Recht* die Rechtmäßigkeit der *Kündigung* eines Agenturvertrages durch den *Geschäftsherrn* zu beurteilen ist, ist es unerheblich, ob aus der Kündigung Verbindlichkeiten des *Geschäftsherrn* oder des *Agenten* hergeleitet werden sollen. Das anzuwendende Recht ist in beiden Fällen notwendig *das Gleiche*.

Dieses Recht ist z. B. dann das *deutsche*, wenn die auf den Absatz der Erzeugnisse des ausländischen
Geschäftsherrn gerichtete Tätigkeit des Agenten sich in Deutschland abspielte, der Agent in Deutschland
seine Niederlassung hatte und dort ein Warenlager des Geschäftsherrn unterhielt.

U. v. 30.3.1917; III 414/16. Köln.

16.   HGB § 92 (auch BGB § 626 und Kriegsnotrecht I).

Auch wenn ein Vertragsverhältnis vereinbarungsgemäß trotz eines Kriegsausbruchs
Fortdauer behalten soll, wird durch diese Vereinbarung nicht ohne weiteres das Recht
ausgeschlossen, wegen der *unerwartet langen Dauer des Krieges* den Vertrag (z. B.
einen Agenturvertrag gemäß HGB § 92) zu kündigen.

U. v. 15.6.1917; III 41/17. Hamburg.

17.   HGB § 92 (auch BGB § 626).

Bei Dienstverträgen und ihrer Unterart, den Agenturverträgen, kann eine einseitige
vorzeitige Lösung des Vertragsverhältnisses nur auf Grund der §§ 626 ff. BGB, 92 Abs
2 HGB (z. B. wegen Vorliegens eines wichtigen Grundes zur fristlosen Kündigung)
nicht auch auf Grund des § 326 BGB erreicht werden. (Vgl. U. III 95/11.)

U. v. 5.2.1918; III 311/17. E. 92, 158. Hamburg. – Vgl. das spätere U. in gleicher Sache: unten Nr. 23.

18.   HGB § 92 (auch BGB § 626).

Ob eine Tatsache als wichtiger Grund zur fristlosen Kündigung eines Agenturverhältnisses nach § 92 HGB (z. B. seitens eines Agenten zur Beschaffung von Reklameaufträger
gegenüber dem Geschäftsherrn) oder eines sonstigen Dienstverhältnisses nach § 626
BGB angesehen werden kann, ist nach ihrer Bedeutung an und für sich und im Verhältnis zu den vertraglichen Beziehungen zwischen den Parteien in ihrer Gesamtheit zu

entscheiden. Dabei sind unter Umständen auch die *vermögensrechtlichen Folgen* der Kündigung zu berücksichtigen. Mit Treu und Glauben, welche bei dieser Frage zu entscheiden haben, ist es nicht vereinbar, dass ein verhältnismäßig geringfügiger Vorfall, ein in Erregung gesprochenes oder sonst entschuldbares scharfes Wort, das vielleicht bei *losen* Vertragsbeziehungen und beim Fehlen *schwerwiegender* Folgen hinreichen könnte, die Kündigung zu rechtfertigen, zum Anlass genommen wird, ein Vertragsverhältnis, dessen Bruch die schwerste Schädigung des anderen zur Folge haben muss, zu lösen und einen ungewöhnlichen Gewinn ohne jede Gegenleistung zu fordern.
U. v. 26.11.1918; III 246/18. E. 94, 166. Kammergericht.

19. = § 84 HGB Nr. 21.
U. v. 22.11.1918; III 221/18. Kammergericht.

20. HGB § 92.
1. Es ist im Wesentlichen eine vom Richter unter Würdigung der Verhältnisse des Einzelfalles zu entscheidende Tatsache, ob ein wichtiger Grund zur fristlosen Kündigung im Sinne des Abs. 2 gegeben sei. Die Entscheidung hierüber ist daher für die Regel der Nachprüfung des Revisionsgerichts unzugänglich. (Vgl. U. III 350/00 [JW 1901, 209]; III 92/06 [JW 1906, 813]; VI 442/09; III 97/15.)
2. Eine Beleidigung des Geschäftsherrn durch den Handlungsagenten kann für den Geschäftsherrn einen wichtigen Grund zur fristlosen Aufhebung des Agenturvertrages abgeben, wenn sie so erheblich ist, dass ein bedeihliches Zusammenwirken zur Erreichung des Zweckes des Agenturvertrages, dem Geschäftsherrn möglichst viel Käufer durch Vermittlung des Agenten zuzuführen, nicht mehr zu erwarten und darum dem Geschäftsherrn die Fortsetzung des Vertragsverhältnisses nicht zuzumuten ist. (Vgl. U. I 395/87 [JW 1888, 137]; III 282/07; 61, 17; E. 65, 38.) Dagegen wird dies von einem Verhalten des Handlungsagenten gegenüber dem Geschäftsherrn, das sich lediglich als Unhöflichkeit oder auch Unziemlichkeit darstellt, in der Regel nicht gelten können.
U. v. 22.1.1919; V 317/18. Dresden.

21. HGB § 92 (auch BGB § 723).
Hat ein Fabrikant einem Händler den Alleinvertrieb seiner Waren innerhalb eines bestimmten Bezirks „für die Dauer *ausreichender* Geschäftsverbindung" eingeräumt, ohne dass der Händler ihm dafür ein Entgelt gewährt hätte, so erscheint die Annahme nicht rechtsirrtümlich, dass der Fabrikant das Verhältnis – dahin gestellt, ob es mehr einer Gesellschaft oder einem Agenturvertrag ähnelt – jederzeit *auch ohne wichtigen Grund fristlos* kündigen kann. Doch ist er nach Treu und Glauben verpflichtet, *nach* Beendigung des Vertrags noch solange mit dem eigenen Vertrieb in dem früheren Bezirk des Händlers zu warten, bis dieser die noch in seinem Besitz befindlichen oder schon von ihm bestellten Waren ungestört durch direkte Verkäufe absetzen kann. (Unterlassungspflicht als Vertragsnachwirkung.)
U. v. 18.3.1919; II 395/18. E. 95, 166. Kammergericht.

22.   HGB § 92.

Im Falle der vertragsmäßigen (formlos möglichen) Übertragung des Alleinverkaufs von Waren für einen bestimmten Bezirk ist über die Frage, unter welchen Bedingungen und mit welcher Kündigungsfrist das Verhältnis beendigt werden kann, regelmäßig unter entsprechender Anwendung des für den *Agenturvertrag* geltenden Vorschriften zu entscheiden. (Vgl. E. 65, 37; 95, 166.)

U. v. 14.11.1919; II 172/19.

23.   HGB § 92 (auch BGB § 626).

Mangelnde Lebensfähigkeit des Geschäftsbetriebes kann einen *wichtigen Kündigungsgrund* i. S. der §§ 626 BGB, 92 HGB bilden. So braucht z. B. der Geschäftsherr seinen der Ertragsfähigkeit entbehrenden Betrieb nicht fortzuführen, um dem Agenten oder demjenigen, dem er den Alleinverkauf seiner Erzeugnisse für ein bestimmtes Gebiet zugesichert hat, Gelegenheit zum Verdienst zu geben. (Vgl. das frühere U. in gleicher Sache: E. 92, 158.)

U. v. 18.12.1919; III 164/19. – Zustimmend: U. v. 10.6.1922; V 3/22. – Vgl. U. v. 21.10.1924; VII 918/23.

24.   HGB § 92.

Ist jemandem das Alleinverkaufsrecht für einen bestimmten Bezirk auf längere (unbestimmte) Zeit übertragen, so ist er zwar nicht als Handlungsagent anzusehen, doch finden die Bestimmungen über Handlungsagenten insbesondere § 92 sinngemäße Anwendung (vgl. E. 65, 37; ferner oben Nr. 3, 6).

U. v. 30.6.1920; V 123/20.

25.   HGB § 92 (auch BGB § 626).

Auch bei *agenturähnlichen* Verhältnissen, bei denen die rechtlichen und wirtschaftlichen Interessen der Beteiligten eng miteinander verknüpft sind und ein auf gegenseitigem Vertrauen beruhendes Zusammenarbeiten erforderlich ist, kann das Vertragsverhältnis von jedem Teile ohne Einhaltung einer Kündigungsfrist gekündigt werden, wenn ein wichtiger Grund vorliegt. (Vgl. E. 65, 37; 8, 385 und BGB § 626 Nr. 41.) Als wichtiger Grund können auch erhebliche Ehrverletzungen angesehen werden. (Vgl. HGB § 72 Nr. 10.)

U. v. 7.7.1920; V 148/20.

26.   HGB § 92.

Es mag zwar Fälle geben, wo die persönliche Tätigkeit des Agenten zurücktritt, und deshalb auch seine Vertretung durch einen Dritten zulässig ist, anders liegt es jedoch, wenn seine persönliche Dienstleistung zur *Vertragsbedingung* erhoben ist. In diesem Falle bietet die Nichtleistung der persönlichen Dienste einen Grund zur *vorzeitigen Kündigung* (vgl. E. 65, 38).

U. v. 26.1.1921; V 335/20.

27. HGB § 92.

Bei einem auf längere Dauer berechneten Agenturverhältnis, das gegenseitiges Vertrauen und persönliches Zusammenarbeiten voraussetzt, kann ein wichtiger Grund zu fristloser Kündigung auch dann vorliegen, wenn infolge des Gesamtverhaltens des einen Teiles das Verhältnis sich derartig zugespitzt hat, dass dem anderen Teile eine Fortsetzung des Verhältnisses nicht zuzumuten ist (vgl. E. 78, 389).
U. v. 30.4.1921; V 515/20.

28. HGB § 92.

Ist nach dem Tode des Geschäftsherrn dessen Erbe *für seine Person* zur Fortführung des Geschäfts außerstande, so kann darin für ihn ein wichtiger Grund zur fristlosen Kündigung des Agenturvertrags gefunden werden. (Vgl. oben Nr. 23 und E. 58, 256), auch wenn Fortführung des Betriebes durch einen tüchtigen Geschäftsführer möglich wäre.
U. v. 10.6.1922; V 3/22.

29. HGB § 92.

Ein wichtiger Grund zur Kündigung liegt vor, wenn der Agent ein Verhalten gezeigt hat, auf Grund dessen dem Prinzipal das Zusammensein mit ihm nicht mehr zugemutet werden kann. Auch Tatsachen, die vor dem Vertragsschluss liegen, können dieses Erfordernis erfüllen.
Bestechungsversuch des Klägers vor Abschluss des Vertrags gegenüber einem Angestellten des Beklagten in eigennütziger Absicht.
U. v. 26.9.1924; VII 913/23. Hamburg.

30. HGB § 92.

1. Ob ein wichtiger Grund zur Kündigung eines Agenturvertrages vorliegt, ist im Allgemeinen zwar Tatfrage. Aber soweit es sich darum handelt, ob die für die Feststellung des wichtigen Grundes berücksichtigten Ereignisse auch an sich für die Beurteilung seines Vorliegens herangezogen und verwertet werden konnten, liegen die Erwägungen auf *rechtlichem* Boden.
2. Ein wichtiger Grund zur Kündigung eines mit einer GmbH abgeschlossenen Agenturvertrages kann auch daraus entnommen werden, dass der Besitzer aller Geschäftsanteile in ein Strafverfahren verwickelt gewesen ist, das zu seiner Verhaftung geführt hat und trotz seiner späteren Außerverfolgungsetzung einen dringenden Verdacht gegen ihn zurückgelassen hat. Dies trifft besonders dann zu, wenn die Gesellschaft nur dem Namen nach die Agentin ist, als der eigentliche Herr des Geschäftes aber der Besitzer der Geschäftsanteile gedacht worden ist.
U. v. 11.3.1927; VI 531/26. Hamburg.

31. HGB § 92.

Der Klägerin war seit Jahren das Alleinverkaufsrecht für die Erzeugnisse der Beklagten (Stickmaschinen) für das Gebiet der Vereinigten Staaten von Amerika und von Kanada übertragen. Der Alleinverkauf der Klägerin geschah in ihrem eigenen Namen und auf

ihre Rechnung. Auf die Kündigung dieses Vertragsverhältnisses ist die Vorschrift über die Kündigung des Agenturvertrags (§ 92) anzuwenden. Die Beklagte konnte also, sofern nicht ein wichtiger Grund vorlag (§ 92 Abs. 2), der Klägerin nur für den Schluss eines Kalendervierteljahres unter Einhaltung einer sechswöchigen Frist kündigen.
U. v. 8.1.1929; II 310/28. Kammergericht.

32.   HGB § 92.
Eine grobe Pflichtverletzung, die die fristlose Entlassung rechtfertigt, kann auch darin gefunden werden, dass der Generalagent einer Versicherungsgesellschaft die ihm nach Schadensregulierung bekannt gewordenen Tatsachen, welche eine geringe Bewertung des Schadens rechtfertigen, nicht mitteilt, obwohl er weiß, dass z. Zt. eine Rückforderung des zuviel gezahlten Betrages noch durchführbar ist.
U. v. 18.2.1930; II 254/29. Kammergericht.

33.   BGB § 626; HGB § 92.
Ein wichtiger Grund zur fristlosen Kündigung des Agenturvertrags kann für den Geschäftsherrn darin gefunden werden, dass sich der Betrieb für ihn außerordentlich verlustreich gestaltet. Der Feststellung, dass er den Geschäftszweig sogleich völlig aufgegeben habe, bedarf es dann nicht.
U. v. 9.3.1933; VI 415/32. Hamburg.

34.   HGB § 92.
Anwendung des § 92 Abs. 2 auf das Vertragsverhältnis des sog. Kommissionsagenten.
U. v. 9.5.1934; I 237/33. Köln.

35.   HGB § 92.
Die Abmachung einer Beschränkung wichtiger Gründe auf bestimmte Tatbestände ist trotz der zwingenden Natur des § 92 nicht schlechthin ausgeschlossen, sofern sie nicht gegen § 138 BGB verstößt (vgl. U. v. 1.5.1914; III 33/14 – Warn 1914 Nr. 248 u. a.).
U. v. 12.2.1937; VII 195/36.

36.   BGB § 626; HGB §§ 92, 375.
Fristlose Kündigung kann in befristete umgedeutet werden (vgl. RAG Bd. 14 S. 224).
Kündigung zum Zwecke der Unterwerfung unter ungünstigere Bedingungen des Agenturvertrags (Abschluss- statt Vermittlungsprovision, eintägige statt gesetzliche Kündigung) ist nicht sittenwidrig.
U. v. 21.6.1937; RAG 76/37.

Achter Abschnitt. Handelsmäkler.

⟨vor §§ 93-104⟩

1. HGB §§ 93-104.

Soweit die §§ 93 ff. keine Bestimmung treffen, erfolgt die Ausfüllung von Lücken, mindestens soweit es sich um Verpflichtungen des Geschäftsherrn gegenüber dem Handelsmäkler handelt, durch die Vorschriften des BGB über den Mäklervertrag (§§ 652 ff). Danach ist ein einem Handelsmäkler erteilter Auftrag mangels anderweitiger vertraglicher Regelung *frei widerruflich*. (Vgl. BGB § 652 Nr. 19, 91 Abs. 2.)
U. v. 12.1.1921; V 391/20. E. 101, 209.

§ 93

Wer gewerbsmäßig für andere Personen, ohne von ihnen auf Grund eines Vertragsverhältnisses ständig damit betraut zu sein, die Vermittelung von Verträgen über Anschaffung oder Veräußerung von Waren oder Wertpapieren, über Versicherungen, Güterbeförderungen, Bodmerei, Schiffsmiete oder sonstige Gegenstände des Handelsverkehrs übernimmt, hat die Rechte und Pflichten eines Handelsmäklers.
Auf die Vermittelung anderer als der bezeichneten Geschäfte, insbesondere auf die Vermittelung von Geschäften über unbewegliche Sachen, finden, auch wenn die Vermittelung durch einen Handelsmäkler erfolgt, die Vorschriften dieses Abschnitts keine Anwendung.

1. HGB § 93.

Der Makler eines Schiffes handelt als Vertreter des Reeders, insbesondere auch hinsichtlich der Einziehung der Fracht. Er ist aber Vertreter des Reeders *als Substitut des Schiffers*. Er ist daher befugt, die Fracht sich auszahlen zu lassen, zugleich aber auch verpflichtet, die einkassierte Fracht an den Schiffer, und nicht ohne dessen Zustimmung an einen Dritten auszuliefern, sofern nicht dieser Dritte der vom Schiffer vertretene Reeder ist.
U. v. 18.5.1904; I 64/04. E. 58, 150. Hamburg.

2. HGB § 93 (auch § 98).

Wer gewerbsmäßig Bankkreditgeschäfte vermittelt, ist Handelsmäkler, auch wenn die von ihm vermittelten Geschäfte wesentlich nur der Erlangung von hypothekarischen Darlehen auf Grundstücke dienen und haftet daher jeder der beiden Parteien schlechtweg für jedes Verschulden.
U. v. 8.5.1911; VI 245/10. E. 76, 250. Hamm. – Zustimmend: U. v. 26.10.1933; VI 256/33.

3. HGB § 93 (auch § 99).

Bei dem Handelsmäkler ist der Begriff der Vermittlung nicht zu eng zu fassen, es muss unter Umständen eine bloße Namhaftmachung des Käufers genügen.
Das Verhältnis kann jedoch auch so gestaltet sein, dass der Mäkler lediglich die Interessen der einen Partei wahrnimmt. In diesem Falle tritt der Mäkler nicht in ein Vertrags-

verhältnis zu dem anderen Teile; er hat ihm gegenüber keine vertragsmäßige Sorgfalts-
pflicht und keinen Anspruch auf Mäklerlohn. Um eine derartige Gestaltung des Verhältnisses anzunehmen ist nicht notwendig, dass der andere Teil die Dienste des Mäklers
erkennbar zurückweist.
U. v. 5.10.1915; III 83/15. Hamburg.

4.   HGB § 93 (zu 2 auch § 346).
1. Die rechtliche Stellung des Schiffsmaklers, der vom Reeder lediglich mit der Herbeiführung von Verträgen über Befrachtung betraut worden ist, ist nach den für den Handelsmakler geltenden Vorschriften der §§ 93 ff. HGB zu beurteilen. (Vgl. E. 58, 150).
2. Für die Rechte und Pflichten eines mit der Vermittelung von Schiffsfrachtverträgen
betrauten Schiffsmaklers sind die *am Orte seiner Niederlassung* geltenden Handelsgeschäfte maßgebend, auch wenn diese am Wohnorte des Reeders keine Geltung haben,
da räumlich beschränkte Handelsbräuche mangels abweichender Vereinbarung stets bei
Geschäften gelten, die ihrem eigentlichen Wesen nach, insbesondere nach Bedeutung
und Wirkung, diesem beschränkten Gebiet angehören (vgl. E. 53, 62; U. VII 208/03
[Recht 03 Nr. 3058]).
U. v. 29.11.1919; I 191/19. E. 97, 215.

5.   HGB § 93.
Der Handelsmäkler, der einen Abschluss – Kasse gegen Lagerschein – vermittelt, ist
regelmäßig nicht verpflichtet, sich von dem Vorhandensein der durch Lagerschein zu
verkaufenden Ware zu überzeugen. Erfährt er nach Abschluss des Vertrages, dass die
verkaufte Ware nicht vorhanden sei, so hat er seinem Auftraggeber Mitteilung zu machen, aber nur bei sicherer Kenntnis, nicht schon auf Verdachtsmomente hin. Eine
Pflicht zur Nachforschung besteht auch dann nicht.
U. v. 25.10.1932; II 90/32. E. 138, 94. Rostock.

§ 94

Der Handelsmäkler hat, sofern nicht die Parteien ihm dies erlassen oder der Ortsgebrauch mit Rücksicht
auf die Gattung der Ware davon entbindet, unverzüglich nach dem Abschlusse des Geschäfts jeder
Partei eine von ihm unterzeichnete Schlussnote zuzustellen, welche die Parteien, den Gegenstand und
die Bedingungen des Geschäfts, insbesondere bei Verkäufen von Waren oder Wertpapieren deren Gattung und Menge, sowie den Preis und die Zeit der Lieferung, enthält.
Bei Geschäften, die nicht sofort erfüllt werden sollen, ist die Schlussnote den Parteien zu ihrer Unterschrift zuzustellen und jeder Partei die von der anderen unterschriebene Schlussnote zu übersenden.
Verweigert eine Partei die Annahme oder Unterschrift der Schlussnote, so hat der Handelsmäkler davon
der anderen Partei unverzüglich Anzeige zu machen.

1.   HGB § 94 (auch § 346).
Aus dem widerspruchslosen Empfange der Schlussnote eines Handelsmäklers *kann* die
Genehmigung ihres Inhalts gefolgert werden.
U. v. 10.1.1905; II 294/04. E. 59, 350. Hamburg.

2. HGB § 94.

Der Grundsatz, dass schriftliche Vertragsurkunden die *Vermutung der Vollständigkeit* für sich haben, muss auch auf die von dem Vermittler eines Kaufgeschäftes ausgestellten Schlussscheine Anwendung finden, wenigstens insoweit, als die Beurkundung der Vertragsbestimmungen in den Schlussnoten der Mäkler vorgeschrieben oder üblich ist. Nach dem Zwecke eines solchen Scheines müssen sich die Beteiligten auf dessen Inhalt ebenso verlassen können, wie auf eigene schriftliche Erklärungen. Ist der Käufer mit der in den Schlussschein aufgenommenen Garantie über die Beschaffenheit der Kaufsache nicht zufrieden, so muss er gegen den Schlussschein Widerspruch erheben, gerade so, wie er es tun müsste, wenn ihm der Verkäufer selbst den Vertrag schriftlich bestätigte. U. v. 2.2.1906; VII 502/05. Naumburg.

3. HGB § 94.

Ist eine vom Inhalt des abgeschlossenen Vertrages *abweichende* Schlussnote von einer Partei vorbehaltlos angenommen worden, so wird daraus in der Regel die *Genehmigung des Geschäfts* mit dem in der Schlussnote angegebenen Vertragsinhalte zu folgern sein. (Vgl. E. 58, 367; 59, 350; oben Nr. 1.) Dies gilt aber z. B. dann nicht, wenn die Partei sofort nach Einsicht der Schlussnote der Gegenpartei gegenüber erklärt, nur gemäß dem Inhalt des Vertrages abschließen zu wollen. U. v. 20.4.1917; II 565/16. E. 90, 166. Hamburg.

4. HGB § 94.

Die Schlussnote eines Maklers begründet nur eine *tatsächliche Vermutung* für die Vollständigkeit der in sie aufgenommenen Vereinbarungen, und auch nur, soweit es sich um Abreden handelt, die nach der gesetzlichen Vorschrift oder üblicherweise *von den Noten* zum Ausdruck zu bringen sind. (Vgl. oben Nr. 2.) Auch die Vermutung in letzterer Hinsicht kann durch den Nachweis entkräftet werden, dass eine solche Abrede *neben der Note* gelten sollte. U. v. 22.2.1918; III 411/17. Hamburg.

5. HGB § 94 (auch § 346).

Die Aufnahme der die Zollfreiheit einer verkauften ausländischen Ware betreffenden zollbehördlichen Mitteilung in die über den Verkauf aufgenommene Schlussnote des Mäklers weist darauf hin, dass der Zollfreiheit eine Bedeutung für den Inhalt des Kaufvertrages beigemessen ist. In einem derartigen Falle ist daher die Auslegung, dass *zollfrei* verkauft sei, rechtlich möglich. U. v. 16.5.1918; II 6/18. Hamburg.

6. HGB § 94.

Kaufverhandlungen, welche unter Vermittlung eines Maklers geführt werden, kommen zum Abschluss, wenn die Annahme der Offerte dem *Makler* erklärt wird; die Annahmeerklärung braucht nicht erst der Gegenpartei zuzugehen. Die Schlussnote des Maklers ist Urkunde über ein abgeschlossenes Geschäft. Auf diese (Schluss-)Verhandlung der annehmenden Partei mit dem Makler kommt es an, wenn eine Partei sich darauf beruft, dass wegen Missverständnisses der Vertrag in Wahrheit nicht zustande gekommen sei. U. v. 23.5.1922; II 468, 544/21. E. 104, 366.

7.   HGB § 94 (auch § 346).

Hat der Handelsmäkler, durch dessen Vermittelung ein Lieferungsvertrag mit der Klausel „entweder frei Waggon oder frei Seekahn" abgeschlossen worden ist, in die beiden Teilen zugestellten Schlussnoten den Zusatz „nach Wahl des Käufers" aufgenommen, so ist der Verkäufer, auch wenn der Handelsmäkler den Zusatz eigenmächtig aufgenommen hat, an diesen Zusatz gebunden, wenn er nicht unverzüglich nach Empfang der Schlussnote dem *Käufer* gegenüber widerspricht. Ein dem Mäkler gegenüber erhobener, von diesem aber an den Käufer weitergegebener Widerspruch ist belanglos. (Vgl. E. 90, 168.)
U. v. 29.9.1922; II 766/21. E. 105, 205.

§ 95

Nimmt eine Partei eine Schlussnote an, in der sich der Handelsmäkler die Bezeichnung der anderen Partei vorbehalten hat, so ist sie an das Geschäft mit der Partei, welche ihr nachträglich bezeichnet wird, gebunden, es sei denn, dass gegen diese begründete Einwendungen zu erheben sind.
Die Bezeichnung der anderen Partei hat innerhalb der ortsüblichen Frist, in Ermangelung einer solchen innerhalb einer den Umständen nach angemessenen Frist zu erfolgen.
Unterbleibt die Bezeichnung oder sind gegen die bezeichnete Person oder Firma begründete Einwendungen zu erheben, so ist die Partei befugt, den Handelsmäkler auf die Erfüllung des Geschäfts in Anspruch zu nehmen. Der Anspruch ist ausgeschlossen, wenn sich die Partei auf die Aufforderung des Handelsmäklers nicht unverzüglich darüber erklärt, ob sie Erfüllung verlange.

1.   HGB § 95.

Im Handelsverkehr ist es nicht selten, dass sich ein Vermittler (Mäkler oder Agent) bei einem Geschäftsabschluss mit einer Partei die Bezeichnung der anderen Partei vorbehält. In diesem Falle ist die eine Partei an den Vertrag gebunden, und der Vermittler haftet für die Erfüllung, wenn der Vertrag mit der anderen Partei mangels ihrer Bezeichnung durch den Vermittler oder weil gegen sie begründete Einwendungen bestehen, nicht zustande kommt (vgl. E. 38, 185).
U. v. 15.3.1918; II 454/17. Kammergericht. – Zustimmend: U. v. 9.12.1919; II 299/300/19. E. 97, 260.

2.   HGB § 95.

Die Vorschrift des § 95 Abs. 3 (Haftung des Handelsmäklers bei Unterbleiben der Bezeichnung der Gegenpartei im Schlussschein) kann nur dann direkt oder entsprechend angewendet werden, wenn der Schlussschein entweder ausdrücklich die Klausel „Aufgabe vorbehalten" bez. eine gleichbedeutende Klausel trägt, oder wenn er doch zu erkennen gibt, dass dem Mäkler oder Agenten, der den Vertragsgegner noch nicht gefunden hat, indes alsbald finden wird, die Auswahl überlassen werden soll. Anders, wenn

ein Agent seine Geschäftsverbindungen geheim halten will und deshalb nach der Meinung der Parteien der dem Agenten von vornherein bekannte Auftraggeber und Gegenkontrahent ungenannt bleiben soll. Auf einen solchen Fall passt § 95 Abs. 3 nicht. (Vgl. U. VII 75/16.)
U. v. 9.12.1919; II 299/300/19. E. 97, 260.

3.   HGB § 95.
1. Die eine Partei kann den Handelsmäkler, der die andere Partei nicht bezeichnet hat, gemäß Abs. 3 auf Erfüllung auch dann in Anspruch nehmen, wenn ausnahmsweise *keine Schlussnote* ausgestellt und angenommen worden ist, mag auch den Mäkler keine Schuld an der unrichtigen Vermittlung treffen. (Vgl. E. 90, 168; 97, 262.)
2. Eine als *Nichtbezeichnung* i. S. des Abs. 3 geltende unwirksame Bezeichnung der anderen Partei liegt vor, wenn der Mäkler mit der von ihm bezeichneten anderen Partei, die verkaufen will, nicht zu den gleichen Bedingungen wie mit der kaufenden Partei abgeschlossen hat. Wollte z. B. die vom Mäkler als Verkäufer bezeichnete andere Partei nur mit dem Vorbehalt liefern, dass ihr selbst geliefert werde, so ist die Bezeichnung unwirksam, wenn der Mäkler mit der Partei, die kaufen will, ohne diesen Vorbehalt abgeschlossen hat.
U. v. 24.10.1921; VI 155/21. E. 103, 68. – Zustimmend zu Abs. 2: U. v. 18.6.1925; IV 119/25.

§ 96

Der Handelsmäkler hat, sofern nicht die Parteien ihm dies erlassen oder der Ortsgebrauch mit Rücksicht auf die Gattung der Ware davon entbindet, von jeder durch seine Vermittelung nach Probe verkauften Ware die Probe, falls sie ihm übergeben ist, so lange aufzubewahren, bis die Ware ohne Einwendung gegen ihre Beschaffenheit angenommen oder das Geschäft in anderer Weise erledigt wird. Er hat die Probe durch ein Zeichen kenntlich zu machen.

§ 97

Der Handlungsmäkler gilt nicht als ermächtigt, eine Zahlung oder eine andere im Vertrage bedungene Leistung in Empfang zu nehmen.

Zu §§ 96-97 kein Leitsatz.

§ 98

Der Handelsmäkler haftet jeder der beiden Parteien für den durch sein Verschulden entstehenden Schaden.

1.   = § 93 HGB Nr. 2.
U. v. 8.5.1911; VI 245/10. E. 76, 250. Hamm.

2.   HGB § 98.

Der Handelsmäkler, der einen Versicherungsvertrag vermittelt, muss dem Versicherer alle Umstände mitteilen, die für den Abschluss und für den Rechtsbestand des Vertrages erheblich sein können. Schuldhafte Verletzung dieser gemäß § 347 mit der Sorgfalt eines ordentlichen Kaufmanns zu erfüllenden Pflicht macht ihn auch dem *Versicherungsnehmer* gegenüber ersatzpflichtig (so z. B. wenn er Tatsachen, die zur Entkräftung von Einwendungen des Versicherers gegen den Versicherungsanspruch geeignet sind, dem Versicherer mitzuteilen schuldhaft unterlassen hat).

U. v. 18.12.1917; III 224/17. Kammergericht.

3.   BGB §§ 276, 779; HGB §§ 98, 347.

Der Handelsmakler, vor allem der Fachmakler (z. B. Versicherungsmakler) handelt schuldhaft, wenn er es unterlässt, einen von ihm vermittelten Versicherungsvertrag daraufhin zu prüfen, ob Vertragsbestimmungen, Nachträge, Zusätze usw. nach Inhalt und Zusammenhang im Hinblick auf die zu vermutenden, notfalls aufzuklärenden Belange der Vertragsteile, vornehmlich des Versicherungsnehmers, eine klare Rechtslage ergeben.

Kommt es wegen unklarer Rechtslage in einem Deckungsprozess zu einem Vergleich, durch den der Versicherungsnehmer eine geringere Deckung erhält, als er durch den Versicherungsvertrag erlangt zu haben geglaubt hatte und als er bei Erkenntnis der Zweifelhaftigkeit durch andere Fassung der Bedingungen sich gesichert haben würde, so muss der Makler ihm für den Unterschiedsbetrag (vorbehaltlich § 254 BGB) einstehen, wenn die Rechtslage objektiv so zweifelhaft war, dass der Versicherungsnehmer den Vergleich als zweckmäßig ansehen durfte, und dass der Makler diese Zweifelhaftigkeit bei sorgfältiger Prüfung hätte erkennen müssen.

U. v. 26.2.1943; VII 117/42.

§ 99

Ist unter den Parteien nichts darüber vereinbart, wer den Mäklerlohn bezahlen soll, so ist er in Ermangelung eines abweichenden Ortsgebrauchs von jeder Partei zur Hälfte zu entrichten.

1.   HGB § 99.

Der Mäkler hat nach dem Abschluss eines Vertrages eine Provision zu fordern, wenn er beauftragt war und wenn zwischen seiner Tätigkeit und dem Abschluss ein ursächlicher Zusammenhang besteht. Wann letzteres zutrifft, ist Tatfrage. Jener Zusammenhang kann fehlen, wenn das Geschäft von dem Auftraggeber mit der ihm ursprünglich durch den Mäkler zugeführten Person abgeschlossen wird, denn der Zusammenhang kann unterbrochen gewesen, die Verhandlungen können abgebrochen und nachher ohne Beteiligung des Mäklers wieder aufgenommen worden sein. Andererseits ist es, wenn die Verhandlungen abgebrochen waren und nachher wieder aufgenommen wurden, wohl möglich, dass die Wiederaufnahme auf den Mäkler, sei es auch nur auf die von diesem gege-

bene ursprüngliche Anregung zurückzuführen ist, und in solchem Falle kann ein ursächlicher Zusammenhang auch dann, wenn er sich an den weiteren Verhandlungen nicht
beteiligt hat, anerkannt werden. [Altes Recht; vgl. im übrigen über die Fälligkeit des
Mäklerlohns und den Kausalzusammenhang BGB § 652 g und i.]
U. v. 27.10.1900; I 402/00. Naumburg.

2.   = § 93 HGB Nr. 3.
U. v. 5.10.1915; III 83/15. Hamburg.

§ 100

Der Handelsmäkler ist verpflichtet, ein Tagebuch zu führen und in dieses alle abgeschlossenen Geschäfte täglich einzutragen. Die Eintragungen sind nach der Zeitfolge zu bewirken; sie haben die im § 94 Abs.
1 bezeichneten Angaben zu enthalten. Das Eingetragene ist von dem Handelsmäkler täglich zu unterzeichnen.
Die Vorschriften der §§ 43, 44 über die Einrichtung und Aufbewahrung der Handelsbücher finden auf
das Tagebuch des Handelsmäklers Anwendung.

§ 101

Der Handelsmäkler ist verpflichtet, den Parteien jederzeit auf Verlangen Auszüge aus dem Tagebuch zu
geben, die von ihm unterzeichnet sind und alles enthalten, was von ihm in Ansehung des vermittelten
Geschäfts eingetragen ist.

§ 102

Im Laufe eines Rechtsstreits kann das Gericht auch ohne Antrag einer Partei die Vorlegung des Tagebuchs anordnen, um es mit der Schlussnote, den Auszügen oder anderen Beweismitteln zu vergleichen.

§ 103

Handelsmäkler, die den Vorschriften über die Führung und Aufbewahrung des Tagebuchs zuwiderhandeln, werden mit Geldstrafe bis zu eintausend Mark bestraft.

§ 104

Auf Personen, welche die Vermittelung von Warengeschäften im Kleinverkehre besorgen, finden die
Vorschriften über Schlussnoten und Tagebücher keine Anwendung.

Zu §§ 100-104 keine Leitsätze.

Zweites Buch. Handelsgesellschaften und Stille Gesellschaft.

⟨vor §§ 105-342⟩

1.   HGB II (auch EG z. BGB Art. 10).
Die Rechts-, Partei- und Prozessfähigkeit einer ausländischen, nach dem an ihrem Sitze geltenden Rechte rechtsfähigen Handelsgesellschaft ist auch im Inland anzuerkennen, soweit sie nicht im Widerspruche mit Art. 30 EG z. BGB gegen die guten Sitten oder gegen den Zweck eines deutschen Gesetzes verstößt.
U. v. 16.12.1913; II 523/13. E. 83, 367. Stuttgart.

2.   BGB §§ 134, 138; HGB §§ 105-122, 161-177.
Eine offene Handelsgesellschaft oder Kommanditgesellschaft ist jedenfalls dann nichtig, wenn der Gesellschaftsvertrag als solcher erlaubt und sittlich ist und nur die von der Gesellschaft oder den Gesellschaftern zur Erreichung des gesetzlich zulässigen Gesellschaftszweckes vorgenommenen einzelnen Rechtshandlungen gesetzlich verboten oder sittenwidrig sind. Zwischen einem gesetzlich unzulässigen Gesellschaftsvertrage und einer gesetzlich unzulässigen Betätigung der Gesellschaft in einzelnen Obliegenheiten ist scharf zu unterscheiden.
U. v. 15.2.1943; II 102/42.

Erster Abschnitt. Offene Handelsgesellschaft.

⟨vor §§ 105-160⟩

1.   BGB §§ 123, 705-740; HGB §§ 105-160.
Ein wegen Willensmängel, insbesondere wegen arglistiger Täuschung, mit Erfolg angefochtener und darum nichtiger Gesellschaftsvertrag bleibt, auch wenn es sich um eine Gesellschaft ohne selbständige Rechtspersönlichkeit handelt, sofern er bereits in Vollzug gesetzt worden war, auch im Verhältnis der Gesellschafter untereinander nicht ohne jede Wirkung. Der Gesellschaftsvertrag hat trotz seiner Nichtigkeit jedenfalls *tatsächlich* ein Gemeinschaftsverhältnis unter den Gesellschaftern begründet, dessen Lösung in aller Regel nur im Wege der Auseinandersetzung herbeigeführt werden kann mit der Folge, dass der einzelne Gesellschafter – auch der Getäuschte – nicht schlechthin das von ihm in die Gesellschaft Eingebrachte zurückfordern, sondern nur den sich aus der Auseinandersetzung für ihn ergebenden Überschuss verlangen kann.
U. v. 5.3.1935; II 294/34.

2.   HGB §§ 105 ff.

Die nach dem Gesellschaftsvertrage zulässige Kündigung einer offenen Handelsgesellschaft kann einem zum Wehrdienst während des Krieges eingezogenen Mitgesellschafters gegenüber u. U. einen Rechtsmissbrauch darstellen und nach § 242 unzulässig sein.
U. v. 15.3.1943; II 119/42.

Erster Titel. Errichtung der Gesellschaft.

⟨vor §§ 105-108⟩

1.   HGB §§ 105-108 (auch BGB II, 7, 25).

Die offene Handelsgesellschaft haftet für Verschulden ihrer Teilhaber aus unerlaubter
Handlung entsprechend einer juristischen Person. (Vgl. E. 76, 35.)
U. v. 23.10.1919; VI 178/19.

2.   BGB § 328; HGB §§ 105-108, 121.

Ein Vertrag, wodurch der Veräußerer eines Handelsgeschäfts den Erwerber verpflichtet,
einen dritten, falls dieser ein bestimmtes Lebensalter erreicht und der Umfang des Geschäfts es erlaubt, als Teilhaber aufzunehmen, begründet für den Dritten den Anspruch,
dass der Erwerber mit ihm eine offene Handelsgesellschaft errichtet. Wie sich das Verhältnis der Gesellschafter untereinander, insbesondere ihre Beteiligung am Gewinn und
Verlust gestalten wird, ergeben die Umstände zur Zeit der Erfüllung des Vertrages. Der
Vertrag darf nicht deshalb, weil er hierüber nichts enthält, für unwirksam erachtet werden.
U. v. 22.5.1925; II 336/24. Stuttgart.

§ 105

Eine Gesellschaft, deren Zweck auf den Betrieb eines Handelsgewerbes unter gemeinschaftlicher Firma
gerichtet ist, ist eine offene Handelsgesellschaft, wenn bei keinem der Gesellschafter die Haftung gegenüber den Gesellschaftsgläubigern beschränkt ist.
Auf die offene Handelsgesellschaft finden, soweit nicht in diesem Abschnitt ein Anderes vorgeschrieben
ist, die Vorschriften des Bürgerlichen Gesetzbuchs über die Gesellschaft Anwendung.

a) Begriff der offenen Handelsgesellschaft: 1, 2, 12, 13, 17, 19, 21, 23, 24, 25, 27
b) Gesellschaftsvertrag: 3, 22
c) Gesellschaftszweck: 4, 11
d) Betrieb eines Handelsgewerbes: 1, 4, 5, 6
e) Gemeinschaftliche Firma: 19
f) Unbeschränkte Haftung: –
g) Gesellschaftsvermögen: 2, 7, 10, 13, 20
h) Selbständige Ansprüche der Gesellschafter: 8, 14, 18

i)   Eintragung ins Handelsregister: 9
k)   Anwendung der Bestimmungen des BGB: 18, 22, 28, 29
l)   Anfechtung eines Gesellschaftsvertrages: 11, 15, 16

1.   HGB § 105.

Die Annahme einer offenen Handelsgesellschaft ist ausgeschlossen, wenn nach dem
Vertrage das Gesellschaftsverhältnis, das auch nicht in das Handelsregister eingetragen
worden ist, nicht hervortreten und ein Betrieb unter gemeinschaftlicher Firma nicht stattfinden sollte. [Vgl. E. 13, 230.]
U. v. 17.4.1901; I 9/01. Hamm.

2.   HGB § 105.

Die offene Handelsgesellschaft ist keine juristische Person; die Gesellschafter sind Eigentümer der für die Gesellschaft erworbenen Gegenstände. Nur die *Organe der Gesellschaft* können aber darüber im Ganzen oder über reelle oder ideelle Teile verfügen. Bei
Verfügungen über das Gesellschaftseigentum, welche von den Organen der Gesellschaft
mit einem der Gesellschafter vorgenommen werden, steht der letztere als *Dritter* der
Gesellschaft gegenüber. [Vgl. E. 32, 256; 45, 221.]
U. v. 18.6.1901; VII 144/01. Breslau.

3.   HGB § 105.

Wenn das gesellschaftliche Verhältnis sachlich den Tatbestand der offenen Handelsgesellschaft erfüllt, so kommt es auf die Bezeichnung nicht an, da diese den wirklichen
Inhalt des Gesellschaftsvertrages nicht verändern kann, auch wenn man annimmt, dass
es sich dabei nicht bloß um eine irrtümliche Bezeichnung, sondern um den beabsichtig-
ten Ausdruck eines abweichenden Willens der Gesellschafter gehandelt hat.
Deshalb ist es unerheblich, wenn die Gesellschafter selbst ihre Vereinigung in den zugrunde liegenden
Verträgen als eine Gelegenheitsgesellschaft bezeichnet haben. Trotz einer solchen Bezeichnung ist die
Lift Company of Heligoland eine unter deutschem Recht stehende offene Handelsgesellschaft.
U. v. 14.12.1901; I 276/01. Kammergericht. – Vgl. Nr. 6.

4.   HGB § 105.

In der bloßen Liquidation eines Handlungsvermögens ist der Betrieb eines Handelsgewerbes im Sinne des § 105 nicht zu finden. Eine offene Handelsgesellschaft kann daher
nicht lediglich zu dem Zweck errichtet werden, das Vermögen einer anderen Gesellschaft unter deren Gläubiger konkursmäßig zu verteilen.
Die Inhaber einer offenen Handelsgesellschaft erklärten vor der Registrierbehörde, dass sie das Geschäft
mit der Firma, aber ohne die Passiva, an A. und B. übertrügen; A. und B. erklärten sodann, dass sie ihre
Handelsgesellschaft auflösten und sich zu Liquidatoren bestellten. Dies wurde eingetragen. Nach dem
oben angeführten Rechtssatze war zwischen A. und B. keine offene Handelsgesellschaft entstanden.
Nach der festgestellten Absicht der Beteiligten sollte damit auch die Übertragung des Geschäftes und der
Firma an A. und B. hinfällig sein und diese das Vermögen der aufgelösten alten Handelsgesellschaft

liquidieren. Demgemäß vollzieht sich die Liquidation als Liquidation des Aktivvermögens der aufgelösten alten Handelsgesellschaft.
U. v. 11.4.1902; I 305, 306/01. Köln.

5.   = § 1 HGB Nr. 4.
U. v. 25.1.1902; I 325/01. E. 50, 154. Hamm.

6.   HGB § 105.
Eine Personenvereinigung, die nach außen hin als offene Handelsgesellschaft auftritt, muss nach den Grundsätzen von Treu und Glauben im redlichen Geschäftsverkehre dem gutgläubigen Dritten gegenüber, soweit die Schuldenhaftung in Betracht kommt, sich die Behandlung als offene Handelsgesellschaft gefallen lassen. [Vgl. Nr. 3.]
U. v. 9.1.1903; II 281/02. Köln.

7.   HGB § 105 (auch BGB §§ 706, 925).
Wenn die *Miteigentümer* eines Grundstücks sich zu einer *offenen Handelsgesellschaft vereinigen* und gegenseitig verpflichten, ihre Miteigentumsanteile in die Gesellschaft einzubringen, so ist zur Übertragung des Eigentums an dem Grundstücke die Auflassung und Eintragung im Grundbuch erforderlich.
U. v. 2.11.1903; V 170/03. E. 56, 96. Kammergericht.

8.   HGB § 105 (auch § 107).
Es ist zulässig, dass bei Eingehung des ursprünglichen Gesellschaftsvertrags ein Gesellschafter sich das Recht ausbedingt, durch einen einseitigen Entschluss einen Dritten in die Gesellschaft aufzunehmen. Alsdann wird der Dritte unmittelbar durch den mit diesem einen Gesellschafter abgeschlossenen Aufnahmevertrag Mitglied der Gesellschaft, da die erforderliche Zustimmung des oder der übrigen Gesellschafter bereits im voraus im ursprünglichen Gesellschaftsvertrag erteilt ist. [Vgl. § 126 Nr. 3.]
2 U. v. 19.12.1904; I 411, 416/04. Hamburg.

9.   HGB § 105.
Die Eintragung der Gesellschaftsfirma in das Handelsregister begründet für das wirtschaftliche Bestehen eines Gesellschaftsverhältnisses nach innen nicht mehr als eine Vermutung, die durch Gegenbeweis in Gestalt eines ausdrücklichen Abkommens oder konkludenter Handlungen entkräftet werden kann.
U. v. 7.6.1905; I 3/05. Hamburg.

10.   HGB § 105.
Das *Gesellschaftsvermögen* ist ein selbständiges; der Gesellschafter steht, wenn er Gegenstände dieses Vermögens erwirbt, der Gesellschaft gleich einem Dritten gegenüber, dieser Erwerb stellt daher einen Eigentumswechsel dar. Diesem rechtlichen Gesichtspunkte trägt auch das preuß. Stempelsteuergesetz Rechnung.
U. v. 2.3.1906; VII 282/05. Naumburg.

11.   = § 1 HGB Nr. 8.

U. v. 15.12.1906; I 198/06. Dresden.

12.   HGB § 105.

Die offene Handelsgesellschaft ist *kein neben ihren Teilhabern selbständig bestehendes Rechtssubjekt*. Träger der im *Gesellschaftsvermögen* vereinigten Rechte sind die einzelnen persönlich haftenden Gesellschafter. [Vgl. Nr. 2.]

„Ursprüngliche Aktienzeichner" (sogen. Primordialzeichner) im Sinne des Statuts einer Aktiengesellschaft können daher bei einer *namens einer offenen Handelsgesellschaft erfolgten Aktienzeichnung* nur die Gesellschafter gewesen sein. Diese können das an die Eigenschaft als erster Zeichner geknüpfte Bezugsrecht nach Auflösung der offenen Handelsgesellschaft unter den übrigen statutarischen Voraussetzungen ausüben.

U. v. 15.12.1906; I 241/06. E. 65, 21. Kammergericht. – Ebenso: U. v. 6.7.1917; III 126/17. Kammergericht.

13.   HGB § 105.

Auf Grund der in Nr. 2 und 12 festgestellten Grundsätze wird weiter ausgeführt: Wenn die Teilhaber einer offenen Handelsgesellschaft über das Gesellschaftsvermögen Verfügung treffen – obligatorisch oder dinglich –, so verfügen sie damit über eigene, ihnen gehörige Vermögensgegenstände.

Andererseits ist die offene Handelsgesellschaft doch auch *keine bloß obligatorische Gesellschaft* im Sinne des gemeinen Rechts. Sie gehört vielmehr zu den *Gemeinschaften zur gesamten Hand*. Dem Sozius kommt nicht nur an dem Gesellschaftsvermögen im Ganzen, sondern auch an den einzelnen dazu gehörigen Vermögensstücken ein Anteil als unmittelbare Mitberechtigung zu (§ 719 Abs. 1 BGB verbunden mit § 105 Abs. 2 HGB). Dieser Anteil an den einzelnen Vermögensgegenständen, soweit dies Sachen sind, ist kein Miteigentum nach Bruchteilen (§§ 1008 flg. BGB).

U. v. 23.2.1907; I 404/06. E. 65, 227. Köln.

14.   HGB § 105 (auch BGB § 717; ZPO § 851).

Handelt es sich um einen *selbständigen Anspruch des Gesellschafters*, der losgelöst ist aus dem Gesellschaftsverhältnis und der sich darstellt als ein Anspruch gegen die Gesellschaft auf einen von vornherein als jedes Mal feststehend angenommenen und als fällig bestimmten Gewinnanteil, also als ein Anspruch auf einen Gewinnanteil im Sinne des § 717 Satz 2 BGB, so findet die gemäß § 105 Abs. 2 HGB auch für die offene Handelsgesellschaft geltende Vorschrift des § 717 Abs. 1 Satz 1 BGB, wonach die Ansprüche, die den Gesellschaftern aus dem Gesellschaftsverhältnisse gegeneinander zustehen, nicht übertragbar sind, keine Anwendung. [Vgl. BGB § 717 Nr. 3.]

B. v. 7.8.1907; IV B 297/07. Posen.

15.   HGB § 105 (auch BGB § 119).

Bei Eingehung eines Gesellschaftsvertrages ist die *geschäftliche Vertrauenswürdigkeit des anderen Gesellschafters* eine Eigenschaft der Person, die im Verkehr als wesentlich angesehen wird; daher fällt ein Irrtum hierüber unter § 119 Abs. 2 BGB. Gleiches gilt auch für den Irrtum über die *geschäftliche Vertrauenswürdigkeit des Geschäftsführers* [vgl. § 119 Nr. 58], der *vertragsgemäß* als die Person bezeichnet ist, die an Stelle des Vertragsgegners die diesem obliegende Geschäftsführung (§ 114 Abs. 1 HGB) bewirken soll.

Der Wille der vertragschließenden Teile bei Abschluss des Gesellschaftsvertrags war, dass die eine Gesellschafterin, die als nominelle Inhaberin des Geschäftes bisher eingetragene Ehefrau, keinerlei Tätigkeit für den gemeinschaftlichen Geschäftsbetrieb entfalten, dass vielmehr die ihr obliegende Geschäftsführung durch ihren Ehemann bewirkt werden sollte. Der Irrtum über die geschäftliche Vertrauenswürdigkeit des letzteren wurde als zur Anfechtung aus § 119 Abs. 2 geeignet erachtet.

U. v. 2.10.1907; I 586/06. Dresden.

16.   HGB § 105 (auch BGB § 123).

Ficht ein Gesellschafter den Gesellschaftsvertrag wegen arglistiger Täuschung an, so ist für die Frage der *Kausalität arglistigen Verschweigens* lediglich die zur Zeit des Vertragsschlusses gegebene Sachlage entscheidend.

U. v. 19.10.1907; I 486/06. Hamburg.

17.   HGB § 105 (auch §§ 146, 149, 161; ZPO § 373).

Die offene Handelsgesellschaft und die Kommanditgesellschaft sind auch seit 1900 *keine juristischen Personen.*

Daher sind *alle* Gesellschafter einer solchen Gesellschaft im Allgemeinen untüchtige Zeugen in einem Prozess, an dem die Gesellschaft als Partei beteiligt ist; dies gilt auch für das Stadium der Liquidation selbst dann, wenn der betreffende Gesellschafter nicht Liquidator ist. Nur dann könnte vielleicht für die Berufungsinstanz eine Ausnahme gemacht werden, wenn zwei Berufungen gegen *verschiedene* Teile des Urteils von *verschiedenen* Parteien eingelegt sind, und die Gesellschaft bei der Berufung, um die es sich gerade handelt, *nicht* als Partei beteiligt ist.

U. v. 15.11.1909; VI 495/08. Köln.

18.   HGB § 105 (auch BGB §§ 609, 707).

Der bloße Übergang einer Darlehnsforderung, die einem Dritten gegen die offene Handelsgesellschaft zustand, auf einen Gesellschafter genügt nicht, ihn in der Ausübung seines Kündigungsrechts zu beschränken. Dies würde eine Erhöhung seines Beitrages bedeuten, wozu er gemäß § 707 BGB nicht verpflichtet ist.

U. v. 2.10.1912; I 424/11. Stuttgart.

19.   = § 19 HGB Nr. 2.

U. v. 11.3.1913; II 587/12. E. 82, 24. Kammergericht.

20.   HGB § 105.

In Anbetracht der Selbständigkeit des Vermögens einer offenen Handelsgesellschaft gegenüber dem Vermögen der einzelnen Gesellschafter (vgl. oben Nr. 2) sind Rechtsge-

schäfte zwischen einem Gesellschafter und der Gesellschaft möglich (vgl. E. 7, 120; 32, 256; 45, 221).
U. v. 25.1.1917; IV 328/16. Hamm.

21.   HGB § 105 (auch BGB § 705).

Ist bei einem Vertrage zwischen mehreren der gemeinsame Zweck auf den Betrieb eines Handelsgewerbes gerichtet, so wird durch eine Regelung der Gewinn- und Verlustbeteiligung in der Weise, dass einer der Geschäftsteilhaber ein festes Entgelt erhält und (im Innenverhältnisse) am Gewinn und Verlust keinen Anteil hat, der Bestand eines Gesellschaftsverhältnisses überhaupt und der einer offenen Handelsgesellschaft insbesondere nicht ausgeschlossen. (Vgl. U. v. 13.7.1915; II 99/15.)
U. v. 9.3.1917; II 512/16. E. 90, 15. Dresden.

22.   HGB § 105 (auch BGB § 707).

Bei der Gesellschaft des bürgerlichen Rechts und bei der offenen Handelsgesellschaft bedarf eine Erhöhung der Leistungspflichten der Zustimmung *sämtlicher* Gesellschafter; die Zustimmung der Mehrheit genügt nicht, um die Widersprechenden zu der höheren Leistung zu verpflichten. Dieser aus § 707 sich ergebende Rechtssatz ist zwar (anders wie bei Aktiengesellschaften und Gesellschaften m.b.H., HGB § 276, GmbHG § 53) nachgiebiger Natur, kann also durch den Gesellschaftsvertrag ausgeschlossen werden (vgl. U. II 648/13). Jedoch eine Bestimmung darin, dass Abänderungen des Gesellschaftsvertrages von einer gewissen Mehrheit beschlossen werden können, ist nicht ausreichend, um einem von einer solchen Mehrheit gefassten Erhöhungsbeschluss Wirksamkeit gegenüber der Minderheit zu geben. Vielmehr wäre dazu eine Bestimmung in der Satzung dahin erforderlich, dass gerade die Gesetzesvorschrift des § 707 BGB dem Ausschluss durch Mehrheitsbeschluss unterliegen solle. Außerdem müssten gewisse Grenzen angegeben sein, in denen sich der Erhöhungsbeschluss zu bewegen hätte, denn eine schrankenlose Unterwerfung der Minderheit unter den Willen der Mehrheit würde gegen die guten Sitten verstoßen (vgl. E. 87, 265).
U. v. 23.11.1917; II 242/17. E. 91, 166. Naumburg.

23.   HGB § 105.

Der Gewerbebetrieb einer offenen Handelsgesellschaft kann die Geschäfte eines Handlungsagenten (§ 84) zum Gegenstand haben.
U. v. 6.6.1919; III 436/16. Kammergericht.

24.   HGB § 105 (auch § 161 und GmbHG).

Persönlich haftender Gesellschafter einer offenen Handelsgesellschaft oder Kommanditgesellschaft kann auch eine GmbH sein.
B. v. 4.7.1922; II B 3 und 4/22.

25. HGB § 105 (auch BGB § 705).

Wenn *minderjährige* Kinder gemeinschaftlich das ererbte elterliche Geschäft weiter betreiben, so entsteht dadurch allein noch keine offene Handelsgesellschaft zwischen ihnen, zufolge dessen sie für die Gesellschaftsschulden als Gesamtschuldner haften würden. Auch die Zustimmung des Vormundes und Vormundschaftsgerichts zur Fortführung des Geschäfts erzeugt eine solche Wirkung jedenfalls dann nicht, wenn für alle Beteiligten nur ein gemeinschaftlicher Vormund bestellt ist, dieser also bei Abschluss des Gesellschaftsvertrages die mehreren Mündel nicht gleichzeitig vertreten könnte.
U. v. 24.5.1922; IV 679/21.

26. HGB § 105 (auch BGB §§ 738, 739, 740, zu 1 auch § 723).

1. Ist in dem Gesellschaftsvertrag einer offenen Handelsgesellschaft bestimmt, dass für den Fall der Kündigung des einen Gesellschafters der andere die Wahl hat, welche von den beiden bestehenden Geschäftsabteilungen er übernehmen und fortführen will, so ist hierin, wenn nicht andere Vertragsbestimmungen das Gegenteil ergeben sollten, *nicht* eine nach § 723 Abs. 3 BGB unzulässige und daher nichtige Beschränkung oder Erschwerung des Kündigungsrechtes eines Gesellschafters, sondern lediglich eine zulässige Bestimmung über die Art der Auseinandersetzung unter den Gesellschaftern zu erblicken.

2. Die Auseinandersetzung hat in diesem Falle entsprechend derjenigen im Falle des Ausscheidens eines Gesellschafters unter Wertausgleichung im Verhältnis der Kapitalkonten zu erfolgen (§§ 738, 739, 740 BGB). Maßgebend für die Auseinandersetzung ist der Wert der von dem anderen Gesellschafter fortzuführenden Geschäftsabteilung z. Zt. des Wirksamwerdens der Kündigung, das ist der bei einer möglichst vorteilhaften Verwertung der betr. Geschäftsabteilung durch Veräußerung des Ganzen zu erzielende Erlös. Ist bei einer solchen Verwertung nach Lage des Falles mit einer über den Wert der einzelnen Gegenstände hinausgehenden Bewertung zu rechnen, so ist ein dementsprechender Posten „Geschäftswert" oder „Kundschaft" (auch good will oder façon genannt) in die Auseinandersetzungsbilanz einzustellen.
U. v. 22.12.1922; II 621/22. E. 106, 128.

27. HGB §§ 105, 123.

Zur Entstehung einer offenen Handelsgesellschaft bedarf es nicht der Eröffnung des Betriebes unter gemeinsamer Firma; vielmehr genügt es, dass der Zweck auf solchen Betrieb gerichtet ist.
U. v. 5.1.1936; II 153/24. E. 112, 280. Hamburg.

28. BGB § 320; HGB §§ 105, 123.

Auf die offene Handelsgesellschaft, die ihre Tätigkeit noch nicht begonnen hat, finden die Bestimmungen des §§ 320 ff. BGB Anwendung.
U. v. 5.1.1926; II 153/24. E. 112, 280. Hamburg.

29.   BGB § 734; HGB §§ 105, 142.

Im Fall der Auflösung einer offenen Handelsgesellschaft durch Abschichtung des einen
Gesellschafters und Übernahme des Geschäfts mit Aktiven und sämtlichen Passiven
durch den anderen Gesellschafter, ist Gesellschaftsvermögen, dessen Zugehörigkeit zur
Gesellschaft zunächst bestritten und das deshalb vom Auseinandersetzungsvertrag ausgenommen worden war, mangels anderweitiger Vereinbarung nach Gewinnverteilungs-
grundsätzen zu verteilen, insbesondere nach BGB §§ 734, 738 ff.
U. v. 11.6.1926; II 521/25. E. 114, 131. Kammergericht.

30.   BGB § 705; HGB §§ 105, 335; ArbGG § 2.

In einem Streit über die Zuständigkeit des ordentlichen Gerichts oder des Arbeitsge-
richts, die davon abhängig ist, ob ein Prokurist einer offenen Handelsgesellschaft im
Angestelltenverhältnis verblieben oder vertraglich zum Gesellschafter gemacht worden
ist, werden die Erfordernisse eines Angestelltenverhältnisses, ferner diejenigen einer
Gesellschaft typischer oder atypischer Gestalt erörtert. Die Zuständigkeit des ordentli-
chen Gerichts wird bejaht. Ferner wird der Begriff der sog. Innengesellschaft und die
Einlage von Diensten bei der stillen Gesellschaft behandelt.
U. v. 10.10.1933; II 148/33. E. 142, 13. Naumburg.

31.   BGB § 738; HGB §§ 105, 138.

Berechnung des sog. inneren Geschäftswertes eines Handelsunternehmens beim Ausscheiden eines Gesellschafters durch Tod und Maßstab der Beteiligung der abzufinden-
den Erben daran. Für den Anteil ist nicht der Kapitalanteil, sondern die Gewinnbeteili-
gung maßgebend (vgl. E. Bd. 114 S. 131). Bei Berechnung des inneren Geschäftswertes
nach dem Durchschnittsreinertrag ist es nicht unrichtig, wenn für die Tätigkeit der Geschäftsinhaber ein angemessener Jahresbetrag („Unternehmerlohn") in Abzug gebracht
wird (vgl. U. v. 5.6.1934; II 67/34).
U. v. 12.6.1936; II 7/36.

32.   = § 31 HGB Nr. 3.
B. v. 11.5.1937; II B 5/36. E. 155, 75.

33.   BGB § 707; HGB §§ 105, 161.

Der Anspruch eines Kommanditisten auf Feststellung, dass ihm für den Fall einer Kapitalerhöhung zufolge vertraglicher Vereinbarung ein Recht auf Vorwegerhöhung seiner
Kommanditeinlage zustehe, kann nur gegenüber den Mitgesellschaftern, nicht auch
gegenüber der Gesellschaft geltend gemacht werden.
Hat ein Teil der Gesellschafter eine allgemeine Erhöhung der Kapitaleinlagen beschlossen, ohne dass im Gesellschaftsvertrag hierfür eine Ausnahme von der Vorschrift des
§ 707 BGB vorgesehen ist, so erlangt der Beschluss auch gegenüber den Gesellschaftern
Wirksamkeit, die an der Beschlussfassung nicht teilgenommen haben, wenn sie dem
Beschlusse nachträglich beitreten, vorausgesetzt, dass der Beitritt den übrigen Gesell-

schaftern gegenüber und zu einer Zeit erklärt wird, wo diese selbst an der unter ihnen getroffenen Einigung noch festhalten.

U. v. 13.4.1940; II 143/39. E. 163, 385.

34.   BGB § 249; HGB §§ 105, 133, 140, 142, 161.

Eine offene Handelsgesellschaft kann *nicht als Innengesellschaft* errichtet werden. Eine Innengesellschaft ist zwar in der Weise möglich, dass vereinbart wird, es solle im Innenverhältnis so gehalten werden, als ob eine offene Handelsgesellschaft bestünde. Eine solche Vereinbarung begründet aber nur eine schuldrechtliche Verpflichtung der Gesellschafter gegeneinander und ermöglicht noch nicht den Erlass eines Gestaltungsurteils gemäß den §§ 133, 140, 142 HGB.

Bietet ein Einzelkaufmann jemandem den Beitritt als Gesellschafter in sein Geschäft in der Weise an, dass dieser wählen darf, ob das Unternehmen in eine offene Handelsgesellschaft oder eine Kommanditgesellschaft umgewandelt wird, und, im letzten Falle, ob er oder der andere persönlich haftender Gesellschafter wird, so kann mit der Annahme des Angebots und der Ausübung des Wahlrechts, falls das Gesellschaftsverhältnis damit ausreichend bestimmt ist, entweder ein Vorvertrag oder unmittelbar, je nach dem Ausfall der Wahl, eine offene Handelsgesellschaft oder eine Kommanditgesellschaft zustande kommen.

Ist in dem zu Abs. 2 genannten Falle nur ein *Vorvertrag* zustande gekommen und gerät der Geschäftsinhaber mit der Erfüllung dieses Vorvertrages (d. h. mit der Aufnahme des anderen als Gesellschafter) in Verzug, tritt demnächst aber ein Ereignis ein, das den anderen berechtigen würde, falls er bereits Gesellschafter der offenen Handelsgesellschaft oder Kommanditgesellschaft geworden wäre, ein Übernahmerecht nach § 142 HGB geltend zu machen, so kann dieser zwar nicht unmittelbar den Erlass eines Gestaltungsurteils gemäß § 142 HGB, aber doch auf Grund des Verzuges Erfüllung in der Weise verlangen, dass der Geschäftsinhaber ihm das Geschäft mit gleicher Wirkung überlässt.

U. v. 27.11.1940; II 67/40. E. 165, 260.

§ 106

Die Gesellschaft ist bei dem Gericht, in dessen Bezirke sie ihren Sitz hat, zur Eintragung in das Handelsregister anzumelden.

Die Anmeldung hat zu enthalten:
1. den Namen, Vornamen, Stand und Wohnort jedes Gesellschafters;
2. die Firma der Gesellschaft und den Ort, wo sie ihren Sitz hat;
3. den Zeitpunkt, mit welchem die Gesellschaft begonnen hat.

Zu § 106 kein Leitsatz.

§ 107

Wird die Firma einer Gesellschaft geändert oder der Sitz der Gesellschaft an einen anderen Ort verlegt oder tritt ein neuer Gesellschafter in die Gesellschaft ein, so ist dies ebenfalls zur Eintragung in das Handelsregister anzumelden.

1.   = § 105 HGB Nr. 8.
2 U. v. 19.12.1904; I 411, 416/04. Hamburg.

§ 108

Die Anmeldungen sind von sämtlichen Gesellschaftern zu bewirken.
Die Gesellschafter, welche die Gesellschaft vertreten sollen, haben die Firma nebst ihrer Namensunterschrift zur Aufbewahrung bei dem Gerichte zu zeichnen.

Zu § 108 kein Leitsatz.

Zweiter Titel. Rechtsverhältnis der Gesellschafter untereinander.

⟨vor §§ 109-122⟩

1.   HGB II. 1, 2 (auch II. 2).
Streitigkeiten, die das *innere Verhältnis der Gesellschafter zueinander* betreffen, sind durch Klage des Gesellschafters gegen den Gesellschafter zu erledigen, nicht etwa durch Klagen gegen die Gesellschaft.
U. v. 11.5.1907; I 522/06. Naumburg.

2.   HGB §§ 109-122 (auch BGB §§ 706, 718).
Die Gesellschafter einer offenen Handelsgesellschaft sind, soweit nicht etwas anderes vereinbart worden, in ihrer Gesamtheit Inhaber der Fabrik- und Geschäftsgeheimnisse, die sie durch gemeinschaftliche Tätigkeit im Interesse des gemeinschaftlichen Unternehmens geschaffen haben und wechselseitig verpflichtet, die Geheimnisse zu bewahren und sie ausschließlich im gemeinsamen Interesse zu verwerten. Ohne Zustimmung der Mitgesellschafter ist der einzelne Gesellschafter nicht berechtigt, Abschriften und Abzeichnungen solcher Geheimnisse anzufertigen und in Alleinbesitz zu nehmen.
U. v. 27.3.1923; II 72/22. E. 107, 171.

3.   HGB §§ 109-122.
1. Als ein in dem Verhältnis der Gesellschafter einer offenen Handelsgesellschaft untereinander wurzelnder Anspruch auf Leistung zum Gesellschaftsvermögen (actio pro

socio) ist angesehen und daher die Aktivlegitimation angenommen worden für eine Klage des einen Gesellschafters gegen den Mitgesellschafter auf Vornahme aller Handlungen, die zur Umschreibung eines nur irrtümlich auf den Namen des beklagten Gesellschafters persönlich anstatt für als offene Handelsgesellschaft eingetragenen Warenzeichens auf diese erforderlich sind. Der Umstand, dass die offene Handelsgesellschaft nach der Eintragung aufgelöst und das Liquidationsverfahren eingeleitet ist und sie keinen Geschäftsbetrieb mehr hat, ändert nichts an der Begründetheit des Anspruchs und an der Aktivlegitimation des klagenden Gesellschafters. Es handelt sich um einen Berichtigungsanspruch auf Umschreibung des Warenzeichens entsprechend dem Grundbuch-Berichtigungsanspruch aus § 894 BGB.
2. Dagegen kann auf Vorgänge, die nach der Auflösung der Gesellschaft liegen, die actio pro socio nicht mehr gegründet werden. Insoweit besteht also ein Klagerecht des Gesellschafters gegen den Mitgesellschafter auf Leistung an die Gesellschaft nicht.
J. v. 21.12.1926; II 164/26. Jena.

§ 109

Das Rechtsverhältnis der Gesellschafter unter einander richtet sich zunächst nach dem Gesellschaftsvertrage; die Vorschriften der §§ 110 bis 122 finden nur insoweit Anwendung, als nicht durch den Gesellschaftsvertrag ein Anderes bestimmt ist.

1.   HGB § 109 (auch § 124; BGB § 925).

Haben die Gesellschafter einer offenen Handelsgesellschaft vereinbart, dass die auf ihren – der Gesellschafter – Namen eingetragenen Grundstücke dem Eigentume nach in die offene Handelsgesellschaft fallen sollen, so ist der Umstand, dass diese Vereinbarung zu einer entsprechenden Eintragung bez. Abänderung des Grundbuchs nicht oder noch nicht geführt hat, für das Rechtsverhältnis der Gesellschafter untereinander an sich ohne rechtliche Bedeutung. Tatsächlich freilich kann sich aus diesem Umstande möglicherweise ein Schluss auf den Willen der Gesellschafter ergeben, dass die Grundstücke nicht dem Eigentume nach, sondern nur zur Benutzung in die Gesellschaft eingebracht werden sollten.
J. v. 25.1.1902; I 325/01. E. 50, 154. Hamm.

2.   HGB § 109 (auch § 124).

Das Vermögen der offenen Handelsgesellschaft ist so selbständig, dass die *einzelnen* Gesellschafter weder Eigentümer eines Bruchteils noch Miteigentümer des ganzen Inbegriffs sind, vielmehr dem Vermögen wie Dritte gegenüberstehen [E. 56, 206].
J. v. 26.1.1904; VII 371/03. E. 56, 430. Karlsruhe.

3.   HGB § 109 (auch § 133).

Rechtlich zulässig ist die im Gesellschaftsvertrage einer offenen Handelsgesellschaft getroffene sog. *Options-Abrede*, kraft welcher einem Gesellschafter das Recht zustehen soll, einen oder mehrere der übrigen Teilhaber auszukaufen (d. h. die Übertragung ihrer Anteile gegen Vergütung zu verlangen) und statt ihrer andere Personen durch seine einseitige Willenserklärung in die Gesellschaft aufzunehmen. Der bevorrechtigte Gesellschafter ist aber verpflichtet, bei Ausübung dieses Optionsrechtes ein besonders hohes Maß von Rücksicht auf die Interessen der Gesellschaft walten zu lassen. Lässt er es hieran fehlen, so steht den übrigen Teilhabern eine Einrede aus § 242 BGB, möglicherweise auch ein Anspruch auf sofortige Auflösung der Gesellschaft gemäß HGB § 133 zu.

Kann nach dem Gesellschaftsvertrage der bevorrechtigte Gesellschafter auch an seine *eigene* Stelle eine andere Person in die Gesellschaft einschieben, so ist regelmäßig mit seinem Gesellschaftsanteil auch das ihm zustehende Optionsrecht übertragbar.

U. v. 5.2.1918; II 451/17. E. 92, 164. Dresden.

4. BGB §§ 1939, 1940, 2048, 2087, 2100, 2150; HGB § 109.

Hat der Erblasser seine Ehefrau und seine Kinder zu seinen Erben eingesetzt und weiter angeordnet, dass seine Ehefrau die freie uneingeschränkte Verfügung über den Nachlass und den Nießbrauch bis zu ihrem Tode haben solle, ohne Teilung halten müssen, während die Kinder ihr Vatererbteil erst nach dem Tode seiner Ehefrau erhalten sollen, so spricht dies für die Anordnung einer Vor- und Nacherbschaft.

Hat der Erblasser weiter angeordnet, dass sein Sohn sein „Geschäft weiterführen" solle, so sind hinsichtlich der Bedeutung dieser Anordnung (Vermächtnis, Vorausvermächtnis, Teilungsordnung, Auflage) und hinsichtlich des Zeitpunktes ihres Wirksamwerdens (mit dem Tod des Erblassers oder seiner Ehefrau) die verschiedenen Auslegungsmöglichkeiten zu prüfen.

Erwirken die Erben (Witwe und 2 Kinder) im Falle zu Abs. 1 irrigerweise einen Erbschein, der sie als Miterben zu je 1/3 ausweist, und betreiben sie daraufhin das Geschäft des Erblassers als offene Handelsgesellschaft gemeinsam weiter, so kann die Witwe nachträglich, auch wenn die Gesellschaft später durch Kündigung aufgelöst ist, unter keinen Umständen mehr auf ihr testamentarisches Recht als Vorerbin zurückgreifen; sie kann höchstens auf Grund des Gesellschaftsvertrages, falls sie sich in diesem ein solches Recht ausdrücklich oder stillschweigend vorbehalten hat, die Rückübertragung der Gesellschaftsanteile ihrer Kinder verlangen.

Auch der Sohn kann in einem Falle der oben zu Abs. 2 und 3 erwähnten Art – abgesehen von den Rechten aus den §§ 140, 142 HGB – ein Recht auf Übernahme des Geschäfts im Ganzen nur noch auf den Gesellschaftsvertrag stützen.

U. v. 16.9.1943; II 151/42. E. 171, 359.

§ 110

Macht der Gesellschafter in den Gesellschaftsangelegenheiten Aufwendungen, die er den Umständen nach für erforderlich halten darf, oder erleidet er unmittelbar durch seine Geschäftsführung oder au

Gefahren, die mit ihr untrennbar verbunden sind, Verluste, so ist ihm die Gesellschaft zum Ersatze verpflichtet.
Aufgewendetes Geld hat die Gesellschaft von der Zeit der Aufwendung an zu verzinsen.

1. HGB § 110.
Bei der offenen Handelsgesellschaft durfte ein Gesellschafter für Bemühungen im Betriebe der Gesellschaft nach Art. 93 Abs. 3 HGB a. F. [in § 110 HGB nicht wiedergegeben] eine Vergütung regelmäßig nur beanspruchen, wenn dies bedungen war. Das Gleiche gilt jetzt nach § 713 vbd. mit § 670 BGB. Die Ausbedingung eines Gehaltes für den geschäftsführenden Gesellschafter kann aber auch stillschweigend erfolgen.
U. v. 17.4.1901; I 9/01. Hamm. – Ebenso: U. v. 22.2.1907; VII 210/06. Hamburg.

2. HGB § 110 (auch § 128).
Der Grundsatz des § 128, dass die Gesellschafter für Schulden der Gesellschaft den Gläubigern als Gesamtschuldner haften, findet auf Forderungen eines Gesellschafters gegen die Gesellschaft aus § 110 keine Anwendung.
U. v. 8.11.1904; II 68/04. E. 59, 143. Karlsruhe.

3. HGB §§ 128, 110.
Erlangt der Gesellschafter einer offenen Handelsgesellschaft auf Grund eines Vertragsverhältnisses, das mit dem Gesellschaftsverhältnis *rechtlich* nicht zusammenhängt, einen Anspruch gegen die Gesellschaft, dann kann er den Anspruch auch *während der Dauer der Gesellschaft* nicht nur gegen diese, sondern auch gegen die Gesellschafter verfolgen. Für die *Haftung* der Gesellschafter gilt aber – anders als im Falle der völligen Fremdschuld – der Grundsatz des § 128 nicht unbeschränkt. Die andern Gesellschafter haften keinesfalls auf das *Ganze* als Gesamtschuldner, der Gesellschaftergläubiger muss sich vielmehr mindestens den nach seinem Verlustanteil zu berechnenden Forderungsteil abziehen lassen.
U. v. 5.1.1937; II 182/36. E. 153, 305.

§ 111

Ein Gesellschafter, der seine Geldeinlage nicht zur rechten Zeit einzahlt oder eingenommenes Gesellschaftsgeld nicht zur rechten Zeit an die Gesellschaftskasse abliefert oder unbefugt Geld aus der Gesellschaftskasse für sich entnimmt, hat Zinsen von dem Tage an zu entrichten, an welchem die Zahlung oder die Ablieferung hätte geschehen sollen oder die Herausnahme des Geldes erfolgt ist.
Die Geltendmachung eines weiteren Schadens ist nicht ausgeschlossen.

Zu § 111 kein Leitsatz.

§ 112

Ein Gesellschafter darf ohne Einwilligung der anderen Gesellschafter weder in dem Handelszweige der Gesellschaft Geschäfte machen noch an einer anderen gleichartigen Handelsgesellschaft als persönlich haftender Gesellschafter Teil nehmen.

Die Einwilligung zur Teilnahme an einer anderen Gesellschaft gilt als erteilt, wenn den übrigen Gesellschaftern bei Eingehung der Gesellschaft bekannt ist, dass der Gesellschafter an einer anderen Gesellschaft als persönlich haftender Gesellschafter Teil nimmt, und gleichwohl die Aufgabe dieser Beteiligung nicht ausdrücklich bedungen wird.

1.   = § 15 HGB Nr. 1.
U. v. 13.2.1900; II 345/99. Köln.

2.   HGB § 112.
§ 112 gilt nur für die Zeit der Zugehörigkeit zur Gesellschaft. Ist nach dem Gesellschaftsvertrag der Gesellschafter verpflichtet, im Falle seines freiwilligen Ausscheidens aus der Gesellschaft sich der Konkurrenz zu enthalten, so gilt diese Vertragsbestimmung nicht auch für den Fall seines Ausscheidens wegen Eröffnung des Konkurses über sein Vermögen. Ist der auf diese Weise ausgeschiedene Gesellschafter der Gesellschaft gegenüber schadensersatzpflichtig, so ist der Schaden in Geld zu ersetzen, Naturalrestitution ist unmöglich.
U. v. 11.1.1916; II 330/15. Kammergericht.

§ 113

Verletzt ein Gesellschafter die ihm nach § 112 obliegende Verpflichtung, so kann die Gesellschaft Schadensersatz fordern; sie kann statt dessen von dem Gesellschafter verlangen, dass er die für eigene Rechnung gemachten Geschäfte als für Rechnung der Gesellschaft eingegangen gelten lasse und die aus Geschäften für fremde Rechnung bezogene Vergütung herausgebe oder seinen Anspruch auf die Vergütung abtrete.

Über die Geltendmachung dieser Ansprüche beschließen die übrigen Gesellschafter.

Die Ansprüche verjähren in drei Monaten von dem Zeitpunkt an, in welchem die übrigen Gesellschafter von dem Abschlusse des Geschäfts oder von der Teilnahme des Gesellschafters an der anderen Gesellschaft Kenntnis erlangen; sie verjähren ohne Rücksicht auf diese Kenntnis in fünf Jahren von ihrer Entstehung an.

Das Recht der Gesellschafter, die Auflösung der Gesellschaft zu verlangen, wird durch diese Vorschriften nicht berührt.

1.   HGB § 113 (auch § 156).
1. *Der Anspruch auf Rechnungslegung* über die Führung von Gesellschaftsgeschäften dient lediglich der Vorbereitung von Ansprüchen auf Erfüllung oder Schadensersatz und kann nicht anders wie diese selbst beurteilt werden. Er steht also während Bestehens der Gesellschaft dieser zu. Daneben bleibt das Klagerecht des einzelnen Gesellschafters,

sofern der Anspruch sich als eine actio pro socio (BGB § 705) darstellt, d. h. gegen den *Mitgesellschafter* gerichtet ist (vgl. E. 90, 300). Ist der zur Rechnungslegung Verpflichtete dagegen kein Mitgesellschafter (gewesen), so ist der *einzelne* Gesellschafter nicht klagberechtigt.

2. Das Gleiche gilt im Liquidationsstadium. Besteht z. B. die in Liquidation getretene offene Handelsgesellschaft aus zwei Gesellschaftern und ist der erste fremde Liquidator durch einen zweiten fremden ersetzt worden, so kann der Anspruch auf Rechnungslegung gegen den abgegangenen Liquidator zwar sowohl von seinem Nachfolger (§ 149 S. 2), wie auch von beiden Gesellschaftern gemeinschaftlich (den „Beteiligten" im Sinne des § 146) geltend gemacht werden, nicht aber von einem Gesellschafter allein. (Anders nach dem Grundsatz zu 1, wenn der erste Liquidator Gesellschafter gewesen ist.)

U. v. 26.10.1917; II 198/17. E. 91, 34. Karlsruhe.

§ 114

Zur Führung der Geschäfte der Gesellschaft sind alle Gesellschafter berechtigt und verpflichtet.
Ist im Gesellschaftsvertrage die Geschäftsführung einem Gesellschafter oder mehreren Gesellschaftern übertragen, so sind die übrigen Gesellschafter von der Geschäftsführung ausgeschlossen.

1.   HGB § 114.

Eine Vertragsbestimmung, die einen Gesellschafter zwar von der Verpflichtung zur Geschäftsführung entbindet, ihm aber das Recht darauf vorbehält, ist zulässig.

U. v. 24.9.1904; I 189/04. Hamm.

2.   HGB §§ 114, 125, 139.

Wenn in einem Gesellschaftsvertrag einer offenen Handelsgesellschaft bestimmt ist, dass beim Tode eines Gesellschafters die Gesellschaft mit dessen Erben fortgesetzt werden soll, und der verstorbene Gesellschafter die Geschäftsführungs- und Vertretungsbefugnis hatte (§§ 114 Abs. 1, 125 Abs. 1 HGB), so haben grundsätzlich auch die einzelnen Erben diese Befugnisse, und zwar auch dann, wenn ein anderer Gesellschafter davon ausgeschlossen ist. Aus dem Gesellschaftsvertrag kann sich aber ausdrücklich oder stillschweigend etwas anderes ergeben.

U. v. 30.3.1942; II 126/41.

3.   BGB § 2205; HGB §§ 139, 122, 114.

Der Testamentsvollstrecker ist grundsätzlich nicht befugt, die Mitgliedschaftsrechte des nach dem Gesellschaftsvertrage in die Gesellschafter-Stellung des Erblassers bei einer offenen Handelsgesellschaft eingetretenen Erben auszuüben.

Der Gesellschafter einer offenen Handelsgesellschaft kann einen anderen Gesellschafter auf Zahlung von Geschäftsgewinn aus der Gesellschaftskasse in Anspruch nehmen, wenn dieser der einzige Geschäftsführer der Gesellschaft ist und als solcher die Auszahlung verweigert.

Zum Anspruch des geschäftsführenden Gesellschafters auf Vergütung für seine Tätigkeit.
U. v. 4.3.1943; II 113/42. E. 170, 392.

§ 115

Steht die Geschäftsführung allen oder mehreren Gesellschaftern zu, so ist jeder von ihnen allein zu handeln berechtigt; widerspricht jedoch ein anderer geschäftsführender Gesellschafter der Vornahme einer Handlung, so muss diese unterbleiben.
Ist im Gesellschaftsvertrage bestimmt, dass die Gesellschafter, denen die Geschäftsführung zusteht, nur zusammen handeln können, so bedarf es für jedes Geschäft der Zustimmung aller geschäftsführenden Gesellschafter, es sei denn, dass Gefahr im Verzug ist.

1.   HGB § 115.

Der Gesellschafter, welcher zugleich wie ein Dritter mit der Gesellschaft in Vertragsverhältnis steht, kann nach § 115 dem Rechtsgeschäft des anderen Gesellschafters im Allgemeinen auch dann widersprechen, wenn sich derselbe gegen ihn selbst richtet. Ein solches Rechtsgeschäft ist unwirksam, wenn der Handelnde weiß, dass der andere nicht damit einverstanden ist.
U. v. 11.12.1912; I 80/12. E. 81, 92. Hamburg.

2.   HGB § 115.

Durch den Widerspruch darf derjenige, gegen den sich der Widerspruch richtet, nicht schlechterdings von der Geschäftsführung ausgeschlossen werden. Unwirksam ist daher ein Widerspruch gegen *alle* künftigen Geschäftsführungshandlungen und auch ein Verbot so vieler und so wichtiger Handlungen, dass bei der Geltung desselben ein Fortbestehen der Befugnis zur Geschäftsführung bei dem anderen Gesellschafter nicht mehr angenommen werden könnte.
U. v. 10.2.1914; II 502/13. Dresden.

3.   HGB §§ 115, 116.

Der eine von zwei Teilhabern einer offenen Handelsgesellschaft hatte entgegen dem Widerspruche des andern auf einem Gesellschaftsgrundstücke Bauten aufgeführt. Der Anspruch des Widersprechenden auf Erstattung der der Gesellschaft durch die Vornahme der Arbeiten entzogenen Barmittel und auf Befreiung der Gesellschaft von den übernommenen Verbindlichkeiten wurde unter dem Gesichtspunkte des *Schadensersatzes* für begründet erachtet. Der Einwand der *Vorteilsausgleichung* (wegen des aus der Bauausführung der Gesellschaft erwachsenen Nutzens) wurde für zulässig erachtet, aber aus tatsächlichen Gründen (wegen augenblicklicher Unerweislichkeit der zu Grunde liegenden Tatsachen) zurückgewiesen.
U. v. 10.10.1924; II 456/23. E. 109, 56.

§ 116

Die Befugnis zur Geschäftsführung erstreckt sich auf alle Handlungen, die der gewöhnliche Betrieb des Handelsgewerbes der Gesellschaft mit sich bringt.

Zur Vornahme von Handlungen, die darüber hinausgehen, ist ein Beschluss sämtlicher Gesellschafter erforderlich.

Zur Bestellung eines Prokuristen bedarf es der Zustimmung aller geschäftsführenden Gesellschafter, es sei denn, dass Gefahr im Verzug ist. Der Widerruf der Prokura kann von jedem der zur Erteilung oder zur Mitwirkung bei der Erteilung befugten Gesellschafter erfolgen.

1.   HGB § 116 (auch BGB § 678).

Hat der eine Gesellschafter einer offenen Handelsgesellschaft die in HGB § 116 umschriebenen Grenzen seiner Geschäftsführungsbefugnis dadurch *überschritten*, dass er ohne Einholung der Zustimmung des anderen Gesellschafters zur Rettung einer Hypothek der Gesellschaft das belastete Grundstück in der Zwangsversteigerung erstand, so hat er dadurch die Gefahr, die der Erwerb des Grundstücks mit sich brachte, *auf sich genommen* und haftet der Gesellschaft für den etwaigen Schaden, mag er bei dem Entschluss, für die Gesellschaft auf das Grundstück zu bieten, auch *durchaus die erforderliche Sorgfalt* [vgl. §§ 680, 708 BGB] angewandt haben und mag auch anzunehmen sein, dass der andere Gesellschafter bei vorheriger Anfrage *seine Einwilligung erteilt hätte*.

U. v. 12.6.1913; II 130/13. Stuttgart.

2.   = § 115 HGB Nr. 3.

U. v. 10.10.1924; II 456/23. E. 109, 56.

3.   BGB §§ 677, 708; HGB §§ 161, 164, 116.

Die Kommanditisten haben gegen eine Handlung des persönlich haftenden Gesellschafters, die über den gewöhnlichen Betrieb des Handelsgewerbes der Kommanditgesellschaft hinausgeht, nicht nur ein bloßes Widerspruchsrecht, für eine solche Handlung bedarf es vielmehr eines Beschlusses der sämtlichen Gesellschafter.

Der Geschäftsführer einer offenen Handelsgesellschaft oder Kommanditgesellschaft, der seine Geschäftsführungsbefugnis überschreitet, haftet deshalb der Gesellschaft, wie ein Geschäftsführer ohne Auftrag (in Abweichung von der bisherigen Rechtsprechung des Senats in LZ 1914, Sp. 580 Nr. 9 und JW 1930, S. 705 Nr. 7).

U. v. 22.10.1938; II 58/38. E. 158, 302.

4.   = § 52 HGB Nr. 2.

U. v. 27.1.1940; II 151/39. E. 163, 35.

5.   HGB §§ 116, 119, 126, 146, 150.

Der Gesellschafter einer offenen Handelsgesellschaft ist von der Mitwirkung bei der Beschlussfassung ausgeschlossen, wenn es sich darum handelt, ob die Gesellschaft gegen ihn Ansprüche auf seiner Haftung als Erbe beruhen sollen.

Der alleinvertretungsberechtigte Gesellschafter ist weder im Innenverhältnis ermächtigt noch nach außen vertretungsberechtigt, das gesamte Vermögen der offenen Handelsgesellschaft auf einen Dritten in der Absicht zu übertragen, so die gesetzlich vorgesehene Form der Liquidation zu beseitigen.

Wenn im Liquidationsverfahren einer offenen Handelsgesellschaft nach §§ 146, 150 Gesamtvertretungsbefugnis der Gesellschafter-Liquidatoren besteht, so sind, wenn die Liquidationsgesellschaft eine ihr gegen einen Gesellschafter zustehende Forderung an einen Dritten abtreten oder gerichtlich geltend machen soll, die anderen Gesellschafter-Liquidatoren weder jeder für sich noch zusammen vertretungsberechtigt. Wenn nicht durch einstimmigen Beschluss eine andere Regelung getroffen wird, bedarf es der Ernennung eines besonderen Liquidators durch das Gericht nach § 146 Abs. 2.
U. v. 20.12.1939; II 88/39. E. 162, 370.

6.   HGB § 116.

Der Widerruf einer Prokura durch einen Gesellschafter ist im Innenverhältnis unwirksam, wenn er mit der gesellschaftlichen Treupflicht unvereinbar ist.
U. v. 7.9.1942; II 52/42.

7.   ZPO § 6; HGB § 116.

Bei der Klage des Einzelgesellschafters einer offenen Handelsgesellschaft gegen einen Mitgesellschafter auf Leistung an die Gesellschaft richtet sich der Streitwert nach dem vollen Betrag der Forderung und wird nicht – wie bei der Erbengemeinschaft (RGZ Bd. 156 S. 263 – um den entsprechenden Anteil des Mitgesellschafters an der Forderung gekürzt.

Der Einzelgesellschafter einer offenen Handelsgesellschaft darf eine Klage gegen einen geschäftsführenden Mitgesellschafter auf Schadensersatz wegen Verletzung seiner Gesellschaftsführerpflichten nur mit Zustimmung des Gesamtwillens der Gesellschaft i. S. des § 116 Abs. 2 HGB erheben, es sei denn, dass die Verweigerung der Zustimmung rechtsmissbräuchlich ist.

Hat sich die Gesellschaft durch ihren Gesamtwillen i. S. des § 116 Abs. 2 HGB mit der Klageerhebung des Einzelgesellschafters einverstanden erklärt, so wird die Fortsetzung des Rechtsstreits durch eine bloße Rücknahme der Einwilligung nicht zulässig; es sei denn, dass die Fortsetzung des Rechtsstreits durch den Kläger wegen veränderter Umstände mit der gesellschafterlichen Treupflicht nicht mehr vereinbar ist.
U. v. 1.4.1943; II 138/42. E. 171, 51.

§ 117

Die Befugnis zur Geschäftsführung kann einem Gesellschafter auf Antrag der übrigen Gesellschafter durch gerichtliche Entscheidung entzogen werden, wenn ein wichtiger Grund vorliegt; ein solcher Grund ist insbesondere grobe Pflichtverletzung oder Unfähigkeit zur ordnungsmäßigen Geschäftsführung.

1. HGB §§ 117, 161.

Ist dem Kommanditisten einer Kommanditgesellschaft im Wege vertraglicher Erweiterung seiner gesetzlichen Gesellschafterrechte die Befugnis zur Geschäftsführung eingeräumt, so ist eine Entziehung dieser Befugnis durch Kündigung mit der Maßgabe, dass im Übrigen die Zugehörigkeit des Kommanditisten zur Gesellschaft fortdauern würde, rechtlich nicht möglich. Wohl aber ist in solchem Falle auf Grund des § 161 Abs. 2 HGB die Vorschrift des § 117 anwendbar, die Entziehung der Geschäftsführerbefugnis aus wichtigem Grunde, also durch gerichtliche Entscheidung, zu erreichen. U. v. 28.4.1925; II 290/24. E. 110, 418. Hamm.

2. HGB §§ 117, 127.

Die §§ 117, 127 sind zwingenden Rechts nur insofern, als das Recht der Gesellschafter, aus wichtigem Grunde eine gerichtliche (schiedsrichterliche) Entscheidung auf Entziehung der Geschäftsführungs- und Vertretungsbefugnis zu verlangen, vertraglich nicht ausgeschlossen werden kann. Dagegen ist eine Vereinbarung zulässig, wonach die Gesellschafter sich unter anderen Bedingungen (z. B. auf Grund Mehrheitsbeschlusses, und auch ohne Rücksicht darauf, ob ein wichtiger Grund für eine Entziehung des Rechts auf die Geschäftsführung und Vertretung vorliegt) vertragsmäßig dieses Rechts begeben. U. v. 20.12.1939; II 95/39.

§ 118

Ein Gesellschafter kann, auch wenn er von der Geschäftsführung ausgeschlossen ist, sich von den Angelegenheiten der Gesellschaft persönlich unterrichten, die Handelsbücher und die Papiere der Gesellschaft einsehen und sich aus ihnen eine Bilanz anfertigen.
Eine dieses Recht ausschließende oder beschränkende Vereinbarung steht der Geltendmachung des Rechtes nicht entgegen, wenn Grund zu der Annahme unredlicher Geschäftsführung besteht.

1. HGB § 118 (auch BGB § 716; GmbHG § 74).

Das Recht der Gesellschafter, die Geschäftsbücher und Papiere der Gesellschaft einzusehen, ist ein persönliches und kann daher durch Bevollmächtigte regelmäßig nicht ausgeübt werden. Dies gilt auch im Falle des § 73 GmbHG. B. v. 13.6.1904; I B 90/04. Kammergericht.

2. HGB § 118.

Der geschäftsführende Gesellschafter, der sich weigert, dem von der Geschäftsführung ausgeschlossenen Mitgesellschafter die Bücher zur Einsicht vorzulegen, weil das Kontrollrecht durch Vereinbarung ausgeschlossen sei, hat für diese behauptete Vereinbarung die *Beweislast*.
Der zur Kontrolle berechtigte Gesellschafter darf sich *bei der Kontrolle eines Sachverständigen bedienen*. – Geben die Bücher und Papiere *ohne* mündliche Erläuterungen

kein klares Bild von der Geschäftsführung und –lage, so umfasst das Kontrollrecht auch einen Anspruch auf *nähere Auskunft und Erläuterung* gegen den geschäftsführenden Gesellschafter.
U. v. 8.6.1907; I 322/06. Breslau.

3.   HGB § 118.

Die Vorschriften der §§ 713, 721, 666 mit 259 BGB haben hinter den mit der Bestimmung des § 716 BGB im Wesentlichen übereinstimmenden Sondervorschriften des § 118 HGB zurückzutreten.
B. v. 2.11.1926; II 594/25. Kammergericht.

4.   BGB §§ 716, 717, 1374; HGB §§ 118, 166.

Die der Ehefrau in ihrer Eigenschaft als Kommanditistin (HGB § 166) oder als von der Geschäftsführung ausgeschlossene Gesellschafterin einer offenen Handelsgesellschaft (HGB § 118) oder einer Gesellschaft des bürgerlichen Rechts (BGB § 716) zustehenden Kontrollrechte sind nicht Ausfluss des ehemännlichen Nutznießungsrechts, sondern des ehemännlichen Verwaltungsrechts, welches vom Ehemann als absolutes Recht gegen jeden Dritten, und zwar gerichtlich in eigenem Namen geltend gemacht werden kann.
U. v. 15.3.1929; II 331/28. Kammergericht.

5.   BGB § 716; HGB § 118; GmbHG § 45.

Ist in dem Gesellschaftsvertrage einer GmbH einem Gesellschafter das Recht eingeräumt, die Bücher und Schriften der Gesellschaft einzusehen, so kann er sich in Ermangelung einer entgegenstehenden Bestimmung des Gesellschaftsvertrages bei der Ausübung dieses Rechts durch einen beeidigten Wirtschaftsprüfer unterstützen lassen.
U. v. 27.10.1941; II 94/41.

6.   HGB § 118.

Der geschäftsführende Gesellschafter einer offenen Handelsgesellschaft und einer Kommanditgesellschaft ist zur Klage auf Gewährung der Büchereinsicht passiv legitimiert.
Auch wenn der die Büchereinsicht vornehmende persönlich haftende Gesellschafter einer offenen Handelsgesellschaft oder einer Kommanditgesellschaft einen Sachverständigen zuzieht, muss er in aller Regel die Einsicht *selbst* – unter Zuziehung des Sachverständigen – vornehmen und dafür die Verantwortung tragen und kann nicht dem Sachverständigen allein die Einsicht überlassen.
U. v. 7.10.1943; II 99/43.

§ 119

Für die von den Gesellschaftern zu fassenden Beschlüsse bedarf es der Zustimmung aller zur Mitwirkung bei der Beschlussfassung berufenen Gesellschafter.

Hat nach dem Gesellschaftsvertrage die Mehrheit der Stimmen zu entscheiden, so ist die Mehrheit im Zweifel nach der Zahl der Gesellschafter zu berechnen.

1.   BGB § 709; HGB § 119.

Wenn in einem Gesellschaftsvertrag bestimmt ist, dass bei Meinungsverschiedenheiten in geschäftlichen Fragen die Mehrheit der Gesellschafter entscheiden soll, so bezieht sich die Regelung nicht ohne weiteres auf Beschlüsse, welche die Grundlage der Gesellschaft selbst, insbesondere die Auseinandersetzung betreffen. Vielmehr gilt für solche Beschlüsse die Regel, dass die Zustimmung aller zur Mitwirkung berufenen Gesellschafter erforderlich ist.

U. v. 15.10.1926; II 119/26. E. 114, 393. Düsseldorf.

2.   = § 116 HGB Nr. 5.

U. v. 20.12.1939; II 88/39. E. 162, 370.

§ 120

Am Schlusse jedes Geschäftsjahres wird auf Grund der Bilanz der Gewinn oder der Verlust des Jahres ermittelt und für jeden Gesellschafter sein Anteil daran berechnet.

Der einem Gesellschafter zukommende Gewinn wird dem Kapitalanteile des Gesellschafters zugeschrieben; der auf einen Gesellschafter entfallende Verlust sowie das während des Geschäftsjahrs auf den Kapitalanteil entnommene Geld wird davon abgeschrieben.

1.   HGB § 120 (auch §§ 145, 155).

Nach völliger Beendigung der Gesellschaft und insbesondere dann, wenn ein Gesellschaftsvermögen nicht mehr vorhanden ist, kann der Gesellschafter, der für die Gesellschaft mehr aufgewendet hat als der andere, von dem letzteren, sofern der Vertrag nicht etwas anderes besagt, Ausgleich wegen des sich zu seinen Gunsten ergebenden Saldos verlangen [E. 40, 32].

U. v. 20.3.1908; II 584/07. Naumburg.

2.   HGB § 120.

Wenn im Gesellschaftsvertrage bestimmt ist, dass der buchmäßige Kapitalanteil eines ausscheidenden Gesellschafters so, wie er sich bei der letzten, während Bestehens der Gesellschaft errichteten Bilanz herausstellt, als Abfindungsguthaben gelten soll und wenn die hiernach maßgebende Bilanz schon in die Zeit erheblicher Geldentwertung fällt, so kann dem ausscheidenden Gesellschafter nicht zugemutet werden, eine lediglich auf dem Grundsatze „Mark gleich Mark" aufgebaute Papiermarkbilanz als Grundlage für die Berechnung seines Kapitalanteils anzuerkennen. Vielmehr ist in einem solchen Falle ebenso zu verfahren, wie bei der durch die GoldbilanzVO vorgeschriebenen Umstellung des Gesellschaftsvermögens auf Goldmark. Es ist auf die letzte wirkliche Goldbilanz vor Eintritt der Inflation zurückzugreifen und von den hier festgestellten Kapitalkonten auszugehen. Ihnen sind dann die späteren Entnahmen und Gutschriften, umgerechnet in Goldmark über den Dollar nach dem Tage der Gut- oder Lastschrift, zuzuschlagen oder abzurechnen. Haben die Gesellschafter eine spätere Bilanz wegen Veränderung in der Zusammensetzung der Gesellschaft als Grundlage für ihre weiteren Rechtsbeziehungen, insbesondere auch für die Höhe der Kapitalbeteiligungen angenommen, so ist diese Neuordnung als Ausgangspunkt für die Berechnung der Kapitalkonten in Goldmark zu wählen.

U. v. 14.6.1927; II 294/26. E. 117, 238. Naumburg.

3.　　　　　　　　　　　　　　　　　　　　　　　　　　　　HGB §§ 122, 120.

Zwischen den Gesellschaftern einer offenen Handelsgesellschaft war im Gesellschaftsvertrag unter Anlehnung an § 122 Abs. 1 HGB vereinbart worden, dass jeder von ihnen berechtigt sein solle, aus der Gesellschaftskasse Geld bis zum Betrage von 5 % seines für das letzte Geschäftsjahr festgestellten Kapitalanteils zu seinen Lasten zu erheben. Von den drei Gesellschaftern verklagten zwei, die von der Geschäftsführung vertraglich ausgeschlossen waren, die offene Handelsgesellschaft auf Zahlung je eines gewissen Betrags, der ihnen nach der Vertragsbestimmung für das Geschäftsjahr (= Kalenderjahr) 1924 zukommen sollte. Da der dritte Gesellschafter, dem allein die Geschäftsführung oblag, für das Geschäftsjahr (Kalenderjahr) 1923 keine Abschlussbilanz (§ 120 Abs. 1 HGB) gefertigt und den anderen Gesellschaftern vorgelegt hatte, berechneten die Kläger die 5 % nach ihren Kapitalanteilen, wie sie in der vom geschäftsführenden Gesellschafter zum 1.1.1924 gefertigten Goldmark-Eröffnungsbilanz angegeben worden waren.

Dies wurde vom RG für zulässig erklärt mit Rücksicht darauf, dass der geschäftsführende Gesellschafter es entgegen seiner gesetzlichen Verpflichtung unterlassen habe, eine Abschlussbilanz auf Ende 1923 zu fertigen und dass trotz der Wesensverschiedenheit von Abschlussbilanz und Goldmarkeröffnungsbilanz kein Anhalt dafür bestehe, dass die Kapitalanteile der Kläger in einer auf Ende 1923 errichteten Jahres-Abschlussbilanz niedriger angesetzt worden wären; dazu führe insbesondere auch die Erwägung, dass die Goldmarkeröffnungsbilanzen allgemein mit weitgehender Vorsicht und unter Beobachtung der Übung, stille Reserven zu schaffen, aufgestellt worden seien. Jedenfalls wäre es Sache der Beklagten gewesen, darzutun, dass und in welchem Maße die Angaben über die Kapitalanteile der Kläger in der Goldmarkeröffnungsbilanz die wirkliche Höhe dieser Anteile überschritten haben.

U. v. 20.12.1927; II 324/27. Düsseldorf.

4.　　　　　　　　　　　　　　　　　　　　　　　　　　　HGB §§ 120, 121, 155.

Der Kapitalanteil des Gesellschafters einer offenen Handelsgesellschaft (oder Kommanditgesellschaft) bezeichnet den jeweils auf seinem Kapitalkonto als Guthaben (des einen oder anderen Teils, aktiv oder passiv) ausgewiesenen Geldbetrag. Er ist als solcher nicht Gegenstand eines selbständig übertragbaren oder vererblichen Rechts. Jedoch ist zwischen dem laufenden Kapitalanteil und dem abschließenden Kapitalanteil zu unterscheiden; der letzte entspricht dem Auseinandersetzungsguthaben, das dem Gesellschafter nach Auflösung und Abwicklung der Gesellschaft oder nach dem Ausscheiden des Gesellschafters zusteht.

U. v. 23.1.1941; II 93/40.

5.   HGB §§ 120, 122, 138, 139.
Der Kapitalanteil des Gesellschafters einer offenen Handelsgesellschaft kann durch
einen Bruchteil bezeichnet werden, wenn die Gesellschafter in einem stets gleich blei-
benden Verhältnis am Gewinn und Verlust beteiligt sind und wenn auch ihre Einlagen
sowie die auf Kapitalkonto gebuchten Entnahmen ständig in dem gleichen Verhältnis
gehalten werden.

Ist im Gesellschaftsvertrag der offenen Handelsgesellschaft lediglich bestimmt, dass die
Gesellschaft durch den Tod eines Gesellschafters nicht aufgelöst werden soll, so ist es
Auslegungsfrage, ob die Gesellschaft unter den übrigen Gesellschaftern fortbestehen soll
(§ 138 HGB) oder ob sie mit den Erben des verstorbenen Gesellschafters fortgesetzt
werden soll (§ 139 HGB).
U. v. 6.2.1941; II 69/40.

§ 121

Von dem Jahresgewinne gebührt jedem Gesellschafter zunächst ein Anteil in Höhe von vier vom Hundert seines Kapitalanteils. Reicht der Jahresgewinn hierzu nicht aus, so bestimmen sich die Anteile nach
einem entsprechend niedrigen Satze.
Bei der Berechnung des nach Abs. 1 einem Gesellschafter zukommenden Gewinnanteils werden Leistungen, die der Gesellschafter im Laufe des Geschäftsjahres als Einlage gemacht hat, nach dem Verhältnisse der seit der Leistung abgelaufenen Zeit berücksichtigt. Hat der Gesellschafter im Laufe des
Geschäftsjahrs Geld auf seinen Kapitalanteil entnommen, so werden die entnommenen Beträge nach
dem Verhältnisse der bis zur Entnahme abgelaufenen Zeit berücksichtigt.
Derjenige Teil des Jahresgewinns, welcher die nach den Abs. 1, 2 zu berechnenden Gewinnanteile
übersteigt, sowie der Verlust eines Geschäftsjahrs wird unter die Gesellschafter nach Köpfen verteilt.

1.   = vor §§ 105-108 HGB Nr. 2.
U. v. 22.5.1925; II 336/24. Stuttgart.

2.   HGB § 121.
Der Anspruch des Gesellschafters einer offenen Handelsgesellschaft auf Vorauszutei-
lung von 4 % seines Kapitalanteils am Jahresgewinn erhöht sich ohne besondere Vereinbarung der Gesellschafter nicht deshalb, weil der übliche Zinsfuß für Leihkapitalien
erheblich mehr als 4 % beträgt.
U. v. 6.12.1935; II 86/35.

3.   = § 120 HGB Nr. 4.
U. v. 23.1.1941; II 93/40.

§ 122

Jeder Gesellschafter ist berechtigt, aus der Gesellschaftskasse Geld bis zum Betrage von vier vom Hundert seines für das letzte Geschäftsjahr festgestellten Kapitalanteils zu seinen Lasten zu erheben und,

soweit es nicht zum offenbaren Schaden der Gesellschaft gereicht, auch die Auszahlung seines den bezeichneten Betrag übersteigenden Anteils am Gewinne des letzten Jahres zu verlangen. Im Übrigen ist ein Gesellschafter nicht befugt, ohne Einwilligung der anderen Gesellschafter seinen Kapitalanteil zu vermindern.

1.   HGB § 122.

Gewährt ein zur Vertretung ermächtigter Gesellschafter seiner Tochter eine Ausstattung in der Weise, dass er zu ihren Gunsten ein Konto in den Büchern der Gesellschaft errichtet und zugleich seinen eigenen Kapitalanteil entsprechend kürzt, so kann das nicht als eine Abtretung oder Übertragung aus seinem Kapitalanteil angesehen werden, vielmehr liegt eine Schuldübernahme der Gesellschaft, vertreten durch ihren Gesellschafter, vor. U. v. 27.6.1927; IV 40/27. Kiel.

2.   = § 120 HGB Nr. 3.

U. v. 20.12.1927; II 324/27. Düsseldorf.

3.   HGB §§ 167, 169, 122.

Wenn dem Kommanditisten im Gesellschaftsvertrage für das Innenverhältnis der Gesellschaft die sämtlichen Rechte der persönlich haftenden Gesellschafter eingeräumt sind, so hat er auch das über die Befugnis aus § 169 HGB hinausgehende Entnahmerecht nach § 122 Abs. 1 HGB. Dann muss er sich aber auch die dort vorgesehene Beschränkung gefallen lassen, dass er seinen Gewinnanteil nur ausgezahlt verlangen kann, soweit es nicht zum offenbaren Schaden der Gesellschaft gereicht. U. v. 7.2.1928; II 211/27. E. 120, 135. Kammergericht.

4.   = § 120 HGB Nr. 5.

U. v. 6.2.1941; II 69/40.

5.   HGB § 122.

Nur die *befugten* Einnahmen schmälern den Kapitalanteil des offenen Gesellschafters. Die Gesellschafter können aber ausdrücklich oder stillschweigend vereinbaren, dass auch *unbefugte* Entnahmen, selbst wenn sie von der Gesellschaft verzinst werden, diese Wirkung auf den Kapitalanteil haben. B. v. 16.6.1941; II 46/41.

6.   = § 114 HGB Nr. 3.

U. v. 4.3.1943; II 113/42. E. 170, 392.

Dritter Titel. Rechtsverhältnis der Gesellschafter zu Dritten.

§ 123

Die Wirksamkeit der offenen Handelsgesellschaft tritt im Verhältnisse zu Dritten mit dem Zeitpunkt ein, in welchem die Gesellschaft in das Handelsregister eingetragen wird.
Beginnt die Gesellschaft ihre Geschäfte schon vor der Eintragung, so tritt die Wirksamkeit mit dem Zeitpunkte des Geschäftsbeginns ein, soweit nicht aus dem § 2 sich ein Anderes ergibt.
Eine Vereinbarung, dass die Gesellschaft erst mit einem späteren Zeitpunkt ihren Anfang nehmen soll, ist Dritten gegenüber unwirksam.

1.   HGB § 123.

Die offene Handelsgesellschaft tritt auch ohne Eintragung Dritten gegenüber in Wirksamkeit, wenn sie *als solche* ihre Geschäfte schon vor der Eintragung beginnt und dadurch auch ohne Eintragung Dritten gegenüber als Gesellschaft sich zu erkennen gibt.
U. v. 4.3.1905; I 497/04. Kammergericht.

2.   HGB § 123.

Der Vertrag, durch den die Kontrahenten für die Beziehungen unter sich ein Gesellschaftsverhältnis vereinbaren, das, wenn es Wirksamkeit nach außen hätte, das Verhältnis einer offenen Handelsgesellschaft wäre, wird nicht schon dadurch nach außen hin wirksam und demgemäß zur offenen Handelsgesellschaft, dass der bisherige Geschäftsbetrieb des einen Kontrahenten unter der bisherigen Einzelfirma nach außen hin unverändert fortgesetzt wird. Nach § 123 Abs. 2 muss die *Gesellschaft ihre* Geschäfte begonnen haben, die Gesellschaft als solche, als das für die Wirksamkeit nach außen bestimmte Rechtsverhältnis muss tätig geworden sein. An dieser Voraussetzung fehlt es.
U. v. 5.1.1907; I 325/06. Hamm.

3.   = § 25 HGB Nr. 27.
U. v. 1.2.1910; III 99/09. Kammergericht.

4.   = § 28 HGB Nr. 10.
U. v. 11.11.1920; VI 263/20.

5.   = § 105 HGB Nr. 27.
U. v. 5.1.1926; II 153/24. E. 112, 280. Hamburg.

6.   = § 105 HGB Nr. 28.
U. v. 5.1.1926; II 153/24. E. 112, 280. Hamburg.

7.   BGB § 164; HGB § 123.

Der Gesellschafter einer offenen Handelsgesellschaft muss, wenn durch sein Handeln (z. B. als Käufer) die Gesellschaft verpflichtet werden soll, für den andern Vertragschließenden erkennbar im Namen der Gesellschaft auftreten. Ausdrückliche Worte sind hierzu nicht erforderlich, das Auftreten für die Gesellschaft kann vielmehr auch aus begleitenden Umständen entnommen werden. Für die Frage, ob ein Gesellschafter durch sein Handeln die Gesellschaft oder nur sich persönlich verpflichtet, gilt der Grundsatz des § 164 Abs. 2 BGB.

War zu der Zeit, als ein Gesellschafter einer später in das Handelsregister eingetragenen offenen Handelsgesellschaft einen Kauf mit einem Dritten abschloss, ein auf die Gründung der offenen Handelsgesellschaft gerichteter Vertrag noch gar nicht zustande gekommen, so war schon aus diesem Grunde ein Handeln im Namen der Gesellschaft bei dem Kauf nicht möglich. Die erst später gegründete und eingetragene offene Handelsgesellschaft kann aus dem Kaufvertrag auch dann nicht ohne weiteres in Anspruch genommen werden, wenn die Beteiligten bei ihrer Eintragung ins Handelsregister als Tag des Geschäftsbeginns der Gesellschaft einen dem Tag jenes Kaufabschlusses gegenüber *früheren* Zeitpunkt bezeichnet haben.

U. v. 11.11.1927; II 127/27. E. 119, 64. Kammergericht.

8.	= § 28 HGB Nr. 15.

U. v. 13.10.1933; II 110/33. E. 142, 98. Dresden.

9.	BGB § 105; HGB §§ 123, 128.

Ist eine offene Handelsgesellschaft, die als solche im Handelsverkehr aufgetreten ist, nichtig, weil einer ihrer Gesellschafter von vornherein wegen Geisteskrankheit geschäftsunfähig war, so haften die *übrigen* „Gesellschafter" aus den namens der „Gesellschaft" mit einem gutgläubigen Dritten abgeschlossenen Rechtsgeschäfte so, wie sie haften würden, wenn die als Mitglieder der offenen Handelsgesellschaft auftretenden Personen wirklich eine offene Handelsgesellschaft gegründet hätten (vgl. E. Bd. 142 S. 98 ff. bes. S. 104/5).

U. v. 18.9.1934; II 95/34. E. 145, 155. Kammergericht.

10.	BGB §§ 123, 142; HGB §§ 123, 133, 161.

Die Anfechtung des Gesellschaftsvertrages einer offenen Handelsgesellschaft oder Kommanditgesellschaft wegen Willensmängel ist spätestens von dem Zeitpunkt an unzulässig, in dem die Gesellschaft ihre *Geschäfte* gemäß § 123 Abs. 2 HGB begonnen hat. Es genügen auch lediglich vorbereitende Geschäfte.

U. v. 28.4.1941; II 102/40.

§ 124

Die offene Handelsgesellschaft kann unter ihrer Firma Rechte erwerben und Verbindlichkeiten eingehen, Eigentum und andere dingliche Rechte an Grundstücken erwerben, vor Gericht klagen und verklagt werden.

Zur Zwangsvollstreckung in das Gesellschaftsvermögen ist ein gegen die Gesellschaft gerichteter vollstreckbarer Schuldtitel erforderlich.

a) Allgemeines, Offene Handelsgesellschaft: 1, 4, 16
b) Rechtsverhältnisse der Gesellschafter unter sich: 7, 14
c) Aufrechnung: 11
d) Gesellschaftsfirma: 5
e) Vertragspartei: –
f) Erwerb von Rechten: –
g) Eingehen von Verbindlichkeiten: 2, 3
h) Eigentum; dingliche Rechte: 3, 7, 9, 10
i) Gesellschaftsvermögen: 4, 8, 13
k) Haftung der Gesellschafter: 3, 4
l) Prozesspartei: 1, 6, 14
m) Klagerhebung: 1, 5, 6
n) Beweiserhebung: 6
o) Wechsel der Gesellschafter während des Prozesses: 1, 6, 15
p) Auflösung der Gesellschaft, insbesondere während des Prozesses: 1, 5, 9, 10, 12, 17
q) Gerichtsstand: –

1.   HGB § 124 (auch ZPO §§ 52, 62, 265, 373).

Die Vorschrift, wonach die offene Handelsgesellschaft unter ihrer Firma klagen und verklagt werden kann, hat nicht die Bedeutung, dass die offene Handelsgesellschaft wie eine juristische Person anzusehen sei, sondern dass in ihrem Prozesse nur die unter dem einheitlichen Namen zusammengefassten Gesellschafter, die die Subjekte der im Namen der Gesellschaft erworbenen Rechte sind, als Partei gelten haben [vgl. E. 3, 57; 5 S. 55, 71; 17, 365; 31, 81]. Daher hat es auf die Parteirollen keinen Einfluss, wenn die Verbindung im Laufe des Prozesses gelöst wird; es treten alsdann nach beendeter Liquidation oder, wenn eine solche nach Lage der Sache nicht erforderlich ist oder nicht eintritt, ohne solche die Gesellschafter als notwendige Streitgenossen der anderen Partei gegenüber. Dies gilt, wie nach altem, so auch nach neuem Rechte. Demgemäß kann auch nicht der eine der bisherigen Gesellschafter in dem Prozess als Zeuge vernommen werden. Die Übertragung des gesamten Gesellschaftsvermögens auf einen Gesellschafter und die Fortführung der Firma durch diesen hat, da er damit die Rechte der übrigen Gesellschafter durch Singularsukzession unter Lebenden erwirbt, nicht ohne weiteres den Eintritt desselben in den Prozess an Stelle der übrigen Gesellschafter zur Folge; dazu bedarf es vielmehr nach § 265 ZPO der Zustimmung des Gegners. [Vgl. Nr. 4-6.]

U. v. 29.6.1900; II 87/00. Köln.
U. v. 13.2.1901; I 417/00. Kammergericht.
U. v. 6.7.1901; I 86/01. Hamm.
U. v. 12.7.1901; III 152/01. Bamberg.
U. v. 8.11.1901; VII 262/01. E. 49, 425. Breslau.
Ebenso: U. v. 9.7.1902; I 100/02. Colmar. [Vgl. auch E. 30, 35; 32, 398; 35, 389; 45, 341.] – Ebenso: U. v. 28.9.1903; VI 146/03. Kammergericht. – Ebenso: U. v. 28.9.1904; I 196/04. Kammergericht. – Vgl. Nr. 8. – Ebenso: U. v. 7.5.1906; VI 337/05. Hamburg. – U. v. 17.9.1906; VI 584/05. E. 64, 77. Kammergericht. – A. M. bez. der notwendigen Streitgenossenschaft: U. v. 20.3.1900; VIa 442/99. E. 46, 39. Naumburg.

2. = § 72 HGB Nr. 2.

U. v. 29.6.1900; II 87/00. Köln.

3. HGB § 124 (auch § 128).

Wenn eine offene Handelsgesellschaft gemäß der ihr nach Art. 111 HGB a. F. [jetzt § 124] zustehenden Befugnis Verträge – hier einen Feuerversicherungsvertrag – abschließt, so ist die Gesellschaft *als solche* die Vertragspartei, der einzelne Gesellschafter kann nicht deshalb als unmittelbare Vertragspartei angesehen werden, weil er für die Verbindlichkeiten der Gesellschaft haftet. Er ist demnach auch nicht „Versicherter".

Gehen die versicherten Gegenstände, die im Eigentume der Gesellschaft standen, an denen daher dem einzelnen Gesellschafter nur ein Miteigentum zur gesamten Hand zustand (E. 9, 143), bei der Auflösung der Gesellschaft auf einen das Geschäft mit Aktiven und Passiven übernehmenden Gesellschafter über, so findet ein *Eigentumswechsel* an den versicherten Gegenständen im Sinne der Versicherungsbedingungen statt; der Erwerber tritt daher nach diesen Bedingungen nicht ohne weiteres in den bestehenden Versicherungsvertrag ein.

Nach Art. 112 HGB a. F. [jetzt § 128] haftet der übernehmende Gesellschafter für die Versicherungsprämien nicht weiter, als die offene Handelsgesellschaft den Vertrag *fest* abgeschlossen hatte. War in dem Vertrage vereinbart, dass dieser nach Ablauf der ersten Versicherungsperiode fortbestehen solle, *falls* er nicht bis zu einem bestimmten Tage gekündigt werde, so haftet der Gesellschafter, auch wenn die Kündigung unterblieben ist, für die Prämien der weiteren Periode nicht, falls die offene Handelsgesellschaft *vor* dem Ablaufe der Kündigungsfrist aufgelöst worden war, denn damit war eine Willenseinigung der Vertragsparteien über das Fortbestehen des Vertrages unmöglich geworden. [Entschieden nach HGB a. F.; vgl. Nr. 4.]

U. v. 26.10.1900; II 221/00. Zweibrücken.

U. v. 13.12.1901; II 372/01. Köln.

4. HGB § 124.

Wenn auch, wie oben in Nr. 1 ausgeführt ist, der offenen Handelsgesellschaft die Eigenschaft einer juristischen Person abgeht, so bildet doch das Vermögen derselben immerhin eine der *Gesamtheit* der Teilhaber gehörige universitas, die einen selbständigen Charakter hat und von dem persönlichen Vermögen der Gesellschafter streng getrennt ist. Aus den von der Gesellschaft und für sie abgeschlossenen Rechtsgeschäften wird als *Vertragspartei nur die Gesellschaft* als solche berechtigt und verpflichtet. Die Gesellschafter haften allerdings für die Verpflichtungen der Gesellschaft solidarisch (§ 128) und zwar auch nach ihrem Austritt aus der Gesellschaft. Dagegen stehen die Gesellschafter *persönlich* nicht in den Vertragsverhältnissen der Gesellschaft, es kann von einer persönlichen Haftbarkeit ihrerseits für Vertragsverletzungen nur die Rede sein, wenn solche Vertragsverletzungen seitens der *Gesellschaft* vorliegen. [Vgl. Nr. 3.]

U. v. 13.4.1901; I 15/01. E. 49, 340. Hamburg.

U. v. 13.7.1901; II 372/01. Köln. – Vgl. Nr. 8.

5.   HGB § 124 (auch ZPO § 313).

Unter Billigung der in Nr. 1 ausgesprochenen Rechtssätze wird weiter ausgeführt: Es kann auch trotz der Auflösung der anhängige Rechtsstreit noch unter unverändertem Rubrum gegen die aufgelöste Gesellschaft fortgesetzt werden, und es ist selbst nicht ausgeschlossen, dass nach der Auflösung gegen die aufgelöste Gesellschaft unter der Gesellschaftsfirma noch eine Klage erhoben wird. Doch ist dies nicht unter allen Umständen zulässig und die Bezeichnung der beklagten Partei mit der Gesellschaftsfirma muss nicht immer genügen. Ist die Gesellschaft ohne Liquidation aufgelöst, so ist der Gebrauch der Gesellschaftsfirma nur zulässig, wenn der Kreis der Personen feststeht, auf die sich die noch wirksamen Rechtsfolgen des früheren Gesellschaftsverhältnisses erstrecken.
U. v. 6.7.1901; I 86/01. Hamm.

6.   HGB § 124 (auch ZPO § 58).

Die in Nr. 1 ausgesprochenen Grundsätze treffen nicht zu, wenn aus dem als offene Handelsgesellschaft *fortbestehenden* Verbande nur einer der Gesellschafter ausgetreten ist, da hier die Gesamtheit der Gesellschafter Prozesspartei bleibt. Der ausscheidende Gesellschafter steht der Prozesspartei als Dritter gegenüber, ist nicht in der Lage, Parteihandlungen für sich auszuführen und kann daher auch als Zeuge vernommen werden.
U. v. 8.11.1901; VII 262/01. E. 49, 425. Breslau.

7.   = § 109 HGB Nr. 1.
U. v. 25.1.1902; I 325/01. E. 50, 154. Hamm. – Vgl. Nr. 9, 10.

8.   = § 109 HGB Nr. 2.
U. v. 26.1.1904; VII 371/03. E. 56, 430. Karlsruhe.

9.   HGB § 124 (auch II. 4; BGB §§ 313, 925).

Die *Auflösung* einer offenen Handelsgesellschaft hat nicht die Rechtsfolge, dass die früheren Gesellschafter ohne weiteres Eigentümer der der Gesellschaft gehörigen *Grundstücke zu ideellen Teilen* werden. Noch weniger hat ein Wechsel in der Person eines der Gesellschafter diese Folge; vielmehr bleibt die fortgesetzte Gesellschaft Eigentümerin der auf ihren Namen eingetragenen Grundstücke und bedarf es zu deren Ausscheidung aus dem Gesellschaftsvermögen der Eigentumsübertragung. Ein auf diese Ausscheidung gerichtetes Abkommen bedarf daher der Form des § 313 BGB. [Vgl. Nr. 7 sowie 10.]
U. v. 18.5.1904; I 66/04. Dresden.

10.   HGB § 124 (auch II. 4).

Bei Fortsetzung der Gesellschaft findet unter den verbleibenden Gesellschaftern eine Auflassung von Grundeigentum, das auf den Namen der Gesellschaft eingetragen ist, nicht statt, weil das formale Grundeigentum der Gesellschaft durch die die Personen der Gesellschafter betreffende Änderung nicht berührt wird. Dies gilt auch, wenn die Gesell-

schaft nur aus zwei Personen bestand und derart fortgesetzt wird, dass für den einen Gesellschafter ein anderer eintritt, der dessen Kapitalanteil übernimmt. Ein Vertrag, wonach in eine Grundeigentum besitzende offene Handelsgesellschaft an Stelle eines ausscheidenden Gesellschafters die verbleibenden Gesellschafter oder ein Dritter treten, unterliegt daher nicht dem Formzwange des § 313 BGB. [Vgl. Nr. 9.]
U. v. 18.5.1904; I 66/04. Dresden.

11.   HGB § 124.
Ein wegen einer Privatschuld verklagter Gesellschafter kann mit einer Gesellschaftsforderung nur aufrechnen, wenn eine Abtretung oder im Falle der Liquidation eine Überweisung stattgefunden hat.
U. v. 15.3.1907; II 415/06. Köln.

12.   HGB § 124 (auch § 156; ZPO §§ 722, 723).
Über die *Vollstreckung eines ausländischen Urteils* nach *Auflösung der Gesellschaft* wird ausgeführt:
Ist ein *ausländisches Urteil* gegen eine offene Handelsgesellschaft ergangen, so ist die Klage auf Erlass des Vollstreckungsurteils abzuweisen, wenn die Gesellschaft bereits nicht mehr besteht, denn die Klage setzt das Vorhandensein eines parteifähigen Beklagten voraus. Auch kann dann aus einem Urteil gegen die Gesellschaft *nicht* auf den Erlass eines Vollstreckungsurteils *gegen die einzelnen Gesellschafter* geklagt werden.
U. v. 25.9.1908; VII 169/08. Hamm.

13.   HGB § 124.
Nach der in der Rechtsprechung des Reichsgerichts anerkannten Anschauung sind Träger der im Gesellschaftsvermögen vereinigten Rechte und Verbindlichkeiten die Gesellschafter. Aber das Gesellschaftsvermögen ist von dem Privatvermögen der Gesellschafter rechtlich und tatsächlich gesondert und in Ansehung dieser beiden Vermögenssphären sind von der Einzelperson des Gesellschafters die für den Gesellschaftszweck zur gesamten Hand verbundenen Gesellschafter in ihrer Vereinigung streng geschieden. [Vgl. E. 17, 367; 54, 28; 56, 432; 61, 75; 65, 23, 229; 68, 412.]
U. v. 18.12.1911; VI 206/11. Naumburg.

14.   HGB § 124.
Die Gesellschaft als solche kann nicht einen ihrer Gesellschafter verklagen; eine solche Klage muss vielmehr abgewiesen werden.
U. v. 10.2.1914; II 621/13. Naumburg.

15.   HGB § 124 (auch §§ 128, 129 und ZPO § 825).
1. Das rechtskräftige Urteil, das gegen eine offene Handelsgesellschaft ergangen ist, wirkt auch gegen Gesellschafter, die im Lauf des Rechtsstreits aus der Gesellschaft ausgeschieden sind, obwohl diese mit ihrem Ausscheiden den Einfluss auf die Vertretung der Gesellschaft und die fernere Prozessführung verlieren (vgl. HGB § 124 Nr. 1, 6).

2. Wird im Laufe eines Prozesses einer offenen Handelsgesellschaft deren Firma geändert, ohne dass der Bestand der Gesellschaft hierdurch berührt wird, so erfolgt die Zustellung des Urteils ordnungsgemäß an die alte zur Zeit der Klageerhebung bestehende Firma zu Händen eines vertretungsberechtigten Gesellschafters.
U. v. 30.6.1921; VI 76/21. E. 102, 301.

16.   HGB § 124.
Die offene Handelsgesellschaft kann zwar (mittelbaren) Besitz erwerben, Träger dieses Besitzes sind aber die Gesellschafter als (mittelbare) Mitbesitzer zur gesamten Hand. (Vgl. E. 65, 23, 223.)
U. v. 16.10.1923; VII 502/22.

17.   HGB §§ 124, 129; ZPO § 767.
Wird eine offene Handelsgesellschaft während der Dauer des gegen sie anhängigen Rechtsstreits aufgelöst, so wird dadurch die Erlassung eines Urteils, durch das die Einreden des später verklagten Gesellschafters nach § 129 Abs. 1 HGB ausgeschlossen werden, nicht gehindert.
Der Ausschluss der Einreden erstreckt sich nicht auf Verzugszinsen, die erst nach der Schlussverhandlung im Gesellschaftsprozess fällig geworden sind.
U. v. 19.2.1929; II 296/28. E. 124, 176. Kammergericht.

18.   HGB §§ 124, 161; ZPO §§ 265, 270, 550.
Im Rechtsstreit einer Kommanditgesellschaft sind die sämtlichen Gesellschafter in ihrer Zusammenfassung zur Gesellschaft Partei. Findet im Laufe des Rechtsstreits die Auflösung und Vollbeendigung der Gesellschaft statt, so bleiben die Gesellschafter als Streitgenossen die Kläger. Der Erwerber des im Streit befangenen Anspruches darf, auch wenn er das gesamte Gesellschaftsvermögen übernommen hat, nur mit Zustimmung der Gegenpartei in den Rechtsstreit eintreten.
Die Entscheidung, das der Erwerber eines solchen Anspruchs den Rechtsstreit übernehmen durfte, stellt keine nach § 270 ZPO unanfechtbare Entscheidung dar. Die Voraussetzungen für die Zulässigkeit der Berufung hat auch das Revisionsgericht von Amts wegen zu prüfen.
U. v. 23.6.1933; II 95/33. E. 141, 277. Frankfurt.

19.   = § 17 HGB Nr. 19.
U. v. 25.5.1938; II 165/37. E. 157, 369.

§ 125

Zur Vertretung der Gesellschaft ist jeder Gesellschafter ermächtigt, wenn er nicht durch den Gesellschaftsvertrag von der Vertretung ausgeschlossen ist.
Im Gesellschaftsvertrage kann bestimmt werden, dass alle oder mehrere Gesellschafter nur in Gemeinschaft zur Vertretung der Gesellschaft ermächtigt sein sollen (Gesamtvertretung). Die zur Gesamtvertre-

tung berechtigten Gesellschafter können einzelne von ihnen zur Vornahme bestimmter Geschäfte oder bestimmter Arten von Geschäften ermächtigen. Ist der Gesellschaft gegenüber eine Willenserklärung abzugeben, so genügt die Abgabe gegenüber einem der zur Mitwirkung bei der Vertretung befugten Gesellschafter.

Im Gesellschaftsvertrage kann bestimmt werden, dass die Gesellschafter, wenn nicht mehrere zusammen handeln, nur in Gemeinschaft mit einem Prokuristen zur Vertretung der Gesellschaft ermächtigt sein sollen. Die Vorschriften des Abs. 2 Satz 2, 3 finden in diesem Falle entsprechende Anwendung.

Der Ausschluss eines Gesellschafters von der Vertretung, die Anordnung einer Gesamtvertretung oder eine gemäß Abs. 3 Satz 1 getroffene Bestimmung sowie jede Änderung in der Vertretungsmacht eines Gesellschafters ist von sämtlichen Gesellschaftern zur Eintragung in das Handelsregister anzumelden.

1.   HGB § 125 (auch ZPO §§ 473, 476).

Nur die *vertretungsberechtigten* Teilhaber der offenen Handelsgesellschaft sind gesetzliche Vertreter der Gesellschaft im Sinne der §§ 473, 476, 477 ZPO.

U. v. 24.10.1903; I 183/03. Hamm.

2.   HGB § 125.

Dem Miterben, der zugleich *zum Bevollmächtigten seiner Miterben bestellt* worden ist, sind durch die Erteilung dieser Vollmacht nicht die ihm aus seiner Stellung als offener Handelsgesellschafter erwachsenen Rechte entzogen. Er vertritt die Gesellschaft kraft eigenen Rechts und bedarf *hierzu* nicht der Vollmacht seiner Miterben, die durch ihn ihnen als Gesellschaftern zustehenden Vertretungsrechte gar nicht würden ausüben können [vgl. E. 2, 32], und denen im gegebenen Fall eine Vertretungsmacht nicht zustehen sollte. Wohl aber bedarf der zum Bevollmächtigten bestellte Miterbe der Vollmacht seiner Miterben bei Ausübung der ihnen der Gesellschaft gegenüber zustehenden Rechte.

U. v. 9.7.1906; I 72/06. Darmstadt.

3.   HGB § 125.

Ist Gesamtvertretung vereinbart und eingetragen, so können sich die Gesellschafter auf die darin liegende Beschränkung Dritten gegenüber insoweit nicht berufen, als die Beschränkung von ihnen selbst außer acht gelassen wird und unter erkennbarer Duldung der zur Mitwirkung Berufenen ein einzelner Gesellschafter nach außen so auftritt, wie wenn keine Gesamtvertretung vereinbart wäre.

U. v. 3.5.1910; II 446/09. Kammergericht.

4.   HGB § 125 (auch §§ 126, 128).

Alle Gesellschafter der offenen Handelsgesellschaften haften als Gesamtschuldner auch für die unerlaubten Handlungen eines vertretungsberechtigten Gesellschafters, die dieser in seiner Eigenschaft als Vertreter der Gesellschaft begangen hat.

U. v. 24.6.1911; VI 434/10. Kiel.

5.   = § 48 HGB Nr. 1.

U. v. 14.2.1913; II 378/12. E. 81, 325. Kiel. – Vgl. U. v. 29.4.1921; II 534/20.

6.   HGB § 125 (auch BGB §§ 432, 709).

Bei Gesamthandverhältnissen, bei denen die Geschäftsführung und Vertretung nicht durch Gesetz oder Vertrag anders geregelt sind, kann jeder einzelne Leistung an alle fordern; dies gilt aber für Gesellschaften, wenn überhaupt, so jedenfalls nur dann, wenn die Führung der Geschäfte gemäß § 709 allen gemeinschaftlich zusteht, es gilt aber nicht für Gesellschaften, für welche die Geschäftsführung und Vertretung durch besondere Gesetzesvorschriften oder Verträge anders geregelt sind, hauptsächlich nicht für offene HG, für die eine genaue, zum Teil auch zwingende Regelung dieser Punkte besteht. U. v. 27.11.1914; II 305/14. E. 86, 66. Köln.

7.   HGB § 125.

Zulässig ist auch eine Bestimmung im Gesellschaftsvertrag (§ 125 Abs. 2), wonach von den zwei Gesellschaftern der eine die Gesellschaft nur *gemeinschaftlich* mit dem anderen, der andere dagegen sie *allein* vertreten kann. Es ist das nicht gleichbedeutend mit der Ausschließung des einen Gesellschafters von der Vertretungsmacht. B. v. 9.3.1917; II B 1 und 2/17. E. 90, 21. Mannheim.

8.   HGB § 125 (auch Kriegsnotrecht II).
           VO über den Handel mit Lebens- und Futtermitteln vom 24.6.1916 § 1. Wuchergericht VO v. 27.11.1919 Art. II § 4b.

Eine offene Handelsgesellschaft, davon einem Teilhaber die Handelserlaubnis i. S. d. VO v. 24.6.1916 nicht erteilt ist, kann nicht durch ihren mit der Erlaubnis versehenen anderen Teilhaber auf dem Gebiet des Genehmigungszwangs liegende Geschäfte rechtswirksam abschließen. U. v. 24.10.1922; III 715/21.

9.   HGB §§ 125, 146, 150.

Ist bei einer aus zwei Gesellschaftern bestehenden offenen Handelsgesellschaft, die Gesamtvertretungsmacht haben, der eine rechtlich oder tatsächlich an der Ausübung der Vertretung im Einzelfall behindert, so kann mit seiner Zustimmung der andere die Gesellschaft insoweit allein vertreten.
Das Gleiche gilt im Fall der Liquidation für Gesellschafterliquidatoren. U. v. 11.2.1927; II 129/26. E. 116, 116. Stuttgart.

10.   = § 48 HGB Nr. 3.
B. v. 22.12.1931; II B 30/31. E. 134, 303. Liegnitz.

11.   = § 114 HGB Nr. 2.
U. v. 30.3.1942; II 126/41.

§ 126

Die Vertretungsmacht der Gesellschafter erstreckt sich auf alle gerichtlichen und außergerichtlichen Geschäfte und Rechtshandlungen einschließlich der Veräußerung und Belastung von Grundstücken sowie der Erteilung und des Widerrufs einer Prokura.

Eine Beschränkung des Umfanges der Vertretungsmacht ist Dritten gegenüber unwirksam; dies gilt insbesondere von der Beschränkung, dass sich die Vertretung nur auf gewisse Geschäfte oder Arten von Geschäften erstrecken oder dass sie nur unter gewissen Umständen oder für eine gewisse Zeit oder an einzelnen Orten stattfinden soll.

In Betreff der Beschränkung auf den Betrieb einer von mehreren Niederlassungen der Gesellschaft finden die Vorschriften des § 50 Abs. 3 entsprechende Anwendung.

a) Vertretungsmacht: 3, 4, 11, 14, 15, 16
b) Geschäfte: –
c) Rechtshandlungen: –
d) Das Handeln für die Gesellschaft: 2
e) Beschränkung der Vertretungsmacht: 3, 4
f) Anfechtung des § 50 Abs. 3: –
g) Haftung für unerlaubte Handlungen: 1, 4, 7, 8, 9, 10, 12, 13
h) Einrede der Arglist: 5, 6, 7
i) Anhang: 17

1.   HGB § 126 (auch BGB §§ 812, 823).

Die offene Handelsgesellschaft haftet für den Schaden, den ein Gesellschafter einem Dritten dadurch zufügt, dass er diesem veruntreute Wertpapiere namens der Gesellschaft für ein dieser gewährtes Darlehn zum Pfande gibt, auch wenn er die Darlehnsvaluta für Privatzwecke verwendet. Die Haftung ergibt sich sowohl aus dem Gesichtspunkte der unerlaubten Handlung des Gesellschafters wie aus dem der rechtlosen Bereicherung der Gesellschaft. [Altes Recht.]
U. v. 7.3.1900; I 469/99. E. 46, 18. Hamburg.

2.   HGB § 126.

Ist ein Schuldschein nur mit dem von der Firma der Handelsgesellschaft abweichenden Namen eines zur Vertretung berechtigten Gesellschafters unterzeichnet, so sind besondere Umstände darzulegen, aus denen sich ergibt, dass das Darlehen nach dem Willen der Vertragschließenden für die Gesellschaft geschlossen werden soll.
U. v. 5.2.1901; II 361/00. Karlsruhe.

3.   HGB § 126 (auch §§ 161, 164).

Der persönlich haftende Gesellschafter einer Kommanditgesellschaft kann nicht in Ausübung seiner gewöhnlichen Geschäftsführungsbefugnis namens der Gesellschaft mit einem Dritten dessen Beitritt zur Gesellschaft als Kommanditist vereinbaren; vielmehr ist dazu die positive Mitwirkung sämtlicher Gesellschafter erforderlich. Die Vereinbarung kann auch nicht dadurch rechtswirksam werden, dass die Kommanditisten ihr nachträg

ich beitreten, vielmehr ist nach § 141 BGB weiter die Bestätigung seitens der anderen beiden Beteiligten, insbesondere des Dritten erforderlich.
U. v. 14.7.1902; I 104/02. E. 52, 161. Kammergericht. – Ebenso: U. v. 20.5.1905; I 668/04. Kammergericht.

4.   HGB § 126.

Die Vertretungsbefugnis des durch den Gesellschaftsvertrag von der Vertretung *nicht* ausgeschlossenen Mitglieds einer offenen Handelsgesellschaft ist nach außen unbeschränkt, so dass selbst ein dem Gegenkontrahenten des Gesellschafters, der namens der Gesellschaft einen Vertrag abschließt, bekannter Missbrauch der Vertretungsmacht für das eigene Interesse die Verbindlichkeit des Geschäfts für *die Gesellschaft* nicht ausschließt. *Nur der Fall* des betrügerischen Zusammenwirkens der beiden Kontrahenten zum Schaden der Gesellschaft hebt die Verpflichtung der Gesellschaft auf, dem Dritten aus dem Geschäfte zu haften [E. 9, 148]. Die gesetzliche Grundlage für die Nichthaftung der Gesellschaft und für ihren Anspruch auf Rückgabe des etwa daraus Geleisteten ist in den Bestimmungen der §§ 138, 823, 826 BGB zu suchen.
U. v. 6.4.1903; VI 476/02. Kammergericht.
U. v. 1.10.1903; VI 63/03. Karlsruhe. – Vgl. Nr. 9.

5.   HGB § 126 (auch WO Art. 82).

Der offenen Handelsgesellschaft steht gegenüber einem *in ihrem Namen von einem der Gesellschafter akzeptierten* Wechsel nicht die Einrede der Arglist zu, wenn der Wechselinhaber beim Erwerbe des Wechsels zwar die Tatsachen kannte, aus denen sich die Nichtberechtigung des Gesellschafters gegenüber der Gesellschaft zur Akzeptierung ergibt, sich aber der widerrechtlichen Handlungsweise dieses Gesellschafters nicht bewusst war.
U. v. 13.4.1904; I 530/03. E. 57, 388. Kammergericht.

6.   HGB § 126.

Wenn ein Gesellschafter einer offenen Handelsgesellschaft seine Vollmacht in der Weise überschreitet, dass er für ein ihm persönlich gewährtes Darlehn eine auf die Firma lautende Bürgschaftsurkunde unterschreibt, *und der Gläubiger* dies weiß, so steht dem andern Gesellschafter gegenüber der Klage aus der Bürgschaft auch nach BGB eine exceptio doli generalis gemäß §§ 249, 826 BGB zu.
U. v. 30.6.1904; VI 485/03. E. 58, 356. Hamm. – Vgl. Nr. 7.

7.   HGB § 126.

Die Gesellschaft kann aus dem von einem vertretungsberechtigten Gesellschafter abgeschlossenen Geschäfte nur dann nicht in Anspruch genommen werden, wenn dieser dabei die Absicht der Benachteiligung der Gesellschaft verfolgt und der Gegenkontrahent in Kenntnis dieser Absicht bei dem Geschäfte mitgewirkt hat. [Vgl. Nr. 6.]
U. v. 11.7.1905; II 640/04. Köln.

8.   HGB § 126 (auch BGB § 823).

Das Reichsgericht hat für das bis zum Jahre 1900 geltende Recht in ständiger Rechtsprechung die *Haftung der offenen Handelsgesellschaft für eine unerlaubte Handlung de.*
vertretungsberechtigten Gesellschafters, die dieser im inneren Zusammenhange mit den
Geschäftsbetriebe begangen hatte, bejaht, und zwar auch dann, wenn die Handlung nich
gerade rechtsgeschäftlicher Natur war. Für das neue Recht hiervon abzuweichen, besteh
umso weniger Anlass, als § 126 HGB im Verhältnis zu Art. 114 a. F. die Vertretungs
macht des Gesellschafters eher ausdehnt als einschränkt. Erfordernis der Haftung is
jedoch, dass der Gesellschafter die Handlung in Ausführung einer ihm als solchem zu
stehenden Verrichtung vorgenommen hat.

Das wurde verneint in einem Falle, wo der Gesellschafter auf einer Geschäftstour, die er im Interesse de
Gesellschaft unternommen hatte, es unterlassen hatte, den ihm fahrenden Kutscher zu überwachen un
dessen zu schnelles Fahren, das den Unfall verursachte, zu verhindern.

2 U. v. 22.4.1907; VI 292+354/06. Kassel.
U. v. 24.10.1907; VI 62/07. Köln. – Vgl. Nr. 9, 10.

9.   = § 125 HGB Nr. 4.
U. v. 24.6.1911; VI 434/10. Kiel.

10.   HGB § 126 (auch BGB § 831).
Die Firma (offene Handelsgesellschaft), die zur Geschäftsreise eines ihrer Vertrete
schuldhafterweise ein schadhaftes Kraftfahrzeug und einen unfähigen Lenker verwende
haftet für die dadurch verursachte Beschädigung eines unterwegs von dem Vertreter au
Ansuchen gefälligkeitsweise aufgenommenen Fahrgasts.
U. v. 20.1.1913; VI 335/12. Naumburg.

11.   HGB § 126.
Die Befugnis, einen gegen die Gesellschaft erhobenen Anspruch mit der negativen Fest
stellungsklage abzuwehren, ist ein mit der Mitgliedschaft verbundenes Sonderrecht de
einzelnen Gesellschafters und von dem Bestehen einer Vertretungsmacht unabhängig
wenn auch das auf die Abwehrklage ergehende Urteil nicht für und gegen die Gesel
schaft, sondern nur für und gegen den klagenden Gesellschafter Rechtskraft schaffe
kann.
U. v. 8.5.1914; II 14/14. Kammergericht.

12.   HGB § 126 (auch § 128)
Wegen arglistiger Täuschung beim Abschlusse eines Vertrages zwischen den Gesel
schaftern einer offenen Handelsgesellschaft und einem Dritten über dessen Eintritt in di
Gesellschaft kann der Dritte von einem Gesellschafter, der die Täuschung *nicht* verüt
hat, Schadensersatz nicht unter dem Gesichtspunkte verlangen, dass eine Schadense
satzpflicht der *Gesellschaft* und damit eine gesamtschuldnerische Haftung der Gesel
schafter begründet sei. Denn der die Täuschung beim Abschluss des Vertrages verüber
de Gesellschafter handelt nicht kraft der ihm nach §§ 125, 126 HGB zustehenden Ve

tretungsmacht, da Gegenstand eines solchen Vertrages nicht die Regelung des Vermächtnisses des Dritten zu der Gesellschaft als solcher ist, sondern die Abänderung des Gesellschaftsvertrages, die nur von allen einzelnen Gesellschaftern, auch den nicht vertretungsberechtigten, vorgenommen werden kann.
U. v. 15.1.1918; II 329/17. E. 91, 412. Hamburg.

13. HGB § 126 (auch § 128).

Wird ein Vertrag zwischen den Gesellschaftern einer offenen Handelsgesellschaft und einem Dritten wegen *arglistiger Täuschung* angefochten, so sind die auf die Feststellung der Nichtigkeit verklagten Gesellschafter *nicht* notwendige Streitgenossen, da ein materiellrechtlicher Zwang, alle Gesellschafter zu verklagen, nicht besteht, die Klage vielmehr auch nur gegen einen Gesellschafter zulässig ist. (Vgl. E. 71, 202.)
U. v. 15.1.1918; II 329/17. E. 91, 412. Hamburg.

14. HGB § 126 (auch BGB § 626).

Wenn eine offene Handelsgesellschaft, die ein politisches Parteiblatt (z. B. den „Vorwärts") verlegt, von der Partei nur gegründet worden ist, um eine Rechtspersönlichkeit zu schaffen, die die für die Herausgabe der Zeitung erforderlichen Verträge abschließen kann, also als Werkzeug der Partei gewisse Obliegenheiten auszuüben hat, deren Vornahme der Partei mangels ihrer Rechtspersönlichkeit nicht möglich ist und folglich deren Weisungen zu folgen hat, so kann bei der Anstellung der Schriftleiter rechtswirksam vereinbart werden, dass sie, obwohl sie Angestellte der offenen Handelsgesellschaft sind, nicht von dieser und deren Vertretern, sondern ausschließlich von dem Vorstand oder einem sonstigen Organe der Partei entlassen werden dürfen. Hiergegen ist weder aus § 126 Abs. 2 HGB ein Bedenken herzuleiten, noch steht dem die zwingende Natur der Vorschrift des § 626 BGB entgegen, auch verstößt die Bestimmung nicht gegen die guten Sitten.
U. v. 27.6.1919; III 17/19. E. 96, 198. Kammergericht.

15. HGB § 126 (auch § 335).

Zwar kann ein Vertrag, durch den ein stiller Gesellschafter an einer offenen Handelsgesellschaft beteiligt wird, ebenso wenig, wie der Vertrag, durch den jemand als persönlich haftender Gesellschafter oder als Kommanditist in eine solche Gesellschaft aufgenommen wird (vgl. E. 52, 161), im Namen der Gesellschaft durch die vertretungsberechtigten Gesellschafter allein abgeschlossen werden, vielmehr bedarf es dazu der Mitwirkung *aller* Gesellschafter, auch derjenigen, die von der Berechtigung zur Vertretung der Gesellschaft ausgeschlossen sind. Dagegen sind die vertretungsberechtigten Gesellschafter für sich allein befugt, im Namen der Gesellschaft einen Vertrag abzuschließen, durch den diese sich *schuldrechtlich* verpflichtet, die Beteiligung des Vertragsgegners als stiller Gesellschafter an der offenen Handelsgesellschaft herbeizuführen.
U. v. 5.2.1921; V 243/20.

16. HGB § 126 (auch BGB § 812, HGB § 128).

Zahlt jemand an den alleinvertretungsberechtigten Teilhaber einer offenen Handelsgesellschaft eine Summe zu dem vereinbarten Zwecke, dass sie als Einlage auf seine in Aussicht genommene, demnächst durch einen schriftlichen Vertrag zu regelnde Beteiligung als stiller Gesellschafter dienen solle, so ist die Summe als von der offenen Handelsgesellschaft erlangt, anzusehen. Kommt dann der Eintritt als stiller Gesellschafter nicht zustande, so ist der Herausgabeanspruch aus ungerechtfertigter Bereicherung gegen die offene Handelsgesellschaft und jeder ihrer persönlich haftenden Gesellschafter gegeben. Es kann hierbei dahingestellt bleiben, ob sich die Vertretungsmacht des vertretungsberechtigten Gesellschafters auch auf die Annahme eines stillen Gesellschafters erstreckt (verneint in E. 52, 161; U. I 251/03 und V 243/20), sowie ob ein vertretungsberechtigter Gesellschafter für sich allein wenigstens befugt ist, namens der offenen Handelsgesellschaft einen Vertrag abzuschließen, durch den diese schuldrechtlich verpflichtet wird, die Beteiligung des Vertragsgegners als stiller Gesellschafter herbeizuführen (bejaht im U. V 243/20).
U. v. 7.12.1922; IV 180/22.

17. HGB §§ 126, 128, 129, 131; KO § 6.

Der Konkursverwalter einer offenen Handelsgesellschaft kann seinem vertraglichen Anerkenntnis einer Gesellschaftsschuld oder dem Verzicht auf Einwendungen in einem Prozessvergleich die Einschränkung hinzufügen, dass davon nur das Gesellschaftsvermögen betroffen sein soll.
U. v. 7.1.1931; RAG 339/30. Halberstadt.

18. HGB § 126.

An der bisherigen Rechtsprechung des RG (vgl. E. Bd. 52 S. 161; E. Bd. 128 S. 176 und JW 1921 S. 1239[17]), wonach zur Aufnahme eines Dritten als *stillen Gesellschafters* in eine offene Handelsgesellschaft oder eine Kommanditgesellschaft die Zustimmung aller Gesellschafter erforderlich ist, ein allein vertretungsberechtigter Gesellschafter also zur Aufnahme eines stillen Gesellschafters nicht berechtigt ist, wird nicht festgehalten. Eine derartige Aufnahme ist vielmehr nicht anders zu behandeln, wie ein anderes schuldrechtliches Geschäft.
U. v. 8.1.1937; II 122/36. E. 153, 371.

19. = § 116 HGB Nr. 5.

U. v. 20.12.1939; II 88/39. E. 162, 370.

§ 127

Die Vertretungsmacht kann einem Gesellschafter auf Antrag der übrigen Gesellschafter durch gerichtliche Entscheidung entzogen werden, wenn ein wichtiger Grund vorliegt; ein solcher Grund ist insbesondere grobe Pflichtverletzung oder Unfähigkeit zur ordnungsmäßigen Vertretung der Gesellschaft.

1.   HGB § 127 (auch §§ 161, 320).
In einer Kommanditgesellschaft (auf Aktien) kann dem Komplementar nach §§ 161 Abs. 2 (320 Abs. 2) 127 die Vertretungsmacht auch dann entzogen werden, wenn er der einzige persönlich haftende Gesellschafter ist.
U. v. 24.10.1910; I 79/10. E. 74, 297. Kammergericht.

2.   = § 117 HGB Nr. 2.
U. v. 20.12.1939; II 95/39.

§ 128

Die Gesellschafter haften für die Verbindlichkeiten der Gesellschaft den Gläubigern als Gesamtschuldner persönlich. Eine entgegenstehende Vereinbarung ist Dritten gegenüber unwirksam.

a) Allgemeines, Verbindlichkeiten der Gesellschaft: 3, 6, 15, 16, 18, 22, 28, 29, 30
b) Haftung als Gesamtschuldner: 1, 3, 6, 9, 12, 14, 17, 19, 22, 25
c) Umfang, Dauer der Haftung: 3, 4, 5, 7, 17, 27, 31
d) Auflösung der Gesellschaft: 2, 8, 12, 15
e) Rechtskraft des Urteils: 10, 21
f) Haftung für unerlaubte Handlungen: 11, 13, 19, 20
g) Anhang: 23, 24, 28, 29

1.   HGB § 128.
Wenn Art. 112 HGB a. F. [jetzt § 128] bestimmt, dass die Gesellschafter für alle Verbindlichkeiten der Gesellschaft solidarisch haften, so ist damit nur gesagt, dass die einzelnen Gesellschafter für die aus den Geschäften der Gesellschaft sich ergebenden Schulden haften, nicht aber, dass jeder von der Gesellschaft abgeschlossene Vertrag auch als im Namen jedes einzelnen Gesellschafters abgeschlossen anzusehen sei. Für die Annahme eines Vertrages der letzteren Art bedarf es einer besonderen tatsächlichen Feststellung. [HGB a. F.]
U. v. 13.2.1900; II 345/99. Köln.

2.   HGB § 128.
Wenn jemand an eine offene Handelsgesellschaft Waren verkauft, sie aber erst nach Auflösung der Gesellschaft in Kenntnis dieser Tatsache an den einen früheren Gesellschafter, der das Geschäft unter der bisherigen Firma fortsetzte, geliefert hat, so hat er keinen Kaufpreisanspruch gegen den anderen der früheren Gesellschafter. Denn von der Auflösung an durfte der Verkäufer den mit der Gesellschaft geschlossenen Vertrag nicht

mehr durch Lieferung an den einen Gesellschafter allein oder an die von ihm allein fortgeführte Firma erfüllen. [Dahingestellt bleibt, ob anders zu entscheiden wäre, wenn bei der Auflösung der Gesellschaft das Gesellschaftsgeschäft an den einen Gesellschafter in einer nach außen hin hervortretenden Weise überlassen worden wäre.] [HGB a. F.; vgl. § 25 Nr. 1.]

U. v. 3.3.1900; I 466/99. Hamburg. – Vgl. aber Nr. 5.

3. = § 124 HGB Nr. 3.

U. v. 26.10.1900; II 221/00. Zweibrücken.

U. v. 13.12.1901; II 372/01. Köln.

4. HGB § 128.

Der ausgeschiedene Gesellschafter haftet nur für die während seiner Zugehörigkeit zur Gesellschaft bereits wirklich entstandenen Schulden; der § 740 BGB, wonach Abwicklungsgeschäfte noch für seine Rechnung gehen, gilt nur für das Verhältnis der Gesellschafter untereinander.

Es war vereinbart worden, dass die Klägerin einem Dritten Wechsel diskontieren sollte, wenn sie von diesem akzeptiert und von einer bestimmten offenen Handelsgesellschaft giriert seien; die Klägerin verpflichtete sich, den so gewährten Wechselkredit ein Jahr lang einzuhalten, falls nicht eine Änderung in den tatsächlichen Verhältnissen eintreten sollte. Der Beklagte, der Teilhaber der offenen Handelsgesellschaft gewesen ist, hätte zwar für die Indossamente haften müssen, die die Gesellschaft der Vereinbarung gemäß zunächst gegeben hatte, da er damals der Gesellschaft noch angehörte. Diese Indossamente sind jedoch entkräftet, da die Wechsel nicht mangels Zahlung protestiert worden sind. Dies ist zwar geschehen, weil die Klägerin andere Wechsel erhielt, die ebenfalls von der Gesellschaft indossiert waren; durch diese Indossamente war indes eine neue Schuld derselben entstanden und für diese hat der Beklagte nicht aufzukommen, da inzwischen sein Austritt aus der Gesellschaft eingetragen und bekannt gemacht war.

U. v. 5.7.1902; I 82/02. Breslau.

5. = § 25 HGB Nr. 9.

U. v. 18.4.1903; I 441/02. Hamburg.

6. HGB § 128.

Der Rechtssatz, dass die Gesellschafter den Gläubigern für die Verbindlichkeiten der Gesellschaft persönlich haften, gilt nicht im Verhältnisse zu einem Mitgesellschafter, der zugleich Gläubiger der Gesellschaft ist.

U. v. 14.12.1903; I 318/03. Dresden. – Vgl. Nr. 14.

7. = § 110 HGB Nr. 2.

U. v. 8.11.1904; VI 68/04. E. 59, 143. Karlsruhe.

8. HGB § 128 (auch §§ 124, 129, 158, 161, 171).

Wenn während eines *anhängigen Prozesses*, dessen eine *Partei eine offene Handelsgesellschaft oder eine Kommanditgesellschaft ist*, diese Gesellschaft und ihr Gesellschafts-

vermögen zu existieren aufhört, so treten auch nach dem Rechte des neuen HGB alle einzelnen Gesellschafter *zusammen* als Partei an die Stelle der Gesellschaft, und zwar auf der passiven Seite als Gesamtschuldner, jedoch mit der Maßgabe, dass jeder einzelne die nur ihm persönlich zustehenden Einreden jetzt schon in *diesem* Prozesse geltend machen kann, und bei der Kommanditgesellschaft die Kommanditisten mit der ferneren Maßgabe, dass sie in diesem Prozess auch schon die Beschränkung ihrer Haftung auf ihre Einlagen geltend machen können. [Vgl. § 124 Nr. 1.]
U. v. 17.9.1906; VI 584/05. E. 64, 77. Kammergericht.

9.   HGB § 128 (auch § 158; BGB §§ 326, 425).

Auf das *Gesamtschuldverhältnis der Gesellschafter* einer offenen Handelsgesellschaft (§ 128 HGB) findet nach Auflösung der offenen Handelsgesellschaft ohne förmliche Liquidation grundsätzlich § 425 BGB Anwendung. Weder aus der Natur der offenen Handelsgesellschaft noch aus dem Zwecke der Vorschrift des § 128 HGB ergibt sich ein anderes.

Auch daraus, dass bei Auflösung einer offenen Handelsgesellschaft die Auseinandersetzung in der Weise erfolgte, dass der eine Gesellschafter das Geschäft mit Aktiven und Passiven übernahm, in die schwebenden Lieferungsabschlüsse eintrat und den anderen Gesellschafter mit Geld abstand, ergibt sich nicht ein anderes – etwa in dem Sinne, dass die Handlungen *des* Gesellschafters, der das Geschäft u.s.w. übernommen hat, in Bezug auf Lieferungsabschlüsse der Gesellschaft auch gegen den anderen der bisherigen Gesellschafter wirken.

[Den weiteren Inhalt der Entscheidung s. BGB § 326 Nr. 80.]
U. v. 21.12.1906; II 204/06. E. 65, 26. Posen. – Vgl. Nr. 12.

10.   HGB § 128 (auch ZPO § 325).

Gegen den *früheren Teilhaber einer offenen Handelsgesellschaft*, der schon zur Zeit der Erhebung der Klage aus dieser ausgeschieden war, wirkt das gegen die Firma ergangene *Urteil keine Rechtskraft*; § 128 HGB findet keine Anwendung.
U. v. 14.6.1907; VII 441/06. Hamm.

11.   HGB § 128.

Die offene Handelsgesellschaft haftet für die Folgen einer unerlaubten Handlung des vertretungsberechtigten Gesellschafters, die dieser in Ausführung einer ihm als solchem zustehenden Verrichtung vorgenommen hat, und die Gesellschafter wiederum haften für die Verbindlichkeiten der Gesellschaft den Gläubigern als Gesamtschuldner. [Vgl. § 126 Nr. 8.]
U. v. 24.10.1907; VI 62/07. Köln. – Vgl. Nr. 13. – Ebenso (unter Hinweis auf die ständige Rechtsprechung) in E. 15, 130; 17, 95; 20, 195; 32, 35; 43, 106; 57, 94; 78, 353). U. v. 20.3.1923; III 401/22.

12.   HGB § 128 (auch § 156).

Auch im Liquidationsstadium haften die Teilhaber einer offenen Handelsgesellschaft oder Kommanditgesellschaft für die neu entstehenden Gesellschaftsschulden als Gesamtschuldner. [Vgl. Nr. 9.]
U. v. 21.10.1907; VI 62/07. Köln.

13. = § 125 HGB Nr. 4.
U. v. 24.6.1911; VI 434/10. Kiel.

14. HGB § 128.
Für einen Fall, in welchem es sich um die seitens eines Gesellschafters einer offenen Handelsgesellschaft erfolgte darlehnsweise Hergabe von Betriebskapital für die Zwecke der Gesellschaft handelt, hält der Senat an seiner in den Urteilen vom 5.1.1889 – I 302/88 – und 14.12.1903 [vgl. Nr. 6] ausgesprochenen Auffassung fest, dass der Gesellschafter sich während des Bestehens der Gesellschaft, wenn auch im Liquidationsstadium, nicht auf § 128 HGB (früher Art. 112) stützen kann.
U. v. 7.10.1911; I 401/10. E. 77, 102. Düsseldorf.

15. HGB § 128 (auch BGB § 415).
Wenngleich nach § 218 HGB alle Gesellschafter für die Verbindlichkeiten einer offenen Handelsgesellschaft persönlich haften, sind diese Verbindlichkeiten doch solche der offenen Handelsgesellschaft, die nach § 124 HGB selbständig Rechte erwirbt und Verbindlichkeiten eingeht. Übernimmt einer der Gesellschafter durch Vertrag mit den übrigen unter Auflösung der Gesellschaft die Verbindlichkeiten als Alleinschuldner, so stellt sich dieser Vertrag als ein Schuldübernahmevertrag nach § 415 BGB dar; er enthält die Übernahme der Verbindlichkeiten eines Dritten, und diese wird wirksam, wenn der Gläubiger die ihm mitgeteilte Schuldübernahme genehmigt. Diese Genehmigung hat in solchem Falle nicht nur die Bedeutung, wie im Regelfalle der befreienden Schuldübernahme nach den §§ 414, 415 BGB, dass der Gläubiger anstatt eines Schuldners, den er aus der Verbindlichkeit entlässt, einen neuen annimmt, der ihm bisher nicht haftete; die Wirkung der Genehmigung ist vielmehr die, dass nunmehr von zwei Gesamtschuldnern der eine von der Schuld befreit wird, der andere für diese allein weiter haftet.
U. v. 13.4.1912; VI 399/11. Kammergericht.

16. HGB § 128.
Hat der Vorfahr sich vertraglich für sich und seine Rechtsnachfolger verpflichtet, nie ein Geschäft in einem bestimmten Handelszweig unter einer bestimmten Firma zu betreiben, und handelt der Abkömmling und Rechtsnachfolger im Betriebe und in der Firmenführung einer zu diesem Zwecke von ihm gegründeten *offenen Handelsgesellschaft* obiger Verpflichtungen zuwider, so wird mit Beginn des Geschäftsbetriebs die Verpflichtung *zur Gesellschaftsverbindlichkeit.* (Farina!)
U. v. 30.10.1912; I 33/12. Köln.

17. HGB § 128.
Der Gesellschafter haftet auch für die Verpflichtung der Gesellschaft zur Abnahme der gekauften Ware persönlich als Gesamtschuldner; deswegen allein hat er aber nicht das Recht auf Annahme, d. h. das Gläubigerrecht.
U. v. 23.9.1913; II 319/13. E. 83, 107. Bamberg.

18.   HGB § 128 (auch BGB § 774).

Wer die Bürgschaft für eine Schuld einer offenen Handelsgesellschaft übernimmt, um damit die geschuldete Einlage eines der Gesellschafter zu tilgen, kann aus § 774 BGB, 128 HGB keine Rechte gegen die Mitgesellschafter herleiten.
U. v. 23.5.1914; VI 180/14. E. 85, 72. Düsseldorf.

19.   = § 126 HGB Nr. 12.
U. v. 15.1.1918; II 329/17. E. 91, 412. Hamburg.

20.   HGB § 128 (auch ZPO § 286 und II, 1, 2).

Der Satz, dass die Rechtsanwendung dem Gericht obliegt, (jura novit curia) hat nicht die Bedeutung, dass der Richter jedes tatsächliche Vorbringen, das ihm unterbreitet wird, rechtlich zu würdigen hat und daraufhin einen den Klagantrag rechtfertigenden Anspruch, der von dem Kläger gar nicht erhoben und möglicherweise absichtlich nicht geltend gemacht ist, zusprechen darf. Wenn demnach der Angestellte einer offenen Handelsgesellschaft gegen diese aus Vertrag und gegen deren einen Inhaber aus *unerlaubter Handlung* geklagt hat, kann der letztere nicht aus § 128 HGB, also in seiner Eigenschaft als persönlich haftender Gesellschafter, verurteilt werden, wenn auch seine Stellung als offener Handelsgesellschafter bei der Parteibezeichnung in der Klagschrift angegeben und unstreitig ist.
U. v. 27.6.1919; III 17/19. E. 96, 198. Kammergericht.

21.   = § 124 HGB Nr. 15 (Abs. 1).
U. v. 30.6.1921; VI 76/21. E. 102, 301.

22.   § 126 HGB Nr. 16.
U. v. 7.12.1922; IV 180/22.

23.   HGB § 128; GmbHG § 3.

Eine aus zwei Gesellschaftern (Eheleuten) bestehende offene Handelsgesellschaft trat einem in der Form einer GmbH errichteten Verkaufskartell bei. Die Eheleute lösten die offene Handelsgesellschaft in der Weise auf, dass der beklagte Ehemann das Geschäft mit den Aktiven und Passiven unter Ausschluss des Verbandsvertrags übernahm. Die Auffassung des BG, dass der Ehemann an den Verbandsvertrag deshalb gebunden sei, weil die Mitglieder nach dem Vertrage die Bindung ihren Rechtsnachfolgern aufzuerlegen haben, wurde nicht missbilligt. Außerdem wurde aber angenommen, dass die Bindung des Beklagten an den Vertrag sich auch daraus ergebe, dass der Geschäftsanteil im Wege der Anwachsung auf ihn übergegangen ist.
U. v. 16.6.1925; II 384/24. E. 111, 274. Nürnberg.

24.   HGB §§ 167, 169, 128.

Die Klage, mit der ein Kommanditist Auszahlung des ihm zukommenden Reingewinns verlangt, muss gegen die Kommanditgesellschaft als solche gerichtet werden. Sie allein

haftet in dieser Hinsicht dem Kommanditisten. Gegen die persönlich haftenden Gesellschafter kann also ein Anspruch nicht erhoben werden, auch nicht in der Weise, dass sie auf die Gewinnauszahlung durch die Gesellschaft hinzuwirken oder diese Auszahlung zu bewirken hätten.
U. v. 7.2.1928; II 211/27. E. 120, 135. Kammergericht.

25. HGB § 128.

Wer sich als Teilhaber einer offenen Handelsgesellschaft benimmt, ohne es zu sein, haftet regelmäßig den gutgläubigen Gläubigern der Gesellschaft.

U. v. 5.10.1928; VII 72/28. Kammergericht.

26. BGB §§ 185, 209, 398, 634, 651; HGB § 128.

Der Umstand, dass eine GmbH die einzige persönlich haftende Gesellschafterin einer Kommanditgesellschaft und ihre Teilhaber und Geschäftsführer die einzigen Kommanditisten der Kommanditgesellschaft sind, begründet für sich allein kein schutzwürdiges Eigeninteresse der GmbH, mit Genehmigung der Kommanditgesellschaft deren Gewährleistungsansprüche gegen Dritte klagend zu verfolgen. Eine solche Klage unterbricht daher nicht die Verjährung.
U. v. 18.2.1930; III 161/29. Zweibrücken.

27. = § 126 HGB Nr. 17.

U. v. 7.1.1931; RAG 339/30. Halberstadt.

28. BGB § 535; HGB § 128.

Bedeutung einer Klausel, durch welche eine offene Handelsgesellschaft als Vermieterin einer Tankstelle sich dem Mieter gegenüber verpflichtet, keinen Wettbewerb auf dem Grundstück zuzulassen. Die beiden Gesellschafter haben, außerhalb der Gesellschaft handelnd, das Nachbargrundstück je zur ideellen Hälfte erworben und dort Wettbewerb zugelassen. Ihnen gegenüber ist der Unterlassungsklage stattgegeben worden, weil ihr Vorgehen unverträglich ist mit der aus § 128 HGB folgenden Pflicht, für die Erfüllung der Gesellschaftsverbindlichkeit einzutreten.
U. v. 2.5.1932; VIII 104/32. E. 136, 266. Stuttgart.

29. HGB § 128; KO § 59.

Lohnansprüche kaufmännischer Angestellter einer offenen Handelsgesellschaft, die für die Zeit nach Eröffnung des Konkurses über das Vermögen der Gesellschaft (während des Laufs der Kündigungsfrist) aus der Konkursmasse der Gesellschaft als Masseschulden zu erfüllen sind, sind nicht auch in gleichzeitigen Konkursen über das Vermögen der Gesellschafter Masseschulden.
U. v. 4.6.1932; RAG 640/31. E. 11, 185. Chemnitz.

30.   BGB §§ 397, 423; HGB § 128.

Mit dem gegen einen der persönlich haftenden Gesellschafter erklärten Erlass einer Schuldforderung, die sich gegen eine offene Handelsgesellschaft und deren persönlich haftende Gesellschafter richtet, wird auch die Schuld der Gesellschaft wie die der anderen Gesellschafter beseitigt, wenn die Aufhebung des *Ganzen* zwischen dem Gläubiger und seinen Schuldnern bestehenden Schuldverhältnisses beabsichtigt war.

U. v. 7.7.1932; VIII 193/32. Düsseldorf.

31.   HGB § 128; VerglO §§ 29, 30.

Der ausgeschiedenen Gesellschafter einer offenen Handelsgesellschaft haftet aus einem während seiner Mitgliedschaft geschlossenen Mietvertrag auch für die nach dem Ausscheiden mit der außerordentlichen Kündigung der Gesellschaft gemäß §§ 29 Abs. 2 Nr. 1 und 2, 30 VerglO gegebenen Schadensersatzforderung des Vermieters.

U. v. 14.2.1933; II 284/32. E. 140, 10. Celle.

32.   HGB § 128; VglO § 89.

Die Haftung des aus der offenen Handelsgesellschaft ausgeschiedenen Gesellschafters wird durch § 89 Z. 4 VglO nicht beschränkt. Diese Gesetzesvorschrift bezieht sich nicht auf ihn. Wohl aber können sich die in der Gesellschaft verbliebenen Gesellschafter gegenüber dem Rückgriffsanspruch des ausgeschiedenen Gesellschafters, der einen Gesellschaftsgläubiger befriedigt hat (als solcher ist auch ein ausgeschiedener Gesellschafter in Bezug auf seine Anspruch auf Auszahlung seines Auseinandersetzungsguthabens anzusehen), auf die Begrenzung ihrer Haftung berufen.

U. v. 10.11.1933; II 162/33. E. 142, 206. Naumburg.

33.   = § 123 HGB Nr. 9.

U. v. 18.9.1934; II 95/34. E. 145, 155. Kammergericht.

34.   = § 110 HGB Nr. 3.

U. v. 5.1.1937; II 182/36. E. 153, 305.

35.   ZPO §§ 829, 835, 850 d; HGB §§ 128, 161.

Zur Frage des Prozessführungsrechts des Gläubigers aus dem Pfändungs- und Überweisungsbeschluss, wenn die gepfändete Lohn- oder Gehaltsforderung nicht besteht, aber die Voraussetzungen des § 850 d ZPO gegeben sind, und in der Person des Dritten Veränderungen erfolgen, die seine Identität nicht berühren. Das Prozessführungsrecht des Gläubigers besteht, wenn der Pfändungs- und Überweisungsbeschluss eine dem Schuldner gegen eine offene Handelsgesellschaft oder Kommanditgesellschaft zustehende Forderung betrifft, auch gegenüber dem oder den persönlich haftenden Gesellschaftern, und zwar auch im Falle des § 850 d ZPO.

U. v. 5.1.1938; RAG 107/37. E. 19, 165.

§ 129

Wird ein Gesellschafter wegen einer Verbindlichkeit der Gesellschaft in Anspruch genommen, so kann er Einwendungen, die nicht in seiner Person begründet sind, nur insoweit geltend machen, als sie von der Gesellschaft erhoben werden können:
Der Gesellschafter kann die Befriedigung des Gläubigers verweigern, solange der Gesellschaft das Recht zusteht, dass ihrer Verbindlichkeit zu Grunde liegende Rechtsgeschäft anzufechten.
Die gleiche Befugnis hat der Gesellschafter, solange sich der Gläubiger durch Aufrechnung gegen eine fällige Forderung der Gesellschaft befriedigen kann.
Aus einem gegen die Gesellschaft gerichteten vollstreckbaren Schuldtitel findet die Zwangsvollstreckung gegen die Gesellschafter nicht statt.

1.   HGB § 129 (auch ZPO §§ 263, 274, 325).
Klagt eine offene Handelsgesellschaft oder wird sie verklagt, so sind, wie sich aus den Rechtssätzen in § 124 Nr. 1 und 4 ergibt, nur die Gesellschafter Prozesspartei. Wenn deshalb, wie vom Reichsgericht in feststehender Rechtsprechung angenommen worden ist, das Urteil, das in einem mit der offenen Handelsgesellschaft geführten Prozess über das Bestehen oder Nichtbestehen einer Gesellschaftsschuld ergeht, insoweit als es sich um die Feststellung der Gesellschaftsschuld handelt, auch Rechtskraftwirkung gegen und für die einzelnen Gesellschafter hat, so muss in demselben Umfang, in dem danach dem einzelnen Gesellschafter gegebenenfalls die Einrede der rechtskräftig entschiedenen Sache zustehen würde, ihm auch die Einrede der Rechtshängigkeit zustehen.
U. v. 13.4.1901; I 15/01. E. 49, 340. Hamburg.

2.   = § 126 HGB Nr. 8.
U. v. 17.9.1906; VI 584/05. E. 64, 77. Kammergericht.

3.   = § 124 HGB Nr. 15 (Abs. 1).
U. v. 30.6.1921; VI 76/21. E. 102, 301.

4.   = § 124 HGB Nr. 17.
U. v. 19.2.1929; II 296/28. E. 124, 146. Kammergericht.

5.   = § 126 HGB Nr. 17.
U. v. 7.1.1931; RAG 339/30. Halberstadt.

§ 130

Wer in eine bestehende Gesellschaft eintritt, haftet gleich dem anderen Gesellschaftern nach Maßgabe der §§ 128, 129 für die vor seinem Eintritte begründeten Verbindlichkeiten der Gesellschaft, ohne Unterschied, ob die Firma eine Änderung erleidet oder nicht.
Eine entgegenstehende Vereinbarung ist Dritten gegenüber unwirksam.

1. = § 25 HGB Nr. 17.

U. v. 13.1.1905; II 180/04. Dresden.

2. HGB § 30.

Für die vor seinem Eintritte begründeten Verbindlichkeiten der Gesellschaft haftet der neu eintretende Gesellschafter der offenen Handelsgesellschaft auch dann, wenn er sie bei seinem Eintritte nicht gekannt hat. [Vgl. Nr. 1.]

U. v. 21.9.1907; I 502/06. E. 66, 320. Frankfurt.

3. = § 23 HGB Nr. 4.

U. v. 21.9.1907; I 502/06. E. 66, 320. Frankfurt.

4. BGB §§ 182-185, 736; HGB §§ 130, 173.

Bei den Personalgesellschaften bedarf es für den Eintritt eines neuen Gesellschafters stets eines Vertragsschlusses mit allen Gesellschaftern. Dieser kann sich auch in der Gestalt der Zustimmung zu dem zwischen einem aufzunehmenden Gesellschafter und dem Neueintretenden festgesetzten Vertrag vollziehen, auch nachträglich, solange jener Vertrag bestehen bleibt. Zu der Einräumung des Sonderrechts zur Aufnahme eines neuen Gesellschafters steckt die unwiderrufliche Vollmacht den Aufnahme-(Gesellschafts)-Vertrag auch mit Rechtswirkung für die übrigen Gesellschafter zu schließen. Maßgebend für den Eintritt ist die Zustimmung des letzten, bisherigen Gesellschafters.

Für die Anwendung der §§ 182 ff. BGB, welche die Wirksamkeit eines fremden Rechtsgeschäfts betreffen, ist kein Raum, soweit nicht die rechtliche Verfügungsmacht über einen zu übertragenden Gesellschaftsanteil beim Verfügenden selbst in Frage steht.

U. v. 4.3.1930; II 207/29. E. 128, 172. Breslau.

Vierter Titel.
Auflösung der Gesellschaft und Ausscheiden von Gesellschaftern.

⟨vor §§ 131-144⟩

1. HGB II, 1, 4.

Zum Eintritt eines neuen Gesellschafters in eine offene HG *ist nicht stets* ein Vertrag zwischen dem neuen Gesellschafter und den übrigen Gesellschaftern erforderlich. Der Gesellschaftsvertrag kann vielmehr im voraus jeden Gesellschafter berechtigen, seine Gesellschaftsanteile auf andere, noch nicht bestimmte Dritte zu übertragen. Ist die Wirksamkeit der Übertragung an die Genehmigung des Vorstandes geknüpft, so genügt dessen *einseitige* Erklärung.

U. v. 26.1.1915; II 469/14. Naumburg.

2.   BGB § 138; HGB §§ 131-144.

Ist eine Personengesellschaft des Handelsrechts bereits in Vollzug gesetzt, so kann ein Gesellschafter sich nicht mehr darauf berufen, dass der Gesellschaftsvertrag wegen Vermögensübervorteilung nach § 138 Abs. 1 und 2 BGB von Anfang an nichtig sei. Er ist vielmehr auf die Auflösungsklage aus wichtigem Grunde nach §§ 133 ff. HGB angewiesen.

U. v. 2.8.1943; II 70/43.

§ 131

Die offene Handelsgesellschaft wird aufgelöst:

1. durch den Ablauf der Zeit, für welche sie eingegangen ist;
2. durch Beschluss der Gesellschafter;
3. durch die Eröffnung des Konkurses über das Vermögen der Gesellschaft;
4. durch den Tod eines Gesellschafters, sofern nicht aus dem Gesellschaftsvertrage sich ein Anderes ergibt;
5. durch die Eröffnung des Konkurses über das Vermögen eines Gesellschafters;
6. durch Kündigung und durch gerichtliche Entscheidung.

1a.   HGB § 131 (auch BGB § 133).

Auf die Fortdauer der Haftung des ausgeschiedenen Gesellschafters kann der Gläubiger verzichten; der Verzicht braucht nicht ausdrücklich ausgesprochen zu werden.

Die beiden Gesellschafter einer offenen Handelsgesellschaft, A. und B., vereinbarten bei der Auflösung der Gesellschaft, dass B. das ganze Aktivvermögen der Gesellschaft seinem Mitgesellschafter A. übereignen solle, wogegen dieser auch die Verbindlichkeiten der Gesellschaft allein zu übernehmen habe; der Vertrag bestimmte weiter, dass A. die Forderungen zweier Hauptgläubiger der Gesellschaft in bestimmten Raten bezahlen und dass die Mutter des A., die ebenfalls eine Hauptgläubigerin der Gesellschaft war, für diese Zahlungen *durch Mitunterschrift die Bürgschaft* übernehmen solle. Die Mutter des A. setzte unter den Vertrag den Vermerk, dass sie für rechtzeitige Zahlung obiger Beträge gemäß § 4 des Vertrages die Bürgschaft übernehme. Das Berufungsgericht hat angenommen, die Mutter des A. habe durch diese Erklärung ihre Zustimmung zu der Befreiung des B. von der ferneren Mithaft für ihre Forderung an die Gesellschaft zum Ausdruck gebracht. Dies wird für nicht rechtsirrtümlich erklärt. [Altes Recht.]

U. v. 8.1.1900; I 363/99. Hamburg.

1.   HGB § 131 (auch § 145).

Soweit das Gesetz nicht, wie im § 332, etwas anderes bestimmt, wird bei der „Umwandlung" einer Handelsgesellschaft in eine andere Gesellschaftsform die bisherige Gesellschaft *nicht* aufrechterhalten, vielmehr liegt rechtlich die *Auflösung* der bisher bestehenden Gesellschaft vor, an die sich die Gründung einer anderen *neuen* Gesellschaft anschließt [E. 32, 47]. Hiernach kann nicht die Rede davon sein, dass die Mitglieder, die der neuen Gesellschaft nicht beitreten wollen, von der bisherigen Gesellschaft, die zufolge der Umwandlung beendigt wird, *ausgeschlossen* werden sollen.

Im *Gesellschaftsvertrage* darf bestimmt werden, durch einen Mehrheitsbeschluss der Gesellschafter könne die Auflösung und Liquidation der Gesellschaft schon in einem früheren als dem im Gesellschaftsvertrage festgesetzten Zeitpunkte herbeigeführt werden, ebenso, dass das Gesellschaftsvermögen auf die neue Gesellschaft übertragen werden soll und die Gesellschafter, die dieser nicht beitreten, nur ihren Anteil am Gesellschaftsvermögen nach der letzten Bilanz beanspruchen dürfen. Die Liquidation ist nicht die *notwendige* Folge der Auflösung einer Gesellschaft, vielmehr kann die Auseinandersetzung auch in anderer Weise geregelt, z. B. beschlossen werden, dass nach dem Ausscheiden eines Gesellschafters die Unternehmung von den andern Gesellschaftern fortgeführt oder dass das Geschäft nebst Aktiven und Passiven einem Gesellschafter überlassen werden solle. Von einer derartigen Regelung unterscheidet sich die vorliegend erfolgte nicht wesentlich. Eine andere Frage ist, ob sich der Gesellschafter, der an der neuen Gesellschaft nicht beteiligt ist, die letzte Bilanz unbedingt entgegenhalten lassen muss oder ob er einen höheren Geschäftsanteil beanspruchen darf.
U. v. 15.6.1900; II 155/00. Zweibrücken. – Vgl. Nr. 8.

2.   HGB § 131.
Der Rechtsvorgang, welcher sich dadurch vollzieht, dass bei einer aus *zwei* Personen gebildeten offenen Handelsgesellschaft *einer* der Teilnehmer aus der Gemeinschaft *austritt* und *zu gleicher Zeit* eine *andere* Person Gesellschafter des *anderen bisherigen* Teilnehmers wird, unter Fortsetzung des von den bisherigen Gesellschaftern betriebenen Geschäftes, ist rechtlich verschieden gewürdigt worden. Selbst wenn man von der Möglichkeit ausgeht, in einem solchen Falle ließe sich die Rechtslage so auffassen, dass die *bisherige offene Handelsgesellschaft fortbesteht* und ihre Identität mit der früheren durch solchen Wechsel in der Person der Teilhaber nicht berührt wird, *so kann* doch im *Einzelfalle* nach Lage der Umstände eine andere rechtliche Auffassung möglich und begründet sein, nämlich die, dass durch den Austritt des Teilnehmers unter gleichzeitiger Aufnahme eines Dritten die *bisherige* Gesellschaft *aufgelöst* und eine *neue* ins Leben gerufen wird. Während bei der Fortexistenz der bisherigen Gesellschaft deren erworbenen Rechte durch die Vorgänge nicht berührt werden, sind im Falle der Auflösung und Neubildung zwei Rechtssubjekte zu unterscheiden. Die *Rechte* der alten Gesellschaft kann die neue nur geltend machen, wenn sie ihr übertragen sind. Was die *Verpflichtungen* der alten Gesellschaft anlangt, namentlich soweit deren Erfüllung Vorbedingung für die Geltendmachung der übertragenen Forderungsrechte ist, so greifen die Grundsätze Platz, die in bezug hierauf auch sonst bei Zessionen gelten.
U. v. 15.10.1901; VII 186/01. Hamm. – Vgl. Nr. 7. – Vgl. Nr. 8.

3.   HGB § 131.
Die Auflösung einer offenen Handelsgesellschaft hat zwar das Aufhören der produktiven Seite der Gesellschaft zur Folge, aber sie bleibt, hiervon abgesehen, bis zur Verteilung des Vermögens nach Tilgung der Schulden erhalten [E. 16, 2; 28, 132].
U. v. 10.6.1902; VII 119/02. Kammergericht. – Vgl. Nr. 4. – Vgl. Nr. 9.

4.   HGB § 131.

Die Gesellschaft wird durch die Auflösung nicht sofort aufgehoben, sondern besteht mit dem veränderten Zwecke fort, anstatt weiteren Gewerbebetriebes nunmehr das Vermögen in Geld umzusetzen; bis dies erreicht ist, bleibt das *Gesellschaftsvermögen* erhalten, nur die Gesellschaft ist nach wie vor Trägerin der Eigentumsrechte. [Vgl. Nr. 3.] Gehört zu ihm ein Grundstück, so betrifft mithin ein Rechtsgeschäft, durch welches eine Verpflichtung zu einer Verfügung über dasselbe begründet werden soll, *nicht* ein *teilweise im Eigentume jedes Gesellschafters stehendes*, sondern ausschließlich eine *der Gesellschaft* gehörendes Grundstück, so dass, wenn an Stelle eines Gesellschafters minderjährige Rechtsnachfolger getreten sind, ein solches Geschäft *nicht* nach § 1821 BGB der vormundschaftsgerichtlichen Genehmigung bedarf. [Vgl. BGB § 1821 Nr. 1.]
U. v. 14.4.1903; VII 458/02. E. 54, 278. Colmar. – Vgl. Nr. 9.

5.   HGB § 131.

Ist eine offene Handelsgesellschaft aufgelöst und die Firma gelöscht, so ist die *Post* berechtigt, die unter der Aufschrift der seitherigen Firma eingehenden Sendungen als unbestellbar zu behandeln. doch kann in Verhältnis unter den früheren Gesellschaftern für einen derselben die Verpflichtung bestehen, es zu gestatten, dass solche Sendungen an den anderen ausgehändigt werden.
Dies wurde in einem Falle angenommen, in dem die Auflösung der offenen Handelsgesellschaft in der Weise stattgefunden hatte, dass der eine der beiden bisherigen Gesellschafter das Geschäft mit Aktiven und Passiven übernahm und der andere eine Abfindung in Geld erhielt, jedoch verabredet wurde, dass die Firma der Gesellschaft gelöscht werden solle.
U. v. 20.6.1903; I 135/03. E. 55, 121. Breslau.

6.   HGB § 131 (auch BGB § 740).

Der Gesellschafter einer aus zwei Personen bestehenden Gesellschaft, der nach Übereinkommen mit einem bestimmten Termin aus der Gesellschaft ausscheidet, während der *andere* Gesellschafter das *Geschäft mit Aktiven und Passiven übernimmt*, hat an Gewinn und Verlust teil, der sich aus den zur Zeit seines Ausscheidens schwebenden Geschäften ergibt, falls die Gesellschafter nicht eine andere Vereinbarung für die Auseinandersetzung treffen.
U. v. 11.11.1903; I 240/03. E. 56, 16. Hamburg.

7.   HGB § 131.

Eine nur aus zwei Personen bestehende offene Handelsgesellschaft kann trotz Ausscheidens des einen Gesellschafters fortgesetzt werden, wenn dieser durch einen anderen unmittelbar ersetzt wird. [Vgl. Nr. 2.]
U. v. 18.5.1904; I 66/04. Dresden. – Vgl. Nr. 8.

8.   HGB § 131.

Der *Auflösungsbeschluss* muss auf Aufgabe des gemeinschaftlichen Handelsgewerbes nebst der Firma gerichtet sein. *Die Übertragung des gewerblichen Unternehmens, das*

die Gesellschafter bisher gemeinschaftlich betrieben haben, an dritte Personen schließt nicht notwendig die Auflösung der Gesellschaft ein und lässt deshalb an sich auch noch einen Beschluss der Auflösung nicht erkennen; die Gesellschafter können ebenso wohl die Gesellschaft mit einem Unternehmen eines andern Handelszweiges fortsetzen, da diese nicht für eine bestimmte Kategorie von Handelsgeschäften, sondern für den gewerbsmäßigen Betrieb von Handelsgeschäften schlechthin rechtlichen Beistand hat. [Vgl. Nr. 1, 2, 7.]
U. v. 21.5.1906; VI 363/05. Breslau.

9. HGB § 131.

Trotz des Auflösungsbeschlusses besteht die Gesellschaft weiter und kann klagen und verklagt werden, so lange noch unaufgeteiltes Gesellschaftsvermögen vorhanden ist; nur die produktive Seite der Gesellschaft hört zunächst infolge der Auflösung auf, im Übrigen besteht diese jedoch bis zur vollständigen Auseinandersetzung fort, regelmäßig in der Form der Gesellschaft in Liquidation, die aber andere Formen der Auseinandersetzung nicht ausschließt. [Vgl. Nr. 3, 4.]
U. v. 21.5.1906; VI 363/05. Breslau.

10. HGB § 131 (auch § 158).

Veräußert eine offene Handelsgesellschaft ihr Geschäft mit Aktiven und Passiven, so ist hierin die Auflösung der Gesellschaft zu erblicken. Es hat dann aber, wenn auch nicht eine Liquidation, so doch eine *Auseinandersetzung der Gesellschafter* insbesondere über die Kaufsumme stattzufinden. Solange dies nicht geschehen ist, gilt die Gesellschaft Dritten gegenüber gemäß §§ 158, 156 als fortbestehend.
U. v. 25.9.1908; VII 169/08. Hamm.

11. HGB § 131 (auch §§ 139, 161; BGB §§ 1967, 1975)

Beim Tode des einzigen Komplementars einer Kommanditgesellschaft löst sich diese notwendig ohne weiteres auf, wenn nicht die Fortsetzung derselben mit seinen Erben im Gesellschaftsvertrage bedungen ist.

In einem solchen Falle haften für die Schulden der Liquidationsgesellschaft nicht die einzelnen Erben des Komplementars als Gesamtschuldner, sondern nur alle zusammen als Erben; so lange ein Konkurs über den Nachlass anhängig ist, haften sie daher gar nicht.

Eine Liquidationsgesellschaft kann keinen Prokuristen mehr haben, sondern nur noch Handlungsbevollmächtigte innerhalb der Grenzen des § 149 HGB.

Wird an eine Liquidationsgesellschaft auf Grund eines außerhalb der Grenzen des § 149 HGB geschlossenen Geschäftes etwas eingezahlt, so haftet sie wegen ungerechtfertigter Bereicherung.
U. v. 21.10.1909; VI 477/08. E. 72, 119. Dresden.

12.   HGB § 131.
Die Umwandlung der wirtschaftlichen Zusammenfassung mehrerer aus natürlichen
Personen bestehender Rechtssubjekte in eine Gesellschaft m.b.H., also in eine juristische
Person ist ausgeschlossen. Es kann demnach von einer Umwandlung einer offenen Han-
delsgesellschaft in eine Gesellschaft m.b.H. nur im wirtschaftlichen Sinne dann gespro-
chen werden, wenn die *Auflösung* der offenen Handelsgesellschaft und die Neuerrich-
tung der Gesellschaft m.b.H. in einem äußerlich einheitlichen Rechtsakt erfolgt und die
bei der aufgelösten Gesellschaft Beteiligten auch die Alleinbeteiligten bei der neuen
Gesellschaft sind.
U. v. 26.4.1910; VII 364/09. E. 74, 6. Köln.

13.   HGB § 131 (auch § 139).
Durch den Tod eines Gesellschafters wird die offene Handelsgesellschaft aufgelöst. Ist
im Gesellschaftsvertrag bestimmt, dass die Gesellschaft mit den Erben des Verstorbenen
fortgesetzt werden soll, so müssen die Erben Teilhaber der offenen Handelsgesellschaft
werden. Werden sie dies nicht, so kann von einer Fortsetzung der alten Gesellschaft
durch die Erben nicht die Rede sein; es bedarf dann der Gründung einer neuen Gesellschaft.
U. v. 27.5.1911; VI 371/10. E. 76, 313. Kammergericht.

14.   HGB § 131.
Die Liquidationsgesellschaft kann durch die übereinstimmende Willenserklärung aller
Beteiligten in eine gewöhnliche offHG zurückverwandelt werden; eine Neuerrichtung
der Gesellschaft ist nicht erforderlich.
U. v. 19.3.1915; VII 484/14. Köln.

15.   HGB § 131.
Die von einem Gesellschafter rechtmäßig ausgesprochene Kündigung kann zwar nicht
einseitig widerrufen werden und gestaltet das Gesellschaftsverhältnis dahin bindend aus,
dass es nicht über das Ende der Kündigungsfrist fortgesetzt werden soll, schließt aber
nicht aus, dass vor Ablauf der Kündigungsfrist das Gesellschaftsverhältnis aus einem
anderen Grunde (z. B. durch den Tod eines Gesellschafters) aufgelöst wird.
U. v. 28.5.1918; II 19/18 u. II 20/18. E. 93, 55. Düsseldorf.

16.   HGB § 131 (auch BGB § 727).
Ist im Gesellschaftsvertrage einer offenen Handelsgesellschaft für den Fall des Todes
eines Gesellschafters bestimmt, dass das Geschäft auf den anderen Gesellschafter übergehen soll, so erfolgt dieser Übergang auch dann, wenn der eine Gesellschafter gekündigt hat, aber *vor* Ablauf der Kündigungsfrist stirbt. (Vgl. E. 93, 55 bei HGB § 131 Nr
15, ferner U. II 186/13, worin ausgesprochen ist, dass das Übernahmerecht eines Gesellschafters eine *noch nicht aufgelöste* Gesellschaft voraussetzt).
U. v. 21.2.1919; II 310/18. E. 95, 32. Karlsruhe.

17.   HGB § 131 (auch BGB § 925, HGB 161 und W. e. 6. Pr. StempG v. 1909 T. St. 8).

Ist eine Kommanditgesellschaft durch Eintritt des Todes ihres einzigen persönlich haftenden Gesellschafters aufgelöst worden, so kann die aus den Erben des persönlich haftenden Gesellschafters und den Kommanditisten bestehende Abwicklungsgesellschaft durch Aufnahme eines Dritten als neuen persönlich haftenden Gesellschafters die alte Kommanditgesellschaft *wiederherstellen.* In diesem Falle bedarf es, selbst wenn die Firma der Gesellschaft durch Aufnahme des Namens des neuen Komplementars geändert wird, keiner Auflassung der Grundstücke der alten, wieder ins Leben gerufenen Kommanditgesellschaft, da durch den Mitgliederwechsel die Identität der KG nicht berührt worden ist.
U. v. 15.12.1922; VII 13/22. E. 106, 64.

18.   BGB § 738; HGB §§ 131, 142.

1. Wenn bei einer aus 2 Gesellschaftern bestehenden offenen Handelsgesellschaft nach dem Ausscheiden des einen der andere das Geschäft übernimmt, so hat der Ausscheidende einen Anspruch auf eine Abfindung, deren Höhe sich nicht durch die buchmäßige Bilanz, sondern durch eine die wahren Sachwerte wiedergebende Auseinandersetzung bestimmt. (Ständige Rechtsprechung.)
2. Die Bestimmungen des § 738 BGB sind aber dispositven Rechts, ihrer Abänderung durch die Beteiligten im Vergleichswege steht also nichts entgegen.
3. Die Grundlage für die Berechnung der Abfindung kann nicht die durch die fortschreitende Inflation längst überholte letzte Papiermarkbilanz sein, vielmehr ist der wahre Wert für den maßgebenden Zeitpunkt schätzungsweise zu ermitteln.
U. v. 29.4.1927; II 402/26. Celle.

19.   = § 126 HGB Nr. 17.
U. v. 7.1.1931; RAG 339/30. Halberstadt.

20.   BGB § 2050; HGB §§ 131, 139.

Die Teilhaberschaft an einer offenen Handelsgesellschaft ist kein vererbliches Recht und gehört nicht zum Nachlass eines Gesellschafters. Zum Nachlass des Gesellschafters gehört nur sein Kapitalanteil.
Dem Gesellschafter einer offenen Handelsgesellschaft kann gemäß § 139 HGB im Gesellschaftsvertrag die Befugnis eingeräumt werden, im Falle seines Todes seine Erben oder einen derselben als Teilhaber an seiner Stelle zu bestimmen. Der Gesellschafter kann von dieser Befugnis in der Weise Gebrauch machen, dass er seinem Erben nur die Berechtigung verleiht, der Gesellschaft als Teilhaber beizutreten, ohne ihm die Verpflichtung zum Verbleiben in ihr aufzuerlegen. In diesem Falle wird der Erbe erst durch seine Beitrittserklärung Gesellschafter.
In der Verleihung dieser Beitrittsberechtigung an den Erben liegt keine ausgleichspflichtige Zuwendung des Erblassers.
U. v. 5.12.1935; IV 190/35.

21.   HGB §§ 161, 131, 132.

Dem Gesellschafter einer offenen Handelsgesellschaft oder Kommanditgesellschaft kann das Gesellschaftsverhältnis nicht durch die Gesellschaft als solche, sondern nur durch einen oder mehrere Mitgesellschafter gekündigt werden.

U. v. 6.1.1941; II 56/40.

22.   HGB §§ 131, 138.

Die in RGZ Bd. 165 S. 193 aufgestellten Grundsätze über die Rechtslage bei einem anfechtbaren und nichtigen Gesellschaftsvertrag einer offenen Handelsgesellschaft oder Kommanditgesellschaft lassen sich nicht auf die Fälle ausdehnen, in denen ein auf rechtswirksamer Vertragsgrundlage beruhender Zustand tatsächlich festgestellt wird, die Beteiligten aber, ohne rechtsändernde Willenserklärungen abzugeben, rechtsirrige Meinungen über die Rechtslage, insbesondere auch über die Abwicklung des Gesellschaftsverhältnisses, haben und äußern. In diesen Fällen ist die Sache nach der wirklichen Rechtslage zu beurteilen.

U. v. 9.10.1941; II 56/41.

§ 132

Die Kündigung eines Gesellschafters kann, wenn die Gesellschaft für unbestimmte Zeit eingegangen ist, nur für den Schluss eines Geschäftsjahrs erfolgen; sie muss mindestens sechs Monate vor diesem Zeitpunkte stattfinden.

1.   = § 131 HGB Nr. 21.

U. v. 6.1.1941; II 56/40.

§ 133

Auf Antrag eines Gesellschafters kann die Auflösung der Gesellschaft vor dem Ablaufe der für ihre Dauer bestimmten Zeit oder bei einer für unbestimmte Zeit eingegangenen Gesellschaft ohne Kündigung durch gerichtliche Entscheidung ausgesprochen werden, wenn ein wichtiger Grund vorliegt.

Ein solcher Grund ist insbesondere vorhanden, wenn ein anderer Gesellschafter eine ihm nach dem Gesellschaftsvertrag obliegende wesentliche Verpflichtung vorsätzlich oder aus grober Fahrlässigkeit verletzt oder wenn die Erfüllung einer solchen Verpflichtung unmöglich wird.

Eine Vereinbarung, durch welche das Recht des Gesellschafters, die Auflösung der Gesellschaft zu verlangen, ausgeschlossen oder diesen Vorschriften zuwider beschränkt wird, ist nichtig.

1.   HGB § 133.

Auch ein in der Person desjenigen Gesellschafters liegender Grund, welcher die vorzeitige Auflösung verlangt, kann als ein das Verlangen rechtfertigender Grund im Sinne des Art. 125 a. F. [jetzt § 133] angesehen werden. Allerdings muss in solchem Falle, z. B.

wenn ein Gesellschafter wegen *seines* Krankheitszustandes zu *seinen* Gunsten, aber zum Nachteile der Gegenseite die Auflösung verlangt, *besonders* sorgfältig geprüft werden, ob der angegebene Grund die Auflösung rechtfertigt.

U. v. 6.4.1900; VIa 459/99. Hamm.

2.   HGB § 133.

Als ein Fall der *Unerreichbarkeit des Gesellschaftszweckes* und damit als ein wichtiger Grund, die Auflösung der Gesellschaft durch Urteil zu verlangen, kann auch der *Mangel der Rentabilität* des gesellschaftlichen Unternehmens angesehen werden; um die Unrentabilität festzustellen, genügt aber nicht die Tatsache, dass mit Verlust gearbeitet ist, sondern es bedarf der Darlegung, dass trotz vertragsmäßigen Betriebes auf *die Dauer* ein Gewinn weder zu erzielen noch zu erwarten ist.

U. v. 3.11.1906; I 104/06. Köln.

3.   HGB § 133.

Die Entscheidung darüber, ob die offene Handelsgesellschaft wegen eines wichtigen Grundes aufzulösen sei, kann durch Schiedsvertrag einem Schiedsgericht übertragen werden.

Der § 133 Abs. 3 enthält zwingendes, auch die vor dem 1.1.1900 entstandenen Gesellschaften ergreifendes Recht.

U. v. 22.5.1909; I 464/08. E. 71, 254. Hamm.

4.   HGB § 133.

Die Ansicht, dass nach § 133 das Vorliegen eines wichtigen Grundes zur Auflösung der Handelsgesellschaft im Wesentlichen nur dann anzunehmen sei, wenn ein Gesellschafter eine Pflichtverletzung aus Vorsatz oder grober Fahrlässigkeit begeht, ist irrig. Außer der in Abs. 2 des § 133 hervorgehobenen vorsätzlichen oder grob fahrlässigen Verletzung wesentlicher gesellschaftlicher Verpflichtungen und dem Eintritt der Unmöglichkeit, solche Verpflichtungen zu erfüllen, können Umstände der verschiedensten Art, auch solche, die auf Zufall beruhen, zu dem Antrag auf Auflösung der Gesellschaft ohne Kündigung berechtigen, sofern durch gerichtliche Entscheidung ausgesprochen wird, dass ein wichtiger Grund vorliegt.

U. v. 24.2.1912; I 197/11. Karlsruhe.

5.   = § 92 HGB Nr. 13.

U. v. 27.2.1912; II 445/11. E. 78, 385. Köln.

6.   HGB § 133 (auch ZPO § 256).

Der einzelne Gesellschafter einer aus mehr als zwei Mitgliedern bestehenden off. HG kann gegen einen der Mitgesellschafter die negative Feststellungsklage erheben, dass ihm ein Anspruch auf Auflösung der Gesellschaft nicht zusteht.

U. v. 31.3.1914; II 687/13. Kammergericht.

7.   HGB § 133 (auch § 142).

Das auf § 142 gestützte Verlangen, das Geschäft zur alleinigen Fortführung übernehmen zu dürfen, ist etwas anderes, als das Verlangen, die Gesellschaft durch gerichtliche Entscheidung aufzulösen (§ 133, vgl. E. 24, 137). Deshalb liegt, wenn einer von zwei Gesellschaftern beantragt, den anderen aus der Gesellschaft auszuschließen und ihn selbst für berechtigt zu erklären, das gemeinschaftliche Geschäft ohne Liquidation mit Aktiven und Passiven zu übernehmen, hierin nicht ohne weiteres ein Antrag auf Auflösung der Gesellschaft.

U. v. 9.1.1917; II 393/16. Kammergericht.

8.   HGB § 133 (auch BGB § 326).

Wie bei einer Gesellschaft des bürgerlichen Rechts (vgl. E. 81, 303), so ist auch bei einer *offenen* Handelsgesellschaft, wenn sie schon zur Ausführung gelangt ist, der Rücktritt vom Gesellschaftsvertrage nach BGB § 326 wegen eines wichtigen Grundes ausgeschlossen; er wird hier durch die Auflösungsklage (HGB § 133) ersetzt. Gleichgültig für den Ausschluss des Rücktritts ist es auch, ob es sich um den ursprünglichen oder den geänderten Gesellschaftsvertrag handelt und ob im letzteren Fall der Vertrag im Ganzen oder nur die Änderung als Gegenstand des Rücktritts beabsichtigt ist.

U. v. 16.1.1917; II 345/16. E. 89, 334. Kammergericht.

9.   HGB § 133.

Die Klage aus § 133 auf Auflösung einer Gesellschaft wegen unheilbarer Zerrüttung des Gesellschaftsverhältnisses wird nicht dadurch ausgeschlossen, dass auch der Kläger nicht frei von Schuld an der Zerrüttung ist. (Vgl. U. v. 22.2.1898; II 334/97.) Nur wenn der Kläger selbst die Zerrüttung *herbeigeführt* hätte, würde deren Geltendmachung als Auflösungsgrund durch den Kläger die Einrede der Arglist entgegenstehen.

U. v. 16.2.1917; II 472/16. Hamburg.

10.   = § 109 HGB Nr. 3.

U. v. 5.2.1918; II 451/17. E. 92, 164. Dresden.

11.   HGB § 133.

Ein wichtiger Grund i. S. des § 133 Abs. 1 für den einen Gesellschafter kann auch darin liegen, dass ein anderer Gesellschafter an der Ausübung seiner Gesellschafterrechte verhindert ist, ferner in der Persönlichkeit des für diesen Gesellschafter etwa bestellter Pflegers, insbesondere in Übergriffen des Pflegers gegenüber der Geschäftsführung der Gesellschaft.

U. v. 21.11.1922; II 75/22. E. 105, 376.

12.   HGB §§ 133, 140.

1. Eine Entscheidung i. S. der §§ 133, 140 kann nur im Wege einer Klage oder Widerklage, nicht aber auch im Wege einer bloßen Einwendung herbeigeführt werden.

2. Der auf Mitwirkung zur Eintragung des klagenden Gesellschafters als offenen Handelsgesellschafters im Handelsregister verklagte Gesellschafter kann im Wege der Einrede geltend machen, dass ihm ein die Auflösung rechtfertigender Grund zur Seite stehe, trotzdem eine gerichtliche Entscheidung auf Auflösung noch nicht ergangen ist.
U. v. 5.1.1926; II 153/24. E. 112, 280. Hamburg.

13. HGB §§ 133, 140; ZPO § 62.

1. Wird im BGB und im HGB (z. B. §§ 133, 140) bestimmt, dass eine Behörde etwas tun „kann", so ist damit nicht nur die rechtliche Zulässigkeit des Tuns bestimmt, sondern zugleich gesagt, dass *sie es tun muss*, wenn nach ihrem pflichtmäßigen Ermessen die Voraussetzungen ihres Eingreifens gegeben sind. Die vom erk. Senat in E. Bd. 105 S. 376 ff. ausgesprochene abweichende Ansicht wird nicht aufrechterhalten.
2. Die Rechtsfolge des Grundsatzes des § 140 HGB, dass das Ausschließungsrecht nur allen übrigen Gesellschaftern gemeinschaftlich zusteht, ist, dass das streitige Rechtsverhältnis allen Streitgenossen gegenüber nur einheitlich festgestellt werden kann (§ 62 ZPO). Daher kann, falls ein wichtiger Grund zur Ausschließung des Beklagten wegen des bei Prüfung dieser Frage zu berücksichtigenden gesellschaftswidrigen Verhaltens eines der Mitkläger nicht gegeben ist, während die anderen Mitkläger sich keiner Verfehlung schuldig gemacht haben, die Frage der Ausschließung nicht den verschiedenen Klägern gegenüber verschieden beurteilt werden.
U. v. 23.11.1928; II 221/28. E. 122, 312. Dresden.

14. HGB §§ 133, 142.

Wenn das Gesetz erklärt, dass das Gericht „etwas tun kann", so ist damit nur die rechtliche Zulässigkeit des Tuns bestimmt, sondern zugleich gesagt, dass das Gericht *es tun muss*, wenn nach seinem pflichtgemäßen Ermessen die Voraussetzungen seines Eingreifens vorhanden sind. Allerdings wird bei Prüfung der Frage, ob ein wichtiger Grund, der nach § 133 HGB die Ausschließung und nach § 142 HGB die gerichtliche Ermächtigung zur Geschäftsübernahme rechtfertigen würde, auch zu erwägen sein, ob unter Berücksichtigung der Gesamtumstände des Falles die Ausschließung oder Ermächtigung nicht unbillig ist. In diesem Rahmen kann auch das Verhalten des klagenden Gesellschafters von Bedeutung sein. (Vgl. E. 122, 312, ferner U. v. 1.2.1929; II 419/28.)
U. v. 30.9.1930; II 11/30. Karlsruhe.

15. HGB § 133; VerglO v. 5.7.1927 §§ 4, 28.

Gemäß VerglO § 28 kann auch die Erfüllung eines Gesellschaftsvertrages von einem Gesellschafter abgelehnt werden, über dessen Vermögen neben dem Vergleichsverfahren über die Gesellschaft ein besonderes Vergleichsverfahren eröffnet worden ist.
Der Gesellschaftsvertrag ist noch nicht beiderseits vollständig erfüllt, solange das Gesellschaftsverhältnis überhaupt besteht, auch wenn die Einlagen vollständig geleistet sind.

Mit der Erklärung, die weitere Erfüllung des Gesellschaftsvertrages abzulehnen, wird die Gesellschaft aufgelöst. Einer Auflösung durch rechtsgestaltendes Urteil nach § 133 HGB bedarf es hier gemäß der besonderen Bestimmung des § 28 VerglO nicht.
U. v. 5.4.1935; II 327/34. E. 147, 340.

16.　　　　　　　　　　　　　　　　　BGB §§ 326, 723; HGB § 133.

Die in E. Bd. 89 S. 333 (335) entwickelten Grundsätze finden dann keine Anwendung, wenn das Gesellschaftsverhältnis durch einen Vergleich beendet worden ist, und wenn dann ein früherer Gesellschafter von diesem Vergleich wegen positiver Vertragsverletzung des anderen Teiles, eines früheren Gesellschafters, zurücktritt. Denn in diesem Falle wird nicht ein Gesellschaftsverhältnis nach rückwärts aufgelöst, sondern im Gegenteil durch Beseitigung der Beendigung nach rückwärts wieder hergestellt.
U. v. 25.2.1936; VII 186/35.

17.　　　　　　　　　　　　　　　　　　　　　HGB §§ 133, 140.

Ein wichtiger Grund zur Auflösung der Gesellschaft liegt nicht *ohne weiteres* darin, dass ein Kommanditist Jude ist. (Vgl. E. 146 S. 169, 176.) Es kommt vielmehr auf die Umstände des Einzelfalles an.
Zur Frage einer „Einzelaktion" gegen Juden.
U. v. 30.3.1938; II 204/37.

18.　　　　　　　　　　　　　BGB §§ 119, 123, 142; HGB §§ 133, 161.

Bei einer in das Leben getretenen offenen Handelsgesellschaft oder Kommanditgesellschaft ist eine Anfechtung des Gesellschaftsvertrags auf Grund von Willensmängeln oder ein Rücktritt vom Gesellschaftsvertrage wegen Fortfalls der Geschäftsgrundlage nicht zulässig. Der betroffene Gesellschafter kann nur aus wichtigem Grunde gemäß § 133 HGB auf Auflösung der Gesellschaft klagen.
U. v. 13.11.1940; II 44/40. E. 165, 193.

19.　　　　　　　　　　　　　　　　　　= § 105 HGB Nr. 34.

U. v. 27.11.1940; II 67/40. E. 165, 260.

20.　　　　　　　　　　　　　　　　　　= § 123 HGB Nr. 10.

U. v. 28.4.1941; II 102/40.

21.　　　　　Anordnung auf Grund der VO über die Anmeldung des Vermögens von Juden v.
　　　　　　　26.4.1938 (RGBl. I S. 415); VO über den Einsatz des jüdischen Vermögens v.
　　　　　　　3.12.1938 (RGBl. I S. 1709). HGB §§ 133, 140, 142.

Der Klage auf Auflösung einer offenen Handelsgesellschaft steht es nicht entgegen, wenn die Gesellschafter ein früher jüdisches Handelsgeschäft mit Genehmigung der zuständigen Behörde im Entjudungsverfahren gemeinsam erworben haben und es in der Form der Gesellschaft weiterbetreiben.
U. v. 5.5.1941; II 21/41.

22. HGB §§ 133, 142.

Für ein *Übernahmeverlangen* eines Gesellschafters gemäß § 142 HGB ist kein Raum, wenn beiderseitige Verfehlungen der Gesellschafter vorliegen, die *jedem Teil* das Recht geben würden, die Auflösung der Gesellschaft gemäß § 133 HGB zu verlangen. In solchem Falle bleibt nur die Auflösungsklage übrig. Nur dann, wenn eine gegenseitige Abwägung ergibt, dass die Verfehlungen des einen die des anderen völlig in den Hintergrund drängen und dass im Verhältnis hierzu die des anderen gar nicht als wichtiger Grund erscheinen, kann diesem anderen trotz des eigenen Verhaltens das Übernahmerecht zugesprochen werden.

U. v. 17.11.1941; II 75/41.

23. HGB § 133.

Ein wichtiger Grund zur Auflösung einer offenen Handelsgesellschaft kann von einem Verschulden der Gesellschafter unabhängig sein. Ein Verschulden, insbesondere auch ein Mitverschulden des die Auflösung begehrenden Gesellschafters ist aber regelmäßig für die Frage von Bedeutung, ob die Fortsetzung des Gesellschaftsverhältnisses noch zumutbar ist.

Über die Bedeutung des Todes des die Auflösung begehrenden Gesellschafters während des Rechtsstreits.

U. v. 8.10.1942; II 58/42.

§ 134

Eine Gesellschaft, die für die Lebenszeit eines Gesellschafters eingegangen ist oder nach dem Ablaufe der für ihre Dauer bestimmten Zeit stillschweigend fortgesetzt wird, steht im Sinne der Vorschriften der §§ 132, 133 einer für unbestimmte Zeit eingegangenen Gesellschaft gleich.

1. BGB §§ 723, 724; HGB § 134.

Eine Gesellschaft auf Lebenszeit eines Gesellschafters liegt auch dann vor, wenn ein Gesellschafter während der Dauer seines Lebens nicht kündigen darf, die anderen Gesellschafter aber durch Kündigung die Gesellschaft vor seinem Tode beendigen können. Die Kündigung ist nicht ausgeschlossen, wenn ein Gesellschafter einer Personalgesellschaft diese jederzeit dadurch beendigen kann, dass er die Umwandlung der Personalgesellschaft in eine Kapitalgesellschaft verlangt. Eine dahingehende Bestimmung des Gesellschaftsvertrags enthält nur eine zulässige Vereinbarung über die Auseinandersetzung der Gesellschaft.

U. v. 22.10.1937; II 58/37. E. 156, 129.

§ 135

Hat ein Privatgläubiger eines Gesellschafters, nachdem innerhalb der letzten sechs Monate eine Zwangsvollstreckung in das bewegliche Vermögen des Gesellschafters ohne Erfolg versucht ist, auf

Grund eines nicht bloß vorläufig vollstreckbaren Schuldtitels die Pfändung und Überweisung des Anspruchs auf dasjenige erwirkt, was dem Gesellschafter bei der Auseinandersetzung zukommt, so kann er die Gesellschaft ohne Rücksicht darauf, ob sie für bestimmte oder unbestimmte Zeit eingegangen ist, sechs Monate vor dem Ende des Geschäftsjahrs für diesen Zeitpunkt kündigen.

1. HGB §§ 135, 142.

Die Befriedigung des Privatgläubigers eines Gesellschafters einer offenen Handelsgesellschaft, der die Gesellschaft nach § 135 gekündigt hat, zwischen der Kündigung und dem Zeitpunkt, zu dem diese wirksam wird, beseitigt die Wirkungen der Kündigung nicht. Die Gesellschafter können aber im Innenverhältnis nach den Grundsätzen der Gesellschaftstreue verpflichtet sein, einer Fortsetzung der Gesellschaft zuzustimmen.
U. v. 18.5.1942; II 1/42. E. 169, 153.

§ 136

Wird die Gesellschaft in anderer Weise als durch Kündigung aufgelöst, so gilt die Befugnis eines Gesellschafters zur Geschäftsführung zu seinen Gunsten gleichwohl als fortbestehend, bis er von der Auflösung Kenntnis erlangt oder die Auflösung kennen muss.

§ 137

Wird die Gesellschaft durch den Tod eines Gesellschafters aufgelöst, so hat der Erbe des verstorbenen Gesellschafters den übrigen Gesellschaftern den Tod unverzüglich anzuzeigen und bei Gefahr im Verzuge die von seinem Erblasser zu besorgenden Geschäfte fortzuführen, bis die übrigen Gesellschafter in Gemeinschaft mit ihm anderweit Fürsorge treffen können. Die übrigen Gesellschafter sind in gleicher Weise zur einstweiligen Fortführung der von ihnen zu besorgenden Geschäfte verpflichtet. Die Gesellschaft gilt insoweit als fortbestehend.
Die Vorschriften des Abs. 1 Satz 2, 3 finden auch im Falle der Auflösung der Gesellschaft durch die Eröffnung des Konkurses über das Vermögen eines Gesellschafters Anwendung.

Zu §§ 136-137 keine Leitsätze.

§ 138

Ist im Gesellschaftsvertrage bestimmt, dass, wenn ein Gesellschafter kündigt oder stirbt oder wenn der Konkurs über sein Vermögen eröffnet wird, die Gesellschaft unter den übrigen Gesellschaftern fortbestehen soll, so scheidet mit dem Zeitpunkt, in welchem mangels einer solchen Bestimmung die Gesellschaft aufgelöst werden würde, der Gesellschafter, in dessen Person das Ereignis eintritt, aus der Gesellschaft aus.

1. HGB § 138.

Besondere Gläubiger- und Schuldverhältnisse zwischen den einzelnen Gesellschaftern und der offenen Handelsgesellschaft sind rechtlich möglich. Ansprüche, welche sich aus

einem derartigen Verhältnis ergeben, können von jedem Beteiligten schon während bestehender Gesellschaft geltend gemacht werden und gehören nicht in das durch das Ausscheiden eines Gesellschafters notwendig werdende Auseinandersetzungsverfahren.
U. v. 29.11.1927; II 523/26. E. 118, 295. Köln.

2.   BGB §§ 387, 738; HGB § 138.
Das Abfindungsguthaben eines ausscheidenden Gesellschafters stellt erst nach der Feststellung im Auseinandersetzungsverfahren eine auf Geldzahlung gerichtete Leistung dar und kann erst dann zur Aufrechnung benutzt werden.
U. v. 29.11.1927; II 523/26. E. 118, 295. Köln.

3.   = § 105 HGB Nr. 31.
U. v. 12.6.1936; II 7/36.

4.   BGB § 738; HGB §§ 138, 353.
Scheidet ein Mitgesellschafter nach § 138 HGB durch Tod aus der von den anderen Gesellschaftern fortgesetzten offenen Handelsgesellschaft aus und ist der Erbe des Ausgeschiedenen nicht Kaufmann, so besteht gleichwohl für und gegen den Erben hinsichtlich des Auseinandersetzungssaldos der kaufmännische Zinsanspruch nach § 353 HGB.
U. v. 3.8.1938; II 203/37.

5.   BGB §§ 242, 244, 738; HGB § 138.
Bei Vereinbarung des USA-Dollars als Wertmesser zur Sicherung einer in einer anderen ausländischen Währung (tschechoslowakischen Kronen) geschuldeten Zahlung gegen Schwankungen nach unten und oben ist der Gläubiger, mangels Vereinbarung einer Goldklausel, gegen die Entwertung des Dollars durch dessen Loslösung vom Goldwert grundsätzlich ebenso wenig gesichert, wie bei der Wahl dieses Wertmessers zur Sicherung der Entwertung der deutschen Reichsmark (vgl. RGZ Bd. 154 S. 187, Bd. 155 S. 133).
Ist im Gesellschaftsvertrage einer offenen Handelsgesellschaft oder Kommanditgesellschaft die Abfindung eines (durch Tod) ausscheidenden Gesellschafters durch langfristige Abzahlungsraten vereinbart und hierbei die Wertbeständigkeit der in ausländischer (tschechoslowakischer) Währung zu leistenden Zahlungen in der oben angegebenen Weise gesichert, so kommt im Falle der unerwarteten Entwertung des Dollars ein Ausgleichsanspruch in Betracht.
U. v. 20.4.1940; II 156/39. E. 163, 324.

6.   = § 120 HGB Nr. 5.
U. v. 6.2.1941; II 69/40.

7.   = § 22 HGB Nr. 39.
U. v. 11.9.1941; II 76/41. E. 167, 260.

8.   = § 131 HGB Nr. 21.
U. v. 9.10.1941; II 56/41.

9.   BGB § 738; HGB §§ 138, 139.
Die Beteiligung an einer offenen Handelsgesellschaft als persönlich haftender Gesellschafter kann nicht ohne Auseinandersetzung gemäß § 738 BGB in eine stille Beteiligung (z. B. der Erben oder eines Teils der Erben des persönlich haftenden Gesellschafters) übergeleitet werden.

Soll nach dem Gesellschaftsvertrag der offenen Handelsgesellschaft die Gesellschaft mit
dem Tode eines Gesellschafters nicht aufgelöst, sondern mit seinen Erben in der Weise
fortgesetzt werden, dass nur *einer* von den Erben an Stelle des Verstorbenen eintreten
kann, ist aber der eintrittsberechtigte Erbe noch nicht bestimmt, so ist die Rechtsnachfolge bis zur Entschließung der Erben, ob einer, gegebenenfalls wer von ihnen, eintrittsbe-
rechtigt sein soll, in der Schwebe; den Erben ist für diese Entschließung eine angemessene Zeit zu lassen. Einigen sie sich nicht oder ist keiner von ihnen zum Eintritt bereit,
dann wird die Gesellschaft von den überlebenden Gesellschaftern allein fortgesetzt, falls
sie nicht daraufhin aufgelöst wird. Für die Anwendung des § 139 HGB ist in dem erwähnten Falle kein Raum.
U. v. 29.10.1942; II 47/42. E. 170, 98.

§ 139

Ist im Gesellschaftsvertrage bestimmt, dass im Falle des Todes eines Gesellschafters die Gesellschaft mit
dessen Erben fortgesetzt werden soll, so kann jeder Erbe sein Verbleiben in der Gesellschaft davon
abhängig machen, dass ihm unter Belassung des bisherigen Gewinnanteils die Stellung eines Kommanditisten eingeräumt und der auf ihn fallende Teil der Einlage des Erblassers als seine Kommanditeinlage
anerkannt wird.
Nehmen die übrigen Gesellschafter einen dahin gehenden Antrag des Erben nicht an, so ist dieser befugt, ohne Einhaltung einer Kündigungsfrist sein Ausscheiden aus der Gesellschaft zu erklären.
Die bezeichneten Rechte können von dem Erben nur innerhalb einer Frist von drei Monaten nach dem
Zeitpunkt, in welchem er von dem Anfalle der Erbschaft Kenntnis erlangt hat, geltend gemacht werden.
Auf den Lauf der Frist finden die für die Verjährung geltenden Vorschriften des § 206 des Bürgerlichen
Gesetzbuchs entsprechende Anwendung. Ist bei dem Ablaufe der drei Monate das Recht zur Ausschlagung der Erbschaft noch nicht verloren, so endigt die Frist nicht vor dem Ablaufe der Ausschlagungsfrist.
Scheidet innerhalb der Frist des Abs. 3 der Erbe aus der Gesellschaft aus oder wird innerhalb der Frist
die Gesellschaft aufgelöst oder dem Erben die Stellung eines Kommanditisten eingeräumt, so haftet er
für die bis dahin entstandenen Gesellschaftsschulden nur nach Maßgabe der die Haftung des Erben für
die Nachlassverbindlichkeiten betreffenden Vorschriften des bürgerlichen Rechts.
Der Gesellschaftsvertrag kann die Anwendung der Vorschriften der Abs. 1 bis 4 nicht ausschließen; es
kann jedoch für den Fall, dass der Erbe sein Verbleiben in der Gesellschaft von der Einräumung der
Stellung eines Kommanditisten abhängig macht, sein Gewinnanteil anders als der des Erblassers bestimmt werden.

1.   HGB § 139 (auch § 162).

Eine Kommanditgesellschaft kann in eine offene Handelsgesellschaft umgewandelt werden und umgekehrt, ohne rechtlich als neuerrichtete Gesellschaft zu gelten.

B. v. 20.6.1903; I B 54/03. E. 55, 126. Konsulargericht Alexandrien.

2.   HGB § 139.

Über den im Gesellschaftsvertrage vorgesehenen *Eintritt der Söhne des erstversterbenden Gesellschafters* wird ausgeführt:

Ist in dem Gesellschaftsvertrage einer offenen Handelsgesellschaft bestimmt, dass das Ableben eines der Gesellschafter die Auflösung der Gesellschaft nicht zur Folge habe, die Gesellschaft vielmehr mit den Rechtsnachfolgern bis Ende des laufenden Geschäftsjahres fortbestehe und dass Söhne des erstverstorbenen Gesellschafters mit Beginn des folgenden Geschäftsjahres an Stelle ihres Vaters als Gesellschafter einzutreten berechtigt sind, sofern sie im 28. Lebensjahre stehen oder doch verheiratet sind, so bedarf der Eintritt eines solchen Sohnes als Gesellschafter *nicht der Zustimmung* des anderen Gesellschafters, noch liegt in diesem Eintritte die *Neugründung einer Gesellschaft*. Deshalb kann der andere Gesellschafter dem *Eintritte* nicht Einwendungen aus der Person des Sohnes entgegenhalten. Er hat wegen dieser nur die Rechtsbehelfe aus dem Gesellschaftsverhältnisse, Auflösungsklage u.s.w.

U. v. 6.2.1906; II 270/05. Colmar.

3.   = § 131 HGB Nr. 11.

U. v. 21.10.1909; VI 477/08. E. 72, 119. Dresden.

4.   = § 131 HGB Nr. 13.

U. v. 27.5.1911; VI 371/10. E. 76, 313. Kammergericht.

5.   HGB § 139.

Ist im Gesellschaftsvertrage bestimmt, dass die Gesellschaft durch den Tod eines Gesellschafters nicht aufgelöst, sondern mit dessen Erben fortgesetzt werden solle, so bleiben, wenn der Todesfall eintritt, die Erben persönlich haftende Gesellschafter und zwar als Einzelpersonen, nicht als Erbengemeinschaft. Eine Erbengemeinschaft ist keine Rechtspersönlichkeit, die Mitglied einer offenen Handelsgesellschaft sein könnte. (Vgl. E. 16, 40.)

U. v. 12.1.1917; II 390/16. Naumburg.

6.   HGB § 139.

§ 139 ist nicht anwendbar, wenn der Gesellschaftsvertrag bestimmt, dass die Gesellschaft im Falle des Todes eines Gesellschafters in eine Kommanditgesellschaft umgewandelt wird.

Die Bestimmung begründet nicht eine schuldrechtliche Verpflichtung, nach Eintritt des Todesfalles die Umwandlung in die Kommanditgesellschaft herbeizuführen, sondern hat, wenn der Todesfall eintritt, die Umwandlung ohne weiteres zur Folge.

U. v. 5.2.1924; II 545/23.

7.   = § 131 HGB Nr. 20.
U. v. 5.12.1935; IV 190/35.

8.   = § 120 HGB Nr. 5.
U. v. 6.2.1941; II 69/40.

9.   = § 114 HGB Nr. 2.
U. v. 30.3.1942; II 126/41.

10.   = § 138 HGB Nr. 9.
U. v. 29.10.1942; II 47/42. E. 170, 98.

11.   = § 122 HGB Nr. 3.
U. v. 4.3.1943; II 113/42. E. 170, 392.

12.   BGB § 2325; HGB § 139.

Ist im Gesellschaftsvertrag einer offenen Handelsgesellschaft bestimmt, dass diese nach dem Tode eines Gesellschafters mit dessen Witwe fortgesetzt werde, so haben die neben dieser kraft gesetzlicher Erbfolge zum Zuge kommenden Miterben des Verstorbenen mangels anderweitiger Anordnung weder kraft Erbrechts noch kraft Gesellschaftsrechts Anspruch darauf, an den nach dem Tode des Erblassers erzielten Gesellschaftsgewinn beteiligt zu werden. Auch unter dem Gesichtspunkte einer nach § 2325 gebotenen Pflichtteilsergänzung lässt sich ein solcher Anspruch nicht rechtfertigen.
U. v. 13.9.1943; II 65/43. E. 171, 345.

§ 140

Tritt in der Person eines Gesellschafters ein Umstand ein, der nach § 133 für die übrigen Gesellschafter das Recht begründet, die Auflösung der Gesellschaft zu verlangen, so kann vom Gericht anstatt der Auflösung die Ausschließung dieses Gesellschafters aus der Gesellschaft ausgesprochen werden, sofern die übrigen Gesellschafter dies beantragen.

Für die Auseinandersetzung zwischen der Gesellschaft und dem ausgeschlossenen Gesellschafter ist die Vermögenslage der Gesellschaft in dem Zeitpunkte maßgebend, in welchem die Klage auf Ausschließung erhoben ist.

1.   HGB § 140.
Die Bestimmungen im Art. 130 HGB a. F. [jetzt § 140] regeln nur das innere Verhältnis zwischen der Gesellschaft und dem aus ihr Ausgeschiedenen. Danach gehen die sog. Abwicklungsgeschäfte zwar auch *für Rechnung* des Ausgeschiedenen; geschlossen aber werden diese Geschäfte *namens der Gesellschaft*, und für die Beantwortung der Frage, ob der Ausgeschiedene aus diesen Geschäften nach *außen* hin haftet, sind lediglich maßgebend die Vorschriften des Art. 129 Abs. 5 und des Art. 25 HGB a. F. [jetzt § 15]. [Altes Recht.]

U. v. 14.7.1900; I 165/00. Kammergericht.

2. HGB § 140 (auch § 142).

Bei der Auseinandersetzung mit einem ausscheidenden Gesellschafter kann unter Umständen neben den als *„lebende" Geschäftswerte* geschätzten einzelnen Aktiven ein besonderer *„ideeller" Wert des Geschäfts* als solcher (Geschäftswert) in Ansatz gebracht werden.

U. v. 13.11.1908; VII 590/07. Stettin. – Zustimmend: U. v. 19.3.1918; II 492/17. Köln.

3. HGB § 140 (auch BGB § 735).

Nach den Bestimmungen des HGB gehört es nicht zu den Aufgaben des Liquidators, von einem Gesellschafter dessen Passivsaldo einzuziehen. Nichts steht aber im Wege, dass im einzelnen Falle die Gesellschafter dem Liquidator auch diese Aufgabe zuteilen; insbes. enthält § 735 BGB *nicht* zwingendes Recht.

U. v. 31.3.1914; II 665/13. Celle.

4. HGB § 140 (auch § 142 und GmbHG §§ 13-34, 61).

1. Als Form der Beendigung einer ordnungsmäßig errichteten GmbH kommt nur die *Auflösung* in Betracht, die zwangsweise nur gemäß § 61 durch gerichtliches Urteil erfolgen kann. *Das Ausschließungsrecht* der offenen Handelsgesellschaft (HGB §§ 40, 142 Abs. 3) ist nicht, auch nicht entsprechend anwendbar.

2. Auch wenn die zwei einzigen Gesellschafter einer GmbH unter sich Vereinbarungen treffen, durch die ihr Innenverhältnis dem Verhältnis zwischen Teilhabern einer offenen Handelsgesellschaft angenähert wird, so folgt daraus allein noch nicht die Anwendbarkeit der Bestimmungen des HGB über die offene Handelsgesellschaft auf das Verhältnis zwischen den beiden Gesellschaftern, namentlich auch nicht die Anwendbarkeit der §§ 142 Abs. 3, 140 Abs. 2 HGB auf die Auseinandersetzung zwischen den Gesellschaftern.

U. v. 7.12.1920; II 208/20. E. 101, 55.

5. HGB § 140 (auch § 142).

1. Hat auf Grund des § 142 Abs. 1 das Gericht den einen der beiden Gesellschafter für berechtigt erklärt, das Geschäft ohne Liquidation mit Aktiven und Passiven zu übernehmen, so vollzieht sich die Übernahme des Geschäfts ohne weiteres mit der *Rechtskraft* des Urteils (vgl. E. 65, 227; 68, 410).

2. Für die Auseinandersetzung zwischen den Gesellschaftern im Falle des § 142 Abs. 1 ist gemäß Abs. 3, entsprechend dem § 140 Abs. 2, die Vermögenslage der Gesellschaft im Zeitpunkte der *Erhebung der Klage* auf Feststellung der Berechtigung zur Übernahme des Geschäfts maßgebend. (Nicht entgegen steht, dass in § 142 Abs. 3 nur von dem Falle des Ausscheidens überhaupt gesprochen und der Fall des Ausscheidens durch Ausschließung nicht besonders hervorgehoben wird. Die gegenteilige Ansicht in E. 56, 18 war für die damalige Entscheidung nicht grundlegend, so dass es einer Anrufung der vereinigten Zivilsenate nicht bedarf.)

3. Der Zeitpunkt der Klageerhebung ist auch dann maßgebend, wenn die Berechtigung zur Übernahme auf Grund von Umständen festgestellt worden ist, die *erst im Laufe des Prozesses* eingetreten sind.

U. v. 25.1.1921; II 317/20. E. 101, 242.

6. HGB § 140 (auch § 142).

Ist die Klage auf Ausschließung des Gesellschafters oder auf Ermächtigung zur Alleinübernahme des Geschäfts einmal erhoben, so wird sie durch den Eintritt der Liquidation nicht nachträglich unzulässig. Die im U. II 565/10 (vgl. § 142 Nr. 8) vertretene gegenteilige Ansicht wird *aufgegeben*.

U. v. 20.9.1921; II 91/21. E. 102, 376.

7. HGB §§ 140, 142.

Im Gesellschaftsvertrage kann zwar der Ausschluss der Rechte aus § 140 und § 142 Abs. 1 zu Gunsten eines Gesellschafters vereinbart werden, in Anwendung des Rechtsgedankens des § 276 Abs. 2 BGB ist aber einer solchen Vereinbarung die Wirkung zu versagen, wenn dem Gesellschafter schwere vorsätzliche Verfehlungen zur Last fallen.

U. v. 25.3.1924; II 306/24.

8. HGB §§ 140, 142.

Die Abweisung der auf § 142 gestützten Übernahmeklage kann auch aus Gründen gerechtfertigt sein, die in der Person des Klägers liegen. Insbesondere gilt dies für ein pflichtwidriges Verhalten des Klägers. Macht der Beklagte solche Gründe geltend, so hat sie der Richter bei der Ausübung seines Ermessens zu berücksichtigen.

U. v. 28.10.1924; II 544/23. Breslau.

9. = § 133 HGB Nr. 12.

U. v. 5.1.1926; II 153/24. E. 112, 280. Hamburg.

10. = § 133 HGB Nr. 13.

U. v. 23.11.1928; II 221/28. E. 122, 312. Dresden.

11. HGB § 140.

Sollen mehrere Gesellschafter einer offenen Handelsgesellschaft wegen eines in ihrer Person liegenden wichtigen Grundes ausgeschlossen werden, erkennt einer von ihnen an, dass in seiner Person der wichtige Grund gegeben sei, und verpflichtet er sich zum Ausscheiden, so braucht gegen ihn die Ausschließungsklage nicht erhoben zu werden.

Die Tatsache, dass ein Gesellschafter Jude ist, kann ein *in seiner Person* liegender wichtiger Grund zur Ausschließung sein. Sie genügt aber regelmäßig nicht für sich allein. Es muss hinzukommen, dass durch Verbleiben des Gesellschafters das Unternehmen schwer geschädigt und in seiner Existenz bedroht wird. Es muss auch versucht werden, die drohende Gefahr tunlichst auf andere Weise abzuwenden, z. B. durch eine Änderung des Gesellschaftsvertrages. Von den verbleibenden Gesellschaftern kann auch verlangt

werden, dass sie Opfer bringen und ein billiges Angebot für die Auseinandersetzung machen.
U. v. 11.12.1934; II 148/34. E. 146, 169. Hamm.

12.   HGB §§ 140, 142.

Gegenüber dem Erben eines Gesellschafters, der in die Gesellschaft eingetreten ist, kann ein Recht zur Übernahme des Geschäfts gemäß § 142 Abs. 1 nicht aus einem Grund hergeleitet werden, der nur in der Person des *verstorbenen Gesellschafters* entstanden ist (feststehende Rechtsprechung, vgl. E. 108, 388; 109, 80; JW 1925, 244, 946).

Anderes gilt, wenn der Ausschließungs- und Übernahmegrund nicht in der Person des Verstorbenen, sondern in der des *überlebenden Gesellschafters* eingetreten ist. Hier besteht die Gefahr für die Gesellschaft regelmäßig fort. Ist das der Fall, so ist dem Erben nicht zuzumuten, mit dem diese Gefahr darstellenden Gesellschafter weiter vereinigt zu bleiben. Der eintretende Erbe erlangt regelmäßig die Rechte, die sein Erblasser in der Gesellschaft und gegen die übrigen Gesellschafter gehabt hat. Hatte dieser das Ausschließungs- und Übernahmerecht durch Erhebung der Klage ausgeübt, dann bringt sein Tod das Übernahmerecht nicht zum Erlöschen. Der in die Gesellschaft eintretende Erbe kann es mit dem Ziel der Überlassung des Geschäfts an sich weiter verfolgen.

Der Richter hat dabei aber die Gesamtumstände des Falles zu berücksichtigen. Er kann dem Übernahmeverlangen des Erben insbesondere nur dann entsprechen, wenn er die Entstehung des Übernahmerechts in der Person des verstorbenen Gesellschafters bejaht. Das erfordert ein Eingehen auf dessen Persönlichkeit und, sofern dem Verstorbenen gleichfalls Verfehlungen zur Last gelegt waren, eine Würdigung dieser Verfehlungen.
U. v. 18.12.1936; II 170/36. E. 153, 274.

13.   HGB § 140.

§ 140 ist nicht zwingenden Rechts. Der Gesellschaftsvertrag kann das gesetzlichen Ausschließungsrecht abschaffen, einschränken oder erschweren. Eine Bestimmung des Gesellschaftsvertrags, dass einem Gesellschafter auf einstimmigen Beschluss der übrigen Gesellschafter aus wichtigem Grunde oder auch ohne Angabe eines Grundes gekündigt werden dürfe, ist wirksam.
U. v. 23.3.1938; II 149/37.

14.   = § 133 HGB Nr. 17.

U. v. 30.3.1938; II 204/37.

15.   HGB §§ 140, 142.

Die Ausschließung eines Gesellschafters nach § 140 und die Übernahme des Geschäfts ohne Liquidation mit Aktiven und Passiven nach § 142 kann unter Umständen auch dann verlangt werden, wenn der Gesellschafter, in dessen Person ein wichtiger Grund im Sinne des § 133 eintritt, in diesem Zeitpunkt noch nicht offener Handelsgesellschafter, sondern als Erbe eines offenen Handelsgesellschafters noch Kommanditist ist mit dem Recht, offener Handelsgesellschafter zu werden, und er dieses Recht später ausübt.

Auch für einen solchen Fall wird an der Rechtsprechung (RGZ Bd. 146 S. 169) festgehalten, wonach zu prüfen ist, ob die Gesamtumstände die Ausschließung des Gesellschafters bzw. die Übernahme des Geschäfts rechtfertigen, und wonach diese nur als letzte Möglichkeit in Betracht kommen.
U. v. 25.5.1938; II 31/38.

16.   HGB §§ 142, 140.

Hat von zwei Gesellschaftern jeder einen Ausschließungsgrund gegen den andern derart, dass keinem aus besonderen Gründen der Vorzug gegeben werden muss, so kann keiner als berechtigt erklärt werden, das Geschäft allein zu übernehmen.

Die Tatsache, dass ein arischer Gesellschafter mit einer Jüdin verheiratet ist, die weder im Geschäft mitarbeitet noch Kapital darin stecken hat, kann nach der damaligen Gesetzeslage (3. VO z. ReichsbürgerG v. 14.6.1938; RGBl. I S. 627, §§ 1, 16 und VO zur Ausschaltung von Juden aus dem deutschen Wirtschaftsleben v. 12.11.1938; RGBl. I S. 1580) nicht ohne weiteres als Ausschließungsgrund aus der offenen Handelsgesellschaft angesehen werden.
U. v. 17.1.1940; II 99/39.

17.   = § 105 HGB Nr. 34.
U. v. 27.11.1940; II 67/40. E. 165, 260.

18.   HGB § 140.

Wenn ein Gesellschafter einer offenen Handelsgesellschaft, die Lichtspielunternehmungen betreibt, wegen seiner Zugehörigkeit zu einem feindlichen Staat (England) als Mitglied der Reichsfilmkammer gelöscht worden ist und die Reichsfilmkammer den übrigen Gesellschaftern mitgeteilt hat, dass sie auch ihnen die Mitgliedschaft entziehen werde, wenn es ihnen nicht gelinge, jenen aus der Gesellschaft zu entfernen, so liegt für die Gesellschaft ein wichtiger Grund vor, den Gesellschafter auszuschließen. Das gilt auch dann, wenn der Auszuschließende schon vor dem Ausbruche des Krieges ins Ausland verzogen war und sich seitdem einer persönlichen Mitwirkung bei der Geschäftsführung enthalten hatte. Die Anordnungen der Reichsregierung über die Behandlung feindlichen Vermögens (VO v. 15.1.1940 – RGBl. I S. 191 – und v. 5.3.1940 – RGBl. I S. 483 –) stehen einer Ausschließung nicht entgegen.
U. v. 26.6.1941; II 35/41.

19.   = § 133 HGB Nr. 21.
U. v. 5.5.1941; II 21/41.

§ 141

Macht ein Privatgläubiger eines Gesellschafters von dem ihm nach § 135 zustehenden Rechte Gebrauch, so können die übrigen Gesellschafter auf Grund eines von ihnen gefassten Beschlusses dem Gläubiger erklären, dass die Gesellschaft unter ihnen fortbestehen solle. In diesem Falle scheidet der betreffende Gesellschafter mit dem Ende des Geschäftsjahrs aus der Gesellschaft aus.

Diese Vorschriften finden im Falle der Eröffnung des Konkurses über das Vermögen eines Gesellschafters mit der Maßgabe Anwendung, dass die Erklärung gegenüber dem Konkursverwalter zu erfolgen hat und dass der Gemeinschuldner mit dem Zeitpunkte der Eröffnung des Konkurses als aus der Gesellschaft ausgeschieden gilt.

Zu § 141 kein Leitsatz.

§ 142

Sind nur zwei Gesellschafter vorhanden, so kann, wenn in der Person des einen von ihnen die Voraussetzungen vorliegen, unter welchen bei einer größeren Zahl von Gesellschaftern seine Ausschließung aus der Gesellschaft zulässig sein würde, der andere Gesellschafter auf seinen Antrag vom Gerichte für berechtigt erklärt werden, das Geschäft ohne Liquidation mit Aktiven und Passiven zu übernehmen.

Macht bei einer aus zwei Gesellschaftern bestehenden Gesellschaft ein Privatgläubiger des einen Gesellschafters von der ihm nach § 135 zustehenden Befugnis Gebrauch oder wird über das Vermögen des einen Gesellschafters der Konkurs eröffnet, so ist der andere Gesellschafter berechtigt, das Geschäft in der bezeichneten Weise zu übernehmen.

Auf die Auseinandersetzung finden die für den Fall des Ausscheidens eines Gesellschafters aus der Gesellschaft geltenden Vorschriften entsprechende Anwendung.

1.   HGB § 142.

Auf eine *Vereinbarung*, durch welche bei einer aus zwei Mitgliedern bestehenden offenen Handelsgesellschaft der eine Gesellschafter unter Ausscheiden des anderen das Geschäft ohne Liquidation mit Aktiven und Passiven übernimmt, findet der Abs. 3 des § 142 entsprechende Anwendung. [Vgl. auch BGB § 313 Nr. 90, 91.]
U. v. 23.2.1907; I 404/06. E. 65, 227. Köln.

2.   HGB § 142.

In den Fällen des § 142 bedarf es für den Erwerb des Gesellschaftsvermögens durch den übernehmenden Gesellschafter *keiner besonderen Übertragungsakte* bezüglich der einzelnen Vermögensstücke, bei Grundstücken keiner Auflassung; der Erwerb geschieht nach dem gemäß Abs. 3 das. entsprechend anzuwendenden § 738 Satz 1 BGB durch Zuwachs. [Vgl. auch BGB § 313 Nr. 91.]
U. v. 23.2.1907; I 404/06. E. 65, 227. Köln.

3.   HGB § 142 (auch EG z. BGB Art. 170).

Die Vorschrift des § 142 Abs. 2, wonach bei dem Konkurs über das Vermögen des einen Gesellschafters einer aus nur zwei Gesellschaftern bestehenden offenen Handelsgesellschaft der andere berechtigt ist, das Geschäft ohne Liquidation mit Aktiven und Passiven zu übernehmen, findet, wenn die Konkurseröffnung nach dem 1.1.1900 erfolgt ist, als eine Vorschrift des materiellen Konkursrechts auch auf vor dem 1.1.1900 entstandene Gesellschaften Anwendung.
U. v. 23.3.1907; I 377/06. E. 65, 379. Hamm.

4.   = § 24 HGB Nr. 2.
U. v. 23.3.1907; I 377/06. E. 65, 379. Hamm.

5.   HGB § 142 (auch BGB § 738).
Wenn nach § 142 der eine von zwei Gesellschaftern von dem Rechte, das Geschäft ohne
Liquidation mit Aktiven und Passiven zu übernehmen, Gebrauch macht, so geht mit der
(gerichtlich für berechtigt erklärten) Übernahmeerklärung das Eigentum der zum Gesell-
schaftsvermögen gehörigen Sachen, insbesondere die Grundstücke, ohne besonderen
Übertragungsakt (Übergabe, Auflassung) auf den Übernehmenden über.
Das Gleiche gilt, wenn auf Grund einer Vereinbarung bei Auflösung der offenen Han-
delsgesellschaft der eine Gesellschafter das Geschäft mit Aktiven und Passiven ohne
Liquidation übernimmt. [Konflikt zwischen Kammergericht und Reichsgericht.]
B. v. 23.5.1908; V B 70/08. E. 68, 410. Frankfurt. – Ebenso: U. v. 11.5.1915; VII 4/15. Karlsruhe. –
Wie Abs. 1: U. v. 28.3.1919; VII 565/366/18. Kammergericht.

6.   = § 140 HGB Nr. 2.
U. v. 13.11.1908; VII 590/07. Stettin.

7.   HGB § 142.
Bei Anwendung des § 142 müssen Tatsachen vorliegen, die bei einer größeren Zahl von
Gesellschaftern die Ausschließung des Gegners aus der Gesellschaft zulässig machen
würden; die Spitze des Gesetzes richtet sich gegen den einen Gesellschafter, der zugunsten des andern in eine unvorteilhafte, jedenfalls in eine von ihm nicht gewollte Lage
versetzt werden soll [E. 24, 138]. Bei Prüfung der Wichtigkeit der für die Übernahme
des Geschäfts ohne Liquidation vorgebrachten Gründe ist ein strenger Maßstab anzule-
gen.
U. v. 16.12.1908; I 17/08. Naumburg.

8.   HGB § 142.
Ist die offene Handelsgesellschaft infolge Aufkündigung aufgelöst und in Liquidation
getreten, so kann der Antrag nach § 142 Abs. 1 nicht mehr gestellt werden.
U. v. 22.6.1910; I 300/09. E. 74, 62. Kammergericht. – Ebenso: U. v. 9.6.1911; II 565/10. Köln. –
Ansicht aufgegeben, s. u. Nr. 14.

9.   HGB § 142 (auch BGB § 723).
Die Einrichtung des konstitutiven Urteils, durch das der eine von den beiden Gesell-
schaftern einer offenen Handelsgesellschaft berechtigt wird, das Geschäft ohne Liquida-
tion mit Aktiven und Passiven zu übernehmen, bildet eine Eigentümlichkeit der offenen
Handelsgesellschaft, die sich nicht auf die bürgerliche Gesellschaft übertragen lässt.
U. v. 1.5.1912; I 250/11. Breslau.

10. HGB § 142.

Ob im Falle des § 142 Abs. 1, wenn in der Person des einen der beiden Gesellschafter die Voraussetzungen vorliegen, unter denen bei einer größeren Zahl von Gesellschaftern seine Ausschließung zulässig sein würde, von der Befugnis, den anderen Gesellschafter (auf seinen Antrag) zur Übernahme des Geschäfts für berechtigt zu erklären, Gebrauch zu machen ist, liegt im Ermessen des Tatrichters. (Vgl. ROHG 18, 396.)
U. v. 9.1.1917; II 393/16. Kammergericht.

11. = § 133 HGB Nr. 7.

U. v. 9.1.1917; II 393/16. Kammergericht.

12. = § 140 HGB Nr. 4.

U. v. 7.12.1920; II 208/20. E. 101, 55.

13. = § 140 HGB Nr. 5.

U. v. 25.1.1921; II 317/20. E. 101, 242. – Wie Abs. 1: U. v. 11.2.1925; V 112/24.

14. = § 140 HGB Nr. 6.

U. v. 20.9.1921; II 91/21. E. 102, 376.

15. HGB § 142.

§ 142 Abs. 1 gibt – wie die §§ 133, 140 – dem Richter die Befugnis, auch wenn an sich ein wichtiger Grund vorliegt, von der in der Klage beantragten Maßnahme abzusehen. (Vgl. oben Nr. 9.)
U. v. 21.11.1922; II 75/22. E. 105, 376.

16. = § 140 HGB Nr. 7.

U. v. 25.3.1924; II 306/24.

17. HGB § 142.

Der das Übernahmeverlangen gemäß § 142 rechtfertigende Umstand muss in der Person desjenigen vorhanden sein, dem die Stellung als Gesellschafter entzogen werden soll. Wird daher die Gesellschaft auf Grund des Gesellschaftsvertrags nach dem Tode eines Gesellschafters mit dessen Witwe und Erbin fortgesetzt, so kann die von dem überlebenden Gesellschafter gegen die Witwe erhobene Übernahmeklage des § 142 nicht mit Verfehlungen begründet werden, deren sich der *Verstorbene* schuldig gemacht haben soll.
U. v. 19.9.1924; II 704/23. E. 108, 388. Hamburg.

18. HGB § 142.

Stirbt der aus § 142 verklagte Gesellschafter während des Rechtsstreits und wird nach dem Gesellschaftsvertrage die Gesellschaft mit seiner Witwe fortgesetzt, so ist die Fort-

führung der Klage gegen die an den Verfehlungen ihres verstorbenen Ehemannes unbeteiligte neue Gesellschafterin ausgeschlossen. (Vgl. U. II 704/23.)
U. v. 21.10.1924; II 606/23. E. 109, 80. Dresden.

19.   = § 140 HGB Nr. 8.
U. v. 28.10.1924; II 544/23. Breslau.

20.   = § 105 HGB Nr. 29.
U. v. 11.6.1926; II 521/25. E. 114, 131. Kammergericht.

21.   = § 131 HGB Nr. 18.
U. v. 29.4.1927; II 402/26. Celle.

22.   = § 133 HGB Nr. 14.
U. v. 30.9.1930; II 11/30. Karlsruhe.

23.   HGB § 142.
Wenn auf die Kündigung einer aus zwei Gesellschaftern bestehenden offenen Handelsgesellschaft durch den Privatgläubiger eines Gesellschafters der andere Gesellschafter erklärt, das Geschäft ohne Liquidation mit Aktiven und Passiven zu übernehmen, so wirkt diese Übernahmeerklärung nach der gesetzlichen Regel erst für das Ende des Geschäftsjahrs, auf das die Kündigung nach § 135 HGB wirksamerweise ausgesprochen ist.
B. v. 11.6.1931; IV GB 294/31.

24.   = § 140 HGB Nr. 12.
U. v. 18.12.1936; II 170/36. E. 153, 274.

25.   HGB § 142.
Hat der eine Gesellschafter von einem ihm vertraglich eingeräumten *Übernahmerecht* Gebrauch gemacht, so kann der Klage des anderen aus § 142 nicht mehr stattgegeben werden, wenn bis zum Urteil der Zeitpunkt eingetreten ist, in dem die Übernahmeerklärung wirksam geworden ist.
U. v. 30.4.1938; II 2/38.

26.   = § 140 HGB Nr. 15.
U. v. 25.5.1938; II 31/38.

27.   = § 140 HGB Nr. 16.
U. v. 17.1.1940; II 99/39.

28.   = § 105 HGB Nr. 34.
U. v. 27.11.1940; II 67/40. E. 165, 260.

29. VO über den Warenverkehr i. d. F. vom 18.8.1939 (RGBl. I S. 1430) § 1; HGB
§ 142.

Bezugsmöglichkeiten – auch Kontingente genannt –, die auf Grund der VO über den
Warenverkehr und der Anweisungen der auf Grund dieser VO tätigen Reichsstellen
(Überwachungsstellen) und der von diesen beauftragten Verteilungsstellen bestehen,
sind keine handelsfähigen Vermögenswerte, die in eine Jahresbilanz oder eine Auseinandersetzungsbilanz nach § 142 HGB als selbständige Aktivposten aufgenommen werden können.

Ob und inwieweit sie im Rahmen des Geschäfts- oder Firmenwertes (good-will) berücksichtigt werden können, hängt von den Umständen des einzelnen Falles ab.
U. v. 16.6.1941; II 25/41.

30.   = § 133 HGB Nr. 21.
U. v. 5.5.1941; II 21/41.

31.   = § 133 HGB Nr. 22.
U. v. 17.11.1941; II 75/41.

32.   = § 135 HGB Nr. 1.
U. v. 18.5.1942; II 1/42. E. 169, 153.

§ 143

Die Auflösung der Gesellschaft ist, wenn sie nicht in Folge der Eröffnung des Konkurses über das Vermögen der Gesellschaft eintritt, von sämtlichen Gesellschaftern zur Eintragung in das Handelsregister
anzumelden.
Das Gleiche gilt von dem Ausscheiden eines Gesellschafters aus der Gesellschaft.
Ist anzunehmen, dass der Tod eines Gesellschafters die Auflösung oder das Ausscheiden zur Folge
gehabt hat, so kann, auch ohne dass die Erben bei der Anmeldung mitwirken, die Eintragung erfolgen,
soweit einer solchen Mitwirkung besondere Hindernisse entgegenstehen.

1.   HGB § 143.
In der Erklärung der Inhaber einer offenen Handelsgesellschaft zum Handelsregister,
dass einer der Teilhaber das Geschäft unter Übernahme der Aktiven und Passiven unter
unveränderter Firma allein fortsetze, liegt eine für die Öffentlichkeit bestimmte Kundmachung [E. 8, 64]. Diese besagt, dass der jetzige Geschäftsinhaber bereit sei, die sämtlichen Schulden allein zu bezahlen, sowie dass er nach außen allein befugt sei, über die
Aktiven der Firma zu verfügen, insbesondere die ausstehenden Forderungen einzuziehen
und die laufenden Geschäfte abzuwickeln.
U. v. 18.4.1903; I 441/02. Hamburg.

2.   = § 15 HGB Nr. 9.
U. v. 6.2.1909; I 130/08. E. 70, 272. Frankfurt.

3. = § 15 HGB Nr. 19.

U. v. 23.3.1934; II 18/34. E. 144, 199. Frankfurt.

4. HGB § 143; ÜberleitVO v. 28.2.1939 (RGBl. I S. 358) § 6.

Der Anspruch eines offenen Handelsgesellschafters gegen einen Mitgesellschafter oder dessen Erben zur Mitwirkung bei einer Anmeldung zum Handelsregister ist ein vermögensrechtlicher.

B. v. 25.6.1942; II B 3/42.

§ 144

Ist die Gesellschaft durch die Eröffnung des Konkurses über ihr Vermögen aufgelöst, der Konkurs aber nach Abschluss eines Zwangsvergleichs aufgehoben oder auf Antrag des Gemeinschuldners eingestellt, so können die Gesellschafter die Fortsetzung der Gesellschaft beschließen.

Die Fortsetzung ist von sämtlichen Gesellschaftern zur Eintragung in das Handelsregister anzumelden.

1. = § 31 HGB Nr. 31.

B. v. 11.5.1937; II B 5/36. E. 155, 75.

Fünfter Titel. Liquidation der Gesellschaft.

⟨§§ 145-158⟩

1. HGB II. 1, 5.

Gegen das bisherige Mitglied einer offenen Handelsgesellschaft, das nach deren Auflösung in die Gesellschaft eingebrachte Wertobjekte eigenmächtig und vertragswidrig seinen Mitgesellschaftern vorenthält und für sich allein ausbeutet, kann von seinen bisherigen Gesellschaftern nicht nur ein Anspruch auf Bereicherung, sondern auch sowohl nach den Grundsätzen der Gesellschaft wie denjenigen über außervertragliches Verschulden ein Schadensersatzanspruch erhoben werden.

U. v. 8.10.1904; I 223/04. Hamburg.

2. HGB §§ 145-158 (auch BGB § 730).

Nach Eintritt des Liquidationszustandes (sowohl bei einer offenen Handelsgesellschaft wie) bei einer bürgerlichrechtlichen Gesellschaft ist ein einzelner Gesellschafter *nicht mehr* (wie vorher, vgl. E. 70, 33) berechtigt, auf Zahlung an die sämtlichen Gesellschafter zu klagen, z. B. auf Einzahlung rückständiger Beträge (vgl. E. 45, 155).

U. v. 23.10.1920; V 168/20. E. 100, 165.

3. HGB §§ 145-158.

Eine lieferungspflichtige offene Handelsgesellschaft wird mangels ausdrücklicher oder aus den Umständen zu entnehmender Vereinbarung der Beteiligten durch Eintritt in den Liquidationszustand von ihrer Vertragspflicht nicht entbunden.
U. v. 3.5.1921; III 57/20.

§ 145

Nach der Auflösung der Gesellschaft findet die Liquidation statt, sofern nicht eine andere Art der Auseinandersetzung von den Gesellschaftern vereinbart oder über das Vermögen der Gesellschaft der Konkurs eröffnet ist.

Ist die Gesellschaft durch Kündigung des Gläubigers eines Gesellschafters oder durch die Eröffnung des Konkurses über das Vermögen eines Gesellschafters aufgelöst, so kann die Liquidation nur mit Zustimmung des Gläubigers oder des Konkursverwalters unterbleiben.

1. = § 131 HGB Nr. 1.

U. v. 15.6.1900; II 155/00. Zweibrücken.

2. HGB § 145 (auch § 158; BGB § 1822).

Der § 1822 Nr. 3 BGB ist nicht anwendbar auf die Vereinbarung zwischen dem einen Teilhaber einer offenen Handelsgesellschaft und den Erben des andern Teilhabers, wonach der erstere unter Ausscheiden der Erben das Geschäft ohne Liquidation mit Aktiven und Passiven übernimmt, da es sich dabei nicht um die entgeltliche Veräußerung eines bestehenden Erwerbsgeschäfts, sondern um die Auseinandersetzung über die bereits aufgelöste offene Handelsgesellschaft handelt.
U. v. 23.2.1907; I 404/06. E. 65, 227. Köln.

3. = § 120 HGB Nr. 1.

U. v. 20.3.1908; II 584/07. Naumburg.

4. HGB § 145 (auch ZPO § 373).

Die Gesellschafter einer in Liquidation befindlichen offenen Handelsgesellschaft bleiben Partei und können daher nicht als Zeugen vernommen werden.
U. v. 1.5.1909; V 557/08. Kammergericht.

5. HGB § 145.

War Auflösung und Liquidation schon vor der Konkurseröffnung eingetreten und ist Gesellschaftsvermögen noch nach Beendigung des Konkurses vorhanden, so ist die durch den Konkurs nur unterbrochene Liquidation nunmehr fortzusetzen. Auch das Amt des bestellten Liquidators tritt wieder in Kraft, die frühere Bestellung wirkt fort, nachdem das die Liquidation unterbrechende Hindernis beseitigt ist.
U. v. 4.3.1910; VII 225/09. Köln.

6.   HGB § 145.

1. Regelmäßig, insbesondere wenn es sich um ein eigenes Geschäft der Gesellschaft handelt, wird die Liquidation der Gesellschaft den Weg über die Liquidation des Unternehmens gehen. Das trifft aber dann nicht zu, wenn das Vertragsrecht eines Dritten der Liquidation des Unternehmens (Geschäfts) entgegensteht, da Vertragsrechte Dritter durch die Liquidation nicht berührt werden (vgl. E. 5, 7; 24, 70). 2. Ein Betrieb zur Abwicklung des Unternehmens selbst, auch wenn er nicht den Angriff der Substanz bezweckt, sondern nur die Stilllegung, ist bei einem Handelsgeschäft nicht weniger wie bei einem Landgut gegenüber dem Verpächter eine Schädigung des Pachtgegenstandes. Die Liquidation der Gesellschaft, die ohne Vertragsverletzung vor sich gehen soll, muss in solchen Fällen entweder aufgeschoben werden oder andere Formen als die gesetzlich regelmäßigen suchen.
U. v. 21.1.1929; VIII 286/28. E. 123, 151. Stuttgart.

7.   HGB § 145.
Die Vereinbarung der anderen Art der Auseinandersetzung ist ein positives Erfordernis des Ausschlusses der Liquidation. Sie kann nicht durch Vertragsauslegung aus den Umständen gewonnen werden.
U. v. 21.3.1930; II 301/29. Hamburg.

8.   BGB §§ 313, 733, 734; HGB §§ 145, 149.
Wird eine aus zwei Gesellschaften bestehende Innengesellschaft aufgelöst, bei der das dem Gesellschaftszwecke gewidmete Vermögen allein dem einen Gesellschafter gehört, während der andere daran im Innenverhältnis der Gesellschaft *dem Werte nach* zur Hälfte beteiligt sein soll, so kann dieser andere Gesellschafter von dem Eigentümer des Vermögens nur die Auszahlung des für ihn zu verrechnenden Abfindungsguthabens, nicht aber die Versilberung des Vermögens und die Ausfolgung seines Anteils am Erlöse verlangen. Ein solcher Gesellschaftsvertrag bedarf, wenn zu dem der Gesellschaft gewidmeten Vermögen Grundstücke gehören, nicht der Form des § 313 BGB.
U. v. 20.2.1941; II 99/40. E. 166, 160.

§ 146

Die Liquidation erfolgt, sofern sie nicht durch Beschluss der Gesellschafter oder durch den Gesellschaftsvertrag einzelnen Gesellschaftern oder anderen Personen übertragen ist, durch sämtliche Gesellschafter als Liquidatoren. Mehrere Erben eines Gesellschafters haben einen gemeinsamen Vertreter zu bestellen.
Auf Antrag eines Beteiligten kann aus wichtigen Gründen die Ernennung von Liquidatoren durch das Gericht erfolgen, in dessen Bezirke die Gesellschaft ihren Sitz hat; das Gericht kann in einem solchen Falle Personen zu Liquidatoren ernennen, die nicht zu den Gesellschaftern gehören. Als Beteiligter gilt außer den Gesellschaftern im Falle des § 135 auch der Gläubiger, durch den die Kündigung erfolgt ist.
Ist über das Vermögen eines Gesellschafters der Konkurs eröffnet, so tritt der Konkursverwalter an die Stelle des Gesellschafters.

1.   = § 105 HGB Nr. 17.
U. v. 15.11.1909; VI 495/08. Köln.

2.   = § 125 HGB Nr. 9.
U. v. 11.2.1927; II 129/26. E. 116, 116. Stuttgart.

3.   HGB § 146.
Die Verpflichtung der Erbenmehrheit, einen gemeinschaftlichen Liquidator zu bestellen,
hindert nicht die Vertretung der aufgelösten offenen Handelsgesellschaft durch die sämtlichen Erben in Gemeinschaft mit dem anderen Gesellschafter oder deren Erben, wenn
dieser nicht widerspricht.
U. v. 27.2.1932; V 290/31. Celle.

4.   = § 116 HGB Nr. 5.
U. v. 20.12.1939; II 88/39. E. 162, 370.

§ 147

Die Abberufung von Liquidatoren geschieht durch einstimmigen Beschluss der nach § 146 Abs. 2, 3
Beteiligten; sie kann auf Antrag eines Beteiligten aus wichtigen Gründen auch durch das Gericht erfolgen.

1.   HGB § 147 (auch FGG § 145, ZPO § 937).
Für die Entscheidung über den Antrag eines Beteiligten auf Abberufung von Liquidatoren aus wichtigen Gründen ist gemäß § 145 FGG das zur Führung des Handelsregisters
berufene Amtsgericht im Beschlussverfahren zuständig. Dass die Abberufung auch im
Wege der einstweiligen Verfügung geschehen kann, ändert nichts; denn nach § 937 ZPO
ist für deren Erlassung das Gericht der Hauptsache im Sinne des § 943 das. zuständig,
d. h. hier das Amtsgericht, das über die Abberufung endgültig zu befinden hat. Keinenfalls ist daher das Landgericht zuständig.
B. v. 12.10.1901; I B 68/01. Kammergericht.

§ 148

Die Liquidatoren sind von sämtlichen Gesellschaftern zur Eintragung in das Handelsregister anzumelden. Das Gleiche gilt von jeder Änderung in den Personen der Liquidatoren oder in ihrer Vertretungsmacht. Im Falle des Todes eines Gesellschafters kann, wenn anzunehmen ist, dass die Anmeldung den
Tatsachen entspricht, die Eintragung erfolgen, auch ohne dass die Erben bei der Anmeldung mitwirken,
soweit einer solchen Mitwirkung besondere Hindernisse entgegenstehen.
Die Eintragung gerichtlich bestellter Liquidatoren sowie die Eintragung der gerichtlichen Abberufung
von Liquidatoren geschieht von Amtswegen.

Die Liquidatoren haben die Firma nebst ihrer Namensunterschrift zur Aufbewahrung bei dem Gerichte zu zeichnen.

Zu § 148 kein Leitsatz.

§ 149

Die Liquidatoren haben die laufenden Geschäfte zu beendigen, die Forderungen einzuziehen, das übrige Vermögen in Geld umzusetzen und die Gläubiger zu befriedigen; zur Beendigung schwebender Geschäfte können sie auch neue Geschäfte eingehen. Die Liquidatoren vertreten innerhalb ihres Geschäftskreises die Gesellschaft gerichtlich und außergerichtlich.

1. HGB § 149.

Es widerspricht dem Zwecke der Liquidation neue Vertragsverhältnisse – hier ein lang dauerndes Agenturverhältnis – einzugehen, die mit der Abwicklung der schwebenden Rechtsbeziehungen nichts zu tun haben oder diese gar unmöglich machen, weil sie den dauernden Fortbestand des Geschäfts voraussetzen.
U. v. 15.10.1904; I 239/04. Hamburg.

2. HGB § 149 (auch §§ 151, 152, 298, 300, 303).

Die Generalversammlung der Aktiengesellschaft im Liquidationsstadium kann mit einfacher Stimmenmehrheit beschließen, dass *Bestandteile der Liquidationsmasse nicht versilbert*, sondern in Natur unter die Aktionäre verteilt werden sollen.
U. v. 15.11.1905; I 198/05. E. 62, 56. Karlsruhe.

3. HGB § 149 (auch § 154; BGB § 666).

Wenn der Beklagte den Gläubigern eines Dritten gegenüber die Verpflichtung übernommen hat, die *Verwaltung und den Ausverkauf des Warenlagers* des Dritten zu besorgen und aus den Erträgen die Warengläubiger zu befriedigen, so ist der Beklagte im gegebenen Falle nicht etwa Rechtsnachfolger des Dritten geworden, sondern in ein neues vertragliches Verhältnis zu den Gläubigern getreten. Dieses enthält einen Auftrag und die durch ihn vom Beklagten übernommene Leistung steht nach Ziel und Zweck des Vertrages und dem Inhalte der ausdrücklichen Abmachungen des konkreten Falles der eines Liquidators (§§ 149, 154 HGB) so nahe, dass es geboten ist, die dem Beauftragten nach § 666 BGB obliegende Pflicht zur Auskunftserteilung und Rechnungslegung im vorliegenden Fall in ähnlicher Weise abzugrenzen.
Hier, wo es sich um die Verwaltung eines Warenlagers handelt, hat der Beklagte in erster Linie Auskunft über das zu erteilen, was er in seine Verwaltung genommen hat; das sind das Warenlager und die Außenstände. Die Angabe hierüber ist die notwendige Grundlage, ohne die namentlich die Einnahmeposten der Rechnung gar nicht nachgeprüft werden können.
U. v. 24.1.1907; VI 208/06. Kiel.

4. HGB § 149 (auch BGB § 812).

Wird an eine Liquidationsgesellschaft auf Grund eines außerhalb der Grenzen des § 149 HGB geschlossenen Geschäfts etwas eingezahlt, so haftet sie wegen ungerechtfertigter Bereicherung.
U. v. 21.10.1909; VI 477/08. E. 72, 119. Dresden.

5. HGB § 149.

Eine Liquidationsgesellschaft kann keinen Prokuristen mehr haben, sondern nur noch Handlungsbevollmächtigte innerhalb der Grenzen des § 149.
U. v. 21.10.1909; VI 477/08. E. 72, 119. Dresden.

6. = § 105 HGB Nr. 17.
U. v. 15.11.1909; VI 495/08. Köln.

7. HGB § 149.

Alle Forderungen der Gesellschaft können vom Liquidator eingezogen werden, also auch solche, die der Gesellschaft gegen einen Gesellschafter zustehen und im *Verhältnis der Gesellschafter unter einander wurzeln*. Eine so begründete Forderung kann *jedoch* – falls sie auf Zahlung geht, mit dem Antrag auf Zahlung an die Gesellschaftskasse – auch von einem *Gesellschafter*, der nicht Liquidator ist, geltend gemacht werden (actio pro socio). Durch die Klagebefugnis des Liquidators wird in solchen Fällen diejenige des Gesellschafters nicht ausgeschlossen. (E. 86, 66, die von einer *gewöhnlichen* Gesellschaftsforderung gegen einen Dritten handelt, steht nicht entgegen).
U. v. 8.6.1917; II 618/16. E. 90, 300. Kammergericht.

8. HGB § 149 (auch § 298).

Der Liquidator einer Aktiengesellschaft ist nach §§ 149, 298 berechtigt, sofern es nach seinem pflichtmäßigen Ermessen dem Liquidationszweck dienlich ist, früher bestrittene Forderungen anzuerkennen, verjährte Forderungen zu berichtigen, Vergleiche zu schließen. Er ist ferner zum Abschluss von Verzichtsverträgen befugt, sofern diese nicht dem Interesse der Gesellschaft zuwiderlaufen und sie zu schädigen geeignet sind.
U. v. 9.10.1918; III 177/18. Hamm.

9. HGB § 149.

Ein Anspruch, der im Verhältnis der Gesellschafter zu einander seine Grundlage hat, kann von einem Gesellschafter auch während der Liquidation der offenen Handelsgesellschaft verfolgt werden. (Vgl. E. 90, 300; 91, 34.)
U. v. 17.10.1924; II 670/23. Kammergericht.

10. = § 22 HGB Nr. 36.
U. v. 14.9.1938; II 17/38. E. 158, 226.

11.   = § 145 HGB Nr. 8.
U. v. 20.2.1941; II 99/40. E. 166, 160.

§ 150

Sind mehrere Liquidatoren vorhanden, so können sie die zur Liquidation gehörenden Handlungen nur in
Gemeinschaft vornehmen, sofern nicht bestimmt ist, dass sie einzeln handeln können; eine solche Bestimmung ist in das Handelsregister einzutragen.
Durch die Vorschrift des Abs. 1 wird nicht ausgeschlossen, dass die Liquidatoren einzelne von ihnen zur
Vornahme bestimmter Geschäfte oder bestimmter Arten von Geschäften ermächtigen. Ist der Gesellschaft gegenüber eine Willenserklärung abzugeben, so findet die Vorschrift des § 125 Abs. 2 Satz 3
entsprechende Anwendung.

1.   HGB § 150.
Zwei der vorhandenen drei Liquidatoren einer offenen Handelsgesellschaft in Liquidation können die Gesellschaft in einem Rechtsstreite mit einem Gesellschafter, der zugleich
der dritte Liquidator ist, nicht mit rechtlicher Wirkung vertreten. [HGB a. F.]
U. v. 29.9.1900; I 184/00. E. 47, 16. München.

2.   = § 125 HGB Nr. 9.
U. v. 11.2.1927; II 129/26. E. 116, 176. Stuttgart.

3.   = § 116 HGB Nr. 5.
U. v. 20.12.1939; II 88/39. E. 162, 370.

§ 151

Eine Beschränkung des Umfanges der Befugnisse der Liquidatoren ist Dritten gegenüber wirksam.

1.   = § 149 HGB Nr. 2.
U. v. 15.11.1905; I 198/05. E. 62, 56. Karlsruhe.

§ 152

Gegenüber den nach § 146 Abs. 2, 3 Beteiligten haben die Liquidatoren, auch wenn sie vom Gericht
bestellt sind, den Anordnungen Folge zu leisten, welche die Beteiligten in Betreff der Geschäftsführung
einstimmig beschließen.

1.   = § 149 HGB Nr. 2.
U. v. 15.11.1905; I 198/05. E. 62, 56. Karlsruhe.

§ 153

Die Liquidatoren haben ihre Unterschrift in der Weise abzugeben, dass sie der bisherigen, als Liquidationsfirma zu bezeichnenden Firma ihren Namen beifügen.

Zu § 153 kein Leitsatz.

§ 154

Die Liquidatoren haben bei dem Beginne sowie bei der Beendigung der Liquidation eine Bilanz aufzustellen.

1.   = § 149 HGB Nr. 3.
U. v. 24.1.1907; VI 206/06. Kiel.

§ 155

Das nach Berichtigung der Schulden verbleibende Vermögen der Gesellschaft ist von den Liquidatoren nach dem Verhältnisse der Kapitalanteile, wie sie sich auf Grund der Schlussbilanz ergeben, unter die Gesellschafter zu verteilen.
Das während der Liquidation entbehrliche Geld wird vorläufig verteilt. Zur Deckung noch nicht fälliger oder streitiger Verbindlichkeiten sowie zur Sicherung der den Gesellschaftern bei der Schlussverteilung zukommenden Beträge ist das Erforderliche zurückzubehalten. Die Vorschriften des § 122 Abs. 1 finden während der Liquidation keine Anwendung.
Entsteht über die Verteilung des Gesellschaftsvermögens Streit unter den Gesellschaftern, so haben die Liquidatoren die Verteilung bis zur Entscheidung des Streites auszusetzen.

1.   HGB § 155.
Die Gesellschafter zusammen können auch im Wege der Klage gegen die sämtlichen Liquidatoren die vorläufige Verteilung verfügbarer Gelder verlangen; sie können diese Klage, wenn die Weigerung der Verteilung oder eine Säumnis nur an einigen der Liquidatoren liegt, auch nur gegen diese auf ihre Mitwirkung zur Verteilung richten. Es kann auch der einzelne Gesellschafter das ihm zustehenden Individualrecht klagend dahin geltend machen, dass die Liquidatoren insgesamt die Verteilung unter *die* Gesellschafter herbeiführen, oder dass die widersprechenden oder säumigen Liquidatoren ihre Zustimmung zu einer solchen Verteilung erklären. Wenn dagegen zwei Liquidatoren zur Verteilung der verfügbaren Summe unter *die* Gesellschafter, der dritte Liquidator aber, der zugleich Gesellschafter ist, seine Zustimmung dazu verweigert, dass die *ganze* Summe unter die *sämtlichen* Gesellschafter verteilt werde, so kann er nicht von den beiden anderen Liquidatoren verlangen, dass ihm der bei einer Verteilung der Gesamtsumme unter die sämtlichen Gesellschafter auf seine Person entfallende Teil ausbezahlt, der auf einen anderen Gesellschafter entfallende Anteil aber zurückbehalten werde.
U. v. 29.9.1900; I 184/00. E. 47, 16. München.

2.   = § 120 HGB Nr. 1.

U. v. 20.3.1908; II 584/07. Naumburg.

3.   HGB § 155, ZPO § 256.

Dem Liquidator einer offenen Handelsgesellschaft und der von ihm vertretenen Gesell-schaft geht das Rechtsschutzinteresse für eine Feststellungsklage ab, wenn zwischen den Gesellschaftern (auch einem stillen Gesellschafter) Streit über die Zugehörigkeit eines auf den Namen der Gesellschaft eingetragenen Grundstücks zu der Teilungsmasse oder zu einem einzelnen Gesellschafter entsteht. Dem Liquidator ist das Verfahren durch § 155 Abs. 3 HGB vorgeschrieben. Die Verteilung ist bis zur Entscheidung des Streits zwischen den Gesellschaftern auszusetzen.

U. v. 22.9.1931; II 1/31. Dresden.

4.   = § 120 HGB Nr. 4.

U. v. 23.1.1941; II 93/40.

§ 156

Bis zur Beendigung der Liquidation kommen in Bezug auf das Rechtsverhältnis der bisherigen Gesell-schafter unter einander sowie der Gesellschaft zu Dritten die Vorschriften des zweiten und dritten Titels zur Anwendung, soweit sich nicht aus dem gegenwärtigen Titel oder aus dem Zwecke der Liquidation ein Anderes ergibt.

1.   = § 124 HGB Nr. 12.

U. v. 25.9.1908; VII 169/08. Hamm.

2.   = § 128 HGB Nr. 12.

U. v. 21.10.1909; VI 477/08. E. 72, 119. Dresden.

3.   = § 113 HGB Nr. 1.

U. v. 26.10.1917; II 198/17. Karlsruhe.

4.   = § 31 HGB Nr. 3.

B. v. 11.5.1937; II B 5/36. E. 155, 75.

§ 157

Nach der Beendigung der Liquidation ist das Erlöschen der Firma von den Liquidatoren zur Eintragung in das Handelsregister anzumelden.

Die Bücher und Papiere der aufgelösten Gesellschaft werden einem der Gesellschafter oder einem Drit-ten in Verwahrung gegeben. Der Gesellschafter oder der Dritte wird in Ermangelung einer Verständi-gung durch das Gericht bestimmt, in dessen Bezirke die Gesellschaft ihren Sitz hat.

Die Gesellschafter und deren Erben behalten das Recht auf Einsicht und Benutzung der Bücher und Papiere.

1. HGB § 157.

Art. 145 Abs. 2 HGB a. F. [jetzt § 157 Abs. 3] setzt den Fall der Beendigung der Gesellschaft durch Liquidation voraus. Übernimmt ein Gesellschafter ohne vorausgegangene Liquidation das ganze Geschäft mit Aktiven und Passiven, indem er dem anderen Gesellschafter eine Abfindungssumme bezahlt, so gehen die Geschäftsbücher der aufgelösten Gesellschaft mit den Aktiven auf den nunmehrigen Geschäftsinhaber als Alleineigentümer über und diesem Alleineigentümer gegenüber ist die Bezugnahme auf Art. 145 Abs. 2 [jetzt § 157 Abs. 3] nicht durchgreifend.

War in einem solchen Falle das Recht au Büchereinsicht in dem Auseinandersetzungsvertrage eingeräumt, so ist die Auslegung nicht rechtsirrtümlich, dass die Bestimmung nicht ein unbegrenztes Recht auf Einsicht der Bücher einräume, sondern nur für den Zeitraum gelte, in dem das Geschäftsguthaben des ausgeschiedenen Gesellschafters vertragsmäßig zu berichtigen war und berichtigt worden ist. [Altes Recht.]
U. v. 25.4.1900; I 63/00. Kammergericht.

2. HGB § 157.

Auch nach Löschung *der Firma der Liquidationsgesellschaft dauert diese solange fort*, bis ein von ihr klageweise geltend gemachter Schadensersatzanspruch geregelt ist.
U. v. 1.12.1905; II 165/05. Kammergericht.

3. = § 15 HGB Nr. 17.
U. v. 23.5.1930; VII 556/29. Hamburg.

§ 158

Vereinbaren die Gesellschafter statt der Liquidation eine andere Art der Auseinandersetzung, so finden, solange noch ungeteiltes Gesellschaftsvermögen vorhanden ist, im Verhältnisse zu Dritten die für die Liquidation geltenden Vorschriften entsprechende Anwendung.

1. = § 128 HGB Nr. 8.
U. v. 17.9.1906; VI 584/05. E. 64, 77. Kammergericht.

2. = § 128 HGB Nr. 9.
U. v. 21.12.1906; II 204/06. E. 65, 26. Posen.

3. = § 145 HGB Nr. 2.
U. v. 23.2.1907; I 404/06. E. 65, 227. Köln.

4. = § 131 HGB Nr. 10.
U. v. 25.9.1908; VII 169/08. Hamm.

Sechster Titel. Verjährung.

§ 159

Die Ansprüche gegen einen Gesellschafter aus Verbindlichkeiten der Gesellschaft verjähren in fünf Jahren nach der Auflösung der Gesellschaft oder nach dem Ausscheiden des Gesellschafters, sofern nicht der Anspruch gegen die Gesellschaft einer kürzeren Verjährung unterliegt.

Die Verjährung beginnt mit dem Ende des Tages, an welchem die Auflösung der Gesellschaft oder das Ausscheiden des Gesellschafters in das Handelsregister des für den Sitz der Gesellschaft zuständigen Gerichts eingetragen wird.

Wird der Anspruch des Gläubigers gegen die Gesellschaft erst nach der Eintragung fällig, so beginnt die Verjährung mit dem Zeitpunkte der Fälligkeit.

1.   HGB § 159.

Art. 146 HGB a. F. [jetzt § 159] gilt nicht im Falle der Auflösung der Gesellschaft durch Konkurs [E. 35, 24]. [Altes Recht.]
U. v. 17.3.1900; I 6/00. Naumburg.

2.   § 159 HGB.

§ 159 findet nur Anwendung, wenn wirklich ein gemeinschaftlicher Betrieb mehrerer zu einer Handelsgesellschaft vereinigten Personen vorgelegen hat, *nicht* aber, wenn ein Geschäftsmann auf Grund von Abmachungen, die den wahren Sachverhalt verschleiern sollen, die Eintragung einer offenen Handelsgesellschaft lediglich zu dem Zwecke veranlasst hat, um Geschäfte im Namen der Gesellschaft abschließen zu können, die in Wahrheit nur auf *seine* Rechnung gehen sollen.
U. v. 7.5.1903; VI 465/02. E. 55, 154. Kammergericht.

3.   HGB § 159.

Hat ein Gesellschafter eine Wechsel unter der Firma der Gesellschaft in blanco vor Ausfüllung des Verfalltages akzeptiert, so darf der Nehmer des Wechsels diesem nach Auflösung der Gesellschaft und Eintragung der Auflösung in das Handelsregister keinen Verfalltag mehr geben, der in die Zeit nach Ablauf der Verjährungsfrist des Art. 146 [jetzt § 159] fällt. Er muss sich, wenn er dies doch getan hat, gefallen lassen, dass die Verjährungsfrist des Art. 146 vom Tage der Eintragung der Auflösung der Gesellschaft in das Handelsregister berechnet wird.
U. v. 30.5.1904; I 99/04. E. 58, 186. Kammergericht.

4.   HGB § 159 (auch BGB § 157).

Ein *Besserungsschein*, den ein Teilhaber einer in Liquidation befindlichen Handelsgesellschaft dahin ausstellt, dass er den Schuldbetrag der Gesellschaft im Fall und nach Verhältnis der Besserung seiner Vermögensverhältnisse bezahle, kann als selbständiges

von dem Gesellschaftsverhältnisse losgelöstes Schuldanerkenntnis aufgefasst werden, das daher der Verjährung des § 159 nicht unterliegt. [Altes Recht.]
U. v. 28.9.1906; II 54/06. Köln.

5. HGB § 159.

Unterliegt der Anspruch gegen die Gesellschaft einer kürzeren Verjährung als der von 5 Jahren, so bleibt es bei dieser kürzeren Verjährung gegenüber dem Gesellschafter, wenn nach dem entscheidenden Zeitpunkt (Auflösung der Gesellschaft § 159 Abs. 2) an Stelle der kürzeren Verjährung gegenüber der Gesellschaft eine längere Verjährung tritt.
U. v. 23.2.1909; II 433/08. E. 70, 323. Kammergericht.

6. HGB § 159.

Wenn im Konkurse der offenen Handelsgesellschaft eine Gesellschaftsschuld von ursprünglich kürzerer als fünfjähriger Verjährungsfrist ohne Widerspruch der Gesellschafter festgestellt ist, so tritt mit der Beendigung des Konkurses für die gegen das Privatvermögen der Gesellschafter gerichteten Ansprüche die fünfjährige Verjährungsfrist des § 159 Abs. 1 *nicht* ein.
B. d. BZS v. 27.6.1910; I 209/09. E. 74, 63. Celle.

7. = § 25 HGB Nr. 63.

U. v. 25.11.1933; I 144/33. Königsberg.

8. HGB § 159.

Dem Gesellschafter einer offenen Handelsgesellschaft, der vor seinem Ausscheiden aus der Gesellschaft persönlich zur Bezahlung der Gesellschaftsschuld verurteilt worden ist, kommt die kurze Verjährungsfrist des § 159 HGB nicht zugute.
U. v. 16.2.1938; II 195/37.

9. HGB § 159.

Die *Auflösung* einer Gesellschaft, wie sie § 159 voraussetzt, ist nicht schon ohne weiteres dann gegeben, wenn der Firma nur die Ausübung ihrer wirtschaftlichen Betätigung durch irgendwelche Ereignisse unmöglich gemacht worden ist.
Die Übernahme von Aktiven und Passiven einer Gesellschaft schließt die Anwendbarkeit des § 159 aus.
U. v. 9.11.1938; RAG 91/38. E. 20, 199.

10. HGB § 159.

Wenn im Konkurse einer offenen Handelsgesellschaft eine Gesellschaftsschuld von ursprünglich kürzerer als fünfjähriger Verjährungsfrist ohne Widerspruch der Gesellschafter festgestellt ist, verjährt der Anspruch des Gläubigers gegen das Privatvermögen der Gesellschafter innerhalb der kürzeren Verjährungsfrist, der der Anspruch nach seiner Rechtsnatur zur Zeit der Auflösung der Gesellschaft unterliegt. Insoweit besteht kein Grund, von der Rechtsprechung in RGZ Bd. 70 S. 323 und Bd. 74 S. 63 abzugehen.

U. v. 12.1.1942; II 110/41.

§ 160

Die Unterbrechung der Verjährung gegenüber der aufgelösten Gesellschaft wirkt auch gegenüber den Gesellschaftern, welche der Gesellschaft zur Zeit der Auflösung angehört haben.

Zu § 160 kein Leitsatz.

Zweiter Abschnitt. Kommanditgesellschaft.

1.   = vor §§ 109 ff. HGB Nr. 1.

U. v. 11.5.1907; I 522/06. Naumburg.

2.   = vor §§ 105-342 HGB Nr. 2.

U. v. 15.2.1943; II 102/42.

§ 161

Eine Gesellschaft, deren Zweck auf den Betrieb eines Handelsgewerbes unter gemeinschaftlicher Firma gerichtet ist, ist eine Kommanditgesellschaft, wenn bei einem oder bei einigen von den Gesellschaftern die Haftung gegenüber den Gesellschaftsgläubigern auf den Betrag einer bestimmten Vermögenseinlage beschränkt ist (Kommanditisten), während bei dem anderen Teile der Gesellschafter eine Beschränkung der Haftung nicht stattfindet (persönlich haftende Gesellschafter).
Soweit nicht in diesem Abschnitt ein Anderes vorgeschrieben ist, finden auf die Kommanditgesellschaft die für die offene Handelsgesellschaft geltenden Vorschriften Anwendung.

a) Allgemeines, Kommanditgesellschaftsvertrag: 1, 16, 21
b) Gesellschaftszweck: 15
c) Einlage der Kommanditisten: 4, 5
d) Stellung der Gesellschafter zu einander: 1, 3, 8, 18
e) Stellung der persönlich haftenden Gesellschafter nach außen: 1, 2, 8
f) Auflösung; Ausscheiden: 9, 10, 12, 14, 17
g) Fortsetzung, Umwandlung der Gesellschaft: 6
h) Kommanditgesellschaft im Prozess: 7, 10, 13
i) Eintragung ins Handelsregister: 11
k) Anhang: 12

1.   HGB § 161.

Mit der Annahme des Berufungsgerichts, der Gesellschaftsvertrag der Parteien sei insofern kein Scheinvertrag gewesen, als durch ihn nach außen hin, allen Dritten gegenüber

mit voller Rechtswirksamkeit ein Kommanditgesellschaftsverhältnis begründet worden sei, ist die weitere Annahme sehr wohl vereinbar, dass in dem Verhältnisse der Parteien zu einander die Stellung des Beklagten als persönlich haftender Gesellschafter eine bloße Scheinstellung gewesen sei, dass nach der erkennbar gewordenen Parteiabsicht der Beklagte dem Kläger gegenüber nicht Gesellschafter, sondern ein auf Gehalt und Gewinnanteil angewiesener Angestellter des Klägers habe sein sollen.
U. v. 23.3.1901; I 427/00. Kammergericht.

2.   = § 126 HGB Nr. 3.
U. v. 14.7.1902; I 104/02. E. 52, 161. Kammergericht. – Ebenso: U. v. 20.5.1905; I 668/04. Kammergericht.

3.   HGB § 161.
Die einzelnen Kommanditisten haben keinen rechtlichen Zusammenhang unter sich, sondern nur Rechtsbeziehungen zu der Gesellschaft. [HGB a. F.]
U. v. 21.3.1902; II 1/02. Colmar.

4.   HGB § 161.
Der Kommanditist hat in Ermangelung einer entgegenstehenden Vertragsbestimmung ein *gesetzliches* Recht, auf die von ihm geschuldete Einlage eine ihm gegenüber der Gesellschaft zustehende Gegenforderung *aufzurechnen*, wenn die Aufrechnung auch im Interesse der Gesellschaft vorgenommen wird und somit dem Gesellschaftszwecke nicht widerspricht. Unter der gleichen Voraussetzung ist trotz einer die Barzahlung der Einlage vorschreibenden Bestimmung des Gesellschaftsvertrages eine mit dem persönlich haftenden Gesellschafter nachträglich getroffene *Vereinbarung* über eine derartige Aufrechnung rechtlich nicht zu beanstanden. [Vgl. E. 7, 48; 37, 117; HGB a. F.]
U. v. 21.3.1902; II 1/02. Colmar. – Vgl. Nr. 5.

5.   HGB § 161 (auch § 172).
Es besteht kein Rechtssatz dahin, dass die *Einlage der Kommanditisten* in barem Geld erfolgen muss. Auch eine *Sacheinlage* ist gestattet und es besteht keine Vorschrift, dass die Sacheinlage und ihr Wert im Gesellschaftsvertrage festgesetzt werden muss, wenn sie den Gläubigern gegenüber als Erfüllung der Einlagepflicht gelten soll. Auch durch *vertragsmäßige Aufrechnung einer Forderung des Kommanditisten* gegen die Gesellschaft kann die Einlage geleistet werden [vgl. Nr. 4], und zwar auch wenn der Kommanditist aus dem Vermögen der Gesellschaft volle Befriedigung nicht zu erwarten haben würde. § 172 Abs. 1 sagt nur, dass weder ein höherer noch ein geringerer Betrag als der eingetragene als zugesagt gilt, über die Art der Leistung der Einlage ist nichts bestimmt. Nur dass die eingetragene Einlage und wie sie geleistet, hat der Kommanditist darzutun. [E. 1, 69; vgl. § 171 Nr. 1, 6, 7.]
U. v. 11.2.1905; I 455/04. Celle.
U. v. 26.2.1907; II 373/06. Köln.

6.   HGB § 161 (auch § 164).
Wenn auf Grund eines Gesellschaftsvertrags eine Kommanditgesellschaft mit den Erben
eines von mehreren persönlich haftenden Gesellschaftern fortgesetzt wird, so treten diese
Erben in Ansehung der Geschäftsführung und Vertretung in die Rechtsstellung ihres
Erblassers ein, sofern sich nicht aus dem Gesellschaftsvertrag oder späteren Abmachun-
gen ein anderes ergibt.
U. v. 6.5.1905; I 632/04. Zweibrücken.

7.   HGB § 161 (auch ZPO § 373).
Die *Kommanditisten* können im Prozesse der Kommanditgesellschaft, auch wenn diese
sich bereits in Liquidation befindet, *nicht als Zeugen* vernommen werden.
U. v. 20.5.1905; I 668/04. Kammergericht.

8.   HGB § 161,
Bei der Kommanditgesellschaft kann ein Unterschied zwischen *„Sonderrechten"* und
anderen gesellschaftlichen Rechten der Kommanditisten regelmäßig nicht gemacht
werden. Der Kommanditist kann an und für sich die Verletzung seiner Rechte aus dem
Gesellschaftsvertrage mit der actio pro socio auch gegenüber dem einzelnen socius gel-
tend machen, der sich solcher Verletzung schuldig macht. Dies kann aber durch den
Gesellschaftsvertrag anders geregelt sein.
U. v. 26. 12.1905; I 286/05. Posen.

9.   HGB § 161.
Über Verstoß gegen die Guten Sitten durch vorzeitigen Austritt aus der Gesellschaft s.
BGB § 138 Nr. 47.
U. v. 19.1.1909; II 242/05. Karlsruhe.

10.   = § 128 HGB Nr. 8.
U. v. 17.9.1906; VI 584/05. E. 64, 77. Kammergericht.

11.   HGB § 161 (auch § 162; FGG § 132; KonsGG § 2).
Sind die persönlich haftenden Gesellschafter einer im Konsulargerichtsbezirk errichteten
Gesellschaft sämtlich Deutsche, so sind sie zur Eintragung im Handelsregister des deutschen Konsuls auch dann verpflichtet, wenn die Kommanditisten nicht deutsche Staats-
angehörige sind, und in dem Vertrag über die Gründung der Gesellschaft ausgemacht ist,
dass die Gesellschaft anderen Gesetzen – hier den Gesetzen des gemischten Gerichtsho-
fes in Alexandrien – unterstehen solle. [Vgl. den weiteren Inhalt der Entscheidung unter
G. v. 30.3.1874.]
B. v. 30.8.1907; I B 41/07. Konsulargericht Alexandrien.

12.   = § 131 HGB Nr. 11.
U. v. 21.10.1909; VI 477/08. E. 72, 119. Dresden.

13.   = § 105 HGB Nr. 17.
U. v. 15.11.1909; VI 495/08. Köln.

14.   = § 127 HGB Nr. 1.
U. v. 24.10.1910;I 79/10. E. 74, 297. Kammergericht.

15.   HGB § 161.
Ein nur für das Innenverhältnis der Gesellschafter gewollter Verzicht eines persönlich
haftenden Gesellschafters auf die Beteiligung am Reingewinn und am Vermögen der
Kommanditgesellschaft schließt das Vorhandensein eines gemeinsamen Endzwecks
(HGB §§ 161, 105, BGB § 705) nicht aus und steht der Annahme einer Kommanditge-
sellschaft nicht entgegen (vgl. oben § 105 Nr. 21 und U. II 99/15 [JW 15, 1428 Nr. 3]).
U. v. 19.11.1918; II 189/18. Kammergericht.

16.   = § 105 HGB Nr. 24.
B. v. 4.7.1922; II B 3 und 4/22.

17.   = § 131 HGB Nr. 17.
U. v. 15.12.1922; VII 13/22. E. 106, 64.

18.   = § 117 HGB Nr. 1.
U. v. 28.4.1925; II 290/24. E. 110, 418. Hamm.

19.   Aufw.; HGB § 161.
Haben die Gesellschafter einer Kommanditgesellschaft in der Geldentwertungszeit wegen Veränderungen in der Zusammensetzung der Gesellschaft (Ausscheiden oder Neu-
eintritt eines Gesellschafters) eine Papiermarkbilanz als Grundlage ihrer weiteren
Rechtsbeziehungen, insbesondere auch für die Höhe der Kapitalbeteiligung gewonnen,
dann muss diese vertragliche Neuordnung des Gesellschaftsverhältnisses als Ausgangspunkt für die Berechnung der Kapitalkonten gewählt werden; es kann also – anders als
sonst – hinter jene Bilanz *nicht* zurückgegangen werden. (Vgl. E. 117, S. 245.)
U. v. 21.1.1930; II 313/29. E. 127, 141. Kammergericht.

20.   HGB § 161.
Der Geschäftsbetrieb der Kommanditgesellschaft ist weder rechtlich noch nach der Ver-
kehrsauffassung der Betrieb des Kommanditisten.
U. v. 7.4.1933; VII 27/33. Kammergericht.

21.   = § 124 HGB Nr. 18.
U. v. 23.6.1933; II 95/33. E. 141, 299. Frankfurt.

22.   = § 128 HGB Nr. 35.
U. v. 5.1.1938; RAG 107/37. E. 19, 165.

23.   = § 116 HGB Nr. 3.
U. v. 22.10.1938; II 58/38. E. 158, 302.

24.   = § 17 HGB Nr. 19.
U. v. 25.5.1938; II 165/37. E. 157, 369.

25.   = § 105 HGB Nr. 33.
U. v. 13.4.1940; II 143/39. E. 163, 385.

26.   = § 131 HGB Nr. 21.
U. v. 6.1.1941; II 56/40.

27.   = § 133 HGB Nr. 18.
U. v. 13.11.1940; II 44/40. E. 165, 193.

28.   HGB §§ 161, 163, 167, 168, 169.
Bei einer kapitalistischen Kommanditgesellschaft waren die Kommanditisten in Wirklichkeit die Herren des Unternehmens, während der persönlich haftende Gesellschafter,
dessen Einlage nur in der Leistung von Diensten bestand, im Grunde die Stellung eines
Angestellten hatte. Die Kommanditisten waren nach dem Gesellschaftsvertrage befugt,
die von der Gesellschaft herzustellende Ware zu einem von der Gesellschafterversamm-
lung zu beschließenden Preise abzunehmen. Bei dieser Preisfestsetzung haben die
Kommanditisten sich Rabatte bewilligt, die zu einem erheblichen Verlustabschluss geführt haben. Der Klage der Kommanditgesellschaft gegen eine Kommanditistenfirma auf
Deckung dieses Verlustes (zu Unrecht vorweggenommenen Gewinns) ist stattgegeben
worden.
U. v. 14.12.1940; II 68/40.

29.   = § 105 HGB Nr. 19.
U. v. 27.11.1940; II 67/40. E. 165, 260.

30.   = § 123 HGB Nr. 10.
U. v. 28.4.1941; II 102/40.

§ 162

Die Anmeldung der Gesellschaft hat außer den im § 106 Abs. 2 vorgesehenen Angaben die Bezeichnung der Kommanditisten und den Betrag der Einlage eines jeden von ihnen zu enthalten.
Bei der Bekanntmachung der Eintragung ist nur die Zahl der Kommanditisten anzugeben; der Name, der
Stand und der Wohnort der Kommanditisten sowie der Betrag ihrer Einlagen werden nicht bekannt
gemacht.

Diese Vorschriften finden im Falle des Eintritts eines Kommanditisten in eine bestehende Handelsgesellschaft und im Falle des Ausscheidens eines Kommanditisten aus einer Kommanditgesellschaft entsprechende Anwendung.

1.   = § 139 HGB Nr. 1.

B. v. 20.6.1903; I B 54/03. E. 55, 126. Konsulargericht Alexandrien.

2.   = § 161 HGB Nr. 11.

B. v. 30.8.1907; I B 41/07. Konsulargericht Alexandrien.

§ 163

Für das Verhältnis der Gesellschafter untereinander gelten in Ermangelung abweichender Bestimmungen des Gesellschaftsvertrags die besonderen Vorschriften der §§ 164 bis 169.

1.   = § 161 HGB Nr. 28.

U. v. 14.12.1940; II 68/40.

§ 164

Die Kommanditisten sind von der Führung der Geschäfte der Gesellschaft ausgeschlossen; sie können einer Handlung der persönlich haftenden Gesellschafter nicht widersprechen, es sei denn, dass die Handlung über den gewöhnlichen Betrieb des Handelsgewerbes der Gesellschaft hinausgeht. Die Vorschriften des § 116 Abs. 3 bleiben unberührt.

1.   = § 126 HGB Nr. 3.

U. v. 14.7.1902; I 104/02. E. 52, 161. Kammergericht.
U. v. 20.5.1905; I 668/04. Kammergericht.

2.   = § 161 HGB Nr. 6.

U. v. 6.5.1905; I 632/04. Zweibrücken.

3.   HGB § 164.

Dem persönlich haftenden Gesellschafter und dem Kommanditisten steht es völlig frei, wie sie ihre Beziehungen ordnen wollen. Mit dem Begriff einer Kommanditgesellschaft ist es nicht unverträglich, wenn der persönlich haftende Gesellschafter gegenüber dem Kommanditisten in allen Stücken an dessen Zustimmung und Anweisung vertraglich gebunden wird.
U. v. 10.4.1908; II 617/07. Düsseldorf.

4.   = § 161 HGB Nr. 23.

U. v. 22.10.1938; II 58/38. E. 158, 302.

§ 165

Die §§ 112, 113 finden auf die Kommanditisten keine Anwendung.

Zu § 165 kein Leitsatz.

§ 166

Der Kommanditist ist berechtigt, die abschriftliche Mitteilung der jährlichen Bilanz zu verlangen und ihre Richtigkeit unter Einsicht der Bücher und Papiere zu prüfen.
Die im § 118 dem von der Geschäftsführung ausgeschlossenen Gesellschafter eingeräumten weiteren Rechte stehen dem Kommanditisten nicht zu.
Auf Antrag eines Kommanditisten kann das Gericht, wenn wichtige Gründe vorliegen, die Mitteilung einer Bilanz oder sonstiger Aufklärung sowie die Vorlegung der Bücher und Papiere jederzeit anordnen.

1.   = § 118 HGB Nr. 4.
U. v. 15.3.1929; II 331/28. Kammergericht.

§ 167

Die Vorschriften des § 120 über die Berechnung des Gewinns oder Verlustes gelten auch für den Kommanditisten.
Jedoch wird der einem Kommanditisten zukommende Gewinn seinen Kapitalanteile nur so lange zugeschrieben, als dieser den Betrag der bedungenen Einlage nicht erreicht.
An dem Verluste nimmt der Kommanditist nur bis zum Betrage seines Kapitalanteils und seiner noch rückständigen Einlage Teil.

1.   = § 122 HGB Nr. 3.
U. v. 7.2.1928; II 211/27. E. 120, 135. Kammergericht.

2.   = § 128 HGB Nr. 2.
U. v. 7.2.1928; II 211/27. E. 120, 135. Kammergericht.

3.   = § 161 HGB Nr. 28.
U. v. 14.12.1940; II 68/40.

§ 168

Die Anteile der Gesellschafter am Gewinne bestimmen sich, soweit der Gewinn den Betrag von vier vom Hundert der Kapitalanteile nicht übersteigt, nach den Abschriften des § 121 Abs. 1, 2.
In Ansehung des Gewinns, welcher diesen Betrag übersteigt, sowie in Ansehung des Verlustes gilt, soweit nicht ein Anderes vereinbart ist, ein den Umständen nach angemessenes Verhältnis der Anteile als bedungen.

1.	= § 161 HGB Nr. 28.

U. v. 14.12.1940; II 68/40.

2.	HGB § 168.

Wenn eine Kommanditgesellschaft vollständig kapitalistisch aufgebaut ist und die gesetzlichen Befugnisse des einzigen persönlich haftenden Gesellschafters derart eingeschränkt sind, dass dieser im Innenverhältnis tatsächlich nur noch die Stellung eines Angestellten hat, kann der Gesellschaftsvertrag dahin ausgelegt werden, dass der persönlich haftende Gesellschafter im Innenverhältnis am Verlust nicht beteiligt ist.
U. v. 16.4.1942; II 117/41. E. 169, 105.

§ 169

Der § 122 findet auf den Kommanditisten keine Anwendung. Dieser hat nur Anspruch auf Auszahlung des ihm zukommenden Gewinns; er kann auch die Auszahlung des Gewinns nicht fordern, solange sein Kapitalanteil durch Verlust unter den auf die bedungene Einlage geleisteten Betrag herabgemindert ist oder durch die Auszahlung unter diesen Betrag herabgemindert werden würde.
Der Kommanditist ist nicht verpflichtet, den bezogenen Gewinn wegen späterer Verluste zurückzuzahlen.

1.	= § 122 HGB Nr. 3.

U. v. 7.2.1928; II 211/27. E. 120, 135. Kammergericht.

2.	= § 128 HGB Nr. 2.

U. v. 7.2.1928; II 211/27. E. 120, 135. Kammergericht.

3.	= § 161 HGB Nr. 28.

U. v. 14.12.1940; II 68/40.

§ 170

Der Kommanditist ist zur Vertretung der Gesellschaft nicht ermächtigt.

1.	HGB § 170 (auch § 172).

Auf Grund der mit dem Willen des Kommanditisten erfolgten Eintragung der Kommanditgesellschaft im Handelsregister haftet der Kommanditist, auch wenn der Gesellschaftsvertrag nichtig ist, bis zum Belauf der in der Eintragung angegebenen und noch nicht geleisteten Einlage für sämtliche Schulden, die nach der Eintragung als Schulden der Gesellschaft entstanden sind. Und zu diesen gehören sämtliche unter der Firma der Gesellschaft oder für diese eingegangenen Verbindlichkeiten, mögen sie für den im Gesellschaftsvertrage bezeichneten Zweck der Gesellschaft erwachsen sein oder nicht,

insbesondere unter der angegebenen Voraussetzung auch diejenigen, die der persönlich
haftende Gesellschafter in Anlass seines eigenen Geschäftes eingegangen ist.
U. v. 12.2.1902; I 333/01. E. 51, 33. Hamm.

2.   HGB § 170 (auch BGB §§ 432, 709).

Bei Gesellschaften nach § 709 BGB kann jeder Gesellschafter die Leistung an alle Gesellschafter fordern, sofern sich die Leistung, auch wenn ihr Gegenstand an sich teilbar
ist, wegen ihres Zweckes rechtlich als eine unteilbare darstellt (E. 70, 32). Dies gilt aber
weder für offene Handelsgesellschaften (E. 86, 66), noch für Kommanditgesellschaften,
der persönlich haftende Gesellschafter kann nicht im eigenen Namen auf Leistung an die
Gesellschaft klagen.
U. v. 28.2.1916; VI 416/15. Kammergericht.

§ 171

Der Kommanditist haftet den Gläubigern der Gesellschaft bis zur Höhe seiner Einlage unmittelbar; die
Haftung ist ausgeschlossen, soweit die Einlage geleistet ist.
Ist über das Vermögen der Gesellschaft der Konkurs eröffnet, so wird während der Dauer des Verfahrens das den Gesellschaftsgläubigern nach Abs. 1 zustehende Recht durch den Konkursverwalter ausgeübt.

a) Einlagepflicht: 2, 3, 5, 11
b) Haftung des Kommanditisten: 1, 13
c) Aufrechnung: 2, 7
d) Sicherung durch Hypothek: 8
e) Eintragung ins Handelsregister: 4
f) Prozess der Gesellschaft: 9
g) Beweis: 10
h) Konkurs: 1, 4, 6, 7, 12

1.   HGB § 171.

Werden die in § 171 Abs. 1 bezeichneten Gläubigerrechte gemäß Abs. 2 das. vom Konkursverwalter geltend gemacht, so bildet gleichwohl der *Gesellschaftsvertrag* auch in
dem Falle die Quelle des geltend gemachten Anspruchs, wenn der Verwalter den Kommanditisten aus seinem Versprechen, für die Verbindlichkeiten der Gesellschaft mit
einem bestimmten Geldbetrage zu haften, in Anspruch nimmt. Erhellt also aus dem
Gesellschaftsvertrage, dass dies Versprechen am Sitze der Gesellschaft zu erfüllen ist, so
gilt das Gleiche von dem vom Konkursverwalter erhobenen Anspruch.
U. v. 3.4.1900; VIa 455/99. E. 46, 352. Naumburg.

2.   HGB § 171.

Der Kommanditist hat seiner Einlagepflicht genügt, soweit er entweder der Gesellschaft
einen wirklichen Vermögenswert zugeführt, oder eine ihm gegen die Gesellschaft zuste-

hende Forderung zur Aufrechnung gebracht, oder soweit er Gläubiger der Gesellschaft befriedigt hat.

Eine Kommanditgesellschaft war in der Weise gegründet worden, dass unter Auflösung der bisherigen offenen Handelsgesellschaft die neu gegründete Kommanditgesellschaft die Aktiven und Passiven der offenen Handelsgesellschaft übernahm und N. – ein bisheriger Gesellschafter – Kommanditist mit näher bestimmter Einlage wurde. Der Einlagepflicht hat er dadurch genügt, dass er den bei der Auflösung der offenen Handelsgesellschaft auf ihn entfallenden Anteil quittiert und für den Restbetrag Schulden der offenen Handelsgesellschaft bezahlt hat. [HGB a. F.]
U. v. 12.3.1900; IV 332/99. Hamm.

3.   HGB § 171.

Das Recht der Gläubiger einer Kommanditgesellschaft aus § 171 beruht allerdings auf dem Gesellschaftsvertrag, ist jedoch nicht auf Erreichung des Zwecks der Gesellschaft, sondern auf Bezahlung der den Gläubigern zustehenden Forderungen gerichtet und wird deshalb durch Geltendmachung eines Anspruchs verwirklicht, dem nur durch Geldzahlung genügt werden kann. Eine im Gesellschaftsvertrage getroffene Vereinbarung dahin, dass die Kommanditisten die Einlage nicht in barem Gelde, sondern durch Einbringung anderer Werte leisten sollen, hat deshalb den Gläubigern gegenüber nur die Bedeutung, dass sie eine Leistung der Einlage vorsieht, die, wenn sie beschafft ist, das Forderungsrecht der Gläubiger ausschließt, während sie, wenn und soweit sie noch unerfüllt geblieben ist, den Gläubigern gegenüber nicht in Betracht kommt. [Vgl. E. 32, 399; 37, 82; 46, 352.]
U. v. 12.2.1902; I 333/01. E. 51, 33. Hamm.

4.   HGB § 171 (auch § 172).

Die Eintragung der Beteiligung eines Kommanditisten ins Handelsregister gilt wie andere Registereintragungen als eine öffentliche, im Rechtsverkehr abgegebene verantwortliche Erklärung, der Dritten gegenüber eine selbständige Bedeutung zukommt. Die Kommanditisten dürfen daher, wenn die Eintragung im Handelsregister mit ihrem Willen erfolgt ist, gegen eine nach Eröffnung des Konkurses über das Vermögen der Gesellschaft erhobene Klage des Konkursverwalters auf Zahlung ihrer rückständigen Einlage die Nichtigkeit des Gesellschaftsvertrages nicht geltend machen. Denn bei dieser Klage handelt der Konkursverwalter nicht in Vertretung des Gemeinschuldners, also der Gesellschaft, sondern er übt ein selbständiges Recht aus, für dessen Inhalt der Umfang des den Gläubigern zustehenden Rechtes maßgebend ist. [Vgl. ROHG 13, 375; E. 40, 146.]
U. v. 12.2.1902; I 333/01. E. 51, 33. Hamm.

5.   HGB § 171.

Gegen die Klage des Konkursverwalters auf Einzahlung der rückständigen Einlage steht den Kommanditisten der von ihnen zu beweisende Einwand zu, dass die geforderte Einlage zur Deckung von Schulden, für die sie haften müssten, nicht erforderlich sei.
U. v. 12.2.1902; I 333/01. E. 51, 33. Hamm.

6.   HGB § 171 (auch KO § 144).

Aus dem Umstande, dass der Gemeinschuldner die Feststellung einer Konkursforderung nicht hindern kann, folgt für den Konkurs über das Vermögen einer Kommanditgesellschaft nicht, dass in dem Prozesse des Konkursverwalters gegen den Kommanditisten auf Zahlung seiner Einlage (§ 171 Abs. 2 HGB) für die Frage, ob die rückständige Einlage zur Deckung von Gesellschaftsschulden erforderlich sei, schon die Feststellung der Forderungen im Prüfungstermin entscheide. Die Feststellung hat zur Folge, dass der Gläubiger ein Recht auf anteilsmäßige Befriedigung aus der Konkursmasse erlangt, aber nicht maßgebend für die Frage, was zur Masse gehöre oder dazu einzuzahlen sei.
U. v. 12.2.1902; I 333/01. E. 51, 33. Hamm.

7.   HGB § 171 (auch § 172).

Der Kommanditist einer einfachen Kommanditgesellschaft kann nach Eröffnung des Konkursverfahrens über das Vermögen der Gesellschaft eine ihm gegen diese zustehende Forderung gegen die Forderung der Gesellschaftsgläubiger aus § 171 HGB *aufrechnen*, sofern und soweit dafür, dass die Gesellschaft Schuldnerin des Kommanditisten wurde, ein Vermögenswert ihr zugeflossen ist. [Vgl. § 161 Nr. 4; § 172 Nr. 3.]
U. v. 2.5.1906; I 448/05. E. 63, 265. Naumburg.

8.   HGB § 171 (auch § 172).

In der *Sicherung der Einlage eines Kommanditisten durch eine Hypothek am Gesellschaftsvermögen* ist eine Rückzahlung der Einlage im Sinne des § 172 Abs. 4 zu finden.
Der Kommanditist darf daher die Hypothek einem Gläubiger der Gesellschaft gegenüber nicht geltend machen, bis dieser für seine Forderungen gegen die Kommanditgesellschaft befriedigt worden ist.
U. v. 11.7.1906; V 14/06. Köln.

9.   = § 128 HGB Nr. 8.
U. v. 17.9.1906; VI 584/05. E. 64, 77. Kammergericht.

10.   HGB § 171.

Der Kommanditist hat zu *beweisen*, dass und in welcher Höhe seine Einlage geleistet ist, wenn ihn Gläubiger der Gesellschaft in Anspruch nehmen.
U. v. 10.4.1907; I 395/06. Frankfurt.

11.   HGB § 171.

Die *Einlage ist geleistet*, wenn dem Handlungsfonds ein entsprechender Wert zugeführt worden ist.
Dies ist nicht der Fall, wenn der Kommanditist auf Grund einer von ihm übernommenen Ausfallbürgschaft bei einem Gläubiger der Gesellschaft einen Geldbetrag einzahlt, den dieser nach den Bedingungen des Bürgschaftsvertrages ohne Minderung seiner Forderung gegen die Gesellschaft nur als eine Sicherheit für einen etwaigen Ausfall behandeln darf.
U. v. 21.11.1908; I 676/07. Köln.

12. HGB § 171 (auch §§ 217, 241).

Die Bestimmungen der §§ 171 Abs. 2, 217 Abs. 2 sind auf § 241 Abs. 4 analog anzuwenden und zwar gilt das auch dann, wenn dem Konkursverwalter die Verfolgung der in Betracht kommenden Regressansprüche abgelehnt hat, denn wenn dem Konkursverwalter einmal die *ausschließliche* Befugnis zuerkannt ist, derartige Ansprüche während der Dauer des Konkursverfahrens geltend zu machen, so sind die Gläubiger damit auch dann insoweit ausgeschlossen, wenn der Konkursverwalter sie nicht geltend machen will.
U. v. 17.12.1910; I 400/09. E. 74, 428. Kammergericht.

13. HGB § 171.

Die zwischen den Gesellschaftern über die Bewertung der Sacheinlagen der Kommanditisten getroffene Vereinbarung ist den Gläubigern gegenüber in Ansehung der Haftung nach § 171 *nicht* maßgebend; es kommt vielmehr diesen gegenüber auf den *wahren Wert* der Einlagen an.
U. v. 18.2.1911; I 602/09. Kammergericht.

14. HGB § 171; VerglO v. 1927 § 89; KO § 211.

Die nach § 89 Nr. 4 VerglO v. 1927, § 211 Abs. 2 KO mit dem Zustandekommen eines Zwangsvergleichs eintretende Beschränkung der persönlichen Haftung der Gesellschafter erstreckt sich nicht auf den Kommanditisten.
Im Zwangsvergleich kann zwar durch Mehrheitsbeschluss bestimmt werden, dass die in § 89 Nr. 4 der VerglO, § 211 Abs. 2 KO vorgesehene Beschränkung der Haftung der Gesellschafter nicht oder nur in geringerem Umfang eintritt. Es kann aber nicht bestimmt werden, dass die Haftung der Gesellschafter noch in höherem Maße beschränkt wird.
U. v. 31.1.1936; II 209/35. E. 150, 163.

§ 172

Im Verhältnisse zu den Gläubigern der Gesellschaft wird nach der Eintragung in das Handelsregister die Einlage eines Kommanditisten durch den in der Eintragung angegebenen Betrag bestimmt.
Auf eine nicht eingetragene Erhöhung der aus dem Handelsregister ersichtlichen Einlage können sich die Gläubiger nur berufen, wenn die Erhöhung in handelsüblicher Weise kundgemacht oder ihnen in anderer Weise von der Gesellschaft mitgeteilt worden ist.
Eine Vereinbarung der Gesellschafter, durch die einem Kommanditisten die Einlage erlassen oder gestundet wird, ist den Gläubigern gegenüber unwirksam.
Soweit die Einlage eines Kommanditisten zurückbezahlt wird, gilt sie den Gläubigern gegenüber als nicht geleistet. Das Gleiche gilt, soweit ein Kommanditist Gewinnanteile entnimmt, während sein Kapitalanteil durch Verlust unter den Betrag der geleisteten Einlage herabgemindert ist, oder soweit durch die Entnahme der Kapitalanteil unter den bezeichneten Betrag herabgemindert wird.
Was ein Kommanditist auf Grund einer in gutem Glauben errichteten Bilanz in gutem Glauben als Gewinn bezieht, ist er in keinem Falle zurückzuzahlen verpflichtet.

1.   = § 171 HGB Nr. 4.
U. v. 12.2.1902; I 333/01. E. 51, 33. Hamm.

2.   = § 170 HGB Nr. 1.
U. v. 12.2.1902; II 333/01. E. 51, 33. Hamm.

3.   = § 161 HGB Nr. 5.
U. v. 11.2.1905; I 455/04. Celle.
U. v. 26.2.1907; II 373/06. Köln.

4.   = § 171 HGB Nr. 7.
U. v. 2.5.1906; I 448/05. E. 63, 265. Naumburg.

5.   = § 171 HGB Nr. 11.
U. v. 11.7.1906; V 14/06. Köln.

6.   HGB § 172.
Eine Kundmachung in handelsüblicher Weise, wie § 172 Abs. 2 HGB sie verlangt, muss
erkennen lassen, dass und um welchen Betrag der betreffende Kommanditist seine aus
dem Handelsregister ersichtliche ursprüngliche Einlage erhöht hat.
U. v. 9.7.1929; II 181/28. Kammergericht.

§ 173

Wer in eine bestehende Handelsgesellschaft als Kommanditist eintritt, haftet nach Maßgabe der §§ 171,
172 für die vor seinem Eintritte begründeten Verbindlichkeiten der Gesellschaft, ohne Unterschied, ob
die Firma eine Änderung erleidet oder nicht.
Eine entgegenstehende Vereinbarung ist Dritten gegenüber unwirksam.

1.   = § 130 HGB Nr. 4.
U. v. 4.3.1930; II 207/29. E. 128, 172. Breslau.

§ 174

Eine Herabsetzung der Einlage eines Kommanditisten ist, solange sie nicht in das Handelsregister des
Gerichts, in dessen Bezirke die Gesellschaft ihren Sitz hat, eingetragen ist, den Gläubigern gegenüber
unwirksam; Gläubiger, deren Forderungen zur Zeit der Eintragung begründet waren, brauchen die
Herabsetzung nicht gegen sich gelten zu lassen.

§ 175

Die Erhöhung sowie die Herabsetzung einer Einlage ist durch die sämtlichen Gesellschafter zur Eintragung in das Handelsregister anzumelden. Die Bekanntmachung der Eintragung erfolgt gemäß § 162

Abs. 2. Auf die Eintragung in das Handelsregister des Sitzes der Gesellschaft finden die Vorschriften des § 14 keine Anwendung.

Zu §§ 174-175 kein Leitsatz.

§ 176

Hat die Gesellschaft ihre Geschäfte begonnen, bevor sie in das Handelsregister des Gerichts, in dessen Bezirke sie ihren Sitz hat, eingetragen ist, so haftet jeder Kommanditist, der dem Geschäftsbeginne zugestimmt hat, für die bis zur Eintragung begründeten Verbindlichkeiten der Gesellschaft gleich einem persönlich haftenden Gesellschafter, es sei denn, dass seine Beteiligung als Kommanditist dem Gläubiger bekannt war. Diese Vorschrift kommt nicht zur Anwendung, soweit sich aus dem § 2 ein Anderes ergibt. Tritt ein Kommanditist in eine bestehende Handelsgesellschaft ein, so findet die Vorschrift des Abs. 1 Satz 1 für die in der Zeit zwischen seinem Eintritt und dessen Eintragung in das Handelsregister begründeten Verbindlichkeiten der Gesellschaft entsprechende Anwendung.

1.   HGB § 176.

Die Haftung des Kommanditisten nach § 176 Abs. 2 hat nicht die Erregung eines Rechtsscheins einer unbeschränkten Beteiligung beim einzelnen Gläubiger zur Voraussetzung. Die Vorschrift ist rechtspolizeilicher Natur und gilt auch dann, wenn der Gläubiger keinerlei Kenntnis von der Zusammensetzung der Kommanditgesellschaft hatte. Der Beweis der Kenntnis der beschränkten Haftung eines Gesellschafters kann direkt oder indirekt (durch Nachweis der Kenntnis, wie der Kreis der persönlich haftenden Gesellschafter sich zusammensetzt) geführt werden.
U. v. 4.3.1930; II 207/29. E. 128, 172. Breslau.

§ 177

Der Tod eines Kommanditisten hat die Auflösung der Gesellschaft nicht zur Folge.

1.   HGB § 177.

Eine Kommanditgesellschaft kann allerdings nicht mit einer Erbengemeinschaft als Kommanditistin gegründet werden. Kommanditist kann vielmehr in diesem Falle nur eine physische oder juristische Person sein, oder auch eine nicht mit juristischer Persönlichkeit ausgestattete Handelsgesellschaft, die (wie die offene Handelsgesellschaft) unter ihrer Firma Rechte zu erwerben und Verbindlichkeiten einzugehen in der Lage ist. Ebenso wenig kann eine Erbengemeinschaft in eine bestehende Kommanditgesellschaft als Kommanditistin eintreten. Daraus folgt aber nichts für die Frage, ob nicht dann, wenn ein Kommanditist mit Hinterlassung mehrerer Erben stirbt, die Erbengemeinschaft als Kommanditistin in Frage kommen und demgemäß als solche an Stelle des Verstorbenen in das Handelsregister eingetragen werden kann oder gar muss. Diese Frage ist allein aus § 177 BGB zu entscheiden. Sie ist zu bejahen, weil sonst während Bestehens der Erbengemeinschaft, solange also der Nachlass Gesamtgut der Miterben ohne Bruchteilsberechtigung des einzelnen Erben ist, überhaupt keine der wahren Sach- und Rechtslage entsprechende Eintragung gemacht werden könnte.

B. v. 15.3.1929; II B 3/29. E. 123, 366. Zwickau.

2.   HGB §§ 177, 306.

§ 177 findet im Fall des Untergangs einer Aktiengesellschaft durch liquidationslose Verschmelzung mit einer anderen Aktiengesellschaft entsprechende Anwendung. Die aufnehmende Gesellschaft tritt demnach auf Grund der Gesamtrechtsnachfolge ohne weiteres an Stelle der untergegangenen Gesellschaft als Kommanditistin in die Kommanditgesellschaft ein, sofern der Gesellschaftsvertrag nichts anderes bestimmt, also z. B. für den Fall des Todes des Kommanditisten die Auflösung vorsieht oder die Vererblichkeit der Mitgliedschaft ausschließt.

U. v. 12.2.1929; II 295/28. E. 123, 289. Karlsruhe.

3.   HGB § 177.

Die Erben eines Kommanditisten können nicht in ungeteilter Erbengemeinschaft in dessen Rechtsstellung eintreten; jeder von ihnen wird selbständig Gesellschafter, und zwar mit dem auf ihn fallenden Teil der Einlage seines Rechtsvorgängers. Die frühere abweichende Rechtsprechung (RGZ Bd. 123 S. 366) wird aufgegeben.

B. v. 9.9.1943; II B 12/43. E. 171, 329.

Dritter Abschnitt. Aktiengesellschaft.

⟨vor §§ 178-319⟩

1.   HGB II.3 (auch §§ 190, 243; EG z. HGB Art. 3, 23).

Mit dem Inkrafttreten des jetzt geltenden HGB hat das bisherige HGB seine Gültigkeit verloren. Ersteres hat im Allgemeinen auch für die schon bestehenden Aktiengesellschaften Geltung und ist nicht nur für ihr Handeln im Rechtsverkehre maßgebend [vgl. E. 22, 1; 36, 37], sondern auch für ihre Verfassung, wenn und soweit es Bestimmungen enthält, deren Inhalt ergibt, dass sie auf alle Gesellschaften Anwendung finden sollen. Nach dem jetzigen HGB aber ist das Vorhandensein und die Tätigkeit eines Aufsichtsrats für jede Aktiengesellschaft schon vom Beginn ihres Daseins an vorgesehen. Seine Einrichtung ist nicht etwa den Aktiengesellschaften nur freigestellt, sondern bereits im Gesetze selbst angeordnet; der Gesellschaftsvertrag braucht über ihn nur Bestimmungen zu enthalten, wenn über die gesetzlichen Vorschriften, soweit von diesen Abweichungen zulässig sind, hinausgegangen werden soll. Seit dem Inkrafttreten des jetzigen HGB sind daher auch die vor Geltung des HGB a. F. errichteten Aktiengesellschaften verpflichtet, einen Aufsichtsrat zu bestellen.

U. v. 27.2.1901; I 359/00. E. 48, 40. Hamm.

2. HGB II.3 (auch §§ 178, 211).

Der Zweck der Aktiengesellschaft kann immer nur ein solcher sein, der durch Vermögen oder vermögensrechtliche Leistungen erreicht werden kann. Die Person des Aktionärs tritt ganz zurück. Auf die Vereinigung von Personen zu gemeinsamer Tätigkeit für einen bestimmten individuellen, nur von bestimmten Einzelpersonen zu erreichenden oder nur solchen dienenden Zweck ist die Aktiengesellschaft vom Gesetze nicht angelegt. Das Gesetz enthält über das Ausscheiden von Aktionären keine Bestimmungen und behandelt den Ausschluss von Aktionären nur bei Verzug in Zahlung der Einlage, im Falle der Herabsetzung des Grundkapitals und im Falle der Auslosung. Das Gesetz will auch nicht andere Fälle des unfreiwilligen Ausscheidens von Aktionären der Bestimmung durch den Gesellschaftsvertrag überlassen; die Vorschriften über die Verhältnisse der Gesellschafter und der Aktiengesellschaft sind vielmehr dispositiver Natur nur soweit, als das Gesetz es ausdrücklich zulässt.

Die Bestimmung des Statutes einer Aktiengesellschaft, dass der Aktionär ausgeschlossen werden kann, insbesondere wenn er aufhört, Mitglied des Bundes der Landwirte zu sein, und dass er in diesem Falle seine Aktien gegen Zahlung des Nennbetrages an einen ihm zu bezeichnenden Dritten übertragen muss, ist ungültig. Diese Bestimmung des Statuts lässt sich auch nicht von dem Gesichtspunkt eines separaten Vertrags des Aktionärs mit der Gesellschaft halten.

U. v. 25.9.1901; I 142/01. E. 49, 77.

3. HGB II.3.

Für die Aktiengesellschaft entscheidet an erster Stelle das Gesetz, der Gesellschaftsvertrag nur insoweit, als das Gesetz auf ihn verweist, ihm abändernde oder ergänzende Bestimmungen überlässt. Überall, wo in dem Abschnitt über die Aktiengesellschaft dem Gesellschaftsvertrage keine ergänzende oder abändernde Macht eingeräumt ist, sind die Vorschriften des Abschnitts als *absolute* anzusehen, die durch den Gesellschaftsvertrag weder ergänzt noch abgeändert werden können. Das ist auch für den § 259 anzunehmen. [Vgl. § 259 Nr. 2.]

U. v. 12.1.1907; I 542/06. E. 65, 91. Celle.

4. BGB § 459; HGB §§ 178-319.

Verkauf eines Teiles der Aktien einer AG kann nicht als Veräußerung des Unternehmens selbst angesehen werden, derart, dass der Verkäufer der Aktien in der Haftung für Rechts- und Sachmängel nicht anders gestellt wäre, als beim Verkauf des Unternehmens der AG (E. 120, 287).

U. v. 10.10.1928; I 95/28. Hamburg.

Erster Titel. Allgemeine Vorschriften.

〈vor §§ 178-209〉

1. HGB II.3, 1.

Die Beklagten, die damals die Teilhaber einer offenen Handelsgesellschaft waren, verpflichten sich dem Kläger gegenüber, dass, wenn ihre Gesellschaft binnen bestimmter Frist in eine Aktiengesellschaft umgewandelt werde, dem Kläger auf sein Verlangen eine Konsortialbeteiligung in Höhe von 100.000 Mk. nom. zu den Originalbedingungen des die Aktien übernehmenden Konsortiums gewährt werde. Die Aktiengesellschaft wurde dann mit einem Grundkapitale von 3.000.000 Mk., eingeteilt in 3000 Aktien, gegründet; die Beklagten erhielten für ihre Einlage 1246 Stück Aktien, ein Konsortium übernahm die übrigen 1754 Aktien zu pari. Außerdem übernahm das Konsortium aber gemäß einer eingegangenen Verpflichtung von den den Beklagten zugeteilten Aktien 646 Stück zum Kurse von 132 %; es hatte daher insgesamt 2400 Stück Aktien. Das Konsortium überließ dem Kläger 100 Aktien zum Kurse von 132 %. Der Kläger ist der Meinung, dass ihm 1/24 von 646 Aktien zum Kurse von 132 % und von 1754 Aktien zum Parikurse hätten überlassen werden müssen und verlangt von den Beklagten den Betrag ersetzt, den er für die 100 Aktien tatsächlich mehr hat zahlen müssen. Dieser Anspruch ist zuerkannt.
U. v. 10.3.1900; I 478/99. E. 46, 27. Kammergericht.

2. HGB II.3, 1.

Da die Sicherheit, die eine Aktiengesellschaft bietet, nicht nur von der Wahl ihres Unternehmens, sondern auch von ihrer äußeren und inneren Einrichtung abhängt, also besonders ihrer Ausstattung mit Kapital im Verhältnisse zu ihrem Unternehmen, der Beschaffenheit und örtlichen Lage ihrer Anstalten, der Vertrauenswürdigkeit der Betriebsleiter, so ist das Versprechen, sich mit einem bestimmten Betrag an einer Aktiengesellschaft zu beteiligen, deren Einrichtung überhaupt noch nicht festgestellt ist, ohne Wirkung, weil der Wert der für die versprochene Beteiligung zu gebenden Aktien nicht nur unbestimmt, sondern sogar unbestimmbar ist; aus dem nämlichen Grunde ist die Zusage einer Beteiligung an einer Aktiengesellschaft, von der weiter nichts als der Gegenstand ihres Unternehmens feststeht, ebenfalls ohne rechtliche Wirkung, da auch in solchem Falle völlig unbestimmbar ist, was für den als Beteiligung versprochenen Betrag erlangt werden würde.
U. v. 3.4.1901; I 480/00. Dresden.

3. HGB II.3, 1 (auch II.3, 4).

Es ist keine Schenkung, wenn die Gründer und einzigen Aktionäre einer Aktiengesellschaft nachträglich die Gründungskosten zu tragen versprechen. Eine solche nachträgliche Übernahme der Gründungskosten kann nicht nur in der Form der Abänderung des Gesellschaftsvertrages geschehen.
U. v. 30.11.1904; I 318/04. E. 59, 423. Kammergericht.

§ 178 (§§ 1, 6, 48 AktG)

Die sämtlichen Gesellschafter der Aktiengesellschaft sind mit Einlagen auf das in Aktien zerlegte Grundkapital der Gesellschaft beteiligt, ohne persönlich für deren Verbindlichkeiten zu haften.

1. = II.3 HGB Nr. 2.

U. v. 25.9.1901; I 142/01. E. 49, 77.

2. HGB § 178.

Grundkapital und *Gesellschaftskapital* sind zu unterscheiden. Das erstere kann niemals größer sein, als das letztere, wohl aber kleiner. Das Grundkapital als die Summe der die notwendige Grundlage der Gesellschaft bildenden Einlagen bzw. Einlageversprechen zerfällt in eine bestimmte Anzahl Aktien, die auf einen ziffernmäßig festgesetzten Betrag lauten müssen. Daneben kann es noch andere, nicht auf das Grundkapital zu verrechnende und daher den Nennwert der Aktien nicht berührende Mitgliederbeiträge geben. Dahin gehören die Zuzahlungen bei der Überpariemmission, und ebenso die gerade zur Vermeidung der Erhöhung des Grundkapitals beschlossenen Zuzahlungen, die eingetretene Verluste ausgleichen und den Aktionären durch die Gewährung gewisser Vorrechte annehmbar gemacht werden sollten. Alle diese Zuzahlungen lassen das Grundkapital und mithin den Nennwert der Aktien unangetastet. [Vgl. § 180 Nr. 1.]

U. v. 2.2.1906; VII 479/05. E. 62, 362. Kammergericht.

3. BGB § 157; HGB § 178.

Zur Auslegung von Vereinbarungen, durch welche einzelne Aktionäre die Bürgschaft für eine Darlehnsschuld der Aktiengesellschaft übernommen haben, und durch welche die die Aktienmehrheit vertretenden Aktionäre einzeln eine Sonderverpflichtung auf Schadloshaltung jener Bürgen eingegangen sind.

U. v. 4.1.1934; VI 237/33. Hamm.

4. HGB § 178; GmbHG § 13.

Die Grundsätze über die so genannte Einmanngesellschaft (vgl. E. 129, 50; 104, 372) bei der Aktiengesellschaft und der Gesellschaft m.b.H. werden erörtert in einem Falle, wo eine Stadt Alleingesellschafterin ist.

U. v. 26.3.1934; VI 421/33. Stuttgart.

§ 179 (§§ 8, 10 AktG)

Die Aktien sind unteilbar.

Sie können auf den Inhaber oder auf Namen lauten.

Aktien, die vor der vollen Leistung des Nennbetrags oder, falls der Ausgabepreis höher ist, vor der vollen Leistung dieses Betrags ausgegeben werden, dürfen nicht auf den Inhaber lauten. Das Gleiche gilt von Anteilscheinen, die den Aktionären vor der Ausgabe der Aktien ausgestellt werden (Interimsscheine).

Werden auf Namen lautende Aktien vor der vollen Leistung der Einzahlungen ausgegeben, so ist der Betrag der geleisteten Einzahlungen in den Urkunden anzugeben.

a) Unteilbarkeit: 4
b) Inhaberaktien: 5, 6, 7, 13
c) Namenaktien: 2, 10
d) Interimsscheine: 2
e) Genussscheine: 1, 3, 8, 9, 12, 14
f) Angabe von Einzahlungen: 11

1.   HGB § 179.

Mit dem Ausdrucke „Genussschein", den das geschriebene Recht, insbesondere das HGB nicht kennt, ist ein feststehender Begriff nicht verbunden, er dient vielmehr zur Bezeichnung von Urkunden verschiedenartigen rechtlichen Charakters [vgl. E. 30, 16]. Die Bedeutung eines Genussscheins hängt von dem Inhalte der Rechte ab, die er beurkundet, und dieser Inhalt ist daher zu ermitteln. Genussscheine, die von der Aktiengesellschaft bei Aufnahme eines Darlehns neben den Schuldverschreibungen ausgegeben werden und die Zusicherung bestimmter Bezüge vom Reingewinn und von der Liquidationsmasse enthalten, sind nicht Beurkundungen von Gesellschafts-, sondern von Gläubigerrechten. Sie sind ohne die Schuldverschreibungen, auf die sie sich beziehen, übertragbar, wenn dies in den Urkunden bestimmt ist. Die Generalversammlung ist nicht befugt, das Maß des Bezugsrechtes der Genussscheine ohne Zustimmung von deren Inhabern zu ändern.
U. v. 17.6.1901; I 63/01. E. 49, 10. Dresden. – Vgl. Nr. 3.

2.   HGB § 179.

Namensaktie und Interimsschein repräsentieren *eine und dieselbe Obligation*, nämlich *das Anteilsrecht* am Vermögen der Gesellschaft. [Vgl. E. 5, 191; 36, 35.] Ohne *Beurkundung* des Anteilsrechts ist der Begriff des Interimsscheins nicht erfüllt, insbesondere stellt eine bloße *Quittung über Einzahlungen* einen solchen nicht dar. Eine Bescheinigung über ein nur in den *Grenzen der Bareinzahlung gewährtes Anteilsrecht* kennt das Gesetz nicht, wie ihm auch materiell ein solches Recht fremd ist. Als unterscheidendes Moment muss betrachtet werden, dass die Ausstellung des Interimsscheins einstweilig d. h. *vor Ausgabe der Aktien* erfolgt. Die begriffliche Möglichkeit eines Interimsscheins hat zur Voraussetzung, dass die Ausstellung einer endgültigen Beurkundung vorgesehen und den Aktionären ein, wenn auch nur bedingtes Recht auf Erteilung einer solchen eingeräumt ist. Diese letztere muss sich dann durch ihren Inhalt als endgültige, die Ansprüche der Aktionäre auf diesem Gebiet erledigende zu erkennen geben. Für die Zulässigkeit einer Beurkundung der Aktionärrechte schon vor Ausgabe der Aktien liegt, namentlich wo Inhaberaktien in Aussicht genommen sind, ein Bedürfnis vor. Von der weiteren Voraussetzung der vollen Leistung des Nennbetrages ist die Ausstellung des Interimsscheins im Gegensatze zu der der Inhaberaktie, nicht abhängig.
U. v. 28.6.1901; VII 162/01. E. 49, 22. Kammergericht.

3.   HGB § 179.

Die Inhaber der von einer Aktiengesellschaft ausgegebenen Genussscheine, denen eine genau begrenzte Beteiligung am Gewinne der Gesellschaft zugesichert worden ist, stehen zu dieser in einem obligatorischen Gesellschaftsverhältnisse. Danach hat sich die Gesellschaft im Interesse der Aktionäre und *zugleich* der Genussscheininhaber zu betätigen; sie darf nicht ihr zur Verfügung stehende Mittel aufwenden, um Geschäfte *lediglich* im Interesse der Aktionäre unter Ausschluss der Genussscheininhaber zu machen. Es ist zwar nicht schlechthin untersagt, ihre Mittel zur Einlösung von Genussscheinen zu verwenden; sie darf auch neue Aktien lediglich zu dem Zweck ausgeben, um die Genussscheinrechte abzulösen. Indessen muss, wenn eine zwangsweise Ablösung vertragsmäßig noch nicht zulässig ist, damit gerechnet werden, dass ein Rest von Genussscheinen der Ablösung entzogen wird, und es müssen dann entweder diese an den Vorteilen der Operation beteiligt, oder aber eine Abrechnung für die Restanten aufgemacht werden, bei der die Einlösung außer Betracht bleibt. Hat daher die Gesellschaft die Vorteile der erfolgten Einlösung von Genussscheinen unter vertragswidriger Ausschließung der verbleibenden Genussscheininhaber *lediglich* den Aktionären zugewendet, so können die Genussscheininhaber verlangen, dass auch die Lasten des Erwerbs ausschließlich auf das Konto der Aktionäre gesetzt werden und die ganze Operation ihnen gegenüber als nicht geschehen behandelt wird. [Vgl. Nr. 1.]
U. v. 31.5.1902; I 51/02. Dresden.

4.   HGB § 179.

Eine nach § 179 Abs. 1 unzulässige Teilung der Aktien ist nicht erfolgt, wenn eine Herabsetzung und eine Erhöhung des Grundkapitals beschlossen und vorgenommen worden ist und zufällig der Summe nach die Herabsetzung der Erhöhung gleichkommt und dadurch bewirkt wird, dass jetzt anstatt 600 Aktien zu je 4.000 Mk. deren 1200 zu 2.000 Mk. vorhanden sind.
U. v. 4.6.1902; I 135/02. Hamburg.

5.   HGB § 179 (auch BGB § 306).

Das Versprechen der Lieferung von Aktien einer Aktiengesellschaft, die keine Aktienurkunden hat herstellen lassen, ist als Versprechen einer unmöglichen Leistung anzusehen. Das Fehlen der Aktienurkunden schließt allerdings weder das Bestehen der Aktiengesellschaft noch das Bestehen von Aktienrechten noch endlich die Möglichkeit aus, Aktienrechte zu veräußern [E. 34, 115]; die versprochene Lieferung von Inhaberaktien als Trägern von Aktienrechten ist aber etwas wesentlich anders als die Verschaffung von unverbrieften Aktienrechten.
U. v. 8.11.1902; I 124/02. E. 52, 417. Kammergericht.

6.   HGB § 179 (auch RStempelG Nr. 4).

Ist von den Abnehmern von *jungen Inhaberaktien* nach dem Schlussscheine *zunächst nur ein Teil des Nennbetrages und der volle Betrag des Agios* zu zahlen, während die

Einzahlung des *Restes* des Nennbetrages erst zu einem späteren Termine zu erfolgen hat, so ist der Anschaffungsstempel gleichwohl nach dem *vollen* Aktienwerte zu berechnen, denn unter Berücksichtigung des § 179 HGB ist davon auszugehen, dass die zur Zeit noch nicht voll eingezahlte Aktie, doch zur *Zeit der Lieferung* voll eingezahlt sein werde, dass also eine vollwertige Aktie Gegenstand des Anschaffungsgeschäftes sei und die Gegenleistung *diesem* Wert entspreche.
U. v. 6.10.1908; VII 567/07. E. 69, 336. Kammergericht.

7.   HGB § 179.
Auf Inhaberaktien finden, soweit die Eigentümlichkeiten der Aktien keine abweichende Regelung bedingen, die Vorschriften des BGB über die Schuldverschreibungen auf den Inhaber Anwendung.
U. v. 26.9.1913; II 183/13. Frankfurt a. M.

8.   HGB § 179.
Die Klausel in den Genusscheinen einer Aktiengesellschaft, dass den Inhabern der Scheine ein bestimmter Gewinnanteil nur insoweit zukommen soll, „als die Generalversammlung nicht anderweitig verfügt", hält der Versammlung im Zweifel nur die Beschlussfassung darüber offen, ob Gewinn überhaupt verteilt oder anderweit (zum Vortrag auf neue Rechnung oder zur Speisung eines besonderen Reservefonds) verwendet werden soll. Wird die Verteilung beschlossen, so ist die Gesellschaft in Bezug auf die Zuweisung des bestimmten Anteils an die Genussscheininhaber gebunden.
U. v. 18.11.1913; II 280/13. E. 83, 295. Dresden.

9.   HGB § 179 (auch § 278).
Genussscheine, die von einer Aktiengesellschaft mit dem Anspruch auf einen bestimmten Teil des Reingewinns ausgegeben werden, gewähren mangels ausdrücklicher gegenteiliger Vorschrift nicht die Befugnis, gegen eine Kapitalerhöhung der Gesellschaft Einspruch zu erheben.
U. v. 18.11.1913; II 280/13. E. 83, 295. Dresden.

10.   HGB § 179 (auch BGB § 1273).
1. Eine Verpfändung von Aktienrechten ist schon vor Ausgabe der Aktienurkunden rechtlich möglich. (Vgl. E. 34, 115; 52, 423; 86, 155.)
2. Verpflichtet sich eine Aktiengesellschaft gegenüber demjenigen, der, wie sie weiß, einem bei der Gründung der Aktiengesellschaft Beteiligten Kredit gegen Verpfändung von Aktienrechten zugesagt hat, für die Aushändigung entsprechender noch nicht ausgegebener Aktienurkunden an ihn zu sorgen, so ist damit im Zweifel eine *unbedingte* Verpflichtung übernommen, die unabhängig ist von der – im Gesetz zwingend vorgeschriebenen (vgl. HGB §§ 180, 219, 223, 224, 269 u.s.w.) – Ausgabe der Urkunden. Unterbleibt die Ausgabe der Aktienurkunden, so haftet die Aktiengesellschaft.
U. v. 24.5.1917; II 551/16. Colmar.

11.   HGB § 179 (auch § 218 und KO §§ 43, 69).

Sind *vor* dem Konkurse einer Aktiengesellschaft Aktienurkunden (§ 179 HGB) *noch nicht ausgefertigt worden*, so kann der Zeichner, da er nach § 69 KO zur Geltendmachung von Verschaffungsansprüchen nicht in der Lage ist, die Erfüllung seiner Einlagepflicht (§§ 211, 218 HGB) nicht davon abhängig machen, dass der Konkursverwalter solche ausfertigen lässt und ihm Zug um Zug gegen die Zahlung aushändigt. Ein Zurückbehaltungsrecht steht ihm nicht zu. Sind die Aktienurkunden dagegen bereits ausgefertigt gewesen, so kann sie der Zeichner gemäß § 43 KO aussondern, da er kraft seiner Eigenschaft als Aktionär Eigentümer der Urkunden ist und die Masse sie für ihn aufbewahrt. Wegen dieses Anspruchs hat er gemäß § 273 BGB ein Zurückbehaltungsrecht gegen den Konkursverwalter.
U. v. 22.10.1918; II 158/18. E. 94, 61. Hamburg.

12.   HGB § 179.

Die Inhaber von Genussscheinen oder von Rechten, die durch Genussscheine verbrieft zu werden pflegen, haben als Dritte keinen Einfluss auf die Geschäftsführung der AG. Sie sind lediglich auf das von der Generalversammlung festgesetzte Gewinnergebnis angewiesen. Ist ihnen der verbriefte Anteil an dem endgültig festgesetzten Gewinn ausgezahlt worden, so können sie das Ergebnis nur dann durch Erhebung einer Schadensersatzklage anfechten, wenn sie beweisen, dass die Geschäftsführung und die damit verbundene Art der Gewinnerzielung absichtlich zu ihrem Nachteil vorgenommen worden ist.
U. v. 20.10.1922; II 654/21.

13.   HGB § 179.

Die Ausgabe nicht voll einbezahlter Inhaberaktien ist gültig, da das Verbot sich nur gegen die Ausgeber richtet, die sich nach § 241 Nr. 4, 249 Abs. 3 der Gesellschaft gegenüber schadensersatzpflichtig und nach § 314 Nr. 2 HGB strafbar machen.
U. v. 29.3.1927; II 247/26. Kammergericht.

14.   HGB § 179.

Ein auf die Dauer berechtigtes Beteiligungsrecht am jährlichen Reingewinn der Gesellschaft ist für den Genussschein wesentlich, darf daher nicht fehlen, wenn noch von einem Genussscheine gesprochen werden soll.
U. v. 22.11.1927; II 123/27. Würzburg.

§ 180 (§ 8 AktG)

Die Aktien müssen auf einen Betrag von mindestens eintausend Mark gestellt werden.
Für ein gemeinnütziges Unternehmen kann im Falle eines besonderen örtlichen Bedürfnisses der Bundesrat die Ausgabe von Aktien, die auf Namen lauten, zu einem geringeren, jedoch mindestens zweihundert Mark erreichenden Betrage zulassen. Die gleiche Genehmigung kann erteilt werden, wenn für ein Unternehmen das Reich, ein Bundesstaat oder ein Kommunalverband oder eine sonstige öffentliche

Körperschaft auf die Aktien einen bestimmten Ertrag bedingungslos und ohne Zeitbeschränkung ge-
währleistet hat.

Auf Namen lautende Aktien, deren Übertragung an die Zustimmung der Gesellschaft gebunden ist,
dürfen auf einen Betrag von weniger als eintausend, jedoch nicht von weniger als zweihundert Mark
gestellt werden.

Im Falle des Abs. 2 soll die erteilte Genehmigung, im Falle des Abs. 3 sollen die Beschränkungen, denen
nach § 222 Abs. 4 die Aktionäre in Ansehung der Übertragung ihrer Rechte unterliegen, in den Aktien
ersichtlich gemacht werden.

Diese Vorschriften gelten auch für Interimsscheine.

1.   HGB § 180.

Der *Nennwert der Aktien* ist die Ziffer, die sich aus der Aktienurkunde ergibt, und deren
satzungsgemäßes Vielfaches das Grundkapital der Gesellschaft bildet. Eine Änderung
der einen Ziffer zieht notwendig die entsprechende Änderung der anderen nach sich.
Neben den Aktien kann es noch andere, nicht auf das Grundkapital zu verrechnende und
daher den Nennwert der Aktien nicht berührende Mitgliederbeiträge geben.

Dahin gehören die Zuzahlungen bei der Überpariemission, und ebenso die gerade zur Vermeidung der
Erhöhung des Grundkapitals beschlossenen Zuzahlungen, die eingetretene Verluste ausgleichen und den
Aktionären durch die Gewährung gewisser Vorrechte annehmbar gemacht werden sollen. Alle diese
Zuzahlungen lassen das Grundkapital und mithin den Nennwert der Aktien unangetastet.

[Vgl. § 178 Nr. 2.]

U. v. 2.2.1906; VII 479/05. E. 62, 362. Kammergericht.

§ 181 (§ 13 AktG)

Zur Unterzeichnung von Aktien und Interimsscheinen genügt eine im Wege der mechanischen Verviel-
fältigung hergestellte Namensunterschrift. Die Gültigkeit der Unterzeichnung kann durch eine in die
Urkunde aufgenommene Bestimmung von der Beobachtung einer besonderen Form abhängig gemacht
werden.

Zu § 181 kein Leitsatz.

§ 182 (§§ 16, 18 AktG)

Der Inhalt des Gesellschaftsvertrags muss von mindestens fünf Personen, welche Aktien übernehmen, in
gerichtlicher oder notarieller Verhandlung festgestellt werden. In der Verhandlung ist der Betrag und
wenn verschiedene Gattungen von Aktien ausgegeben werden, die Gattung der von jedem übernommenen Aktien anzugeben.

Der Gesellschaftsvertrag muss bestimmen:

1. die Firma und den Sitz der Gesellschaft;
2. den Gegenstand des Unternehmens;
3. die Höhe des Grundkapitals und der einzelnen Aktien;
4. die Art der Bestellung und Zusammensetzung des Vorstandes;
5. die Form, in der die Berufung der Generalversammlung der Aktionäre geschieht;
6. die Form, in der die von der Gesellschaft ausgehenden Bekanntmachungen erfolgen.

Bekanntmachungen, die durch öffentliche Blätter erfolgen sollen, sind in den Deutschen Reichsanzeiger einzurücken. Andere Blätter außer diesem bestimmt der Gesellschaftsvertrag.

1.   HGB § 182.

Der Gesellschaftsvertrag enthält zwar in seinen Festsetzungen über die Einlage eines Gründers und die ihm zu gewährende Vergütung keinen auf einen Austausch gegenseitiger Verbindlichkeiten gerichteten Vertrag zwischen dem Gründer und den anderen Gründern, oder zwischen ihm und der Aktiengesellschaft [vgl. E. 31, 17; 45, 99], sondern er ist ein von den Gründern vereinbartes Grundgesetz, nach dem die Gesellschaft bestehen soll. Aber die Aktiengesellschaft tritt, sobald sie als errichtet gilt, mit diesem Grundgesetz ins Leben, also wenn und soweit der Gesellschaftsvertrag Festsetzungen über das Einbringen eines Gesellschafters enthält, mit dem Recht auf die eingebrachten Sachen und mit der Verpflichtung, die festgesetzte Gegenleistung zu gewähren. Wie weit diese Rechte und Verpflichtungen reichen, ist durch Auslegung zu ermitteln, und es ist dabei in Betracht zu ziehen, dass der Gesellschaftsvertrag eine Urkunde ist, die im Wege des Vertrages zustande kam. Es ist deshalb bei der Auslegung eines Gesellschaftsvertrages, obgleich ein solcher nach Art. 209 HGB a. F. [jetzt § 182] in gerichtlicher oder notarieller Verhandlung, also auch schriftlich errichtet werden musste, nicht sein Wortlaut allein maßgebend, sondern es können zur Ermittelung seines Inhaltes etwaige Vorverhandlungen herangezogen werden und es kann nach Lage der Sache sogar möglich sein, Erklärungen, die nicht in den Gesellschaftsvertrag aufgenommen, aber bei der Gründung abgegeben worden sind und eine Rechtseinräumung *an die Aktiengesellschaft* zum Inhalt hatten, zu berücksichtigen [vgl. E. 18, S. 65, 67]. Es gilt in dieser Beziehung das Nämliche, wie in Ansehung eines Vertrages zwischen zwei Parteien, für dessen Errichtung eine gerichtliche oder notarielle Form vorgeschrieben oder vereinbart war. [Altes Recht.]
U. v. 12.1.1901; I 324/00. Kammergericht.

2.   HGB § 182.

§ 182 Abs. 2 erfordert die Bestimmung eines in einer *bestimmten* Gemeinde belegenen Sitzes. Ein mehrere Ortsgemeinden umfassender, wenngleich im Verkehrsleben üblicher Sammelname (Groß-Berlin) würde dieser Anforderung *nicht* entsprechen. Ist Berlin als *Sitz* im Vertrag angegeben, so ist nur in der Kommune Berlin der allgemeine Gerichtsstand des § 17 ZPO begründet, nicht einer Vorortgemeinde, in der die Verwaltung geführt wird.
U. v. 27.10.1904; IV 242/04. E. 59, 60. Kammergericht.

3.   HGB § 182.

Der in E. 44, 10 für die Aktiengesellschaften ausgesprochene Rechtssatz, dass durch den „Sitz" der Gesellschaft auch der Ort für die Tagung der Generalversammlung gegeben sei, gilt *nicht* für die Gewerkschaften.
U. v. 25.2.1911; V 294/10. E. 75, 319. Düsseldorf.

4.   HGB § 182 (auch ZPO § 549).

Das Revisionsgericht ist an die Auslegung, die das Berufungsgericht der Satzung einer Aktiengesellschaft gibt, nicht deshalb gebunden, weil es sich um eine Frage tatsächlicher Beurteilung handle. Denn die Satzung regelt nicht bloß individuelle Rechtsbeziehungen; auf Grund der Satzung vollzieht sich vielmehr der Erwerb der Aktien im Verkehr, der Erwerber muss sich aber auf ihre einheitliche Auslegung verlassen können.

U. v. 2.12.1913; II 345/13. E. 83, 319. Bamberg.

5.   = § 22 HGB Nr. 18.

U. v. 8.6.1915; II 23/15. Kammergericht.

6.   HGB § 182 (auch BGB § 117).

Mit der Einwendung, der einer Aktiengesellschaft zugrunde liegende Vertrag sei ein Scheinvertrag, kann niemand gehört werden.

U. v. 18.6.1915; II 9/15. Celle.

7.   HGB § 182.

Der Vertrag, durch welchen sich die Vertragschließenden zur Gründung einer Aktiengesellschaft verpflichten (Vorgründungsvertrag), bedarf der in § 182 vorgeschriebenen Form. (Vgl. GmbHG § 2 Nr. 3.)

U. v. 19.12.1919; II 263/19.

8.   HGB §§ 182, 200.

Der Vertrag, durch den sich Mitglieder des Gründungskonsortiums einer Aktiengesellschaft vor der Gründung verpflichten, im Falle der Errichtung der Aktiengesellschaft einen gewissen Teil der Aktien einem Dritten zum Kauf anzubieten, ist kein sog. Vorgründungsvertrag und unterliegt deshalb nicht der gerichtlichen oder notariellen Form; ihm steht auch nicht das Verbot des § 200 Abs. 2 HGB entgegen.

U. v. 12.3.1926; II 337/25. Bamberg.

9.   HGB §§ 182, 227.

Die in der Satzung der Hamburger Freihafen-Lagerhaus-AG enthaltene, auf einem Vertrage mit dem Hamburgischen Staate beruhende Bestimmung, dass jährlich nach Maßgabe der Mittel eines von dem Staate gebildeten Ankaufsfonds Aktien ausgelöst werden, die in den Besitz des Staates übergehen und in dessen Hand vollberechtigt bleiben, wurde für zulässig erachtet.

U. v. 17.2.1928; II 275/27. E. 119, 321. Hamburg.

10.   BGB § 128; HGB § 182; GmbHG § 2.

Der Grundsatz, dass Vorverträge zur Gründung einer Aktiengesellschaft oder einer GmbH der gerichtlichen oder notariellen Beurkundung bedürfen, ist auch auf einen Antrag zum Abschluss eines derartigen Vorvertrages zu beziehen.

U. v. 8.1.1929; VII 300/28. Karlsruhe.

§ 183 (§ 17 AktG)

Ist im Gesellschaftsvertrage nichts darüber bestimmt, ob die Aktien auf den Inhaber oder auf Namen lauten sollen, so sind sie auf Namen zu stellen.
Im Gesellschaftsvertrage kann bestimmt werden, dass auf Verlangen des Aktionärs die Umwandlung seiner auf Namen lautenden Aktie in eine Inhaberaktie oder umgekehrt stattzufinden hat.

§ 184 (§ 9 AktG)

Für einen geringeren als den Nennbetrag dürfen Aktien nicht ausgegeben werden.
Die Ausgabe für einen höheren Betrag ist statthaft, wenn sie im Gesellschaftsvertrage zugelassen ist.

Zu §§ 183-184 keine Leitsätze.

§ 185 (§ 11 AktG)

Im Gesellschaftsvertrage können für einzelne Gattungen von Aktien verschiedene Rechte, insbesondere in Betreff der Verteilung des Gewinns oder des Gesellschaftsvermögens, festgesetzt werden.

1.   HGB § 185 (auch §§ 278, 288).

Die Herabsetzung des Grundkapitals einer Aktiengesellschaft durch Zusammenlegung ihrer Aktien ist statthaft und kann von der Generalversammlung unter Einhaltung der Vorschriften beschlossen werden, die für eine Abänderung des Gesellschaftsvertrags zu beobachten sind. Dies ist aus § 288 zu entnehmen; die Bestimmungen in § 227 über die Einziehung (Amortisation) von Aktien stehen nicht im Wege. [Vgl. E. 36, 134; 37, 131; 38, 95.] – Ebenso zweifellos ist es, dass die Beschaffung neuen Betriebskapitals durch Ausgabe von Vorzugsaktien in der Weise erfolgen kann, dass unter Beobachtung der §§ 278, 185 das Grundkapital erhöht und beschlossen wird, die neu auszugebenden Aktien mit Vorzugsrechten auszustatten.
U. v. 15.10.1902; I 131/02. E. 52, 287. Hamm.

2.   HGB § 185 (auch §§ 211, 262, 274).

Die Aktiengesellschaft ist befugt, zwecks Herstellung neuer Betriebsmittel Vorzugsaktien ohne Erhöhung des Grundkapitals dadurch zu schaffen, dass ihre Generalversammlung unter Einhaltung der für Abänderungen des Gesellschaftsvertrages maßgebenden Vorschriften beschließt, solche Aktien auszugeben und den Aktionären deren Erwerb gegen Einlieferung von Stammaktien zu einem höheren Nennwert, sowie Zahlung eines bar zu entrichtenden Geldbetrags freizustellen.
Dagegen kann die Generalversammlung nicht gültig beschließen, dass die Aktien der Aktionäre, die das Bezugsrecht nicht ausüben, in einem ungünstigeren Verhältnisse zusammenzulegen seien.
U. v. 15.10.1902; I 131/02. E. 52, 287. Hamm.

3.　　　　　　　　　　　　　　　　　　　　　　　　　　HGB § 185.

Vorzugsaktien können außer der Festsetzung im Gründungsvertrag auch im Wege der Statutenänderung mit der hierzu erforderlichen Stimmenmehrheit gelegentlich einer Erhöhung des Grundkapitals geschaffen werden.

U. v. 8.4.1908; I 595/07. E. 68, 235. Hamm.

4.　　　　　　　　　　　　　　　　　　　　　　　HGB § 185 (auch § 290).

Generalversammlungsbeschlüsse, nach denen ohne gleichzeitige Erhöhung des Grundkapitals die Kapitalherabsetzung durch Zusammenlegung der Aktien mit der Einforderung von Zuzahlungen verbunden werden soll, verletzen den Grundsatz der Gleichbehandlung der Aktionäre auch dann nicht notwendig, wenn als Entschädigung der Zuzahlenden nicht eine Gewährung von Vorzugsrechten in betreff der Gewinnverteilung oder der Verteilung des Gesellschaftsvermögens in Aussicht gestellt wird, sondern eine Begünstigung mit Bezug auf die Zusammenlegung selbst. Nur dürfen die Aktien der nicht zuzahlenden Aktionäre nicht in stärkerem Maße zusammengelegt werden, als es der Rücksicht auf den Betrag der unterbliebenen Zuzahlung rechnungsmäßig entspricht. Bei Prüfung der Frage, ob im gegebenen Falle gleiche oder ungleiche Behandlung vorliegt, ist einfach auf den Nennbetrag der Aktien zu achten, von einer Erforschung ihres inneren Wertes aber abzusehen.

U. v. 18.9.1912; I 72/12. E. 80, 81. Hamburg.

5.　　　　　　　　　　　　　　　　　　　　HGB § 185 (auch §§ 212, 275).

Aktien mit der Verpflichtung zum Rübenbau und ohne solche Pflicht sind verschiedene Aktiengattungen. Es sind auch Aktien verschiedener Berechtigung, wenn den Aktionären jener Gattung nicht bloß der Anspruch auf Zahlung eines festen Rübenpreises, sondern auch der Anspruch auf Nachzahlung eines bestimmten Geldbetrages aus dem Reingewinn vor den Aktionären der anderen Gattung zusteht. Soll dieser Betrag erhöht werden, so bedarf es zur Abänderung des Gesellschaftsvertrages der Beobachtung des § 275 Abs. 3, weil durch die Erhöhung das bisherige Verhältnis beider Aktiengattungen zum Nachteil der Aktien ohne die Verpflichtung zum Rübenbau geändert wird.

U. v. 25.9.1912; I 6/12. E. 80, 95. Posen.

6.　　　　　　　　　　　　　　　　　　　　　　　　　　HGB § 185.

Sichert eine Aktiengesellschaft einem Teile der Aktionäre eine Vorzugsdividende in der Weise zu, dass die Dividende, wenn der Gewinn eines Jahres nicht hinreicht, aus dem Gewinn späterer Jahre nachbezahlt werden soll, so handelt es sich an sich nur um ein Gesellschaftsrecht, das mithin durch spätere Generalversammlungsbeschlüsse beseitigt werden kann. Anders aber verhält es sich, wenn durch den Dividendenschein oder die Satzung nicht der Aktionär als solcher, sondern der Inhaber des Kupons des Ausfalljahres zum Träger des Nachbezugsrechts bestimmt wird. Ein derart von der Aktie losgelöstes Nachbezugsrecht erwächst mit dem Zeitpunkte der Feststellung des Gewinnausfalls zum Gläubigerrechte, das nur noch hinsichtlich seiner Befriedigung davon abhängt, dass in den späteren Jahren verteilbarer Reingewinn erzielt wird.

U. v. 8.4.1913; II 547/12. E. 82, 138. Hamm.
U. v. 8.4.1913; II 599/12. E. 82, 144. Hamburg.
U. v. 8.4.1913; II 607/12. Dresden.

7.　　　　　　　　　　　　　　　　　　　　　　　　　　HGB §§ 185, 250, 278.

Die Generalversammlung kann anlässlich einer Kapitalerhöhung die Zuteilung von Vorzugsaktien mit mehrfachem Stimmrecht an die Verwaltung beschließen, wenn dies zur Erreichung berechtigter Ziele zum Wohle der Gesellschaft geschieht.

U. v. 24.6.1924; II 915/23. E. 108, 322. Dresden.

8.　　　　　　　　　　　　　　　　　　　　　　　　　　　　HGB §§ 185, 278.

Ein Generalversammlungsbeschluss auf Erhöhung des Grundkapitals unter Schaffung von Vorzugsaktien mit mehrfachem Stimmrecht und unter Ausschluss des allgemeinen Bezugsrechts der Aktionäre kann einen Verstoß gegen die guten Sitten enthalten, wenn diese Maßnahmen sachlich durch irgendein Interesse der Gesellschaft nicht geboten waren, sondern von der Mehrheit lediglich in Szene gesetzt wurde, um sich und der aus ihr hervorgegangenen Verwaltung dauernd den ausschließlichen Einfluss auf die Geschäftsführung zu *sichern*, und zwar unter bewusster Schädigung der gesellschaftlichen Interessen der Minderheit.

U. v. 23.10.1925; II 575/24. E. 112, 14. Jena.

9.　　　　　　　　　　　　　　　　　　　　　　　　　BGB § 138; HGB § 185.

1. Die Schaffung von Verwaltungsaktien (Schutz- oder Vorratsaktien) kann nicht nur in der Gestalt von Vorzugsaktien, sondern auch als Stammaktien erfolgen, wenn diese Stammaktien für Zwecke der Gesellschaft vertraglich gebunden werden.
2. Das durch solche Verwaltungsaktien geschaffene Übergewicht der Verwaltung reicht für sich allein noch nicht aus, um den Beschluss der Generalversammlung als sittenwidrig erscheinen zu lassen. Vielmehr muss hinzukommen, dass ein Interesse der AG an der Schaffung solcher Aktien nicht besteht und die Mehrheit eigennützige Zwecke auf Kosten der Minderheit verfolgt.

U. v. 30.3.1926; II 226/25. E. 113, 188. Kammergericht.

§ 186 (§§ 19, 20 AktG)

Jeder zu Gunsten einzelner Aktionäre bedungene besondere Vorteil muss im Gesellschaftsvertrag unter Bezeichnung des Berechtigten festgesetzt werden.
Werden auf das Grundkapital von Aktionären Einlagen gemacht, die nicht durch Barzahlung zu leisten sind, oder werden vorhandene oder herzustellende Anlagen oder sonstige Vermögensgegenstände von der zu errichtenden Gesellschaft übernommen, so müssen der Gegenstand der Einlage oder der Übernahme, die Person, von welcher die Gesellschaft den Gegenstand erwirbt, und der Betrag der für die

Einlage zu gewährenden Aktien oder die für den übernommenen Gegenstand zu gewährende Vergütung im Gesellschaftsvertrage festgesetzt werden.

Von diesen Festsetzungen gesondert ist der Gesamtaufwand, welcher zu Lasten der Gesellschaft an Aktionäre oder Andere als Entschädigung oder Belohnung für die Gründung oder deren Vorbereitung gewährt wird, im Gesellschaftsvertrage festzusetzen.

Jedes Abkommen über die vorbezeichneten Gegenstände, welches nicht die vorgeschriebene Festsetzung im Gesellschaftsvertrage gefunden hat, ist der Gesellschaft gegenüber unwirksam.

a) Allgemeines, Sondervorteile: 2, 3, 7, 14 Abs. 1, 16
b) Einlagen: 4, 9
c) Übernahmeverträge: 6, 9, 10, 12
d) Entschädigung, Belohnung: –
e) Nach Abs. 4 unwirksame Abkommen: 1, 5, 7, 8, 9, 11, 14 Abs. 2, 15
f) Anhang: –

1.   HGB § 186 (auch § 274).

Ein gemäß § 186 Abs. 4 unwirksames Abkommen wird nicht durch die nachfolgende formlose Genehmigung seitens der Gesellschaft gültig, vielmehr ist zur Heilung der Nichtigkeit der Beschluss der Generalversammlung nach § 274 erforderlich.
U. v. 6.2.1904; I 374/03. Kammergericht. – Vgl. Nr. 5.

2.   HGB § 186.

Unter dem zugunsten einzelner Aktionäre bedungenen besonderen Vorteil im Sinne des § 186 Abs. 1 ist jede einem Aktionär außer dessen Mitgliedsansprüchen eingeräumte Begünstigung zu verstehen.

Eine solche liegt vor, wenn sich die Aktiengesellschaft im Stadium der Gründung verpflichtet, ihre gesamte Produktion zu Tagespreisen für die Dauer der Patente, deren Ausnutzung ihr von einem Aktionär übertragen worden war, nur an diesen und durch ihn zu verkaufen und ihm 1 % Entschädigung zu gewähren, wenn er wegen der Forderung höherer Preise die Produktion nicht abnehme. Unerheblich ist der Umstand, dass die Einräumung dieses Vorteils im Zusammenhange stand mit der Übertragung der Ausnutzung der Patente, die in derselben Urkunde erfolgte, für die aber eine besondere Vergütung ausgeworfen war. Ebenso ist unerheblich die Möglichkeit, dass die fragliche Abrede auch für die Aktiengesellschaft vorteilhaft ist.
U. v. 6.2.1904; I 374/03. Kammergericht.

3.   HGB § 186.

Abs. 1 betrifft gesellschaftliche, *einzelnen Aktionären* eingeräumte Vorzugsrechte, die mit den aus der Mitgliedschaft sich ergebenden Rechten und Pflichten zusammenhängen, nicht einen *zugunsten des Fabrikbetriebs eines Gründers* eingeräumten Vorteil.
U. v. 26.1.1907; II 275/06. Colmar.

4.   HGB § 186.

Ein Ausführungsvertrag zu dem Einlagevertrage, nicht eine versteckte Gewährung einer Vergütung ist angenommen in folgendem Falle:

Hat der Inhaber von Fabrikationsgeschäften gleicher Art in Deutschland und Frankreich das deutsche Geschäft als Aktiengesellschaft in der Weise gegründet, dass er dasselbe gegen Aktien in die Gesellschaft eingelegt hat und ist der Einlagevertrag dahin auszulegen, dass das deutsche Geschäft (die Aktiengesellschaft) nicht in Frankreich, das französische Geschäft nicht in Deutschland Konkurrenz mache, so enthält ein *nach* der Gründung der Aktiengesellschaft mit dieser abgeschlossener Vertrag, der diese Konkurrenzverbote feststellt, lediglich einen *Ausführungsvertrag* zu dem Einlagevertrag, *nicht* etwa eine *versteckte Gewährung einer Vergütung neben den Aktien*, die zu ihrer Gültigkeit der Aufnahme in den Gesellschaftsvertrag bedurft hätte.
U. v. 26.1.1907; II 275/06. Colmar.

5. HGB § 186.

Ein nach § 186 Abs. 4 unwirksamer Vertrag, mag er unter Abs. 1 oder Abs. 2 fallen, kann in *beiden* Fällen *nach* der Eintragung der Gesellschaft *nur* dadurch wirksam werden, dass die Einräumung eines besonderen Vorteils an einen Aktionär (Abs. 1) oder die Übernahme (Abs. 2) unter Änderung des Statuts, mit Beobachtung der dafür geltenden Vorschriften, nachträglich in den Gesellschaftsvertrag aufgenommen wird. Daher wird ein *Übernahmevertrag* im Sinne des § 186 Abs. 2, der *nicht* in den Gesellschaftsvertrag aufgenommen ist, *nach* Eintrag der Gesellschaft weder durch formlose Genehmigung noch durch neuen formlosen Abschluss wirksam. [Vgl. Nr. 1.]
U. v. 10.1.1908; II 280/07. Kammergericht.

6. HGB § 186.

Der Abschluss eines Übernahmevertrags kann zugleich auch die Einräumung eines besonderen Vorteils an einen Aktionär enthalten.

Die Einräumung eines besonderen Vorteils an einen Aktionär und der Abschluss eines Übernahmevertrags wurde darin gefunden, dass als Gegenleistung für die Aktienzeichnung und als Gegenwert für die Einräumung von Lizenzen dem Aktionär neben einer bestimmten Summe die gesamte Produktion der Gesellschaft zu Vorzugspreisen an die Hand gegeben ward.
U. v. 10.1.1908; II 280/07. Kammergericht.

7. HGB § 186.

Die Rechtsansicht, Rechtsgeschäfte, die an sich unter § 186 Abs. 1 oder Abs. 2 fallen, seien schlechthin gültig und nicht nach § 186 Abs. 4 unwirksam, wenn ohne sie die Aktiengesellschaft gar nicht entstehen könnte, ist unhaltbar.
U. v. 10.1.1908; II 280/07. Kammergericht.

8. HGB § 186.

Ein Abkommen, durch das nach der Errichtung der Aktiengesellschaft zu deren Lasten eine Entschädigung oder Belohnung für die Gründung oder deren Vorbereitung gewährt wird, ist nur gültig, wenn es in den Formen der Abänderung des Gesellschaftsvertrages (§ 274 flg.) getroffen ist.
U. v. 3.2.1909; I 216/08. Kammergericht.

9.   HGB § 186.

Ist bei der Festsetzung eines Einlage- oder Übernahmeabkommens in dem gerichtlichen oder notariellen Gesellschaftsvertrage die Angabe eines Teiles der dem Einbringenden von der Aktiengesellschaft zu gewährenden Gegenleistung unterblieben, so ist das Abkommen hinsichtlich des nicht beurkundeten Teiles der Gesellschaft gegenüber unwirksam, hinsichtlich des beurkundeten Teiles dagegen jedenfalls dann nicht, wenn die Unvollständigkeit der Beurkundung aus dem Vertrage selbst nicht hervorgeht.
U. v. 27.2.1913; II 534/12. E. 81, 404. Naumburg.

10.   HGB § 186.

Vereinbarungen des in § 186 Abs. 2 vorgesehenen Inhalts sind gegenüber der Gesellschaft und dritten Personen, die mit ihr in Rechtsbeziehungen treten, nur dann rechtswirksam, wenn sie im Gesellschaftsvertrage hinlänglich klaren und deutlichen Ausdruck gefunden haben. Jedoch dürfen nach Maßgabe der auch insoweit anwendbaren Vorschriften der §§ 133 und 157 BGB zur Auslegung auch die dem Vertrage zu Grunde liegenden Verhandlungen herangezogen werden.
U. v. 13.7.1916; II 224/16. München.

11.   BGB § 139; HGB §§ 309, 186.

§ 309 HGB regelt die Nichtigkeit der Aktiengesellschaft abschließend. Andere Mängel des Gründungsvorgangs, als die sich aus einem Verstoße gegen § 182 Abs. 2 HGB ergebenden, haben nicht die Wirkung der Nichtigkeit der Aktiengesellschaft. Insbesondere kann schon mit Rücksicht auf § 186 Abs. 4 HGB aus der unzureichenden Beurkundung eines Abkommens über eine Sacheinlage weder die Nichtigkeit des ganzen Gesellschaftsvertrags noch die Nichtigkeit des Einbringungsabkommens abgeleitet werden. Die allgemeine Auslegungsvorschrift des § 139 BGB, wonach bei Nichtigkeit eines Teils eines Rechtsgeschäfts regelmäßig das ganze einheitliche Rechtsgeschäft nichtig ist, hat hinter die besondere Vorschrift des § 309 HGB für ihren Geltungsbereich zurückzutreten.
U. v. 11.6.1926; II 471/25. E. 114, 77. Zweibrücken.

12.   HGB §§ 186, 207.

1. Die Übernahme von Vermögensgegenständen im Sinne von § 186 Abs. 2 HGB setzt nicht voraus, dass die betreffenden Verträge in rechtsverbindlicher Form abgeschlossen sind.
2. Ist entgegen dem § 186 Abs. 2 HGB die Übernahme von Vermögensgegenständen nicht im Gesellschaftsvertrage festgesetzt worden, so kann dieser Mangel nur durch einen entsprechenden satzungsändernden Generalversammlungsbeschluss behoben werden, nicht aber durch nachträglichen Vertragsschluss mit Zustimmung der Generalversammlung (§ 207 HGB).
3. Ein Generalversammlungsbeschluss im Sinne des § 207 HGB kann nicht darin gefunden werden, dass der Geschäftsbericht der Generalversammlung unter allgemeiner Er-

währung des Erwerbs solcher Vermögensgegenstände erstattet ist und sie dann die Bilanz genehmigt und dem Vorstand und Aufsichtsrat Entlastung erteilt hat.
U. v. 23.4.1928; VI 296/27. E. 121, 99. Celle.

13.   HGB § 186.
Angaben, welche die Gründer einer Aktiengesellschaft in Ansehung des Gegenstands einer Sacheinlage zum Zweck der Eintragung der Gesellschaft im Handelsregister machen, sind mit dem Gesellschaftsvertrag der Allgemeinheit gegenüber verlautbart und zugänglich. Sie können deshalb bei der Ermittelung dessen, was in Wirklichkeit Gegenstand der Einlage sein sollte und ist, mitberücksichtigt werden, z. B. im Fall der sog. „falsa demonstratio" des Einlagegegenstandes im Gesellschaftsvertrag.
U. v. 28.1.1930; II 159/29. E. 127, 186. Breslau.

14.   HGB § 186.
1. Die Unwirksamkeit nach § 186 Abs. 2 und 4 erstreckt sich auf das dingliche Erfüllungsgeschäft.
2. Ein nach § 186 Abs. 2 und 4 unwirksamer Übernahmevertrag kann durch nachträgliche Festsetzung in der Satzung (Satzungsänderung) wirksam gemacht werden (ob auch ein Einlageabkommen eines Aktionärs, bleibt dahingestellt). Erforderlich ist aber die Nachholung der in den §§ 191 ff. vorgeschriebenen Sicherungen, soweit sie sich nachholen lassen; kann die Gründererklärung nicht mehr von allen Gründern oder überhaupt nicht mehr beschafft werden, so ist das unschädlich. Der Vertragsgegner kann nicht widerrufen, wenn die Satzungsänderung in angemessener Frist nach der Geltendmachung des Mangels vorgenommen wird. § 178 BGB ist nicht anwendbar.
U. v. 13.11.1930; VI 452/29. E. 130, 248. Kammergericht. – Ebenso: U. v. 15.12.1930; VI 144/30. – Wie Abs. 2: U. v. 6.2.1932; V 235/31.

15.   HGB §§ 186, 202.
Dem auf § 186 Abs. 4 HGB gestützten Anspruch des Verkäufers eines Grundstücks gegen die AG auf Rückgewähr des Grundstücks steht die Einrede der gegenwärtigen Arglist entgegen, wenn der Verkäufer zugleich als Gründer für den Verstoß, auf den der Anspruch gestützt wird, nach § 202 HGB haftbar ist.
U. v. 12.2.1931; VI 342/30. Celle.

16.   HGB § 186.
§ 186 Abs. 2 HGB ist nicht dahin auszulegen, dass jeweils der gesamte Übernahmevertrag in das Gesellschaftsstatut Aufnahme finden müsse, es genügt vielmehr hinsichtlich der Einzelheiten regelmäßig die Bezugnahme auf den Vertrag. Dies jedenfalls dann, wenn sich der Vertrag entsprechend der zwingenden Vorschrift des § 195 Abs. 2 Ziff. 2 HGB bei den Registerakten befindet (vgl. E. 81, 409).
U. v. 28.11.1932; VI 246/32. Kammergericht.

17.   HGB § 186.

Geht man davon aus, dass die „Heilung" der Unwirksamkeit einer bei der Gründung im Gesellschaftsvertrag nicht verlautbarten Sachübernahme durch Satzungsänderung und Beachtung der entsprechend anzuwendenden Vorschriften der §§ 192, 193, 195 Abs. 2 Nr. 2 und 5 HGB möglich ist, so muss jedenfalls angenommen werden, dass der satzungsändernde Beschluss zwingend eine Mehrheit von drei Viertel des bei der Beschlussfassung vertretenen Grundkapitals erfordert (s. a. §§ 207, 288 HGB).
U. v. 27.3.1934; II 267/33. E. 144, 210. Braunschweig.

18.   HGB § 186; ZPO § 304.

Ist ein Verstoß gegen § 186 HGB im Grundverfahren bis zum Schluss der Berufungsverhandlung nicht geheilt worden, so kann die Heilung im Betragsverfahren regelmäßig nicht mehr nachgeholt werden.
U. v. 13.5.1935; VI 618/34. E. 147, 373.

19.   HGB § 186.

Der Vorstand einer AG kann einen Aufwertungsvergleich über die Gegenleistung der Gesellschaft aus einem Sachübernahmevertrag schließen, ohne dass es einer Satzungsänderung oder der Zustimmung der Hauptversammlung bedarf, wenn die Aufwertung sich in den Grenzen des wirtschaftlich Angemessenen hält und auch sonst keine Anhaltspunkte für eine Umgehung der Schutzvorschrift des § 186 vorhanden sind.
U. v. 10.7.1940; II 155/39.

20.   HGB §§ 186, 207; AktG §§ 20, 45; EGzAG § 4.

Zur Frage, unter welchen Voraussetzungen die Unwirksamkeit einer unter Geltung der aktienrechtlichen Vorschriften des HGB zustande gekommenen verschleierten Sachgründung einer AG geheilt werden kann. Eine vor dem 1.10.1937, dem Tage des Inkrafttretens des AktG, beschlossene Satzungsänderung ist nach § 20 Abs. 3 AktG hierzu geeignet, wenn die nach § 192 Abs. 2 HGB (§ 25 Abs. 2 Nr. 4 AktG) erforderliche Prüfung durch besondere Prüfer erst nach jenem Tage stattgefunden hat. Wohl aber kommt nach § 4 EG z. AktG einer vor dem 1.10.1937 vereinbarten Nachgründung gemäß § 207 HGB heilende Wirkung im Rahmen des § 45 Abs. 9 AktG zu.
U. v. 19.5.1941; II 126/40. E. 167, 99.

§ 187 (§ 21 AktG)

Die Aktionäre, welche den Gesellschaftsvertrag festgestellt haben oder andere als durch Barzahlung zu leistende Einlagen machen, gelten als die Gründer der Gesellschaft.

1.   BGB §§ 823 d, e; AktienG v. 1937; HGB § 187.

Wenn zwischen den Gründern einer AG Sondervereinbarungen getroffen werden, die sich auf die Zeit nach der Gründung beziehen, so wird dadurch grundsätzlich *keine all-*

gemeine Treupflicht gesellschaftsrechtlicher Art begründet. Vielmehr bleiben die Verpflichtungen auf den Inhalt der Sondervereinbarung selbst beschränkt.

Für das bis zum AktienG geltende Recht hat der Senat bisher nicht angenommen, dass ein Treuverhältnis der Aktionäre *untereinander* bestehe. Er bejaht ein solches auch jetzt nicht. Wollte man es annehmen, so wäre auch dann eine Haftung für grobe und leichte Fahrlässigkeit zu verneinen und nur Haftung für vorsätzliche Schädigung i. S. der §§ 826, 823 Abs. 2 BGB in Verbindung mit der Verletzung von Schutzgesetzen anzunehmen.

Die Aktie kann zwar als ein „sonstiges Recht" i. S. des § 823 Abs. 1 BGB angesehen werden; dieses Recht kann aber nicht durch Schmälerung der Ertragsfähigkeit der AG, sondern nur dadurch verletzt werden, dass der Inhaber um die Aktie selbst gebracht wird.

U. v. 21.9.1938; II 183/37.

§ 188 (§ 22 AktG)

Übernehmen die Gründer alle Aktien, so gilt mit der Übernahme der Aktien die Gesellschaft als errichtet.

Soweit die Übernahme nicht schon bei der Feststellung des Gesellschaftsvertrags erfolgt, kann sie in einer besonderen gerichtlichen oder notariellen Verhandlung unter Angabe der Beträge, welche die einzelnen Gründer noch übernehmen, bewirkt werden.

1.   HGB § 188.

Der in der Rechtsprechung des RG [E. 28, 77; 41, 13] angenommene Grundsatz, dass bei der Aktienzeichnung (§§ 189, 281) die sogen. *Strohmänner wahre Zeichner* sind, gilt ebenfalls im Falle der Simultangründung (§ 188) für die Gründer, die die Aktien „übernehmen".

U. v. 5.1.1907; I 210/06. Hamm.

2.   HGB § 188.

Ist die Eintragung der AG im Handelsregister erfolgt, nachdem die sämtliche Aktien übernehmenden Gründer erklärt haben, auf jede Aktie seien 50 % in bar eingezahlt, so ist, auch wenn diese Erklärung in Wahrheit nur für einen geringen Teil der Aktien zutreffend war, daraus, dass auf die übrigen Aktien überhaupt keine Bareinzahlung geleistet, dass diese Aktien nicht auf den Namen der Gründer ins Aktienbuch eingetragen und für sie keine Urkunden oder Interimsscheine ausgestellt waren, weder gegen die Rechtsbeständigkeit der AG, noch gegen die Gültigkeit des Erwerbs der Aktienrechte durch die Gründer, noch endlich gegen die Möglichkeit einer Übertragung der Aktienrechte auf andere Personen ein Bedenken zu entnehmen. (Vgl. E. 34, 115; 52, 423; 79, 162; 82, 154.)

U. v. 17.1.1919; II 218/18. Naumburg.

3.   HGB § 188 (auch § 189).

Aktienübernahme und Aktienzeichnung werden nicht nur den Mitgründern, sondern auch der Öffentlichkeit gegenüber erklärt. Daher ist der Einwand, die Erklärung sei im Einverständnis mit den Mitgründern nur *zum Schein* abgegeben worden, ausgeschlossen. (Vgl. E. 28, 77; 57, 297; EStr. 30, 312 u. a.)
U. v. 17.2.1920; II 377/18.

§ 189 (§ 30 AktG)

Übernehmen die Gründer nicht alle Aktien, so hat der Errichtung der Gesellschaft die Zeichnung der übrigen Aktien vorherzugehen.

Die Zeichnung erfolgt durch schriftliche Erklärung, aus der die Beteiligung nach der Anzahl und, falls verschiedene Aktien ausgegeben werden, nach dem Betrag oder der Gattung der Aktien hervorgehen muss.

Die Erklärung (Zeichnungsschein) soll doppelt ausgestellt werden; sie hat zu enthalten:
1. den Tag der Feststellung des Gesellschaftsvertrags, die im § 182 Abs. 2 und im § 186 vorgesehenen Festsetzungen und, wenn mehrere Gattungen von Aktien mit verschiedener Berechtigung ausgegeben werden, den Gesamtbetrag einer jeden;
2. den Namen, Stand und Wohnort der Gründer;
3. den Betrag, für welchen die Ausgabe der Aktie stattfindet, und den Betrag der festgesetzten Einzahlungen;
4. den Zeitpunkt, in welchem die Zeichnung unverbindlich wird, sofern nicht bis dahin die Errichtung der Gesellschaft beschlossen ist.

Zeichnungsscheine, welche diesen Inhalt nicht vollständig haben oder außer dem unter Nr. 4 bezeichneten Vorbehalte Beschränkungen in der Verpflichtung des Zeichners enthalten, sind nichtig. Erfolgt ungeachtet eines hiernach nichtigen oder wegen verspäteter Errichtung der Gesellschaft unverbindlichen Zeichnungsscheins die Eintragung der Gesellschaft in das Handelsregister, so ist der Zeichner, wenn er auf Grund einer dem Abs. 2 entsprechenden Erklärung in der Generalversammlung, die zur Beschlussfassung über die Errichtung der Gesellschaft berufen wird, stimmt oder später als Aktionär Rechte ausübt oder Verpflichtungen erfüllt, der Gesellschaft wie aus einem gültigen Zeichnungsscheine verpflichtet.

Jede nicht in dem Zeichnungsschein enthaltene Beschränkung ist der Gesellschaft gegenüber unwirksam.

1.   HGB § 189.

Der Aktienzeichnung kommt eine doppelte Funktion zu, die eines Beitritts zum Gesellschaftsvertrag und die einer der künftigen juristischen Person gegenüber abgegebenen Willenserklärung, sich an deren Grundkapital mit dem gezeichneten Betrage beteiligen zu wollen; beide Funktionen sind, wenngleich sie äußerlich zusammenfallen, doch ihrer rechtlichen Bedeutung nach auseinander zu halten. Daher kommen Vereinbarungen der Zeichner untereinander oder mit dritten Personen für das Rechtsverhältnis zwischen Zeichner und Aktiengesellschaft nicht in Betracht und kann durch die Vereinbarung,

wonach die Aktienzeichnungen von den im Zeichnungsscheine benannten Personen nur geschehen sollen, um der gesetzlichen Form zu genügen, die Wirksamkeit der Zeichnung der Aktiengesellschaft gegenüber nicht beeinträchtigt werden. Die sog. Strohmänner sind also ebenso wahre Aktienzeichner wie die Personen, die Aktien für sich erwerben. Es besteht auch kein Grund, hierin zwischen der verpflichtenden und der berechtigenden Wirkung der Aktienzeichnung einen Unterschied zu machen. [Vgl. E. 27, 1.]
U. v. 11.5.1901; I 102/01. Breslau.

2.   HGB § 189 (auch § 281).

Auch Zeichnungen auf *Kapitalerhöhungen* sind ebenso wie Zeichnungen bei *Gründungen* wegen Irrtums oder Betruges nicht anfechtbar. Die Vorschriften des bürgerlichen Rechts über Willensmängel und deren Einfluss bei Abgabe von Willenserklärungen sind nicht ohne weiteres auf die Zeichnung von Aktien anwendbar. Es kommt vielmehr nur darauf an, ob die in der Zeichnung liegende Beteiligungserklärung selbst gewollt ist, dagegen müssen die Beweggründe, die zu dieser bewussten Erklärung geführt haben, der Gesellschaft gegenüber außer Betracht bleiben, da die Zeichnung, ihrer Bedeutung und ihrem Zweck entsprechend, als eine Erklärung aufzufassen ist, die dahin geht, für die Zeichnung unbedingt haften zu wollen, sobald daraufhin die Eintragung erfolgt ist. [Vgl. E. 2, 132; 9, 36; 19, 26; 45, 107.]
U. v. 4.6.1902; I 135/02. Hamburg. – Ebenso: U. v. 14.3.1903; I 371/02. E. 54, 128. Kammergericht. – Vgl. Nr. 6.

3.   HGB § 189.

Auch abgesehen von dem Zeichnungsgeschäfte stehen dem Aktionär als solchem, in seiner Eigenschaft als Gesellschafter, weitere Ansprüche, als die im HGB normierten, *so lange die Gesellschaft besteht*, nicht zu. Der einzelne Aktionär kann daher den Schaden, welcher ihm *gerade durch seine Beteiligung an der Gesellschaft* entsteht, niemals von der Gesellschaft selbst ersetzt verlangen; er kann lediglich die Rechte gemäß HGB §§ 250, 254 flg., 266 flg., 286 flg., 271 flg. verfolgen oder die Mitglieder der Gesellschaftsorgane persönlich wegen des ihm zugefügten Schadens in Anspruch nehmen, falls die Voraussetzungen hierfür vorliegen. Durch die handelsrechtlichen Vorschriften wird die Anwendung der allgemeinen Grundsätze des BGB (§§ 31, 823) ausgeschlossen.

Ein Aktionär hatte die Klage darauf gestützt, er sei durch wissentlich falsche Angaben des Vorstands über die Verhältnisse der Aktiengesellschaft veranlasst worden, bei einer Kapitalserhöhung Bezugsrechte auszuüben und hatte den ihm hierdurch erwachsenen Vermögensschaden von der Gesellschaft ersetzt verlangt.
U. v. 14.3.1903; I 371/02. E. 54, 128. Kammergericht.

Der Aktionär kann daher weder einen vertraglichen noch einen außervertraglichen Schadensersatzanspruch gegen die Aktiengesellschaft darauf gründen, dass er infolge eines bewusst rechtswidrigen oder eines gegen Vertragspflichten verstoßenden Verhaltens von Mitgliedern des Vorstandes der Gesellschaft seine Aktien zu veräußern unterlassen und weitere Aktien der Gesellschaft erworben habe.
U. v. 8.11.1905; I 154/05. E. 62, 29. Dresden.

4.   HGB § 189 (auch § 281).

Wenn der *Zeichnungsschein im Namen einer offenen Handelsgesellschaft ausgestellt*, aber *nur von einem der Gesellschafter unterzeichnet* ist, obwohl nach dem Handelsregister zur Vertretung der Gesellschaft die gemeinschaftliche Erklärung mindestens zweier Gesellschafter erforderlich ist, so ist dies kein Mangel, der eine unheilbare Nichtigkeit des Zeichnungsscheins bewirkt. An sich ist die gesetzliche Form (§ 281 Abs. 1 Satz 1) beobachtet, nur von einem nicht legitimierten Vertreter. §§ 177 Satz 1, 182 Abs. 2, 184 Abs. 1 HGB finden Anwendung.

U. v. 24.3.1906; I 477/05. E. 63, 96. Hamm.

5.   HGB § 189.

Im Allgemeinen und wenn nicht besondere Umstände vorliegen, die eine Ausnahme rechtfertigen, ist es unbedenklich, von jemandem, der sich in der Generalversammlung der Aktionäre an den Erörterungen beteiligt, zu sagen, er übe damit Aktionärrechte aus. Hat er sich nicht bloß durch Teilnahme an der Diskussion, sondern auch dadurch betätigt, dass er bei den gefassten Beschlüssen mitgestimmt hat, so liegt darin unter allen Umständen ein *Ausüben von Aktionärsrechten*. [Vgl. den weiteren Inhalt § 281 Nr. 5.]

U. v. 24.3.1906; II 477/05. Hamm.

6.   HGB § 189.

Die Zeichnung von Aktien ist nicht nur eine der Gesellschaft gegenüber verpflichtende Erklärung. Sie ist ein rechtspolizeilicher Akt, der auch der Registerbehörde und dem Verkehre, dem Publikum gegenüber abgegeben wird und bedingungslos nach Maßgabe des Inhalts des Zeichnungsscheins verpflichtet. Beschränkungen, Vorbehalt, private Abmachungen zwischen dem Zeichner und den Organen der Gesellschaft sind der letzteren gegenüber nichtig. Eine Anfechtung wegen Willensmängel ist ausgeschlossen [vgl. Nr. 2]. Diese Grundsätze gelten für Kapitalerhöhungen ebenso wie für die Gründung der Aktiengesellschaft.

Hieraus ergibt sich, dass der Einwand eines Zeichners, er habe nur provisorisch, nur „formell" gezeichnet, ganz unstichhaltig ist. Es ist ganz unerheblich, welche privaten Abmachungen er über die Bedeutung seiner Zeichnung mit den Aufsichtsratsmitgliedern getroffen hat. Denn mögen ihm auch unter Umständen daraus Ansprüche gegen diese erwachsen, so kann er doch seine Zahlungspflicht gegenüber der Gesellschaft nicht deswegen ablehnen.

U. v. 8.4.1908; I 82/07. Frankfurt.

7.   HGB § 189 (auch § 281).

Dem Erfordernisse des § 189 Abs. 2, dass aus dem Zeichnungsscheine die Anzahl der Aktien hervorgehen muss, genügt jede Angabe, die in Verbindung mit dem Statut oder – im Falle der Kapitalerhöhung – mit dem Erhöhungsbeschlusse die Anzahl ergibt.

U. v. 25.9.1914; II 227/14. E. 85, 284. Köln. – Zustimmend: U. v. 28.10.1927; II 125/27.

8.   HGB § 189 (auch § 281).

Der Zeichner der Aktien erwirbt die Aktienrechte mit der Eintragung der Aktiengesellschaft oder der Kapitalerhöhung in das Handelsregister; die Aushändigung der Aktienurkunden kann er dann kraft seines dinglichen Rechtes fordern.

So bereits E. 79, 177; neuerdings
U. v. 22.9.1914; VII 137/14. E. 85, 328. Kammergericht.

9.   HGB § 189 (auch § 278).

Weder der Beschluss auf Erhöhung des Grundkapitals (§ 278) noch die Aktienzeichnung durch die Aktionäre (§ 189) ist gegenseitiger Vertrag im Sinne der §§ 320 ff. BGB (vgl. E. 79, 174). Daher ist z. B., wenn ein Erhöhungsbeschluss einem der Aktionäre das Recht auf Übernahme sämtlicher neuen Aktien vorzugsweise eingeräumt und für den Fall dieser Übernahme das Bezugsrecht der übrigen Aktionäre ausgeschlossen ist und wenn demnächst jener Aktionär binnen der gesetzlichen Frist sämtliche Aktien zeichnet, für die übrigen Aktionäre ein Schadensersatzanspruch nicht deswegen gegeben, weil darauf jener die Zahlung des Zeichnungspreises innerhalb der dafür bestimmten Frist nicht bewirkt. Wegen des Zahlungsverzuges macht sich jener nur der Aktiengesellschaft gegenüber schadensersatzpflichtig.

U. v. 5.3.1918; II 272/333/17. Kammergericht.

10.   = § 188 HGB Nr. 3.
U. v. 17.2.1920; II 377/28.

11.   HGB §§ 189, 281.

1. Das zwingende Formerfordernis des § 189 Abs. 2 (§ 281 Abs. 1) ist nicht so zu verstehen, dass der Zeichnungsschein sich auch ohne Zuhilfenahme des Statuts (Erhöhungsbeschlusses) selbst erläutern müsse, sondern es genügt, ist aber auch erforderlich, dass nach beiden Urkunden im Zusammenhalt Maß und Art der Beteiligung des Zeichners offen zu Tage liegen.

2. Die Replik der allgemeinen Arglist versagt gegenüber der Berufung auf die mangelnde Form eines Zeichnungsscheins.

U. v. 28.10.1927; II 125/27. E. 118, 269. Kammergericht.

12.   HGB §§ 189, 195, 200.

Die Beträge, die bei der Stufengründung an die Gründergesellschaft (Gesellschaft des bürgerlichen Rechts) von den Aktienzeichnern auf die gezeichneten Aktien aufforderungsgemäß eingezahlt worden sind, werden *Gesamthandseigentum* der Gründergesellschaft. Sie sind aber zweckgebunden, nämlich gebunden für die Zwecke der Stufengründung. Scheitert diese Gründung, so sind die von den Zeichnern geleisteten Einzahlungen von der Gründergesellschaft unter gesamtschuldnerischer Haftung der Gründer den Zeichnern zurückzuerstatten. Durch die Entgegennahme der aufforderungsgemäß geleisteten Einzahlungen der Zeichner ist zwischen diesen und der Gründergesellschaft ein Treuhandverhältnis begründet worden, kraft dessen die Zeichner gemäß § 667 BGB die eingezahlten Beträge von den Gründern unter gesamtschuldnerischer Haftung zurückfordern können, wenn die Gründung scheitert. Über diese Beträge können weder die Gründer (die Gründergesellschaft) noch deren geschäftsführendes Organ frei verfügen. Die Zeichner können aber nach Erlöschen ihrer Bindung aus den Zeichnungsscheinen die Gründer zu einer solchen „freien" Verfügung formlos ermächtigen. Sie können das insbesondere auch mit der Maßgabe, dass die Gelder für die Zwecke einer anderen Aktiengründung verwendetet werden könnten und die Gründer hierbei hinsichtlich der Aktienrechte, die sie durch diese zweite (durchgeführte) Aktiengründung erlangt haben, Treuhänder jener Zeichner sein sollten. § 202 Abs. 2 HGB gilt für eine solche Abrede nicht.

U. v. 8.12.1936; II 147/36. E. 154, 65.

§ 190 (§§ 23, 30 AktG)

Übernehmen die Gründer alle Aktien, so haben sie gleichzeitig mit der Errichtung der Gesellschaft oder in einer besonderen gerichtlichen oder notariellen Verhandlung den ersten Aufsichtsrat der Gesellschaft zu bestellen.

Übernehmen die Gründer nicht alle Aktien, so haben sie nach der Zeichnung des Grundkapitals eine Generalversammlung zur Wahl des Aufsichtsrats zu berufen.

Diese Vorschriften finden auch auf die Bestellung des ersten Vorstandes Anwendung, sofern nicht nach dem Gesellschaftsvertrage die Bestellung in anderer Weise als durch Wahl der Generalversammlung zu geschehen hat.

1.   = vor §§ 178-319 HGB Nr. 1.
U. v. 27.2.1901; I 359/00. E. 48, 40. Hamm.

§ 191 (§ 24 AktG)

Die Gründer haben im Falle des § 186 Abs. 2 in einer schriftlichen Erklärung die wesentlichen Umstände darzulegen, von welchen die Angemessenheit der für die eingelegten oder übernommenen Gegenstände gewährten Beträge abhängt.

Sie haben hierbei die vorausgegangenen Rechtsgeschäfte, die auf den Erwerb durch die Gesellschaft hingezielt haben, ferner die Erwerbs- und Herstellungspreise aus den letzten beiden Jahren und im Falle des Überganges eines Unternehmens auf die Gesellschaft die Betriebserträgnisse aus den letzten beiden Geschäftsjahren anzugeben.

Zu § 191 kein Leitsatz.

§ 192 (§ 25 AktG)

Die Mitglieder des Vorstandes und des Aufsichtsrats haben den Hergang der Gründung zu prüfen.

Gehört ein Mitglied des Vorstandes oder des Aufsichtsrats zu den Gründern oder hat sich ein Mitglied einen besonderen Vorteil oder für die Gründung oder deren Vorbereitung eine Entschädigung oder

Belohnung ausbedungen oder liegt ein Fall des § 186 Abs. 2 vor, so hat außerdem eine Prüfung durch besondere Revisoren stattzufinden.

Die Revisoren werden durch das für die Vertretung des Handelsstandes berufene Organ, in Ermangelung eines solchen durch das Gericht bestellt, in dessen Bezirke die Gesellschaft ihren Sitz hat.

1.	HGB § 192.

Aus dem Unterbleiben der gesetzlich notwendigen Prüfung der Gründung durch Revisoren ist nicht die Nichtigkeit der trotzdem in das Handelsregister eingetragenen Aktiengesellschaft abzuleiten. [Vgl. E. 26, 73.]

U. v. 2.12.1905; I 242/05. Kiel.

2.	BGB §§ 31, 839; HGB §§ 192, 195, 200; RFGG § 170.

Nicht fahrlässig handelte im Juli 1928 ein Registerrichter, der eine neu gegründete, zur Eintragung angemeldete AG unbeanstandet in das Handelsregister eintrug, obwohl

a) der den Gründungsvertrag beurkundende Notar denselben Namen trug wie ein Gründer (beide waren, wie sich später herausstellte, Brüder),

b) ein Gründer die Versicherung nach § 195 Abs. 3 HGB durch einen Bevollmächtigten abgegeben hatte,

c) trotz der Tatsache, dass ein Gründer bei der Errichtung der Gesellschaft sich kraft rechtsgeschäftlicher Vollmacht durch eine nicht zum Gründerkreis gehörige, aber zum Vorstand bestellte Person hatte vertreten lassen, kein Revisionsbericht nach § 192 Abs. 2 HGB vorlag.

Einer auf Schadensersatz nach § 839 BGB klagenden AG kann nicht entgegengehalten werden, dass der ihr zugefügte Schaden mit verursacht worden sei durch eine von ihrem späteren Vorstand vor ihrer Eintragung begangene unerlaubte Handlung.

Beglaubigt ein Notar fahrlässig (mangelhafte Persönlichkeitsprüfung) eine Vollmacht zur Errichtung und Anmeldung einer AG, so ist ihm gegenüber „Dritter" im Sinne des § 839 Abs. 1 Satz 1 BGB nicht nur die neu gegründete Gesellschaft, sondern auch deren künftiger Gläubiger, der auf die Ordnungsmäßigkeit der Gründung sich verlässt.

U. v. 7.4.1937; V 185/36. E. 154, 276.

§ 193 (§ 26 AktG)

Die Prüfung hat sich insbesondere auf die Richtigkeit und Vollständigkeit der Angaben zu erstrecken, die in Ansehung der Zeichnung und Einzahlung des Grundkapitals sowie in Ansehung der im § 186 vorgesehenen Festsetzungen von den Gründern gemacht sind. Der Inhalt der im § 191 bestimmten Erklärung ist auch in der Richtung zu prüfen, ob bezüglich der Angemessenheit der für die eingelegten oder übernommenen Gegenstände gewährten Beträge Bedenken obwalten.

Über die Prüfung ist unter Darlegung der im Abs. 1 bezeichneten Umstände schriftlich Bericht zu erstatten.

Sind die Revisoren durch das für die Vertretung des Handelsstandes berufene Organ bestellt, so haben sie diesem ein Exemplar des Berichts einzureichen. Die Einsicht des eingereichten Berichts ist jedem gestattet.

§ 194 (§ 27 AktG)

Ergeben sich zwischen den im § 192 Abs. 2, 3 bezeichneten Revisoren und den Gründern Meinungsverschiedenheiten über den Umfang der von den Gründern zu gewährenden Aufklärung und Nachweise, so entscheidet endgültig diejenige Stelle, von welcher die Revisoren ernannt sind. Solange sich die Gründer weigern, der Entscheidung nachzukommen, unterbleibt die Erstattung des Prüfungsberichts.

Die Revisoren haben Anspruch auf Ersatz angemessener barer Auslagen und auf Vergütung für ihre Tätigkeit. Die Auslagen und die Vergütung werden durch die im Abs. 1 bezeichnete Stelle festgesetzt.

Zu §§ 193-194 kein Leitsatz.

§ 195 (§§ 28, 49 AktG)

Die Gesellschaft ist bei dem Gericht, in dessen Bezirke sie ihren Sitz hat, von sämtlichen Gründern und Mitgliedern des Vorstandes und des Aufsichtsrats zur Eintragung in das Handelsregister anzumelden. Der Anmeldung sind beizufügen:

1. der Gesellschaftsvertrag und die im § 182 Abs. 1 und im § 188 Abs. 2 bezeichneten Verhandlungen;
2. im Falle des § 186 die Verträge, welche den dort bezeichneten Festsetzungen zu Grunde liegen oder zu ihrer Ausführung geschlossen sind, die im § 191 vorgesehene Erklärung und eine Berechnung des der Gesellschaft zur Last fallenden Gründungsaufwandes, in der die Vergütungen nach Art und Höhe und die Empfänger einzeln aufzuführen sind;
3. wenn nicht alle Aktien von den Gründern übernommen sind, zum Nachweise der Zeichnung des Grundkapitals die Duplikate der Zeichnungsscheine und ein von den Gründern unterschriebenes Verzeichnis aller Aktionäre, welches die auf jeden entfallen Aktien sowie die auf die letzteren geschehenen Einzahlungen angibt;
4. die Urkunden über die Bestellung des Vorstandes und des Aufsichtsrats;
5. die gemäß § 193 Abs. 2 erstatteten Berichte nebst ihren urkundlichen Grundlagen sowie im Falle des § 193 Abs. 3 die Bescheinigung, dass der Prüfungsbericht der Revisoren bei dem zur Vertretung des Handelsstandes berufenen Organ eingereicht ist;
6. wenn der Gegenstand des Unternehmens der staatlichen Genehmigung bedarf, sowie in den Fällen des § 180 Abs. 2 die Genehmigungsurkunde.

In der Anmeldung ist die Erklärung abzugeben, dass auf jede Aktie, soweit nicht andere als durch Barzahlung zu leistende Einlagen bedungen sind, der eingeforderte Betrag bar eingezahlt und im Besitze des Vorstandes ist. Der Betrag, zu welchem die Aktien ausgegeben werden, und der hierauf bar eingezahlte Betrag sind anzugeben; dieser muss mindestens ein Vierteil des Nennbetrags und im Falle der Ausgabe von Aktien für einen höheren als den Nennbetrag auch den Mehrbetrag umfassen. Als Barzahlung gilt nur die Zahlung in deutschem Gelde, in Reichskassenscheinen sowie in gesetzlich zugelassenen Noten deutscher Banken.

Die Mitglieder des Vorstandes haben ihre Namensunterschrift zur Aufbewahrung bei dem Gerichte zu zeichnen.

Die der Anmeldung beigefügten Schriftstücke werden bei dem Gericht in Urschrift oder in beglaubigter Abschrift aufbewahrt.

Änderung durch Gesetz vom 7.3.1935 (Wegfall des bisherigen Abs. 3; Abs. 3-5 neu)

1. HGB § 195.

Nimmt ein Gründer bei einem Bankhaus ein Darlehen auf, um die Bareinzahlung leisten zu können, und wird bei demselben Bankhaus die Summe zugunsten der AG hinterlegt, so liegt keine „Bareinzahlung" im Sinne des Gesetzes vor, wenn das Bankhaus ermächtigt ist, mit seiner Forderung gegen den Gründer gegen die Forderung aus der Hinterlegung aufzurechnen.
U. v. 11.6.1915; III 584/14. Kammergericht.

2. HGB § 195.

Eine einseitige Aufrechnung oder Verrechnung des *Zeichners* mit einer Gegenforderung an die Gesellschaft ist auch dann *keine* Barzahlung i. S. des Abs. 3, wenn sie ausschließlich die Wirkung hat, zweckloses Hin- und Herschieben von Geldstücken zu vermeiden. (Anders für die hinsichtlich der Zulässigkeit der Aufrechnung mildere Vorschrift des § 19 Abs. 2 GmbHG: E. 85, 354. Wegen Aufrechnung mit einer Gegenforderung des Zeichners seitens der *Gesellschaft* vgl. unten § 221 Nr. 2.)
U. v. 22.10.1918; II 158/18. Hamburg.

3. HGB § 195.

Die Bareinzahlung von einem Viertel des Nennbetrages der Aktien muss *vorbehaltlos* und *endgültig* (nicht nur vorübergehend zum Zwecke der Anmeldung) erfolgt sein. (Vgl. E. Str. 24, 286; 30, 314.)
U. v. 17.2.1920; II 377/18.

4. BGB § 251, HGB § 195.

Mitglieder des Aufsichtsrats, die bei Anmeldung einer Aktiengesellschaft zur Eintragung ins Handelsregister aus Fahrlässigkeit die unrichtige Erklärung abgeben, dass der von den Aktienzeichnern bar einzubezahlende Betrag bar einbezahlt sei und sich im Besitze des Vorstandes befinde, haften der Aktiengesellschaft für den ihr dadurch entstandenen Schaden. Der Schaden ist in der Regel dem Betrage gleich, der nach der Erklärung bar bezahlt und im Besitze des Vorstandes sein sollte.
U. v. 29.5.1934; II 9/34. Dresden.

5. HGB §§ 195, 284.

In Übereinstimmung mit RGZ Bd. 94 S. 61 u. RGSt. Bd. 53 S. 149 ist daran festzuhalten, dass die §§ 195 Abs. 3, 284 Abs. 3 sachlichrechtlich die Einzahlungspflicht der Aktienübernehmer und Zeichner *zwingend* dahin bestimmen, dass Aufgeld und die ersten 25 % des Barkapitals mit schuldtilgender Wirkung nur durch die dort und die nach der Bekanntmachung zur Erleichterung der Einzahlung auf Aktien v. 24.5.1917 – RGBl. S. 431 – weiter zugelassenen „Barleistungen" bereinigt werden können, soweit nicht etwa der Sonderfall des § 6 Abs. 3 der VO zur Durchführung der Vorschriften über die Kapitalherabsetzung in erleichterter Form vom 18.2.1932 – RGBl. I S. 75 – vorliegt.
U. v. 13.3.1934; II 225/33. E. 144, 138. Hamburg.

6.   = § 189 HGB Nr. 12.
U. v. 8.12.1936; II 147/36. E. 154, 65.

7.   = § 192 HGB Nr. 2.
U. v. 7.4.1937; V 185/36. E. 154, 276.

8.   HGB §§ 279, 284, 195; VO des Bundesrats v. 24.5.1917 (RGBl. S. 431).
Zur Beschlussfassung über die Erhöhung des Grundkapitals einer AG nach § 279 HGB
und zu den nach §§ 284 Abs. 3, 195 Abs. 3 HGB abzugebenden Erklärungen des Vorstandes über erfolgte Barzahlungen oder Zahlungen nach der VO des Bundesrats v.
24.5.1917 (RGBl. S. 431).
U. v. 5.3.1938; II 104/37. E. 157, 213.

§ 196 (§ 30 AktG)

Haben die Gründer nicht alle Aktien übernommen, so beruft das im § 195 bezeichnete Gericht eine
Generalversammlung der in dem Verzeichnis aufgeführten Aktionäre zur Beschlussfassung über die
Errichtung der Gesellschaft.
Die Versammlung findet unter der Leitung des Gerichts statt.
Der Vorstand und der Aufsichtsrat haben sich über die Ergebnisse der ihnen in Ansehung der Gründung
obliegenden Prüfung auf Grund der im § 193 Abs. 2 bezeichneten Berichte und ihrer urkundlichen
Grundlagen zu erklären. Jedes Mitglied des Vorstands und des Aufsichtsrats kann bis zur Beschlussfas-
sung die Unterzeichnung der Anmeldung zurückziehen.
Die der Errichtung der Gesellschaft zustimmende Mehrheit muss mindestens ein Viertel aller in dem
Verzeichnis aufgeführten Aktionäre umfassen; der Betrag ihrer Anteile muss mindestens ein Vierteil des
gesamten Grundkapitals darstellen. Auch wenn diese Mehrheit erreicht wird, gilt die Errichtung als
abgelehnt, sofern hinsichtlich eines Teiles der Aktionäre die Voraussetzungen des § 186 vorliegen und
sich die Mehrheit der von anderen Aktionären abgegebenen Stimmen gegen die Errichtung erklärt.
Die Zustimmung aller erschienenen Aktionäre ist erforderlich, wenn die im § 182 Abs. 2 Nr. 1 bis 4, im
§ 183, im § 184 Abs. 2 sowie die im § 185 bezeichneten Bestimmungen des Gesellschaftsvertrags abgeändert oder die im § 186 vorgesehenen Festsetzungen zu Lasten der Gesellschaft erweitert werden sollen. Dasselbe gilt, wenn die Dauer der Gesellschaft über die im Gesellschaftsvertrage bestimmte Zeit
verlängert oder die im Gesellschaftsvertrage für Beschlüsse der Generalversammlung vorgesehenen
erschwerenden Erfordernisse beseitigt werden sollen.
Die Beschlussfassung ist zu vertagen, wen es von den Aktionären mit einfacher Stimmenmehrheit verlangt wird.

§ 197 (§ 30 AktG)

Soweit nicht in den §§ 190, 196 ein Anderes bestimmt ist, finden auf die Berufung und Beschlussfassung der vor der Eintragung der Gesellschaft stattfindenden Generalversammlungen die Vorschriften
entsprechende Anwendung, welche für die Gesellschaft nach der Eintragung maßgebend sind.

§ 198 (§ 32 AktG)

Bei der Eintragung der Gesellschaft in das Handelsregister sind die Firma und der Sitz der Gesellschaft, der Gegenstand des Unternehmens, die Höhe des Grundkapitals, der Tag der Feststellung des Gesellschaftsvertrags und die Mitglieder des Vorstandes anzugeben.

Enthält der Gesellschaftsvertrag besondere Bestimmungen über die Zeitdauer der Gesellschaft oder über die Befugnis der Mitglieder des Vorstandes oder der Liquidatoren zur Vertretung der Gesellschaft, so sind auch diese Bestimmungen einzutragen.

§ 199 (§ 33 AktG)

In die Veröffentlichung, durch welche die Eintragung bekannt gemacht wird, sind außer dem Inhalte der Eintragung aufzunehmen:

1. die sonstigen im § 182 Abs. 2, 3 und in den §§ 183, 185, 186 bezeichneten Festsetzungen;
2. der Betrag, zu welchem die Aktien ausgegeben werden;
3. der Name, Stand und Wohnort der Gründer und die Angabe, ob sie die sämtlichen Aktien übernommen haben;
4. der Name, Stand und Wohnort der Mitglieder des ersten Aufsichtsrats.

Zugleich ist bekannt zu machen, dass von den mit der Anmeldung der Gesellschaft eingereichten Schriftstücken, insbesondere von dem Prüfungsberichte des Vorstandes, des Aufsichtsrats und der Revisoren, bei dem Gericht Einsicht genommen werden kann. Im Falle des § 193 Abs. 3 ist ferner bekannt zu machen, dass von dem Prüfungsberichte der Revisoren auch bei dem zur Vertretung des Handelsstandes berufenen Organ Einsicht genommen werden kann.

Zu §§ 196-199 keine Leitsätze.

§ 200 (§ 34 AktG)

Vor der Eintragung in das Handelsregister des Sitzes der Gesellschaft besteht die Aktiengesellschaft als solche nicht. Wird vorher im Namen der Gesellschaft gehandelt, so haftet der Handelnde persönlich; handeln mehrere, so haften sie als Gesamtschuldner.

Die Anteilsrechte können vor der Eintragung der Gesellschaft in das Handelsregister mit Wirksamkeit gegenüber der Gesellschaft nicht übertragen, Aktien oder Interimsscheine können vorher nicht ausgegeben werden.

1.   HGB § 200.

Die Anwendung des § 200 Abs. 1 Satz 2 [Art. 211 Abs. 2 a. F.] ist *nicht* auf den Fall zu beschränken, dass der Handelnde der anderen Vertragspartei das Bestehen der Aktiengesellschaft vorgespiegelt hat, oder dass wenigstens die Nichtexistenz der Gesellschaft dieser Partei unbekannt war. Demnach ist durch positive Bestimmung dem, welcher infolge seines Handelns im Namen einer noch nicht eingetragenen Aktiengesellschaft persönlich von dem Dritten in Anspruch genommen wird, versagt, eine Einrede der Arglist daraus herzuleiten, dass der Dritte beim Abschlusse des Vertrages von dem Fehlen der Eintragung Kenntnis hatte; vielmehr ist durch das Gesetz der Dritte insofern begünstigt, als er sich im Vertrauen auf die ihm vom Gesetz gewährleistete persönliche Haftung des Handelnden mit diesem einlassen darf, obwohl er weiß, dass die Aktiengesellschaft, in deren Namen letzterer auftritt, noch nicht besteht.

Zwingendes Recht enthält die Bestimmung des § 200 Abs. 2 Satz 2 jedoch *nicht*; der Handelnde kann also durch Vereinbarung mit dem Dritten seine persönliche Haftung ausschließen.

U. v. 21.9.1900; VII 109/00. E. 47, 1. Breslau. – Ebenso für's neue Recht; vgl. Nr. 4. – Ebenso wie Satz 1: U. v. 22.9.1903; II 50/03. E. 55, 302. Stuttgart.

2.   HGB § 200.

§ 200 Abs. 1 Satz 2 erfordert ein Handeln *nach außen*. Deshalb wurde die dort vorgesehene Haftung ohne Rechtsirrtum verneint bei folgender Sachlage:

Nach dem Statut der Aktiengesellschaft war zur Aufnahme eines Darlehns mit Verpfändung der Grundstücke die Genehmigung der Generalversammlung erforderlich. Nach der Gründung, aber vor der Eintragung, erteilten die Gründer und zugleich alleinigen Aktionäre in einer Generalversammlung die Genehmigung und ermächtigten den Vorstand zur Aufnahme des konkreten Darlehns. Dieser nahm das Darlehn mit Pfandbestellung vor der Eintragung vor. Das Berufungsgericht erwog, Erteilung der Genehmigung und der Ermächtigung des Vorstandes seien nur interne Vorgänge gewesen. Sie seien nur in der ganz selbstverständlichen stillschweigenden Voraussetzung geschehen, dass die Darlehnsaufnahme und Pfandbestellung alles das vorausgehen werden, was ihr ordnungsgemäß vorauszugehen hatte, ohne dass Anlass vorlag, die Ausführung des Geschäfts einer Beschränkung oder einer Überwachung zu unterwerfen. So aufgefasst lag aber nach Annahme des Reichsgerichts kein Handeln im Sinne des § 200 Abs. 1 Satz 2 vor.

U. v. 8.2.1901; II 320/00. Karlsruhe.

3.   HGB § 200.

Nach der Eintragung der Gesellschaft in das Handelsregister, welcher die Einzahlung von nur einem Viertel des Nominalbetrags vorherzugehen braucht, besteht die Aktiengesellschaft als solche. Ebenso auch die *Rechte der Aktionäre* in ihrem vollen Umfange, jeder hat einen dem Betrage der Aktie im Verhältnisse zum Grundkapital entsprechenden Anteil am Gesellschaftsvermögen. Eine *Beurkundung* des Rechts des Aktionärs durch Aktie oder Interimsschein ist *für dessen Existenz ohne Bedeutung* [vgl. E. 5, 191; 22, 116; 31, 30; 36, 35], vielmehr bildet die Existenz des Anteilsrechts umgekehrt die Voraussetzung für die Ausstellung der Urkunden.

Bei Inhaberaktien (nicht bei Namenaktien und Interimsscheinen) besteht als weiteres Erfordernis der Ausstellung die volle Leistung des Nennbetrags.

U. v. 28.6.1901; VII 162/01. E. 49, 22. Kammergericht.

4.   HGB § 200 (auch GmbHG § 11).

Die persönliche Haftung desjenigen, der vor der Eintragung der GesellschaftmbH in deren Namen gehandelt hat, wird weder dadurch beseitigt, dass der andere Teil Kenntnis von dem Nichtbestehen der Gesellschaft hatte, noch dadurch, dass die Gesellschaft das in ihrem Namen abgeschlossene Rechtsgeschäft hinterher genehmigt. [Vgl. das zu Art. 211 HGB a. F. ergangene Urteil in HGB § 200 Nr. 1.]

U. v. 22.3.1902; I 400/01. Stuttgart.

5.   HGB § 200.

Wenn vor der Eintragung einer Aktiengesellschaft in das Handelsregister im Namen der Gesellschaft gehandelt wird, so sind unter „Handelnden" nicht nur diejenigen zu verstehen, die mit dem Dritten kontrahiert haben, sondern auch diejenigen an der Gesellschaft beteiligten Personen, in deren *Einverständnis* oder mit deren *Genehmigung* die Eingehung der Geschäfte mit dem Dritten erfolgte. Dagegen ist die Haftbarkeit der Gründer und Zeichner nicht schon *als solcher*, sondern eben nur im Fall ihres Einverständnisses oder ihrer Genehmigung begründet.

U. v. 22.9.1903; II 50/03. E. 55, 302. Stuttgart.

5.   HGB § 200 (auch GmbHG § 11).

Ist eine von allen Beteiligten für rechtsgültig und sie bindend erachteter Vertrag über die Errichtung einer GesellschaftmbH in gerichtlicher oder notarieller Form abgeschlossen und ist darauf, vor Eintragung der Gesellschaft in das Handelsregister, im Namen der Gesellschaft gehandelt worden, so ist die Anwendbarkeit des § 11 Abs. 2 GmbHG nicht dadurch bedingt, dass der Vertrag auch materiellrechtlich den Erfordernissen eines Gesellschaftsvertrages zur Gründung einer GesellschaftmbH genügt.

J. v. 19.2.1909; II 401/08. E. 70, 296. Naumburg.

7.   = § 182 HGB Nr. 8.

J. v. 12.3.1926; II 337/25. Bamberg.

3.   HGB § 200.

Zwar wird im Allgemeinen der vor der Eintragung der AG für sie Handelnde nicht ohne weiteres schon dann von der Haftung aus § 200 HGB befreit, wenn die AG nach ihrer Eintragung den Vertrag genehmigt. (Vgl. E. 72, 401.) Bei Verträgen jedoch, die *auf die Dauer berechnet* sind, wird regelmäßig entsprechend der Verkehrsauffassung und dem mutmaßlichen Willen der Beteiligten anzunehmen sein, dass die Haftung aus § 200 HGB aufhört, sobald die eingetragene Gesellschaft durch Eintritt in das Dauerverhältnis den Vertrag genehmigt. Das gilt auch bei einem in den Formen des Kontokorrentverkehrs sich abspielenden, auf die Dauer berechneten *Krediteröffnungsvertrag*.

J. v. 28.1.1927; II 362/26. E. 116, 71. Kammergericht.

).   HGB § 200.

§ 200 Abs. 2 steht nicht entgegen der Wirksamkeit eines Verpflichtungsgeschäfts, durch das jemand vor der Eintragung einer Aktiengesellschaft in das Handelsregister einem andern gegenüber sich verbindlich macht, seine Anteilsrechte an einer in der Gründung begriffenen Aktiengesellschaft nach deren Zustandekommen, d. h. nach ihrer Eintragung, an ihn abzutreten.

J. v. 15.3.1929; II 383/28. E. 123, 401. Breslau.

10. = § 25 HGB Nr. 57.

U. v. 9.12.1930; II 48/30. E. 131, 27. Köln.

11. = § 189 HGB Nr. 12.

U. v. 8.12.1936; II 147/36. E. 154, 65.

12. = § 192 HGB Nr. 2.

U. v. 7.4.1937; V 185/36. E. 154, 276.

13. HGB § 200; AktG § 34.

Die persönliche Haftung für rechtsgeschäftliche Handlungen im Namen einer erst im Keime vorhandenen AG (§ 200 Abs. 1 S. 2 HGB, jetzt § 34 Abs. 1 Satz 2 AktG) gilt regelmäßig nur für Aktiengesellschaften, die nachträglich im deutschen Handelsregister eingetragen werden oder für die wenigstens ein in Deutschland gelegener Ort als Sitz in Aussicht genommen war. Darüber hinaus kommt die Anwendung der Haftungsvorschrift möglicherweise auch dann in Betracht, wenn es sich zwar um eine ausländische AG handelt, aber das Rechtsverhältnis, das den Gegenstand des Rechtsgeschäfts bildet, nach deutschem Recht zu beurteilen ist. Ob dies anzunehmen ist, wird nicht endgültig entschieden, aber die Annahme abgelehnt, dass der Ort der Handlung maßgebend sei.

U. v. 29.10.1938; II 178/37. E. 159, 33.

§ 201 (§§ 35, 37 AktG)

Die Anmeldung der Gesellschaft zur Eintragung in das Handelsregister eines Gerichts, in dessen Bezirke sie eine Zweigniederlassung besitzt, ist durch sämtliche Mitglieder des Vorstandes zu bewirken.

Der Anmeldung ist der Gesellschaftsvertrag in Urschrift oder in öffentlich beglaubigter Abschrift beizufügen; die Vorschriften des § 195 Abs. 2, 3 finden keine Anwendung.

Die Eintragung hat die im § 198 bezeichneten Angaben zu enthalten.

In die Veröffentlichung, durch welche die Eintragung bekannt gemacht wird, sind außer dem Inhalte der Eintragung durch die sonstigen im § 182 Abs. 2, 3 und in den §§ 183, 185 bezeichneten Festsetzungen aufzunehmen. Erfolgt die Eintragung innerhalb der ersten zwei Jahre, nachdem die Gesellschaft in das Handelsregister ihres Sitzes eingetragen worden ist, so sind alle im § 199 bezeichneten Angaben zu veröffentlichen; in diesem Falle ist der Anmeldung ein Exemplar der für den Sitz der Gesellschaft ergangenen gerichtlichen Bekanntmachung beizufügen.

Befindet sich der Sitz der Gesellschaft im Auslande, so ist das Bestehen der Aktiengesellschaft als solcher und, sofern der Gegenstand des Unternehmens oder die Zulassung zum Gewerbebetrieb im Inland der staatlichen Genehmigung bedarf, auch diese mit der Anmeldung nachzuweisen. Die Angaben, deren öffentliche Bekanntmachung nach Abs. 4 zu erfolgen hat, sind in die Anmeldung aufzunehmen.

1. HGB § 201 (auch ZPO § 21).

Die Eintragung einer *Zweigniederlassung* einer Aktiengesellschaft, die selbst allerdings erst mit der Eintragung am Hauptsitze entsteht (HGB § 209), ist für deren Bestand nicht entscheidend. Sie ist zwar notwendig (HGB § 13) und kann erzwungen werden (HGB § 14). Die Zweigniederlassung aber besteht ohne Rücksicht auf ihre Eintragung im Han

delsregister von dem Augenblicke an, in dem die Aktiengesellschaft an dem betreffenden Orte ein Geschäft betreibt. Mit diesem Zeitpunkt ist daher für Klagen, die auf den Geschäftsbetrieb der Niederlassung Bezug haben (mit ihm in unmittelbarem oder auch nur *mittelbarem* Zusammenhang stehen, selbst wenn sie nicht aus Rechtsgeschäften herrühren, die von der Niederlassung selbst abgeschlossen worden sind, vgl. E. 23, 428; 30, 328; 44, 357) der Gerichtsstand aus ZPO § 21 begründet.
U. v. 23.3.1917; II 546/16. Kammergericht.

2.   EG z. BGB Art. 11; HGB § 201.
Für den Erwerb und den Verlust der Mitgliedschaft an einer ausländischen Aktiengesellschaft ist das ausländische Recht, dem die Gesellschaft auf Grund ihres Sitzes im Ausland untersteht, maßgebend. Steht aber nach dem so anzuwendenden ausländischen Recht fest, dass die Aktie (Inhaberaktie) für den Rechtsübergang wie eine bewegliche Sache zu behandeln ist, so ist für die Frage, wie das Eigentum an der Aktie zu übertragen ist, das Recht des Ortes, wo sie sich befindet (lex rei sitae) entscheidend.
U. v. 10.3.1934; V 234/33. Kammergericht.

§ 202 (§§ 39, 40 AktG)

Der Gesellschaft sind die Gründer für die Richtigkeit und Vollständigkeit der Angaben, welche sie in Ansehung der Zeichnung und Einzahlung des Grundkapitals sowie in Ansehung der im § 186 vorgesehenen Festsetzungen zum Zwecke der Eintragung der Gesellschaft in das Handelsregister machen, als Gesamtschuldner verhaftet; sie haben, unbeschadet der Verpflichtung zum Ersatze des sonst etwa entstehenden Schadens, insbesondere einen an der Zeichnung des Grundkapitals fehlenden Betrag zu übernehmen, fehlende Einzahlungen zu leisten und eine Vergütung, die nicht unter den zu bezeichnenden Gründungsaufwand aufgenommen ist, zu ersetzen. Wird die Gesellschaft von Gründern durch Einlagen oder Übernahmen der in § 186 bezeichneten Art böslicherweise geschädigt, so sind ihr alle Gründer für den Ersatz des entstehenden Schadens als Gesamtschuldner verpflichtet.
Von dieser Verbindlichkeit ist ein Gründer befreit, wenn er die Unrichtigkeit oder Unvollständigkeit der Angabe oder die bösliche Schädigung weder kannte noch bei Anwendung der Sorgfalt eines ordentlichen Geschäftsmanns kennen musste.
Entsteht durch Zahlungsunfähigkeit eines Aktionärs der Gesellschaft ein Ausfall, so sind ihr die Gründer, welche die Beteiligung des Aktionärs in Kenntnis seiner Zahlungsunfähigkeit angenommen haben, als Gesamtschuldner zum Ersatze verpflichtet.
Mit den Gründern sind der Gesellschaft zum Schadensersatz als Gesamtschuldner verpflichtet:
1. wenn eine Vergütung nicht unter den zu bezeichnenden Gründungsaufwand aufgenommen ist, der Empfänger, welcher zur Zeit des Empfanges wusste oder nach den Umständen annehmen musste, dass die Verheimlichung beabsichtigt oder erfolgt war, und jeder Dritte, welcher zur Verheimlichung wesentlich mitgewirkt hat;
2. im Falle einer böslichen Schädigung durch Einlagen oder Übernahmen jeder Dritte, welcher zu dieser Schädigung wissentlich mitgewirkt hat.

1. HGB § 202 (auch §§ 267, 269, 273; GmbHG § 31).

Unter *„böslicher Handlungsweise"* ist neben dem Dolus nicht allgemein eine, selbst grobe, Fahrlässigkeit, sondern nur derjenige Frevelmut, derjenige Leichtsinn und Mutwille zu begreifen, der sich der rechtswidrigen Folgen seines Verhaltens bewusst ist und zwar die (demnächst eingetretene) Beschädigung nicht beabsichtigt, sich aber bei seinem Handeln der damit verbundenen Gefahr bewusst ist und dennoch sein Handeln nicht ändert. [EROHG 1, 160; 8, 429; 17, 301; E. 1, 22.]
U. v. 4.10.1912; II 225/12. E. 80, 148. Dresden.

2. HGB § 202.

Zum „Mitwirken" im Sinne des § 202 Abs. 4 Nr. 2 ist nicht mehr als eine das Tun der Gründer fördernde und darum der AG notwendig zum Schaden gereichende Tätigkeit des Dritten erforderlich. Eine der *strafrechtlichen* Formen der Teilnahme an einer Schädigungshandlung der Gründer ist nicht erforderlich.
U. v. 22.10.1920; II 41/20.

3. = § 186 HGB Nr. 15.

U. v. 12.2.1931; VI 342/30. Celle.

§ 203 (§ 40 AktG)

Wer vor der Eintragung der Gesellschaft in das Handelsregister oder in den ersten zwei Jahren nach der Eintragung eine öffentliche Ankündigung der Aktien erlässt, um sie in den Verkehr einzuführen, ist der Gesellschaft im Falle der Unrichtigkeit oder Unvollständigkeit von Angaben, welche die Gründer in Ansehung der Zeichnung oder Einzahlung des Grundkapitals oder in Ansehung der im § 186 vorgesehenen Festsetzungen zum Zwecke der Eintragung der Gesellschaft in das Handelsregister machen, sowie im Falle einer böslichen Schädigung der Gesellschaft durch Einlagen oder Übernahmen für den Ersatz des ihr daraus entstehenden Schadens mit den im § 202 bezeichneten Personen als Gesamtschuldner verhaftet, wenn er die Unrichtigkeit oder Unvollständigkeit der Angaben oder die bösliche Schädigung kannte oder bei Anwendung der Sorgfalt eines ordentlichen Geschäftsmanns kennen musste.

§ 204 (§ 41 AktG)

Mitglieder des Vorstandes und des Aufsichtsrats, die bei der ihnen durch die §§ 192, 193 auferlegten Prüfung die Sorgfalt eines ordentlichen Geschäftsmanns außer Acht lassen, haften der Gesellschaft als Gesamtschuldner für den ihr daraus entstehenden Schaden, soweit der Ersatz des Schadens von den nach den §§ 202, 203 verpflichteten Personen nicht zu erlangen ist.

Zu §§ 203-204 keine Leitsätze.

§ 205 (§ 43 AktG)

Vergleiche oder Verzichtleistungen, welche die der Gesellschaft aus der Gründung zustehenden Ansprüche gegen die nach den §§ 202 bis 204 verpflichteten Personen betreffen, sind erst nach dem Ablaufe von fünf Jahren seit der Eintragung der Gesellschaft in das Handelsregister und nur mit Zustimmung der Generalversammlung zulässig; sie sind unzulässig, soweit in der Versammlung eine Minderheit, deren Anteile den fünften Teil des Grundkapitals darstellen, Widerspruch erhebt. Die zeitliche Beschränkung findet keine Anwendung, sofern sich der Verpflichtete im Falle der Zahlungsunfähigkeit zur Abwendung oder Beseitigung des Konkursverfahrens mit seinen Gläubigern vergleicht.

1. HGB § 205.

Die Bestimmung des § 205 über die Verlängerung der Sperrfrist hat einen zwingenden und ausschließlichen Charakter. Ist daher über Ansprüche aus der Gründung vor 1900 ein Vergleich geschlossen und beim Inkrafttreten des neuen HGB die dreijährige Sperrfrist des alten HGB noch nicht abgelaufen, so findet die fünfjährige Frist Anwendung und der Vergleich ist daher nichtig.

Dagegen hat die Nichtigkeit des Vergleichs nicht ohne weiteres die Nichtigkeit der auf der Grundlage dieses Vergleichs basierenden „Sanierungsbeschlüsse" der Generalversammlung zu Folge; der bloß wirtschaftliche Zusammenhang rechtfertigt es nicht, auch die Sanierungsbeschlüsse für nichtig zu erklären.
U. v. 24.1.1903; I 484/02. Köln.

2. HGB § 205.

Die Vorschrift des § 205 darf auf andere Fälle der Verantwortlichkeit der Gründer, als auf die in den §§ 202-204 vorgesehenen nicht ausgedehnt werden.
U. v. 13.2.1904; I 413/03. Hamm.

3. HGB § 205.

Ein Vergleich über oder ein Verzicht auf Ansprüche der Aktiengesellschaft aus der Gründerhaftung, der innerhalb der Fünfjahresfrist des § 205 erfolgt, ist auch dann nichtig, wenn im Vergleich oder in der Verzichtserklärung die Genehmigung der Generalversammlung nach Ablauf der Frist vorbehalten wird.
U. v. 19.5.1931; II 434/30. E. 133, 33. Celle.

§ 206 (§ 44 AktG)

Die Ansprüche der Gesellschaft gegen die nach den §§ 202 bis 204 verpflichteten Personen verjähren in fünf Jahren von der Eintragung der Gesellschaft in das Handelsregister an.

Zu § 206 kein Leitsatz.

§ 207 (§ 45 AktG)

Verträge der Gesellschaft, nach denen sie vorhandene oder herzustellende Anlagen, die dauernd zu ihrem Geschäftsbetriebe bestimmt sind, oder unbewegliche Gegenstände für eine den zehnten Teil des Grundkapitals übersteigende Vergütung erwerben soll, bedürfen zu ihrer Wirksamkeit der Zustimmung der Generalversammlung, falls sie vor dem Ablaufe von zwei Jahren seit der Eintragung der Gesellschaft in das Handelsregister geschlossen werden.

Vor der Beschlussfassung hat der Aufsichtsrat den Vertrag zu prüfen und über die Ergebnisse seiner Prüfung schriftlich Bericht zu erstatten.

Der Beschluss, durch welchen dem Vertrage die Zustimmung erteilt wird, bedarf einer Mehrheit, die mindestens drei Vierteile des bei der Beschlussfassung vertretenen Grundkapitals umfasst. Wird der Vertrag im ersten Jahre nach der Eintragung der Gesellschaft in das Handelsregister geschlossen, so müssen außerdem die Anteile der zustimmenden Mehrheit mindestens ein Viertel des gesamten Grundkapitals darstellen.

Nach erfolgter Zustimmung der Generalversammlung hat der Vorstand den Vertrag in Urschrift oder in öffentlich beglaubigter Abschrift mit dem Berichte des Aufsichtsrats nebst dessen urkundlichen Grundlagen zum Handelsregister einzureichen. Zum Handelsregister einer Zweigniederlassung findet die Einreichung nicht statt.

Bildet der Erwerb von Grundstücken den Gegenstand des Unternehmens, so finden auf einen solchen Erwerb die Vorschriften der Abs. 1 bis 4 keine Anwendung. Das Gleiche gilt für den Erwerb von Grundstücken im Wege der Zwangsversteigerung.

1.   HGB § 207 (auch § 271).

Ein Generalversammlungsbeschluss einer Aktiengesellschaft, der statt mit der gesetzlich geforderten erhöhten Mehrheit, mit einfacher Majorität gefasst ist, ist nicht *nichtig*, sondern anfechtbar.

U. v. 18.2.1911; I 227/10. E. 75, 239. Kiel.

2.   HGB § 207 (auch § 235).

Die Vorschrift des § 235 Abs. 2, wonach Dritten gegenüber eine Beschränkung der Vertretungsbefugnis des Vorstandes unwirksam ist, bezieht sich nicht auf die vom Gesetz in § 207 gemachte Ausnahme.

U. v. 8.11.1919; V 167/19.

3.   = § 186 HGB Nr. 12.

U. v. 23.4.1928; VI 296/27. E. 121, 99. Celle.

4.   HGB § 207.

Ein vor Ablauf von zwei Jahren seit der Eintragung einer Aktiengesellschaft in das Handelsregister durch ihren Vorstand ohne Zustimmung der Generalversammlung geschlossener Vertrag über den Erwerb von Grundstücken ist bis zur Erteilung dieser Zustimmung nur schwebend wirksam (vgl. E. 98, 48). Das Recht zum Widerruf des Vertrages wird durch den Ablauf der zweijährigen Frist nicht verwirkt (vgl. U. v. 28.6.1928; V 493/27).

U. v. 20.12.1928; VI 318/28. Celle.

5. = § 186 HGB Nr. 20.
U. v. 19.5.1941; II 126/40. E. 167, 99.

§ 208 (§ 46 AktG)

Erwirbt die Gesellschaft vor dem Ablaufe der im § 207 Abs. 1 bezeichneten Frist Vermögensgegenstände in Ausführung einer vor ihrer Eintragung in das Handelsregister von Gründern getroffenen Vereinbarung, so kommen in Betreff der Rechte der Gesellschaft auf Entschädigung und in Betreff der ersatzpflichtigen Person die Vorschriften der §§ 202, 205, 206 zur Anwendung.

1. HGB § 208.
§ 208 hat gleich dem § 202 Abs. 1 Satz 2 zur Voraussetzung, dass die Aktiengesellschaft durch den Erwerb *geschädigt* wurde. Eine Schädigung ist *grundsätzlich* nicht verursacht durch die Abtretung des Rechts auf Rückzession einer verpfändeten Grundschuld, die mangels Deckung der Pfandschuld wertlos ist, gegen Quittung der Gesellschaftseinlage, da deren als Gegenleistung ausgestellte Quittung über den Rest der Kapitaleinlage wegen Unzulässigkeit der Aufrechnung mit einer im Gesellschaftsvertrage vorgesehenen Sacheinlage gemäß § 186 (Abs. 4) und 221 ungültig ist und die Gesellschaft nicht hindert, nach wie vor die Einlagen einzufordern, es sei denn, dass dargelegt wird, es sei etwa durch Verzögerung der Geltendmachung der Ersatzverbindlichkeit oder sonst wie ein Schaden entstanden.
U. v. 12.1.1907; I 248/06. Naumburg.

§ 209 (§§ 8, 10, 34 AktG)

Aktien oder Interimsscheine, die auf einen geringeren als den nach § 180 zulässigen Betrag gestellt werden, sind nichtig. Die Ausgeber haften den Besitzern für den durch die Ausgabe verursachten Schaden als Gesamtschuldner.
Das Gleiche gilt im Falle der Ausgabe von Interimsscheinen, die auf den Inhaber lauten, sowie im Falle der Ausgabe von Aktien oder Interimsscheinen vor der Eintragung der Gesellschaft in das Handelsregister.

Zu § 209 kein Leitsatz.

Zweiter Titel. Rechtsverhältnisse der Gesellschaft und der Gesellschafter.

§ 210 (§§ 48, 3 AktG)

Die Aktiengesellschaft als solche hat selbständig ihre Rechte und Pflichten; sie kann Eigentum und andere dingliche Rechte an Grundstücken erwerben, vor Gericht klagen und verklagt werden. Die Aktiengesellschaft gilt als Handelsgesellschaft, auch wenn der Gegenstand des Unternehmens nicht in dem Betrieb eines Handelsgewerbes besteht.

1.   HGB § 210 (auch § 250).

Neben der Aktiengesellschaft besteht *nicht eine besondere Gesellschaft der Aktionäre.* Der Aktiengesellschaft als Einheit, im Gegensatze zu den Aktionären, kommt Rechts- und Vermögensfähigkeit zu, wodurch sie sich nach der herrschenden Person charakterisiert. Allerdings ist die Aktiengesellschaft kein selbständiges Vermögenssubjekt; sie dient materiell den Interessen der Aktionäre. Dies hindert aber nicht, dass sie formell als alleiniger Träger des Gesellschaftsvermögens erscheint. Auf die Führung der Gesellschaftsverträge haben freilich die Aktionäre in gewissen Grenzen bestimmten Einfluss. Allein wenn ihnen dieser auch kraft eignen Rechts zukommt, so ist es doch eine Betätigung in den Angelegenheiten der Gesellschaft – nicht in ihren besonderen Angelegenheiten –, die sie durch Beschlussfassung in der Generalversammlung ausüben. Die Generalversammlung der Aktionäre ist als Organ der Aktiengesellschaft zu betrachten. U. v. 25.4.1906; I 614/05. E. 63, 203. Dresden.

2.   HGB § 210.

Alles, was die Aktiengesellschaft erwirbt, – und darunter fällt auch der *Regressanspruch gegen Vorstand und Aufsichtsrat* – gelangt in ihr selbständiges Vermögen und haftet mangels einer gesetzlichen Beschränkung den Gläubigern. Daher ist es unrichtig, zu unterscheiden, zwischen dem *Haftungsvermögen*, an das allein sich die Gläubiger halten könnten, und allem *anderen Vermögen*, worauf ein Zugriff der Gläubiger nicht stattfinde, und zu dem letzteren die Regressansprüche gegen Vorstand und Aufsichtsrat zu rechnen, der sich nicht auf die in § 241 Abs. 3 aufgeführten besonderen Verfehlungen gründen. Der Regressanspruch der Gesellschaft ist seinem ganzen Bestande nach ein Teil des Gesellschaftsvermögens, das beim Konkurs in die Masse fällt. U. v. 25.4.1906; I 614/05. E. 63, 203. Dresden.

3.   BGB §§ 823w, 826c; HGB §§ 210, 312.

Die AG als solche kann gegen einen Dritten, von dem sie unter Verletzung eines Schutzgesetzes oder nach § 826 geschädigt ist, Schadensersatzansprüche geltend machen. Sie wird daran durch Generalversammlungsbeschlüsse, durch die ihrem an der Schädigung schuldhaft beteiligten Organ Entlastung erteilt wurde, nicht gehindert, da solche Erteilung innere Verwaltungsangelegenheit der AG ist. Sittenwidriges Handeln des Dritten ist darin zu finden, dass er mit dem (gesetzlichen oder rechtsgeschäftlichen) Vertreter der Gesellschaft zu eigenem Vorteil und deren

Nachteil absichtlich zusammenwirkt. Der Begriff der Absicht ist dabei wie in § 312 HGB und nach E. Bd. 129 S. 272 (275) auszulegen. Ausgeschlossen sind Schadensersatzansprüche, wenn der schuldhaft mit dem Dritten kolludierende Vertreter z. Zt. der Schädigung im Besitz *sämtlicher* Aktien der geschädigten AG war oder später in diesen Besitz gelangt ist und in seiner einheitlichen Eigenschaft als einziger Gesellschafter und Organ der Gesellschaft die Schädigungshandlung genehmigt (bestätigt). U. v. 22.6.1931; IX 473/31. Kammergericht.

§ 211 (§ 49 AktG)

Die Verpflichtung des Aktionärs zur Leistung von Kapitaleinlagen wird durch den Nennbetrag der Aktie und, falls der Ausgabepreis höher ist, durch diesen begrenzt.

1.   = § 178 HGB Nr. 1.

U. v. 25.9.1901; I 142/01. E. 49, 77. Kammergericht.

2.   = § 185 HGB Nr. 2.

U. v. 15.10.1902; I 131/02. E. 52, 287. Hamm.

3.   HGB § 211 (auch § 213).

Die Bestimmung im Gesellschaftsvertrage einer Versicherungsaktiengesellschaft, dass außer der Barauszahlung eines Teils der Einlage „*Nachschüsse*" nach Bedarf bis zur Höhe des restlichen, durch Wechsel gesicherten Teils der Einlage von den Aktionären eingefordert werden können unter Vorbehalt der *Rückerstattung* aus späterem Gewinn, verstößt nicht gegen die §§ 211, 212, 213, da die „Nachschüsse" nicht als Geldleistungen *neben* den durch den Nennbetrag der Aktien begrenzten Kapitaleinlagen angesehen werden können, sondern lediglich *Einlagen auf das Grundkapital* sind. U. v. 12.3.1918; II 402/17. E. 92, 315. Naumburg.

4.   HGB § 211.

§ 211 enthält eine Vorschrift zwingenden Rechts. Ein Verstoß dagegen macht einen Generalversammlungsbeschluss unheilbar nichtig, nicht bloß anfechtbar nach §§ 271 ff. U. v. 19.3.1926; II 412/25. E. 113, 153. Dresden.

5.   HGB § 211; Erg. Bd. II b; 2. VO zur Durchf. der VO über Goldbil. V. 28.3.1924 § 26.

Die Frage, in welcher Höhe rückständige Einlagen auf Aktien in Goldmark zu zahlen sind, kann nach Einführung einer wertbeständigen Währung und nach dem Inkrafttreten der GBVO nicht durch besonderen Beschluss vor der Umstellung, sondern nur im Rahmen der Umstellungsmaßnahmen auf ihrer Grundlage erfolgen. U. v. 19.3.1926; II 412/25. E. 113, 153. Dresden.

6.   Aufwertung, HGB § 211.

Hat sich bei einer in der Inflationszeit gegründeten Aktiengesellschaft die Anmeldung zum Handelsregister und damit die Leistung einer Geldeinlage verzögert, so kann die eingetragene Gesellschaft wegen der in der Zeit nach dem Abschlusse des Gesellschaftsvertrags eingetretenen Geldentwertung nicht nachträglich Aufwertung der Einlage verlangen. Die Entwertung der Einlage konnte den einzelnen Gründern, zwischen denen bis zur Eintragung der Aktiengesellschaft eine Gesellschaft des bürgerlichen Rechtes bestand, das Recht geben, dieses Verhältnis wegen Vorliegens eines wichtigen Grundes zu kündigen.
U. v. 22.11.1927; II 178/27. E. 119, 170. Dresden.

7.   AufwG § 63; HGB § 211; Erg. Bd. II b; 2. DurchfVO z. GoldbilanzOV v. 28.3.1924 § 26.

Die Umwertung rückständiger Papiermark-Einlagen auf Aktien erfolgt nach den Grundsätzen der freien Aufwertung und schematisch. Für die Errechnung des „Goldwerts" der ursprünglichen Einlageverpflichtung ist nicht der Dollarkurs maßgebend. Auch andere Maßstäbe, so der Börsenindex für Aktien, können herangezogen werden.
U. v. 30.11.1928; II 38/28. E. 122, 339. Dresden.

8.   Aufwertung, AufwG § 63; HGB §§ 211, 221.

Auch gegenüber Aufwertungsansprüchen kraft Rückwirkung hinsichtlich von Einzahlungsrückständen auf Aktien greift die sogenannte „Verwirkung" durch.
U. v. 4.12.1931; II 135/31. E. 134, 262. Kammergericht.

§ 212 (§ 50 AktG)

Neben den Kapitaleinlagen kann im Gesellschaftsvertrage den Aktionären die Verpflichtung zu wiederkehrenden, nicht in Geld bestehenden Leistungen auferlegt werden, sofern die Übertragung der Anteilsrechte an die Zustimmung der Gesellschaft gebunden ist. Die Verpflichtung und der Umfang der Leistungen müssen aus den Aktien oder Interimsscheinen zu ersehen sein.
Im Gesellschaftsvertrage können für den Fall, dass die Verpflichtung nicht oder nicht gehörig erfüllt wird, Vertragsstrafen festgesetzt werden.
Im Gesellschaftsvertrage kann bestimmt werden, dass die Gesellschaft die Zustimmung zur Übertragung der Anteilsrechte nur aus wichtigen Gründen verweigern darf.

1.   HGB § 212 (auch §§ 216, 276; EG z. HGB Art. 23).

Die Bestimmungen des Statutes einer vor dem 1.1.1900 errichteten Aktiengesellschaft über die Rübenlieferungspflicht der Aktionäre können durch einen *Mehrheitsbeschluss* der Generalversammlung nicht geändert werden. Solche Gesellschaften können von der im § 212 gegebenen Befugnis vielmehr nur Gebrauch machen, wenn alle beteiligten Aktionäre damit einverstanden sind. Denn da nach früherem Recht eine solche Verpflichtung als aktienrechtlich unzulässig war und den betreffenden Bestimmungen der Satzungen die Bedeutung von Nebenverträgen beigelegt wurde, so war keine von diesen älteren Gesellschaften eine solche, bei der im *Rechtssinn* „in dem ursprünglichen Gesellschaftsvertrage" den Aktionären eine Verpflichtung der im § 212 bezeichneten Art auferlegt ist.

U. v. 10.4.1901; I 499/00. E. 48, 102. Naumburg. – Ebenso: U. v. 2.11.1904; I 276/04. Braunschweig.

2.   **HGB § 212.**

Nach Art. 219 HGB a. F. konnten dem Aktionär als solchem gesellschaftliche Verpflichtungen *zu anderen* vermögensrechtlichen Hauptleistungen als zu der Einlage auf das Grundkapital nicht gültig auferlegt werden. Die im Statut enthaltenen Bestimmungen über die Nebenleistungspflicht des Baues und der Lieferung von Rüben sind aber als ein besonderer selbständiger Nebenvertrag zwischen der Gesellschaft und einem einzelnen Aktionär überall dann zu beurteilen, wenn das Nebenleistungsverhältnis den Erfordernissen eines bestimmten selbständigen Rechtsgeschäfts genügt. Das ist schon dann gegeben, wenn das Entgelt gegen diese Leistung von einem Organe der Gesellschaft nach billigem Ermessen festzustellen ist. An dieser Rechtslage ist für *vor* dem 1.1.1900 bestandene Aktiengesellschaften durch § 212 HGB n. F. nichts geändert.

U. v. 8.1.1907; II 300/06. Celle.

3.   **HGB § 212 (auch § 276).**

Zur Begründung einer Verpflichtung der Aktionäre zu Leistungen der in § 212 bezeichneten Art ist es nicht erforderlich, dass die gemäß § 276 notwendige Zustimmung der sämtlichen von der Verpflichtung betroffenen Aktionäre gerade in der über diese Verpflichtung beschließenden Generalversammlung erklärt wird. Vielmehr kann diese Zustimmung auch außerhalb dieser Generalversammlung und zwar auch in formloser Weise erteilt werden.

U. v. 10.4.1908; II 622/07. E. 68, 263. Naumburg.

4.   = § 185 HGB Nr. 5.

U. v. 25.9.1912; I 6/12. E. 80, 95. Posen.

5.   **HGB § 212 (auch § 276).**

1. Wenn die Satzung einer vor 1.1.1900 gegründeten Aktiengesellschaft, die die Herstellung von Rübenzucker betreibt, den Aktionären dem Art. 219 HGB a. F. zuwider die Verpflichtung zur Rübenlieferung auferlegt, so ist, damit diese Verpflichtung unter der Herrschaft des neuen Rechts gemäß § 212 HGB n. F. rechtsgültig fortbesteht, ein auf deren Aufrechterhaltung gerichteter Generalversammlungsbeschluss und ferner die Zustimmung sämtlicher betroffener Aktionäre erforderlich.

Die Aufrechterhaltung braucht in dem Beschlusse nicht besonders ausgesprochen zu sein; sie kann sich aus dessen Gesamtinhalt ergeben.

Die Zustimmung kann auch außerhalb der Generalversammlung und zwar formlos geschehen; sie kann in der widerspruchslosen Fortlieferung der Rüben gefunden werden.

2. Aus § 212 Abs. 1 Satz 2 HGB ist nicht zu folgern, dass die Nichtbeachtung dieser Vorschrift die Ungültigkeit der Verpflichtung nach sich zieht. Dem ersten Aktionär liegt

die Verpflichtung gemäß dem Gesellschaftsvertrag ob, auch wenn sie in der Aktie nicht erwähnt ist, dagegen darf der gutgläubige Erwerber sich in dieser Hinsicht auf die Richtigkeit des Inhalts der Aktie verlassen; er braucht also die Verpflichtung nicht gegen sich gelten zu lassen, wenn sie nicht in der Aktie angegeben ist.
U. v. 18.3.1913; II 608/12. E. 82, 72. Frankfurt. – Ebenso: U. v. 16.1.1914; II 497/13. Rostock.

6. HGB § 212.

Bei der Erbauung einer Eisenbahnlinie verpflichten sich Interessenten (Werkbesitzer) der die Linie bauenden und betreibenden Aktiengesellschaft gegenüber, Aktien zu übernehmen und ihre Güter durch die Bahn befördern zu lassen. Die gesellschaftliche Natur der Beförderungspflicht wurde verneint.
U. v. 30.1.1914; II 615/13. E. 84, 328. Hamm.

7. HGB §§ 276, 212, 271.

Auch die Erhöhung einer satzungsgemäß vorgesehenen Vertragsstrafe für die ordnungsmäßige Erfüllung der Rübenlieferungspflicht enthält eine Erweiterung oder Verschärfung der Verpflichtung zu Nebenleistungen, die nach § 276 HGB der Zustimmung sämtlicher von der Verpflichtung betroffenen Aktionäre bedarf.
Die Unwirksamkeit eines derartigen, eine Vermehrung der Nebenleistungspflichten enthaltenen Generalversammlungsbeschlusses wegen fehlender Zustimmung eines betroffenen Aktionärs kann geltend gemacht werden, ohne Rücksicht darauf, ob eine Anfechtung nach § 271 ff. erfolgt ist oder die Voraussetzungen dafür vorliegen.
U. v. 8.6.1928; II 515/27. E. 121, 238. Braunschweig.

§ 213 (§ 52 AktG)

Die Aktionäre können ihre Einlagen nicht zurückfordern; sie haben, solange die Gesellschaft besteht, nur Anspruch auf den Reingewinn, soweit dieser nicht nach dem Gesetz oder dem Gesellschaftsvertrage von der Verteilung ausgeschlossen ist.

1. HGB § 213.

Über die Unzulässigkeit der Geltendmachung von Schadensansprüchen seitens eines Aktionärs gegen die Gesellschaft s. § 189 Nr. 3.

2. HGB § 213 (auch § 215).

Der Senat hält an der Auffassung fest, dass der Aktionär seine durch Zeichnung und Übernahme von Aktien bei der Gründung oder Kapitalserhöhung erklärte Beteiligung an der Aktiengesellschaft nicht wegen Betrugs, Drohung oder Irrtums anfechten oder Schadensersatzansprüche geltend machen kann, welche die Wiederaufhebung dieser Beteili-

gung bewirken. Dagegen lehnt der Senat nunmehr – im Gegensatze zur Begründung der E. 54, 128 und der E. 62, 29 – eine Ausdehnung dieser Grundsätze auf die Fälle ab, in welchen der Aktionär durch rechtsgeschäftlichen Erwerb von Aktien Gesellschafter geworden ist.
U. v. 28.4.1909; I 254/08. E. 71, 97. Kammergericht.

3.   HGB § 213 (auch § 223).

Wer eine nicht vollgezahlte Aktie erwirbt, kann sich gegenüber der Forderung der Aktiengesellschaft auf die rückständige Einlage nicht darauf berufen, dass er durch Betrug zum Erwerbe der Aktie bestimmt ist. Dies gilt sowohl dann, wenn der Erwerber mit seiner Einwilligung im Aktienbuch eingetragen ist, wie in dem anderen Falle, wenn er, ohne eingetragen zu sein, über den Einlagerückstand Wechsel gegeben hat.
U. v. 15.12.1909; I 252/09. E. 72, 292. Kammergericht.

4.   HGB § 213.

Der einzelne Aktionär kann als solcher Ersatz des Schadens, den er durch die Verminderung des Wertes der Aktien erleidet, von der Gesellschaft nicht verlangen. Seine Vermögensrechte gegen die Gesellschaft aus dem bloßen Aktienbesitze sind beschränkt auf die Ansprüche auf die Dividende aus § 213. [Vgl. E. 54, 132.]
U. v. 27.6.1911; II 671/10. Düsseldorf.

5.   HGB § 213.

Eine Aktiengesellschaft kann sich ihren Aktionären gegenüber, die zu einem Syndikate vereinigt sind, für den Fall ihres Austritts aus dem Syndikate *nicht* zur Übernahme ihrer Aktien gegen Entgelt verpflichten, denn immer würde im Falle der Abgabe der Aktien oder Interimsscheine an die Aktiengesellschaft eine wenigstens teilweise Zurückzahlung der von dem Aktionär auf die Aktie geleisteten Einlage durch die Aktiengesellschaft stattfinden, eine solche Verpflichtung ist aber mit dem Prinzip des § 213 unvereinbar.
U. v. 25.10.1911; I 441/10. E. 77, 71. Köln. – Vgl. unten Nr. 8.

6.   HGB § 213 (auch BGB § 518).

Der Dividendenschein (Gewinnanteilschein) ist in der Regel ein Inhaberpapier im weiteren Sinne, derart, dass das Recht auf die in ihm verbriefte Dividende (Gewinnanteil) durch Übergabe des Scheins übertragen wird; er ist selbständig, auch ohne die Aktie, veräußerlich; er gilt bei Verpfändung der Aktie nicht ohne weiteres als mitverpfändet, sondern nur, wen er mit übergeben wird; er ist der Träger des Dividendenrechts.
Wird daher eine Aktie ohne den dazu gehörigen Gewinnanteilscheinbogen schenkungsweise übergeben, so wird, auch wenn sich das Schenkungsversprechen mit auf den Gewinnanteilscheinbogen bezogen haben sollte, die Schenkung insoweit nicht vollzogen, und das am Stammpapier begründete *dingliche* Recht erstreckt sich nicht auch auf den Bogen.
U. v. 9.10.1911; VI 473/10. E. 77, 333. Dresden.

7.   HGB § 213 (auch BGB § 139, HGB § 215).

Die Vorschrift des § 139 BGB kann nicht dazu führen, dass eine an sich wirksame Zeichnung durch unzulässige Versprechungen, die von der Gesellschaft aus Anlass der Zeichnung erteilt worden sind, ihre Wirksamkeit verlieren; so kann die Rückforderung des auf Grund einer Aktienzeichnung Eingezahlten nicht darauf gestützt werden, dass der Vorstand der Gesellschaft eine gewisse Verzinsung garantiert hat.

U. v. 5.3.1915; II 612/14. Jena.

8.   HGB § 213.

Ein Versprechen der Aktiengesellschaft, ihre Aktien auf Wunsch zu einem bestimmten Kurse einzulösen, ist wegen Verstoßes gegen § 213 nichtig, wenn es dem Aktionär bei der Gründung der Gesellschaft oder bei der Kapitalerhöhung erteilt wird.

U. v. 26.11.1915; II 234/15. E. 87, 339. Kammergericht.

9.   HGB § 213 (auch GmbHG § 30).

Jeder Schadensersatzanspruch des Betrogenen gegen die kapitalistische Gesellschaft, der auf die Tatsache des Beitritts zur Gesellschaft gegründet wird, ist ausgeschlossen. Es macht keinen Unterschied, ob die Wiedergewinnung der Einlage angestrebt oder entgangener Gewinn gefordert wird. Ebenso ist gleichgültig, ob der Gesellschafter so gestellt werden will, wie wenn er der Gesellschaft überhaupt nicht oder wie wenn er ihr nicht so, wie geschehen, beigetreten wäre. Eine Verurteilung der Gesellschaft kann auch nicht mit der Maßgabe erfolgen, dass der Anspruch nur aus Gewinn und offenen Reserven befriedigt werden dürfe.

U. v. 4.4.1916; II 427/15. Karlsruhe.

10.   HGB § 213 (auch BörsG n. F. § 45).

Die Prospekthaftung des § 45 BörsG kann auch gegenüber der Aktiengesellschaft selbst geltend gemacht werden, wenn von ihr der Prospekt ausgeht (vgl. E. 71, 97).

U. v. 2.6.1916; III 61/16. E. 88, 271. Hamm.

11.   HGB § 213.

Sind Aktionären, die eine bevorrechtete Dividende beanspruchen können (Vorzugsaktionäre), in der Satzung für den Fall, dass ein Geschäftsjahr einen geringeren Gewinn als die festgesetzte Vorzugsdividende ergeben würde, Nachbezugsrechte aus dem Gewinne in späteren Geschäftsjahren eingeräumt und ist *in den Dividendenscheinen zum Ausdruck* gebracht worden, dass „die eventuelle Nachzahlung gegen Vorlegung dieses Dividendenscheins" erfolgen solle, so sind die aus der Feststellung des Ausfalls sich ergebenden Nachbezugsrechte *selbständige*, d. h. die Ansprüche aus ihnen sind mit dem Dividendenscheine des Ausfalljahres, nicht mit dem des Gewinnjahres verknüpft, sind nicht bloß Anhängsel der Aktien und können deshalb den Dividendenscheininhabern, welche nicht Aktionäre zu sein brauchen, durch nachträgliche Satzungsänderung nicht mehr entzogen werden, es sei denn, dass sie selbst auf die Ansprüche verzichten. (So schon E. 82, 138; vgl. auch über *unselbständige* Nachbezugsrechte E. 82, 144.)

U. v. 24.11.1916; II 367/16. Hamm.

12.   = § 211 HGB Nr. 3.
U. v. 12.3.1918; II 402/17. E. 92, 315. Naumburg.

13.   HGB § 213 (auch § 215).
Die Begrenzung der Ansprüche der Aktionäre aus dem Gesellschaftsverhältnis gemäß
§§ 213, 215, der jeder Aktionär kraft seiner Beteiligung an der Gesellschaft ipso jure
unterworfen ist, und die sowohl zum Schutze des mit der Aktiengesellschaft kontrahie-
renden Publikums, als auch im Interesse der Gesamtheit der Aktionäre getroffen ist (E.
54, 132), schließt jeden vermögensrechtlichen Anspruch des Aktionärs als solchen auf
etwas anderes als den bilanzmäßigen Gewinn des verflossenen Geschäftsjahres für die
Zeit des Bestehens der Aktiengesellschaft als Erwerbsvereins aus (vgl. E. 77, 13). Entgegenstehende Verfügungen und Vertragsbestimmungen, mögen sie auch durch wirtschaftliche Erwägungen gerechtfertigt werden, sind *nichtig*.
U. v. 20.2.1923; II 36/22.

14.   = § 40 HGB Nr. 10.
U. v. 4.1.1924; III 320/23.

15.   HGB §§ 213, 215, 217.
1. Rückzahlung der Einlage ist gleichbedeutend mit jeder Zahlung auf die Beteiligung an
der Gesellschaft, soweit es sich dabei nicht um die Ausschüttung der festgestellten Jah-
resdividende handelt.
2. Die Gesellschaft kann über *ihren* Anspruch auf Rückerstattung von Zahlungen, die
dem Verbot der §§ 213, 215 HGB zuwiderlaufen, durch Abtretung wirksam verfügen,
jedoch nur, sofern diese gegen vollwertiges Entgelt erfolgt. Die Rechtslage ist insofern
ähnlich, wie im Fall der Abtretung von *Einzahlungsansprüchen* der Gesellschaft gegen
die Aktionäre (vgl. E. 124 S. 380).
3. Über die den Gläubigern kraft *eigenem* Rechte nach § 217 HGB zustehenden Ansprüche kann die Gesellschaft überhaupt nicht verfügen.
U. v. 30.5.1930; II 505/29. Kammergericht.

16.   HGB § 213.
In der Rechtsprechung des RG ist die Unterscheidung zwischen Erstaktionär und nach-
träglichem Erwerber der Aktie im Hinblick auf § 213 HGB nur da gemacht worden, wo
die AG aus allgemeinen Rechtsgründen zu Maßnahmen verpflichtet war oder sich verpflichtete, die im Erfolg eine Ausschüttung von Stammvermögen an den Aktionär zur
Folge haben mussten oder hatten (sog. „Umsatzgeschäfte"). Hier soll § 213 vorgehen,
wenn solche Verpflichtung bei der ersten Begründung des Aktienrechts geschaffen wurde, dagegen soll es bei den allgemeinen Rechtsgrundsätzen verbleiben, wenn das nicht
der Fall war (vgl. E. Bd. 71 S. 97, Bd. 88 S. 188 und 273, Bd. 87 S. 339, Bd. 77 S. 71,

Bd. 121 S. 106, Bd. 107 S. 166, RG in JW 1930 S. 3730, ferner zu § 30 GmbHG: E. Bd. 133 S. 393, Bd. 136 S. 261, Bd. 142 S. 286).
U. v. 19.10.1934; II 85/34. E. 146, 84. Düsseldorf.

17.   HGB § 213.
Ein Vertrag, durch den sich eine AG dem Verbot des § 213 HGB zuwider zu Ausschüttungen an ihre Aktionäre oder für deren Rechnung an einen Dritten verpflichtet, ist nichtig.
U. v. 13.12.1935; II 161/35.

18.   HGB §§ 213, 226.
Ein Dividendengarantieversprechen, das eine AG dem Erwerber gibt, ist auch dann nichtig, wenn es im Rahmen eines Umsatzgeschäftes in eigenen Aktien erteilt wird (vgl. E. 121, 99).
Ist ein Tauschvertrag zwischen einer AG und einem Dritten, bei dem die Leistung der AG in eigenen Aktien bestanden hat, nichtig, so verstößt ein Vergleich der Vertragsparteien über die sich aus dieser Nichtigkeit ergebenden Bereicherungsansprüche nicht ohne weiteres gegen § 213. Auf einen solchen Vergleich findet auch § 226 keine Anwendung, und zwar auch dann nicht, wenn die von dem Dritten gutgläubig als volleinbezahlt erworbenen Aktien in Wirklichkeit nicht volleinbezahlt waren.
U. v. 18.2.1936; II 114/35.

19.   BGB § 814; HGB §§ 213, 215, 217, 260.
Vorauszahlungen auf die erhoffte Dividende eines noch laufenden Geschäftsjahrs verstoßen gegen die zwingenden Vorschriften der §§ 213, 215 HGB. Schuldrechtliche Abreden und dingliche Erfüllungsgeschäfte dieser Art sind nichtig.
Zu den Voraussetzungen eines aus dem gesellschafterlichen Gewinnbeteiligungsrecht losgelösten Gläubigeranspruchs des Aktionärs auf Ausschüttung einer Dividende gehört ein entsprechender Gewinnverteilungsbeschluss der Generalversammlung. § 217 Abs. 1 S. 2 HGB gilt auch für den Rückerstattungsanspruch der Gesellschaft selbst. § 814 BGB kann auf den Rückerstattungsanspruch der Gesellschaft jedenfalls dann keine Anwendung finden, wenn ein absichtliches Handeln der Gesellschaftsorgane zum Nachteil der Gesellschaft im Einverständnis des empfangenden Aktionärs vorliegt.
U. v. 1.9.1936; II 58/36.

§ 214 (§ 53 AktG)

Die Anteile am Gewinne bestimmen sich nach dem Verhältnisse der Aktienbeträge.
Sind die Einzahlungen nicht auf alle Aktien in demselben Verhältnisse geleistet, so erhalten die Aktionäre aus dem verteilbaren Gewinne vorweg einen Betrag von vier vom Hundert der geleisteten Einzahlungen; reicht der Jahresgewinn hierzu nicht aus, so bestimmt sich der Betrag nach einem entsprechend niedrigeren Satze. Einzahlungen, die im Laufe des Geschäftsjahrs zu leisten waren, werden nach dem

Verhältnisse der Zeit berücksichtigt, welche seit dem für die Leistung bestimmten Zeitpunkte verstrichen ist.
Im Gesellschaftsvertrage kann eine andere Art der Gewinnverteilung vorgesehen werden.

1.   HGB § 214 (auch § 260).
In Bezug auf festgestellte Dividenden ist die Aktiengesellschaft lediglich Schuldnerin der Bezugsberechtigten. Sie ist nicht verpflichtet, Dividenden, die auf Aktien, die sich in ihrem Gewahrsame befinden, entfallen, abgesondert zu verwalten. [Vgl. E. 37, 62.]
U. v. 30.11.1903; I 260/03. Kammergericht.

2.   HGB § 214 (auch §§ 235, 274).
Eine Aktiengesellschaft kann einem Dritten gegenüber die Verpflichtung eingehen, eine über einen festgesetzten Prozentsatz hinausgehende Dividende nur mit Zustimmung des Dritten zu verteilen. Ein solcher Vertrag kann durch den Vorstand als das vertretungsberechtigte Organ der Gesellschaft ohne Zustimmung der Aktionäre geschlossen werden; auf die Satzung der Aktiengesellschaft hat der Vertrag aber keinen Einfluss.
U. v. 16.12.1913; II 566/13. E. 83, 377. Dresden.

3.   HGB § 214.
Wird eine durch die Satzungen einer AG gemäß Abs. 3 des § vorgesehen, von der Regel abweichende Art der Gewinnverteilung infolge Eingreifens der Gesetzgebung undurchführbar, so tritt ohne weiteres wieder der Regelfall des Abs. 1 ein; d. h. die Anteile am Gewinn bestimmen sich nach dem Verhältnisse der Aktienbeträge. Es bedarf keines diesen Zustand wieder herstellenden Beschlusses der Generalversammlung.
Die Satzungen einer Rohspiritus verarbeitenden AG hatte bestimmt, dass ein Teil des Reingewinnes unter diejenigen Aktionäre verteilt werden sollte, welche in dem betreffenden Geschäftsjahre (satzungsgemäß) Rohspiritus an die Gesellschaft geliefert hatten, und zwar im Verhältnis zu der von dem einzelnen Aktionär gelieferten Rohspiritusmenge. Durch das Gesetz über das Branntweinmonopol wurde die Lieferung von Rohspiritus an die Aktiengesellschaft verboten.
U. v. 19.5.1922; II 550/21. E. 104, 349.

§ 215 (§ 54 AktG)

Zinsen von bestimmter Höhe dürfen für die Aktionäre weder bedungen noch ausbezahlt werden; es darf nur dasjenige unter sie verteilt werden, was sich nach der jährlichen Bilanz als Reingewinn ergibt.
Für den Zeitraum, welchen die Vorbereitung des Unternehmens bis zum Anfange des vollen Betriebs erfordert, können den Aktionären Zinsen von bestimmter Höhe bedungen werden; der Gesellschaftsvertrag muss den Zeitpunkt bezeichnen, in welchem die Einrichtung von Zinsen spätestens aufhört.

1.   HGB § 215 (auch § 300).
Bei der *Schaffung von Vorzugsaktien* kann bestimmt werden, dass dieselben während der Dauer der Gesellschaft außer der festgesetzten Dividende ein Nachbezugsrecht in der Weise genießen sollen, dass, wenn in einem Jahre der Reingewinn zur Zahlung der

zugesagten Dividende nicht ausreicht, der fehlende Teil aus dem Reingewinne der nächstfolgenden Jahre vorweg entnommen wird. Ebenso ist es zulässig, zu bestimmen, dass nach eingetretener Liquidation der Gesellschaft auf die Vorzugsaktien außer ihrem Stammwert ein Aufgeld, das in einer Quote des Kapitals besteht, verteilt, ein rückständiger Dividendenbetrag aus der Liquidationsmasse nachbezahlt wird und auf die Zeit vom Beginne des Geschäftsjahres, für welches wegen der eingetretenen Liquidation eine Berechnung von Reingewinn nicht mehr stattfindet, bis zur Auszahlung der Liquidationsquote eine Verzinsung des Kapitals zu gewähren ist.

U. v. 8.4.1908; I 595/07. E. 68, 235. Hamm.

2. = § 213 HGB Nr. 2.

U. v. 28.4.1909; I 254/08. E. 71, 97. Kammergericht.

3. HGB § 215.

Das Verbot des § 215 beschränkt sich nicht auf die Fälle, wo der die Zinsen versprechenden Aktiengesellschaft der Aktionär als solcher, nicht als Dritter, gegenübersteht, vielmehr ist den Aktiengesellschaften schlechthin untersagt, Verträge des Inhalts zu schließen, dass der Aktionär statt des Gewinnanteils feste Zinsen erhalten soll, sofern es sich nicht um Verträge handelt, die Teil des Gesellschaftsvertrages sind.

U. v. 14.10.1909; VI 310/08. E. 72, 30. Kammergericht.

4. HGB § 215.

Auch bei Erhöhung des Grundkapitals einer Aktiengesellschaft zum Zwecke der Erweiterung ihres Betriebes ist es gesetzlich zulässig, den neuen Aktionären Zinsen von bestimmter Höhe mit fester Endbegrenzung, welche den Anfang des vollen Betriebes nicht überschreiten darf, zu gewähren.

Eine Statutenänderung, welche bereits vor beschlossener Erhöhung des Grundkapitals die Möglichkeit einer Gewährung von Bauzinsen für die neuen Aktien unter den Beschränkungen des § 215 Abs. 2 vorsieht, ist rechtsgültig.

U. v. 6.11.1911; I 471/10. E. 77, 255. Kammergericht.

5. = § 213 HGB Nr. 7.

U. v. 5.3.1915; II 612/14. Jena.

6. HGB § 215.

Die Herübernahme gewisser Beträge aus einem Rücklagekonto (freiwilligen Reservefonds) einer AG in den zur Verteilung unter die Aktionäre bestimmten „Reingewinn" ist nicht ordnungswidrig, weil der bilanzmäßige Reingewinn (§ 215 Abs. 1) nicht gleichbedeutend ist mit Betriebsgewinn, sondern auch insoweit Reingewinn bleibt, als er nicht dem Geschäftsbetriebe im engeren und eigentlichen Sinne des Wortes seine Entstehung verdankt. Nach § 215 Abs. 1 ist verteilungsfähig, was sich nach der jährlichen Bilanz – ohne Rücksicht auf die sachliche Herkunft – als Reingewinn ergibt (vgl. E. 28, 55, auch für das heutige Recht geltend – vgl. auch den U.-Auszug bei § 288).

U. v. 23.12.1921; II 522/20. E. 103, 367.

7. = § 213 HGB Nr. 13.
U. v. 20.2.1923; II 36/22.

8. = § 213 HGB Nr. 15.
U. v. 30.5.1930; II 505/29. Kammergericht.

9. BGB § 328; HGB § 215.
Zur Frage, welchen Einfluss die Herabsetzung des Stammkapitals einer AG auf den Umfang einer *Rentengarantie* ausübt, die auf ein bestimmtes Aktienkapital zugesagt war. Nach dem Grundsatze, dass für den Inhalt einer Rentengarantie bei dem Fehlen ausdrücklicher Vereinbarungen die Grundsätze von Treu und Glauben unter Berücksichtigung der Umstände des Einzelfalles maßgebend sind, wird im vorliegenden Falle angenommen, dass die Veränderung des Stammkapitals die Garantie unverändert gelassen hat.
U. v. 8.2.1935; II 280/34. E. 147, 42. – Ebenso: II 311, 281/34 vom gleichen Tage.

10. = § 213 HGB Nr. 19.
U. v. 1.9.1936; II 58/36.

§ 216 (§ 55 AktG)

Für wiederkehrende Leistungen, zu denen die Aktionäre nach dem Gesellschaftsvertrage neben den Kapitaleinlagen verpflichtet sind, darf eine den Wert der Leistungen nicht übersteigende Vergütung ohne Rücksicht darauf bezahlt werden, ob die jährliche Bilanz einen Reingewinn ergibt.

1. = § 212 HGB Nr. 1.
U. v. 10.4.1901; I 499/00. E. 48, 102. Naumburg. – Ebenso: U. v. 2.11.1904; I 276/04. Braunschweig.

§ 217 (§ 56 AktG)

Die Aktionäre haften für die Verbindlichkeiten der Gesellschaft, soweit sie den Vorschriften dieses Gesetzbuchs entgegen Zahlungen von der Gesellschaft empfangen haben. Was ein Aktionär in gutem Glauben als Gewinnanteil oder als Zinsen bezogen hat, ist er in keinem Falle zurückzuzahlen verpflichtet.
Ist über das Vermögen der Gesellschaft der Konkurs eröffnet, so wird während der Dauer des Verfahrens das den Gesellschaftsgläubigern gegen die Aktionäre zustehende Recht durch den Konkursverwalter ausgeübt.
Die nach diesen Vorschriften begründeten Ansprüche verjähren in fünf Jahren vom Empfange der Zahlung an.

1.   = § 171 HGB Nr. 12.

U. v. 17.12.1910; I 400/09. E. 74, 428. Kammergericht.

2.   HGB § 217.

Die Vorschrift in § 217 Abs. 1 Satz 2 betrifft nicht nur die in § 217 Abs. 1 Satz 1 geregelten Ansprüche der *Gesellschaftsgläubiger*, sondern auch die anderswie begründeten Ansprüche *der Gesellschaft selbst*.

U. v. 2.10.1911; IV 676/10. E. 77, 88. Kammergericht.

3.   HGB § 217.

Die Bestimmung des § 217 Abs. 1 Satz 2 bezieht sich auf *alle* Zinsen, die ein Aktionär als solcher entgegen den Vorschriften des HGB, auf die in Satz 2 Bezug genommen ist, also entgegen den Vorschriften der §§ 215, 216 von der Gesellschaft empfangen hat.

U. v. 2.10.1911; IV 676/10. E. 77, 88. Kammergericht.

4.   HGB § 217.

Gutgläubigkeit im Sinne des § 217 Abs. 1 Satz 2 bedeutet die Überzeugung von der Rechtmäßigkeit des Empfangs. Durch einen Rechtsirrtum wird, sofern er entschuldbar ist, der gute Glaube *nicht* ausgeschlossen.

U. v. 2.10.1911; IV 676/10. E. 77, 88. Kammergericht.

5.   = § 213 HGB Nr. 15.

U. v. 30.5.1930; II 505/29. Kammergericht.

6.   HGB § 217.

Ein Gläubiger, der nach Auflösung einer Aktiengesellschaft die Verteilung ihres Vermögens unter die Aktionäre unter Verletzung der Sperrvorschriften (§§ 297, 301 HGB) selbst veranlasst hat, kann sich nicht auf die Haftung der Aktionäre aus § 217 HGB berufen.

U. v. 4.3.1932; II 284/31. Kammergericht.

7.   HGB §§ 241, 217; ZPO § 325.

Tritt der Gesellschafts-Konkursverwalter mit Zustimmung des Gläubigers einer Aktiengesellschaft, der nach § 241 Abs. 4 und Abs. 3 Nr. 6 HGB gegen die Gesellschaftsleiter geklagt hat, in dessen Rechtsstreit ein, so hat das gegen ihn ergangene, erst nach Beendigung des Konkurses und Wiedereintritt des Gläubigers in den Rechtsstreit rechtskräftig gewordene Urteil Rechtskraftwirkung gegen den Gläubiger.

U. v. 5.6.1935; II 228/34.

8.   = § 213 HGB Nr. 19.

U. v. 1.9.1936; II 58/36.

§ 218 (§ 57 AktG)

Ein Aktionär, der den auf die Aktie eingeforderten Betrag nicht zur rechten Zeit einzahlt, hat Zinsen von dem Tage an zu entrichten, an welchem die Zahlung hätte geschehen sollen. Die Geltendmachung eines weiteren Schadens ist nicht ausgeschlossen.

Im Gesellschaftsvertrage können für den Fall, dass die Einzahlung nicht rechtzeitig erfolgt, Vertragsstrafen festgesetzt werden.

Ist im Gesellschaftsvertrage nicht ein Anderes bestimmt, so hat die Aufforderung zur Einzahlung in der Weise zu geschehen, in welcher die Bekanntmachungen der Gesellschaft nach dem Gesellschaftsvertrag erfolgen.

1. HGB § 218.

Die Aufforderung zur Einzahlung der Aktienbeträge braucht nicht an alle rückständigen Aktionäre *gleichzeitig* zu ergehen.

U. v. 23.10.1914; II 148/14. E. 85, 366. Dresden.

2. = § 179 HGB Nr. 11.

U. v. 22.10.1918; II 158/18. E. 94, 61. Hamburg.

§ 219 (§ 58 AktG)

Erfolgt die Einzahlung nicht rechtzeitig, so kann den säumigen Aktionären für die Zahlung eine Frist mit der Androhung bestimmt werden, dass sie nach dem Ablaufe der Frist ihres Anteilsrechts und der geleisteten Einzahlungen verlustig erklärt werden.

Die Aufforderung muss dreimal in den im § 182 Abs. 3 bezeichneten Blättern (Gesellschaftsblättern) bekannt gemacht werden; die erste Bekanntmachung muss mindestens drei Monate, die letzte Bekanntmachung mindestens einen Monat vor dem Ablaufe der für die Einzahlung gesetzten Nachfrist erfolgen.

Sind die Anteilsrechte nicht ohne Zustimmung der Gesellschaft übertragbar, so genügt an Stelle der öffentlichen Bekanntmachungen der einmalige Erlass besonderer Aufforderungen an die säumigen Aktionäre; in diesen Aufforderungen muss eine Nachfrist gewährt werden, die mindestens einen Monat von dem Empfange der Aufforderung an beträgt.

Zahlt ein Aktionär den auf die Aktie zu leistenden Betrag ungeachtet der Aufforderung nicht ein, so ist er seines Anteilsrechts und der geleisteten Einzahlungen zu Gunsten der Gesellschaft verlustig zu erklären. Die Erklärung erfolgt mittels Bekanntmachung in den Gesellschaftsblättern.

An Stelle der bisherigen Urkunde ist eine neue auszugeben, die außer den früher geleisteten Teilzahlungen den eingeforderten Betrag zu umfassen hat. Wegen des Ausfalls, den die Gesellschaft an diesem Betrag oder an den später eingeforderten Beträgen erleidet, bleibt ihr der ausgeschlossene Aktionär verhaftet.

1. HGB § 219.

Auch im Konkurs des Aktionärs bleibt es dem Ermessen der Aktiengesellschaft überlassen, ob sie zur Einziehung der Aktie schreiten und den Ausfall geltend machen will, oder ob sie vorzieht, die rückständige Einlage zur Konkursmasse anzumelden.

U. v. 3.4.1912; I 178/11. E. 79, 174. Kammergericht.

§ 220 (§ 59 AktG)

Soweit der ausgeschlossene Aktionär den eingeforderten Betrag nicht zahlt, ist dafür der Gesellschaft der letzte und jeder frühere in dem Aktienbuche verzeichnete Rechtsvorgänger verhaftet, ein früherer Rechtsvorgänger, soweit die Zahlung von dessen Rechtsnachfolger nicht zu erlangen ist. Dies wird vermutet, wenn von dem letzteren die Zahlung nicht bis zum Ablaufe von einem Monat geleistet wird, nachdem an ihn die Zahlungsaufforderung und an den Rechtsvorgänger die Benachrichtigung von dieser erfolgt ist. Der Rechtsvorgänger erhält gegen Zahlung des rückständigen Betrags die neu auszugebende Urkunde.

Die Haftpflicht des Rechtsvorgängers ist auf die innerhalb der Frist von zwei Jahren auf die Aktien eingeforderten Beträge beschränkt. Die Frist beginnt mit dem Tage, an welchem die Übertragung des Anteilsrechts zum Aktienbuche der Gesellschaft angemeldet wird.

Ist die Zahlung des rückständigen Betrags von Rechtsvorgängern nicht zu erlangen, so kann die Gesellschaft das Anteilsrecht zum Börsenpreis und in Ermangelung eines solchen durch öffentliche Versteigerung verkaufen.

Zu § 220 kein Leitsatz.

§ 221 (§ 60 AktG)

Die Aktionäre und deren Rechtsvorgänger können von den in den §§ 211, 220 bezeichneten Leistungen nicht befreit werden. Sie können gegen diese Leistungen eine Forderung an die Gesellschaft nicht aufrechnen.

1.   HGB § 221.

Art. 219 Abs. 2 und 184c HGB a. F. [vgl. jetzt § 221] schließen zwar das einseitige Aufrechnungsrecht des Aktionärs gegen seine Schuld aus der Zeichnung aus, aber sie lassen die auf Vereinbarung beruhende Aufrechnung fälliger Forderungen des letzteren zu. Es steht auch nichts im Wege, dass die Aktiengesellschaft mit Zustimmung des Aktionärs noch nicht voll gezahlte Aktien des letzteren an dritte Personen gibt, damit diese an Stelle des Aktionärs die noch ausstehende Einzahlung leisten oder aufrechnen. Zur Befreiung des Aktienzeichners ist nicht erforderlich, dass mit den dritten Erwerbern der Aktien vereinbart werde, es solle von ihnen durch Zahlung oder Aufrechnung die Verpflichtung des Aktienzeichners erfüllt werden, es genügt, dass nach dem übereinstimmenden Willen der Aktiengesellschaft und des Aktionärs die Hingabe der Aktien an den Dritten zu dem bezeichneten Zwecke geschieht. Die einmal eingetretene, den Zeichner befreiende Wirkung der Überlassung von Aktien an einen Dritten wird nicht dadurch wieder aufgehoben, dass ein Vorstandsmitglied sich nachträglich von dem Dritten die Aktien hat zurückgeben lassen und an deren Stelle andere ihm als Zeichner zugeteilte Aktien hingegeben hat. Sind die Aktien dem Dritten nicht zum vollen Nennwerte, sondern nur zu 75 % angerechnet worden, so besteht für den Restbetrag die Einzahlungspflicht des Zeichners fort. Dies kann dann anders sein, wenn der Zeichner bei der Überlassung der Aktien an den Dritten von dem Vorstande der Aktiengesellschaft darin getäuscht worden ist, dass die Überlassung nicht zum vollen Nennwert erfolgt war und wenn er nur die Überlassung zum vollen Nennwerte genehmigt haben würde. U. v. 25.9.1901; I 139/01. Kiel.

2. HGB § 221 (auch KO § 193).

1. Die von einer Aktiengesellschaft *selbst* vorgenommene Aufrechnung auf ihre Einlage mit einer Gegenforderung des Aktionärs ist wirksam, vorausgesetzt, dass die Gegenforderung mit Rücksicht auf die Vermögenslage der Gesellschaft als vollwertig gelten darf. 2. Durch einen Zwangsvergleich in dem Konkurse über das Vermögen eines Aktionärs wird auf die Einlageforderung der Aktiengesellschaft gegen den Aktionär ergriffen. (KO § 193.) Das Gegenteil ist aus HGB § 221 nicht zu folgern. U. v. 25.1.1917; II 414/17. Naumburg. – Wie Abs. 1 (vollwertig aber nicht, wenn Gesellschaft überschuldet ist). U. v. 22.10.1918; II 158/18. Hamburg.

3. HGB § 221.

Ist die Gegenforderung des Aktienzeichners nicht zweifellos vollwertig, so ist auch eine vertragsmäßige Verrechnung mit der Einlageforderung der Gesellschaft schlechthin und nicht etwa nur zu dem dem Verhältnis der Gesellschaftspassiven zu den Aktiven entsprechenden Teile unwirksam. U. v. 22.10.1918; II 158/18. E. 94, 61. Hamburg.

4. HGB § 221.

Die Abtretung der Forderung einer AG gegen einen Aktionär auf Einzahlung der restlichen Kapitaleinlage ist (entsprechend wie bei der GmbH, vgl. E. 76, 436; 85, 352) *zulässig*, §§ 299, 717 BGB stehen nicht entgegen. U. v. 23.9.1921; II 61/21. E. 102, 385.

5. BGB § 273; HGB § 221.

Gegenüber dem Anspruch der Aktiengesellschaft auf Leistung der Kapitaleinlagen ist dem Aktionär auch die Geltendmachung eines Zurückbehaltungsrechts wegen fälliger Geldgegenforderungen versagt. U. v. 19.3.1929; II 422/28. Kammergericht.

6. HGB § 221.

Aus dem Zweck des § 221 HGB ist herzuleiten, dass eine Abtretung von Kapitaleinlageansprüchen (Geld- oder Sacheinlageansprüchen) der Aktiengesellschaft innerhalb oder außerhalb des Konkursverfahrens nur zulässig und gültig ist, wenn hierdurch der Vermögensstand der Gesellschaft nicht verringert wird, ihr also ein gleichwertiger Gegenwert zufließt. U. v. 14.6.1929; II 653/28. E. 124, 380. Naumburg.

7. = § 211 HGB Nr. 8.
U. v. 4.12.1931; II 135/31. E. 134, 262. Kammergericht.

8.   HGB § 221.

Ein Verhalten, das auf Umgehung des im § 221 S. 2 ausgesprochenen Aufrechnungs-
verbots gerichtet ist, setzt einen hierauf gerichteten Willen der Beteiligten voraus. Hat
ein Aktionär eine ihm obliegende Kapitaleinlage geleistet, sich aber den eingezahlten
Betrag alsbald auf Darlehen zurückzahlen lassen, die ihm die Gesellschaft schuldet, so
kann hierin ein Verstoß gegen § 221 S. 2 nicht erblickt werden, wenn er annehmen
konnte, die Gesellschaft werde trotz der ihm gewährten Rückzahlungen zur Erfüllung
ihrer sonstigen Verbindlichkeiten imstande sein.
U. v. 16.10.1936; II 80/36. E. 152, 292.

9.   HGB § 221; AktG v. 1937 § 60.

Die Pfändung einer Einlageforderung der AG zugunsten einer nicht vollwertigen Gesellschaftsschuld ist zulässig, wenn die Gesellschaft wegen Vermögenslosigkeit auf Grund
des § 2 des LöschungsG v. 9.10.1934 (RGBl. I S. 914) im Handelsregister gelöscht und
ein Konkursverfahren gegen sie mangels Masse eingestellt worden ist (vgl. E. Bd. 149 S.
293).
U. v. 12.10.1937; II 51/37. E. 156, 23.

10.   HGB § 221; AktG § 60.

Die in E. 156 S. 23 zugelassene Ausnahme von der Möglichkeit der Aufrechnung gegen
eine Einlageforderung einer AG ist nicht einschränkend auszulegen. Ein die Ausnahme
begründender Sachverhalt kann schon darin liegen, dass der Einlageschuldner andere
Verbindlichkeiten als die Einlage (z. B. die Verpflichtung, der Gesellschaft Darlehen zu
gewähren) nicht erfüllt hat und dadurch die Löschung der Gesellschaft als vermögens-
und erwerbslos verursacht.
U. v. 3.12.1938; II 84/38.

§ 222 (§ 61 AktG)

Auf Namen lautende Aktien sind mit genauer Bezeichnung des Inhabers nach Namen, Wohnort und
Stand in das Aktienbuch der Gesellschaft einzutragen.
Sie können, soweit nicht der Gesellschaftsvertrag ein Anderes bestimmt, ohne Zustimmung der Gesellschaft auf Andere übertragen werden.
Die Übertragung kann durch Indossament geschehen. In Betreff der Form des Indossaments, in Betreff
der Legitimation des Inhabers und in Betreff seiner Verpflichtung zur Herausgabe finden die Vorschriften der Artikel 11 bis 13, des Artikels 36 Satz 1 bis 4 und des Artikels 74 der Wechselordnung entsprechende Anwendung.
Zur Übertragung von Aktien, die gemäß § 180 Abs. 3 auf einen Betrag von weniger als eintausend Mark
gestellt sind, ist die Zustimmung des Aufsichtsrats und der Generalversammlung erforderlich. Die Übertragung dieser Aktien kann nur mittelst einer die Person des Erwerbers bezeichnenden, gerichtlich oder
notariell beglaubigten Erklärung erfolgen.

1.   HGB § 222.

Ist der Vorstand einer Aktiengesellschaft statutenmäßig verpflichtet, wenn er beim Ableben eines Aktieninhabers seine Zustimmung zu der Übertragung der Namenaktien an die
Erben nicht erteilen will, die Aktien gegen Entrichtung ihres wahren Wertes für die
Gesellschaft zu erwerben, so hängt der Übergang der Aktien auf den Erben nicht von der
Zustimmung des Vorstandes ab, vielmehr soll dieser nur das Recht haben, den Erben
durch Zahlung des wahren Wertes der Aktien zu deren Übertragung an die Gesellschaft
zu nötigen. Durch die bloße Versagung der Genehmigung des Vorstands wird also der
Übergang des Aktienrechts auf den Erben nicht gehindert. Der Vorstand darf ferner sein
statutarisches Recht nicht zu beliebiger Zeit, sondern muss es alsbald nach erlangter
Kenntnis von dem Erbfall ausüben, und er muss es bei ablehnenden Verhalten des Erben
erforderlichen Falles durch Anrufung des Gerichts weiter verfolgen, weil andernfalls aus
seiner Untätigkeit gegenüber dem Verhalten des Erben der gerechtfertigte Schluss zu
ziehen ist, dass er den Versuch, von seinem Rechte Gebrauch zu machen, aufgeben und
sich gefallen lassen wolle, dass der Erbe Aktionär bleibe.
U. v. 11.6.1902; I 66/02. Frankfurt.

2.   HGB § 222 (auch § 223).

Welche Folgen es hat, wenn die Aktiengesellschaft ein *Aktienbuch nicht geführt* hat, ist
im Gesetze nicht bestimmt; eine unmittelbare Folge ist aber jedenfalls die, dass der
Übernehmer von Aktien sich der Aktiengesellschaft gegenüber nicht darauf berufen
kann, ein anderer sei an seiner Stelle Aktionär der Gesellschaft geworden; denn im Verhältnisse zur Gesellschaft gilt, auch wenn eine Übertragung der Aktien oder Interimsscheine stattgefunden hat, nach der ausdrücklichen Bestimmung des § 223 Abs. 3 *nur*
der als Aktionär, der als solcher im Aktienbuch eingetragen ist. Liegt ein solcher Eintrag
nicht vor, weil die Gesellschaft ein Aktienbuch überhaupt nicht geführt hat, so kann der
Übernehmer von Aktien die Pflicht zur Kapitaleinlage nach Maßgabe seiner Zeichnung
in keinem Falle durch die Berufung auf § 223 Abs. 3 von sich abwälzen.
U. v. 24.1.1906; I 355/05. Köln.

3.   HGB § 222 (auch KO § 6).

Im Konkurse der Aktiengesellschaft kann die durch das Statut dem Aufsichtsrate zuge-
wiesene Genehmigung der Übertragung der Namensaktien auch durch den Konkursverwalter erklärt werden.
U. v. 15.12.1909; E. 72, 292. Kammergericht.

4.   HGB § 222.

Das Zustimmungserfordernis des Abs. 2 bezieht sich nur auf die *„Übertragung"* d. h.
die dingliche Verfügung, nicht auch auf den bloßen Verpflichtungsvertrag.
U. v. 26.6.1913; II 250/13. Köln. – Vgl.: U. v. 17.1.1919; II 218/18. Naumburg.

5. HGB § 222.

Die in § 222 Abs. 4 für die Übertragung sog. gebundener Kleinaktien aufgestellten Erfordernisse gelten nur für das dingliche Übereignungsgeschäft, nicht aber auch für den schuldrechtlichen Vertrag auf Übertragung. (Ebenso: U. v. 26.6.1913; II 250/13 = LZ 1913 S. 765[2] und vom 17.1.1919; II 218/18 = LZ 1919 S. 534[9].)

U. v. 5.2.1929; II 332/28. E. 123, 279. Braunschweig.

6. HGB § 222.

In dem Antrag auf Zulassung vinkulierter Namensaktien zum Börsenhandel und in der Duldung börsenmäßigen Handelns solcher Aktien kann keine allgemeine Genehmigung des Aktien-Erwerbs aus solchen Geschäften gefunden werden.

U. v. 31.3.1931; II 222/30. E. 132, 149. Kammergericht.

7. HGB § 222.

Gibt bei vinkulierten Namensaktien ein Aktionär die Aktienurkunde mit Blankoabtretungserklärung weiter und wird nun dem letzten Nehmer in der Kette der Zwischenmänner nach Ausfüllung der Blankoabtretung auf ihn von der Gesellschaft die Genehmigung zum Erwerb erteilt, so vollzieht sich das dingliche Übertragungsgeschäft unmittelbar zwischen dem letzten Nehmer und dem Aktionär, der die Blankoabtretungserklärung ausgestellt hat. Die Übergabe der Aktienurkunde an den ersten Nehmer mit der Blankoabtretungserklärung enthält ein Übertragungsangebot an den ersten Nehmer mit der gleichzeitigen Ermächtigung, es auf sich selbst auszufüllen, oder es als Bote dergestalt weiterzugeben, dass jeder spätere Nehmer in die gleiche Rechtslage versetzt wird, wie der erste.

U. v. 3.6.1932; II 335/31. Kammergericht.

§ 223 (§ 62 AktG)

Geht eine auf Namen lautende Aktie auf einen Anderen über, so ist dies, unter Vorlegung der Aktie und des Nachweises des Überganges, bei der Gesellschaft anzumelden und im Aktienbuche zu vermerken.
Die Echtheit der auf der Aktie befindlichen Indossamente oder der Abtretungserklärungen zu prüfen, ist die Gesellschaft nicht verpflichtet.
Im Verhältnisse zu der Gesellschaft gilt nur derjenige als Aktionär, welcher als solcher im Aktienbuche verzeichnet ist.

1. = § 222 HGB Nr. 2.

U. v. 24.1.1906; I 355/05. Köln.

2. HGB § 223.

Durch die Eintragung im Aktienbuche, die bei Aktien, die auf den Namen lauten, das Aktionärverhältnis begründet, vollzieht sich die *Eingehung* eines *Vertrages* zwischen der Gesellschaft und dem Eingetragenen, der gegenseitige Rechte und Pflichten erzeugt. Deshalb schreibt § 223 vor, dass die Anmeldung unter Vorlegung der Aktie und des

Nachweises des Überganges bei der Gesellschaft zu erfolgen hat und darauf die Vermerkung im Aktienbuch erfolgen soll. Die Eintragung kann deshalb nur Rechtswirkungen haben, wenn sie entweder auf eigenen Anmeldung oder auf Anmeldung eines zu diesem Zwecke Beauftragten des Eingetragenen oder mit seiner ausdrücklichen oder stillschweigenden Einwilligung erfolgt ist.

U. v. 11.5.1906; II 460/05. Köln. – Zum Teil anders (S. 1), zum Teil bestätigend (S. 3): U. v. 29.1.1915; II 432/14. E. 86, 155. Celle. – Vgl. unten Nr. 6.

3.   = § 213 HGB Nr. 3.
U. v. 15.12.1909; I 252/09. E. 72, 292. Kammergericht.

4.   HGB § 223.
Die Eintragung des Erwerbs einer auf den Namen lautenden Aktie in das Aktienbuch hat keine rechtsbegründende Wirkung. Der Eintritt des neuen Aktionärs in den gesellschaftlichen Verband vollzieht sich durch den Erwerb der Aktie ohne rechtsgeschäftliche Beteiligung der Gesellschaft. Der § 223 Abs. 3 bestimmt nur eine eigenartige Legitimation des Aktionärs. Die Gesellschaft kann von ihm fordern, dass er die Umschreibung im Aktienbuch betreibt. Doch kann sie im Wege der Klage gegen ihn vorgehen, auch wenn die Umschreibung noch nicht stattgefunden hat.

U. v. 27.3.1912; I 349/11. E. 79, 162. Celle. – Zum Teil anders (S. 4 u. 5), zum Teil bestätigend (S. 1-3): U. v. 29.1.1915; II 432/14. E. 86, 155. Celle. – Vgl. unten Nr. 6.

5.   HGB § 223 (auch § 252; DepotG § 7 v. 5.7.1896).
1. Eine Legitimationsübertragung von Aktien zur Ausübung des Stimmrechts ist zulässig, ohne dass den Erwerber die Beschränkung zu treffen braucht, dass er das Stimmrecht für Rechnung des Übertragenden auszuüben hat. Dem Erwerber kann die vollständig freie Ausübung des Stimmrechts nach seinem Belieben und zu seinem eigenen Vorteil überlassen werden.
2. Mit der Übersendung des Stückeverzeichnisses (Depotges. § 7) ist der Übergang des Eigentums an den darin bezeichneten Wertpapieren, das Verfügungsrecht des Kommissionärs vorausgesetzt, notwendig nur dann verbunden, wenn der mit dem Einkauf von Wertpapieren beauftragt gewesene Kommissionär hierbei in seiner Eigenschaft als Kommissionär in Erfüllung der ihm kraft des Kommissionsverhältnisses obliegenden Pflicht zur Übergabe der eingekauften Wertpapiere handelt. In anderen Fällen bleibt zu prüfen, welche Bedeutung nach Lage der Sache die Übersendung des Stückeverzeichnisses hat.

U. v. 19.4.1913; IV 39/13. Hamm.

6.   HGB § 223.
Während Dritten gegenüber Aktionär ist, wer die Mitgliedschaft entweder ursprünglich durch Übernahme (Zeichnung) oder durch Abtretung von Seiten eines Rechtsvorgängers erworben hat, wird im Verhältnis zur Gesellschaft der im Aktienbuch Eingetragene als solcher behandelt (Duplizität des Rechtssubjekts) [anders Satz 1 bei Nr. 2].

Die Gesellschaft kann nicht verlangen, dass sich der wirkliche Aktionär eintragen lässt. Dadurch aber, dass sie ihm Rechte versagt und dem Eingetragenen gegenüber Ansprüche erhebt, kann sie einen Druck ausüben [anders: die beiden letzten Sätze in Nr. 4].
U. v. 29.1.1915; II 432/14. E. 86, 155. Celle.

7.   HGB § 223.

Der in das Aktienbuch als Aktionär Eingetragene kann seine Legitimation der Aktiengesellschaft gegenüber nicht bestreiten, dagegen kann ihm die Aktiengesellschaft die Legitimation streitig machen.
U. v. 29.1.1915; II 432/14. E. 86, 155. Celle.
U. v. 29.1.1915; II 360/14. E. 86, 160. Hamburg.

8.   HGB § 223.

Zwar ist dem Grundsatz in Nr. 7 zuzustimmen; der Aktionär kann aber der Gesellschaft gegenüber geltend machen, dass seine Eintragung im Aktienbuche deshalb auf falscher Grundlage beruhe, weil er seiner Eintragung nicht zugestimmt habe oder die Zustimmung (z. B. wegen Geschäftsunfähigkeit gemäß BGB §§ 104 Abs. 2, 105) *nichtig* sei.
U. v. 12.3.1918; II 402/17. E. 92, 315. Naumburg. – Ebenso: U. v. 27.11.1933; VI 364/33.

9.   HGB § 223.

§ 223 Abs. 3 gilt nicht nur für das Verhältnis der Gesellschaft zu dem Buchaktionär, sondern auch gegenüber einem nicht eingetragenen Aktionär.
So wenig, wie ein Buchaktionär der Gesellschaft etwaige Mängel des kausalen oder dinglichen Erwerbsgeschäfts entgegenhalten kann, so wenig kann ein nicht oder nicht mehr im Buch eingetragener Aktionär unter Hinweis auf solche Mängel des Rechtserwerbs des Buchaktionärs ohne Beibringung von dessen Zustimmung oder eines denselben zu solchen verurteilenden rechtskräftigen Erkenntnisses von der Gesellschaft die eigene Eintragung bzw. Wiedereintragung fordern. Er kann dies einseitig vielmehr nur dann tun, wenn das Eintragungsverfahren selbst an wesentlichen Mängeln leidet, so, wenn der Eintragungsantrag wegen Geschäftsunfähigkeit des Antragstellers nichtig war oder wegen Irrtums u.s.w. mit Recht angefochten ist, endlich die Organe der Gesellschaft bei der Eintragung rein willkürlich oder sittenwidrig verfahren sind, sei es, dass ein Antrag überhaupt nicht vorlag oder, dass sie die Umschreibung im Buch in arglistigem Zusammenwirken mit dem neu Eingetragenen zum Schaden der bisherigen Buchaktionäre bewirkt haben.
Dagegen ist die Gesellschaft nicht gehindert, Mängel des Rechtserwerbs des Buchaktonärs aufzudecken und ihn auf Grund derselben aus dem Buch zu entfernen. Sie handelt dabei aber auf ihre Gefahr.
U. v. 5.2.1929; II 332/28. E. 123, 279. Braunschweig.

§ 224 (§§ 61, 62 AktG)

Die Vorschriften der §§ 222, 223 finden auch auf die Eintragung der Interimsscheine und deren Übergang auf Andere Anwendung.

§ 225 (§ 63 AktG)

Steht eine Aktie mehreren Mitberechtigten zu, so können sie die Rechte aus der Aktie nur durch einen gemeinschaftlichen Vertreter ausüben.
Für die auf die Aktie zu bewirkenden Leistungen haften sie als Gesamtschuldner.
Hat die Gesellschaft eine Willenserklärung dem Aktionär gegenüber abzugeben, so genügt, falls ein gemeinschaftlicher Vertreter der Mitberechtigten nicht vorhanden ist, die Abgabe der Erklärung gegenüber einem Mitberechtigten. Auf mehrere Erben eines Aktionärs findet diese Vorschrift nur in Ansehung von Willenserklärungen Anwendung, die nach dem Ablauf eines Monats seit dem Anfalle der Erbschaft abgegeben werden.

Zu §§ 224-225 keine Leitsätze.

§ 226 (§§ 64, 114 AktG)

Die Aktiengesellschaft soll eigene Aktien im regelmäßigen Geschäftsbetriebe, sofern nicht eine Kommission zum Einkauf ausgeführt wird, weder erwerben noch zum Pfande nehmen.
Eigene Interimsscheine kann sie im regelmäßigen Geschäftsbetrieb auch in Ausführung einer Einkaufskommission weder erwerben noch zum Pfande nehmen. Das Gleiche gilt von eigenen Aktien, auf welche der Nennbetrag oder, falls der Ausgabepreis höher ist, dieser noch nicht voll geleistet ist.
Änderung des § 226 durch VO vom 19.9.1931.

1.   HGB § 226 (auch § 383).
Hat eine Aktiengesellschaft als Kommissionärin eigene Aktien von einem anderen im eigenen Namen, aber für Rechnung des Kommittenten gekauft, so steht ihrer Legitimation zur Klage gegen den Kommittenten auf Bezahlung des Nennwertes dieser Aktien der § 226 nicht entgegen.
U. v. 24.3.1906; I 477/05. Hamm.

2.   HGB § 226.
§ 226 ist nicht verletzt, wenn die Aktiengesellschaft durch den Erwerb ihrer Aktien nicht ihr eigener Aktionär zu werden oder sonst ein gewinnbringendes Geschäft zu machen beabsichtigt.
U. v. 22.9.1914; VII 137/14. E. 85, 328. Kammergericht.

3.   HGB §§ 226, 271, 282.
Der Anfechtungsklage des § 271 wurde wegen Verletzung des Gesetzes stattgegeben in einem Falle, wo die Generalversammlung eine Kapitalerhöhung beschlossen hatte, bei der ein Teil der neuen Aktien von zwei Gewerkschaften, deren Kuxe sich fast vollständig im Besitze der Aktiengesellschaft befand, übernommen wurde mit der Verpflichtung, die Aktien zur Verfügung der Gesellschaft zu halten. Die Gesetzesverletzung wurde in einem Verstoße gegen das Verbot des Erwerbs eigener nicht voll bezahlter Aktien durch die Gesellschaft, in der Tatsache, dass die Kapitalerhöhung wirtschaftlich zu keiner Vermehrung der Aktiven der Gesellschaft geführt hatte und in dem nach der Sachla-

ge ungerechtfertigten Ausschlusse des gesetzlichen Bezugsrechts der Aktionäre gefunden.
U. v. 18.1.1924; II 263/23. E. 108/41.

| 4. | HGB § 226. |

Der Gesetzgeber hat absichtlich und aus wohlerwogenen Gründen das Ruhen des Stimmrechts der im Besitz einer abhängigen Gesellschaft befindlichen Aktien der herrschenden Gesellschaft nicht angeordnet.
U. v. 19.11.1935; II 200, 201/35. E. 149, 305.

| 5. | = § 213 HGB Nr. 18. |

U. v. 18.2.1936; II 114/35.

§ 227 (§§ 192-194 AktG)

Die Einziehung (Amortisation) von Aktien kann nur erfolgen, wenn sie im Gesellschaftsvertrag angeordnet oder gestattet ist. Die Bestimmung muss in dem ursprünglichen Gesellschaftsvertrag oder durch eine vor der Zeichnung der Aktien bewirkte Änderung des Gesellschaftsvertrags getroffen sein, es sei denn, dass die Einziehung nicht mittelst Auslosung, Kündigung oder in ähnlicher Weise, sondern mittelst Ankaufs der Aktien geschehen soll.
Jede Art der Einziehung darf, sofern sie nicht nach den für die Herabsetzung des Grundkapitals maßgebenden Vorschriften stattfindet, nur aus dem nach der jährlichen Bilanz verfügbaren Gewinn erfolgen.
Änderung des § 227 und Einfügung eines § 227a durch VO vom 19.9.1931.

| 1. | = § 188 HGB Nr. 9. |

U. v. 17.2.1928; II 275/27. E. 119, 321. Hamburg.

§ 228 (§ 66 AktG)

Ist eine Aktie oder ein Interimsschein abhanden gekommen oder vernichtet, so kann die Urkunde, wenn nicht das Gegenteil darin bestimmt ist, im Wege des Aufgebotsverfahrens für kraftlos erklärt werden. Die Vorschriften des § 799 Abs. 2 und des § 800 des Bürgerlichen Gesetzbuchs finden entsprechende Anwendung.
Sind Gewinnanteilscheine auf den Inhaber ausgegeben, so erlischt mit der Kraftloserklärung der Aktie oder des Interimsscheins auch der Anspruch aus den noch nicht fälligen Gewinnanteilscheinen.

§ 229 (§ 68 AktG)

Ist eine Aktie oder ein Interimsschein in Folge einer Beschädigung oder einer Verunstaltung zum Umlaufe nicht mehr geeignet, so kann der Berechtigte, sofern der wesentliche Inhalt und die Unterscheidungsmerkmale der Urkunde noch mit Sicherheit erkennbar sind, von der Gesellschaft die Erteilung einer neuen Urkunde gegen Aushändigung der beschädigten oder verunstalteten verlangen. Die Kosten hat er zu tragen und vorzuschießen.

§ 230 (§ 69 AktG)

Neue Gewinnanteilscheine dürfen an den Inhaber des Erneuerungsscheins nicht ausgegeben werden, wenn der Besitzer der Aktie oder des Interimsscheins der Ausgabe widersprochen hat. Die Scheine sind in diesem Falle dem Besitzer der Aktie oder des Interimsscheins auszuhändigen, wenn er die Haupturkunde vorlegt.

Einfügung eines § 230a durch VO vom 19.9.1939.

Zu §§ 228-230 keine Leitsätze.

Dritter Titel. Verfassung und Geschäftsführung.

⟨vor §§ 231-273⟩

1.   HGB II, 3, 3 (auch BGB § 138).

Gegen die guten Sitten handelt, wer wissentlich von einem Beschlusse Gebrauch macht, durch den Vorstand und Aufsichtsrat in gänzlicher Missachtung ihrer Pflichten und der Rechte der Generalversammlung ihren Willen über den der Generalversammlung zu setzen und einen unerlaubten Zwang auf den Willen der Generalversammlung dahin auszuüben suchen, dass diese sich einer vollendeten Tatsache fügt.

U. v. 3.11.1914; II 325/14. Kiel.

2.   HGB §§ 231-273.

Wenn der Vorstand einer Aktiengesellschaft den Beschlüssen des Aufsichtsrats beigewohnt und keine Widerspruch dagegen erhoben hat, so gelten diese Beschlüsse grundsätzlich als vom Vorstand genehmigt, auch wenn er in den betr. Verhandlungen weder das Wort ergriffen noch an der Abstimmung teilgenommen hat.

U. v. 22.9.1926; I 302/26. Stuttgart.

§ 231 (§§ 70, 71, 75 AktG)

Die Aktiengesellschaft wird durch den Vorstand gerichtlich und außergerichtlich vertreten.
Der Vorstand kann aus einer oder mehreren Personen bestehen.
Die Bestellung zum Mitgliede des Vorstandes ist jederzeit widerruflich, unbeschadet des Anspruchs auf die vertragsmäßige Vergütung.

1.   HGB § 231 (auch BGB § 31).

Für die Frage, ob eine Aktiengesellschaft für unerlaubte Handlungen ihres Vorstandes aufzukommen hat, ist § 31 BGB maßgebend. Unter Handlung ist auch die Unterlassung

einer Handlung zu verstehen, die pflichtgemäß vorzunehmen war. Der Vorstand vertritt die Gesellschaft; zu den ihm obliegenden Verpflichtungen gehört auch, dafür Sorge zu tragen, dass die Firma der Gesellschaft nicht von Unbefugten in einer zur Täuschung geeigneten Weise missbraucht wird. Unterlässt er dies, oder billigt er sogar, so liegt hierin eine in Ausführung der ihm zustehenden Verrichtungen begangene Handlung.
U. v. 23.1.1903; II 231/02. Kammergericht.

| 2. | HGB § 231. |

Der Betriebsleiter einer Aktiengesellschaft ist deren Willensorgan in bezug auf ihren gewerbetechnischen Betrieb. In dem ihm zugewiesenen Geschäftskreise vertritt er die Gesellschaft. Diese ist daher für sein grob fahrlässiges Verhalten verantwortlich.
U. v. 16.1.1904; I 373/03. E. 57, 38. Hamm.

| 3. | HGB § 231 (auch § 250). |

Es ist eine Überspannung des Grundsatzes, dass die *Vertretung der Aktiengesellschaft* dem Vorstand obliegt, wenn man die Möglichkeit jeder anderen Vertretung ausschließen will. Insbesondere darf nicht bestritten werden, dass ausnahmsweise in den Fällen, wo ein anderes Vertretungsorgan der Aktiengesellschaft nicht besteht, wie dies bei Vereinbarungen mit den Aufsichtsratsmitgliedern vorkommen kann, auch die *Generalversammlung* selbst mit Rechtswirksamkeit für die Aktiengesellschaft muss tätig werden können. [Das Urteil E. 43, 283 steht dem nicht entgegen, da es nur von der regelmäßigen Ordnung der Vertretungsfrage spricht.]
U. v. 25.4.1906; I 614/05. E. 63, 203. Dresden.

| 4. | HGB § 231. |

Die Erteilung von geschäftlichen Auskünften gehört zum Betriebe des Handelsgewerbes und daher auch zu den Verrichtungen des Vorstandes einer Aktiengesellschaft. Diese haftet für eine unter BGB § 826 fallende Auskunft eines Vorstandsmitgliedes, auch wenn nach dem Statut Willenserklärungen nur von zwei Vorstandsmitgliedern abzugeben sind. [Vgl. BGB § 31 Nr. 27.]
U. v. 2.12.1907; VI 79/07. Celle.

| 5. | HGB § 231 (auch § 252). |

Ein Aktionär, der zugleich Vorstandsmitglied ist, hat *kein* Stimmrecht, wenn die Generalversammlung über seine vorzeitige Abberufung Beschluss fassen soll.
U. v. 15.2.1911; I 387

| 6. | HGB § 231 (auch BGB § 626). |

Die in dem Statut einer Aktiengesellschaft enthaltene Bestimmung, dass der Vorstand nur auf Grund eines Generalversammlungsbeschlusses ohne Entschädigung entlassen werden kann, ist weder nach § 626 BGB noch nach § 247 HGB unzulässig.
U. v. 27.5.1913; II 42/13. E. 82, 347. Hamburg.

7.   HGB § 231.
Die allgemeine Befugnis des Vorstandes einer AG zu ihrer gerichtlichen Vertretung gilt
auch für Klagen von Aufsichtsratsmitgliedern auf Erteilung der Entlastung, wenn diese
von der Generalversammlung verweigert ist.
U. v. 15.10.1926; II 584/25. E. 114, 396. Naumburg.

8.   HGB § 231, 246.
Wenn auch die Generalversammlung als das oberste Organ der Aktiengesellschaft bezeichnet zu werden pflegt, so kann sie doch nicht in das durch das Statut dem Aufsichtsrat zu ausschließlicher Kompetenz übertragene Recht der Bestellung und Abberufung
des Vorstandes eingreifen und diesen selbst abberufen und neu wählen, es sei denn, dass
zuvor insoweit mit der dafür vorgeschriebenen Majorität eine Statutenänderung beschlossen und wirksam geworden ist.
U. v. 3.6.1927; II 466/26. E. 117, 203. Hamburg.

9.   HGB §§ 231, 232.
Der Erteilung einer Vollmacht an das Vorstandsmitglied einer AG, welche diesem die
Vertretungsbefugnis eines alleinzeichnungsberechtigten Vorstandsmitgliedes verleiht,
stehen jedenfalls dann Bedenken nicht entgegen, wenn sie im Einverständnis sämtlicher
Organe der AG erfolgt. Dass die Satzungsänderung, welche dem Aufsichtsrat die Be-
rechtigung verleiht, einem Vorstandsmitglied die Alleinvertretungsbefugnis zu übertra-
gen, nicht eingetragen ist, hindert die Wirksamkeit der Vollmachtserteilung nicht.
U. v. 4.7.1928; I 135/28. Hamburg.

10.   HGB § 231; ArbGG § 2.
Der Direktor einer Aktiengesellschaft ist zwar nicht selbst Arbeitgeber, sondern gesetzlicher Vertreter seiner als Arbeitgeber anzusehenden Aktiengesellschaft und übt als deren
Organ die Arbeitgeberbefugnisse der Körperschaft aus. Er ist aber im Sinne der Zustän-
digkeitsvorschrift des § 2 Nr. 2 ArbGG bei Ansprüchen aus einer von ihm als gesetzlichen Vertreter gegen einen (auch früheren) Arbeitnehmer der Gesellschaft begangenen
unerlaubten Handlung einem Arbeitgeber gleich zu behandeln.
U. v. 19.1.1929; RAG 473/28. Berlin.

11.   HGB §§ 231, 247.
Auslegung der Satzung einer AG dahin, dass der Aufsichtsratsvorsitzende zur Kündi-
gung des Dienstverhältnisses eines Vorstandsmitgliedes berechtigt ist.
U. v. 30.5.1933; II 32/33. Kammergericht.

12.   BGB § 626; HGB § 231.
Nichtarische Abstammung eines Vorstandsmitglieds einer AG ist für sich allein noch
kein Grund zu dessen fristloser Entlassung aus dem Anstellungsvertrag. Es kommt auf
die besonderen Umstände des Falles an.
U. v. 3.9.1935; II 65/35.

13.   BGB § 31; HGB § 231.

Wenn ein alleinvertretungsberechtigtes Vorstandsmitglied einer AG einem anderen Vorstandsmitglied einer AG einem anderen Vorstandsmitglied fristlos kündigt, obwohl die Kündigung satzungsgemäß dem Aufsichtsrat zusteht, so haftet die AG für den durch die unberechtigte Kündigung dem anderen Vorstandsmitglied entstandenen Schaden jedenfalls dann, wenn die Beaufsichtigung der anderen Vorstandsmitglieder in den Geschäftskreis des alleinvertretungsberechtigten Vorstandsmitgliedes fällt und dieses durch die Abgabe der Kündigungserklärung schuldhaft gehandelt hat.

U. v. 12.5.1941; II 111/40.

§ 232 (§ 71 AktG)

Zu Willenserklärungen, insbesondere zur Zeichnung des Vorstandes für die Gesellschaft, bedarf es der Mitwirkung sämtlicher Mitglieder des Vorstandes, sofern nicht im Gesellschaftsvertrag ein Anderes bestimmt ist. Der Vorstand kann jedoch einzelne Mitglieder zur Vornahme bestimmter Geschäfte oder bestimmter Arten von Geschäften ermächtigen. Ist eine Willenserklärung der Gesellschaft gegenüber abzugeben, so genügt die Abgabe gegenüber einem Mitgliede des Vorstandes.

Steht nicht jedem einzelnen Vorstandsmitgliede die selbständige Vertretung der Gesellschaft nach dem Gesellschaftsvertrage zu, so kann durch diesen bestimmt werden, dass die Vorstandsmitglieder, wenn nicht mehrere zusammen handeln, in Gemeinschaft mit einem Prokuristen zur Vertretung der Gesellschaft befugt sein sollen. Auch kann durch den Gesellschaftsvertrag der Aufsichtsrat ermächtigt werden, einzelnen Mitgliedern des Vorstandes die Befugnis zu erteilen, die Gesellschaft allein oder in Gemeinschaft mit einem Prokuristen zu vertreten. Die Vorschriften des Abs. 1 Satz 2, 3 finden in diesen Fällen entsprechende Anwendung.

a) Mitwirken sämtlicher Vorstandsmitglieder: 1, 5, 6, 8, 9
b) Ermächtigung zu einzelnen Geschäften: 1, 2, 3, 8
c) Abgabe einer Willenserklärung: 4, 7
d) Vertretung in Gemeinschaft mit einem Prokuristen: 1, 10

1.   HGB § 232.

Die Bestimmung des Statutes einer Aktiengesellschaft, dass *schriftliche* Erklärungen, durch welche die Gesellschaft verpflichtet werden soll, von mindestens zwei Vorstandsmitgliedern oder von einem Direktor und einem Prokuristen unterzeichnet sein müssen, hat auch für *mündliche* Verpflichtungen Geltung [vgl. E. 24, 27]. Auf eine Umgehung der Vorschrift des Statuts würde es hinauslaufen und deshalb unzulässig sein, wenn ein Vorstandsmitglied von den anderen allgemein ermächtigt würde, Geschäfte mit Handwerkern selbständig zu erledigen. [Nicht entgegenstehend das eine offene Handelsgesellschaft betreffende Urteil in E. 5, 16.]

U. v. 30.6.1900; V 80/00. Kammergericht.

2.   HGB § 232.

Wenn auch dahingestellt bleiben mag, ob § 232 Abs. 1 Satz 2 gegenüber dem Art. 235 HGB a. F. eine *Erweiterung* der Zulassung von Übertragung der Stellvertretungsbefug-

nis auf ein Vorstandsmitglied enthält, so ist doch keinenfalls aus diesem Abs. 1 Satz 2 etwas *gegen* die Zulässigkeit einer Bevollmächtigung dahin zu folgern, dass das bevollmächtigte Vorstandsmitglied zwar *nicht als Vorstand*, wohl aber im Rahmen seiner Vollmacht, alle Geschäfte, selbständig abzuschließen befugt ist, zu denen ein *Handlungsbevollmächtigter* überhaupt Ermächtigung besitzt.
U. v. 5.7.1900; VI 166/00. Kammergericht.

3.   HGB § 232.

Eine Form verlangt die Erteilung der Handlungsvollmacht zu gewissen, auch generell bezeichneten Geschäften, wie auch im Falle der Nr. 2, nicht. Sie kann aus der fortgesetzten Duldung der Geschäftsführung seitens des einen Vorstandsmitgliedes geschlossen werden. Doch müssen aus solcher Geschäftsführung die Grenzen der erteilten Handlungsvollmacht ersichtlich sein. Ob im einzelnen Fall eine solche stillschweigende Bevollmächtigung vorliegt, ist Tatfrage.
U. v. 5.7.1900; VI 166/00. Kammergericht.
U. v. 8.3.1901; VII 371/00. E. 48, 56. Kammergericht.

4.   HGB § 232.

Ein bevollmächtigtes Vorstandsmitglied kann mündlich wie schriftlich innerhalb seiner Vollmacht die Gesellschaft wirksam vertreten. [Vgl. Nr. 1.]
U. v. 5.7.1900; VI 166/00. Kammergericht.

5.   HGB § 232.

Sind nur zwei kollektivberechtigte Vorstandsmitglieder da, so sind sowohl diejenigen Willenserklärungen, welche eines von ihnen *in Vollmacht* des anderen abgibt, als auch diejenigen, die von anderen *nachträglich genehmigt werden*, als vom Kollektivvorstand abgegeben, für die Gesellschaft wirksam. [HGB a. F.]
U. v. 15.3.1901; III 17/01. Stettin.

6.   HGB § 232.

Bei der gesetzlichen Kollektivvertretung durch mehrere muss die Aktiengesellschaft, wenn für die Frage eines Verschuldens die Kenntnis gewisser Tatsachen, die mala fides, erheblich ist, die Kenntnis *eines* in ihren Angelegenheiten handelnden Vorstandsmitgliedes als bösen Glauben der Gesellschaft gegen sich gelten lassen. [HGB a. F.]
U. v. 3.6.1901; VI 91/01. Kammergericht. – Vgl. Nr. 7.

7.   HGB § 232 (auch WO Art. 88; BankG § 38).

Es ist ein allgemeines Rechtsprinzip, dass Willenserklärungen *einem* von mehreren Kollektivvertretern gegenüber abgegeben werden können, und Kenntnis einer Tatsache auf Seiten *eines* Kollektivvertreters genügt, um Kenntnis der vertretenen Person anzunehmen. [Vgl. HGB § 232 Nr. 6.]
Daher kann der Wechselprotest mangels Zahlung gültig gegenüber *einem* Vorstandsbeamten einer Reichsbankstelle ohne Feststellung der Abwesenheit des anderen Vorstandsbeamten erhoben werden.

Beim Protest mangels Zahlung kommt es darauf an, dass die Person, mit der verhandelt wird, legitimiert ist, die Zahlungsaufforderung entgegenzunehmen, nicht auch darauf, ob sie zu der tatsächlich abgegebenen oder zu jeder denkbaren Antwort legitimiert ist; denn die Antwort ist nicht ein einseitiges Rechtsgeschäft des Protestaten, auf dessen Vornahme es bei dem Protest abgesehen ist, sondern sie hat für letzteren nur tatsächliche Bedeutung; die Feststellung, dass Zahlung nicht verlangt wurde, ist lediglich das einseitige Zeugnis des Protestbeamten. Nun kann die Zahlungsaufforderung und daher auch die Protesterhebung mangels Zahlung auch einem zur Entgegennahme ermächtigten Vertreter gegenüber mit voller Wirkung für den Vertretenen abgegeben werden.

U. v. 31.12.1902; I 320/02. E. 53, 227. Naumburg. – Ebenso: U. v. 10.10.1911; III 36/11. Stuttgart.

8.   = § 48 HGB Nr. 1.

U. v. 14.2.1913; II 378/12. E. 81, 325. Kiel.

9.   = § 231 HGB Nr. 9.

U. v. 4.7.1928; I 135/28. Hamburg.

10.   = § 48 HGB Nr. 3.

B. v. 22.12.1931; II B 30/31. E. 134, 303. Liegnitz.

§ 233 (§ 72 AktG)

Der Vorstand hat in der Weise zu zeichnen, dass die Zeichnenden zu der Firma der Gesellschaft oder zu der Benennung des Vorstandes ihre Namensunterschrift hinzufügen.

§ 234 (§ 73 AktG)

Jede Änderung des Vorstandes oder der Vertretungsbefugnis eines Vorstandsmitgliedes sowie eine auf Grund des § 232 Abs. 2 Satz 2 von dem Aufsichtsrate getroffene Anordnung ist durch den Vorstand zur Eintragung in das Handelsregister anzumelden.

Der Anmeldung ist eine öffentlich beglaubigte Abschrift der Urkunden über die Änderung oder Anordnung beizufügen. Diese Vorschrift findet auf die Anmeldung zum Handelsregister einer Zweigniederlassung keine Anwendung.

Die Vorstandsmitglieder haben ihre Unterschrift zur Aufbewahrung bei dem Gerichte zu zeichnen.

Zu §§ 233-234 keine Leitsätze.

§ 235 (§ 74 AktG)

Der Vorstand ist der Gesellschaft gegenüber verpflichtet, die Beschränkungen einzuhalten, welche im Gesellschaftsvertrag oder durch Beschlüsse der Generalversammlung für den Umfang seiner Befugnis, die Gesellschaft zu vertreten, festgesetzt sind.

Dritten gegenüber ist eine Beschränkung der Vertretungsbefugnis des Vorstandes unwirksam. Dies gilt insbesondere für den Fall, dass die Vertretung sich nur auf gewisse Geschäfte oder Arten von Geschäften erstrecken oder nur unter gewissen Umständen oder für eine gewisse Zeit oder an einzelnen Orten stattfinden soll oder dass für einzelne Geschäfte die Zustimmung der Generalversammlung, des Aufsichtsrats oder eines anderen Organs der Gesellschaft erfordert wird.

1. HGB § 235.

Mitglieder des Aufsichtsrats einer Aktiengesellschaft, die mit dem Vorstande der Gesellschaft einen Kaufvertrag abgeschlossen haben, können sich auf § 235 Abs. 2, wonach Dritten gegenüber eine Beschränkung der Vertragsbefugnis des Vorstandes unwirksam ist, insoweit nicht berufen als sie durch den Vertragsabschluss die ihnen als Mitgliedern des Aufsichtsrats obliegenden Pflichten verletzt haben.
U. v. 16.5.1910; II 603/09. E. 73, 343. Hamm.

2. HGB § 235.

Beschränkungen des Vorstandes einer Aktiengesellschaft in seiner Vertretungsbefugnis sind auch Aktionären gegenüber unwirksam, von denen der Vorstand unter Nichteinhaltung der Beschränkungen Darlehen für die Aktiengesellschaft nimmt. (S. E. 73, 343 ff.)
U. v. 26.11.1912; II 359/12. E. 81, 17. Kammergericht.

3. = § 214 HGB Nr. 2.
U. v. 16.12.1913; II 566/13. E. 83, 377. Dresden.

4. = § 207 HGB Nr. 2.
U. v. 8.11.1919; V 167/19.

5. HGB § 235 Abs. 2.

Die Vertretungsbefugnis des Vorstandes einer Aktiengesellschaft wird durch den satzungsgemäßen Zweck des Unternehmens nicht begrenzt. Selbst wenn eine Rechtshandlung des Vorstandes über den Gegenstand des Unternehmens hinausgeht, so wird dadurch an der Gültigkeit des Rechtsgeschäfts nichts geändert.
U. v. 19.11.1926; II 403/25. E. 115, 246. Hamm.

§ 236 (§ 79 AktG)

Die Mitglieder des Vorstandes dürfen ohne Einwilligung der Gesellschaft weder ein Handelsgewerbe betreiben noch in dem Handelszweige der Gesellschaft für eigene oder fremde Rechnung Geschäfte machen, auch nicht an einer anderen Handelsgesellschaft als persönlich haftende Gesellschafter Teil nehmen. Die Einwilligung wird durch dasjenige Organ der Gesellschaft erteilt, welchem die Bestellung des Vorstandes obliegt.
Verletzt ein Vorstandsmitglied die ihm nach Abs. 1 obliegende Verpflichtung, so kann die Gesellschaft Schadensersatz fordern; sie kann statt dessen von dem Mitgliede verlangen, dass es die für eigene Rechnung gemachten Geschäfte als für Rechnung der Gesellschaft eingegangen gelten lasse und die aus Geschäften für fremde Rechnung bezogene Vergütung herausgebe oder seinen Anspruch auf die Vergütung abtrete.
Die Ansprüche der Gesellschaft verjähren in drei Monaten von dem Zeitpunkt an, in welchem die übrigen Vorstandsmitglieder und der Aufsichtsrat von dem Abschlusse des Geschäfts oder von der Teilnah-

me des Vorstandsmitgliedes an der anderen Gesellschaft Kenntnis erlangen; sie verjähren ohne Rücksicht auf diese Kenntnis in fünf Jahren von ihrer Entstehung an.

1.   HGB § 236 (auch § 346).

Ein Mitglied des Vorstandes einer Aktiengesellschaft wird durch den Umstand allein, dass es vertraglich pensionsberechtigt ist, nicht zur Unterlassung einer Wettbewerbstätigkeit (z. B. Eröffnung eines Konkurrenzgeschäfts) nach Beendigung des Dienstverhältnisses verpflichtet.
U. v. 23.6.1919; II 41/19.

§ 237 (§ 77 AktG)

Wird den Mitgliedern des Vorstandes ein Anteil am Jahresgewinne gewährt, so ist der Anteil von dem nach Vornahme sämtlicher Abschreibungen und Rücklagen verbleibenden Reingewinne zu berechnen.

1.   HGB § 237.

§ 237 ist zwar in dem Sinne zwingender Natur, dass er der Disposition der Vertragsparteien keinen Raum gibt; er hat aber keine rückwirkende Kraft auf Schuldverhältnisse, die bereits vor dem Inkrafttreten des neuen HGB entstanden sind.
U. v. 22.3.1902; I 401/01. Stuttgart.

2.   HGB § 237.

Der § 237 setzt voraus, dass den Mitgliedern des Vorstandes ein *Anteil* am Jahresgewinne gewährt wird, d. h. er behandelt diese sog. Tantieme als eine Zahlung *aus* dem Jahresgewinne. Danach wird also nicht vorgeschrieben, dass bei der Berechnung der sich nach Abzug der Tantieme selbst ergebende Reingewinn zugrunde gelegt wird.
U. v. 22.3.1902; I 401/01. Stuttgart.

3.   HGB § 237 (auch § 271).

Die Anerkennung von Gehalts- und Tantiemenansprüchen eines Vorstandsmitglieds untersteht der Zuständigkeit der Generalversammlung insofern, als diese über die Genehmigung der Jahresbilanz und die Gewinnverteilung sowie über die Entlastung des Vorstandes und des Aufsichtsrates zu beschließen hat. Daher unterliegt der Beschluss der Generalversammlung, durch den ein Tantiemeanspruch des Vorstands genehmigt wird, der Anfechtung aus § 271, wenn es *offenbar* ist, dass der Anspruch in einem vor dem 1. Januar 1900 entstandenen Schuldverhältnisse keine Grundlage hat und zugleich mit § 237 in Widerspruch steht. [Vgl. § 237 Nr. 1.] Dagegen ist es nicht anfechtbar, wenn die Generalversammlung beim Vorliegen von tatsächlichen oder rechtlichen Zweifeln über den Inhalt eines vor dem 1. Januar 1900 entstandenen Dienstverhältnisses mit einem Vorstandsmitgliede die von diesem erhobenen Gehalts- und Tantiemeansprüche als nach dem Dienstverhältnisse gerechtfertigt anerkennt, obschon sie unter der Herrschaft des § 237 nicht hätten zugestanden werden können.
U. v. 22.3.1902; I 401/01. Stuttgart.

4. HGB § 237.

Ist den Mitgliedern des Vorstandes vertragsmäßig die Tantieme von den „als Dividende zu verteilenden Beträgen" zugesichert, so ist im Zweifel unter „Dividende" der an die Aktionäre zu verteilende Reingewinn zu verstehen, ohne dass es darauf ankäme, ob dieser Gewinn auch unter der Bezeichnung „Dividende" verteilt wird. Unterbleibt die Verteilung entgegen den Statuten überhaupt, so besteht der Tantiemenanspruch trotzdem. In welcher Höhe der verteilte Reingewinn dem Tantiemeanspruch zugrunde zu legen ist, ist zunächst aus dem Anstellungsvertrage zu entnehmen, ohne weiteres ist *nicht* anzunehmen, dass der Tantiemeanspruch sich speziell auf *den* Reingewinn beschränken solle, der jeweils gerade *durch* die Vorstandstätigkeit der betreffenden Person und *während* derselben erarbeitet ist.

Der durch eine abnorme, die wirtschaftliche Gesellschaftsgrundlage ergreifende Transaktion (z. B. Veräußerung des gesamten Schiffsparks einer Schifffahrtsgesellschaft) herbeigeführte Gewinn ist in der Regel *nicht* tantiemepflichtige Dividende, ebenso wenig die durch Ausschüttung der Reservefonds zur Verteilung gelangenden Beträge.

2 U. v. 9.6.1904; VI 451+452/03. Hamburg.

5. HGB § 237.

Auch diejenigen Abschreibungen und Rücklagen bleiben tantiemefrei, die von der Generalversammlung *satzungswidrig* beschlossen sind.

U. v. 2.12.1913; II 345/13. E. 83, 319. Bamberg.

6. HGB § 237 (auch § 245).

Der Begriff der *Rücklage* (§§ 237, 245) ist weiter als der des *Reservefonds* (§§ 261, 262, 329) und umfasst alles, was vom Reingewinne nicht verteilt wird, sondern zur Verfügung der Gesellschaft bleibt. Dazu gehören auch Zuwendungen für *soziale Zwecke*, und zwar auch dann, wenn sie besonderen Fonds oder Kassen mit juristischer Persönlichkeit oder selbständiger Organisation zufließen sollen. (Ebenso U. v. gleichen Tage II 224/17).

U. v. 11.1.1918; II 175/17. E. 91, 314. Naumburg.

7. HGB § 237 (auch §§ 245, 261).

1. *Die Tantieme* bildet eine *Gesellschaftsschuld*, mag sie auf der Satzung oder einem Vertrage mit der Generalversammlung beruhen. Sie ist aber eine Schuld besonderer Art, nämlich eine solche, die aus dem Reingewinn zu zahlen ist, also durch dessen Vorhandensein *bedingt* ist. Bei der Ermittelung, ob Gewinn erzielt wurde (Bilanzaufstellung) muss sie daher außer Betracht bleiben. (Vgl. auch E. 81, 17.) Der Reingewinn (§ 261 Nr. 6) wird durch die Tantieme nicht geschmälert, vielmehr wird er durch sie ganz oder teilweise aufgezehrt.

2. *Die Aufsichtsratstantieme* (§ 245) ist vom Reingewinn zu berechnen, wie er sich nach Abzug der in § 245 Abs. 1 aufgezählten Beträge ergibt. Ein vorheriger Abzug der *Vorstandstantieme* (§ 237) ist im Gesetz nicht vorgeschrieben. Er könnte freilich zufolge

Bestimmung im Gesellschaftsvertrag oder langjähriger Übung stattzufinden haben und dann auch gegen den Willen der Verwaltung erzwungen werden. (Ebenso U. vom gleichen Tage, II 175/17 E, II 224/17.)
U. v. 11.1.1918; II 257/17. E. 91, 316. Köln. – Vgl.: U. v. 8.2.1921; II 349/20. E. 101, 279.

8.   HGB § 237 (auch § 245).
Der *Gewinnvortrag* für das *neue* Geschäftsjahr (nicht auch der aus dem Vorjahre übertragene Gewinnposten) ist *Rücklage* im Sinne der §§ 237, 245 HGB. Denn unter Rücklage ist alles zu verstehen, was nicht verteilt wird, sondern zur Verfügung der Gesellschaft bleibt, und es ist gleichgültig, ob es auf dem Gewinnsaldo belassen oder von dort auf ein Sonderreservekonto übertragen wird, auch kommt es nicht darauf an, wenn die Generalversammlung bestimmt, dass ein Betrag nur für dieses Bilanzjahr nicht verteilt werden, aber den verteilungsfähigen Gewinn des nächsten Jahres herstellen oder vermehren soll. (Vgl. U. I 16/05; 278/10.) Daher ist die Tantieme der Vorstands- und Aufsichtsratsmitglieder von dem nach Abzug des Gewinnvortrags verbleibenden Reingewinne zu berechnen.
U. v. 11.1.1918; II 257/17. E. 91, 316. Köln. – Zustimmend zu S. 2: U. v. 14.6.1918; II 99/18. E. 93, 147. Kammergericht.

9.   HGB § 237 (auch Kriegsnotrecht III, 1).
Der Anspruch eines Vorstandsmitglieds einer Aktiengesellschaft auf Anteil am Reingewinn erstreckt sich nicht auf denjenigen Teil des Jahresgewinns einer Aktiengesellschaft, der gemäß § 1 des G. über vorbereitende Maßnahmen zur Besteuerung des Kriegsgewinns v. 24.12.1915 zur Bildung der dort vorgeschriebenen Sonderrücklage verwendet worden ist.
U. v. 14.6.1918; II 99/18. E. 93, 147. Kammergericht.

10.   HGB § 237 (auch § 245 und Kriegsnotrecht II).
Von dem auf die *Kriegssteuer* (Kriegssteuer-G v. 21.6.1916) entfallenden Beträge des Jahresertragnisses einer Aktiengesellschaft haben die Mitglieder des Vorstandes und des Aufsichtsrats Tantieme *nicht* zu beanspruchen.
U. v. 4.3.1921; II 435 u. 436/20. E. 101, 383.

§ 238

Sofern nicht durch den Gesellschaftsvertrag oder durch Beschluss der Generalversammlung ein Anderes bestimmt ist, darf der Vorstand einen Prokuristen nur mit Zustimmung des Aufsichtsrats bestellen. Diese Beschränkung hat Dritten gegenüber keine Wirkung.

1.   HGB § 238.
Der *Vorstand* ist, wenn er mit Genehmigung des Aufsichtsrats mehrere Kollektivprokuristen bestellt hat, nicht gehindert, wie jedem beliebigen Dritten, so auch *einem* dieser

Prokuristen Handlungsvollmacht gemäß § 54 ff. zu erteilen, so dass dieser Bevollmächtigte innerhalb seiner Vollmacht die Gesellschaft *allein* wirksam vertreten kann. Die Bestimmung in § 238 wird dadurch nicht illusorisch gemacht; denn der in jener Weise bevollmächtigte Kollektivprokurist handelt dann nicht als Prokurist, sondern als Handlungsbevollmächtigter und seine Befugnisse bestimmen sich nach der ihm erteilten Vollmacht. [HGB a. F.]

U. v. 8.10.1900; VI 198/00. Dresden.

§ 239 (§ 82 AktG)

Der Vorstand hat Sorge dafür zu tragen, dass die erforderlichen Bücher der Gesellschaft geführt werden. *Einfügung eines § 239a durch VO vom 19.9.1931.*

Zu § 239 kein Leitsatz.

§ 240 (§ 83 AktG)

Erreicht der Verlust, der sich bei der Aufstellung der Jahresbilanz oder einer Zwischenbilanz ergibt, die Hälfte des Grundkapitals, so hat der Vorstand unverzüglich die Generalversammlung zu berufen und dieser davon Anzeige zu machen.

Sobald Zahlungsunfähigkeit der Gesellschaft eintritt, hat der Vorstand die Eröffnung des Konkurses zu beantragen; dasselbe gilt, wenn sich bei der Aufstellung der Jahresbilanz oder einer Zwischenbilanz ergibt, dass das Vermögen nicht mehr die Schulden deckt.

Änderung des Abs. 2 durch VO vom 25.3.1930:
Wird die Gesellschaft zahlungsunfähig, so hat der Vorstand ohne schuldhaftes Zögern, spätestens aber zwei Wochen [nach der VO vom 1.8.1931: „drei Wochen"] nach Eintritt der Zahlungsunfähigkeit, die Eröffnung des Konkursverfahrens oder die Eröffnung des gerichtlichen Vergleichsverfahrens zu beantragen; Entsprechendes gilt, wenn sich bei der Aufstellung der Jahresbilanz oder einer Zwischenbilanz ergibt, dass das Vermögen nicht mehr die Schulden deckt. Eine schuldhafte Verzögerung des Antrags liegt nicht vor, wenn der Vorstand die Eröffnung des gerichtlichen Vergleichsverfahrens mit der Sorgfalt eines ordentlichen Geschäftsmanns betreibt.

1.   HGB § 240 (auch ErbschSteuerG v. 1906 § 11).

1. § 11 Nr. 3 des ErbschStG von 1906, wonach die Befreiung von einer Schuld von der Erbschaftssteuer dann frei bleibt, wenn der Schenker sie mit Rücksicht auf eine *Notlage* des Schuldners angeordnet hat u.s.w., findet auch Anwendung, wenn eine *juristische Person* etwas von Todeswegen erwirbt oder geschenkt erhält.
2. Bei einer Aktiengesellschaft ist eine *Notlage* i. S. des ErbschStG v. 1906 jedenfalls dann vorhanden, wenn der von einer Bilanz ausgewiesene Verlust die Hälfte des Grundkapitals erreicht, da für diesen Fall die Gefahr für das Fortbestehen der Gesellschaft gesetzlich anerkannt ist. (Vgl. HGB § 240 Abs. 1.)

U. v. 16.4.1920; VII 480/19. E. 98, 323.

2.   BGB § 823e; HGB §§ 312, 313, 314, 315, 240.

Schutzgesetze im Sinne des § 823 Abs. 2 BGB sind
a) § 312 HGB für die Gesellschaft und die Aktionäre (E. Bd. 115 S. 289, 294; Bd. 142 S. 223, 228), nicht aber für die Gläubiger,
b) §§ 313, 314 Abs. 1 Nr. 1 HGB für jedermann, also Gesellschaft, Aktionäre, Gläubiger und Dritte,
c) § 315 Abs. 1 Nr. 2 in Verb. mit § 240 Abs. 2 HGB für die Gesellschaft, Aktionäre, Gläubiger, nicht aber für Dritte,
d) § 241 KO für die Gläubiger des Gemeinschuldners.
Ein solches Schutzgesetz ist dagegen nicht § 241 Abs. 4 HGB.
U. v. 5.6.1935; II 228/34.

3.   HGB §§ 240 a. F., 241, Erg. Bd. IIb; GoldbilVO § 14.

§ 14 GoldbilVO befreit den Vorstand einer AG während des Laufs der Umstellungsfrist von der Verpflichtung zur Konkursanmeldung, gleichviel, ob es sich um die Anmeldepflicht aus § 240 Abs. 2 a. F. HGB oder aus § 241 Abs. 1 handelt.
U. v. 12.4.1935; II 211/34.

§ 240a

Einfügung eines § 240a durch VO vom 19.9.1931.

§ 241 (§ 84 AktG)

Die Mitglieder des Vorstandes haben bei ihrer Geschäftsführung die Sorgfalt eines ordentlichen Geschäftsmanns anzuwenden.
Mitglieder, die ihre Obliegenheiten verletzen, haften der Gesellschaft als Gesamtschuldner für den daraus entstehenden Schaden.
Insbesondere sind sie zum Ersatze verpflichtet, wenn entgegen den Vorschriften dieses Gesetzbuchs:
1. Einlagen an die Aktionäre zurückgezahlt,
2. den Aktionären Zinsen oder Gewinnanteile gezahlt,
3. eigene Aktien oder Interimsscheine der Gesellschaft erworben, zum Pfande genommen oder eingezogen,
4. Aktien vor der vollen Leistung des Nennbetrags oder, falls der Ausgabepreis höher ist, vor der vollen Leistung dieses Betrags ausgegeben werden,
5. die Verteilung des Gesellschaftsvermögens oder eine teilweise Zurückzahlung des Grundkapitals erfolgt;
6. Zahlungen geleistet werden, nachdem die Zahlungsunfähigkeit der Gesellschaft eingetreten ist oder ihre Überschuldung sich ergeben hat.
In den Fällen des Abs. 3 kann der Ersatzanspruch auch von den Gläubigern der Gesellschaft, soweit sie von dieser ihre Befriedigung nicht erlangen können, geltend gemacht werden. Die Ersatzpflicht wird ihnen gegenüber weder durch einen Verzicht der Gesellschaft noch dadurch aufgehoben, dass die Handlung auf einem Beschlusse der Generalversammlung beruht.
Die Ansprüche auf Grund dieser Vorschriften verjähren in fünf Jahren.

§ 241 Abs. 3 Ziffer 6 erhält folgende Fassung (VO vom 25.3.1930):

6. Zahlungen geleistet werden, nachdem die Zahlungsunfähigkeit der Gesellschaft eingetreten ist oder ihre Überschuldung sich ergeben hat. Dies gilt nicht von Zahlungen, die auch nach diesem Zeitpunkt mit der Sorgfalt eines ordentlichen Geschäftsmanns vereinbar sind.

1.   HGB § 241 (auch § 246).

Der Aufsichtsrat hat den Vorstand bei seiner Geschäftsführung nur zu *überwachen* und kann nur mittels der Generalversammlung einen zwingenden Einfluss auf den Vorstand ausüben. Daher wirkt die durch den Aufsichtsrat erfolgte Genehmigung eines vom Vorstande getätigten Veräußerungsgeschäftes nicht wie eine *Entlastung* für den Vorstand, so dass er hierdurch von seiner Verantwortlichkeit nach Art. 241 Abs. 2, 3 HGB a. F. [jetzt § 241] befreit sein würde. Der Vorstand hat die Interessen der ihm anvertrauten Gesellschaft aus eigenem Entschluss und aus eigener Verantwortlichkeit in erster Linie zu wahren. Anders wäre es, wenn der Vorstand nach dem Statut oder dem Dienstvertrage verpflichtet gewesen wäre, in dem betreffenden Fall einer einzuholenden Entschließung des Aufsichtsrats Gehorsam zu leisten. [HGB a. F.]
U. v. 30.1.1900; II 410/99. Köln. – Vgl. Nr. 6.

2.   HGB § 241 (auch § 249).

Der Vorstand und der Aufsichtsrat einer Aktiengesellschaft sind verpflichtet, sich vor Einlassung auf wichtige, kostspielige, riskante Unternehmungen der Einwilligung der Generalversammlung zu versichern; ohne diese handeln sie auf ihre Gefahr. Sie können den Ersatz des entstandenen Schadens auch nicht durch die Berufung darauf abwehren, dass der Schaden auch entstanden sein würde, wenn sie die Generalversammlung befragt hätten, weil diese eingewilligt hätte, wenn sie befragt worden wäre.
U. v. 3.5.1902; I 20/02. Braunschweig.

3.   HGB § 241 (auch § 249).

Die in Anspruch genommenen Vorstands- und Aufsichtsratsmitglieder haben kein Recht darauf, dass ihnen gegen Leistung des Schadensersatzes die Rechte der klagenden Gesellschaft aus der dem Vorstand und Aufsichtsrate vorgeworfenen pflichtwidrigen Handlung gegen die solidarisch mitverhafteten, aber nicht mitverklagten Mitglieder von Vorstand und Aufsichtsrat abgetreten werden. Denn die Beklagten erwarben nach § 426 Abs. 2 BGB das Recht der Klägerin gegen die nicht mitbeklagten Mitglieder durch die Befriedigung der Klägerin soweit von selbst und ohne das Zutun der Klägerin, als sie einen Regressanspruch gegen diese Mitglieder haben; daneben besteht kein Anspruch auf Abtretung. [Über das Recht der Übergangszeit vgl. EG z. BGB Art. 170 Nr. 35; vgl. auch § 241 Nr. 4.]
U. v. 3.5.1902; I 20/02. Braunschweig.

4.　　　　　　　　　　　　　　　　　HGB § 241 (auch § 249; BGB § 255).

Die Mitglieder des Vorstandes und Aufsichtsrates einer Aktiengesellschaft, die von letzterer auf Schadensersatz wegen pflichtwidrigen Verhaltens belangt werden, können nicht verlangen, dass ihnen gegen Leistung des Schadensersatzes die Ansprüche der Gesellschaft aus einem selbständigen Vertrage mit einem Dritten abgetreten werden, die ohne diesen, die Ausgleichung des Schadens bezweckenden Vertrag nicht bestehen würden und in keiner Weise unter dem rechtlichen Gesichtspunkt des § 255 BGB gebracht werden können. [Vgl. § 241 Nr. 3.]
U. v. 3.5.1902; I 20/02. Braunschweig.

5.　　　　　　　　　　　　　　　　　HGB § 241 (auch § 249; BGB § 249).

Wenn durch einen und denselben Umstand und durch die Pflichtverletzung, durch die der Anspruch auf Schadensersatz begründet wird, Schaden und Vorteil verursacht sind, so ist als Schaden nur das zu ersetzen, was nach Abzug des Vorteils übrig bleibt. [ROHG 22, S. 184, 186; E. 15 S. 60, 73; 40, 172.] Die Frage, ob der konkrete Fall so liegt, ist in dem Verfahren über den Grund des Anspruchs zu entscheiden, auch wenn der Vorteil den Schaden nicht absorbiert.
Wenn daher Vorstand und Aufsichtsrat einer Aktiengesellschaft für eine wirtschaftliche Maßregel verantwortlich gemacht werden, auf die sie sich bei Leitung und Beaufsichtigung des Fabrikbetriebes der Gesellschaft eingelassen haben und die zum Schaden der Gesellschaft ausgefallen ist, so ist auf den entstandenen Schaden der Vorteil anzurechnen, der als *Folge* derselben Pflichtwidrigkeit, derselben wirtschaftlichen Maßregel von der Gesellschaft erlangt worden ist. Anders wäre es nur, wenn die Gesellschaft den Vorteil auch ohne das pflichtwidrige Verhalten gehabt haben würde. [E. 35, S. 64, 69.]
Demgemäß ist auf den Schaden, der einer Aktiengesellschaft durch die pflichtwidrige Einführung eines nicht erprobten und später fehlgeschlagenen Melasseentzuckerungsverfahrens entstanden ist, der Vorteil anzurechnen, den sie dadurch erlangt hat, dass sie die infolge der Einführung des Verfahrens zurückgehaltene Melasse später zu höheren Preisen verkauft hat, als dies bei sofortigem Verkaufe geschehen wäre.
U. v. 3.5.1902; I 20/02. Braunschweig.

6.　　　　　　　　　　　　　　　　　HGB § 241 (auch § 253).

Hat der Vorstand statutengemäß den Weisungen des Aufsichtsrates zu folgen, so folgt daraus keine unbedingte Gehorsamspflicht und damit *Unverantwortlichkeit* des Vorstandes, sondern dieser hat die Interessen der Gesellschaft gegebenenfalls durch Berufung der Generalversammlung zu wahren [E. 35, 83; vgl. Nr. 1].
U. v. 4.5.1903; VI 520/02. Breslau.
U. v. 15.6.1903; VI 115/03. Hamburg.

7.　　　　　　　　　　　　　　　　　HGB § 241.

Ein Vorstandsmitglied haftet für den Schaden, den es durch Nichtanwendung der Sorgfalt eines ordentlichen Geschäftsmanns anrichtet, *lediglich* der *Gesellschaft*, sofern nicht einer der Fälle des Abs. 3 § 241 vorliegt; der Konkursverwalter im Konkurse der Aktiengesellschaft, der Schadensersatzansprüche gegen ein Vorstandsmitglied geltend

macht, muss daher dessen Einwendungen gegenüber der Gesellschaft auch gegen sich gelten lassen.
U. v. 15.6.1903;VI 115/03. Hamburg.

8.   HGB § 241.

Nach § 241 haften *nicht* alle Vorstandsmitglieder als Gesamtschuldner für das Versehen *eines* von ihnen, sondern es haften nur diejenigen von ihnen, die den Schaden verschuldet haben.
U. v. 15.6.1903; VI 115/03. Hamburg.

9.   HGB § 241.

Die dem Vorstande zur Last fallende gesetzwidrige Verteilung von Dividenden wird nicht dadurch wieder aufgehoben und gutgemacht, dass in einem späteren Geschäftsjahre durch die Tätigkeit der gleichen Vorstandsmitglieder ein den zu viel verteilten Dividenden gleichkommender Gewinn gemacht und nicht zur Auszahlung von Dividenden verwendet worden ist. [HGB a. F.]
U. v. 10.10.1904; I 185/04. Kammergericht.

10.   HGB § 241 (auch § 249).

Es ist irrig, dass in §§ 241 Abs. 2, 249 Abs. 2 unter der „Gesellschaft", welcher der fehlbare Vorstand oder Aufsichtsrat für den Schaden ersatzpflichtig ist, nicht die Aktiengesellschaft, sondern die Gesellschaft der Aktionäre, die Aktionärschaft, zu verstehen sei. Denn diesen Unterschied gibt es in Wirklichkeit nicht [vgl. § 210 Nr. 1].
U. v. 25.4.1906; I 614/05. E. 63, 203. Dresden.

11.   HGB § 241.

Durch Einführung des eigenen Klagerechts der Gläubiger nur in den besonderen Fällen des § 241 Abs. 3 ergibt sich nicht für die Regressansprüche der Gesellschaft in den anderen Fällen, sie seien von der Haftung für die Gesellschaftsschulden ganz frei. [Vgl. § 210 Nr. 2.] Dass die Regressansprüche *der Gesellschaft* zustehen, und zwar in vollem Umfange und auch neben der Mitberechtigung der Gläubiger, soweit diese reicht, ist für die Frage, ob diese Ansprüche dem Zugriffe der Gläubiger entzogen seien, ohne Belang. Eine Beschränkung, dass wenigstens zu einem Teile die Gläubiger davon ausgeschlossen seien, ist im Gesetze nirgends ausgesprochen. Der Regressanspruch ist seinem ganzen Bestande nach ein Teil des Gesellschaftsvermögens, das beim Konkurs in die Masse fällt. Ein vom Konkursverwalter über diesen Ersatzanspruch abgeschlossener Vergleich ist wirksam; ist dadurch der Ersatzanspruch im vollen Umfang und nach jeder Richtung zum Zwecke der konkursmäßigen Befriedigung der Gläubiger verbraucht worden, so kann nicht, entgegen dem Vergleiche, die „Aktionärschaft" diese Ersatzansprüche noch für sich geltend machen.
U. v. 25.4.1906; I 614/05. E. 63, 203. Dresden.

12.   HGB § 241 (auch § 312, BGB § 810).

Wird der frühere Vorstand einer Aktiengesellschaft wegen gesetzwidriger Geschäftsführung in Anspruch genommen, so kann er die *Einsicht der Geschäftsbücher der Aktiengesellschaft* verlangen, weil sie die urkundliche Unterlage für seine gesamte Geschäftsführung und für seine Verantwortung über die Wahrnehmung seiner aktienrechtlichen Verpflichtungen bilden, und insofern in ihnen das zwischen der Aktiengesellschaft und dem Vorstande bestehende Rechtsverhältnis „beurkundet" ist.

U. v. 8.4.1908; I 599/07. Kammergericht.

13.   HGB § 241 (auch §§ 249, 260).

Strafbare Verfehlungen von Vorstandsmitgliedern, die den Tatbestand der *Untreue* darstellen, müssen der Generalversammlung mitgeteilt werden. Ein Mitglied des Aufsichtsrats, das davon erfahren, die Mitteilung aber unterlässt, macht sich verantwortlich und kann sich zu seiner Befreiung auf den Entlastungsbeschluss nicht berufen. Die Behauptung, die Aktionäre hätten sämtlich Kenntnis von den Verfehlungen gehabt, ist unerheblich. – Zum Tatbestande des § 241 Abs. 3 gehört das *Bewusstsein von einer Schädigung* der Gesellschaft nicht.

U. v. 16.12.1908; I 74/08. E. 70, 132. Köln.

14.   = § 171 HGB Nr. 12.

U. v. 17.12.1910; I 400/09. E. 74, 428. Kammergericht.

15.   HGB § 241.

Eine Aktiengesellschaft, der zur Sicherung einer Forderung eigene Aktien von ihrem Schuldner verpfändet wurden, haftet *nicht* für Entwertung der Aktien, die durch betrügerische Handlungen ihres Vorstandes herbeigeführt ist.

U. v. 27.6.1911; II 671/10. E. 77, 11. Düsseldorf.

16.   HGB § 241 (auch BGB § 254a).

Ein auf Grund des § 241 HGB in Anspruch genommenes Vorstandsmitglied einer Aktiengesellschaft kann sich auf das Verschulden anderer Mitglieder des Vorstandes oder Aufsichtsrates wohl in dem Sinne berufen, dass dadurch das *eigene Verhalten* gerechtfertigt erscheine, nicht aber in dem Sinne, dass es die *Aktiengesellschaft* als *eigenes* Mitverschulden nach § 254 BGB zu vertreten hätte.

U. v. 13.4.1920; II 473/19.

17.   BGB § 826q; HGB §§ 241, 249.

Vorstands- und Aufsichtsratsmitglieder einer Aktiengesellschaft, die sich an einer sittenwidrigen Verfügung über Verwertungsaktien beteiligt haben, können von Einzelaktionären, deren Aktien hierdurch entwertet worden sind, auf Schadensersatz in Anspruch genommen werden.

U. v. 10.11.1926; II 117/26. E. 115, 289. Kammergericht.

18. = § 40 HGB Nr. 12.
U. v. 11.1.1927; II 178/26. E. 115, 378. Hamm.

19. HGB §§ 249, 241.
Über Ansprüche gegen Vorstand und Aufsichtsrat wegen Rückzahlung von Einlagen an Aktionäre kann die Gesellschaft durch Abtretung nur gegen vollwertiges Entgelt verfügen.
U. v. 30.5.1930; II 505/29. Kammergericht.

20. = § 240 HGB Nr. 3.
U. v. 12.4.1935; II 211/34.

21. HGB §§ 241, 249; G. v. 30.6.1933 zur Änderung von Vorschriften au f dem Gebiete des allgemeinen Beamten-, des Besoldungs- und des Versorgungsrechtes Kap. IV §§ 17, 20, 21.
§§ 17, 20 des G. v. 30.6.1933 (RGBl. I S. 433) finden Anwendung, wenn ein Beamter wegen seiner Tätigkeit als Organ der Erwerbsgesellschaft nach Inkrafttreten des G. in Anspruch genommen wird, auch wenn die Tätigkeit, auf die der Schadensersatzanspruch der Gesellschaft gestützt wird, in die Zeit vor Inkrafttreten des G. fällt.
Die Vorschrift im zweiten Halbsatz des § 17 gilt nur, wenn der Beamte eine bestimmte Handlung im Auftrage seines Dienstvorgesetzten vorgenommen hat. Ging der Auftrag des Dienstvorgesetzten nur auf Übernahme der Organstellung, war der Beamte aber in Ausübung seiner Tätigkeit frei, so kann er nicht Befreiung von der Haftung verlangen, soweit er vorsätzlich oder grob fahrlässig gehandelt hat.
U. v. 7.5.1935; II 335/34.

22. = § 217 HGB Nr. 7.
U. v. 5.6.1935; II 228/34.

23. = § 22 HGB Nr. 37.
U. v. 30.11.1938; II 39/38. E. 159, 211.

§ 242 (§ 85 AktG)

Die für die Mitglieder des Vorstandes geltenden Vorschriften finden auch auf die Stellvertreter von Mitgliedern Anwendung.

1. HGB § 242; KO § 61.
Dem „stellvertretenden" Vorstandsmitglied einer Aktiengesellschaft, das ständig neben dem ordentlichen Vorstand Aufgaben des Vorstands zu erledigen hat und rechtlich die Stellung eines Organs der Gesellschaft einnimmt, kommt das Konkursvorrecht des § 61 Nr. 1 KO nicht zu.
U. v. 17.12.1929; II 258/29. Düsseldorf.

§ 243 (§§ 86, 87 AktG)

Der Aufsichtsrat besteht, sofern nicht der Gesellschaftsvertrag eine höhere Zahl festsetzt, aus drei von der Generalversammlung zu wählenden Mitgliedern.

Die Wahl des ersten Aufsichtsrats gilt für die Zeit bis zur Beendigung der ersten Generalversammlung, welche nach dem Ablauf eines Jahres seit der Eintragung der Gesellschaft in das Handelsregister zur Beschlussfassung über die Jahresbilanz abgehalten wird.

Später kann der Aufsichtsrat nicht für eine längere Zeit als bis zur Beendigung derjenigen Generalversammlung gewählt werden, welche über die Bilanz für das vierte Geschäftsjahr nach der Ernennung beschließt; das Geschäftsjahr, in welchem die Ernennung erfolgt, wird hierbei nicht mitgerechnet.

Die Bestellung zum Mitgliede des Aufsichtsrats kann auch vor dem Ablaufe des Zeitraums, für den das Mitglied gewählt ist, durch die Generalversammlung widerrufen werden. Sofern nicht der Gesellschaftsvertrag ein Anderes bestimmt, bedarf der Beschluss einer Mehrheit, die mindestens drei Vierteile des bei der Beschlussfassung vertretenen Grundkapitals umfasst.

1.   HGB § 243 (auch § 328).

Bei der Kommanditgesellschaft auf Aktien ist zur Entgegennahme der Kündigung eines Mitgliedes des Aufsichtsrats nicht der vom Aufsichtsrate zu überwachende persönlich haftende Gesellschafter, sondern die Generalversammlung, von der die Mitglieder des Aufsichtsrats berufen sind, und wenn diese nicht zu einer Sitzung vereinigt ist, der Vorsitzende des Aufsichtsrats befugt.

U. v. 7.7.1900; I 162/00. Stettin.

2.   = vor §§ 178-319 HGB Nr. 1.

U. v. 27.2.1901; I 359/00. E. 48, 40. Hamm.

3.   HGB § 243 (auch GmbHG § 52; BGB § 138).

Einzelne Mitglieder einer Gesellschaft m.b.H. können sich nicht rechtsverbindlich gegeneinander verpflichten, bei der durch die Versammlung aller Gesellschafter vorzunehmenden Wahl des Aufsichtsrats für einen bestimmten Gesellschafter zu stimmen oder nicht zu stimmen oder eine auf sie fallende Wahl nicht anzunehmen und, falls sie die Wahl angenommen, das Amt als Mitglied des Aufsichtsrats niederzulegen. Ein derartiges Schuldverhältnis verstößt gegen die guten Sitten.

U. v. 16.3.1904; I 491/03. E. 57, 205. Köln.

4.   HGB § 243.

Die Wahl eines Mitglieds des Aufsichtsrats einer Aktiengesellschaft ist gemäß § 243 Abs. 4 Satz 1 in der Regel, – d. h. sofern keine gegenteilige Vereinbarung zwischen diesem Mitglied und der Aktiengesellschaft getroffen ist, – als mit der Maßgabe erfolgt anzusehen, dass es der Generalversammlung jederzeit, auch vor dem Ablaufe des Zeitraums, für den das Mitglied gewählt ist, und auch dann, wenn kein wichtiger Grund hierfür vorliegt, freisteht, die Bestellung desselben mit der Wirkung zu widerrufen, dass von da an ihm die Vergütung nicht mehr zusteht, die es seither auf Grund einer Bestim-

mung des Statuts oder auf Grund von Generalversammlungsbeschlüssen für seine Tätigkeit im Interesse der Gesellschaft von dieser bezogen hat, und dass es wegen des Wegfalls dieser Vergütung auch keine Entschädigung von der Gesellschaft zu beanspruchen hat.
U. v. 31.3.1908; II 603/07. E. 68, 223. Celle.

5. HGB § 243.

Kommt im Aufsichtsrat ein gültiger Beschluss nicht zustande, so hat im Zweifel die Generalversammlung zu entscheiden. Dies gilt insbesondere für die Wahl des Vorsitzenden. Ist dessen Amtsdauer nach Kalenderjahren bestimmt, so ist im Zweifel nicht anzunehmen, dass sein Amt über die bestimmte Zeit bis zur Neuwahl eines Vorsitzenden fortdauert. Dies schließt nicht aus, dass die rein formale Funktion des Vorsitzenden, wie Berufung des Aufsichtsrats zur Beschlussfassung, Leitung der Abstimmung u.s.w. noch von dem bisherigen Vorsitzenden versehen wird.
U. v. 19.3.1910; I 149/09. E. 73, 234. Hamburg.

6. HGB § 243 (auch § 306; BGB §§ 611, 620, 675).

Wenn vor Ablauf des Zeitraumes, für den das Mitglied des Aufsichtsrats einer Aktiengesellschaft gewählt ist, die Aktiengesellschaft gemäß § 306 HGB mit einer anderen Aktiengesellschaft vereinigt wird, und dadurch zu bestehen aufhört, so erlischt, sofern nichts Gegenteiliges besonders vereinbart ist, ohne weiteres das mit dem Aufsichtsratsmitgliede geschlossene Dienstverhältnis und fällt jeder Anspruch des Mitglieds auf Vergütung oder Entschädigung für die Zukunft weg.
U. v. 3.1.1913; II 526/12. E. 81, 153. Düsseldorf.

7. HGB § 243 (auch §§ 245, 292; KO 22, 23).

Der Aufsichtsrat einer Aktiengesellschaft besteht auch nach Eröffnung des Konkurses über das Vermögen der Gesellschaft fort. Das Erlöschen seines Amtes darf insbesondere auch nicht aus § 23 Abs. 2 KO geschlossen werden.
Der Konkursverwalter ist nicht berechtigt, dem Aufsichtsrate zu kündigen. Der Aufsichtsrat verliert mit der Konkurseröffnung seinen Anspruch auf Vergütung.
U. v. 14.2.1913; II 449/12. E. 81, 332. Kammergericht.

8. HGB § 243 (auch BGB § 177).

Wird dem Aufsichtsratsmitglied einer Aktiengesellschaft, dem eine besondere Vergütung für seine Tätigkeit zugesichert ist (vgl. E. 68, 227; 81, 155), vom Aufsichtsrat selbst gemäß § 626 BGB vorzeitig gekündigt, so erlangt diese unwirksame Kündigung nicht dadurch mit rückwirkender Kraft Wirksamkeit (§§ 180, 184 BGB), dass die zu ihr allein befugte Generalversammlung sie (§ 243 Abs. 4 HGB) nachträglich gutheißt. Die mit der Abgrenzung der Vertretungsbefugnisse der einzelnen Gesellschaftsorgane vom HGB bezweckte Sicherheit des Rechtsverkehrs würde wesentlich leiden und es würde sich eine Quelle von Streitigkeiten ergeben, wenn jene Regelung in § 243 HGB durch die

Bestimmungen des BGB über die Stellvertretung ohne Vertretungsmacht (§§ 177, 180 BGB) durchbrochen würde.
U. v. 9.4.1918; III 473/17. Stuttgart.

9.   HGB § 243.

Aus der Entstehungsgeschichte des § 243 Abs. 2 folgt, dass das Ende der Amtszeit des ersten Aufsichtsrats nur deshalb auf den Schluss der Generalversammlung, welche nach Ablauf eines Jahres seit Eintragung der Gesellschaft im Handelsregister zur Beschluss-fassung über die Jahresbilanz abgehalten wird, gelegt ist, weil mit der früheren Rege-lung, welche die Amtsperiode des Aufsichtsrats ohne weiteres mit Ablauf des Geschäfts-jahres endigen ließ, der Missstand verknüpft war, dass in diesem Zeitpunkt die Möglich-keit von Neuwahlen durch die *ordentliche* Generalversammlung *nicht* bestand. Bei die-ser Sachlage rechtfertigt sich aber die Annahme, dass die Wahl des Aufsichtsrats auch von einer solchen außerordentlichen Generalversammlung, auf deren Tagesordnung die Neuwahl des – zweiten – Aufsichtsrats steht, jedenfalls mit allseitiger Zustimmung rechtsgültig und sofort wirksam vollzogen werden kann, sofern nur die Jahresfrist des § 243 Abs. 2 im Zeitpunkt dieser Wahl verstrichen ist.
U. v. 3.6.1930; II 105/30. E. 129, 108. Zweibrücken.

10.   BGB § 138; HGB § 243.

Vereinbarungen zwischen Aktionären oder Aktionärgruppen einer Aktiengesellschaft über die Stimmrechtsausübung bei Wahlen zum Aufsichtsrat sind mit § 243 HGB nicht vereinbar. Sie sind an und für sich auch nicht sittenwidrig, können dies aber im Einzel-fall durch Hinzutreten besonderer Umstände werden.
U. v. 11.6.1931; II 398/29. E. 133, 90. Frankfurt.

11.   HGB § 243; VO des Reichspräsidenten über Aktienrecht, Bankenaufsicht und über
             eine Steueramnestie v. 19.9.1931 Art. VIII des 1. Teils.

Das U. behandelt den Fall, dass sich eine Generalversammlung zu Unrecht als die nach Art. VIII der NotVO v. 19.9.1931 maßgebende angesehen und in diesem Glauben Be-schlüsse über die fernere Gestaltung des Aufsichtsrats gefasst hat. Die Wahl eines auf Grund der gesetzlichen Vorschriften – § 243 Abs. 1 HGB – zu bestellenden Aufsichts-rats ist nicht deshalb nichtig, weil die Generalversammlung der Meinung gewesen ist, einen nach den Bestimmungen des Gesellschaftsvertrags zu bestellenden Aufsichtsrat zu wählen.
U. v. 24.9.1935; II 46/35.

§ 244 (§ 91 AktG)

Jede Änderung in den Personen der Mitglieder des Aufsichtsrats ist von dem Vorstand unverzüglich in den Gesellschaftsblättern bekannt zu machen. Der Vorstand hat die Bekanntmachung zum Handelsregi-ster einzureichen.

Zu § 244 kein Leitsatz.

§ 244 a

Einfügung eines § 244 a (§ 94 AktG) durch VO vom 19.9.1931.

§ 245 (§ 98 AktG)

Erhalten die Mitglieder des Aufsichtsrats für ihre Tätigkeit eine Vergütung, die in einem Anteil am Jahresgewinne besteht, so ist der Anteil von dem Reingewinne zu berechnen, welcher nach Vornahme sämtlicher Abschreibungen und Rücklagen sowie nach Abzug eines für die Aktionäre bestimmten Betrags von mindestens vier vom Hundert des eingezahlten Grundkapitals verbleibt.
Ist die den Mitgliedern des Aufsichtsrats zukommende Vergütung im Gesellschaftsvertrage festgesetzt, so kann eine Abänderung des Gesellschaftsvertrags, durch welche die Vergütung herabgesetzt wird, von der Generalversammlung mit einfacher Stimmenmehrheit beschlossen werden.
Den Mitgliedern des ersten Aufsichtsrats kann eine Vergütung für ihre Tätigkeit nur durch einen Beschluss der Generalversammlung bewilligt werden. Der Beschluss kann nicht früher als in derjenigen Generalversammlung gefasst werden, mit deren Beendigung die Zeit, für welche der erste Aufsichtsrat gewählt ist, abläuft.

1.   HGB § 245.
Zwar trifft den Aufsichtsrat eine große, oft nicht ungefährliche Verantwortlichkeit und in vielen Fällen ist das nicht ohne erheblichen Einfluss auf die Höhe der Vergütung. Aber doch ist nicht so sehr diese, mit den Obliegenheiten eines Aufsichtsratsmitgliedes verbundene Verantwortlichkeit, als vielmehr die einwandfreie Erfüllung dieser Obliegenheiten die mit der Tantieme zu entgeltende Leistung, welche das Mitglied schuldet. Daher kann unter Umständen dem einzelnen Aufsichtsratsmitglied der Gewinnanteil vorbehalten werden, weil er völlig untätig gewesen ist. Hat jedoch die Generalversammlung durch Beschluss den Gewinnanteil des *Aufsichtsrats* festgesetzt, so ist auch dem *einzelnen* Aufsichtsratsmitglied gegenüber die Einrede des nicht erfüllten Vertrags verwirkt.
U. v. 22.2.1911; I 580/09. E. 75, 308. Kammergericht.

2.   HGB § 245 (auch BGB § 420).
Der statutenmäßige Anspruch auf einen Gewinnanteil steht nicht dem Aufsichtsrat als solchem, sondern den einzelnen Mitgliedern unmittelbar gegen die Gesellschaft zu.
U. v. 22.2.1911; I 580/09. E. 75, 308. Kammergericht. – Zustimmend: U. v. 9.11.1920; II 178/20.

3.   = § 243 HGB Nr. 7.
U. v. 14.2.1913; II 449/12. E. 81, 332. Kammergericht.

4.   = § 237 HGB Nr. 7.
U. v. 11.1.1918; II 257/17. E. 91, 316. Köln. – Ebenso: U. v. 25.11.1919; II 115/19. – Vgl. zu Abs. 2: U. v. 18.3.1924; II 52/23.

5.	= § 237 HGB Nr. 8.
U. v. 11.1.1918; II 257/17. E. 91, 316. Köln.	
6.	= § 237 HGB Nr. 6.
U. v. 11.1.1918; II 175/17. E. 91, 314. Naumburg.	
7.	= § 237 HGB Nr. 10.
U. v. 4.3.1921; II 435 u. 436/20. E. 101, 383.	

§ 246 (§§ 95, 96 AktG)

Der Aufsichtsrat hat die Geschäftsführung der Gesellschaft in allen Zweigen der Verwaltung zu überwachen und sich zu dem Zwecke von dem Gange der Angelegenheiten der Gesellschaft zu unterrichten. Er kann jederzeit über diese Angelegenheiten Berichterstattung von dem Vorstande verlangen und selbst oder durch einzelne von ihm zu bestimmende Mitglieder die Bücher und Schriften der Gesellschaft einsehen sowie den Bestand der Gesellschaftskasse und die Bestände an Wertpapieren und Waren untersuchen. Er hat die Jahresrechnung, die Bilanzen und die Vorschläge zur Gewinnverteilung zu prüfen und darüber der Generalversammlung Bericht zu erstatten.
Er hat eine Generalversammlung zu berufen, wenn dies im Interesse der Gesellschaft erforderlich ist.
Weitere Obliegenheiten des Aufsichtsrats werden durch den Gesellschaftsvertrag bestimmt.
Die Mitglieder des Aufsichtsrats können die Ausübung ihrer Obliegenheiten nicht Anderen übertragen.

Einfügung eines S. 2 in § 246 Abs. 2 durch VO vom 19.9.1931.

a) Allgemeines, Überwachungspflicht: 1, 4, 11, 16
b) Berichterstattung des Vorstandes: –
c) Einsicht der Bücher; Prüfung der Kasse und der Bestände: 3
d) Prüfung der Bilanz u.s.w.: 8, 10
e) Generalversammlung: 14
f) Beschlussfassung: 5, 6, 9, 12
g) Mitteilung der Beschlüsse: 6, 7
h) Zusicherung einer Konsortialbeteiligung: 2
i) Anhang: –

1.	= § 241 HGB Nr. 1.
U. v. 30.1.1900; II 410/99. Köln.	
2.	= vor §§ 178-209 HGB Nr. 1.
U. v. 10.3.1900; I 478/99. E. 46, 27. Kammergericht.	
3.	HGB § 246.

Der Aufsichtsrat darf die Prüfung der Bücher über einen Hauptteil des Unternehmens und damit die Feststellung der Grundlagen der Gewinnverteilung nicht einzelnen Mit-

gliedern ausschließlich überlassen. Der Prüfung dieser Bücher dürfen sich auch die übrigen nicht entziehen, insbesondere nicht, wenn schon die Bücher des Hauptgeschäftes in ihrer Beziehung auf die jenes Teils mindestens einen starken Zweifel daran hervorrufen mussten, ob die letzteren wirklich ein richtiges Ergebnis enthielten.
U. v. 7.7.1900; I 162/00. Stettin.

4.   HGB § 246 (auch § 249).

Die dem Aufsichtsrat auferlegte *Überwachungspflicht* ist eine unbedingte und die Verantwortlichkeit im Fall ihrer Nichterfüllung tritt auch dann ein, wenn die Schädigung Dritter als Folge der Nichterfüllung *nicht* vorausgesehen werden konnte. [Altes Recht.]
2 U. v. 12.7.1907; 137/142/07. Karlsruhe.

5.   HGB § 246.

Ein Beschluss des Aufsichtsrats ist nur dann gültig zustande gekommen, wenn den *sämtlichen* Mitgliedern des Aufsichtsrats wenigstens die Möglichkeit der Mitwirkung gegeben, also bei in Sitzungen gefassten Beschlüssen wenigstens die Sitzung mitgeteilt war. Auf die Ungültigkeit des Beschlusses aus diesem Grunde könne sich auch Dritte berufen.
U. v. 12.10.1907; I 606/06. E. 66, 369. Hamburg.

6.   HGB § 246.

Über das Zustandekommen eines *Aufsichtsratsbeschlusses* im Falle zulässiger *schriftlicher Abstimmung* wird ausgeführt:
Kann nach der Satzung einer Aktiengesellschaft für eilige Fälle auch eine Beschlussfassung des Aufsichtsrats im Wege schriftlicher Abstimmung geschehen, so kommt, wenn in einem eiligen Fall einem Mitgliede des Aufsichtsrats die Sitzung, in der der Beschluss gefasst wurde, nicht mitgeteilt und darum der Beschluss nicht gültig zustande gekommen war [vgl. § 246 Nr. 5], dadurch dass das nicht befragte Mitglied brieflich seinen Beitritt erklärt, *im Augenblicke des Beitrittes* ein Aufsichtsratsbeschluss zustande. Eine Rückbeziehung *auf den Zeitpunkt der früheren* Beschlussfassung ist dagegen abzulehnen. Es handelt sich nicht um eine nachträgliche Zustimmung im Sinne des § 184 BGB.
U. v. 12.10.1907; I 606/06. E. 66, 369. Hamburg.

7.   HGB § 246.

Über die *Mitteilung des Aufsichtsratsbeschlusses* im Falle Nr. 6 durch den Vorsitzenden des Aufsichtsrats wird weiter ausgeführt:
Ist in einer Sitzung der Aktiengesellschaft bestimmt, dass der Vorsitzende des Aufsichtsrats oder dessen Stellvertreter bei schriftlicher Erklärung zur *Mitteilung* der vom Aufsichtsrate gefassten Beschlüsse befugt ist, so ist in dieser Mitteilung allerdings eine rechtsgeschäftliche Tätigkeit des Vorsitzenden enthalten, die er selbst, aber im Namen des Aufsichtsrats, vornimmt. Insoweit ist er nicht bloßer Bote. Dafür aber, dass er bei der Mitteilung der Beschlüsse zugleich als Vertreter des Aufsichtsrats im Beschlusswillen tätig werde, bietet eine solche Bestimmung keinen Anhalt, noch weniger dafür, dass seine Vertretung immer diesen weiteren Umfang haben müsse.
U. v. 12.10.1907; I 606/06. E. 66, 369. Hamburg.

8. HGB § 246.

Die Gewinnverteilung kann nicht als begrifflich zur Bilanz gehörig angesehen werden.
U. v. 1.6.1908; I 389/07. Kammergericht.

9. HGB § 246.

Das Verbot, wonach die Aufsichtsratsmitglieder die Ausübung ihrer Obliegenheiten nicht auf andere übertragen dürfen, bezieht sich ganz besonders auf Beratungen und Abstimmungen. Die Mitwirkung zur Willensbildung des Kollegiums ist ein höchstpersönliches Geschäft, gerade hier kann sich das Aufsichtsratsmitglied nicht vertreten lassen.
U. v. 18.5.1917; II 654/16. Colmar.

10. HGB § 246.

Zwar brauchen nicht bei jeder Verrichtung des Aufsichtsrats alle Mitglieder zusammenzuwirken, gegen eine zweckmäßige Teilung der Arbeit ist an sich nichts einzuwenden. Wie weit diese gehen darf, ist im Allgemeinen Tatfrage, für welche die nach § 249 Abs. 1 maßgebende Sorgfalt eines ordentlichen Kaufmanns den Maßstab bildet. Jedenfalls aber ist es unzulässig, dass die übrigen Mitglieder die Prüfung von Bilanz und Inventur dem beauftragten Mitgliede überlassen und sich darauf beschränken, den Bericht von ihm entgegenzunehmen. Wenngleich solche Prüfungen aus praktischen Gründen einzelnen Mitgliedern übertragen werden können, muss doch das *Ergebnis,* soweit dies nach den Umständen des Einzelfalles erforderlich erscheint, *von den übrigen nachgeprüft* werden (vgl. U. I 63/06).
U. v. 4.10.1918; II 498/17. E. 93, 338. Kammergericht.

11. HGB § 246 (auch § 271).

Der Beschluss einer Generalversammlung, dem Aufsichtsrat Entlastung zu erteilen, ist nicht deshalb ungesetzlich, weil der Aufsichtsrat sich bei der Erfüllung seiner Kontrollpflicht einer Treuhandgesellschaft bedient hat, sofern darin nicht eine *völlige* Übertragung der Obliegenheiten des Aufsichtsrats auf die Treuhandgesellschaft zu erblicken ist (§ 246 Abs. 4 Vgl. E. 68, 314; 91, 323.)
U. v. 25.11.1919; II 115/19.

12. BGB §§ 611-630; HGB § 246; Kriegsnotrecht II.
BetriebsräteG v. 4.2.1920 § 70: RG über die Entsendung v. Betriebsratsmitgliedern in den Aufsichtsrat v. 15.2.1922.

Den Betriebsratsmitgliedern muss tatsächlich Gelegenheit gewährt werden, die ihnen in § 70 BetriebsräteG anvertrauten Interessen wahrzunehmen. Es darf daher nicht durch die Satzungen der Gesellschaft in das Belieben des Vorsitzenden des Aufsichtsrats gestellt werden, ob er Versammlungen des Aufsichtsrats anberaumt *oder lediglich* auf schriftlichem, telegrafischem oder telefonischem Wege Beschlüsse fassen lässt.
U. v. 11.1.1924; II 274/23. E. 107, 221.

13.   HGB § 246.

Eine Bestimmung in der Satzung einer Aktiengesellschaft, wonach der Aufsichtsrat in dringenden Fällen bei Übereinstimmung und Nichtwiderspruch aller Mitglieder seine Beschlüsse schriftlich fassen kann, ist im Zweifel dahin auszulegen, dass die Entscheidung, ob ein dringlicher Fall vorliegt, dem Aufsichtsrat unter Ausschluss der Nachprüfung durch das Gericht zusteht.

U. v. 19.2.1926; VI 430/25. Hamm.

14.   = § 231 HGB Nr. 8.

U. v. 3.6.1927; II 466/26. E. 117, 203. Hamburg.

15.   BGB § 826i; HGB §§ 246, 314.

Zur Frage, inwieweit die Mitglieder des Aufsichtsrats einer Aktiengesellschaft verpflichtet sind, über die Verschuldung der Gesellschaft einen Geldgeber aufzuklären, mit dem sie persönlich nicht verhandelt haben.

U. v. 30.5.1929; VI 665/28. Kammergericht.

16.   HGB § 246.

§ 246 enthält nur ein Verbot für die einzelnen Mitglieder des Aufsichtsrats, vielleicht auch für den Aufsichtsrat in seiner Gesamtheit, die Erfüllung ihrer Pflichten auf andere abzuwälzen, schließt aber nicht aus, dass sie sich sachverständiger Hilfe bedienen.

U. v. 8.7.1931; RAG 694/30. Altona.

17.   GmbHG § 52; HGB §§ 246, 249.

Der Aufsichtsrat einer GmbH übt die ihm übertragenen Rechte und Pflichten grundsätzlich nur als Kollegium aus. Die einzelnen Mitglieder des Aufsichtsrats können nach außen nur im Auftrage der Gesamtheit aller Mitglieder selbständig tätig werden, soweit ihnen nicht durch Gesetz oder Vertrag selbständig auszuübende Rechte und Pflichten übertragen sind. Wird der Aufsichtsrat durch das Ausscheiden von Mitgliedern und den damit verbundenen Verlust seiner Beschlussfähigkeit handlungsunfähig, so verbleibt dem einzelnen Aufsichtsratsmitgliede auf Grund seines persönlichen Anstellungsvertrages in der Regel die Pflicht, für die Wiederherstellung der Beschlussfähigkeit in angemessenen Grenzen Sorge zu tragen. Die Verletzung dieser Pflicht kann seine Haftbarkeit für den auf die Säumnis zurückzuführenden Schaden der Gesellschaft gegenüber begründen.

U. v. 2.11.1934; II 186/34. E. 146, 145. Hamm.

§ 247 (§ 97 AktG)

Der Aufsichtsrat ist befugt, die Gesellschaft bei der Vornahme von Rechtsgeschäften mit den Vorstandsmitgliedern zu vertreten und gegen die letzteren die von der Generalversammlung beschlossenen Rechtsstreitigkeiten zu führen.

Handelt es sich um die Verantwortlichkeit der Mitglieder des Aufsichtsrats, so kann dieser ohne und selbst gegen den Beschluss der Generalversammlung gegen die Mitglieder des Vorstandes klagen.

1.   HGB § 247.

Über die Form, in welcher der Aufsichtsrat, wenn er ausnahmsweise als Organ die Gesellschaft vertritt seinen Willen kundgegeben hat, bestimmt das Gesetz nichts. Ist auch im Statut hierüber nichts angegeben, so müssen die mehreren Mitglieder *gemeinsam* handeln; *einzelne* Mitglieder können alsdann immer nur auf Grund einer *Vollmacht* des Aufsichtsrats rechtsgeschäftliche Willenserklärungen abgeben. Anderenfalls müssen alle Mitglieder zusammenhandeln.

U. v. 23.12.1903; I 339/03. Naumburg.

2.   HGB § 247 (auch BGB § 626).

Die in dem Statut einer Aktiengesellschaft enthaltene Bestimmung, dass der Vorstand nur auf Grund eines Generalversammlungsbeschlusses ohne Entschädigung entlassen werden kann, ist weder nach § 626 BGB noch nach § 247 HGB unzulässig.

U. v. 27.5.1913; II 42/13. E. 82, 347. Hamburg.

3.   HGB § 247.

Der Aufsichtsrat ist nur in den gesetzlich geregelten Fällen zur Vertretung der Aktiengesellschaft befugt. Außerhalb dieser Vertretungsbefugnis können Versprechungen und Erklärungen des Aufsichtsrats die Aktiengesellschaft nicht binden.

Im vorliegenden Falle hatte eine Aktiengesellschaft einen Syndikus angestellt. Die Kündigung seitens der Aktiengesellschaft sollte nur unter Genehmigung des Aufsichtsrates erklärt werden können. Die Erklärung des Aufsichtsrates, dass er die Genehmigung der Kündigung unter fünf Jahren nicht erteilen werde, wurde für belanglos erklärt.

U. v. 27.10.1914; III 215/14. Kammergericht.

4.   HGB § 247; GmbHG § 52.

Bedarf es bei einer GmbH nach dem Gesellschaftsvertrage zur Anstellung eines Geschäftsführers eines einstimmigen Beschlusses aller Mitglieder des Aufsichtsrats und hat im Widerspruch damit eine Anstellung auf Grund eines einstimmig gefassten Beschlusses stattgefunden, bei dem ein Aufsichtsratsmitglied nicht mitgewirkt hat, so kann der auf dem mangelhaften Beschlusse beruhende Anstellungsvertrag dadurch rechtswirksam werden, dass das Vertragsverhältnis mit dem Geschäftsführer fortgesetzt wird, nachdem das Mitglied, das sich an der Beschlussfassung nicht beteiligt hat, aus dem Aufsichtsrat ausgeschieden ist.

U. v. 4.11.1927; II 202/27. Köln.

5.   = § 231 HGB Nr. 11.

U. v. 30.5.1933; II 32/33. Kammergericht.

§ 248 (§ 90 AktG)

Die Mitglieder des Aufsichtsrats können nicht zugleich Mitglieder des Vorstandes oder dauernd Stellvertreter von Vorstandsmitgliedern sein, auch nicht als Beamte die Geschäfte der Gesellschaft führen.

Nur für einen im voraus begrenzten Zeitraum kann der Aufsichtsrat einzelne seiner Mitglieder zu Stellvertretern von behinderten Mitgliedern des Vorstandes bestellen; während dieses Zeitraums und bis zur Entlastung des Vertreters darf der letztere eine Tätigkeit als Mitglied des Aufsichtsrats nicht ausüben. Auf die in solcher Weise bestellten Vertreter finden die Vorschriften des § 236 keine Anwendung.

Scheiden aus dem Vorstande Mitglieder aus, so können sie nicht vor der Entlastung in den Aufsichtsrat gewählt werden.

1.   HGB § 248 (auch EG z. HGB Art. 29).

Die Vorschriften des HGB über den Aufsichtsrat sind für sämtliche Aktiengesellschaften bestimmt und, soweit sie den Schutz der Aktionäre und der Gläubiger betreffen, im öffentlichen Interesse erlassen. Hierzu gehört auch die Bestimmung, dass Mitglieder des Aufsichtsrats nicht zugleich Mitglieder des Vorstands sein können. Diese Bestimmung ist daher für alle Aktiengesellschaften, gleichviel wann sie gegründet sind, maßgebend; durch sie ist der § 6 Abs. 1 des Reichsgesetzes, betr. die Kommanditgesellschaften auf Aktien und die Aktiengesellschaften, vom 18.7.1884 aufgehoben.

U. v. 27.2.1901; I 359/00. E. 48, 40. Hamm.

§ 249 (§ 99 AktG)

Die Mitglieder des Aufsichtsrats haben bei der Erfüllung ihrer Obliegenheiten die Sorgfalt eines ordentlichen Geschäftsmanns anzuwenden.

Mitglieder, die ihre Obliegenheiten verletzen, haften der Gesellschaft mit den Vorstandsmitgliedern als Gesamtschuldner für den daraus entstehenden Schaden.

Insbesondere sind sie zum Ersatze verpflichtet, wenn mit ihrem Wissen und ohne ihr Einschreiten die im § 241 Abs. 3 bezeichneten Handlungen vorgenommen werden. Auf die Geltendmachung des Ersatzanspruchs finden die Vorschriften des § 241 Abs. 4 Anwendung.

Die Ansprüche auf Grund der Vorschriften der Abs. 1 bis 3 verjähren in fünf Jahren.

a) Überwachungspflicht: 6, 10, 14
b) Haftung des Aufsichtsrates: 1, 6, 7, 8, 13, 15, 16, 17, 18
c) Ersatzanspruch: 2, 3, 5, 9, 12
d) Einwand der Dechargeerteilung: 4, 15
e) Aktivlegitimation des Konkursverwalters: 2, 3, 11

1.   HGB § 249.

Zwischen der Kommanditgesellschaft auf Aktien und den Mitgliedern des Aufsichtsrats besteht ein durch *Vertrag* begründetes Rechtsverhältnis. Die Pflichten der Mitglieder des Aufsichtsrats ergeben sich aus dem Statut und, soweit dies keine Vorschriften enthält, aus dem Gesetz. Die schuldhafte Verletzung dieser aus dem Vertrage hervorgehenden Verpflichtungen bildet die Grundlage der Ersatzansprüche. Jedes der mehreren Auf-

sichtsratsmitglieder haftet zwar nur für die Folgen seines eigenen Versehens; soweit jedoch durch unrichtige Berichterstattung Schaden herbeigeführt ist, liegt ein gemeinschaftliches Handeln aller vor, und auch im übrigen kann die Säumnis eines jeden in ursächlichem Zusammenhange mit dem *gesamten* Schaden stehen. Ist dies der Fall, dann haften die Mitglieder solidarisch. [Altes Recht.]
U. v. 7.7.1900; I 162/00. Stettin.

2.   HGB § 249 (auch § 328; KO § 1).

Der Konkursverwalter einer Kommanditgesellschaft auf Aktien ist berechtigt, gegen die Mitglieder des Aufsichtsrats Ersatzansprüche wegen Verletzung ihrer Obliegenheiten zu erheben. Diese Ansprüche standen der Gesellschaft schon vor der Konkurseröffnung zu, werden also nach § 1 KO von dem Konkursverfahren umfasst [vgl. E. 39, 62]. Nach der Konkurseröffnung aber wird das Verwaltungs- und Verfügungsrecht durch den Konkursverwalter ausgeübt.
U. v. 7.7.1900; I 162/00. Stettin.

3.   HGB § 249.

Die Kommanditgesellschaft auf Aktien, die dem persönlich haftenden Gesellschafter und den Kommanditisten gegenüber selbständig Vermögen hat, kann dadurch geschädigt sein, dass gegen das Gesetz oder das Statut den Mitgliedern Dividenden ausgezahlt sind. Der Konkursverwalter der Gesellschaft kann daher den Ersatz dieses Schadens von den Mitgliedern des Aufsichtsrats verlangen, die ihn verschuldet haben. Dass die Verfolgung des Anspruchs vornehmlich im Interesse der Gläubiger der Gesellschaft geschieht, steht der Klage nicht entgegen.
U. v. 7.7.1900; I 162/00. Stettin.

4.   HGB § 249 (auch § 260).

Die wegen Verletzung ihrer Pflichten in Anspruch genommenen Mitglieder des Aufsichtsrats einer Kommanditgesellschaft können sich auf die von einer Generalversammlung erteilte Entlastung jedenfalls dann nicht berufen, wenn der Beschluss auf Irrtum der Generalversammlung beruht und dieser sogar durch das Verfahren der Mitglieder des Aufsichtsrats selbst, wenn auch nicht absichtlich, hervorgerufen ist.
U. v. 7.7.1900; I 162/00. Stettin.

5.   HGB § 249 (auch GenG § 41).

Der Pflichtenkreis der Aufsichtsräte von Genossenschaften und von Aktiengesellschaften berechtigt zu Klagen wegen Schadensersatz gegen diese Organe nur die Genossenschaft oder Gesellschaft; dem einzelnen Genossenschaftsmitglied und Aktionär stehen wegen Pflichtverletzungen der Aufsichtsorgane Schadensersatzklagen nur beim Nachweis eines die Verantwortlichkeit gegenüber *Dritten* begründeten außerkontraktlichen Verschuldens zu.
U. v. 10.7.1900; II 110/00. Karlsruhe.

6.   = § 241 HGB Nr. 2.
U. v. 3.5.1902; I 20/02. Braunschweig.

7.   = § 241 HGB Nr. 3.
U. v. 3.5.1902; I 20/02. Braunschweig.

8.   = § 241 HGB Nr. 4.
U. v. 3.5.1902; I 20/02. Braunschweig.

9.   = § 241 HGB Nr. 5.
U. v. 3.5.1902; I 20/02. Braunschweig.

10.   HGB § 249.
Der Aufsichtsrat einer Aktiengesellschaft verletzt nicht schon dadurch die Sorgfalt eines
ordentlichen Geschäftsmannes, dass er ein Rechtsgeschäft, zu dessen Abschluss er an
sich der Zustimmung der Generalversammlung nicht bedarf, nun auch ohne diese Zustimmung abschließt, obwohl er weiß, dass er sich dadurch mit der Mehrheit der Aktionäre in Widerspruch setzt; vielmehr muss, abgesehen von dem Falle des Art. 249 HGB
a. F., zur Begründung der Schadensersatzpflicht noch hinzutreten, dass das Rechtsgeschäft *gegen das Interesse* der Gesellschaft war und der Aufsichtsrat, obwohl er dies
einsah oder erkennen musste, es dennoch abschloss, *ohne die Generalversammlung zu*
berufen.
U. v. 3.6.1904; II 462/03. Köln.

11.   HGB § 249.
Über die Behauptungs- und Beweislast im Falle der in Nr. 2 gedachten *Klage des Kon-*
kursverwalters wird ausgeführt:
Der Konkursverwalter einer Aktiengesellschaft, der aus Art. 226 [jetzt § 249] Schadensersatzklage
gegen ein Aufsichtsratsmitglied erhebt, hat zur Begründung der Klage nur nachzuweisen, dass ein Schaden entstanden ist, welche Pflichten dem Beklagten abgelegen haben und dass zwischen diesen Pflichten
und dem entstandenen Schaden ein Kausalzusammenhang besteht. Den Nachweis, dass der Schaden auf
ein Verschulden des Beklagten zurückzuführen ist, hat er nicht zu liefern, vielmehr hat der Beklagte
darzutun, dass er seinen Verpflichtungen als Aufsichtsrat genügt habe oder welche Umstände ihn an
ihrer Erfüllung gehindert haben.
U. v. 30.1.1905; I 386/04. Hamm.
[Vgl. E. 13, 46; 35, 86.]

12.   = § 241 HGB Nr. 10.
U. v. 25.4.1906; I 614/05. E. 63, 203. Dresden.

13.   HGB § 249.
Die Vorschrift des § 249 Abs. 1 ist kein Gesetz, das den Schutz jedes Dritten, der weder
Aktionär noch Gläubiger der Aktiengesellschaft ist, bezweckt, *kein Schutzgesetz* im
Sinne des § 823 Abs. 2 BGB. [Vgl. auch § 314 Nr. 2.]

Die Mitglieder des Aufsichtsrats, die ihre Aufsichtspflichten nicht genügend wahrgenommen haben, haften daher einer Person, die auf Grund geschmeichelter Bilanzen Aktien erworben hat, nicht für den dadurch entstandenen Schaden.
U. v. 23.5.1906; I 603/06. Frankfurt.
U. v. 30.6.1906; I 63/06. Breslau.
U. v. 3.4.1908; II 606/07. Frankfurt.

14. = § 246 HGB Nr. 4.
2 U. v. 12.7.1907; II 137+142/07. Karlsruhe.

15. = § 241 HGB Nr. 13.
U. v. 16.12.1908; I 74/08. E. 70, 132. Köln.

16. HGB § 249 (auch BGB § 823; GmbHG § 52).
Die Vorschriften des § 249 HGB sind, soweit sie auf den Aufsichtsrat einer Gesellschaft mbH Anwendung finden, kein im Sinne des § 823 Abs. 2 BGB den Schutz eines anderen bezweckendes Gesetz.
U. v. 19.4.1910; II 400/09. E. 73, 392. Kammergericht. – Vgl.: U. v. 17.1.1919; II 218/18. Naumburg.

17. HGB § 249.
Ein Aufsichtsratmitglied ist nur für solche Handlungen oder Unterlassungen der AG verantwortlich, welche in seinen Geschäftskreis als Aufsichtsrat fallen. Er ist durch eine vorhergehende Abstimmung im Aufsichtsrat nicht gehindert, als Aktionär einer anderen AG eine mit dieser Abstimmung in Widerspruch stehende Stellung einzunehmen und so den Abschluss einer Interessengemeinschaft beider AG zu Fall zu bringen.
U. v. 15.10.1926; II 584/25. E. 114, 396. Naumburg.

18. = § 241 HGB Nr. 17.
U. v. 10.11.1926; II 117/26. E. 115, 289. Kammergericht.

19. = § 241 HGB Nr. 19.
U. v. 30.5.1930; II 505/29. Kammergericht.

20. = § 246 HGB Nr. 17.
U. v. 2.11.1934; II 186/34. E. 146, 145. Hamm.

21. = § 241 HGB Nr. 21.
U. v. 7.5.1935; II 335/34.

§ 250 (§ 102 AktG)

Die Rechte, welche den Aktionären in den Angelegenheiten der Gesellschaft, insbesondere in Bezug auf die Führung der Geschäfte, zustehen, werden durch Beschlussfassung in der Generalversammlung ausgeübt.

1. = § 231 HGB Nr. 3.
U. v. 25.4.1906; I 614/05. E. 63, 203. Dresden.

2. = § 210 HGB Nr. 1.
U. v. 25.4.1906; I 614/05. E. 63, 203. Dresden.

3. HGB § 250, bezüglich Ziff. 2 (auch BGB §§ 138, 826; GmbHG § 53 Abs. 1).
1. Im Wege der Änderung des Gesellschaftsvertrags einer GmbH kann beschlossen werden, dass jeder mit der Gesellschaft in Wettbewerb befindliche Gesellschafter sich bei den Gesellschafterversammlungen nur durch ein nicht in Konkurrenz mit der Gesellschaft stehendes Mitglied der Geschäftsführung oder des Aufsichtsrats vertreten lassen kann und nicht persönlich teilnehmen darf.
2. Mehrheitsbeschlüsse, die den Gesellschaftsvertrag abändern, dürfen nicht gegen die guten Sitten verstoßen. Ein Beschluss des Inhalts wie in Ziffer 1 verstößt nicht gegen die guten Sitten.
U. v. 12.10.1912; II 291/12. E. 80, 385. Kiel.

4. HGB § 250 (auch § 271).
Erhält der Aktionär auf eine Frage, deren Beantwortung zu sachgemäßer Abstimmung über die Vorlage der Verwaltung erforderlich ist, vom Vorstand in der Generalversammlung keine Antwort, so muss er beantragen, dass die Versammlung die Stellung der Frage beschließt. Stellt er einen solchen Antrag nicht, so kann er den über die Verwaltungsvorlage ergehenden Beschluss nicht aus dem Grunde der Beschränkung des Fragerechts anfechten.
U. v. 22.4.1913; II 636/12. E. 82, 183. Köln.

5. HGB § 250.
Es ist nicht ausgeschlossen, dass sich der Leiter der Generalversammlung an der Verhandlung beteiligt, nur muss er auf eine sachgemäße Erörterung der auf der Tagesordnung stehenden Gegenstände bedacht sein und jeden Aktionär gehörig zu Worte kommen lassen. (Vgl. E. 36, 24.) Er muss die Minderheit vor einer Vergewaltigung durch die Mehrheit schützen, umgekehrt aber auch dafür sorgen, dass nicht eine Minderheit oder ein einzelner Aktionär Obstruktion treibt und eine ordnungsmäßige Erledigung der Geschäfte durch zweckloses Reden unmöglich macht.
U. v. 2.3.1920; II 337/338/19.

6. = § 185 HGB Nr. 7.
U. v. 24.6.1924; II 915/23. E. 108, 322. Dresden.

7. HGB §§ 250, 252 (vgl. auch die U. Auszüge bei § 255).
Das Recht der *Teilnahme* an einer Generalversammlung unterliegt nicht ohne weiteres den gleichen Beschränkungen, wie sie für die Ausübung des *Stimmrechts* festgesetzt sind.
U. v. 17.11.1925; II 320/25. E. 112, 109. Frankfurt.

8.   HGB § 250.

Die einzelnen Aktionäre haben nicht das Recht, im Klagewege die Gesellschaft zur Vornahme von geschäftlichen Maßnahmen oder rechtlicher Handlungen zu zwingen. Die Rechte, welche dem Aktionär als solchen in Angelegenheiten der Gesellschaft, insbesondere in Bezug auf Führung der Geschäfte zustehen, sind im HGB im einzelnen bestimmt. Weitere Rechte stehen ihm nicht zu.

U. v. 4.3.1927; II 231/26. Königsberg.

9.   HGB §§ 250, 252, 258.

Zulässigkeit der Stimmrechtsausübung in Generalversammlungen der Aktiengesellschaften auf Grund sog. *Legitimationsübertragung*. Aufrecht erhalten und durch den Hinweis auf § 185 BGB näher begründet wird die bisherige Rechtsprechung des RG (vgl. E. 30, 50; 40, 80; 60, 172; 105, 289; 111, 382; 111, 405, ferner U. VI 155/20).

U. v. 4.11.1927; II 135/27. E. 118, 330. Köln.

10.   HGB §§ 250, 252.

Der Mehrheitsaktionär ist nicht berechtigt und daher auch nicht verpflichtet, ein ihm persönlich obliegendes Wettbewerbsverbot unter Ausnutzung seiner Herrschaftsrechte in der Aktiengesellschaft wider deren satzungsmäßiges Interesse dadurch zu erfüllen, dass er auch diese vom Wettbewerb abhält. Diese Berechtigung besteht selbst dann nicht, wenn er die Aktiengesellschaft mit ins Leben gerufen hat, um das Wettbewerbsverbot zu umgehen. Er hat dann nur dem Unterlassungsberechtigten für den Schaden einzustehen, der ihm durch die Wettbewerbsbetätigung der Gesellschaft entsteht.

U. v. 14.11.1933; II 122/33. E. 142, 219. Celle.

§ 251 (§ 113 AktG)

Die Beschlüsse der Generalversammlung bedürfen der Mehrheit der abgegebenen Stimmen (einfache Stimmenmehrheit), soweit nicht durch das Gesetz oder den Gesellschaftsvertrag eine größere Mehrheit oder sonstige Erfordernisse vorgeschrieben sind.
Für Wahlen können im Gesellschaftsvertrag andere Bestimmungen getroffen werden.

1.   HGB §§ 251, 260, 275.

Der Beschluss der Generalversammlung über die Entlastung des Vorstandes und des Aufsichtsrats der AG bedarf auch dann nicht der für Satzungsänderungen erforderlichen Mehrheit, wenn die Entlastung sich auf ein satzungswidriges Verhalten der Gesellschaftsorgane im abgelaufenen Geschäftsjahr bezieht.

U. v. 4.11.1930; II 74/30. Hamburg.

§ 252 (§§ 12, 114 AktG)

Jede Aktie gewährt das Stimmrecht. Das Stimmrecht wird nach den Aktienbeträgen ausgeübt. Der Gesellschaftsvertrag kann für den Fall, dass ein Aktionär mehrere Aktien besitzt, die Ausübung des

Stimmrechts durch Festsetzung eines Höchstbetrags oder von Abstufungen beschränken. Werden mehrere Gattungen von Aktien ausgegeben, so kann der Gesellschaftsvertrag den Aktien der einen Gattung ein höheres Stimmrecht beilegen als den Aktien einer anderen Gattung.

Das Stimmrecht kann durch einen Bevollmächtigten ausgeübt werden. Für die Vollmacht ist die schriftliche Form erforderlich und genügend; die Vollmacht bleibt in der Verwahrung der Gesellschaft.

Wer durch die Beschlussfassung entlastet oder von einer Verpflichtung befreit werden soll, hat hierbei kein Stimmrecht und darf ein solches auch nicht für Andere ausüben. Dasselbe gilt von einer Beschlussfassung, welche die Vornahme eines Rechtsgeschäfts mit einem Aktionär oder die Einleitung oder Erledigung eines Rechtsstreits zwischen ihm und der Gesellschaft betrifft.

Im Übrigen richten sich die Bedingungen und die Form der Ausübung des Stimmrechts nach dem Gesellschaftsvertrage.

1.   HGB § 252.

Die Bestimmung des Statuts, dass nur großjährige *männliche* Aktionäre persönliches Stimmrecht haben, ist rechtsunwirksam. Dagegen ist eine statutarische Bestimmung gültig, dass der *Bevollmächtigte*, durch welchen das Stimmrecht ausgeübt werden soll, ein *Aktionär* sein muss.

U. v. 23.5.1903; I 28/03. E. 55, 41. Hamburg.
U. v. 2.12.1903; I 288/03. Hamburg.

2.   HGB § 252.

Die Abstimmung über die Entlastung des Aufsichtsrats, dessen Mitglieder auch Aktionäre sind, darf nicht derart erfolgen, dass nacheinander gesondert über die Entlastung der *einzelnen* Aufsichtsratsmitglieder abgestimmt wird und hierbei jedesmal die übrigen Aufsichtsratsmitglieder mitstimmen. Vielmehr muss über die Entlastung des Aufsichtsrats im *Ganzen* abgestimmt werden und hierbei haben sämtliche Mitglieder des Aufsichtsrats kein Stimmrecht.

U. v. 6.6.1903; I 45/03. E. 55, 75. Köln. – Vgl. auch § 260 Nr. 5.

3.   HGB § 252.

Nach dem Wesen und dem Zwecke der die Beschlussfassung einer Generalversammlung vorbereitenden Diskussion ist nicht jede Beschränkung der Debatte, sondern nur diejenige unzulässig, welche die Möglichkeit ausschließt, die auf der Tagesordnung stehenden Gegenständen einer sachgemäßen Erörterung zu unterziehen. [Vgl. E. 36, 24.] [Ausgesprochen für eine hannoversche Kalibohrgesellschaft.]

U. v. 3.3.1904; I 467/03. Celle.

4.   HGB § 252.

Die Bestimmung des Abs. 3 darf – als Ausnahme von der in Abs. 1 an die Spitze gestellten Regel – nicht ausdehnend ausgelegt werden.

U. v. 13.6.1906; I 55/06. Hamm.

5.   HGB § 252.

Es ist dem Vorstand und dem Aufsichtsrate durch das Gesetz nicht verboten, mit dafür zu stimmen, dass ihnen eine *weitgehende Vollmacht in bezug auf die Ausgabe neuer Aktien* erteilt werde. Es liegt keiner der Fälle des § 252 Abs. 3 vor, die Vollmachtserteilung an sie betrifft ihre Stellung als Organe der Gesellschaft, keineswegs aber ein Rechtsgeschäft mit ihnen als Aktionären.

Eine vor der zur Beschlussfassung über die Erhöhung des Grundkapitals berufenen Generalversammlung erfolgte Verhandlung unverbindlicher Art, aber auch eine nach § 283 Abs. 2 nichtige Vereinbarung des Vorstands und Aufsichtsrats mit einem Aktionär wegen Übernahme der jungen Aktien schließt die Befugnis des letzteren, bei der Beschlussfassung über die Erhöhung des Grundkapitals mitzustimmen, auch dann nicht aus, wenn der Generalversammlungsbeschluss unter Ausschließung des Bezugsrechts der Aktionäre dem Vorstande zugleich die Befugnis überträgt, nach seinem Ermessen die Begebung der neuen Aktien einzurichten.

U. v. 13.6.1906; I 55/06. Hamm. – U. v. 22.2.1905; E. 60, 172. 1; s. unten Nr. 9.

6.   HGB § 252.

Sind die Aktien eines Aktionärs, der nach Abs. 3 kein Stimmrecht haben würde, vor der Generalversammlung auf Grund eines *Reportgeschäfts* in den Besitz eines Dritten übergegangen, so darf dieser Dritte das mit dem Aktienbesitze verknüpfte Stimmrecht ausüben, da das Reportgeschäft seiner rechtlichen Natur nach ein wahrer Kaufvertrag, verbunden mit der Abrede des Wiederverkaufs für einen späteren Zeitpunkt ist. Ein dem etwa entgegenstehender Handelsbrauch ist bei der zwingenden Natur der Vorschrift des § 252 Abs. 1 unbeachtlich. – Sind dagegen die Kontrahenten des Reportgeschäfts bei dessen Abschluss lediglich von der Absicht geleitet gewesen, die Vorschrift des § 252 Abs. 3 zu umgehen und wäre daher zwar scheinbar durch dritte Personen, in Wahrheit für den Aktionär, der nach Abs. 3 kein Stimmrecht hat, das Stimmrecht ausgeübt worden, so kommt § 252 Abs. 3 zur Anwendung.

U. v. 3.11.1906; I 103/06. Kammergericht.

7.   HGB § 252.

Gegenüber der auf gesetzlich unzulässige Stimmabgabe gestützten Anfechtungsklage des Aktionärs ist der Einwand zu berücksichtigen, dass die *gesetzeswidrig abgegebenen Stimmen auf das Ergebnis der Abstimmung einflusslos* waren.

U. v. 23.2.1907; I 318/06. E. 65, 241. Hamburg. – Zustimmend: U. v. 2.3.1920; II 337/19. – Ebenso: U. v. 18.11.1920; VI 155/20.

8.   HGB § 252.

Eine Aktiengesellschaft ist nicht deshalb gehindert, sich mit den ihr gehörigen Aktien an der Abstimmung über die Entlastung des Aufsichtsrats einer anderen Aktiengesellschaft zu beteiligen, weil ein *Mitglied ihres Vorstands Mitglied des Aufsichtsrats* dieser Gesellschaft ist.

U. v. 23.2.1905; I 318/06. Hamburg.

9.   HGB § 252.

Ein Aktionär, dessen Wahl in den Aufsichtsrat einer Aktiengesellschaft in Frage steht, ist nicht durch § 252 Abs. 3 daran gehindert, bei dem Wahlbeschlusse in der Generalversammlung mitzuwirken.

U. v. 22.2.1905; I 476/04. E. 60, 172. Dresden.

10.   = § 231 HGB Nr. 5.

U. v. 15.2.1911; I 387/10. E. 75, 234. Hamburg.

11.   HGB § 252.

Ein Mitglied des Aufsichtsrats einer Aktiengesellschaft kann bei der Beschlussfassung über den Widerruf seiner Bestellung mitstimmen. Nicht gebilligt werden kann die Ansicht, dass das Stimmrecht, auch wenn § 252 nicht entgegensteht, überall da nicht ausgeübt werden dürfe, wo sich seine Ausübung als Missbrauch (als Verstoß gegen Treu und Glauben) darstelle.

U. v. 29.11.1912; II 369/12. E. 81, 37. Celle. – Vgl. GmbHG § 46 Nr. 20.

12.   = § 223 HGB Nr. 5.

U. v. 19.4.1913; IV 39/13. Hamm. – Wie Abs. 1 (unter Hinweis auf E. 30, 50; 40, 80; 60, 172): U. v. 25.11.1919; II 115/19.

13.   HGB § 252 (auch BGB § 826).

Die Aktiengesellschaft A erstrebte die Verschmelzung mit der Aktiengesellschaft B; zu diesem Zwecke erwarb sie die Aktien der B bis auf einen kleinen Rest. Einen Teil ihres Besitzes an B Aktien übertrug die A dann auf eine Bank. In einer Generalversammlung der B wurde die Verschmelzung mit der A beschlossen; die Bank stimmte die Besitzer der Restaktien nieder. Diese verlangen von der A Schadensersatz nach § 826.

Das Reichsgericht sah in dem Geschäft der A mit der Bank nur dann einen Verstoß gegen die guten Sitten, wenn sich die Bank vom Willen der A abhängig machte und die Verpflichtung einging, diesem fremden Willen zur Durchführung zu verhelfen, oder eine Veräußerung gar nicht ernstlich gewollt, sondern nur nach außen hergestellt wurde, während im innern Verhältnis die Bank lediglich Beauftragte und Werkzeug der A war.

U. v. 18.6.1914; VI 135/14. E. 85, 170. Köln.

14.   HGB § 252.

Auch eine bloße Legitimationsübertragung von Aktien ohne Eigentumsübertragung zum Zwecke der Ausübung des Stimmrechts ist zulässig. Nur muss sie eine Übertragung der Verfügungsgewalt über die Aktien einschließen, zwar nicht im Verhältnis zum Übertragenden, wohl aber nach außen und Dritten gegenüber. (Vgl. E. 30, 51; 40, 80; 60, 172 und oben Nr. 12.)

U. v. 18.11.1920; VI 155/20.

15.　　　　　　　　　　　　　　　　　　　　HGB § 252 (auch BGB § 126).

1. Bei gesetzlich geforderter Schriftform muss die von dem Aussteller unterzeichnete Urkunde den wesentlichen Inhalt der Willenserklärung selbst enthalten. Die Unterzeichnung eines Schriftstücks, das erst im Zusammenhalt mit anderen, darin in Bezug genommenen Schriftstücken die Erklärung erkennen lässt, genügt nicht zur Wahrung der *gesetzlich* erforderlichen Schriftform, (vgl. E. 57, 260; 80, 402).

2. Eine Vollmacht zur Stimmführung namens eines andern in den Generalversammlungen einer AG, welche den oben angeführten besonderen Erfordernissen des § 126 Abs. 1 BGB nicht entspricht, ist *als Vollmacht* nichtig, mag das Schriftstück sonst noch von rechtlicher Bedeutung sein können, z. B. um die Befugnis des angeblich Bevollmächtigten zur stillen Vertretung des Ausstellers zu erweisen. (Vgl. auch den U.-Auszug bei W. e. 6. Pr. StStG § 73.)

U. v. 24.10.1922; VII 776/21.

16.　　　　　　　　　　　　　　　　　　　　HGB § 252 (auch § 271).

1. § 252 Abs. 2 (Ausübung des Stimmrechts durch Bevollmächtigte) fordert nicht, dass die von dem Stimmberechtigten ausgestellte schriftliche Vollmacht in der Generalversammlung *vorgelegt* wird.

2. Unter § 252 Abs. 3 (Ausschluss des Stimmrechts) fällt nicht nur der in der ordentlichen Generalversammlung gefasste Entlastungsbeschluss des § 260 Abs. 1, vielmehr kann auch die in einer außerordentlichen Generalversammlung beschlossene Genehmigung der Geschäftsführung des Vorstands und des Aufsichtsrats sich als Entlastung im Sinne des § 252 Abs. 3 darstellen.

3. Wenn in der Generalversammlung zum Nachweise der Stimmberechtigung nicht die Aktien selbst vorgelegt werden, sondern nur der Hinterlegungsschein einer Bank beigebracht wird, können, falls der Gesellschaftsvertrag nicht ein Anderes ergibt, die nach der Zulassung und unter Teilnahme der so Legitimierten gefassten Beschlüsse nicht allein deshalb mit Erfolg angefochten werden, weil die Aktien nicht vorlagen.

U. v. 2.2.1923; II 147/22. E. 106, 258.

17.　　　　　　　　　　　　　　　　　　　　HGB § 252 (auch § 317).

Der Beschluss der Generalversammlung einer Aktiengesellschaft, wonach die neu auszugebenden Vorzugsaktien an ein Bankhaus unter der schuldrechtlich zu übernehmenden Verpflichtung begeben werden sollen, die Vorzugsaktien während einer Sperrfrist von 10 Jahren nicht an den Markt zu bringen, und das Stimmrecht während dieser Zeit falls übereinstimmende Beschlüsse von Vorstand und Aufsichtsrat der Gesellschaft erzielt werden, im Einklang mit diesen auszuüben, andernfalls aber sich der Abstimmung zu enthalten, ist gültig und verstößt weder gegen § 252 Abs. 1 S. 1 noch gegen § 317.

U. v. 19.6.1923; II 53/23. E. 109, 68.

18. BGB § 138, HGB § 252 (vgl. auch den U.-Auszug bei HGB § 259).

Ein die Ausgabe von Vorzugsaktien mit mehrfachem Stimmrecht betreffender Beschluss der Generalversammlung einer AG verstößt an sich weder gegen die guten Sitten, noch gegen Sinn und Wesen des Aktienrechts.

U. v. 8.11.1923; II 41/23.

19. HGB § 252.

§ 252 Abs. 3 S. 2 will verhüten, dass ein Aktionär mitstimmt, wenn Beschluss darüber gefasst wird, ob ein bestimmtes Rechtsgeschäft mit ihm *vorgenommen* werden soll. Eine Ausdehnung dieser Stimmenthaltungsvorschrift (z. B. auf Erfüllung des bindend abgeschlossenen Vertrages) ist nicht gerechtfertigt. (Vgl. E. 81, 37; JW 1915, 195.)

U. v. 4.1.1924; II 320/23.

20. HGB § 252.

Hat die Generalversammlung beschlossen, einen Teil der neu auszugebenden Aktien der Verwaltung zuzuteilen, so dürfen sich an solcher Beschlussfassung die Mitglieder des Aufsichtsrats nicht beteiligt haben (§ 252 Abs. 3 S. 2). Daran ändert nichts, dass der Vorsitzende den Beschluss dahin erläutert hat, dass es dem Aufsichtsrate freistehen solle, über diese Aktien zu verfügen, und dass über die Art der Verteilung nichts beschlossen worden ist.

U. v. 24.6.1924; II 915/23. E. 108, 322. Dresden.

21. = § 250 HGB Nr. 7.

U. v. 17.11.1925; II 320/25. E. 112, 109. Frankfurt.

22. HGB § 252; GmbHG § 47.

Im Anschluss an die in E. 64, 14 für das Recht der GmbH ausgesprochenen Grundsätze wurde für die Aktiengesellschaft angenommen, dass bei einem Entlastungsbeschluss Aktien, die einer offenen Handelsgesellschaft gehören, nicht deshalb vom Stimmrecht ausgeschlossen sind, weil derjenige, dem die Entlastung erteilt werden soll, Teilhaber der offenen Handelsgesellschaft ist.

U. v. 2.2.1926; II 178/25. E. 112, 382. Hamm.

23. HGB § 252 Abs. 3.

Wird zu einem vom Vorstande ohne Vorbehalt der Genehmigung der Generalversammlung bereits rechtswirksam abgeschlossenen Rechtsgeschäft nachträglich die Genehmigung der Generalversammlung eingeholt, so hat ein derartiger Beschluss der Generalversammlung nur noch die Bedeutung einer Entlastung der Verwaltung. Deshalb ist in einem solchen Falle der Vertragsgegner, der zugleich Aktionär der Gesellschaft ist, nicht gehindert, bei der Beschlussfassung über die nachträgliche Genehmigung mitzuwirken. Dagegen sind die Mitglieder der Verwaltung, soweit sie bei der betreffenden Rechtshandlung beteiligt waren, von der Abstimmung ausgeschlossen, da es sich um ihre Entlastung handelt.

Die Muttergesellschaft ist, auch wenn sie sämtliche Aktien einer Tochtergesellschaft besitzt, bei der Abstimmung in der Generalversammlung einer anderen Aktiengesellschaft, welche die Genehmigung des Abschlusses eines Rechtsgeschäfts mit der Tochtergesellschaft betrifft, als Aktionärin von der Ausübung des Stimmrechts nicht schlechthin, sondern nur dann ausgeschlossen, wenn die Tochtergesellschaft lediglich als Kommissionärin oder Strohmann der Muttergesellschaft handelt.
U. v. 19.11.1926; II 403/25. E. 115, 246. Hamm.

24.   HGB § 252.

Bei der Ablösung von Genussscheinen können deren Inhaber, wenn sie zugleich Aktionär sind, mitstimmen. Dies gilt auch dann, wenn, ehe die Generalversammlung stattfand, der Vorstand eine von der Genehmigung der Versammlung abhängige Vereinbarung über die Ablösung mit den Genussscheininhabern getroffen hat.
U. v. 1.3.1927; II 175/26. E. 115, 296. Frankfurt.

25.   HGB §§ 252, 282, 271.

1. Ein Aktionär kann mit mehrfachem eigenen Aktienbesitz in der Generalversammlung nur *einheitlich* stimmen. Verschiedene Abstimmung macht die Stimmabgabe ungültig.
2. Verstößt ein Generalversammlungsbeschluss (z. B. auf Erhöhung des Grundkapitals) gegen den Grundsatz der Gleichbehandlung der Aktionäre, so kann hierauf die *Anfechtungsklage* aus § 271 HGB gestützt werden, nicht aber die *Nichtigkeitsfeststellungsklage*. Der Beschluss ist nicht unheilbar nichtig.
3. Gleiches gilt im Fall einer bei der Art und Weise des Zustandekommens eines Generalversammlungsbeschlusses unterlaufenen Sittenwidrigkeit.
U. v. 16.9.1927; II 21/27. E. 118, 67. Frankfurt.

26.   BGB §§ 138, 826q; HGB § 252.

Weder aus § 252 HGB noch aus einer sonstigen aktienrechtlichen Vorschrift lässt sich ein Rechtssatz des Inhalts herleiten, dass Stimmrecht und Kapitalsbeteiligung in einem bestimmten Verhältnis stehen müssen. § 252 Abs. 1 HGB lässt die Schaffung von Mehrstimmrechtsaktien in besonderen Aktiengattungen zu, ohne besondere weitere Voraussetzungen und Beschränkungen aufzustellen. Beschlüsse der Generalversammlung auf Schaffung von Vorrats-, Schutz-, Mehrstimmrechtsaktien ist daher, falls sonst die gesetzlichen Vorschriften beobachtet sind, die rechtliche Anerkennung nur im Fall der Sittenwidrigkeit zu versagen.
U. v. 13.12.1927; II 401/27. E. 119, 248. Hamburg.

27.   HGB § 252.

Der Grundsatz des § 252 Abs. 1 lässt nur die in § 252 Abs. 3 angeordneten Ausnahmen zu. Eine ausdehnende Auslegung der Ausnahmen ist abzulehnen, namentlich auch die Auffassung, dass gemäß § 157 BGB ein Gebrauch des Stimmrechts, der wider Treu und Glauben verstieße, nicht geduldet werden dürfe. Darauf, ob die Aktien volleingezahlt sind, ob der Aktionär strafbare Handlungen zum Nachteile der Gesellschaft begangen hat, ob schuldrechtlich die Ausübung des Stimmrechts von den Weisungen des Aufsichtsrates abhängig gemacht war, kommt es nicht an.

Eine von dem Aktionär gegenüber der Gesellschaft oder einem anderen Aktionär eingegangenen Verpflichtung, in bestimmtem Sinne zu stimmen, ist zwar statthaft, durch sie wird aber die Abstimmung in der Generalversammlung sachlich nicht berührt, sondern Verletzungen der Verpflichtung begründen nur einen Schadensersatzanspruch. Der Grundsatz der Naturalrestitution in § 249 BGB aber ist für solche Fälle ausgeschaltet, da er in Widerspruch zu den aktienrechtlich gewährleisteten Grundsätzen über die Willensbildung der Generalversammlung stehen würde. Der Schadensersatzanspruch kann nur auf Geld gehen und kann auch nicht die Grundlage bilden für eine Einrede der Arglist gegen die Anfechtungsklage des von der Abstimmung ausgeschlossenen Aktionärs. U. v. 10.1.1928; II 173/27. E. 119, 386. Kammergericht.

28. = § 250 HGB Nr. 9.
U. v. 4.11.1927; II 135/27. E. 118, 330. Köln.

29. HGB § 252.
1. Die Abtrennung des Stimmrechts als solchem von der Aktie und dessen Übertragung allein ist unzulässig. Eine Vollmacht, die solchen Zwecken dient, ist wegen Verstoßes gegen § 134 BGB nichtig.
2. Im Fall der Versagung der Genehmigung der Gesellschaft zum Erwerb vinkulierter Namensaktien hat der abgelehnte Erwerber aus dem schuldrechtlichen Geschäft gegen seinen Veräußerer oder dessen Vormänner keinen Anspruch auf Erteilung von Stimmvollmachten hinsichtlich der den Gegenstand der Veräußerung bildenden Aktien. U. v. 31.3.1931; II 222/30. E. 132, 149. Kammergericht.

30. = § 250 HGB Nr. 10.
U. v. 14.11.1933; II 122/33. E. 142, 219. Celle.

31. HGB §§ 252, 266.
Die Stimmverbote der §§ 252 Abs. 3, 266 Abs. 1 Satz 2 HGB bestehen auch für Aktien einer juristischen Person, die derart gestaltet ist, dass ihre Rechtshandlungen, und damit auch die Ausübung des Stimmrechts für die Aktien, entscheidend von dem Willen eines i. S. der bezeichneten Gesetzesvorschriften beteiligten Vorstands- oder Aufsichtsratsmitgliedes der AG beeinflusst werden.
Ein Fall dieser Art wurde bejaht für die Aktien einer Familiengesellschaft mbH, an welcher das Vorstandsmitglied der AG in der Weise beteiligt war, dass ihm satzungsmäßig das alleinige Recht zur Bestellung und Abberufung der Geschäftsführer zustand. U. v. 22.1.1935; II 198/34. München.

32. HGB § 252.
Bei der Ausübung des Stimmrechts auf Grund gekaufter Aktien kommt es nicht auf den Kauf, sondern darauf an, ob der Abstimmende Eigentümer der Aktien geworden ist.

Diese Frage kann sich nur nach dem Rechte des Staates beurteilen, auf dessen Gebiet sich die Aktienurkunden zur Zeit des angeblichen Eigentumserwerbs befanden.
U. v. 13.9.1935; II 39/35.

33.   BGB § 138; HGB § 252.
Stimmrechtsbindungsverträge zwischen den Aktionären einer AG sind auch nach den gewandelten Lebens- und Rechtsanschauungen nicht grundsätzlich und ohne weiteres als rechts- oder sittenwidrig anzusehen.
U. v. 7.2.1936; II 207/35.

§ 253 (§ 105, 106 AktG)

Die Generalversammlung wird durch den Vorstand berufen, soweit nicht nach dem Gesetz oder dem Gesellschaftsvertrag auch andere Personen dazu befugt sind.
Die Generalversammlung ist, außer den im Gesetz oder im Gesellschaftsvertrag ausdrücklich bestimmten Fällen, zu berufen, wenn das Interesse der Gesellschaft es erfordert.

1.   = § 241 HGB Nr. 6.
U. v. 4.5.1903; VI 520/02. Breslau.
U. v. 15.6.1903; VI 115/02. Hamburg.

§ 254 (§ 106 AktG)

Die Generalversammlung ist zu berufen, wenn Aktionäre, deren Anteile zusammen den zwanzigsten Teil des Grundkapitals erreichen, die Berufung schriftlich unter Angabe des Zweckes und der Gründe verlangen. Ist in dem Gesellschaftsvertrage das Recht, die Berufung der Generalversammlung zu verlangen, an den Besitz eines geringeren Anteils am Grundkapitale geknüpft, so hat es hierbei sein Bewenden. In gleicher Weise haben die Aktionäre das Recht, zu verlangen, dass Gegenstände zur Beschlussfassung einer Generalversammlung angekündigt werden.
Wird dem Verlangen weder durch den Vorstand noch durch den Aufsichtsrat entsprochen, so kann das Gericht des Sitzes der Gesellschaft die Aktionäre, welche das Verlangen gestellt haben, zur Berufung der Generalversammlung oder zur Ankündigung des Gegenstandes ermächtigen. Zugleich kann das Gericht über die Führung des Vorsitzes in der Versammlung Bestimmung treffen. Auf die Ermächtigung muss bei der Berufung oder Ankündigung Bezug genommen werden.
Die Generalversammlung beschließt darüber, ob die entstandenen Kosten von der Gesellschaft getragen werden sollen.

Zu § 254 kein Leitsatz.

§ 255 (§ 107 AktG)

Die Berufung der Generalversammlung hat in der durch den Gesellschaftsvertrag bestimmten Weise mindestens zwei Wochen vor dem Tage der Versammlung zu erfolgen. Der Tag der Berufung und der Tag der Generalversammlung sind hierbei nicht mitzurechnen.
Ist im Gesellschaftsvertrage die Ausübung des Stimmrechts davon abhängig gemacht, dass die Aktien bis zu einem bestimmten Zeitpunkte vor der Generalversammlung hinterlegt werden, so ist die Frist

derart zu bemessen, dass für die Hinterlegung mindestens zwei Wochen frei bleiben. In diesem Falle genügt auch die Hinterlegung bei einem Notar.

Ist im Gesellschaftsvertrag eine Bestimmung der im Abs. 2 bezeichneten Art nicht getroffen, so müssen die Anmeldungen zur Teilnahme an der Generalversammlung zugelassen werden, wenn sie nicht später als am dritten Tage vor der Versammlung erfolgen.

1.   HGB § 255.

Ein Aktionär, der seine Aktien nicht rechtzeitig vor der Generalversammlung hinterlegt hat, kann zwar in dieser zurückgewiesen werden; er kann aber auch trotzdem zugelassen werden, wenn niemand Widerspruch dagegen erhebt.
U. v. 19.10.1904; I 247/04. Frankfurt.

2.   HGB § 255.

Die in der Einladung zur Generalversammlung enthaltene Mitteilung, dass gewisse Banken *die* Aktionäre kostenfrei zu vertreten bereit seien, die in einem bestimmten Sinn abstimmen wollten, verstößt nicht gegen das Gesetz und begründet daher nicht die Anfechtungsklage aus § 271.
U. v. 19.10.1904; I 247/04. Frankfurt.

3.   HGB § 255.

1. Der Begriff der Hinterlegung in § 255 und in den auf diese Vorschrift sich stützenden Bestimmungen der Aktiengesellschaftsstatuten deckt sich mit der Verwahrung im Sinne von § 688 flg. BGB und verlangt *tatsächliche* Niederlegung der Aktien bei der Hinterlegungsstelle. Der mittelbare Besitz der Hinterlegungsstelle an den Aktien auf Grund einer Erklärung derjenigen Bank, bei der sich die Aktien für den Inhaber in Verwahrung befinden, dass sie die Aktien bis zur Generalversammlung zu treuen Händen für die Hinterlegungsstelle verwahre, genügt nicht.
2. Die Generalversammlung hat die Legitimation ihrer Mitglieder zu prüfen und kann deshalb die von der Hinterlegungsstelle geübte Art der Hinterlegung der Aktien beanstanden.
U. v. 17.11.1925; II 320/25. E. 112, 109. Frankfurt.

4.   BGB § 138; HGB § 255.

In einer Zeit, in der mit Rücksicht auf die besonderen Verhältnisse vielfach eine Abweichung von der ordnungsmäßigen Form der Hinterlegung von Aktien gemäß HGB § 255 Abs. 2 stattfand und stillschweigend auch in den früheren Generalversammlungen der Aktiengesellschaft geduldet worden war, kann das Verfahren, dass Aktionäre wegen Mängel der Hinterlegung von der Ausübung des Stimmrechts (ohne dass ihnen durch Vertagung Gelegenheit zur Nachholung der Förmlichkeiten gegeben wird), ausgeschlossen werden, unter Umständen einen Verstoß gegen die guten Sitten enthalten. Dies gilt vor allem dann, wenn es sich um solche für den einzelnen Aktionär besonders wichtige Beschlussfassungen, wie die Umstellung des Aktienkapitals auf Goldwert handelte, und die Mehrheit der Aktionäre ohne Rücksicht auf die Interessen der ausgeschlossenen

Aktionäre und ohne diese zu Wort kommen zu lassen, gestützt auf das formale Recht, die Beschlussfassung in der Generalversammlung durchführt, lediglich in der Absicht, die ihr unbequemen Gegner mundtot zu machen.
U. v. 17.11.1925; II 320/25. E. 112, 109. Kammergericht.

§ 256 (§ 108 AktG)

Der Zweck der Generalversammlung soll bei der Berufung bekannt gemacht werden. Jedem Aktionär ist auf Verlangen eine Abschrift der Anträge zu erteilen.

Über Gegenstände, deren Verhandlung nicht ordnungsmäßig mindestens eine Woche vor dem Tage der Generalversammlung angekündigt ist, können Beschlüsse nicht gefasst werden; ist für die Beschlussfassung nach den Vorschriften dieses Gesetzbuchs oder des Gesellschaftsvertrags die einfache Stimmenmehrheit nicht ausreichend, so muss die Ankündigung mindestens zwei Wochen vor dem Tage der Generalversammlung erfolgen. An die Stelle des Tages der Generalversammlung tritt, falls die Ausübung des Stimmrechts von der Hinterlegung der Aktien abhängig ist, der Tag, bis zu dessen Ablaufe die Hinterlegung zu geschehen hat.

Zur Beschlussfassung über den in der Generalversammlung gestellten Antrag auf Berufung einer außerordentlichen Generalversammlung sowie zur Stellung von Anträgen und zu Verhandlungen ohne Beschlussfassung bedarf es der Ankündigung nicht.

1.　　　　　　　　　　　　　　　　　　　　　　　　　　　　　　HGB § 256.

In allen Fällen, in denen das durch § 282 Abs. 1 festgesetzte Bezugsrecht der Aktionäre in Frage kommt, werden die Aktionäre über den Gegenstand der Verhandlung, sofern nicht das Bezugsrecht den Aktionären belassen werden soll, am einfachsten und zweckmäßigsten in Kenntnis gesetzt werden, wenn der *Wegfall des Bezugsrechts* bei der Ausschreibung mit klaren Worten sofort angekündigt wird.

Es genügt jedoch, wenn der geschäftskundige Mann aus dem übrigen Inhalte der Bekanntmachung auch ohne ausdrücklichen Hinweis entnehmen kann, dass die Frage des Ausschlusses in Betracht kommen wird. Danach wurde die Bezeichnung des Gegenstandes der Beschlussfassung „über die Modalitäten der Aktienausgabe" als zureichend angesehen.
[Vgl. Nr. 3.]
U. v. 13.6.1906; I 55/06. Hamm.

2.　　　　　　　　　　　　　　　　　　　　　　　　　　　　　　HGB § 256.

Die Ankündigung der Beschlussfassung über *Entlastung des Vorstands und Aufsichtsrats* deckt sowohl den regelmäßigen Fall, wo Vorstand und Aufsichtsrat als Organe der Gesellschaft entlastet oder verantwortlich gemacht werden, als auch die Ausnahmefälle, in denen die Generalversammlung Veranlassung nimmt, aus besonderen Gründen hinsichtlich der Tätigkeit der einzelnen Mitglieder ihrer Organe zu unterscheiden und einzelne unter Ausschluss der übrigen zu entlasten, andere zur Verantwortung zu ziehen.
[Vgl. § 260 Nr. 5.]
U. v. 23.2.1907; I 318/06. E. 65, 241. Hamburg.

3.   HGB § 256 (auch § 282).

Ein Beschluss der Generalversammlung einer Aktiengesellschaft, durch den das Bezugsrecht der Aktionäre auf neue Aktien beschränkt oder ausgeschlossen wird, ist auch dann
zulässig, wenn bei der Berufung der Generalversammlung nur die Erhöhung des Grundkapitals als Verhandlungsgegenstand angekündigt worden ist. [Vgl. § 256 Nr. 1.]
U. v. 18.11.1907;I 51/07. E. 67, 106. Kammergericht.

4.   HGB § 256.

Ein Generalversammlungsbeschluss hält sich nur dann im Rahmen des angekündigten
„Gegenstandes", wenn ihm wirtschaftlich ungefähr die gleichen Wirkungen wie dem
Vorschlag zukämen. Das ist nicht der Fall, wenn eine Kapitalserhöhung um 5 Mill. Mark
beschlossen worden ist.
U. v. 8.10.1915; II 159/15. E. 87, 155. Kammergericht.

§ 257 (§ 109 AktG)

Jeder Aktionär, der eine Aktie bei der Gesellschaft hinterlegt, kann verlangen, dass ihm die Berufung der
Generalversammlung und die Gegenstände der Verhandlung, sobald deren öffentliche Bekanntmachung
erfolgt, durch eingeschriebenen Brief besonders mitgeteilt werden. Die gleiche Mitteilung kann er über
die in der Generalversammlung gefassten Beschlüsse verlangen.

1.   HGB § 257.

Die besondere Mitteilung an den Aktionär, die in § 257 vorgeschrieben ist, ist rechtzeitig
erfolgt, wenn sie alsbald nach der öffentlichen Bekanntmachung durch eingeschriebenen
Brief zur Post gegeben worden ist.
U. v. 29.3.1927; II 247/26. Kammergericht.

§ 258 (§ 110 AktG)

In der Generalversammlung ist ein Verzeichnis der erschienenen Aktionäre oder Vertreter von Aktionären mit Angabe ihres Namens und Wohnorts sowie des Betrags der von jedem vertretenen Aktien aufzustellen. Das Verzeichnis ist vor der ersten Abstimmung zur Einsicht auszulegen; es ist von dem Vorsitzenden zu unterzeichnen.

1.   HGB §§ 258, 259; K. b. 16. Pr. Gebührenordnung für Notare v. 28.10. 1922 § 25.

1. Fügt der Notar dem Protokoll über die Generalversammlung einer Aktiengesellschaft
statt der nach § 258 HGB aufgestellten und ausgelegten, nach seiner Ansicht unleserlich
gewordenen Anwesenheitsliste ein Teilnehmerverzeichnis bei, das er über der auf einem
unbeschriebenen Bogen geleisteten Namensunterschrift des Vorsitzenden der Versammlung hat niederschreiben lassen, so hat dies die Nichtigkeit der in der Versammlung
gefassten Beschlüsse zur Folge.

2. Eine Gebührenforderung erwächst dem Notar in dem unter 1 bezeichneten Falle nicht oder die Forderung wird mindestens durch die in der Bezugnahme der Aktiengesellschaft auf den Verstoß des Notars zu erblickende allgemeine Arglisteinrede entkräftet.
U. v. 2.7.1926; III 358/25. E. 114, 202. Kammergericht.

2.   = § 250 HGB Nr. 9.
U. v. 4.11.1927; II 135/27. E. 118, 330. Köln.

§ 259 (§ 111 AktG)

Jeder Beschluss der Generalversammlung bedarf zu seiner Gültigkeit der Beurkundung durch ein über die Verhandlung gerichtlich oder notariell aufgenommenes Protokoll.
In dem Protokolle sind der Ort und der Tag der Verhandlung, der Name des Richters oder Notars sowie die Art und das Ergebnis der Beschlussfassungen anzugeben.
Das nach § 258 aufgestellte Verzeichnis der Teilnehmer an der Generalversammlung sowie die Belege über die ordnungsmäßige Berufung sind dem Protokolle beizufügen. Die Beifügung der Belege über die Berufung der Generalversammlung kann unterbleiben, wenn die Belege unter Angabe ihres Inhalts in dem Protokoll aufgeführt werden.
Das Protokoll muss von dem Richter oder Notar vollzogen werden. Die Zuziehung von Zeugen ist nicht erforderlich.
Eine öffentlich beglaubigte Abschrift des Protokolls ist unverzüglich nach der Generalversammlung von dem Vorstande zum Handelsregister einzureichen.

1.   HGB § 259 (auch § 271).
Eine ohne vorherige Berufung einer Generalversammlung abgehaltene Versammlung der Aktionäre ist eine Generalversammlung und der gefasste Beschluss ein gültiger Beschluss nur dann, wenn *alle* Aktionäre teilgenommen haben. Fehlt es hieran, so bedarf es einer Anfechtung des Beschlusses gemäß § 271 nicht.
Daher ist der gefasste Beschluss ungültig, wenn das aufgenommene notarielle Protokoll zwar bemerkt es sei festgestellt worden, dass sämtliche Aktionäre erschienen seien, aber eine Präsenzliste nicht enthält und nicht ersehen lässt, dass dem Notar der die Zahl der vorhandenen Aktien ergebende Gesellschaftsvertrag vorgelegt habe.
U. v. 18.2.1905; I 337/04. Colmar.

2.   HGB § 259.
Die Vorschrift des § 259 über die Gültigkeit der Beurkundung der Beschlüsse der Generalversammlung der Aktiengesellschaft ist eine absolute und lässt nicht zu, dass der Gesellschaftsvertrag *noch andere* Erfordernisse für die Beurkundung aufstellt.
U. v. 12.1.1907; I 542/06. E. 65, 91. Celle.

3.   HGB § 259 (auch § 271).
Schon aus § 271 Abs. 1 ergibt sich zweifelsfrei, dass zu den Voraussetzungen der aktiven rechtlichen Anfechtungsklage im Sinne der §§ 271 f. ein seiner Form nach gültiger Beschluss gehört. Formwidrig ist aber auch der Beschluss, der nicht nach Maßgabe des

§ 259 Abs. 2 protokolliert ist. Daher kann eine Klage, mit der eine Verletzung dieser Vorschrift geltend gemacht wird, nur als gewöhnliche Feststellungsklage aufgefasst werden, auf die die Ausnahmebestimmung des § 271 Abs. 2 sich nicht erstreckt.
B. v. 1.6.1912; I 135/12. Celle.

4.   HGB § 259.
Der Nachweis, dass eine Generalversammlung nur unterbrochen worden ist, um am folgenden Tage fortgesetzt zu werden, kann grundsätzlich auch außerhalb des Protokolls geführt werden.
Eine Berufung darauf, dass die Fortsetzung nicht beschlossen gewesen sei, ist nicht mehr zulässig, wenn der Registerrichter schon das Gegenteil angenommen hat, daraufhin Eintragungen erfolgt sind und eine Anfechtungsklage nicht durchgeführt ist.
U. v. 14.2.1913; II 449/12. E. 81, 332. Kammergericht.

5.   HGB § 259 (auch § 271).
Wenn § 259 Abs. 2 vorschreibt, dass das Protokoll über die Generalversammlung einer AG *die Art der Beschlussfassungen* angeben muss, so kann zwar im einzelnen Fall zweifelhaft sein, was darunter zu verstehen ist. Jedenfalls aber ist eine *mangelhafte* Angabe unschädlich und kann die Anfechtung des Beschlusses nicht begründen, wenn der Inhalt des Protokolls erkennen lässt, dass der Beschluss ohne Gesetzesverletzung zustande gekommen ist. (Vg. E. 103, 6.)
U. v. 17.11.1922; II 864/21. E. 105, 373. – Vgl. U. v. 15.6.1923; II 338/23.

6.   HGB § 259 (vgl. auch den U.-Auszug bei § 252).
Ein Verstoß gegen § 259 Abs. 2, soweit er die Beurkundung der *Art der Beschlussfassung* betrifft, ist dann unschädlich, wenn nach der Gesamtheit des Beurkundeten Zweifel über das ordnungsmäßige Zustandekommen des Beschlusses nicht bestehen können. (Vgl. oben Nr. 5.)
U. v. 8.11.1923; II 41/23.

7.   = § 258 HGB Nr. 1.
U. v. 2.7.1926; III 358/25. E. 114, 202. Kammergericht.

8.   HGB §§ 259, 260.
Auch bei der sog. Einmanngesellschaft kann dem Vorstand und dem Aufsichtsrate nur unter Einhaltung der Formen der Generalversammlung Entlastung erteilt werden.
U. v. 9.12.1927; II 161/27. E. 119, 229. Frankfurt.

9.   HGB §§ 259, 271.
Die Anfechtungsklage beschränkt sich nicht ausnahmslos und immer auf die Vernichtung des angegriffenen Beschlusses, sie kann unter Umständen auch darüber hinaus zu einem „positiven" Ergebnis führen. Hat z. B. der Vorsitzende einer Generalversammlung infolge unrichtiger Stimmrechtsbewertung die Ablehnung eines Antrags als Ver-

sammlungsbeschluss verkündet, so führt die erfolgreiche Anfechtung dieses Beschlusses, wenn nach den protokollarisch festgelegten Abstimmungszahlen bei richtiger Stimmrechtsbewertung der Antrag angenommen ist, zugleich zur Feststellung der Annahme des Antrags.

U. v. 9.10.1928; II 486/27. E. 122, 102. Breslau. – Vgl. aber unten § 273 Nr. 4.

10.   HGB §§ 259, 271.

Hat der Vorsitzende einer Generalversammlung als Abstimmungsergebnis einen bestimmten Beschluss verkündet, so ist dieser verkündete Beschluss zunächst maßgebend und gegebenenfalls durch Anfechtungs- oder Nichtigkeitsfeststellungsklage zu beseitigen. Dagegen ist solchenfalls für eine Feststellungsklage zur Entscheidung darüber, welcher Beschluss zustande gekommen ist, kein Raum, insbesondere nicht etwa mit der Begründung, dass zu Unrecht Aktionäre mitgestimmt hätten, die kraft Stimmverbots nicht hätten mit abstimmen können.

U. v. 24.10.1933; II 100/33. E. 142, 123. Dresden.

11.   Pariser Verbandsübereinkunft (Pariser Unionsvertrag – PUV –) i. d. Haager F. v.
              6.11.1925, Art. 6; WZG §§ 11, 2, 15; HGB § 259.

Der aus den §§ 2 und 15 WZG abgeleitete Grundsatz, dass das Warenverzeichnis nur die Waren enthalten soll, die in dem betreffenden Geschäftsbetriebe geführt werden oder deren Vertrieb innerhalb angemessener Zeit nach der Anmeldung aufgenommen werden soll, und dass in entsprechender Anwendung des § 11 Abs. 1 Nr. 2 WZG die Teillöschungsklage als Popularklage gegeben ist, wenn jemand sich ein Warenzeichen für Waren hat eintragen lassen, die in seinem Geschäftsbetriebe nicht geführt werden, obwohl seit der Eintragung bereits eine für die Aufnahme des Vertriebs angemessene Zeit verstrichen ist, betrifft die „öffentliche Ordnung" i. S. des Art. 6 Abs. 2 Nr. 3 PUV. Bei einem international eingetragenen Warenzeichen kann also auf einen solchen Sachverhalt die der Teillöschungsklage entsprechende Klage auf Entziehung des deutschen Schutzes für die im Betriebe nicht eingeführten Waren gestützt werden.

Der in Abs. 1 erwähnten Klage gegenüber kann der Inhaber des Warenzeichens sich nicht darauf berufen, dass er die betreffenden Waren zwar nicht im eigenen Geschäftsbetriebe führe, dass sie aber im Betriebe einer GmbH geführt würden, deren sämtliche Geschäftsanteile ihm gehören.

Eine Gleichstellung der Einmanngesellschaft mit dem alleinigen Gesellschafter ist in der Rechtsprechung durchweg nur in Fällen erfolgt, wo es gegen Treu und Glauben verstoßen und sich als Rechtsmissbrauch darstellen würde, wen die Einmanngesellschaft oder der alleinige Gesellschafter sich auf die formelle Verschiedenheit berufen könnte; sie ist aber nicht auch schon dann gerechtfertigt, wenn sie einer der sachlich-rechtlich verschiedenen Persönlichkeiten erwünscht erscheint.

U. v. 29.6.1942; II 22/42. E. 169, 240.

§ 260 (§§ 104, 125-127 AktG)

Die Generalversammlung beschließt über die Genehmigung der Jahresbilanz und die Gewinnverteilung sowie über die Entlastung des Vorstandes und des Aufsichtsrats.

Der Vorstand hat in den ersten drei Monaten des Geschäftsjahrs für das verflossene Geschäftsjahr eine Bilanz, eine Gewinn- und Verlustrechnung sowie einen den Vermögensstand und die Verhältnisse der Gesellschaft entwickelten Bericht dem Aufsichtsrat und mit dessen Bemerkungen der Generalversammlung vorzulegen. Im Gesellschaftsvertrage kann eine andere Frist, jedoch nicht über die Dauer von sechs Monaten hinaus, bestimmt werden.

Neufassung des § 260 und Einfügung eines § 260 a und § 260 b durch VO vom 19.9.1931.

1.   = § 249 HGB Nr. 4.
U. v. 7.7.1900; I 162/00. Stettin.

2.   = § 214 HGB Nr. 1.
U. v. 30.11.1903; I 260/03. Kammergericht.

3.   HGB § 260.

Über Inhalt und Umfang der Entlastung durch den Dechargebeschluss der Generalversammlung entscheidet nur das, was dieser durch die Vorlagen oder infolge von Anträgen zur Beschlussfassung vorgelegt ist; ohnedies ist die private Kenntnis der Aktionäre nicht von Bedeutung.
U. v. 13.6.1904; I 116/04. Celle.

4.   HGB § 260.

Die Entlastung reicht nicht weiter, als die Geschäftsführung des entlasteten Organs aus dem der Generalversammlung unterbreiteten Materiale zu übersehen ist; dem zu Entlastenden liegt es ob, den Gegenstand der Entlastung klarzulegen; er darf nicht von der Generalversammlung verlangen, an der Hand der Bücher und Belege erst zu untersuchen, ob und welche Verfehlungen etwa vorgekommen seien. [Vgl. E. 12, 77; 13, 51.] Betrifft aber der Entlastungsbeschluss nicht einzelne verschiedene Tätigkeits- oder Unterlassungsakte, sondern die *einheitliche Kontrollpflicht* des Aufsichtsrats, dem es nicht gelungen war, erhebliche, genau dargelegte Veruntreuungen des Vorstands zu verhindern, so war es Sache der Generalversammlung, über Art und Maß der vom Aufsichtsrat entwickelten Kontrolltätigkeit noch weitere und genauere Aufschlüsse zu verlangen. Ist dies nicht geschehen, so ist in vollem Umfang Entlastung erteilt.
U. v. 23.11.1904; I 309/04. Naumburg.
U. v. 4.11.1905; I 151/05. Kammergericht.
U. v. 14.3.1908; I 249/07. Kammergericht.

5.　　　　　　　　　　　　　　　　　　　　　　　　　　　　HGB § 260.

Es ist zulässig, bei der Beschlussfassung über die Entlastung des Vorstandes oder Aufsichtsrats einer Aktiengesellschaft *einzelne Mitglieder des Vorstandes oder Aufsichtsrats
von der Entlastung* oder Verantwortlichmachung *auszunehmen.*

[Das Urteil § 252 Nr. 2 steht nicht entgegen.] Dasselbe behandelt nur den regelmäßigen Fall, dass Vorstand und Aufsichtsrat als Organe entlastet werden sollen, schließt aber damit nicht aus, dass in Aus-
nahmefällen auch Entlastung oder Verantwortlichkeitmachung einzelner Mitglieder dieser Organe
beschlossen wird. Die Ankündigung der Beschlussfassung über Entlastung des Vorstands und Aufsichtsrats bei der Berufung der Generalversammlung deckt auch diese Ausnahmefälle.
U. v. 23.2.1907; I 318/06. E. 65, 241. Hamburg.

6.　　　　　　　　　　　　　　　　　　　　　　　　　HGB § 260 (auch § 271).

Ein Beschluss der Generalversammlung, der den Vorstand und Aufsichtsrat wegen Re-
gressansprüchen aus fahrlässigen Statutenverletzungen entlastet, verstößt dadurch allein
noch nicht gegen den Gesellschaftsvertrag oder gegen das Gesetz im Sinne von § 271
Abs. 1. Gegen den Gesellschaftsvertrag würde er nur dann verstoßen, wenn in diesem
bestimmt wäre, dass auf solche Regressansprüche nicht verzichtet werden dürfe. Gegen
das Gesetz verstößt es auch dann nicht, wenn die Mehrheit willkürlich, ohne jeden ge-
rechtfertigten Grund, auf die ihr als wohlbegründet bekannten Regressansprüche verzichtet hat. – Dagegen verstößt er allerdings dann gegen das Gesetz, wenn die Mehrheit
der Aktionäre bei der Beschlussfassung in einer gegen die guten Sitten verstoßenden
Weise vorsätzlich zum Nachteile der Aktiengesellschaft oder zum Nachteile der Minderheit gehandelt hat.
U. v. 1.5.1908; II 623/07. E. 68, 314. Karlsruhe.

7.　　　　　　　　　　　　　　　　　　　　　　　　　　　　§ 241 Nr. 13.
U. v. 16.12.1908; I 74/08. E. 70, 132. Köln.

8.　　　　　　　　　　　　　　　　　　　　　　　　HGB § 260 (auch KO § 6).

Wenn die Vorlagen (Jahresbilanz usw.) von der Generalversammlung genehmigt, die
Entlastung aber dem Vorstand oder dem Aufsichtsrate verweigert worden ist, so steht
diesen Organen ein Klagerecht auf Erteilung der Entlastung gegen die Gesellschaft zu.
Ist die Gesellschaft in Konkurs erklärt, so ist der Konkursverwalter der rechte Beklagte.
U. v. 28.12.1910; I 192/10. Hamburg.

9.　　　　　　　　　　　　　　HGB § 260 (auch § 271; GmbHG §§ 42, 46).

1. Fertige, an zahlungsfähige Käufer verkaufte, aber an diese noch nicht abgesandte
Warenvorräte sind in die Bilanz der GmbH zum Verkaufswert auf den Bilanztag einzusetzen. (Darüber, dass die Zwischenzinsen abzuziehen sind vom Kaufpreis, ist nicht
ausdrücklich erkannt worden, weil dies nicht nötig war und der Abzug gemacht zu sein
scheint.)
2. Ist ein Beschluss über Bilanzgenehmigung und Genehmigung der Verlust- und Ge-
winnrechnung ungültig, so kann der Richter bei völlig zweifelsfreier Lage die richtigen

Ziffern einsetzen und aus dieser Einsetzung die Folgen ziehen, sowie danach erkennen. [Vgl. RG 76, 248; 64, 261.]
U. v. 5.11.1912; II 262/12. E. 80, 330. Kammergericht.

10. HGB § 260 (auch GenGes. § 48).

Da die Generalversammlung bei der Art ihrer Zusammensetzung und der Kürze der zur Verfügung stehenden Zeit zu einer selbständigen Untersuchung der Verwaltungstätigkeit außerstande ist, darf die von ihr beschlossene Entlastung des Vorstandes nur auf das bezogen werden, was ihr in *erkennbarer* Weise mitgeteilt wurde. (Ebenso GenGes. § 48 Nr. 1. E. 70, 133.)
U. v. 2.2.1917; II 327/16. (Genossenschaftsrecht). Kammergericht.
U. v. 6.2.1917; II 385/16 (Aktienrecht). Celle.

11. HGB § 260.

1. Eine Klage der Vorstands- oder Aufsichtsratsmitglieder auf Erteilung der Entlastung ist zulässig. Sie ist gegen die Gesellschaft, der nötigenfalls ein Vertreter nach § 57 ZPO zu bestellen ist, nicht gegen die Generalversammlung zu richten (vgl. oben Nr. 8) und als *Leistungsklage* (wie die Klage auf Quittung, BGB § 368), nicht als negative Feststellungsklage zu behandeln, wenn sie auch die Wirkung einer solchen insoweit hätte, als das Gericht für eine bestimmte Geschäftsführungszeit die Entlastung aussprechen und damit feststellen würde, dass der Gesellschaft aus Anlass jener Geschäftsführung Schadensersatzansprüche gegen den Kläger schlechthin nicht zuständen.
2. Hat ein Vorstands- oder Aufsichtsratsmitglied in der Generalversammlung seiner Rechenschaftspflicht durch Vorlegung der Bilanz und der Gewinn- und Verlustrechnung sowie durch Abgabe der sonst etwa erforderten Erklärungen erfüllt, ist ihm aber trotzdem die Entlastung durch die Versammlung verweigert worden, so hat gegenüber der von ihm erhobenen Klage auf Entlastung die verklagte Gesellschaft die volle Behauptungs- und Beweislast, und sie muss einen bestimmten Schadensersatzanspruch gegen den Kläger nachweisen (U. v. 28.12.1910; I 192/10). Nur dann verhält es sich anders, wenn der Kläger in der Generalversammlung, welche die Entlastung verweigerte, seine Rechenschaftsansprüche nicht erfüllt hat.
U. v. 6.2.1917; II 385/16. E. 89, 396. Celle.

12. HGB § 260 (auch § 263).

Zu den Vorlagen, die nach §§ 260, 263 HGB zwei Wochen lang vor der Generalversammlung ausgelegt werden müssen, gehört *nicht* der Vorschlag der Verwaltung über die Verteilung des Gewinns. Auch wenn ein solcher Vorschlag tatsächlich ausgelegt worden ist und abgeändert werden soll, bedarf es doch nicht der Vorlegung des Abänderungsvorschlags.
U. v. 8.2.1921; II 349/20. E. 101, 279.

13.   HGB § 260.

Die Bilanzgenehmigung und die Entlastung des Vorstandes und Aufsichtsrats sind begrifflich verschieden und unterliegen getrennter Beschlussfassung. Ein Zusammenhang zwischen beiden Beschlüssen besteht jedoch dann, wenn die in der Bilanz enthaltene Rechnungslegung als unvollständig und ungenügend beanstandet wird. Dann äußert eine Anfechtung der Bilanz auch ihre Wirkung auf die Entlastungserteilung.
U. v. 23.10.1925; II 315/24. E. 112, 19. Jena.

14.   HGB § 260.

Das bloße Vorkommen von Pflichtwidrigkeiten genügt nicht, um die Weigerung der Entlastung zu begründen, sondern es muss hinzukommen, dass diese Pflichtwidrigkeiten Vermögensnachteile für die Gesellschaft zur Folge hatten.
U. v. 15.10.1926; II 584/25. E. 114, 396. Naumburg.

15.   HGB § 260; (Vgl. auch die Auszüge bei §§ 261, 271).

Wegen der Unvollkommenheiten, die der Papiermarkbilanz für 1923 infolge der Einwirkungen der Geldentwertung notwendig anhaften, ist eine besondere Stellungnahme zu den Einzelzahlen der Bilanz in dem Geschäftsbericht nicht erforderlich, sondern können allgemeine Hinweise auf jene Unvollkommenheiten genügen. Auf die Verhältnisse einer Tochtergesellschaft braucht in dem Geschäftsbericht der Muttergesellschaft im einzelnen nicht eingegangen zu werden. Mängel eines Geschäftsberichts können eine Anfechtung des Beschlusses über die Genehmigung der Bilanz und die Entlastung der Verwaltung dann nicht mehr begründen, wenn die Aktionäre in der Generalversammlung vor der Beschlussfassung über die betreffenden Punkte aufgeklärt werden.
U. v. 17.12.1926; II 103/26. E. 115, 332. Düsseldorf.

16.   = § 259 HGB Nr. 8.
U. v. 9.12.1927; II 161/27. E. 119, 229. Frankfurt.

17.   = § 251 HGB Nr. 1.
U. v. 4.11.1930; II 74/30. Hamburg.

18.   = § 213 HGB Nr. 19.
U. v. 1.9.1936; II 58/36.

§ 260 a und b
(§§ 128, 129 AktG)
eingefügt durch VO vom 19.9.1931.

§ 260 a

In dem Geschäftsbericht sind der Vermögensstand und die Verhältnisse der Gesellschaft zu entwickeln und der Jahresabschluß zu erläutern. Bei der Erläuterung des Jahresabschlusses sind auch wesentliche Abweichungen von dem früheren Jahresabschluß zu erörtern.

In dem Geschäftsbericht ist auch über die Beziehungen zu einer abhängigen Gesellschaft und einer Konzerngesellschaft zu berichten.

In dem Geschäftsbericht sind ferner Angaben zu machen über

1. Aktien, die von dem Aktionär als Gründer oder Zeichner für Rechnung der Gesellschaft übernommen worden sind; sind solche Aktien im Laufe des Geschäftsjahrs verwertet worden, so ist auch über ihre Verwertung und die Verwendung des Erlöses zu berichten;

2. den Bestand an eigenen Aktein der Gesellschaft, die ihr oder einem anderen für ihre Rechnung gehören; sind solche Aktien im Laufe des Geschäftsjahres erworben oder veräußert worden, so ist auch über den Erwerbs- oder Veräußerungspreis und die Verwendung des Erlöses zu berichten;

3. gebunden Aktien; eine Aktie gilt als gebundene Aktie, wenn der Aktionär durch ausdrückliche oder stillschweigende Vereinbarung zugunsten der Gesellschaft, einer abhängigen Gesellschaft oder einer Konzerngesellschaft in der Ausübung der Aktienrechte oder in der Veräußerung oder sonstigen Verfügung über die Aktie gebunden ist;

4. im Laufe des Jahres ausgegebene Genußscheine;

5. aus der Bilanz nicht ersichtliche Haftungsverhältnisse einschließlich von Pfandbestellungen und Sicherungsübereignungen sowie von Verbindlichkeiten aus der Begebung von Wechseln und Schecks;

6. die Gesamtbezüge der Mitglieder des Vorstandes und die der Mitglieder des Aufsichtsrats (Gehalt; Vergütungen, die in einem Anteil am Jahresgewinn bestehen; Aufwandsentschädigungen; Provisionen und Nebenleistungen jeder Art);

7. die Zugehörigkeit der Gesellschaft zu preis- und absatzregelnden Verbänden, Konventionen und ähnlichen Verbindungen;

8. Vorgänge von besonderer Bedeutung, die nach dem Ende des Geschäftsjahrs eingetreten sind.

Die Berichterstattung hat den Grundsätzen einer gewissenhaften und getreuen Rechenschaftsablegung zu entsprechen. Sie kann nur insoweit unterbleiben, als das überwiegende Interesse einer der beteiligten Gesellschaften oder der Allgemeinheit es erfordert.

§ 260 b

Für die Aufstellung des Jahresabschlusses kommen, soweit nicht in den §§ 261 bis 261e ein anderes bestimmt ist, die Vorschriften des Vierten Abschnitts des Ersten BUches und im übrigen die Grundsätze ordnungsmäßiger Buchführung und Bilanzierung zur Anwendung.

Der Jahresabschluß ist so klar und übersichtlich aufzustellen, daß er den Beteiligten einen möglichst sicheren Einblick in die Lage der Gesellschaft gewährt.

1. HGB §§ 260 a, 260 b, 261 a, 261 c; AktG §§ 128, 129, 131, 132.

Die stille Auflösung freiwilliger Rücklagen ist, ebenso wie die Bildung stiller Rücklagen, auch nach den neueren aktienrechtlichen Vorschriften zulässig.

Als „Reingewinn" oder „Reinverlust" im Sinne der Bilanzierungsvorschriften ist nur anzusehen, was nach der Bildung oder Auflösung freiwilliger Rücklagen als Ergebnis der Aufstellung herauskommt.

In Fällen, wo der Haftung der AG in voller Höhe ein Schuldbefreiungsanspruch gegenübersteht, so dass Anspruch und Verbindlichkeit sich bilanzmäßig gegenseitig ausglei-

chen würden, können diese Rechtsverhältnisse zwar in der Bilanz unberücksichtigt bleiben, müssen aber im Geschäftsbereich angegeben werden.
U. v. 15.10.1937; II 61/37. E. 156, 52.

§ 261 (§ 133 AktG)

Für die Aufstellung der Bilanz kommen die Vorschriften des § 40 mit folgenden Maßgaben zur Anwendung:

1. Wertpapiere und Waren, die eine Börsen- oder Marktpreis haben, dürfen höchstens zu dem Börsen- oder Marktpreise des Zeitpunktes, für welchen die Bilanz aufgestellt wird, sofern dieser Preis jedoch den Anschaffungs- oder Herstellungspreis übersteigt, höchstens zu dem letzteren angesetzt werden;
2. andere Vermögensgegenstände sind höchstens zu dem Anschaffungs- oder Herstellungspreis anzusetzen;
3. Anlagen und sonstige Gegenstände, die nicht zur Weiterveräußerung, vielmehr dauernd zum Geschäftsbetriebe der Gesellschaft bestimmt sind, dürfen ohne Rücksicht auf einen geringeren Wert zu dem Anschaffungs- oder Herstellungspreis angesetzt werden, sofern ein der Abnutzung gleichkommender Betrag in Abzug gebracht oder ein ihr entsprechender Erneuerungsfonds in Ansatz gebracht wird;
4. die Kosten der Errichtung und Verwaltung dürfen nicht als Aktiva in die Bilanz eingesetzt werden;
5. der Betrag des Grundkapitals und der Betrag eines jeden Reserve- und Erneuerungsfonds sind unter die Passiva aufzunehmen;
6. der aus der Vergleichung sämtlicher Aktiva und sämtlicher Passiva sich ergebende Gewinn oder Verlust muss am Schlusse der Bilanz besonders angegeben werden.

1.   HGB § 261 (auch § 262; Pr. EinkStG § 16).

Bei Berechnung des steuerpflichtigen Einkommens einer Aktiengesellschaft nach Maßgabe des § 16 des Pr. EinkStG v. 24.6.1891 ist der durch Ausgabe neuer Aktien für einen höheren als den Nominalbetrag erzielte sog. Agiogewinn nicht zu berücksichtigen [vgl. E. 32 Nr. 61 und U. v. 20.3.1897; I 396/96].
U. v. 5.5.1900; I 80/00. E. 46, 262. Kammergericht.

2.   HGB § 261.

Wenn die *Herabsetzung des Grundkapitals* zur Zeit der Aufstellung der Bilanz bereits auf *gesetzlichem Wege vollzogen* ist, so enthebt der Umstand, dass ohne zureichende Gründe die Eintragung des Vollzugs im Register abgelehnt ist, den Vorstand von seiner Verpflichtung, das Grundkapital der Gesellschaft nach seinem wahren Bestand anzugeben.
U. v. 2.12.1903; I 288/03. Hamburg.
U. v. 18.6.1906; I 602/05. Hamburg.

3.   HGB § 261.

Das Gesetz schreibt nicht den in der kaufmännischen Praxis allgemein üblichen Weg der *Abschreibungen* zur Feststellung des Wertes der im Gebrauche befindlichen Anlagen und Gegenstände unbedingt vor, sondern lässt jede andere Ermittlung jenes Werts im Zeitpunkte der Bilanzaufstellung zu.

U. v. 7.11.1906; I 44/06. E. 64, 258. Königsberg.

4.   = § 40 HGB Nr. 6.

U. v. 25.3.1908; I 270/07. Dresden.

5.   HGB § 261 (auch § 271).

Hat die Generalversammlung eine Bilanz mit angeblich *zu geringen Abschreibungen* genehmigt, so kann die Bilanz, wie im Falle zu starker Abschreibungen, nur angefochten werden, wenn ein arglistiges Verhalten oder ein willkürliches, nach kaufmännischen Grundsätzen offenbar irrtümliches Verfahren vorliegt.

U. v. 15.10.1909; II 717/08. E. 72, 33. Hamburg.

6.   = § 40 HGB Nr. 7.

U. v. 26.11.1912; II 259/12. . 81, 17. Kammergericht.

7.   HGB § 261.

Aufwendungen zur Verbesserung von Betriebsgegenständen sind nach § 261 Nr. 3 HGB zu behandeln. Die aufgewendete Summe ist als Aktivum aufzuführen; bleibt der Wertzuwachs hinter der Aufwendung zurück, so ist ein entsprechender Betrag abzuschreiben. Die gleichen Grundsätze wurden in einem Falle zur Geltung gebracht, wo das Bergwerk, in das die Gelder hineingesteckt waren, einer Gewerkschaft gehörte, von deren 1000 Kuxen die Aktiengesellschaft 999 zu Eigentum und den letzten pfandweise erworben hatte.

U. v. 9.10.1913; II 360/13. E. 83, 172. Nürnberg.

8.   HGB § 261.

Eine bloße Rentabilitätsgarantie darf als Aktivum nicht gebucht werden.

U. v. 4.5.1915; II 41/15. Hamburg.

9.   = § 237 HGB Nr. 7 (Abs. 1).

U. v. 11.1.1918; II 257/17. E. 91, 316. Köln.

10.   HGB § 261 (auch GmbHG § 42).

Stellt eine Aktiengesellschaft oder eine GesellschaftmbH, die *während* des Krieges Fleischkonserven an die Heeresverwaltung liefert, die dazu erforderlichen Maschinen zum Anschaffungspreise in die Bilanz ein, so muss sie bei der Abnutzung auch den Umstand berücksichtigen, dass ein Teil der Maschinen *nach* Beendigung des Krieges wegen der dann stattfindenden *Einschränkung des Betriebes* nicht mehr wird gebraucht werden kann.

U. v. 18.1.1918; II 320/17. E. 91, 408. Kammergericht.

11.   = § 40 HGB Nr. 10.

U. v. 4.1.1924; II 320/23.

12.   HGB § 261; (Vgl. auch die Auszüge bei §§ 260, 271).

Die Bildung stiller Reserven durch Unterbewertung von Vermögensgegenständen in der Bilanz ist dann zulässig, wenn der Generalversammlung satzungsgemäß die freie Verfügung über die Verteilung des Jahresgewinnes überlassen ist.

U. v. 17.12.1926; II 103/26. E. 115, 332. Düsseldorf.

13.   = § 40 HGB Nr. 13.

U. v. 20.1.1928; II 281/27. E. 120, 28. Jena.

14.   HGB § 261.

Vorratsaktien sind in der Bilanz auf der Passivseite beim Kapitalkonto zum vollen Nennbetrag einzustellen. Auf der Aktivseite der Bilanz einzusetzen ist der Anspruch der Gesellschaft gegen den Zeichner der Aktien auf Auskehr des Erlöses, der im Fall der Verwertung der Aktien zu erwarten ist. Der Höchstwert dieses Anspruchs wird durch den Kurs der im Verkehr befindlichen Aktien gleicher Gattung am Bilanzstichtag bestimmt.

U. v. 26.6.1936; II 308/35.

§ 261 a bis e (vgl. RGBl. I 1931, S. 496 ff.)
(§ 131 ff. AktG)

1.   = §§ 260 a, b HGB Nr. 1.

U. v. 15.10.1937; II 61/37. E. 156, 52.

§ 262 (§ 130 AktG)

Zur Deckung eines aus der Bilanz sich ergebenden Verlustes ist ein Reservefonds zu bilden. In diesen ist einzustellen:

1. von dem jährlichen Reingewinne mindestens der zwanzigste Teil so lange, als der Reservefonds den zehnten oder den im Gesellschaftsvertrage bestimmten höheren Teil des Grundkapitals nicht überschreitet;

2. der Betrag, welcher bei der Errichtung der Gesellschaft oder bei einer Erhöhung des Grundkapitals durch Ausgabe der Aktien für einen höheren als den Nennbetrag über diesen und über den Betrag der durch die Ausgabe der Aktien entstehenden Kosten hinaus erzielt wird;

3. der Betrag von Zuzahlungen, die ohne Erhöhung des Grundkapitals von Aktionären gegen Gewährung von Vorzugsrechten für ihre Aktien geleistet werden, soweit nicht eine Ver-

wendung dieser Zahlungen zu außerordentlichen Abschreibungen oder zur Deckung außerordentlicher Verluste beschlossen wird.

Einfügung der §§ 262 a bis 262 g durch VO vom 19.9.1931.

1.   = § 261 HGB Nr. 1.
U. v. 5.5.1900; I 80/00. E. 46, 262. Kammergericht.

2.   = § 185 HGB Nr. 2.
U. v. 15.10.1902; I 131/02. E. 52, 287. Hamm.

3.   HGB § 262 (auch GmbHG § 42).
Reservefonds ist jeder Betrag des festgestellten Reingewinns, der nicht verteilt oder anderweit verwendet, sondern für die Zwecke der Gesellschaft zurückbehalten wird, gleichviel ob für längere oder kürzere Dauer. Der Gewinnvortrag hat Reservefondsnatur.
U. v. 20.3.1905; I 16/05. Colmar.

4.   HGB § 262.
Den Gegensatz zum notwendigen gesetzlichen Reservefonds bilden die freiwilligen Reserven, die nicht Spezialreserven, d. h. einem speziellen Zweck gewidmet zu sein brauchen. Der Beschluss der Generalversammlung den in einem Geschäftsjahre erzielten Reingewinn auf neue Rechnung für das nächste Jahr vorzutragen, stellt *nicht* die Bildung eines solchen Spezialreservefonds dar.
U. v. 5.7.1911; I 190+277/10. Kammergericht.

5.   HGB § 262.
Unter einem sich aus der Bilanz ergebenden „Verlust" i. S. des § 262 HGB, zu dessen Deckung ein Reservefonds zu bilden ist, ist nicht eine Unterbilanz i. S. einer Überschuldung zu verstehen, sondern lediglich der bilanzmäßige Unterschied, um den bei der Vergleichung sämtlicher Aktiven und Passiven (einschließlich sämtlicher Reservefonds) die Aktiven hinter den Passiven zurückbleiben.
Sind freiwillige Reservefonds vorhanden, so steht § 262 HGB einer Deckung des Verlustes aus den *freiwilligen* Reserven nicht entgegen. Unzulässig ist es aber, solange der gesetzliche Reservefonds nicht erschöpft ist, den Verlust auf neue Rechnung vorzutragen.
U. v. 13.11.1934; II 158/24. E. 145, 336. Dresden.

6.   HGB §§ 262 b, 271.
Das in § 262 b Abs. 2, 3 vorgesehene Widerspruchsverfahren gegen die Auswahl des Bilanzprüfers durch die Generalversammlung schließt rechtsgrundsätzlich weder die Erhebung einer Anfechtungsklage gemäß §§ 271 flg. HGB noch die Erhebung einer Nichtigkeitsfeststellungsklage gegen den Wahlbeschluss aus.
U. v. 25.9.1936; II 81/36.

§ 263 (§§ 125-127 AktG)

Die im § 260 Abs. 2 bezeichneten Vorlagen sind mindestens während der letzten zwei Wochen vor dem Tage der Generalversammlung in dem Geschäftsraume der Gesellschaft zur Einsicht der Aktionäre auszulegen.

Auf Verlangen ist jedem Aktionär spätestens zwei Wochen vor dem Tage der Generalversammlung eine Abschrift der Bilanz, der Gewinn- und Verlustrechnung, der Bemerkungen des Aufsichtsrats und des Geschäftsberichts zu erteilen.

An die Stelle des Tages der Generalversammlung tritt, falls die Ausübung des Stimmrechts von der Hinterlegung der Aktien abhängig ist, der Tag, bis zu dessen Ablauf die Hinterlegung zu geschehen hat.

1.   HGB § 263.

1. Die Vorschriften des Abs. 1 und 3 sind *zwingender* Natur.

2. Gegen einen unter Verletzung von Vorschriften des § 263 ergangenen Generalver-sammlungsbeschluss ist die Anfechtungsklage aus §§ 271 ff. zulässig. (Vgl. U. I 266/92).

U. v. 11.5.1917; II 533/16. E. 90, 206. Kammergericht.

2.   = § 260 HGB Nr. 12.

U. v. 8.2.1921; II 349/20. E. 101, 279.

3.   BGB §§ 280, 793, 795, HGB § 263.

Inhaberlagerscheine können ohne staatliche Ermächtigung wirksam ausgestellt werden.

Hat der Aussteller eines Inhaberlagerscheines in diesem erklärt, er habe ein bestimmtes Lagergut versteuert, auf Lager genommen und halte es zur Verfügung des Berechtigten, so hat er dafür einzustehen, dass eine etwaige Pflicht auch eines Dritten zur Versteue-rung des Lagergutes erfüllt ist. Er hat in solchem Falle eine auf eine Beschlagnahme durch die Steuerbehörde zurückzuführende Unmöglichkeit zur Herausgabe des Lagergu-tes zu vertreten, falls die Beschlagnahme, wenn auch in Verbindung mit weiteren Um-ständen dadurch veranlasst war, dass das Lagergut nicht versteuert war. Dabei ist ohne Bedeutung für die Verpflichtung des Ausstellers, ob die Beschlagnahme selbst gerecht-fertigt war.

U. v. 25.10.1933; I 92/33. E. 142/150. Düsseldorf.

§ 264 (§ 125 AktG)

Die Verhandlung über die Genehmigung der Bilanz ist zu vertagen, wenn dies in der Generalversamm-lung mit einfacher Stimmenmehrheit beschlossen oder von einer Minderheit, deren Anteile den zehnten Teil des Grundkapitals erreichen, verlangt wird, auf Verlangen der Minderheit jedoch nur, soweit von ihr bestimmte Ansätze der Bilanz bemängelt werden.

Ist die Verhandlung auf Verlangen der Minderheit vertagt, so kann von dieser eine erneute Vertagung nur gefordert werden, wenn über die in der früheren Verhandlung bemängelten Ansätze der Bilanz die erforderliche Aufklärung nicht erteilt worden ist.

1.   HGB § 264.

Aktionäre, welche *an Aktien den zehnten Teil des Grundkapitals* besitzen und einen
bestimmten Ansatz der Bilanz in der Generalversammlung in gehöriger Weise bemängelt haben, können unbedingt die Vertagung der Verhandlung über die Genehmigung
der Bilanz fordern; es kommt nichts darauf an, ob in der Generalversammlung von dem
Vorstande der Aktiengesellschaft über den bemängelten Ansatz sofort Auskunft erteilt
wurde und ob diese Auskunft genügend war oder nicht.
U. v. 19.5.1906; I 605/05. Hamm.

2.   HGB § 264.
1. Wie oben Nr. 1.
2. Für das Vertagungsverlangen der Minderheit genügt es, wenn ein Bilanzposten überhaupt bemängelt wird. Darauf, ob der Mangel das materielle Bilanzrecht oder die Pflichten der Geschäftsführung betrifft, kommt es nicht an: Einen Ansatz der Bilanz „bemängelt" nicht nur derjenige, der behauptet, der Bilanzposten sei zu hoch oder zu niedrig
angesetzt oder sei unklar, sondern auch derjenige, der geltend macht, dass der Posten bei
richtiger Geschäftsführung in die Bilanz nicht habe aufgenommen werden dürfen.
U. v. 11.5.1917; II 533/16. E. 90, 206. Kammergericht.

3.   HGB §§ 264, 266.
Eine Vertagung auf Verlangen der Minderheit liegt auch dann vor, wenn sich die Mehrheit diesem Verlangen ohne Widerspruch fügt und die Vertagung beschließt.
Eine Kritik der Geschäftsführung oder bestimmter Geschäftsvorgänge vermag das Vertagungsverlangen der Minderheit nur dann zu begründen, wenn damit die Bemängelung
bestimmter Bilanzansätze verbunden ist.
§ 266 HGB begründet keinen Anspruch einer Minderheit auf Bestellung von Prüfern
durch die Generalversammlung.
U. v. 16.2.1934; II 249/33. E. 143, 401. Berlin.

§ 265 (§ 143 AktG)

Nach der Genehmigung durch die Generalversammlung ist die Bilanz sowie die Gewinn- und Verlustrechnung unverzüglich durch den Vorstand in den Gesellschaftsblättern bekannt zu machen.
Die Bekanntmachung sowie der im § 260 bezeichnete Geschäftsbericht nebst den Bemerkungen des
Aufsichtsrats ist zum Handelsregister einzureichen. Zum Handelsregister einer Zweigniederlassung
findet die Einreichung nicht statt.

Zu § 265 kein Leitsatz.

§ 266 (§§ 118-120 AktG)

Die Generalversammlung kann mit einfacher Stimmenmehrheit die Bestellung von Revisoren zur Prüfung der Bilanz oder zur Prüfung von Vorgängen bei der Gründung oder der Geschäftsführung beschließen.

Ist in der Generalversammlung ein Antrag auf Bestellung von Revisoren zur Prüfung eines Vorganges bei der Gründung oder eines nicht länger als zwei Jahre zurückliegenden Vorganges bei der Geschäftsführung abgelehnt worden, so können auf Antrag von Aktionären, deren Anteile zusammen den zehnten Teil des Grundkapitals erreichen, Revisoren durch das Gericht, in dessen Bezirke die Gesellschaft ihren Sitz hat, ernannt werden.

Dem Antrag ist nur stattzugeben, wenn glaubhaft gemacht wird, dass bei dem Vorgang Unredlichkeiten oder grobe Verletzungen des Gesetzes oder des Gesellschaftsvertrags stattgefunden haben. Die Antragsteller haben die Aktien bis zur Entscheidung über den Antrag zu hinterlegen und glaubhaft zu machen, dass sie seit mindestens sechs Monaten, von der Generalversammlung zurückgerechnet, Besitzer der Aktien sind.

Vor der Ernennung sind der Vorstand und der Aufsichtsrat zu hören. Die Ernennung kann auf Verlangen von einer nach freiem Ermessen zu bestimmenden Sicherheitsleistung abhängig gemacht werden.

Änderung des § 266 durch VO vom 19.9.1931.

1. HGB § 266 n. F.

Das Stimmrecht des § 266 Abs. 1 S. 2 n. F. beschränkt sich nicht auf Aktionäre, die zur Zeit der *Abstimmung* dem Vorstand oder Aufsichtsrat der Aktiengesellschaft angehören, sondern gilt auch für Aktionäre, die Mitglied des Vorstandes oder Aufsichtsrats waren zu der Zeit, in welche die zu prüfenden Geschäftsvorgänge fielen.

U. v. 24.10.1933; II 99/33. E. 142, 134. Dresden.

2. HGB § 266 n. F.

Das Stimmrechtsverbot des § 266 Abs. 1 S. 2 n. F. gilt auch insoweit, als es sich um die Prüfung von Geschäftsvorgängen des Geschäftsjahres 1930/31 handelt, für das die *gesetzliche* Verpflichtung zur *Bilanzprüfung* durch amtliche Prüfer noch keine Geltung hat.

U. v. 24.10.1933; II 100/33. E. 142/123. Dresden.

3. = § 264 HGB Nr. 3.

U. v. 16.2.1934; II 249/33. E. 143, 401. Berlin.

4. HGB n. F. § 266.

Das in § 266 Abs. 1 Satz 2 HGB n. F. enthaltene Stimmrechtsverbot findet auch auf offene Handelsgesellschaften als Aktionäre – gleichviel durch wen sie sich in der Generalversammlung vertreten lassen – dann Anwendung, wenn ihre Gesellschafter oder einer von ihnen dem Vorstand oder Aufsichtsrat der AG angehören oder angehört haben und für sie die Voraussetzungen der bezeichneten Gesetzesvorschrift gegeben sind. (Anders: E. Bd. 64 S. 14, betr. § 47 Abs. 4 Satz 1 GmbHG und E. Bd. 112 S. 382, betr. § 252 Abs. 3 HGB.)

U. v. 4.12.1934; II 62/34. E. 146, 71. Frankfurt.

5. = § 252 HGB Nr. 31.

U. v. 22.1.1935; II 198/34. München.

§ 267 (§ 121 AktG)

Der Vorstand hat in den Fällen des § 266 den Revisoren die Einsicht der Bücher und Schriften der Gesellschaft und die Untersuchung des Bestandes der Gesellschaftskasse sowie der Bestände an Wertpapieren und Waren zu gestatten.

Der Bericht über das Ergebnis der Prüfung ist von den Revisoren unverzüglich dem Handelsregister einzureichen und von dem Vorstande bei der Berufung der nächsten Generalversammlung als Gegenstand der Beschlussfassung anzukündigen. Zum Handelsregister einer Zweigniederlassung findet die Einreichung des Berichts nicht statt.

Im Falle des § 266 Abs. 2 beschließt die Generalversammlung, ob die entstandenen Kosten von der Gesellschaft zu tragen sind. Wird der Antrag auf Ernennung von Revisoren durch das Gericht zurückgewiesen oder erweist er sich nach dem Ergebnisse der Prüfung als unbegründet, so sind die Aktionäre, welchen eine bösliche Handlungsweise zur Last fällt, für einen der Gesellschaft durch den Antrag entstehenden Schaden als Gesamtschuldner haftbar.

Änderung des § 267 durch VO vom 19.9.1931.

1. = § 202 HGB Nr. 1.
U. v. 4.10.1912; II 225/12. E. 80, 148. Dresden.

§ 268 (§ 122 AktG)

Die Ansprüche der Gesellschaft aus der Gründung gegen die nach den §§ 202 bis 204, 208 verpflichteten Personen oder aus der Geschäftsführung gegen die Mitglieder des Vorstandes und des Aufsichtsrats müssen geltend gemacht werden, wenn es in der Generalversammlung mit einfacher Stimmenmehrheit beschlossen oder von einer Minderheit, deren Anteile den zehnten Teil des Grundkapitals erreichen, verlangt wird.

Zur Führung des Rechtsstreits kann die Generalversammlung besondere Vertreter wählen. Ist die Geltendmachung des Anspruchs von der Minderheit verlangt, so können die von dieser bezeichneten Person durch das Gericht des Sitzes der Gesellschaft als deren Vertreter zur Führung des Rechtsstreits bestellt werden. Im Übrigen bewendet es bei den Vorschriften des § 247; diese kommen auch dann zur Anwendung, wenn die Geltendmachung des Anspruchs von der Minderheit verlangt ist.

Änderung des § 268 durch VO vom 19.9.1931.

1. HGB § 268 (auch § 328).
Sind zur Führung eines Rechtsstreits der Aktiengesellschaft oder der Kommanditisten einer Kommanditgesellschaft auf Aktien besondere Vertreter gewählt (§§ 268 Abs. 2, 328 Abs. 2), so erlischt deren Vertretungsmacht nicht dadurch, dass die Gesellschaft aufgelöst wird und in Liquidation tritt.
U. v. 24.10.1910; I 80/10. E. 74, 301. Kammergericht.

2. HGB § 268.

Die auf Verlangen der Minderheit bestellten Sondervertreter können in eigenem Namen gegen die Aktiengesellschaft auf Vorlegung der Bücher und Schriften klagen, die sie zur Durchführung des Schadensersatzprozesses bedürfen.

U. v. 4.11.1913; II 297/13. E. 83, 248. Hamm.

§ 269 (§ 123 AktG)

Die Geltendmachung eines Anspruchs auf Verlangen der Minderheit muss binnen drei Monaten von dem Tage der Generalversammlung an erfolgen. Der Klage ist das Protokoll der Generalversammlung, soweit es die Geltendmachung des Anspruchs betrifft, in öffentlich beglaubigter Abschrift beizufügen.

Die Minderheit hat eine den zehnten Teil des Grundkapitals der Gesellschaft erreichende Anzahl von Aktien für die Dauer des Rechtsstreits zu hinterlegen; es ist glaubhaft zu machen, dass sich die Aktien seit mindestens sechs Monaten, von der Generalversammlung zurückgerechnet, im Besitze der die Minderheit bildenden Aktionäre befinden.

Dem Beklagten ist auf Verlangen wegen der ihm drohenden Nachteile von der Minderheit eine nach freiem Ermessen des Gerichts zu bestimmende Sicherheit zu leisten. Die Vorschriften der Zivilprozessordnung über die Festsetzung einer Frist zur Sicherheitsleistung und über die Folgen der Versäumung der Frist finden Anwendung.

Die Minderheit ist der Gesellschaft gegenüber verpflichtet, die Kosten des Rechtsstreits zu tragen.

Für den Schaden, der dem Beklagten durch eine unbegründete Klage entsteht, haften ihm die Aktionäre, welchen eine bösliche Handlungsweise zur Last fällt, als Gesamtschuldner.

Änderung des § 269 durch VO vom 19.9.1931.

1. HGB § 269.

Der Abs. 4 des § 269 regelt nur das Verhältnis zwischen der klagenden Aktiengesellschaft und der Minderheit, die sie zur Erhebung der Klage gezwungen hat, bezieht sich aber nicht auf die Frage, wer dem Staate gegenüber der Kostenschuldner sei. Hierfür sind allein die Vorschriften des GKG maßgebend. In einem Rechtsstreite nach §§ 268, 269 ist aber die Aktiengesellschaft selbst und nicht die Minorität die Klagepartei, und zwar auch dann, wenn sie bei Führung des Rechtsstreits durch die auf Verlangen der Minderheit vom Gerichte bestellten Vertreter handelt. Daher ist die Gesellschaft verpflichtet, den Gerichtskostenvorschuss zu zahlen.

B. v. 29.2.1904; I B 27/04. Kammergericht.

2. HGB § 269.

Die Gesellschaft kann von der Minderheit die Erstattung des von ihr nach § 81 GKG eingeforderten Gebührenvorschusses fordern.

U. v. 2.3.1910; I 124/09. E. 73, 78. Hamm.

3. = § 202 HGB Nr. 1.

U. v. 4.10.1912; II 225/12. E. 80, 148. Dresden.

§ 270 (§ 124 AktG)

Bezüglich eines Anspruchs, dessen Geltendmachung die Minderheit auf Grund der Vorschrift des § 268 Abs. 1 verlangt hat, ist ein Verzicht oder ein Vergleich der Gesellschaft nur dann zulässig, wenn von den die Minderheit bildenden Aktionären so viele zustimmen, dass die Aktien der übrigen nicht mehr den zehnten Teil des Grundkapitals darstellen.

Änderung des § 270 durch VO vom 19.9.1931.

Zu § 270 kein Leitsatz.

§ 271 (§§ 197-199 AktG)

Ein Beschluss der Generalversammlung kann wegen Verletzung des Gesetzes oder des Gesellschaftsvertrags im Wege der Klage angefochten werden.
Die Klage muss binnen einem Monat erhoben werden.
Zur Anfechtung befugt ist jeder in der Generalversammlung erschienene Aktionär, sofern er gegen den Beschluss Widerspruch zum Protokoll erklärt hat, und jeder nicht erschienene Aktionär, sofern er zu der Generalversammlung unberechtigter Weise nicht zugelassen worden ist oder sofern er die Anfechtung darauf gründet, dass die Berufung der Versammlung oder die Ankündigung des Gegenstandes der Beschlussfassung nicht gehörig erfolgt sei. Eine Anfechtung, die darauf gegründet wird, dass durch den Beschluss Abschreibungen oder Rücklagen über das nach dem Gesetz oder nach dem Gesellschaftsvertrage statthafte Maß hinaus angeordnet seien, ist nur zulässig, wenn die Anteile des Aktionärs oder der Aktionäre, welche die Anfechtungsklage erheben, den zwanzigsten Teil des Grundkapitals erreichen.
Außerdem ist der Vorstand und, sofern der Beschluss eine Maßregel zum Gegenstande hat, durch deren Ausführung sich die Mitglieder des Vorstandes und des Aufsichtsrats strafbar oder den Gläubigern der Gesellschaft haftbar machen würden, jedes Mitglied des Vorstandes und des Aufsichtsrats zur Anfechtung befugt.

a) Allgemeines, Verletzung des Gesetzes:
4, 14, 16, 19, 26, 27, 32, 39, 41, 43, 46, 47, 51, 52, 56, 59
b) Verletzung des Gesellschaftsvertrages: 4, 15, 16, 31, 40, 42
c) Generalversammlung, gültiger Beschluss:
6, 13, 14, 15, 16, 19, 20, 23, 26, 35, 37, 38 Abs. 2, 49
d) Erhebung der Anfechtungsklage: 3, 21, 25, 31, 55
e) Frist: 3, 33, 57
f) Anfechtungsberechtigt: 26, 58
g) Widerspruch: 2, 5, 8
h) Aktienbesitz: 7
i) Beschränkungen des Anfechtungsrechtes: 26, 30, 32, 34, 36, 58
k) Gegenstand der Anfechtungsklage: 1, 3, 9, 29, 30, 50, 55, 56
l) Anfechtung der Bilanz: 10, 11, 17, 24, 34, 47, 48, 51
m) Wirkungen der Anfechtungsklage: 8, 10, 12, 24, 25, 29, 53
n) Prozessuales: 12, 18, 22, 24, 25, 28, 44, 54
o) Anhang: –

1.   = § 237 HGB Nr. 3.
U. v. 22.3.1902; I 401/01. Stuttgart.

2.   HGB § 271 (auch GenG § 51).
Ein Widerspruch kann wirksam schon *vor* der Beschlussfassung erklärt werden, eine Wiederholung des erklärten Widerspruchs ist nicht erforderlich. *Die Beurkundung* des erklärten Widerspruchs ist kein gesetzliches Erfordernis.
U. v. 17.1.1903; I 392/02. E. 53, 291. Frankfurt. – Vgl. Nr. 5.

3.   HGB § 271.
Auch die *Begründung* der Anfechtungsklage ist, wie ihre Erhebung, an eine Zeitfrist gebunden. Die Anfechtungsklage muss, wie jede Klage, die bestimmte Angabe des Grundes des erhobenen Anspruchs enthalten, die bloße, durch Bezeichnung der Tatumstände nicht erläuterte Behauptung, dass das Gesetz oder der Gesellschaftsvertrag verletzt sei, genügt nicht. Der Kläger ist zwar nicht auf die von ihm ursprünglich behaupteten Tatumstände beschränkt und ist eine Berichtigung oder Ergänzung derselben, sofern nur der Klagegrund der nämliche bleibt, statthaft. Unzulässig ist dagegen nach Ablauf der Frist die Berufung auf Tatumstände, aus denen sich Verletzungen ganz anderer Art ergeben. Dies wäre eine verspätete Klagerhebung. Die Bestimmungen der ZPO über die Zulässigkeit einer Klagänderung (§§ 264, 269, 327) kommen hier nicht in Betracht, da die Fristbestimmung des § 271 Abs. 2 HGB dem öffentlichen Recht angehört.
U. v. 30.9.1903; I 162/03. Celle. – Ebenso: U. v. 7.1.1913; II 456/12. Braunschweig.

4.   HGB § 271.
Auf bloße Erwägungen der Zweckmäßigkeit kann mangels besonderer Bestimmungen die Anfechtung von Generalversammlungsbeschlüssen nicht gestützt werden. Die Sondervorschrift des § 115 Pr. BergG, wonach jeder Gewerke die gerichtliche Entscheidung darüber herbeiführen kann, ob ein Gewerkschaftsbeschluss zum Besten der Gewerkschaft gereiche, kann nicht auf andere Fälle übertragen werden. [Ausgesprochen für eine hannoversche Kalibohrgesellschaft.]
U. v. 3.3.1904; I 467/03. Celle.

5.   HGB § 271.
Wenn auch eine *förmliche* Erklärung, es werde Widerspruch zu Protokoll erhoben, nicht erforderlich ist [vgl. Nr. 2] und wenn es auch für zulässig erachtet worden ist, den Widerspruch *im voraus* – vor der Beschlussfassung und für den Fall der Beschlussfassung – zu erklären, so muss doch der Widerspruch als Widerspruch *gegen den gefassten oder zu fassenden Beschluss* und als Rechtsverwahrung der Generalversammlung gegenüber kundgegeben werden. Ein Widerspruch liegt daher nicht vor, wenn ein Aktionär gegenüber einem zur Beschlussfassung stehenden Antrag einen Gegenantrag gestellt und, als letzterer abgelehnt, ersterer aber angenommen worden war, sich dabei in der Generalversammlung beruhigt hat.
U. v. 8.6.1904; I 113/04. Hamburg.

6. = § 259 HGB Nr. 1.
U. v. 18.2.1905; I 337/04. Colmar.

7. HGB § 271.

Der fortdauernde Besitz einer einzigen Aktie, mit der in der Generalversammlung gestimmt worden ist, genügt, um dem betreffenden Aktionär, der Widerspruch erhoben hat, sein Anfechtungsrecht zu erhalten. – Wenn die Aktiengesellschaft selbst dazu mitgewirkt hat, dass eine bestimmte Person als Vertreter eines Aktionärs in der Generalversammlung zugelassen wurde, wenn sie ferner selbst eine Abstimmung entgegengenommen und keinerlei Veranlassung gefunden hat, die Stimmführung dieser Person, über die sonst die Generalversammlung zu entscheiden gehabt hätte, irgendwie zu beanstanden, so kann sie nicht gegen die Anfechtungsklage des Aktionärs einwenden, der Vertreter habe die Stimmen für diesen nicht gültig abgeben können. – Bei *Inhaberaktien* ist der Inhaber der Urkunde zur Ausübung der Mitgliedschaftsrechte legitimiert. Seine Legitimation erstreckt sich insbesondere auf die Befugnis zur Teilnahme an der Generalversammlung, die Ausübung der Stimmrechte in derselben und die Erhebung der Anfechtungsklage. Er ist in bezug auf die Aktien, die er besitzt und die für ihn hinterlegt sind, der Aktionär. Der Einwand, dass er nicht Eigentümer der in seinem Gewahrsame befindlichen Aktien sei, steht der Anfechtungsklage regelmäßig nicht entgegen. [Vgl. E. 30, 51.]
U. v. 13.6.1906; I 55/06. Hamm.

8. HGB § 271.

Der Kläger, der gegen die Generalversammlungsbeschlüsse Widerspruch eingelegt und unter Beobachtung der gesetzlichen Bestimmungen rechtzeitig Anfechtungsklage erhoben hat, hat nicht nötig, bei jeder folgenden Generalversammlung neuerdings seiner Rechte Erwähnung zu tun und sich gegen die Annahme zu verwahren, dass er auf dieselben verzichten wolle. Die Aufrechterhaltung der Anfechtungsklage allein schon sichert ihn gegen die Annahme, dass er auf ihm zustehende Rechte verzichten wolle. [Vgl. Nr. 10.]
U. v. 13.6.1906; I 55/06. Hamm.

9. HGB § 271.

Gegenstand der Anfechtungsklage nach § 271 können *nur Beschlüsse der Generalversammlung* sein, nicht die Art und Weise, wie der Vorstand die ihm von der Generalversammlung erteilten Befugnisse gebraucht hat. Lediglich der Inhalt des Generalversammlungsbeschlusses ist in Betracht zu ziehen, wenn zu entscheiden ist, ob er gegen das Gesetz oder gegen den Gesellschaftsvertrag verstößt.

Es ist vollkommen zulässig, wenn die Generalversammlung in dem Beschluss über die Erhöhung des Grundkapitals dem Vorstand und Aufsichtsrate die Ermächtigung einräumt, die Offerten solcher Personen und Institute auf Übernahme der neu auszugebenden Aktien abzulehnen, von denen nach ihrem Ermessen anzunehmen ist, dass sie den

Besitz der neuen Aktien benützen würden, um den Fortbestand der Gesellschaft – durch Zustimmung zur Übernahme durch den Staat – zu gefährden. Der damit bezweckte Schutz berechtigter wirtschaftlicher Interessen schließt den Vorwurf aus, dass in dieser Festsetzung der Generalversammlung ein Verstoß gegen die guten Sitten liege. Durch diesen Beschluss wird auch nicht der Grundsatz der gleichmäßigen Behandlung der Aktionäre verletzt oder gegen Grundsätze des Gesellschaftsrechts verstoßen.
U. v. 13.6.1906; I 55/06. Hamm.

10.   HGB § 271.

Der Aktionär, welcher einen Generalversammlungsbeschluss, der die Bilanz genehmigt, anficht, hat nicht nötig, nun auch alle folgenden während der Dauer des Prozesses gefassten Bilanzgenehmigungsbeschlüsse anzufechten. Dadurch, dass spätere Bilanzgenehmigungsbeschlüsse unangefochten bleiben, wird die Anfechtungsklage gegen den *früheren* Genehmigungsbeschluss *nicht* gegenstandslos. Hat die Anfechtungsklage *Erfolg*, so ist in Ermangelung gegenteiliger Anhaltspunkte davon auszugehen, dass dies auf die demnächst im *Einklange* mit der rechtskräftigen Entscheidung aufzustellenden späteren Bilanzen notwendig von Einfluss sein muss. [Vgl. Nr. 8.]
U. v. 7.11.1906; I 44/06. E. 64, 258. Königsberg.

11.   HGB § 271 (auch § 273).

Ist der Generalversammlungsbeschluss, welcher die Bilanz genehmigt, mit Erfolg angefochten, so hat sich das Gericht in seinem Urteile nicht darauf zu beschränken, den Beschluss für nichtig zu erklären; vielmehr hat es die dem Gesetz entsprechenden *Bilanzposten* dem Antrage des Klägers gemäß *festzustellen*, soweit es hierzu nach dem Ergebnisse der Verhandlung in der Lage ist.
U. v. 7.11.1906; I 44/06. E. 64, 258. Königsberg.

12.   HGB § 271.

Eine Klage auf Anfechtung eines Beschlusses der Generalversammlung über Abänderung der Statuten wird nicht dadurch erledigt, dass im Laufe des Rechtsstreits in einer späteren Generalversammlung der *gleiche Beschluss rechtswirksam* gefasst worden ist.
U. v. 7.4.1908; II 609/07. E. 68, 232. Hamburg.

13.   HGB § 271 (auch § 274).

Für die Ankündigung der beabsichtigten Änderung des Gesellschaftsvertrags einer Aktiengesellschaft in der nach §§ 255, 256 erfolgenden Mitteilung über die zu diesem Zwecke berufene Generalversammlung genügt nach § 274 Abs. 1 nicht die Angabe des Inhalts der Paragrafen des Statuts, deren Änderung in Aussicht genommen ist.
Ein Verstoß gegen den § 274 Abs. 2, der nicht lediglich eine Ordnungsvorschrift enthält, hat im Falle der Anfechtungsklage durch einen Aktionär die Nichtigkeit des Beschlusses der Generalversammlung gemäß §§ 271 Abs. 3 und 273 zur Folge.

Die Ankündigung der Tagesordnung lautete: Statutenänderungen – Vorstand und Aufsichtsrat beantragen die §§ 8-10 und 16 (betr. Aufstellung der Jahresbilanz und Remuneration des Aufsichtsrats) abzuändern. Sie wurde als gegen § 274 Abs. 2 verstoßend erachtet.
U. v. 7.4.1908; II 609/07. E. 68, 232. Hamburg.

14. HGB § 271.

Nur solche Beschlüsse, bei denen es sich um dispositive, dem Verfügungsrechte der Generalversammlung unterliegende Gegenstände handelt, werden durch Nichtanfechtung innerhalb der in § 271 Abs. 2 vorgesehenen Präklusivfrist gültig, nicht aber Beschlüsse, die gegen das öffentliche Recht verstoßen oder Sonderrechte der Aktionäre betreffen.
U. v. 10.4.1908; II 622/07. E. 68, 263. Naumburg.

15. HGB § 271 (auch BGB § 138).

Ein ordnungsmäßig gefasster Beschluss der Generalversammlung einer Aktiengesellschaft, durch welchen bei Erhöhung des Grundkapitals durch Ausgabe von Vorzugsaktien das Bezugsrecht der Aktionäre ausgeschlossen und der Vorstand ermächtigt wird, die Vorzugsaktien zu einem bestimmten Mindestkurse mit Genehmigung des Aufsichtsrats zu begeben, verstößt nicht schon deshalb gegen die guten Sitten, weil auf diese Weise die Macht der Mehrheit der Aktionäre verstärkt, die Minderheit wirtschaftlich geschädigt und verhindert wird, auch nur einen Teil der neu auszugebenden Vorzugsaktien zu erwerben.
U. v. 8.4.1908; I 595/07. E. 68, 235. Hamm.

16. = § 260 HGB Nr. 6.
U. v. 1.5.1908; II 623/07. E. 68, 314. Karlsruhe.

17. = § 261 HGB Nr. 5.
U. v. 15.10.1909; II 717/08. E. 72, 33. Hamburg.

18. HGB § 271 (auch GenG § 51).

Für die Anfechtungsklage aus § 271 HGB ist ebenso wie für die Klage aus § 51 GenG die Zustellung an Vorstand und Aufsichtsrat erforderlich.
U. v. 23.3.1910; I 130/09. Celle. – Ständige Rechtsprechung, vgl. JW 1913, 210, E. 107, 161, und U. v. 28.9.1926; II 525/25. Hamburg.

19. HGB § 271 (auch GenG § 51).

Ein Generalversammlungsbeschluss einer Aktiengesellschaft oder Genossenschaft, der, statt mit der gesetzlich vorgeschriebenen höheren Mehrheit, mit einfacher Mehrheit gefasst wird, ist nicht nichtig, sondern anfechtbar, so dass er durch Unterlassung rechtzeitiger Anfechtung geheilt wird.
U. v. 18.2.1911; I 227/10. E. 75, 239. Kiel.

20. = § 207 HGB Nr. 1.

U. v. 18.2.1911; I 227/10. E. 75, 239. Kiel. – Ebenso: U. v. 11.1.1917; II 257/17. E. 91, 316. Köln.

21. HGB § 271 (auch KO § 6).

Wird die Konkursmasse der Aktiengesellschaft durch einen vor Eröffnung des Verfahrens gefassten Generalversammlungsbeschluss nicht berührt oder liegt die Aufhebung des Beschlusses im Interesse der Masse, so kann eine auf Verletzung des Gesetzes oder der Statuten gestützte Anfechtungsklage nicht gegen den Konkursverwalter, sondern nur gegen die Gemeinschuldnerin selbst, vertreten durch Vorstand und Aufsichtsrat, gerichtet werden.

U. v. 6.5.1911; I 164/10. E. 76, 244. Kammergericht.

22. HGB § 271.

Die Klage auf Anfechtung eines Beschlusses der Generalversammlung einer Aktiengesellschaft erfordert *nicht* den Nachweis eines besonderen rechtlichen Interesses des Aktionärs an der Anfechtung; sie ist nicht von den Voraussetzungen des § 256 ZPO abhängig.

U. v. 6.11.1911; I 471/10. E. 77, 253. Kammergericht.

23. = § 259 HGB Nr. 3.

B. v. 1.6.1912; I 135/12. Celle.

24. = § 260 HGB Nr. 9.

U. v. 5.11.1912; II 262/12. E. 80, 330. Kammergericht.

25. HGB § 271 (auch § 272; ZPO § 256).

Auf Grund einer Verletzung des § 138 BGB kann außer der Anfechtungsklage nach §§ 271, 272 HGB auch die Feststellungsklage aus § 256 ZPO auf Nichtigkeit des Beschlusses der Generalversammlung erhoben werden. Wegen der wesentlichen prozessrechtlichen Verschiedenheit dieser – an die Förmlichkeiten des § 272 HGB nicht gebundenen – Klage von der Anfechtungsklage hat sich die Partei jedoch *vor* Erhebung der Klage zu entscheiden, in welcher Form der Beschluss wegen Verletzung des § 138 BGB angegriffen werden soll.

U. v. 16.12.1912; I 118/12. Düsseldorf.

26. = § 250 HGB Nr. 4.

U. v. 22.4.1913; II 636/12. E. 82, 183. Köln.

27. HGB § 271.

Ein Beschluss der Generalversammlung einer Aktiengesellschaft, durch den die Bilanz genehmigt wird, kann unter Umständen auch deshalb das Gesetz verletzen, weil ein Aktivposten in der Bilanz unter falscher Bezeichnung erscheint. Erforderlich ist hierzu

aber, dass die falsche Bezeichnung geeignet ist, Zweifel darüber hervorzurufen, ob die Bewertungsgrundsätze des Gesetzes richtig angewendet sind.
U. v. 9.10.1913; II 360/13. E. 83, 172. Nürnberg.

28. HGB § 271 (auch ZPO § 184).

Der § 184 Abs. 2 ZPO, wonach, wenn der gesetzliche Vertreter in seiner Wohnung nicht angetroffen wird, die Vorschriften der §§ 181, 182 über die Ersatzzustellung nur beim Fehlen eines besonderen Geschäftslokals eingreifen, findet auf die Zustellung der aktienrechtlichen Anfechtungsklage an ein Mitglied des Aufsichtsrats keine Anwendung.
U. v. 2.1.1914; II 409/13. E. 83, 414. Hamburg.

29. HGB § 271.

Der Schadensersatzanspruch aus unerlaubter Handlung gegen die Personen, die für diese verantwortlich sind, steht den Geschädigten unabhängig von der Anfechtung des Beschlusses der Generalversammlung zu.
U. v. 18.6.1914; VI 135/14. E. 85, 170. Köln.

30. HGB § 271.

Eine Anfechtung einer Rücklage i. S. des Abs. 3 S. 2 liegt vor, wenn eine Rücklage einem besonderen Reservefonds zugeschrieben worden ist und der Kläger behauptet, dass die Rücklage nicht diesem, sondern dem gesetzl. Reservefonds hätte zugeschrieben werden sollen.
U. v. 8.10.1915; II 159/15. E. 87, 155. Kammergericht.

31. HGB § 271.

Zu den Voraussetzungen der Anfechtungsklage gehört nicht der schlüssige Nachweis, dass der angefochtene Beschluss auf der gerügten Gesetzes- oder Statutenverletzung beruht. Schon die *Möglichkeit* ursächlicher Verknüpfung schafft der Anfechtungsklage Raum; die Klage entfällt nur dann, wenn klar zutage liegt, dass ein Zusammenhang nicht besteht, der Verstoß den Beschluss nicht beeinflusst haben kann.
U. v. 11.5.1917; II 533/16. E. 90, 206. Kammergericht. – Ebenso: U. v. 13.2.1915; II 52/24. E. 110, 194.

32. HGB § 271.

Hat die Verletzung gesetzlicher Vorschriften (z. B. der §§ 275 Abs. 3, 256 Abs. 2) das Ergebnis der Abstimmung nicht beeinflusst, so ist sie ohne Bedeutung.
U. v. 26.6.1917; II 28/17. Colmar.

33. HGB § 271.

Die Ausschlussfrist des § 271 ist von Amtswegen zu beachten. Nach ihrem Ablauf können *neue* Klaggründe (Gegensatz: zulässige Klagergänzung gemäß § 268 ZPO) auch mit

Einwilligung der beklagten Gesellschaft nicht mehr geltend gemacht werden (vgl. U. I 162/03; II 456/12).
U. v. 11.1.1917; II 257/17. E. 91, 316. Köln. – Ebenso: U. v. 31.5.1927; II 512/26. U. v. 13.3.1928; II 426/27. U. v. 5.2.1929; II 370/28.

34.   HGB § 271.

Ein Aktionär, welcher einen die Bilanz genehmigenden Beschluss der Generalversammlung nach § 271 HGB angefochten hat, gibt sein Anfechtungsrecht nicht dadurch auf, dass er in der Generalversammlung des *folgenden* Jahres dem Antrage auf Genehmigung der Bilanz *dieses* Jahres zustimmt. Eines Vorbehaltes wegen des mit der Klage verfolgten Anfechtungsanspruches bedarf es höchstens unter *besonderen* Umständen, die nur dann vorliegen *können*, wenn die *vorbehaltlose* Genehmigung der neuen Bilanz dahin würde missverstanden werden können, dass damit ein Verzicht auf das Anfechtungsrecht gewollt sei. (Vgl. oben Nr. 10.)
U. v. 6.2.1920; II 298/19. E. 98, 112.

35.   HGB § 271.

Verstöße gegen die vorgeschriebene Form des Verfahrens begründen die Anfechtung des Beschlusses der Generalversammlung einer Aktien-Gesellschaft ausnahmsweise dann nicht, wenn sie offensichtlich ohne Einfluss auf die Abstimmung gewesen sind. (Vgl. E. 65, 242; 90, 206.)
U. v. 4.10.1921; II 161/21. E. 103, 6. – Ebenso: U. v. 13.2.1925; II 52/24.

36.   HGB § 271.

Wenn ein Aktionär in der Generalversammlung einer Reederei-Aktiengesellschaft nach erfolglosem Antrag auf Verteilung einer höheren Dividende dem die Bilanz genehmigenden Beschlusse widersprochen hat und dann die Anfechtungsklage nur damit begründet, dass die Schiffe willkürlich zu gering bewertet seien und dass Einnahmeposten die Gewinn- und Verlustrechnung nicht passiert hätten, so steht seiner Klage, sofern er nicht über mindestens 5 % des Grundkapitals verfügt, § 271 Abs. 3 Satz 2 HGB entgegen. Der Sache nach ist eine solche Anfechtungsklage nur darauf gegründet, dass – in der Form von stillen Reserven – Abschreibungen und Rücklagen in unstatthafter Weise angeordnet seien.
U. v. 16.6.1922; II 621/21. E. 105, 40.

37.   HGB § 271 (zu 1 auch § 259, zu 2 auch § 282).

1. Wenn § 259 Abs. 2 vorschreibt, dass das Protokoll über die Generalversammlung einer AG *die Art der Beschlussfassungen* angeben muss, so kann zwar im einzelnen Fall zweifelhaft sein, was darunter zu verstehen ist. Jedenfalls aber ist eine *mangelhafte* Angabe unschädlich und kann die Anfechtung des Beschlusses nicht begründen, wenn der Inhalt des Protokolls erkennen lässt, dass der Beschluss ohne Gesetzesverletzung zustande gekommen ist. (Vgl. E. 103, 6.)

2. Dass bei Ausgabe neuer Aktien den alten Aktionären das Bezugsrecht versagt werden kann, bestimmt § 282 ausdrücklich. Durch Ausgabe von Vorrechtsaktien wie überhaupt durch Schaffung neuer Aktien, insbesondere, wenn das Bezugsrecht ausgeschlossen worden ist, wird notwendig das Stimmverhältnis verändert, verlieren namentlich auch die Stimmen des alten Aktionärs an Gewicht. Weder dieser Umstand allein, noch in Verbindung mit der Bestimmung, dass die Begebung der Vorrechtsaktien ganz in die Hände des Vorstandes und Aufsichtsrats gelegt werden soll, vermag die Anfechtung des Kapitalerhöhungsbeschlusses als gesetzwidrig zu begründen.
U. v. 17.11.1922; II 846/21. E. 105, 373.

38. = § 252 HGB Nr. 16.
U. v. 2.2.1923; II 147/22. E. 106, 238.

39. HGB § 271 (auch BGB § 138).
Zur Frage der Nichtigkeit eines Generalversammlungsbeschlusses gemäß § 138 BGB, weil die durch Ausgabe von neuen Stammaktien zum Parikurse, unter Ausschluss des Bezugsrechts der alten Aktionäre beschlossene Kapitalserhöhung der Minderheit zum Nachteil gereicht, und der Beschluss, unter bewusster Hintansetzung des Wohles der Gesellschaft, aus eigensüchtigen Interessen der Mehrheit gefasst worden ist.
U. v. 22.6.1923; II 888/22. E. 104/72.

40. HGB §§ 271, 283.
Ist in den Satzungen einer vor der Novelle vom 18.7.1884 errichteten AG den Gründern das Recht eingeräumt, bei „jeder in Zukunft zu bewirkenden Emission von neuen Aktien" einen Teil der neuen Aktien zu einem gewissen Preise zu übernehmen, so kann die Generalversammlung nicht wirksam beschließen, dass sogenannte Gratisaktien ohne Berücksichtigung dieses Gründerbezugsrechtes ausgegeben werden.
U. v. 4.12.1923; II 162/23. E. 108, 29.

41. = § 226 HGB Nr. 3.
U. v. 18.1.1924; II 263/23. E. 108, 41.

42. HGB §§ 271, 274.
Die Ankündigung einer beabsichtigten Änderung des Gesellschaftsvertrages lediglich dahin „Statutenänderung des § 1 betr. Zweck des Unternehmens" ergibt entgegen § 274 Abs. 2 nichts über den wesentlichen Inhalt der beabsichtigten Änderung, macht daher den später gefassten, die Änderung festsetzenden Beschluss anfechtbar. (Ständige Rechtsprechung; vgl. E. 68, 232, oben § 271 Nr. 13.)
U. v. 13.2.1925; II 52/24. E. 110, 194.

43.   HGB § 271; Erg. Bd. II b; VO über Goldbilanzen vom 28.12.1923 § 11; 2. Durch-
führungsVO v. 28.3.1924 § 35 Abs. 2.

Verstößt der Beschluss der Generalversammlung einer Aktiengesellschaft gegen § 11
der GoldbilanzVO, indem er die Zahl der Aktien vermindert, ohne die Möglichkeit der
Umstellung des Gesellschaftskapitals durch Herabsetzung des Nennwerts der Aktien
(Denominierung) zu erschöpfen, so unterliegt er der Anfechtung (§ 271 HGB), ist aber
nicht ohne weiteres nichtig.
B. v. 19.5.1925; II B 10/25. E. 111, 26. Kammergericht.

44.   ZPO § 171; HGB §§ 271, 272.

§ 171 Abs. 3 ZPO, wonach bei mehreren gesetzlichen Vertretern die Zustellung an einen
dieser Vertreter genügen soll, setzt voraus, dass die mehreren gesetzlichen Vertreter alle
gleichberechtigt nach derselben Richtung für die prozessunfähige Person tätig werden.
Diese Voraussetzung fehlt bei der in § 272 (325 Nr. 4) HGB angeordneten besonderen
Vertretung der Aktiengesellschaften und Kommanditgesellschaften auf Aktien für An-
fechtungsklagen gegenüber Generalversammlungsbeschlüssen. Jedes der beiden an der
Vertretung der Gesellschaft beteiligten Organe muss daher auch schon bei Erhebung der
Klage mitwirken; ihnen muss die Klage rechtzeitig zugestellt werden. (Vgl. E. 66, 37;
107, 161; JW 1913, 210 und oben HGB § 271 Nr. 18.) Innerhalb des einzelnen Organs
greift dann allerdings die Vorschrift des § 171 Abs. 3 ZPO Platz, so dass es genügt,
wenn einem einzelnen Mitgliede jedes der beiden Organe die Klageschrift zugestellt
wird. Hiernach ist die Zustellung allein an Mitglieder des Aufsichtsrats der Beklagten
innerhalb der Frist nicht ausreichend, um die Klage als rechtzeitig erhoben gelten zu
lassen.
U. v. 28.9.1926; II 525/25. Hamburg.

45.   HGB § 271 (Vgl. auch die Auszüge bei §§ 260, 261).

Auch die Papiermarkbilanz für das Jahr 1923 kann mit der aktienrechtlichen Anfechtungsklage angefochten werden.
U. v. 17.12.1926; II 103/26. E. 115, 342. Düsseldorf.

46.   BGB § 138; HGB § 271.

1. Eine unheilbare Nichtigkeit von Generalversammlungsbeschlüssen wegen Verstoßes
gegen die guten Sitten kommt nur dann in Frage, wenn der Beschluss *durch seinen Inhalt* den guten Sitten widerspricht, nicht aber, wenn der Verstoß gegen die guten Sitten
nur durch *die Art des Zustandekommens* begründet ist. Namentlich liegt bei arglistiger
Täuschung der Aktionäre durch die Verwaltung keine unheilbare Nichtigkeit, sondern
bloße Anfechtbarkeit nach § 271 ff. HGB vor.
2. Der einzelne Aktionär kann immer nur seine eigene Abstimmungserklärung nach den
Vorschriften der §§ 119 ff., 123 ff. BGB durch außergerichtliche Erklärung anfechten.
Die ganze Abstimmung wird nur dann ungültig, wenn sie auf der Stimme des Anfech-
tenden beruht. Diese Ungültigkeit tritt aber nicht ohne weiteres ein, sondern muss im
Wege der Anfechtungsklage nach § 271 HGB geltend gemacht werden.
U. v. 11.1.1927; II 178/26. E. 115, 378. Hamm.

47. = § 40 HGB Nr. 12.
U. v. 11.1.1927; II 178/26. E. 115, 378. Hamm.

48. HGB § 271 Erg. Bd. II b; GoldbilVO v. 28.12.1923 § 4; 2. VO z. Durchführung der GoldbilVO v. 28.3.1924 § 12.

1. Satzungsbestimmungen über die Ermächtigung der Generalversammlung zu Abschreibungen und zur Bildung von Reserven haben für die Goldmarkeröffnungsbilanz keine ausschlaggebende Bedeutung.

2. Stille Reserven in der Goldmarkeröffnungsbilanz sind nicht schon deshalb dem Anfechtungsrecht der Aktionäre entzogen, weil sie schon in den vorausgegangenen Jahresbilanzen bestanden; nicht um die Frage der Beibehaltung, sondern nur um die der Neubildung solcher Reserven kann es sich handeln.

3. Zur Substantiierung der Anfechtungsklage genügt die Bemängelung eines einzelnen Bilanzpostens.

Die „Einmark-Konten" bilden prima facie einen genügenden Anfechtungsgrund. Sache der Gesellschaft ist es, demgegenüber darzulegen und zu beweisen, dass die Gesamtbewertung „richtig" ist.

4. Nicht jede „bewusste" Unterbewertung ist Willkür (unter Aufgabe der Ansicht im U. v. 7.11.1919, II 259/16 und E. 94, 213/15).

5. Stille Reserven in der Goldmarkeröffnungsbilanz sind bei vollständiger Inventarisierung und Bilanzierung insoweit, aber auch *nur* insoweit (nicht also z. B. zum Zweck der Stabilität der Dividende), zulässig, als sie nach gewissenhafter, sorgfältiger kaufmännischer Abwägung alle Verhältnisse *notwendig* sind, um für die nächste Zukunft, d. h. etwa für die nächsten 2 Jahre das Unternehmen *lebens-* und *widerstandsfähig* zu erhalten.
U. v. 11.2.1927; II 94/26. E. 116, 119. Düsseldorf.

49. HGB §§ 271, 318.
Die Legitimationsübertragung durch entgeltliche Aktienleihe ist unerlaubt und nichtig gemäß § 134 BGB. Sind die bei der Generalversammlung abgegebenen, hiernach ungültigen Stimmen ohne Einfluss auf das Abstimmungsergebnis gewesen, so versagt die Anfechtung aus § 371 HGB. Unheilbare Nichtigkeit liegt nicht vor.
U. v. 29.3.1927; II 247/26. Kammergericht.

50. = § 252 HGB Nr. 25.
U. v. 16.9.1927; II 21/27. E. 118, 67. Frankfurt.

51. = § 40 HGB Nr. 13.
U. v. 20.1.1928; II 281/27. E. 120, 28. Jena.

52. = § 212 HGB Nr. 7.
U. v. 8.6.1928; II 515/27. E. 121, 238. Braunschweig.

53.   = § 259 HGB Nr. 9.

U. v. 9.10.1928; II 486/27. E. 122, 102. Breslau. – Vgl. aber unten § 273 Nr. 4.

54.   HGB § 271; ZPO § 539.

Wird das U. des LG, durch das eine Anfechtungsklage gegen eine Aktiengesellschaft nach § 271 HGB wegen verspäteter Zustellung der Anfechtungsklage abgewiesen worden ist, aufgehoben, so kann nicht nach § 539 ZPO Zurückweisung in die Vorinstanz erfolgen. Vielmehr hat das BG den ganzen Prozessstoff zu erledigen, da das erste Urteil kein Prozessurteil, sondern ein solches über die Rechtswirksamkeit der Anfechtung ist.
U. v. 4.12.1928; II 226/28. E. 123, 195. Celle.

55.   HGB § 271.

Die in der Rechtsprechung entwickelten Grundsätze über den Ausschluss der Rechtsbehelfe der Anfechtung wegen Irrtums, Betrugs, Drohung, des Scheingeschäfts, der Sittenwidrigkeit und des Wuchers hinsichtlich der Einlage- und Einzahlungsverpflichtung von Gründern bzw. Zeichnern nach Eintragung der AG bzw. der Durchführung des Erhöhungsbeschlusses im Handelsregister sind auf die aktienrechtliche Anfechtungsklage des § 271 HGB *nicht* entsprechend anwendbar. Diese bezweckt zunächst nur die Vernichtung des *innergesellschaftlichen* Beschlusses. Ob und welche Rechtsfolgen sich daran *nach außen* knüpfen, ist eine andere Frage.
U. v. 13.5.1929; II 313/28. E. 124, 279. Hamm.

56.   HGB § 271.

Gegenstand der Anfechtungsklage sind nur wirklich gefasste Beschlüsse. Ist z. B. die Verwendung des bilanzmäßig ausgewiesenen und festgestellten Reingewinns zu Rücklagen beschlossen worden, so kann nicht *mit der Erklärung, dass dieser positive Beschluss nicht angefochten werde*, ein formell gar nicht gefasster Beschluss, keine Dividende zu verteilen, angefochten werden.
U. v. 21.6.1929; II 613/28. Stade.

57.   HGB § 271.

Die Fristbestimmungen des § 271 gelten nicht für die Nichtigkeitsfeststellungsklage (ständige Rechtsprechung, vgl. E. 12, 28 und die dortigen Nachweise).
U. v. 21.3.1930; II 219/29. Celle.

58.   HGB § 271.

Das Erfordernis des § 271 Abs. 3 S. 2 HGB, dass die Anteile des anfechtenden Aktionärs oder der anfechtenden Aktionäre ein Zwanzigstel des Grundkapitals erreichen müssen, gilt nur für den Anfechtungsgrund zu hoher Abschreibungen und Rücklagen, nicht aber für andere Anfechtungsgründe, also z. B. nicht für den, dass erhebliche Vermögenswerte überhaupt nicht, nicht einmal mit einem sogen. Markposten in die Bilanz aufgenommen seien.
U. v. 23.1.1931; II 250/30. E. 131, 192. Düsseldorf.

59.   HGB § 271.

Anfechtbarkeit eines Generalversammlungsbeschlusses auf Kapitalerhöhung zum Zweck der Schaffung von Schutzaktien in Form von Stammaktien wegen sittenwidrigen Machtmissbrauchs der Mehrheit, weil sich der Schutzzweck durch „kapitallose" Mehrstimmrechtsaktien hätte erreichen lassen.

U. v. 31.3.1931; II 222/30. E. 132, 149. Kammergericht.

60.   = § 259 HGB Nr. 10.

U. v. 24.10.1933; II 100/33. E. 142, 123. Dresden.

61.   HGB § 271.

Auch das dem Aktionär in § 271 HGB eingeräumte Anfechtungsrecht steht unter dem Grundsatz der dem einzelnen Aktionär gegenüber der AG obliegenden Treupflicht. Wird der Nachweis erbracht, dass mit der Anfechtungsklage ausschließlich eigensüchtige, gesellschaftsfremde Zwecke verfolgt werden, so liegt eine missbräuchliche und darum unzulässige Rechtsausübung vor, die zur Abweisung der Klage auch dann führt, wenn der mit ihr behauptete Gesetzes- oder Satzungsverstoß dargetan ist.

U. v. 22.1.1935; II 198/34. München.

62.   HGB § 271.

Ein an sich „indifferenter" Generalversammlungsbeschluss, der von mehreren Mehrheitsaktionären zusammen gefasst ist, von denen jeder allein die erforderliche Mehrheit besitzt, kann nicht lediglich mit der Begründung als sittenwidrig angefochten werden, der *eine* dieser Aktionäre verfolge damit einen sittenwidrigen Zweck.

Die Wahl eines neuen Aufsichtsrats, der einen anderen Vorstand zu bestellen hätte, durch dessen Handeln der eine Aktionär seinen (angeblich) sittenwidrigen Zweck zu erreichen hofft, kann höchstens dann als sittenwidrig bezeichnet werden, wenn zugleich behauptet ist, dass die Person des Erwählten Grund gibt, gerade diese Wahl als einen Verstoß gegen die guten Sitten zu erklären, weil die Erwählten etwa geringfügige Werkzeuge für den erstrebten Zweck werden würden oder geworden wären.

U. v. 16.7.1935; II 293/34.

63.   = § 262h HGB Nr. 6.

U. v. 25.9.1936; II 81/36.

64.   HGB § 271; G. über die Umwandlung von Kapitalgesellschaften vom 5.7.1934, § 2. Erste DVO dazu v. 14.12.1934 (RGBl. I S. 1262), Art. 2 §§ 5, 6. Zweite DVO v. 17.5.1935 (RGBl. I S. 721), Art. 2 § 2.

Mit dem Wirksamwerden der Umwandlung einer AG durch den Hauptgesellschafter erlöschen die körperschaftlichen Mitgliedschaftsrechte der übrigen Aktionäre. Ihnen verbleibt nur ein schuldrechtlicher Anspruch gegen den Hauptgesellschafter auf angemessene Abfindung unter Berücksichtigung des Werts ihrer Aktien. Mit den übrigen Mitgliedschaftsrechten erlischt auch das Anfechtungsrecht gegen die der *rechtsbeständi-*

gen Umwandlung vorausgegangenen GV-Beschlüsse, so weit es sich nicht etwa um Beschlüsse handelt, die geeignet sind, den Abfindungsanspruch der Minderheitsaktionäre zu beeinträchtigen. Ist das Letzte der Fall, dann bleibt ausnahmsweise insoweit das Anfechtungsrecht bestehen.
U. v. 29.1.1937; II 155/36.

65.   HGB § 271; ZPO § 239; G. über die Umwandlung von Kapital-Gesellschaften v. 5.7.1934 §§ 2, 8.

Wird eine Kapitalgesellschaft nach dem G. über die Umwandlung von Kapitalgesellschaften vom 5.7.1934 umgewandelt, so finden auf die für und gegen die umgewandelte Gesellschaft anhängigen Rechtsstreitigkeiten mit dem Eintritt der Wirksamkeit der Umwandlung die Vorschriften der §§ 239 flg. ZPO entsprechende Anwendung. Das gilt auch für Anfechtungsprozesse.
U. v. 29.1.1937; II 155/36.

§ 272 (§ 199 AktG)

Die Klage ist gegen die Gesellschaft zu richten. Die Gesellschaft wird durch den Vorstand, sofern dieser nicht selbst klagt, und durch den Aufsichtsrat vertreten.
Zuständig für die Klage ist ausschließlich das Landgericht, in dessen Bezirke die Gesellschaft ihren Sitz hat. Die mündliche Verhandlung erfolgt nicht vor dem Ablaufe der im § 271 Abs. 2 bezeichneten Frist. Mehrere Anfechtungsprozesse sind zur gleichzeitigen Verhandlung und Entscheidung zu verbinden.
Das Gericht kann auf Verlangen anordnen, dass der Gesellschaft wegen der ihr drohenden Nachteile von dem klagenden Aktionär Sicherheit zu leisten ist. Art und Höhe der Sicherheit bestimmt das Gericht nach freiem Ermessen. Die Vorschriften der Zivilprozessordnung über die Festsetzung einer Frist zur Sicherheitsleistung und über die Folgen der Versäumung der Frist finden Anwendung.
Die Erhebung der Klage und der Termin zur mündlichen Verhandlung sind unverzüglich von dem Vorstand in den Gesellschaftsblättern bekannt zu machen.

a) Passivlegitimation: 3, 5, 7
b) Zuständigkeit: 9
c) Frist: –
d) Verbindung mehrerer Prozesse: 6
e) Sicherheitsleistung: 1, 2, 4, 8
f) Bekanntmachung: –

1.   HGB § 272.

Die sich aus Art. 222, 190 a HGB a. F. [vgl. jetzt § 272] ergebende Verpflichtung des Anfechtungsklägers zur Sicherheitsbestellung auf Verlangen der Gesellschaft ist, abgesehen von den prozessualen Formen ihrer Geltendmachung, eine materielle Beschränkung des Anfechtungsrechts. Als solche besteht sie für jede unter der Herrschaft des alten Rechts erfolgte Anfechtung auch über den 1. Januar 1900 hinaus weiter. Das neue Gesetz hat keine rückwirkende Kraft.
U. v. 29.9.1900; I 188/00. Braunschweig.

2.   HGB § 272.

Für die Höhe der von dem anfechtenden Aktionär zu bestellenden Sicherheit ist nicht der Gesichtspunkt der Abwehr eines Missbrauchs des Anfechtungsrechtes maßgebend, sondern lediglich der Umfang des der Gesellschaft infolge der Anfechtung drohenden Schadens bildet den Maßstab für die Bemessung der Sicherheit.

U. v. 29.9.1900; I 188/00. Braunschweig.

3.   HGB § 272.

Wenn eine Klage aus § 271 neben dem Vorstande der Aktiengesellschaft, bestehend aus den genannten drei Mitgliedern, lediglich den Aufsichtsrat „vertreten durch seinen Vorsitzenden Syndikus Dr. F." als verklagt bezeichnet und nicht ersichtlich ist, dass der Vorschrift des Gesetzes gemäß der Aufsichtsrat in seinem Bestande von 15 Mitgliedern im Prozesse vertreten gewesen ist, so ist die verklagte Aktiengesellschaft nicht ordnungsgemäß vertreten und dieser Mangel ist von Amts wegen auch noch in der Revisionsinstanz zu berücksichtigen. Es steht aber nichts im Wege, dass nachträglich die übrigen 14 Aufsichtsratsmitglieder die Prozessführung des Vorsitzenden genehmigen und so der Mangel geheilt wird.

U. v. 4.5.1901; I 64/01. Hamburg.

4.   HGB § 272 (auch ZPO §§ 113, 567).

Die Entscheidung über das Sicherheitsverlangen bei Anfechtung eines Generalversammlungsbeschlusses einer Aktiengesellschaft kann nur auf Grund mündlicher Verhandlung ergehen und muss demgemäß als Entscheidung über einen Zwischenstreit in Form eines Zwischenurteils erfolgen; die Form des Beschlusses reicht nur dann aus, wenn beim Einverständnisse der Parteien über die Verpflichtung zur Sicherheitsleistung und über die Höhe der Sicherheit eine Entscheidung des Gerichts nicht erforderlich ist und nur die Bestimmung der Frist noch übrig bleibt. Das Zwischenurteil, das über die Verpflichtung zur Sicherheitsleistung und die Höhe der zu leistenden Sicherheit ergeht, ist ein gewöhnliches Zwischenurteil gemäß § 303 ZPO und als solches mit keinen Rechtsmitteln, auch nicht mit der Beschwerde, anfechtbar. Die Anordnung wird auch nicht dadurch der Beschwerde zugänglich, dass sie prozessordnungswidrig in Form eines Beschlusses ergangen ist. Eine Bestimmung dahin, dass jeder Beschluss schon deshalb der Beschwerde unterliege, weil eine andere Form der Entscheidung geboten war, enthält die ZPO nicht und es kommt hier, bei der Unanfechtbarkeit des Zwischenurteils, auch der Grundsatz nicht in Frage, dass es nicht vom Belieben des Instanzrichters abhänge, durch die unrichtige Form der Entscheidung die Anfechtbarkeit *auszuschließen* [vgl. E. 39, 389]. Die Zulässigkeit der Beschwerde bestimmt sich deshalb lediglich nach § 567 ZPO und ist, da ein in der ZPO vorgesehener besonderer Fall nicht vorliegt, jedenfalls deshalb zu verneinen, weil es sich nicht um ein Gesuch handelt, das eine vorgängige mündliche Verhandlung nicht erfordert.

B. v. 28.12.1901; I B 92/01. Kammergericht.

5.   HGB § 272 (auch § 325).

Die in §§ 272 Abs. 1, 325 Nr. 4 zu gesetzlichen Vertretern der Gesellschaft im Anfechtungsrechtsstreite bestellten Organe der Gesellschaft haben diese *einheitlich zu vertreten.* *Rechtsmittel* können *nur gemeinsam* von ihnen eingelegt werden, wie sie auch nur gemeinsam einen Prozessbevollmächtigten bestellen können.
U. v. 20.4.1907; I 416/06. E. 66, 37. Kammergericht.

6.   = § 271 HGB Nr. 25.
U. v. 16.12.1912; I 118/12. Düsseldorf.

7.   = § 271 HGB Nr. 44.
U. v. 28.9.1926; II 525/25. Hamburg.

8.   HGB § 272; ZPO § 538.

1. Wird im Anfechtungsprozess von der beklagten Aktiengesellschaft Anordnung einer Sicherheitsleistung nach § 272 Abs. 3 HGB beantragt, so hat der Richter nicht nur zu prüfen, ob der AG Nachteile durch die Klage drohen, sondern auch, ob eine Haftbarkeit des Klägers für diese Nachteile in Frage kommt.
2. Wird das U. der ersten Instanz, das die Anfechtungsklage wegen mangelnder Sicherheitsleistung für zurückgenommen erklärt, aufgehoben, so ist in rechtsähnlicher Anwendung des § 538 ZPO die Sache an die erste Instanz zurückzuverweisen, da das aufgehobene Urteil nur ein Prozessurteil war.
U. v. 4.12.1928; II 269/28. E. 123, 195. Celle. – Ebenso: U. v. 1.12.1936; II 113/36.

9.   HGB § 272; ZPO § 256.

Die Vorschrift des § 272 Abs. 2 HGB über die ausschließliche landgerichtliche Zuständigkeit für die Anfechtungsklage gilt nicht entsprechend auch für die Feststellungsklage aus § 256 ZPO. (Ständige Rechtsprechung, vgl. JW 1912 S. 802[20]; U. v. 24.9.1929 i. S. II 26/29 u. a.)
U. v. 21.3.1930; II 219/29. Celle.

§ 273 (§ 200 AktG)

Soweit der Beschluss durch rechtskräftiges Urteil für nichtig erklärt ist, wirkt das Urteil auch für und gegen die Aktionäre, die nicht Partei sind. Das Urteil ist von dem Vorstand unverzüglich zum Handelsregister einzureichen. War der Beschluss in das Handelsregister eingetragen, so ist auch das Urteil einzutragen; die Eintragung des Urteils ist in gleicher Weise wie die des Beschlusses zu veröffentlichen.
Für einen durch unbegründete Anfechtung des Beschlusses der Gesellschaft entstehenden Schaden haften ihr die Kläger, welchen eine bösliche Handlungsweise zur Last fällt, als Gesamtschuldner.

1.   = § 271 HGB Nr. 11.
U. v. 7.11.1906; I 44/06. E. 64, 258. Königsberg.

2. = § 271 HGB Nr. 10.
U. v. 7.11.1906; I 44/05. E. 64, 258. Königsberg.

3. = § 202 HGB Nr. 1.
U. v. 4.10.1912; II 225/12. E. 80, 148. Dresden.

4. HGB § 273.
Mit der Anfechtungsklage kann nur die Vernichtung des angefochtenen Beschlusses erreicht werden, nicht aber darüber hinaus die Feststellung, dass ein anderer Beschluss gefasst sei. Insoweit wird die in E. 122 S. 107 vertretene – gegenteilige – Rechtsauffassung nicht aufrechterhalten.
U. v. 24.10.1933; II 100/33. E. 142, 123. Dresden.

Vierter Titel. Abänderung des Gesellschaftsvertrages.

⟨§§ 274-291⟩

1. = vor §§ 178-208 HGB Nr. 3.
U. v. 30.11.1904; I 318/04. E. 59, 423. Kammergericht.

§ 274 (§ 145 AktG)

Eine Abänderung des Gesellschaftsvertrags kann nur durch die Generalversammlung beschlossen werden. Die Vornahme von Änderungen, die nur die Fassung betreffen, kann durch Beschluss der Generalversammlung dem Aufsichtsrat übertragen werden.
In der nach § 256 Abs. 1, 2 zu bewirkenden Ankündigung soll die beabsichtigte Änderung des Gesellschaftsvertrags nach ihrem wesentlichen Inhalt erkennbar gemacht werden.

1. = § 185 HGB Nr. 2.
U. v. 15.10.1902; I 131/02. E. 52, 287. Hamm.

2. = § 186 HGB Nr. 1.
U. v. 6.2.1904; I 374/03. Kammergericht.

3. = § 20 HGB Nr. 1.
U. v. 13.7.1906; II 35/06. E. 64, 66. Zweibrücken.

4. = § 271 HGB Nr. 13.
U. v. 7.4.1908; II 609/07. E. 68, 232. Kammergericht. – Wie Abs. 2: U. v. 13.2.1925; II 52/24.

5.   HGB § 274 (auch § 320).

Abänderungen des Gesellschaftsvertrages einer Kommanditgesellschaft auf Aktien unterliegen dem Beschlusse der Generalversammlung. Sie können – falls sie nicht nur die Fassung betreffen – durch den Aufsichtsrat im Namen der Kommanditisten mit dem persönlich haftenden Gesellschaftern auch dann nicht vereinbart werden, wenn es im Gesellschaftsvertrag allgemein vorgesehen ist.
U. v. 24.10.1910; I 79/10. E. 74, 297. Kammergericht.

6.   = § 214 HGB Nr. 2.
U. v. 16.12.1913; II 566/13. E. 83, 377. Dresden.

7.   = § 22 HGB Nr. 18.
U. v. 8.6.1915; II 23/15. Kammergericht.

8.   = § 271 HGB Nr. 42.
U. v. 13.2.1925; II 52/24. E. 110, 194.

§ 275 (§ 146 AktG)

In Ermangelung einer anderen Bestimmung des Gesellschaftsvertrags bedürfen die im § 274 Abs. 1 bezeichneten Beschlüsse der Generalversammlung einer Mehrheit, die mindestens drei Vierteile des bei der Beschlussfassung vertretenen Grundkapitals umfasst.
Für eine Abänderung des Gegenstandes des Unternehmens muss diese Mehrheit erreicht sein; der Gesellschaftsvertrag kann noch andere Erfordernisse aufstellen.
Soll das bisherige Verhältnis mehrerer Gattungen von Aktien mit verschiedener Berechtigung zum Nachteil einer Gattung geändert werden, so bedarf es neben dem Beschlusse der Generalversammlung eines in gesonderter Abstimmung gefassten Beschlusses der benachteiligten Aktionäre; auf diese Beschlussfassung findet die Vorschrift des Abs. 1 Anwendung. Die Beschlussfassung der benachteiligten Aktionäre kann nur stattfinden, wenn sie gemäß § 256 Abs. 2 ausdrücklich unter den Zwecken der Generalversammlung angekündigt worden ist.

1.   HGB § 275.

Eine Abänderung des Gegenstandes des Unternehmens liegt nicht bloß in der Beseitigung des bisherigen Gegenstandes, sondern auch in der *Zufügung neuer* die statutarischen Vereinszwecke überschreitender Gegenstände.
Bau einer Ausstellungshalle für Industrie, Marine und Kunst in einem zoologischen Garten.
U. v. 11.5.1903; I 76/03. Kammergericht.

2.   HGB § 275.

Eine Abänderung des Gegenstandes oder der statutarischen Vorschriften über Ermittlung des Reingewinns ist verneint worden in folgendem Falle:
Besteht der statutarische Zweck einer Aktiengesellschaft in der Fabrikation und dem Handel mit Sprit und Produkten aller Art sowie im Betriebe von Bankgeschäften, so liegt in dem Abschluss einer Interessengemeinschaft mit einem bisherigen Konkurrenzunternehmen – Berliner Bank für Sprit- und Produk-

tenhandel und Posener Spritaktiengesellschaft – weder eine Abänderung des Gegenstandes des Unternehmens noch der statutarischen Vorschriften über Ermittelung und Verteilung des Reingewinnes. U. v. 3.11.1906; I 103/06. Kammergericht.

3.	= § 185 HGB Nr. 5.

U. v. 25.9.1912; I 6/12. E. 80, 95. Posen.

4.	HGB § 275.

Unter „drei Vierteile des bei der Beschlussfassung vertretenen Grundkapitals" i. S. des § 275 Abs. 1 ist nach dem Wortlaut des § eine *Kapitalmehrheit* von drei Vierteilen zu verstehen. *Stimmenmehrheit* von drei Vierteilen genügt also nicht.
U. v. 24.9.1929; II 26/29. E. 125, 356. Kammergericht.

5.	§ 251 HGB Nr. 1.

U. v. 4.11.1930; II 74/30. Hamburg.

6.	HGB §§ 275, 288.

Ein Sonderbeschluss der in Betracht kommenden Aktionärgruppen ist im Falle des § 275 Abs. 3 – ebenso wie in den Fällen der §§ 275 Abs. 2 und 288 Abs. 3 – auch dann erforderlich, wenn der Gesamtbeschluss der Generalversammlung einstimmig gefasst worden ist.
Liegt in diesen Fällen nur ein Gesamtbeschluss der Generalversammlung, nicht aber ein Sonderbeschluss der Aktionärgruppen vor, so hat das Registergericht die Eintragung der von der Generalversammlung beschlossenen Satzungsänderung abzulehnen.
B. v. 21.6.1935; II B 5/35. E. 148, 175.

7.	HGB §§ 275, 288; FGG § 28.

Die Voraussetzungen für eine Entscheidung des RG sind auch dann gegeben, wenn die Frage, ob neben einem einstimmigen Beschluss der Generalversammlung noch ein Sonderbeschluss einer Aktionärsgruppe erforderlich ist, einmal zu § 288 Abs. 3 HGB entschieden ist und erneut zu § 275 Abs. 3 entschieden werden soll.
B. v. 21.6.1935; II B 5/35. E. 148/175.

§ 276 (§ 147 AktG)

Eine Verpflichtung der Aktionäre zu Leistungen der im § 212 bezeichneten Art kann, sofern sie nicht in dem ursprünglichen Gesellschaftsvertrage vorgesehen ist, nur mit Zustimmung sämtlicher von der Verpflichtung betroffenen Aktionäre begründet werden.

1.	= § 212 HGB Nr. 1.

U. v. 10.4.1901; I 499/00. E. 48, 102. Naumburg. – Ebenso: U. v. 2.11.1904; I 276/04. Braunschweig.

2. HGB § 276.

Zur Begründung einer Verpflichtung der Aktionäre zu Leistungen der in § 212 bezeichneten Art ist es nicht erforderlich, dass die gemäß § 276 notwendige Zustimmung der sämtlichen von der Verpflichtung betroffenen Aktionäre gerade in der über diese Verpflichtung beschließenden Generalversammlung erklärt wird. Vielmehr kann diese Zustimmung auch außerhalb dieser Generalversammlung und zwar auch in formloser Weise erteilt werden.

U. v. 10.4.1908; II 622/07. E.68, 263. Naumburg. – Zustimmend (für den Kapitalerhöhungsbeschluss einer GmbH): U. v. 30.1.1917; II 355/16. E. 89, 354. Hamm.

3. = § 212 HGB Nr. 5.

U. v. 18.3.1913; II 608/12. E. 82, 72. Frankfurt.

4. = § 212 HGB Nr. 7.

U. v. 8.6.1928; II 515/27. E. 121, 238. Braunschweig.

5. HGB §§ 276, 306.

Zu den gesellschaftsrechtlichen Ansprüchen, welche im Fall der Vollfusion (liquidationslosen Fusion) zweier Aktiengesellschaften auf die aufnehmende Gesellschaft übergehen, gehören regelmäßig auch die Rechte der aufgenommenen Gesellschaft gegen ihre Aktionäre auf entgeltliche oder unentgeltliche Sonderleistungen.

Die Rechte und Pflichten aus dem Sonderleistungsverhältnis bedürfen im Fall des Übergangs auf die aufnehmende Gesellschaft regelmäßig einer Anpassung an die neuen Verhältnisse. Dabei ist oberster Grundsatz die Vorschrift des § 276 HGB, die aber nicht starr anzuwenden ist. Enthält die Neuregelung eine wirkliche Erschwerung der Leistungspflicht, so bleibt es insoweit für die nicht zustimmenden Aktionäre der aufgenommenen Gesellschaft bei dem bisherigen Leistungsinhalt. Nur wenn dies nicht möglich ist oder die aufnehmende Gesellschaft sich endgültig weigert, darauf einzugehen, werden die Aktionäre von ihren Sonderleistungspflichten befreit.

U. v. 27.5.1932; II 332/31. E. 136, 313. Naumburg.

§ 277 (§ 148 AktG)

Die Abänderung des Gesellschaftsvertrags ist zur Eintragung in das Handelsregister anzumelden. Soweit sich nicht aus den nachfolgenden Vorschriften ein Anderes ergibt, ist die Anmeldung durch den Vorstand zu bewirken.

Bei der Eintragung genügt, soweit nicht die Abänderung die im § 198 bezeichneten Angaben betrifft, die Bezugnahme auf die bei dem Gericht eingereichten Urkunden über die Abänderung. Die öffentliche Bekanntmachung findet im Betreff aller Bestimmungen statt, auf welche sich die in den §§ 199, 201 vorgeschriebenen Veröffentlichungen beziehen.

Die Abänderung hat keine Wirkung, bevor sie bei dem Gericht, in dessen Bezirke die Gesellschaft ihren Sitz hat, in das Handelsregister eingetragen worden ist.

1. HGB § 277.

In den Ausgabebedingungen von Genussscheinen kann seitens der ausgebenden Aktiengesellschaft rechtsgültig bestimmt werden, dass eine Generalversammlung der *Genussscheininhaber* mit einfacher oder erhöhter Mehrheit bindend auch für die Nichterschienenen und späteren Nehmer über eine Änderung der Genussscheinrechte beschließen könne. Vereinbarungen, welche auf diesem Weg über die Umwertung (Aufwertung) eines Genussscheinrechts zwischen der ausgebenden Aktiengesellschaft und den Genussscheininhabern zustande kommen, haben keine satzungsändernden Charakter, stellen vielmehr auf Grund und in Ausführung der Satzung getroffene Maßnahmen dar; eines Eintrags im Handelsregister bedarf es deshalb zu ihrer Wirksamkeit nicht.
U. v. 13.3.1931; II 315/30. E. 132, 199. Naumburg.

§ 278 (§ 149 AktG)

Eine Erhöhung des Grundkapitals durch Ausgabe neuer Aktien soll nicht vor der vollen Einzahlung des bisherigen Kapitals erfolgen. Für Versicherungsgesellschaften kann im Gesellschaftsvertrag ein Anderes bestimmt werden. Durch Rückstände, die auf einen verhältnismäßig unerheblichen Teil der eingeforderten Einzahlung verblieben sind, wird die Erhöhung des Grundkapitals nicht gehindert.
Sind mehrere Gattungen von Aktien mit verschiedener Berechtigung vorhanden, so bedarf es neben dem Beschlusse der Generalversammlung eines in gesonderter Abstimmung gefassten Beschlusses der Aktionäre jeder Gattung; auf diese Beschlussfassung finden die Vorschriften des § 275 Abs. 1, Abs. 3 Satz 2 Anwendung.
Sollen die auf die Kapitalserhöhung entfallenden neuen Aktien für einen höheren als den Nennbetrag ausgegeben werden, so ist der Mindestbetrag, unter dem die Ausgabe nicht erfolgen soll, in dem Beschluss über die Erhöhung des Grundkapitals festzusetzen.

1. = § 185 HGB Nr. 1.
U. v. 15.10.1902; I 131/02. E. 52, 287. Hamm.

2. HGB § 278 (auch § 281).

Ist die *volle* Kapitalserhöhung nicht ausgeführt und nicht eingetragen, so ist der Zeichner an seine Zeichnung nicht gebunden. § 281 Abs. 1 Nr. 4 besagt, dass die Zeichnung von selbst unverbindlich wird, wenn die *erfolgte* Erhöhung des Grundkapitals nicht in das Handelsregister eingetragen wird, d. h. die Ausführung der *beschlossenen* Erhöhung, nicht irgendeiner Erhöhung. Durch die Eintragung der erfolgten *geringeren* Erhöhung wird an der Unverbindlichkeit des Zeichnungsscheins nichts geändert.
U. v. 30.5.1903; I 21/03. E. 55, 65. Hamm.

3. HGB § 278.

Das Gesetz kennt nur eine *Erhöhung des Grundkapitals durch Ausgabe neuer Aktien.* Ob eine solche durch bloße Erhöhung des Nennwerts der Aktien zulässig ist, erscheint zweifelhaft. Jedenfalls setzt die Erhöhung des Grundkapitals einen darauf gerichteten Beschluss der Generalversammlung voraus, und dieser ist nicht identisch mit einem

Beschlusse, der den Aktionären Vorzugsrechte für ihre Aktien gegen Zuzahlungen anbietet. Zwar stellen auch diese Zuzahlungen Mitgliederbeiträge dar; aber die Summe der Einlagen deckt sich nicht mit dem Grundkapital. Grundkapital und Gesellschaftskapital sind zu unterscheiden; das erstere kann niemals größer sein als das letztere, wohl aber kleiner.

U. v. 2.2.1906; VII 479/05. E. 62, 362. Kammergericht.

4. HGB § 278.

Durch die Zeichnung und Übernahme von Aktien wird die Grundlage für die in den Verkehr tretende Aktiengesellschaft geschaffen, sei es der ursprünglichen, sei es der durch das erhöhte Grundkapital veränderten Gesellschaft. Die Zeichnung der Aktien, auch des erhöhten Grundkapitals, ist ein gesellschaftlicher Akt, der der Allgemeinheit gegenüber erklärt wird. Diese Erklärung kann, sobald die Aktiengesellschaft so, wie sie in der durch den Erhöhungsbeschluss geschehenen Veränderung in das Handelsregister eingetragen, öffentlich bekannt gemacht und wirklich in Verkehr getreten ist, nicht dadurch in Frage gestellt werden, dass bei dem der Zeichnung zugrunde liegenden *Generalversammlungsbeschluss* die Vorschrift des § 278 Abs. 2 nicht beobachtet war. Aus einer solchen Nichtbeachtung hätte sich nur ergeben, dass der Generalversammlungsbeschluss in der Frist des § 271 hätte angefochten werden können, oder dass ein Sonderrecht der Inhaber der Aktiengattungen erster Emission verletzt wäre, das diese auch ohne Einhaltung der Frist des § 271 hätten geltend machen können.

U. v. 20.3.1912; I 68/11. E. 79, 112. Hamm.

5. = § 179 HGB Nr. 9.

U. v. 18.11.1913; II 280/13. E. 83, 295. Dresden.

6. = § 189 HGB Nr. 9.

U. v. 5.3.1918; II 272/333/17. Kammergericht.

7. = § 185 HGB Nr. 7.

U. v. 24.6.1924; II 915/23. E. 108, 322. Dresden.

8. HGB § 278; Erg. Bd. II b; VO über Goldbilanzen v. 28.12.1923.

Auch nach dem Inkrafttreten der VO über die Goldbilanzen vom 28.12.1923 konnte eine Aktiengesellschaft, solange die Umstellung nicht erfolgt war, ihr Papiermarkkapital erhöhen.

U. v. 20.10.1925; II 11/25. Naumburg.

9. HGB §§ 278, 283.

1. Ein vor der Novelle zum alten HGB vom 18.7.1884 satzungsmäßig gewährtes Vorrecht der Gründer einer AG auf den Bezug einer bestimmten Anzahl von Aktien zu einem bestimmten Kurse (z. B. al pari) im Falle einer Kapitalerhöhung ist durch die neugeschaffene Vorschrift des Art. 215a Abs. 4 (§ 283 Abs. 2 HGB) nicht beseitigt noch

durch die ebenda neu getroffene Vorschrift des Abs. 2 (§ 278 Abs. 3 HGB) beschränkt worden. Aus Art. 28 EG z. HGB von 1897 kann Gegenteiliges nicht geschlossen werden.

2. Ein Verzicht eines Gründers auf solches Vorrecht kann aus seiner Zustimmung zu einem das Recht aufhebenden Generalversammlungsbeschluss grundsätzlich nicht gefolgert werden, wenn und solange nicht alle mit berechtigten Gründer zustimmen.

3. Solches Gründervorrecht ist weder durch die Währungsveränderungen noch durch die Kapitalumstellung gemäß der VO über Goldbilanzen vom 28.12.1923 beseitigt worden. U. v. 3.11.1925; II 56/25. Kammergericht.

10.   = § 185 HGB Nr. 8.
U. v. 23.10.1925; II 575/24. E. 112, 14. Jena.

11.   HGB § 278.
Hat die Generalversammlung einer AG die Überpari-Emission junger Aktien beschlossen, es aber unterlassen, den Mindestbetrag festzusetzen, unter dem die Ausgabe nicht erfolgen soll, so ist der Beschluss nicht nichtig, sondern höchstens anfechtbar. U. v. 6.12.1933; I 177/33. E. 143, 20. Hamburg.

§ 279 (§ 150 AktG)

Wird auf das erhöhte Grundkapital eine Einlage gemacht, die nicht durch Barzahlung zu leisten ist, oder wird auf eine Einlage eine Vergütung für Vermögensgegenstände angerechnet, welche die Gesellschaft übernimmt, so müssen der Gegenstand der Einlage oder der Übernahme, die Person, von welcher die Gesellschaft den Gegenstand erwirbt, und der Betrag der für die Einlage zu gewährenden Aktien oder die für den übernommenen Gegenstand zu gewährende Vergütung in dem Beschluss über die Erhöhung des Grundkapitals festgesetzt werden.

Jedes Abkommen dieser Art, welches nicht die vorgeschriebene Festsetzung in dem Beschlusse der Generalversammlung gefunden hat, ist der Gesellschaft gegenüber unwirksam. Die Vorschriften der §§ 207, 208 bleiben unberührt.

1.   = § 195 HGB Nr. 8.
U. v. 5.3.1938; II 104/37. E. 157, 213.

§ 280 (§ 151 AktG)

Der Beschluss über die Erhöhung des Grundkapitals ist von sämtlichen Mitgliedern des Vorstandes und des Aufsichtsrats zur Eintragung in das Handelsregister anzumelden.

In der Anmeldung ist die Versicherung abzugeben, dass das bisherige Grundkapital eingezahlt ist oder, soweit die Einzahlung nicht stattgefunden hat, dass darauf weitere als die in der Anmeldung bezeichneten Beträge nicht rückständig sind.

Zu § 280 kein Leitsatz.

§ 281 (§ 152 AktG)

Die Zeichnung der neuen Aktien geschieht mittelst Zeichnungsscheins. Der Zeichnungsschein soll doppelt ausgestellt werden; er hat außer den im § 189 Abs. 2 bezeichneten Angaben zu enthalten:

1. den Tag, an welchem der Beschluss über die Erhöhung des Grundkapitals gefasst ist;
2. den Betrag, für welchen die Ausgabe der Aktien stattfindet, und den Betrag der festgesetzten Einzahlungen;
3. die im § 279 vorgesehenen Festsetzungen und, wenn mehrere Gattungen von Aktien mit verschiedener Berechtigung ausgegeben werden, den Gesamtbetrag einer jeden;
4. den Zeitpunkt, in welchem die Zeichnung unverbindlich wird, sofern nicht bis dahin die erfolgte Erhöhung des Grundkapitals in das Handelsregister eingetragen ist.

Die Vorschriften des § 189 Abs. 4, 5 finden mit der Maßgabe entsprechende Anwendung, dass an die Stelle der Eintragung der Gesellschaft in das Handelsregister die Eintragung der erfolgten Erhöhung des Grundkapitals tritt.

1. HGB § 281 (auch § 289).

Auch Zeichnungen auf *Kapitalerhöhungen* sind ebenso wie Zeichnungen bei *Gründungen* wegen Irrtums oder Betruges nicht anfechtbar. Die Vorschriften des bürgerlichen Rechts über Willensmängel und deren Einfluss bei Abgabe von Willenserklärungen sind nicht ohne weiteres auf die Zeichnung von Aktien anwendbar. Es kommt vielmehr nur darauf an, ob die in der Zeichnung liegende Beteiligungserklärung selbst gewollt worden ist, dagegen müssen die Beweggründe, die zu dieser bewussten Erklärung geführt haben, der Gesellschaft gegenüber außer Betracht bleiben, da die Zeichnung, ihrer Bedeutung und ihrem Zweck entsprechend, als eine Erklärung aufzufassen ist, die dahin geht, für die Zeichnung unbedingt haften zu wollen, sobald daraufhin die Eintragung erfolgt ist. [Vgl. E. 2, 132; 9, 36; 19, 26; 45, 107.]
U. v. 4.6.1902; I 135/02. Hamburg.

2. = § 278 HGB Nr. 2.
U. v. 30.5.1903; I 21/03. E. 55, 65. Hamm.

3. HGB § 281.

Fehlt in einem Zeichnungsscheine die Angabe des Zeitpunktes, zu dem die Zeichnung unverbindlich wird, so ist der Zeichnungsschein nichtig.
U. v. 24.11.1903; I 238/03. Hamm.

4. = § 189 HGB Nr. 4.
U. v. 24.3.1906; I 477/05. E. 63, 96. Hamm.

5. HGB § 281.

Auch in Ansehung eines zwar anfänglich wegen Nichterfüllung der Voraussetzungen des § 281 Abs. 1 bzw. des § 189 Abs. 3 nichtigen, aber gemäß Abs. 4 des § 189 durch die Ausübung der Aktionärrechte hinterher gültig gewordenen Zeichnungsscheines

gelten die Rechtssätze, dass jede nicht im Zeichnungsscheine des erhöhten Grundkapitals enthaltene Beschränkung der Gesellschaft gegenüber unwirksam ist, und dass dem Zeichner die Geltendmachung von Willensmängeln, insbesondere der Einwand, dass die Zeichnung durch Betrug der Gesellschaftsorgane oder doch durch einen Irrtum des Zeichners veranlasst worden sei, der Gesellschaft gegenüber nach der Eintragung des Erhöhungsbeschlusses versagt ist. [Vgl. den weiteren Inhalt § 189 Nr. 5.]
U. v. 24.3.1906; I 477/05. Hamm.

6.   = § 189 HGB Nr. 7.
U. v. 25.9.1914; II 227/14. E. 85, 284. Köln.

7.   = § 189 HGB Nr. 8.
U. v. 22.9.1914; VII 137/14. E. 85, 328. Kammergericht.

8.   = § 189 HGB Nr. 11.
U. v. 28.10.1927; II 125/27. E. 118, 269. Kammergericht.

§ 282 (§ 153 AktG)

Jedem Aktionär muss auf sein Verlangen ein seinem Anteil an dem bisherigen Grundkapital entsprechender Teil der neuen Aktien zugeteilt werden, soweit nicht in dem Beschluss über die Erhöhung des Grundkapitals ein Anderes bestimmt ist.
Der Betrag, zu welchem die neuen Aktien an die Aktionäre ausgegeben werden, ist von dem Vorstand in den Gesellschaftsblättern zu veröffentlichen. In der Veröffentlichung kann eine Frist für die Ausübung des Bezugsrechts bestimmt werden; die Frist muss mindestens zwei Wochen betragen.

1.   HGB § 282.

Ist das *Bezugsrecht* der Aktionäre in dem Beschluss über die Erhöhung des Grundkapitals *einmal ausgeschlossen*, so hat kein Aktionär ein Recht darauf, dass die Übernahmebank die übernommenen Aktien an den Markt bringe. Es steht derselben vollkommen frei, mit den von ihr übernommenen Aktien zu verfahren wie sie will. Sie kann letztere, wenn sie dies in ihrem Interesse gelegen findet, auch ganz behalten und gar nicht an den Markt bringen.
U. v. 13.6.1906; I 55/06. Hamm.

2.   HGB § 282.

Bekanntmachung des beabsichtigten Ausschlusses des Bezugsrechts der Aktionäre bei der Berufung der Generalversammlung vgl. § 256 Nr. 1.

3.   = § 256 HGB Nr. 3.
U. v. 18.11.1907; I 51/07. E. 67, 106. Kammergericht.

4.   HGB § 282 (auch § 383 und RStempG v. 3.7.1913 § 19).

Die Ausübung des Rechts der Aktionäre auf den Bezug sog. junger Aktien bei der Erhöhung des Grundkapitals einer AG (§ 282) stellt den Abschluss eines Kaufvertrages dar, kann daher Gegenstand eines Kommissionsgeschäfts sein (§ 383). In diesem Falle ist die Stempelabgabe der TNr. 4 des RStG nach § 19 Abs. 3 das. sowohl für das Geschäft zwischen dem Kommissionär und dem Dritten, als auch für das Abwicklungsgeschäft zwischen dem Kommissionär und dem Kommittenten zu erheben. (Anders dagegen wenn im Falle einer unmittelbaren Stellvertretung nur *ein* Kaufgeschäft zustande gekommen ist).

U. v. 28.5.1918; VII 41/18. Kammergericht.

5.   HGB § 282.

Wird einem bei der Gründung der Aktiengesellschaft unter anderem auch mit Aktienzeichnung beteiligten Bankhause als solchem ohne Hinweisung auf die Zeichnung und ohne Rücksicht auf zukünftigen Aktienbesitz ein Bezugsrecht für den Fall der Kapitalserhöhung zugestanden, so *erlischt* das Bezugsrecht mit dem Erlöschen der Firma der das Bankhaus betreibenden offenen Handelsgesellschaft.

U. v. 2.12.1919; II 79/19. E. 97, 239.

6.   = § 271 HGB Nr. 37 (Abs. 2).

U. v. 17.11.1922; II 864/21. E. 105, 373.

7.   = § 226 HGB Nr. 3.

U. v. 18.1.1924; II 263/23. E. 108, 41.

8.   = § 252 HGB Nr. 25.

U. v. 16.9.1927; II 21/27. E. 118, 67. Frankfurt.

§ 283 (§ 154 AktG)

Eine Zusicherung von Rechten auf den Bezug neu auszugebender Aktien kann nur unter Vorbehalt des im § 282 bezeichneten Rechtes der Aktionäre erfolgen.

Eine Zusicherung, die vor dem Beschlusse über die Erhöhung des Grundkapitals geschieht, ist der Gesellschaft gegenüber unwirksam.

1.   HGB § 283 (auch EG z. HGB Art. 28).

Das in dem Gesellschaftsvertrag einer Aktiengesellschaft den Gründern vor dem Inkrafttreten des Reichsgesetzes vom 18.7.1884 zugesicherte Bezugsrecht auf neue Aktien ist im Zweifel nicht schlechthin bei jeder Erhöhung des Grundkapitals, insbesondere nicht für solche Aktien wirksam, die ausgegeben werden, um das herabgesetzte Grundkapital wieder auf die ursprüngliche Höhe zu bringen.

U. v. 3.10.1900; I 189/00. E. 47, 24. Dresden.

2.   HGB § 283 (auch EG z. HGB Art. 28).

Der auf dem Gesetze vom 18.7.1884 beruhende Art. 215 a HGB a. F. steht der Wirksamkeit eines früher begründeten Rechtes auf den Bezug neu auszugebender Aktien, sei es überhaupt, sei es für den Bezug zum Parikurse, nicht entgegen [vgl. E. 27, 1; 28, 75; Bolze 13 Nr. 506; JW 1897 S. 242]. Ebenso ist jetzt auch gegenüber der Bestimmung in § 283 Abs. 2 HGB a. F. die Rückwirkung durch Art. 28 EG z. HGB ausdrücklich ausgeschlossen.

U. v. 3.10.1900; I 189/00. E. 47, 24. Dresden.
U. v. 11.5.1901; I 102/01. Breslau.

3.   HGB § 283 (auch EG z. HGB Art. 28).

Das vor dem Gesetze vom 18.7.1884 begründete Recht auf den Bezug neu auszugebender Aktien ist, wenn es nicht vertragsmäßig auf die Person des ursprünglich Berechtigten beschränkt ist, vererblich und übertragbar.

U. v. 11.5.1901; I 102/01. Breslau.

4.   HGB § 283 (auch EG z. HGB Art. 28).

Ist in dem aus dem Jahre 1872 stammenden Statut einer Aktiengesellschaft den ersten Aktienzeichnern und deren Rechtsnachfolgern das Vorrecht eingeräumt, dass sie nach Verhältnis ihrer Zeichnungen bei jeder Erhöhung des Grundkapitals „ein Drittteil der neu zu emittierenden Aktien zum Nennwert zu übernehmen berechtigt sind", so kann die Gesellschaft von den ersten Aktienzeichnern und deren Rechtsnachfolgern, die ihr Bezugsrecht ausüben, nicht neben dem Nennwerte der Aktien noch die Bezahlung einer Pauschalsumme zur Deckung des Reichsstempels und der Druck- und Ausfertigungskosten der Aktien verlangen und von der Leistung dieses Mehrbetrags über den Nennwert die Aushändigung der neuen Aktien abhängig machen.

U. v. 26.6.1901; I 75/01. Breslau.

5.   HGB § 283.

Eine jede Zusicherung, die vor dem Beschluss auf Erhöhung des Grundkapitals Rechte auf den Bezug neu auszugebender Aktien einräumt, ist nach § 283 Abs. 2 nichtig und unwirksam. Deshalb kann vor dem Beschlusse der Generalversammlung von einem Abkommen jenes Inhalts keine Rede sein; denn nichtige Geschäfte binden die Generalversammlung nicht. Über die Vorschrift des § 283 Abs. 3 kann man auch nicht dadurch hinwegkommen, dass man das unverbindliche Übereinkommen als verbindlich erachtet, sobald die Generalversammlung es genehmigt. Denn bei dieser Ansicht würde der Zweck der gesetzlichen Bestimmung, vor der Generalversammlung jede Bindung in Beziehung auf die Vergebung des Bezugsrechts auszuschließen und der Generalversammlung volle Freiheit der Entschließung zu wahren, vereitelt.

[Vgl. § 252 Nr. 5.]

U. v. 13.6.1906; I 55/06. Hamm.

6.   HGB § 283.

Das Bezugsrecht des Aktionärs, insbesondere des sogen. Primordialzeichners, ist, sofern
es nicht vertragsmäßig auf die Person des ursprünglich Berechtigten beschränkt ist, an
und für sich ein *vererbliches und veräußerliches* Recht.
U. v. 11.5.1901; I 102/01. Breslau.
Ebenso hinsichtlich der Vererblichkeit:
U. v. 15.12.1906; I 241/06. E. 65, 21. Kammergericht.

7.   HGB § 283 (auch EG z. HGB Art. 28).

Wurden bei Gründung einer Aktiengesellschaft namens einer offenen Handelsgesellschaft Aktien gezeichnet, so sind die persönlich haftenden Gesellschafter der letzteren
die ersten Zeichner (sogen. *Primordialzeichner*) und können das an die Eigenschaft als
erster Zeichner geknüpfte Bezugsrecht nach Auflösung der offenen Handelsgesellschaft
unter den übrigen statutarischen Voraussetzungen ausüben.
U. v. 15.12.1906; I 241/06. E. 65, 21. Kammergericht.

8.   = § 271 HGB Nr. 40.
U. v. 4.12.1923; II 162/23. E. 108, 29.

9.   = § 278 HGB Nr. 9.
U. v. 3.11.1925; II 56/25. Kammergericht.

10.   BGB § 138; HGB § 283.

Gründerbezugsrechte aus der Zeit vor der Aktiennovelle von 1884 durch welche Gründern einer AG das Recht eingeräumt ist, im Fall von Kapitalerhöhungen der Gesellschaft
den neuen Kapitalabschnitt oder Teile desselben zum *Nennwert* zu übernehmen, sind mit
den gewandelten Lebens- und Rechtsanschauungen auf dem Gebiet des Aktienwesens
unvereinbar und deshalb erloschen.
U. v. 7.2.1936; II 182/35.

§ 284 (§§ 155-157 AktG)

Die erfolgte Erhöhung des Grundkapitals ist von sämtlichen Mitgliedern des Vorstandes und des Aufsichtsrats zur Eintragung in das Handelsregister anzumelden.
Der Anmeldung sind beizufügen:
  1. die Duplikate der Zeichnungsscheine und ein von den Mitgliedern des Vorstandes un-
     terschriebenes Verzeichnis der Zeichner, welches die auf jeden entfallenden Aktien so-
     wie die auf die letzteren geschehenen Einzahlungen angibt;
  2. im Falle des § 279 die Verträge, welche den dort bezeichneten Festsetzungen zu Grun-
     de liegen oder zu ihrer Ausführung geschlossen sind;
  3. eine Berechnung der für die Gesellschaft durch die Ausgabe der neuen Aktien entste-
     henden Kosten;

4. wenn die Erhöhung des Grundkapitals mit Rücksicht auf den Gegenstand des Unternehmens der staatlichen Genehmigung bedarf, sowie in den Fällen des § 180 Abs. 2 die Genehmigungsurkunde.

Die Vorschriften des § 195 Abs. 3 finden Anwendung.

Die der Anmeldung beigefügten Schriftstücke werden bei dem Gericht in Urschrift oder in beglaubigter Abschrift aufbewahrt.

In die Veröffentlichung, durch welche die Eintragung bekannt gemacht wird, ist auch der Betrag, zu welchem die Aktien ausgegeben werden, aufzunehmen.

Änderung des Abs. 3 durch Gesetz vom 7.3.1935.

1.   = § 195 HGB Nr. 5.
U. v. 13.3.1934; II 225/33. E. 144, 138. Hamburg.

2.   = § 195 HGB Nr. 8.
U. v. 5.3.1938; II 104/37. E. 157, 213.

§ 285 (§ 155 AktG)

Die Anmeldung und Eintragung der erfolgten Erhöhung des Grundkapitals kann mit der Anmeldung und Eintragung des Beschlusses über die Erhöhung verbunden werden.

§ 286

Bei einem Gericht, in dessen Bezirke die Gesellschaft eine Zweigniederlassung hat, sind die in den §§ 280, 284 bezeichneten Anmeldungen zur Eintragung in das Handelsregister durch den Vorstand zu bewirken. Die Vorschrift des § 284 Abs. 5 findet Anwendung; die Vorschriften des § 280 Abs. 2 und des § 284 Abs. 2 bis 4 bleiben außer Anwendung.

Zu §§ 285-286 kein Leitsatz.

§ 287 (§ 158 AktG)

Bevor die erfolgte Erhöhung des Grundkapitals in das Handelsregister eingetragen ist, können Aktien und Interimsscheine auf das zu erhöhende Kapital nicht ausgegeben werden.

Die Anteilsrechte an dem zu erhöhenden Kapitale können vor diesem Zeitpunkte mit Wirksamkeit gegenüber der Gesellschaft nicht übertragen werden.

1.   HGB § 287.

Die Übertragung (Abs. 2) ist an sich rechtswirksam; nur die Aktiengesellschaft selbst hat das Recht, der Übertragung der Aktien an Dritte, die vor jenem Zeitpunkt erfolgt, zu widersprechen und braucht die erfolgte nicht gegen sich gelten zu lassen.
U. v. 22.9.1914; VII 137/14. E. 85, 328. Kammergericht.

§ 288 (§ 175 AktG)

Eine Herabsetzung des Grundkapitals kann nur mit einer Mehrheit beschlossen werden, die mindestens drei Vierteile des bei der Beschlussfassung vertretenen Grundkapitals umfasst. Der Gesellschaftsvertrag kann noch andere Erfordernisse aufstellen.

Durch den Beschluss muss zugleich festgesetzt werden, zu welchem Zwecke die Herabsetzung stattfindet, insbesondere, ob sie zur teilweisen Rückzahlung des Grundkapitals an die Aktionäre erfolgt, und in welcher Weise die Maßregel auszuführen ist.

Sind mehrere Gattungen von Aktien mit verschiedener Berechtigung vorhanden, so bedarf es neben dem Beschlusse der Generalversammlung eines in gesonderter Abstimmung gefassten Beschlusses der Aktionäre jeder Gattung; auf diese Beschlussfassung finden die Vorschriften des Abs. 1 und des § 275 Abs. 3 Satz 2 Anwendung.

1.   HGB § 288 (auch § 291).

Besteht die Herabsetzung des Grundkapitals einzig und allein darin, dass der Nennwert sämtlicher Aktien um 2.000 Mk. vermindert wird, so ist sie mit der Eintragung des Herabsetzungsbeschlusses schon in Wirksamkeit getreten. [Dahingestellt bleibt, ob nunmehr bereits Zahlungen irgendwelcher Art an die Aktionäre auf Grund der Herabsetzung des Grundkapitals erfolgen dürfen oder wegen § 289 Abs. 4 unterbleiben müssen, und ob nach Ablauf des dort vorgesehenen Sperrjahres die „erfolgte Herabsetzung" anzumelden ist.]

U. v. 4.6.1902; I 135/02. Hamburg.

2.   = § 185 HGB Nr. 1.

U. v. 15.10.1902; I 131/02. E. 52, 287. Hamm.

3.   HGB § 288 (auch §§ 289, 290, 291).

Beschließt eine Aktiengesellschaft, ihr Grundkapital herabzusetzen, um eine vorhandene Unterbilanz zu decken, so *ist* das Kapital *herabgesetzt*, sobald der *Beschluss gefasst* und in das *Handelsregister eingetragen* ist (§ 277). Die Maßregeln, die ergriffen werden, um die Gesamtheit der Aktien in ihrem Nennwert auf den jetzt maßgebenden niedrigen Grundkapitalsbetrag zu bringen (Herabsetzung des Nennbetrages, Einziehung eines Teils oder – wie im vorliegenden Falle – Zusammenlegung der Aktien) sind lediglich zur *Durchführung* der bereits erfolgten Herabsetzung bestimmt und haben mit dieser selbst nichts zu tun (vgl. §§ 288 Abs. 2; 290 Abs. 1). Auch die Beobachtung der im § 289 gegebenen Gläubigerschutzvorschriften und der Ablauf des Sperrjahres sind nur Folgen, nicht Voraussetzung für die Herabsetzung des Grundkapitals. Die in § 291 vorgeschriebene *zweite* Anmeldung zum Handelsregister ist zu bewirken, wenn das Grundkapital herabgesetzt und die Herabsetzung „ausgeführt" im Sinne von § 288 Abs. 2 und § 290 Abs. 1 Satz 1.

U. v. 11.1.1921; VII 151/20. E. 101, 199.

4. HGB § 288.

Die Generalversammlung einer AG beschloss, deren Grundkapital durch Aktienzusammenlegung um 400.000 M. herabzusetzen, und zwar zum Zwecke der Beseitigung der vorjährigen Unterbilanz und „zum Zwecke von Abschreibungen bzw. Rückstellungen", deren Höhe der Aufsichtsrat zu bestimmen hatte. Von dem durch die Kapitalherabsetzung entstandenen Buchgewinn von 400.000 M. wurden rund 93.000 M. zur „Errichtung eines Rücklagekontos" verwendet. Für die 2 folgenden Geschäftsjahre wurde die Verteilung einer Dividende von je 4½ % durch Entnahme gewisser Beträge aus diesem Rücklagekonto ermöglicht. Mit Rücksicht auf die Fassung des Herabsetzungsbeschlusses, der bezüglich der Verwendung der Rückstellung (des Rücklagekontos) keinerlei einschränkende Bestimmung trifft, ist die Annahme des Berufungsgerichts, dass die Rückstellung ein zur freien Verfügung der AG, insbesondere der Generalversammlung stehender Vermögensteil sei, *nicht* für rechtsirrtümlich erachtet worden. Die Unverwendbarkeit der Rücklage zur Dividendenausschüttung ergibt sich nicht, jedenfalls nicht zwingend, daraus, dass im Herabsetzungsbeschlusse jede Angabe über ihre Zweckbestimmung im Einzelnen fehlt, ebenso wenig daraus, dass jener Beschuss die Ermöglichung des Ausschüttens einer Dividende nicht ausdrücklich als einen der Zwecke der Kapitalherabsetzung bezeichnet (vgl. auch den U.-Auszug bei § 215).
U. v. 23.12.1921; II 522/20. E. 103, 367.

5. = § 275 HGB Nr. 6.
B. v. 21.6.1935; II B 5/35. E. 148, 175.

6. = § 275 HGB Nr. 7.
B. v. 21.6.1935; II B 5/35. E. 148, 175.

§ 289 (§§ 176, 178 AktG)

Der Beschluss über die Herabsetzung des Grundkapitals ist von sämtlichen Mitgliedern des Vorstandes zur Eintragung in das Handelsregister anzumelden.

Der Vorstand hat unter Hinweis auf die beschlossene Herabsetzung des Grundkapitals nach der Eintragung des Beschlusses die Gläubiger der Gesellschaft aufzufordern, ihre Ansprüche anzumelden. Die Aufforderung ist dreimal in den Gesellschaftsblättern zu veröffentlichen. Bekannte Gläubiger sind durch besondere Mitteilung zur Anmeldung aufzufordern.

Den Gläubigern, deren Forderungen vor der letzten öffentlichen Aufforderung begründet sind, ist Befriedigung zu gewähren oder Sicherheit zu leisten, sofern sie sich zu diesem Zwecke melden.

Zahlungen an die Aktionäre dürfen auf Grund der Herabsetzung des Grundkapitals erst erfolgen, nachdem seit dem Tage, an welchem die im Abs. 2 vorgeschriebene öffentliche Aufforderung zum dritten Male stattgefunden hat, ein Jahr verstrichen ist und nachdem die Gläubiger, die sich gemeldet haben, befriedigt oder sichergestellt worden sind. Eine durch die Herabsetzung bezweckte Befreiung der Aktionäre von der Verpflichtung zur Leistung von Einlagen auf die Aktien tritt nicht vor dem bezeichneten Zeitpunkt in Wirksamkeit.

1.   HGB § 289.

Im Falle des § 289 kann vor dem Ablaufe des Sperrjahres zwar weder auf Zahlung, noch auf künftige Zahlung nach Ablauf des Sperrjahres, wohl aber auf Feststellung der Verpflichtung der Aktiengesellschaft zur Zahlung nach Ablauf des Sperrjahres, *falls sich bis dahin keine Gläubiger gemeldet oder die Gläubiger, die sich gemeldet, befriedigt oder sichergestellt werden*, geklagt werden. Zum Nachweise des rechtlichen Interesses an der alsbaldigen Feststellung genügt hier die Tatsache, dass die Aktiengesellschaft ihre Verpflichtung zur Rückzahlung ganz oder teilweise wegen Gegenforderungen an den Aktionär bestritten hat.
U. v. 12.12.1906; I 209/06. Celle.

2.   HGB § 289.

Die Bestimmung des § 289 Abs. 3, wonach im Falle der Herabsetzung des Grundkapitals einer Aktiengesellschaft den Gläubigern, deren Forderungen vor der letzten öffentlichen Aufforderung zur Anmeldung derselben bestanden haben, Befriedigung zu gewähren oder Sicherheit zu leisten ist, sofern sie sich zu diesem Zwecke melden, findet *keine* Anwendung auf ausländische Aktiengesellschaften, welche im Inland eine Zweigniederlassung haben, in deren Betrieb die betreffende Forderung des betreffenden Gläubigers entstanden ist.
U. v. 27.5.1910; II 485/09. E. 73, 366. Kammergericht.

3.   = § 288 HGB Nr. 3.
U. v. 11.1.1921; VII 151/20. E. 101, 199.

§ 290 (§ 179 AktG)

Ist zur Ausführung der Herabsetzung des Grundkapitals eine Verminderung der Zahl der Aktien durch Umtausch, Stempelung oder durch ein ähnliches Verfahren vorgesehen, so kann die Gesellschaft die Aktien, welche trotz erfolgter Aufforderung nicht bei ihr eingereicht sind, für kraftlos erklären. Das Gleiche gilt in Ansehung eingereichter Aktien, welche die zum Ersatze durch neue Aktien erforderliche Zahl nicht erreichen und der Gesellschaft nicht zur Verwertung für Rechnung der Beteiligten zur Verfügung gestellt sind.
Die Aufforderung zur Einreichung der Aktien hat die Androhung der Kraftloserklärung zu enthalten.
Die Kraftloserklärung kann nur erfolgen, wenn die Aufforderung nach Maßgabe des § 219 Abs. 2 bekannt gemacht ist; sie geschieht mittelst Bekanntmachung in den Gesellschaftsblättern.
Die an Stelle der für kraftlos erklärten Aktien auszugebenden neuen Aktien sind für Rechnung der Beteiligten durch die Gesellschaft zum Börsenpreis und in Ermangelung eines solchen durch öffentliche Versteigerung zu verkaufen. Der Erlös ist den Beteiligten auszuzahlen oder, sofern die Berechtigung zur Hinterlegung vorhanden ist, zu hinterlegen.

1.   = § 185 HGB Nr. 4.
U. v. 18.9.1912; I 72/12. E. 80, 81. Hamburg.

2.   = § 288 HGB Nr. 3.

U. v. 11.1.1921; VII 151/20. E. 101, 199.

§ 291 (§ 180 AktG)

Die erfolgte Herabsetzung des Grundkapitals ist von sämtlichen Mitgliedern des Vorstandes zur Eintragung in das Handelsregister anzumelden.

1.   = § 288 HGB Nr. 1.

U. v. 4.6.1902; I 135/02. Hamburg.

2.   = § 288 HGB Nr. 3.

U. v. 11.1.1921; VII 151/20. E. 101, 199.

Fünfter Titel. Auflösung und Nichtigkeit der Gesellschaft.

§ 292 (§ 203 AktG)

Die Aktiengesellschaft wird aufgelöst:
1. durch den Ablauf der im Gesellschaftsvertrage bestimmten Zeit;
2. durch Beschluss der Generalversammlung; der Beschluss bedarf einer Mehrheit, die mindestens drei Vierteile des bei der Beschlussfassung vertretenen Grundkapitals umfasst; der Gesellschaftsvertrag kann noch andere Erfordernisse aufstellen;
3. durch die Eröffnung des Konkurses über das Vermögen der Gesellschaft.

Die Vorschriften dieses Titels kommen auch zur Anwendung, wenn die Auflösung einer Aktiengesellschaft aus anderen Gründen erfolgt.

1.   HGB § 292.

Ist eine Aktiengesellschaft auf bestimmte Zeit errichtet, so wird mit dem Ablaufe dieser Zeit ihre Auflösung und Liquidation rechtlich notwendig und kann die Gesellschaft nicht *hinterher* ihre Fortsetzung beschließen. Dagegen ist es möglich, dass die Gesellschaft *vor* dem Eintritt im Weg einer Änderung des Statuts – soweit dies nach dem Gesellschaftsvertrage zulässig – diese Wirkung abwendet und eine Verlängerung der gesellschaftlichen Lebensdauer beschließt. Ist die Beendigung der Gesellschaft mit Zeitablauf die Folge einer vom Statute zugelassenen Kündigung seitens eines Aktionärs, so ist zwar das auf Grund dieser Kündigung erwachsene Recht auf Auflösung und Liquidation *unentziehbar*; allein ein *Verzicht* hierauf ist möglich. Dies auch in der Form, dass dem Aktionär seine Aktien durch Vermittlung der Gesellschaft abgekauft und einem neu eintretenden Gesellschafter übertragen werden. Ist dies geschehen, so können die ver-

bliebenen Gesellschafter die Fortsetzung der Gesellschaft beschließen; andere Mitglieder, die nicht gekündigt hatten, können diesen Beschluss nicht anfechten.
U. v. 14.11.1903; I 238/03. Hamm.

2.   HGB § 292.

Eine Aktiengesellschaft erlischt mit der durch die Konkurseröffnung eintretenden „Auflösung" nicht sofort auch außerhalb des Konkursverfahrens endgültig.
U. v. 3.6.1905; I 97/05. Patentamt.

3.   = § 243 HGB Nr. 7.

U. v. 14.2.1913; II 449/12. E. 81, 332. Kammergericht.

4.   HGB § 292 (auch BGB § 1061 u. KO § 207).

Ein für eine Aktiengesellschaft bestelltes Nießbrauchsrecht erlischt nicht mit der Eröffnung des Konkurses über das Vermögen der Gesellschaft. Es dauert auch über die Beendigung des Konkurses hinaus fort, wenn der Konkurs durch Zwangsvergleich beendigt wird.
U. v. 1.4.1916; V 37/16. München.

5.   HGB § 292 (auch Kriegsnotrecht II). Versailler Vertrag Art. 74, 297.

Zwar bewirkt der Generalversammlungsbeschluss einer AG, der den Sitz der Gesellschaft ins Ausland verlegt, *Auflösung* der AG (vgl. E. 7, 68; 88, 53; JW 1918, 510). Dem ist aber nicht der Fall gleichzustellen, dass der Ort, an dem sich der Sitz der AG befindet, infolge völkerrechtlichen Vertrages Ausland wird. Eine deutsche AG, die ihren Sitz in Elsaß-Lothringen hatte, ist daher mit dem Inkrafttreten des Versailler Vertrages nicht aufgelöst worden. Die von Frankreich angeordnete Sequestration und Liquidation ihres in Elsaß-Lothringen befindlichen Vermögens stand der Zurückverlegung ihres Sitzes auf deutsches Gebiet nicht entgegen.
U. v. 29.6.1923; II 552/22. E. 107, 94.

6.   HGB § 292; KO § 10.

Lehnt in einem Aktivprozess der Konkursmasse einer Aktiengesellschaft der Konkursverwalter die Aufnahme ab, und will nunmehr die Gegenpartei das Verfahren aufnehmen, so hat sie das zu tun gegenüber der (in der Auflösung begriffenen) Aktiengesellschaft selbst, vertreten durch ihren bisherigen Vorstand.
U. v. 5.2.1930; I 220/29. E. 127, 197. Kammergericht.

7.   PatG § 28; HGB § 292.

Wird die Aktiengesellschaft durch Konkurseröffnung aufgelöst, so besteht sie fort mit Beschränkung auf den Zweck der Geschäftsabwicklung.
Die Frage, ob durch Erhebung der Patent-Nichtigkeitsklage eine Rechtslage entsteht, die, wenn der Kläger in Konkurs gerät, als Vermögenswert für die Masse in Anspruch genommen werden kann, ist nicht entschieden worden.

U. v. 12.4.1933; I 272/31. Reichspatentamt.

§ 293 (§ 204 AktG)

Die Auflösung der Gesellschaft ist außer dem Falle des Konkurses durch den Vorstand zur Eintragung in das Handelsregister anzumelden.

§ 294 (§ 205 AktG)

Nach der Auflösung der Gesellschaft findet die Liquidation statt, sofern nicht über das Vermögen der Gesellschaft der Konkurs eröffnet ist.

Bis zur Beendigung der Liquidation kommen die Vorschriften der vorausgehenden Titel zur Anwendung, soweit sich nicht aus diesem Titel oder aus dem Zwecke der Liquidation ein Anderes ergibt.

§ 295 (§ 206 AktG)

Die Liquidation geschieht durch die Mitglieder des Vorstandes als Liquidatoren, sofern nicht durch den Gesellschaftsvertrag oder durch Beschluss der Generalversammlung andere Personen dazu bestimmt werden.

Auf Antrag des Aufsichtsrats oder von Aktionären, deren Anteile zusammen den zwanzigsten Teil des Grundkapitals erreichen, kann aus wichtigen Gründen die Ernennung von Liquidatoren durch das Gericht erfolgen, in dessen Bezirke die Gesellschaft ihren Sitz hat. Die Aktionäre haben bei Stellung des Antrags glaubhaft zu machen, dass sie seit mindestens sechs Monaten Besitzer der Aktien sind.

Die Abberufung von Liquidatoren kann durch das Gericht unter denselben Voraussetzungen wie die Bestellung stattfinden. Liquidatoren, die nicht vom Gericht ernannt sind, können durch die Generalversammlung auch vor dem Ablaufe des Zeitraums, für welchen sie bestellt sind, abberufen werden.

§ 296 (§ 207 AktG)

Die ersten Liquidatoren sind durch den Vorstand, jede Änderung in den Personen der Liquidatoren ist durch die Liquidatoren zur Eintragung in das Handelsregister anzumelden. Ist bei der Bestellung der Liquidatoren eine Bestimmung über ihre Vertretungsbefugnis getroffen, so ist auch diese Bestimmung zur Eintragung anzumelden.

Der Anmeldung ist eine öffentlich beglaubigte Abschrift der Urkunden über die Bestellung oder Änderung beizufügen; diese Vorschrift findet auf die Anmeldung zum Handelsregister einer Zweigniederlassung keine Anwendung.

Die Eintragung der gerichtlichen Ernennung oder Abberufung von Liquidatoren geschieht von Amtswegen.

Die Liquidatoren haben die Firma nebst ihrer Namensunterschrift zur Aufbewahrung bei dem Gerichte zu zeichnen.

§ 297 (§ 208 AktG)

Die Liquidatoren haben unter Hinweis auf die Auflösung der Gesellschaft die Gläubiger der Gesellschaft aufzufordern, ihre Ansprüche anzumelden. Die Aufforderung ist dreimal in den Gesellschaftsblättern zu veröffentlichen.

Zu §§ 293-297 keine Leitsätze.

§ 298 (§§ 209-211 AktG)

Der Geschäftskreis der Liquidatoren sowie die Form, in welcher sie die Firma zu zeichnen haben, bestimmt sich nach den Vorschriften der §§ 149, 151, 153.

Im Übrigen haben die Liquidatoren innerhalb ihres Geschäftskreises die Rechte und Pflichten des Vorstandes; sie unterliegen gleich diesem der Überwachung durch den Aufsichtsrat.

In Ansehung der Mitwirkung sämtlicher Liquidatoren bei Willenserklärungen für die Gesellschaft findet die Vorschrift des § 232 Abs. 1 Satz 1 nur insoweit Anwendung, als nicht für die Liquidatoren im Gesellschaftsvertrag oder bei ihrer Ernennung ein Anderes bestimmt ist.

Eine Bestellung von Prokuristen findet nicht statt. Die Vorschriften des § 236 bleiben außer Anwendung.

Hinter Abs. 1 wurde durch VO vom 25.3.1930 ein neuer Absatz eingefügt. Streichung dieses Absatzes durch Gesetz vom 26.2.1935.

1.   = § 149 HGB Nr. 2.
U. v. 15.11.1905; I 198/05. E. 62, 56. Karlsruhe.

2.   = § 149 HGB Nr. 8.
U. v. 9.10.1918; III 177/18. Hamm.

§ 299 (§ 211 AktG)

Die Liquidatoren haben für den Beginn der Liquidation und weiterhin für den Schluss jedes Jahres eine Bilanz aufzustellen; das bisherige Geschäftsjahr der Gesellschaft kann beibehalten werden.

Die Vorschriften der §§ 260, 263 bis 267 mit Ausnahme derjenigen über die Gewinnverteilung finden Anwendung; die Vorschriften der §§ 261, 262 bleiben außer Anwendung.

Zu § 299 kein Leitsatz.

§ 300 (§ 212 AktG)

Das nach der Berichtigung der Schulden verbleibende Vermögen der Gesellschaft wird unter die Aktionäre verteilt.

Die Verteilung erfolgt nach dem Verhältnisse der Aktienbeträge, sofern nicht mehrere Gattungen von Aktien mit verschiedener Berechtigung vorhanden sind.

Sind die Einzahlungen nicht auf alle Aktien in demselben Verhältnisse geleistet, so werden die auf das Grundkapital geleisteten Einzahlungen erstattet und ein Überschuss nach dem Verhältnisse der Aktienbeträge verteilt. Reicht das vorhandene Vermögen zur Erstattung der Einzahlungen nicht aus, so haben die Aktionäre den Verlust nach dem Verhältnisse der Aktienbeträge zu tragen; die noch ausstehenden Einzahlungen sind, soweit es hierzu erforderlich ist, einzuziehen.

1. = § 149 HGB Nr. 1.
U. v. 15.11.1905; I 198/05. E. 62, 56. Karlsruhe.

2. HGB § 300.

Die Frage, was eine gleichmäßige Verteilung des Vermögens nach dem Verhältnisse der Aktienbeträge ist, darf nicht rein mechanisch nach dem Gesichtspunkt absolut gleicher Objekte, sondern sie muss auf Grund wirtschaftlicher Gesichtspunkte und im Hinblick auf die Verkehrssitte beantwortet werden.

Daher ist zulässig und wirksam der Beschluss der Generalversammlung einer liquidierenden Aktiengesellschaft, wonach die der letzteren gehörigen Aktien fremder Gesellschaften auf die Aktionäre nach Verhältnis ihres Aktienbesitzes verteilt und die sogen. Spitzen unter Verkauf der nicht zur Auslieferung gelangten Aktien aus dem Erlös in barem Gelde befriedigt werden sollen, wenn die zu verteilenden Aktien eine verkaufsfähige und marktgängige Ware sind.
U. v. 15.11.1905; I 198/05. E. 62, 56. Karlsruhe.

3. HGB § 300.

Über das Verhältnis der Aktionäre bei der Verteilung des Gesellschaftsvermögens entscheidet in erster Reihe der Gesellschaftsvertrag.

Gewährt dieser für eine bestimmte Gattung von Aktien eine deren Nennbetrag übersteigende Summe der Liquidationsmasse, und zwar in Höhe der für den Erwerb gewisser Rechte über den Nennbetrag hinaus geleisteten Einlagen (Zuzahlungen), so erhalten die Vorzugsaktionäre jenen Mehrbetrag nicht als Einlage *auf das Grundkapital* zurück, sondern es wird ihnen wieder erstattet, was sie darüber hinaus zur Erlangung besonderer Mitgliedschaftsrechte aufgewendet haben.
U. v. 2.2.1906; VII 479/05. E. 62, 362. Kammergericht.

4. = § 215 HGB Nr. 1.
U. v. 8.4.1908; I 595/07. E. 68, 235. Hamm.

5. HGB § 300 (auch BGB §§ 117, 1006).

Allerdings legitimiert der bloße Besitz der Inhaberaktie zur Geltendmachung der Rechte aus dem Papier. Aber § 1006 Satz 1 BGB stellt nur eine Vermutung auf. Auch gegenüber dem Besitzer eines Inhaberpapiers kann geltend gemacht werden, dass er nicht der wahre Eigentümer ist, dass sein Eigentumserwerb auf einem bloßen Scheingeschäft beruht.

Demgemäß kann der Liquidator einer Aktiengesellschaft geltend machen, eine Aktie sei trotz des Kaufvertrags, da er nur ein Scheingeschäft war, Eigentum des Vorbesitzers geblieben, gegen den er zur Einhaltung der Liquidationsrate berechtigt ist und mit dieser Begründung die Auszahlung letzterer verweigern.
U. v. 8.5.1908; I 20/08. Kammergericht.

6. HGB § 300.

Ist das Recht auf Zuteilung des Liquidationserlöses einer aufgelösten Aktiengesellschaft nach deren Satzung nicht mit den Dividendenscheinen, sondern mit den Aktien ver-

knüpft, so darf die Auszahlung der den Aktionären gebührenden Anteile am Erlöse nicht von der Vorlegung der Dividendenscheine abhängig gemacht werden (vgl. E. 82, 138; 144).
U. v. 10.12.1918; II 268/18. Königsberg.

§ 301 (§ 213 AktG)

Die Verteilung des Vermögens darf nur erfolgen, wenn seit dem Tage, an welchem die im § 297 vorge-schriebene öffentliche Aufforderung an die Gläubiger zum dritten Male stattgefunden hat, ein Jahr verstrichen ist.
Meldet sich ein bekannter Gläubiger nicht, so ist der geschuldete Betrag, wenn die Berechtigung zur Hinterlegung vorhanden ist, für den Gläubiger zu hinterlegen.
Ist die Berichtigung einer Verbindlichkeit zur Zeit nicht ausführbar oder ist eine Verbindlichkeit streitig, so darf die Verteilung des Vermögens nur erfolgen, wenn dem Gläubiger Sicherheit geleistet ist.

1.   HGB § 301.

Die in Art. 202 Abs. 2 HGB a. F. [jetzt § 301] erwähnte Sicherheitsleistung, bis zu der die Verteilung des Gesellschaftsvermögens ausgesetzt bleiben soll, greift auch bei Forde-rungen Platz, die nicht unmittelbar eine Geldzahlung zum Gegenstande haben.
U. v. 23.11.1901; V 260/01. Kammergericht.

2.   HGB § 301.

Die Verpflichtung der Liquidatoren einer aufgelösten Aktiengesellschaft, vor der Vertei-lung des Reinvermögens an die Aktionäre den Gläubigern, deren Forderungen noch nicht fällig oder streitig sind, Sicherheit zu leisten, tritt erst in dem Zeitpunkt ein, in dem die Versilberung des Vermögens ordnungsmäßig durchgeführt ist, und die Verteilung des Reinvermögens bevorsteht.
U. v. 6.2.1934; II 263/33. E. 143, 301. Hamburg.

§ 302 (§ 214 AktG)

Ist die Liquidation beendigt und die Schlussrechnung gelegt, so haben die Liquidatoren das Erlöschen der Gesellschaftsfirma zur Eintragung in das Handelsregister anzumelden.
Die Bücher und Papiere der Gesellschaft sind an einem von dem Gerichte des Sitzes der Gesellschaft zu bestimmenden sicheren Orte zur Aufbewahrung auf die Dauer von zehn Jahren zu hinterlegen.
Die Aktionäre und die Gläubiger können zur Einsicht der Bücher und Papiere von dem Gericht ermäch-tigt werden.
Stellt sich nachträglich noch weiteres der Verteilung unterliegendes Vermögen heraus, so hat auf Antrag eines Beteiligten das Gericht des Sitzes der Gesellschaft die bisherigen Liquidatoren erneut zu bestellen oder andere Liquidatoren zu berufen.

1.   HGB § 302.

§ 302 Abs. 4 findet auf die Liquidation einer GmbH keine Anwendung (s. den ausführlichen U.-Auszug bei GmbHG § 66).
U. v. 5.1.1925; II 735/23. E. 109, 388.

2.   HGB § 302.

Die Aktionäre einer durch Nationalisierung vernichteten russischen Aktiengesellschaft können nicht in sinngemäßer Anwendung des § 302 Abs. 4 HGB für berechtigt erklärt werden, im Deutschen Reich als Liquidationsgesellschaft aufzutreten und Forderungen der vernichteten russischen Gesellschaft einzuklagen.
U. v. 20.5.1930; II 385/29. E. 129, 48. Braunschweig.

§ 303 (§ 255 AktG)

Eine Verwertung des Gesellschaftsvermögens durch Veräußerung des Vermögens im Ganzen ist nur auf Grund eines Beschlusses der Generalversammlung zulässig. Der Beschluss bedarf einer Mehrheit, die mindestens drei Vierteile des bei der Beschlussfassung vertretenen Grundkapitals umfasst; der Gesellschaftsvertrag kann noch andere Erfordernisse aufstellen.
Der Beschluss hat die Auflösung der Gesellschaft zur Folge, sofern diese nicht bereits aufgelöst war.
Die Vorschriften der §§ 294 bis 302 kommen mit der Maßgabe zur Anwendung, dass die Liquidatoren zu denjenigen Geschäften und Rechtshandlungen befugt sind, welche die Ausführung der beschlossenen Maßregel mit sich bringt. Die Ausantwortung des Vermögens an den Übernehmer darf nur unter Beobachtung der für die Verteilung unter die Aktionäre nach den §§ 297, 301 geltenden Vorschriften stattfinden.

1.   = § 149 HGB Nr. 1.
U. v. 15.11.1905; I 198/05. E. 62, 56. Karlsruhe.

2.   HGB § 303.

Nach § 304 Abs. 1 und 2 mit § 303 Abs. 1 wird die Zustimmung der Generalversammlung mit drei Vierteilen des bei der Beschlussfassung vertretenen Grundkapitals nur dann erforderlich, wenn das Vermögen einer Aktiengesellschaft als Ganzes von dem Reich, einem Bundesstaat oder einem inländischen Kommunalverband *übernommen* und dabei vereinbart wird, dass die Liquidation unterbleiben soll. Wird das *Anerbieten der Übernahme* des Gesellschaftsvermögens von der Generalversammlung *abgelehnt*, so entscheidet nach § 251 Abs. 1 die einfache Stimmenmehrheit der nach Maßgabe des Aktienkapitals abgegebenen Stimmen. Ja es wäre, wenn der Vorstand, ohne die Pflicht der Sorgfalt des ordentlichen Kaufmanns zu verletzen, der Ansicht wäre, das Interesse der Gesellschaft erfordere es nicht, wegen der Kaufofferte eines Dritten eine Generalversammlung zu berufen, die Ablehnung einer solchen Offerte durch den Vorstand allein und ohne Berufung einer Generalversammlung zulässig.

Dementsprechend ist es auch nicht rechtsirrig, wenn die statutarischen Bestimmungen einer Aktienge-sellschaft *(der Hibernia)* über die Erfordernisse eines Auflösungsbeschlusses dahin ausgelegt werden, dass sie sich auf den Fall der Ablehnung einer Verstaatlichungsofferte nicht beziehen.
U. v. 13.6.1906; I 3/06. Hamm.

3. HGB § 303 (auch §§ 305, 306; BGB § 419).

Der Übernehmer des ganzen Vermögens einer Aktiengesellschaft haftet für die nicht übernommenen Schulden der Aktiengesellschaft. Aus den Liquidationsvorschriften der §§ 294 flg. HGB kann nicht geschlossen werden, dass § 419 BGB auf die Veräußerung des ganzen Vermögens einer Aktiengesellschaft keine Anwendung finden soll.
U. v. 10.7.1909; VII 525/08. E. 71, 377. München.

4. HGB § 303.

Um dem Lagerschein die Natur eines Inhaberpapiers zu geben ist es nicht erforderlich, dass ein *ausdrückliches* Versprechen der vom Aussteller dem Inhaber zu gewährenden Leistung darin enthalten ist; es genügt wenn es mit Sicherheit aus dem Scheine hervor-geht. Die Bemerkung auf der Urkunde: „Lagerschein über nachstehend bezeichnete Waren für Inhaber oder Order" kennzeichnet die Urkunde, da kein bestimmter Gläubiger benannt ist, als Inhaberpapier. Der Zusatz „oder Order" ist hiermit nicht unvereinbar. Dagegen stellt sich die Urkunde *nicht* als Orderpapier dar, da man nur dann von einem solchen sprechen kann, wenn in ihm eine bestimmte Person als Gläubiger benannt ist, deren Order maßgebend sein soll.
U. v. 17.11.1911; VII 160/11. E. 78, 149. Hamburg.

5. HGB § 303.

Die für den Fall der Veräußerung des Vermögens einer Aktiengesellschaft im Ganzen bestehenden Bestimmungen des § 303 Abs. 3, nach denen das Vermögen dem Erwerber erst nach Ablauf des Sperrjahrs übergeben werden darf, gelten in dem Falle der Veräu-ßerung des Vermögens einer GmbH im Ganzen nicht.
U. v. 28.2.1922; II 335/21.

6. HGB § 303, GenG § 78.

Zwar ist § 303 Abs. 2 HGB auf eingetragene Genossenschaften nicht anwendbar, doch kann auch bei solchen ein Generalversammlungsbeschluss, das Genossenschaftsvermö-gen im Ganzen oder das Geschäft der Genossenschaft zu veräußern, je nach der Sachla-ge als *Auflösung* der Genossenschaft wirken.
U. v. 7.7.1925; II 423/25. E. 111, 227. Celle.

7. HGB § 303.

1. Ein Beschluss der in § 303 Abs. 1 bezeichneten Art zieht nach der zwingenden Vor-schrift des § 303 Abs. 2 die Auflösung der Gesellschaft nach sich, gleichgültig, ob die Generalversammlung an diese Folge gedacht oder nicht gedacht, sie gewollt oder nicht gewollt hat.

2. § 303 Abs. 2 stellt nicht auf die Vermögensumgestaltung als solche, sondern darauf ab, dass sie sich durch *Gesamtveräußerung* vollzieht. Die Umlegung des Gesellschaftsvermögens, der Übergang von der bisherigen zu einer anderen Art der gewerblichen Betätigung haben für sich allein keineswegs die Auflösung der Gesellschaft zur gesetzlichen Folge. Eine Bestimmung dieses Inhalts findet sich nirgends.
U. v. 15.1.1929; II 271/28. Düsseldorf.

8.   HGB §§ 303, 305, 306.
Unter Verwertung des Gesellschaftsvermögens durch Veräußerung des Vermögens im Ganzen ist eine Veräußerung zu verstehen, welche das Vermögen im Ganzen und als Ganzes umfasst. Es kommt auf den Umfang, nicht etwa darauf an, welcher Art die veräußerten Vermögensstücke sind. Der Annahme einer Veräußerung im Ganzen steht die Zurückbehaltung einer oder mehrerer bestimmter Vermögensstücke von untergeordneter, geringerer Bedeutung nicht entgegen. Ob durch die Veräußerung eine Veränderung der wirtschaftlichen Struktur der Gesellschaft herbeigeführt wird, ist unerheblich.
U. v. 13.5.1929; II 313/28. E. 124, 279. Hamm.

9.   HGB § 303.
§ 303 HGB enthält nicht ein beschränktes Veräußerungsverbot (§ 135 BGB), sondern eine Beschränkung der dem Vorstand der Aktiengesellschaft in § 231 HGB eingeräumten Vertretungsbefugnis. Eine unter Nichtbeachtung der Vorschrift vom Vorstand vorgenommene Vermögensveräußerung ist daher bis zum Ergehen des erforderlichen Generalversammlungsbeschlusses unwirksam.
U. v. 8.1.1930; I 178/29. Kammergericht.

10.   EG z. AktG § 15; HGB § 303.
Die Gültigkeit oder Anfechtbarkeit eines vor dem Inkrafttreten des Aktiengesetzes von der Hauptversammlung der Aktiengesellschaft gefassten Verschmelzungsbeschlusses ist nach dem bisherigen Recht zu beurteilen.
Ein Hauptversammlungsbeschluss, durch den der Vorstand der Aktiengesellschaft lediglich ermächtigt und nicht zugleich auch angewiesen wird, einen bestimmten Verschmelzungsvertrag abzuschließen, ist nach § 303 HGB nichtig.
U. v. 14.12.1937; II 170/37.

§ 304 (§ 253 AktG)

Wird das Vermögen einer Aktiengesellschaft als Ganzes von dem Reiche, einem Bundesstaat oder einem inländischen Kommunalverband übernommen, so kann zugleich vereinbart werden, dass die Liquidation unterbleiben soll.
Die im § 303 Abs. 1 vorgesehene Zustimmung der Generalversammlung ist auch für eine solche Vereinbarung erforderlich.

Der Vorstand hat den Beschluss der Generalversammlung zugleich mit der Auflösung der Gesellschaft zur Eintragung in das Handelsregister anzumelden; der Anmeldung ist der mit dem Übernehmer abgeschlossene Vertrag in Urschrift oder in öffentlich beglaubigter Abschrift beizufügen.

Der Beschluss hat keine Wirkung, bevor die Eintragung bei dem Gericht, in dessen Bezirke sich der Sitz der Gesellschaft befindet, stattgefunden hat.

Mit der Eintragung des Beschlusses gilt der Übergang des Vermögens der Gesellschaft einschließlich der Schulden als erfolgt; die Firma der Gesellschaft erlischt.

1.   HGB § 304 (auch RStempelG § 5).

Wenn bei der Fusion zweier Aktiengesellschaften der Gegenwert für die neu ausgegebenen Aktien der aufnehmenden Gesellschaft nicht durch Zahlung, sondern durch Übertragung des Vermögens der aufgenommenen Gesellschaft gewährt ist, so ist diese Übertragung nach §§ 306 Abs. 1, 304 Abs. 5 HGB erst durch die Eintragung des Beschlusses der Generalversammlung der aufgelösten Gesellschaft in das Handelsregister vollzogen. Der Vermögensübergang kann nicht von diesem Akte der Eintragung des Fusionsbeschlusses losgelöst und auf einen früheren Akt, nämlich den der Fassung des Fusionsbeschlusses, zurückbezogen werden. Daher ist der § 5 Abs. 1 Satz 2 RStempelG nicht anwendbar, wenn die Eintragung erst nach dem 1.7.1900 stattgefunden hat.

U. v. 3.1.1902; VII 345/01. Stettin.

2.   HGB § 304.

Schließt ein Deutscher mit einer ausländischen Versicherungsgesellschaft einen unter das Deutsche Recht gestellten Versicherungsvertrag ab, so wirkt § 304 HGB als Vertragsrecht. Verschmilzt sich die Versicherungsgesellschaft an ihrem ausländischen Sitz in einer nach dem ausländischen Recht gültigen Weise mit einem *ausländischen* Kommunalverband, so überschreitet sie die ihr durch den Vertrag gezogenen Grenzen und darf sich auf die gleichwohl eingetretenen dinglichen Wirkungen der Verschmelzung nicht berufen, ohne gegen Treu und Glauben zu verstoßen.

U. v. 5.7.1932; VII 470/31. Marienwerder.

3.   HGB § 304; VO über die Genussrechte aufgewerteter Industrieobligationen und
             verwandter Schuldverschreibungen v. 25.9.1934 (RGBl. I S. 848) §§ 1, 2, 4; G. über
             die Genussrechte aufgewerteter Industrieobligationen und verwandter Schuldver-
             schreibungen v. 18.12.1935 (RGBl. I S. 1508) Art. 1.

Hat bei der Kommunalisierung einer AG gemäß § 304 Abs. 1 HGB die Gemeinde das Gesellschaftsvermögen mit ihrem sonstigen, nicht geschäftlichen Zwecken gewidmeten Vermögen zu einer unlöslichen Einheit verschmolzen, so können die Genussrechtsinhaber am *Reingewinn* nicht mehr beteiligt werden. Sie haben nur noch einen Anspruch auf Beteiligung an *dem Erlös*, der bei durchgeführter Liquidation zu erzielen gewesen wäre.

U. v. 15.4.1943; III 122/42.

§ 305 (§ 233 ff. AktG)

Wird das Vermögen einer Aktiengesellschaft als Ganzes an eine andere Aktiengesellschaft oder an eine Kommanditgesellschaft auf Aktien gegen Gewährung von Aktien der übernehmenden Gesellschaft übertragen, so bleiben bei der Erhöhung des Grundkapitals der übernehmenden Gesellschaft die Vorschriften des § 278 Abs. 1, des § 280 Abs. 2, der §§ 281, 282, des § 283 Abs. 1 sowie des § 284 Abs. 2 Nr. 1 und Abs. 3 außer Anwendung.

Der Anmeldung der erfolgten Erhöhung des Grundkapitals zum Handelsregister ist der von der Generalversammlung der aufgelösten Gesellschaft genehmigte Vertrag über die Vermögensübertragung in Urschrift oder in öffentlich beglaubigter Abschrift beizufügen.

Auf den Umtausch der Aktien der aufgelösten Gesellschaft finden die Vorschriften des § 290 Anwendung.

1.   = § 303 HGB Nr. 3.

U. v. 10.7.1909; VII 525/08. E. 71, 377. München.

2.   HGB § 305.

Bei der sog. uneigentlichen Fusion (Fusion mit vorgängiger Liquidation) kann die aufnehmende Gesellschaft durch Verträge mit den Aktionären der aufzunehmenden schon während der Dauer der Liquidation einen Umtausch der Aktien eintreten lassen. In diesem Falle werden ihr, sofern die vorgeschriebene Form gewahrt ist, mit den Aktienurkunden der aufzunehmenden Gesellschaft auch die Mitgliedsrechte, insbesondere das Stimmrecht, übertragen. Wenn sich dies bei Vornahme des Umtausches nach Beendigung der Liquidation anders verhält, so ist der Grund davon nur der, dass es nach beendeter Liquidation Mitgliedsrechte nicht mehr gibt.

U. v. 8.11.1911; I 461/10. E. 77, 268. Naumburg.

3.   HGB § 305.

Auch für Wettbewerbsverbote gilt der in E. 89, 357; 108, 20 für Lieferungsverpflichtungen entwickelte Grundsatz. Danach wird im Falle der Fusion der mit dem Verbot belasteten Gesellschaft der Umfang des Verbots, das auf die übernehmende Gesellschaft übergeht, nach dem Zeitpunkt der Fusion abschließend bestimmt.

U. v. 6.10.1925; VI 52/25. Kammergericht.

4.   = § 303 HGB Nr. 8.

U. v. 13.5.1929; II 313/28. E. 124, 279. Hamm.

§ 306 (§ 233 ff. AktG)

Ist im Falle des § 305 vereinbart, dass eine Liquidation des Vermögens der aufgelösten Gesellschaft nicht stattfinden soll, so finden die Vorschriften des § 304 entsprechende Anwendung; außerdem gelten die folgenden besonderen Vorschriften.

Das Vermögen der aufgelösten Gesellschaft ist durch die übernehmende Gesellschaft getrennt zu verwalten.

Der bisherige Gerichtsstand der aufgelösten Gesellschaft bleibt bis zur Vereinigung der Vermögen der beiden Gesellschaften bestehen.

Bis zu demselben Zeitpunkte gilt im Verhältnisse der Gläubiger der aufgelösten Gesellschaft zu der übernehmenden Gesellschaft und deren übrigen Gläubigern das übernommene Vermögen noch als Vermögen der aufgelösten Gesellschaft.

Die Vereinigung der beiden Vermögen darf erst erfolgen, nachdem die Gläubiger der aufgelösten Gesellschaft von der anderen Gesellschaft nach Maßgabe des § 297 zur Anmeldung ihrer Forderungen aufgefordert worden sind, und nur unter Beobachtung der nach § 301 für die Verteilung des Vermögens unter die Aktionäre geltenden Vorschriften.

Die Mitglieder des Vorstandes und des Aufsichtsrats der übernehmenden Gesellschaft sind den Gläubigern der aufgelösten Gesellschaft für die Ausführung der getrennten Verwaltung als Gesamtschuldner verantwortlich, die Mitglieder des Aufsichtsrats jedoch nur, soweit eine Vereinigung der Vermögen beider Gesellschaften mit ihrem Wissen und ohne ihr Einschreiten erfolgt.

1.   HGB § 306 (auch ZPO §§ 239, 246).

Die §§ 239, 246 ZPO sind auf den Fall der Auflösung einer juristischen Person jedenfalls dann entsprechend anzuwenden, wenn diese Auflösung eine Universalsukzession – den Übergang des Vermögens der juristischen Person als Ganzes auf ein anderes Rechtssubjekt – zur Folge hat.
B. v. 25.1.1904; I B 11/04; I B 11/04. E. 56, 331. Dresden.

2.   HGB § 306.

Im Falle des § 306 findet eine *Gesamtrechtsnachfolge* statt ähnlich der des Erben. Die übernehmende Gesellschaft tritt in die gegenseitigen Verträge der aufgelösten Gesellschaft als Vertragspartei ein. Eine Zustimmung des anderen Vertragsteils ist nicht erforderlich.
U. v. 6.11.1908; VII 32/08. Darmstadt.

3.   HGB § 306.

Im Fall einer Fusion nach § 306 vollzieht sich der Übergang des Vermögens von der übertragenden Gesellschaft auf die aufnehmende *kraft Gesetzes* entweder mit der Eintragung des Generalversammlungsbeschlusses der übertragenden Gesellschaft, oder mit der Eintragung der durchgeführten Kapitalserhöhung der aufnehmenden Gesellschaft in das Handelsregister. (Welcher von diesen beiden Zeitpunkten der maßgebende ist, wurde nicht entschieden.) Die beteiligten Gesellschaften können nicht willkürlich den Zeitpunkt festsetzen, wann der Übergang stattfinden soll.
U. v. 26.3.1909; VII 36/08. Breslau.

4.   HGB § 306 (auch G. über die privaten Versicherungsunternehmungen v. 12.5.1901
                §§ 14, 56 flg.).

Die Bestimmung der §§ 306, Abs. 5, 301 HGB, dass bei der Fusion zweier Aktiengesellschaften die Vereinigung der beiderseitigen Vermögen erst erfolgen darf, nachdem den Gläubigern der aufgelösten Gesellschaft Sicherheit geleistet ist, gilt auch für die *Versicherungsgesellschaften*, also insbesondere auch zugunsten der Versicherten der

aufgelösten Gesellschaft. Diese Schutzvorschrift ist weder durch den § 14 PrivatVerfG v. 12.5.1901, noch durch die Vorschriften über die Prämienreserve (§§ 56-61 dieses Gesetzes) ersetzt.
Die Gläubiger können auch nicht auf den durch § 306, Abs. 6 HGB gegebenen Schadensersatzanspruch gegen Vorstand und Aufsichtsrat verwiesen werden.
U. v. 8.10.1909; VII 602/08. E. 72, 16. Düsseldorf.

5.   = § 303 HGB Nr. 3.
U. v. 10.7.1909; VII 525/08. E. 71, 377. München.

6.   HGB § 306.
Das Vermögen der übernommenen Gesellschaft bildet trotz deren Auflösung noch eine gesonderte Vermögensmasse und kann als solche auch zum Objekte eines besonderen Konkursverfahrens gemacht werden.
U. v. 14.2.1912; V 328/11. Köln.

7.   HGB § 306.
Nach Abs. 4 können Forderungen der *aufgelösten* Gesellschaft an Dritte gegen Schulden, die die *übernehmende* Gesellschaft gegenüber diesen Dritten hat, von der übernehmenden Gesellschaft nicht aufgerechnet werden.
U. v. 9.12.1912; VI 275/12. Köln.

8.   = § 243 HGB Nr. 6.
U. v. 3.1.1913; II 526/12. E. 81, 153. Düsseldorf.

9.   HGB § 306.
Im Falle der Fusion zweier Aktiengesellschaften gemäß § 306 hört die Rechtspersönlichkeit der ihr Vermögen übertragenden Gesellschaft auf und ist die übernehmende Gesellschaft bezüglich der gesamten vereinigten Vermögensmassen das berechtigte Rechtssubjekt. Wird, nachdem die übernehmende Gesellschaft in Konkurs geraten ist, zugleich ein Sonderkonkurs über das der aufgelösten Gesellschaft gehörig gewesene Vermögen eröffnet, so ist die übernehmende Gesellschaft in diesem Sonderkonkurse ebenfalls die Gemeinschuldnerin.
Die in den Abs. 2-6 des § 306 zugunsten der Gläubiger der aufgelösten Gesellschaft gegebenen Schutzvorschriften hindern die übernehmende Gesellschaft nicht, über das übernommene Vermögen zu verfügen und Vermögensstücke daraus an Dritte zu veräußern. Ein Veräußerungsverbot (§ 135 BGB) zugunsten der genannten Gläubiger für die Dauer des vorgeschriebenen Sperrjahres ist im § 306 nicht enthalten. Diese Gläubiger sind aber berechtigt, aus dem getrennt zu verwaltenden Vermögen der aufgelösten Gesellschaft unter Hintansetzung der übrigen Gläubiger der übernehmenden Gesellschaft Befriedigung zu suchen, und zwar bis zur Vereinigung der beiden Vermögen, die ihnen gegenüber nur dann wirksam ist, wenn sie nach Erledigung der im § 306 Abs. 5 zu ihrem Schutze angeordneten Maßregel erfolgt ist.

Wenn die übernehmende Gesellschaft vor der Eröffnung der vorgenannten Konkurse Vermögensstücke der aufgelösten Gesellschaft zur Sicherheit für Forderungen gegen sie an einen Gläubiger, der nicht Gläubiger der aufgelösten Gesellschaft war, übereignet hat, ist der *Verwalter* in dem Sonderkonkurse, auch wenn die Sicherungsübereignung während des Sperrjahres stattgefunden hat, nicht befugt, von dem Gläubiger die Rückübertragung der Vermögensstücke an die Konkursmasse, die er verwaltet, auf Grund des § 306 oder wegen unerlaubter Handlung nach §§ 823 ff. BGB zu verlangen. Wohl aber können die Voraussetzungen der Anfechtung der Rechtshandlung der übernehmenden Gesellschaft aus § 31 Nr. 1 KO gegeben sein und dann ist das Verlangen des Verwalters in dem Sonderkonkurse auf Rückgewähr der übereigneten Vermögensstärke zur Konkursmasse gerechtfertigt.
U. v. 28.2.1914; V 363/13. E. 84, 242. Köln. – Wie in Abs. 2: U. v. 12.11.1914; II 330/14. Hamm.

10.   HGB § 306 (auch BGB §§ 2019, 2111).
Die in § 2019 und 2111 BGB enthaltene Vorschrift, dass Sondervermögen wird, was durch Rechtsgeschäft mit Mitteln des Sonderguts erworben ist, muss, als dem Wesen des Sondervermögens entsprechend, auch auf die Vermögensabsonderung angewendet werden, die der § 306 Abs. 4 HGB im Fall liquidationsloser Verschmelzung von Aktiengesellschaften für die Zeit von der Eintragung des Beschlusses ins Handelsregister bis zum Ablauf des Sperrjahres anordnet.
U. v. 7.1.1916; II 386/15. E. 87, 435. Hamm.

11.   HGB § 306 (auch § 356).
Gehört bei liquidationsloser Verschmelzung von Aktiengesellschaften zum Vermögen der aufgelösten Gesellschaft eine Guthabenforderung aus Kontokurrent, so wird die Forderung, solange das Sperrjahr noch nicht abgelaufen ist, ihrer Sondergutseigenschaft nicht einfach dadurch entkleidet, dass die übernehmende Gesellschaft den Saldo zieht und der Kontokurrentkunde ihn anerkennt. Der Gedanke, dass mit dem Saldoanerkenntnis eine Novation verbunden sei, darf hieran nicht irre machen, zumal ihn das Gesetz (arg. § 356) auch sonst nicht streng durchgeführt wissen will.
U. v. 7.1.1916; II 386/15. E. 87, 435. Hamm.

12.   HGB § 306.
Wird eine Aktiengesellschaft, die als Mitglied eines Kartells (Syndikats) die Erzeugnisse ihrer gesamten Anlagen an das Kartell zu liefern hat, von einer außerhalb desselben stehenden Aktiengesellschaft durch Fusion übernommen, so hat die übernehmende Gesellschaft die Erzeugnisse an das Kartell nur von denjenigen Anlagen zu liefern, die der übernommenen Gesellschaft zur Zeit der Fusion gehörten. Mit den ursprünglich eigenen Anlagen und den nach der Fusion erworbenen ist sie *kartellfrei*, es sei denn dass sie dem Kartell nachträglich unbeschränkt beitritt. (Anders, wenn der Außenseiter von dem Kartellmitgliede übernommen wird. In diesem – umgekehrten – Falle muss das Kartellmitglied auch von den neu erworbenen Werken an das *Kartell* liefern.)
U. v. 30.1.1917; II 355/16. E. 89, 354. Hamm.

13. = § 177 HGB Nr. 2.
U. v. 12.2.1929; II 295/28. E. 123, 289. Karlsruhe.

14. HGB § 306.
1. Einer Fusion i. S. des § 306 HGB steht nicht entgegen, dass die aufzunehmende Gesellschaft schon aus anderem Anlass aufgelöst und in Liquidation getreten ist. Ausschluss der Liquidation i. S. dieser Vorschrift bedeutet auch Ausschließung der Fort- und Durchführung der Liquidation. Wohl aber ist eine Fusion dann nicht mehr möglich, wenn die Liquidation schon zur Versilberung der Masse geführt hat; dann fehlt es an dem Erfordernis der Sacheinlage.
2. Die Kapitalserhöhung ist nicht begriffswesentliches Erfordernis der Fusion in dem Sinne, dass die Gesellschaftsrechte für die Aktionäre der aufzunehmenden Gesellschaft ausschließlich nur auf diesem Weg beschafft werden könnten und müssten. Hierzu können jedenfalls teilweise auch Vorratsaktien verwendet werden.
3. Sacheinlage bei einer Fusion können auch Aktien dritter Gesellschaften sein.
4. Bei Fusionen ist streng darauf zu halten, dass der Generalversammlung, die über das Ausmaß der Kapitalerhöhung zu beschließen hat, über die gegenseitigen Beteiligungen der Gesellschaften reiner Wein eingeschenkt wird.
U. v. 13.5.1929; II 313/28. E. 124, 279. Hamm.

15. = § 303 HGB Nr. 8.
U. v. 13.5.1929; II 313/28. E. 124, 279. Hamm.

16. Aufwertung; HGB § 306.
Geht eine aufzuwertende Schuld durch Vollverschmelzung zweier Aktiengesellschaften auf einen neuen Schuldner über, so kann bei Bemessung der Höhe des Aufwertungsbetrages berücksichtigt werden, dass die Übernahme des Vermögens der untergehenden Gesellschaft für die aufnehmende Gesellschaft ein vorteilhaftes Geschäft ist.
U. v. 13.12.1929; II 158/29. E. 128, 260. Stettin.

17. FGG § 28; GBO § 79; VerfAufsG §§ 14, 44; HGB § 306.
1. Die Vorlegungspflicht nach § 28 FGG besteht auch dann, wenn die widersprechenden Entscheidungen einerseits eine Grundbuchsache, andererseits eine solche des FGG betreffen.
2. Eine Anwendung des § 306 HGB auf Versicherungsvereine auf Gegenseitigkeit im Sinne der Zulässigkeit einer liquidationslosen, mit Gesamtrechtsnachfolge verbundenen Fusion ist ausgeschlossen.
B. v. 19.6.1931; II B 10/31. E. 133, 102. Kammergericht.

18. = § 276 HGB Nr. 5.
U. v. 27.5.1932; II 332/31. E. 136, 313. Naumburg.

19.　　　　　　　　　　GenG § 93b; HGB § 306; KO §§ 64, 68; VerglO v. 5.7.1927 §§ 88 ff.

Ist eine eingetragene Genossenschaft mit einer anderen verschmolzen worden, die Vereinigung der beiden Vermögen gemäß § 93b GenG aber noch nicht erfolgt, so sind im
Konkurs- oder Vergleichsverfahren über das Vermögen der übernehmenden Genossenschaft die Gläubiger der übernommenen (aufgelösten) Genossenschaft an den liquidati-
onsmäßigen Ausschüttungen aus dem Vermögen der übernehmenden Genossenschaft
mit dem vollen Betrage ihrer Forderung, wie sie zur Zeit der Eröffnung des Verfahrens
besteht, nicht nur in Höhe ihres Ausfalls bei der Liquidierung des Vermögens der übernommenen Genossenschaft beteiligt. Das Gleiche gilt auch für den Fall der Verschmelzung von zwei Aktiengesellschaften gemäß § 306 Abs. 4 HGB.
U. v. 9.2.1937; II 209/36. E. 154, 72.

§ 307 (§ 215 AktG)

Ist eine Aktiengesellschaft zum Zwecke der Veräußerung ihres Vermögens im Ganzen oder zum Zwek-
ke der Umwandlung in eine andere Gesellschaft aufgelöst worden, so kann, wenn der beabsichtigte
Zweck nicht erreicht wird, die Generalversammlung die Fortsetzung der Gesellschaft beschließen.
Das Gleiche gilt in dem Falle, dass die Gesellschaft durch die Eröffnung des Konkurses aufgelöst, der
Konkurs aber nach Abschluss eines Zwangsvergleichs aufgehoben oder auf Antrag des Gemeinschuld-
ners eingestellt worden ist.
Die Fortsetzung der Gesellschaft ist von dem Vorstande zur Eintragung in das Handelsregister anzumel-
den.

Zu § 307 kein Leitsatz.

§ 308

Ist die Firma einer Aktiengesellschaft durch den Übergang ihres Vermögens auf eine andere Gesellschaft
oder juristische Person ohne vorgängige Liquidation erloschen, so ist eine Anfechtung des den Übergang betreffenden Beschlusses der Generalversammlung gegen die Rechtsnachfolgerin der aufgelösten
Gesellschaft zu richten.

1.　　　　　　　　　　　　　　　　　　　　　　　　　　　　　HGB § 308.

Die Legitimation der übernehmenden Gesellschaft als Partei ist nicht auf den im § 308
HGB ausdrücklich vorgesehenen Fall beschränkt, sondern ist in gleicher Weise auch für
Klagen auf Feststellung der Nichtigkeit früherer Generalversammlungsbeschlüsse der
übernommenen Aktiengesellschaft anzunehmen.
U. v. 11.1.1927; II 178/26. E. 115, 378. Hamm.

§ 309 (§ 216 AktG)

Enthält der Gesellschaftsvertrag nicht die nach § 182 Abs. 2 wesentlichen Bestimmungen oder ist eine
dieser Bestimmungen nichtig, so kann jeder Gesellschafter und jedes Mitglied des Vorstandes und des

Aufsichtsrats im Wege der Klage beantragen, dass die Gesellschaft für nichtig erklärt werde. Die Vorschriften der §§ 272, 273 finden entsprechende Anwendung.

1.   HGB § 309.

Wegen Unerreichbarkeit des Gesellschaftszwecks ist die Aktiengesellschaft nicht nichtig.

U. v. 18.6.1915; II 9/15. Celle.

2.   = § 186 HGB Nr. 11.

U. v. 11.6.1926; II 471/25. E. 114, 77. Zweibrücken.

§ 310 (§ 217 AktG)

Ein Mangel, der die Bestimmungen über die Firma oder den Sitz der Gesellschaft, den Gegenstand des Unternehmens, die Bestellung oder Zusammensetzung des Vorstandes, die Form der Bekanntmachung der Gesellschaft oder die Form der Berufung der Generalversammlung betrifft, kann durch einen den Vorschriften dieses Gesetzbuchs über eine Änderung des Gesellschaftsvertrags entsprechenden Beschluss der Generalversammlung geheilt werden. Die Berufung der Generalversammlung erfolgt, wenn der Mangel die Bestimmungen über die Form der Berufung betrifft, durch Einrückung in diejenigen Blätter, welche für die Bekanntmachungen der Eintragungen in das Handelsregister des Sitzes der Gesellschaft bestimmt sind.

Zu § 310 kein Leitsatz.

§ 311 (§ 218 AktG)

Ist die Nichtigkeit einer Gesellschaft in das Handelsregister eingetragen, so finden zum Zwecke der Abwickelung ihrer Verhältnisse die für den Fall der Auflösung geltenden Vorschriften entsprechende Anwendung.

Die Wirksamkeit der im Namen der Gesellschaft mit Dritten vorgenommenen Rechtsgeschäfte wird durch die Nichtigkeit nicht berührt.

Die Gesellschafter haben die versprochenen Einzahlungen zu leisten, soweit es zur Erfüllung der eingegangenen Verbindlichkeiten erforderlich ist.

1.   HGB § 311.

1. Aus der bloßen Tatsache der Eintragung eines nichtigen Generalversammlungsbeschlusses einer Aktiengesellschaft im Handelsregister können die Gläubiger der Gesellschaft den Aktionären gegenüber keinen selbständigen Haftungsgrund herleiten.

2. HGB § 311 über die Haftung der Aktionäre einer im Handelsregister eingetragenen, aber nichtigen Aktiengesellschaft auf Leistung der versprochenen Einzahlungen, soweit dies zur Tilgung eingetragener Verbindlichkeiten erforderlich ist, kann auf Umstellungs- und Umwertungsbeschlüsse *keine* entsprechende Anwendung finden.

U. v. 12.6.1928; II 534/27. E. 120, 363. Düsseldorf.

2.   HGB § 311.

Dem § 311 Abs. 3 liegt der Gedanke zu Grunde, dass der Rechtsschein, wenn er nach außen in einer Weise hervortritt, dass sich Dritte auf ihn verlassen sollen, ebenso wirkt, wie die Rechtswirklichkeit. Dieser Gedanke muss auch auf Goldmarkumstellungsbeschlüsse und die sich nach denselben für die Aktionäre ergebenden Einzahlungspflichten entsprechende Anwendung finden. Die u. a. in E. Bd. 120 S. 363, JW 1933 S. 1015 Nr. 5 vertretene gegenteilige Meinung kann nicht aufrechterhalten werden.

U. v. 16.2.1934; II 235/33. E. 143, 394. Hamburg.

Sechster Titel. Strafvorschriften.

§ 312 (§ 294 AktG)

Mitglieder des Vorstandes oder des Aufsichtsrats oder Liquidatoren werden, wenn sie absichtlich zum Nachteile der Gesellschaft handeln, mit Gefängnis und zugleich mit Geldstrafe bis zu zwanzigtausend Mark bestraft.
Zugleich kann auf Verlust der bürgerlichen Ehrenrechte erkannt werden.
Sind mildernde Umstände vorhanden, so kann ausschließlich auf die Geldstrafe erkannt werden.

Geändert durch VO vom 19.9.1931 (Abs. 3) und durch Gesetz vom 26.5.1933.

1.   HGB § 312.

Hat sich ein Mitglied des Vorstandes einer Aktiengesellschaft durch Vereinbarung einer Schuldentlassung eines Vergehens nach Art. 249 HGB a. F. [jetzt § 312] schuldig gemacht und die verklagte, aus der Schuld entlassene Gesellschaft, vertreten durch ihren Vorstand, dem die konkreten Tatbestandsmerkmale des Vergehens bekannt waren, im bewussten Zusammenwirken mit ersterem gehandelt, so steht der Geltendmachung der Vereinbarung durch die Beklagte die Einrede der dolosen Kollusion mit dem pflichtwidrig handelnden Vorstandsmitgliede entgegen. [E. 9, 148; 6, 17; ROHG 9, 432.]

U. v. 13.3.1901; I 429/00. Kammergericht.

2.   = § 241 HGB Nr. 12.

U. v. 8.4.1908; I 599/07. Kammergericht.

3.   BGB § 826 i; HGB § 312.

Vorsätzliche sittenwidrige Schädigung der Aktionäre durch Vorstands- und Aufsichtsratsmitglieder einer AG bei der Verwertung junger Aktien aus einer Kapitalerhöhung begründet einen Schadensersatzanspruch des Einzelaktionärs.

U. v. 10.11.1926; II 117/26. E. 115, 289. Kammergericht.

4. BGB § 249; HGB §§ 312, 355.

Die Wiederherstellung des früheren Zustandes, wie sie vom Gesetz als Folge unerlaubter Handlung vorgeschrieben ist, kann in Ansehung eines Postens des Kontokurrents nicht durch das Bestehen des Kontokurrents beeinträchtigt werden.
U. v. 3.10.1929; VI 14/29. E. 125, 411. Nürnberg.

5. HGB § 312.

Für die Annahme eines „absichtlichen" Handelns zum Nachteil der Gesellschaft genügt die Feststellung eines Handelns mit bedingtem Vorsatz (vgl. E. Str. Bd. 53 S. 194).
U. v. 28.6.1930; IX 4/30. E. 129, 272. Breslau.

6. = § 210 HGB Nr. 3.
U. v. 22.6.1931; IX 473/31. Kammergericht.

7. = § 240 HGB Nr. 2.
U. v. 5.6.1935; II 228/34.

8. BGB §§ 31, 826i; HGB § 312.

Handelt das Vorstandsmitglied einer AG absichtlich zu ihrem Nachteil und wird es hierzu von dem Vorstandsmitglied einer *anderen* AG zwecks Wahrnehmung von deren Interessen angestiftet, so haftet diese Gesellschaft der ersten für den daraus entstandenen Schaden gemäß § 312 HGB, §§ 31, 826, 830 BGB.
U. v. 29.11.1935; II 135/35.

9. HGB §§ 312, 313, 314.

Eine Haftung von Vorstandsmitgliedern einer AG gegenüber Aktionären gemäß § 312 HGB (= § 294 AktG) besteht nur gegenüber solchen, die schon zur Zeit der schädigenden Handlung oder wenigstens zur Zeit des Eintritts des schädigenden Erfolges Aktionäre waren. Dagegen kann eine Haftung aus § 313 Nr. 3 HGB (= § 295 Abs. 1 Nr. 3 AktG) und aus § 314 Nr. 1 HGB (= § 296 Abs. 1 Nr. 1 AktG) auch gegenüber späteren Aktienerwerbern in Frage kommen.
U. v. 5.3.1938; II 104/37. E. 157, 213.

§ 313 (§ 295 AktG)

Mit Gefängnis und zugleich mit Geldstrafe bis zu zwanzigtausend Mark werden bestraft:
1. Gründer oder Mitglieder des Vorstandes oder des Aufsichtsrats, die zum Zwecke der Eintragung der Gesellschaft in das Handelsregister in Ansehung der Zeichnung oder Einzahlung des Grundkapitals, des Betrags, zu welchem die Aktien ausgegeben werden, oder der im § 186 vorgesehenen Festsetzungen wissentlich falsche Angaben machen;
2. diejenigen, welche in Ansehung der vorerwähnten Tatsachen wissentlich falsche Angaben in einer im § 203 bezeichneten Ankündigung von Aktien machen;

3. Mitglieder des Vorstandes oder des Aufsichtsrats, die zum Zwecke der Eintragung einer Erhöhung des Grundkapitals in das Handelsregister in Ansehung der Einzahlung des bisherigen oder der Zeichnung oder Einzahlung des erhöhten Kapitals oder in Ansehung der im § 279 bezeichneten Festsetzungen wissentlich falsche Angaben machen.

Zugleich kann auf Verlust der bürgerlichen Ehrenrechte erkannt werden.

Sind mildernde Umstände vorhanden, so tritt ausschließlich die Geldstrafe ein.

1. BGB § 823e; HGB §§ 313, 314.

Die §§ 313, 314 HGB sind zwar im Allgemeinen als Schutzgesetze i. S. des § 823 Abs. 2 BGB anzusehen, es kann jedoch nicht angenommen werden, dass sie den Schutz des Mitgründers einer Aktiengesellschaft gegenüber einem Rechtsanwalt bezwecken, der in dem Gesellschaftsvertrag und in der Anmeldungserklärung zum Handelsregister wissentlich unwahre Angaben gemacht und als Aufsichtsratsmitglied mit unterzeichnet hatte.

U. v. 24.1.1933; III 31/32. Celle.

2. BGB § 826q; HGB §§ 313, 314.

Das U. enthält Ausführungen zum Begriff des Vorsatzes und des Verstoßes gegen die guten Sitten unter Berücksichtigung der Tatbestände der §§ 313, 314 HGB und der besonderen Stellung des Rechtsanwalts als eines Organs der Rechtspflege.

U. v. 24.1.1933; III 31/32. Celle.

3. = § 240 HGB Nr. 2.

U. v. 5.6.1935; II 228/34.

4. = § 312 HGB Nr. 9.

U. v. 5.3.1938; II 104/37. E. 157, 213.

5. = § 22 HGB Nr. 37.

U. v. 30.11.1938; II 39/38. E. 159, 211.

§ 314 (§ 296 AktG)

Mitglieder des Vorstandes oder des Aufsichtsrats oder Liquidatoren werden mit Gefängnis bis zu einem Jahre und zugleich mit Geldstrafe bis zu zwanzigtausend Mark bestraft, wenn sie wissentlich

1. in ihren Darstellungen, in ihren Übersichten über den Vermögensstand der Gesellschaft oder in den in der Generalversammlung gehaltenen Vorträgen den Stand der Verhältnisse der Gesellschaft unwahr darstellen oder verschleiern;
2. auf Namen lautende Aktien, in denen die im § 179 Abs. 4 vorgeschriebene Angabe nicht enthalten ist, oder auf den Inhaber lautende Aktien ausgeben, bevor darauf der Nennbetrag oder, falls der Ausgabepreis höher ist, dieser Betrag voll geleistet ist;
3. Aktien oder Interimsscheine ausgeben, bevor die Gesellschaft oder im Falle einer Erhöhung des Grundkapitals die erfolgte Erhöhung in das Handelsregister eingetragen ist;
4. außer den Fällen des § 180 Abs. 2, 3 Aktien oder Interimsscheine ausgeben, die auf einen geringeren Betrag als eintausend Mark gestellt sind;

5. in den Fällen des § 180 Abs. 2, 3 Aktien oder Interimsscheine ausgeben, in denen die im § 180 Abs. 4 vorgeschriebenen Angaben nicht enthalten sind.

Im Falle der Nr. 1 kann zugleich auf Verlust der bürgerlichen Ehrenrechte erkannt werden.

Sind mildernde Umstände vorhanden, so tritt ausschließlich die Geldstrafe ein.

1. HGB § 314 (auch BGB § 826).

Zum Tatbestande des § 314 gehört, was die Willensrichtung des Täters anlangt, die *wissentlich* unwahre Darstellung oder die *wissentliche* Verschleierung des Vermögensstandes der Aktiengesellschaft, also ein Handeln in der Absicht, die zu täuschen, für die die Übersicht über den Vermögensstand von ihm zu geben ist.

Soweit diese Absicht auf die Täuschung von Personen abzielt, die der Gesellschaft Kredit gewähren wollen, ist sie – sofern ungünstige Umstände verschwiegen werden – untrennbar von dem Bewusstsein, dass die künftigen Gläubiger durch die Täuschung in ihrem Vermögen geschädigt werden können, und insoweit ist dieser Tatbestand gleich dem des § 826 BGB. Denn wie die wissentliche Täuschung derer, die nach § 314 einen Rechtsanspruch auf Wahrheit haben, gegen die guten Sitten verstößt, so fehlt es zugleich nicht an der in § 826 geforderten vorsätzlichen Vermögensschädigung. Aber der Tatbestand des § 314 HGB ist nach der objektiven Seite enger als der des § 826. Das erstere Gesetz wendet sich nur gegen die unwahre Darstellung derjenigen Tatsachen, die nach den handelsrechtlichen Vorschriften (§§ 260 flg. HGB) durch die Bilanz und die Berichterstattung der Gesellschaftsorgane kundzugeben sind. Nun sind freilich diese Tatsachen stets erheblich für die Beurteilung der Vermögenslage und damit der Kreditwürdigkeit der Gesellschaft; aber ebenso gewiss ist, dass es Tatsachen gibt, die nach der letzteren Richtung hin Bedeutung haben, ohne dass sie in der Bilanz erwähnt werden mussten. Ihre arglistige Verschweigung kann den Tatbestand des § 826 erfüllen, ohne dass zugleich der besondere Tatbestand des § 314 vorliegt.

U. v. 13.1.1908; VI 123/07. Breslau.

2. HGB § 314 (auch BGB § 823).

Soweit § 314 Nr. 1 den Mitgliedern des Vorstandes oder des Aufsichtsrates wahrheitsgetreue Darstellung in den ihnen obliegenden Geschäftsberichten zur Pflicht macht, enthält er ein den Schutz eines anderen bezweckendes Gesetz im Sinne des § 823 Abs. 2 BGB. [Vgl. auch § 249 Nr. 13.]

U. v. 16.9.1908; I 628/07. Dresden.

3. = § 246 HGB Nr. 15.

U. v. 30.5.1929; VI 665/28. Kammergericht.

4. = § 313 HGB Nr. 1.

U. v. 24.1.1933; III 31/32. Celle.

5. = § 313 HGB Nr. 2.

U. v. 24.1.1933; III 31/32. Celle.

6. = § 240 HGB Nr. 2.

U. v. 5.6.1935; II 228/34.

7.   = § 312 HGB Nr. 9.
U. v. 5.3.1938; II 104/37. E. 157, 213.

§ 315 (§ 297 AktG)

Mit Gefängnis bis zu drei Monaten und zugleich mit Geldstrafe bis zu fünftausend Mark werden bestraft:
1. die Mitglieder des Vorstandes oder die Liquidatoren sowie die Mitglieder des Aufsichtsrats, wenn länger als drei Monate die Gesellschaft ohne Aufsichtsrat geblieben ist oder in dem letzteren die zur Beschlussfähigkeit erforderliche Zahl von Mitgliedern gefehlt hat;
2. die Mitglieder des Vorstandes oder die Liquidatoren, wenn entgegen den Vorschriften des § 240 Abs. 2 und des § 298 Abs. 2 der Antrag auf Eröffnung des Konkursverfahrens unterblieben ist.
Sind mildernde Umstände vorhanden, so tritt ausschließlich die Geldstrafe ein.
Straflos bleibt derjenige, bezüglich dessen festgestellt wird, dass die Bestellung oder Ergänzung des Aufsichtsrats oder der Eröffnungsantrag ohne sein Verschulden unterblieben ist.

Änderung des Abs. 1 (Ziff. 2 und neue Ziff. 3) durch VO vom 25.3.1930.
Neufassung der Ziff. 2 und Streichung der Ziff. 3 durch Gesetz vom 26.2.1935.

1.   = § 240 HGB Nr. 2.
U. v. 5.6.1935; II 228/34.

§ 316 (§ 298 AktG)

Wer über die Hinterlegung von Aktien oder Interimsscheinen Bescheinigungen, die zum Nachweise des Stimmrechts in einer Generalversammlung dienen sollen, wissentlich falsch ausstellt oder verfälscht oder von einer solchen Bescheinigung, wissend, dass sie falsch oder fälschlich ist, zur Ausübung des Stimmrechts Gebrauch macht, wird mit Gefängnis bis zu einem Jahre und zugleich mit Geldstrafe bis zu zehntausend Mark bestraft. Daneben kann auf Verlust der bürgerlichen Ehrenrechte erkannt werden. Sind mildernde Umstände vorhanden, so tritt ausschließlich die Geldstrafe ein.

Zu § 316 kein Leitsatz.

§ 317 (§ 299 AktG)

Wer sich besondere Vorteile dafür gewähren oder versprechen lässt, dass er bei einer Abstimmung in der Generalversammlung in einem gewissen Sinne stimme oder an der Abstimmung in der Generalversammlung nicht Teil nehme, wird mit Geldstrafe bis zu dreitausend Mark oder mit Gefängnis bis zu einem Jahre bestraft.
Die gleiche Strafe trifft denjenigen, welcher besondere Vorteile dafür gewährt oder verspricht, dass jemand bei einer Abstimmung in der Generalversammlung in einem gewissen Sinne stimme oder an der Abstimmung in der Generalversammlung nicht Teil nehme.

1.   = § 252 HGB Nr. 17.
U. v. 19.6.1923; II 53/23. E. 107, 68.

2. HGB § 317.

Ein „besonderer Vorteil" im Sinne des § 317 liegt dann vor, wenn ohne die Abstimmungsverpflichtung sich der andere Teil zu seiner Leistung überhaupt nicht oder nicht in der vereinbarten Art und Menge verstanden hätte.
U. v. 24.2.1931; II 436/30. E. 132, 33. Breslau.

3. BGB § 817; HGB § 317.

Die Anwendbarkeit des § 817 S. 2 BGB setzt ein *bewusstes* Handeln gegen das Verbotsgesetz voraus (E. Bd. 104 S. 54, Bd. 105 S. 272 ff.). Das gilt auch für das Verbotsgesetz des § 317 HGB.
U. v. 24.2.1931; II 436/30. E. 132, 33. Breslau.

§ 318 (§ 300 AktG)

Wer die Aktien eines Anderen, zu dessen Vertretung er nicht befugt ist, ohne dessen Einwilligung zur Ausübung des Stimmrechts in der Generalversammlung oder zur Ausübung eines der in den §§ 254, 264, 266, 268, 271, 295, 309 bezeichneten Rechte benutzt, wird mit einer Geldstrafe von zehn bis dreißig Mark für jede der Aktien, jedoch nicht unter eintausend Mark, bestraft. Die gleiche Strafe trifft denjenigen, welcher Aktien eines Anderen gegen Entgelt leiht und für diese eines der vorbezeichneten Rechte ausübt, sowie denjenigen, welcher hierzu durch Verleihung der Aktien wissentlich mitwirkt.

1. = § 271 HGB Nr. 49.
U. v. 29.3.1927; II 247/26. Kammergericht.

§ 318a

Einfügung eines § 318 a durch VO vom 19.9.1931.

§ 319 (§ 303 AktG)

Die Mitglieder des Vorstandes oder die Liquidatoren sind zur Befolgung der im § 240 Abs. 1, im § 246 Abs. 1, im § 260 Abs. 2, im § 263 Abs. 1, im § 267 Abs. 1, 2, im § 272 Abs. 4, im § 299 und im § 302 Abs. 2 enthaltenen Vorschriften von dem im § 195 bezeichneten Gerichte durch Ordnungsstrafen anzuhalten. Die Höhe der Strafen bestimmt sich nach § 14 Satz 2.
In Betreff der im § 195 Abs. 1, im § 277 Abs. 1, im § 280 Abs. 1, im § 284 Abs. 1, im § 304 Abs. 3 sowie im § 305 Abs. 2 vorgesehenen Anmeldungen zum Handelsregister findet, soweit es sich um die Anmeldungen zum Handelsregister des Sitzes der Gesellschaft handelt, eine Verhängung von Ordnungsstrafen nach § 14 nicht statt.

Zu § 319 kein Leitsatz.

Vierter Abschnitt. Kommanditgesellschaft auf Aktien.

⟨vor §§ 320-334⟩

1.   = § 124 HGB Nr. 9.
U. v. 18.5.1904; I 66/04. Dresden.

2.   = § 124 HGB Nr. 10.
U. v. 18.5.1904; I 66/04. Dresden.

§ 320 (§ 219 AktG)

Mindestens ein Gesellschafter der Kommanditgesellschaft auf Aktien haftet den Gesellschaftsgläubigern unbeschränkt (persönlich haftender Gesellschafter), während die übrigen sich nur mit Einlagen auf das in Aktien zerlegte Grundkapital der Gesellschaft beteiligen (Kommanditisten).

Das Rechtsverhältnis der persönlich haftenden Gesellschafter untereinander und gegenüber der Gesamtheit der Kommanditisten sowie gegenüber Dritten, insbesondere die Befugnis der persönlich haftenden Gesellschafter zur Geschäftsführung und zur Vertretung der Gesellschaft, bestimmt sich nach den für die Kommanditgesellschaft geltenden Vorschriften.

Im Übrigen gelten für die Kommanditgesellschaft auf Aktien, soweit sich nicht aus den nachfolgenden Vorschriften oder aus dem Fehlen eines Vorstandes ein Anderes ergibt, die Vorschriften des dritten Abschnitts über die Aktiengesellschaft.

1.   = § 274 HGB Nr. 5.
U. v. 24.10.1910; I 79/10. E. 74, 297. Kammergericht.

2.   HGB § 320 (auch § 327).
In Klagen, welche die Generalversammlung der Kommanditisten einer Kommanditgesellschaft auf Aktien in Gemäßheit des § 327 Abs. 3 beschließt, ist die Gesellschaft als solche Partei. Der Zustimmung der persönlich haftenden Gesellschafter bedarf es auch dann nicht, wenn der Anspruch gegen Mitglieder des Aufsichtsrats geltend gemacht werden soll.
U. v. 24.10.1910; I 80/10. E. 74, 301. Kammergericht.

3.   = § 127 HGB Nr. 2.
U. v. 24.10.1910; I 79/10. E. 74, 297. Kammergericht.

§ 321 (§ 221 AktG)

Der Inhalt des Gesellschaftsvertrags muss von mindestens fünf Personen in gerichtlicher oder notarieller Verhandlung festgestellt werden. Die persönlich haftenden Gesellschafter müssen sich sämtlich bei der Feststellung beteiligen; außer ihnen können nur Personen mitwirken, die als Kommanditisten Aktien übernehmen. In der Verhandlung ist der Betrag der von jedem Beteiligten übernommenen Aktien anzugeben.

Die Gesellschafter, welche den Inhalt des Gesellschaftsvertrags festgestellt haben oder andere als durch Barzahlung zu leistende Einlagen machen, gelten als die Gründer der Gesellschaft.

§ 322 (§ 222 AktG)

Der Gesellschaftsvertrag muss außer den im § 182 Abs. 2 Nr. 1 bis 3, 5, 6 vorgesehenen Festsetzungen den Namen, Vornamen, Stand und Wohnort jedes persönlich haftenden Gesellschafters enthalten.

Vermögenseinlagen der persönlich haftenden Gesellschafter müssen, sofern sie nicht auf das Grundkapital erfolgen, nach Höhe und Art im Gesellschaftsvertrage festgesetzt werden.

Die Vorschrift des § 186 Abs. 1 findet auf alle zu Gunsten eines persönlich haftenden Gesellschafters bedungenen besonderen Vorteile Anwendung.

§ 323 (§§ 223, 224 AktG)

Zeichnungsscheine haben außer den im § 189 vorgesehenen Angaben die Bezeichnung derjenigen Gründer zu enthalten, welche persönlich haftende Gesellschafter sind.

In der mit der Anmeldung der Gesellschaft zum Handelsregister nach § 195 Abs. 3 Satz 1 zu verbindenden Erklärung ist in Ansehung der durch Barzahlung zu leistenden Einlagen anzugeben, dass der eingeforderte Betrag bar eingezahlt und im Besitze der persönlich haftenden Gesellschafter ist.

Zur Teilnahme an der im § 196 bezeichneten Verhandlung sind auch die persönlich haftenden Gesellschafter berechtigt. Die der Errichtung der Gesellschaft zustimmende Mehrheit muss mindestens ein Viertel der in dem Verzeichnis aufgeführten Kommanditisten begreifen; der Betrag ihrer Anteile muss mindestens ein Viertel des nicht von den persönlich haftenden Gesellschaftern übernommenen Grundkapitals darstellen.

Bei der Eintragung in das Handelsregister sind statt der Mitglieder des Vorstandes die persönlich haftenden Gesellschafter anzugeben. Enthält der Gesellschaftsvertrag besondere Bestimmungen über die Befugnis der persönlich haftenden Gesellschafter zur Vertretung der Gesellschaft, so sind auch diese Bestimmungen einzutragen.

Änderung des Abs. 3 durch Gesetz vom 7.3.1935.

§ 324 (§ 323 AktG)

Für den im § 207 bezeichneten Beschluss der Generalversammlung bedarf es, wenn sich der Beschluss auf einen im ersten Jahre nach der Eintragung der Gesellschaft geschlossenen Vertrag bezieht, einer Mehrheit, deren Anteile mindestens ein Viertel des nicht auf Aktien der persönlich haftenden Gesellschafter entfallenden Teiles des Grundkapitals darstellen. Die Vorschrift des § 207 Abs. 3 Satz 1 bleibt unberührt.

Zu §§ 321-324 keine Leitsätze.

§ 325 (§ 225 AktG)

Die den Vorstand der Aktiengesellschaft betreffenden Vorschriften:

1. über die Anmeldungen, Einreichungen und Erklärungen zum Handelsregister,
2. über die Berufung der Generalversammlung,
3. über die Aufstellung, Vorlegung und Veröffentlichung der Jahresbilanz und der Gewinn- und Verlustrechnung sowie über die Vorlegung des Geschäftsberichts,
4. über die Anfechtung von Beschlüssen der Generalversammlung,
5. über das Verfahren im Falle der Bestellung von Revisoren zur Prüfung der Bilanz oder zur Prüfung von Vorgängen bei der Gründung oder Geschäftsführung sowie über die Obliegenheiten gegenüber den Revisoren und dem Aufsichtsrate,
6. über die im Falle einer Herabsetzung des Grundkapitals an die Gläubiger zu richtende Aufforderung,
7. über die Geltendmachung von Ersatzansprüchen der Gesellschaft wegen der Geschäftsführung,
8. über die Stellung des Antrags auf Eröffnung des Konkursverfahrens [*Neufassung durch VO vom 25.3.1930*],
9. über die strafrechtliche Verantwortlichkeit und über die Verhängung von Ordnungsstrafen

finden auf die persönlich haftenden Gesellschafter entsprechende Anwendung.

1. = § 272 HGB Nr. 5.
U. v. 20.4.1907; I 416/06. E. 66, 37. Kammergericht.

§ 326 (§ 226 AktG)

Ein persönlich haftender Gesellschafter darf ohne Einwilligung der Gesellschaft weder in dem Handelszweige der Gesellschaft Geschäfte machen noch an einer anderen gleichartigen Handelsgesellschaft als persönlich haftender Gesellschafter Teil nehmen. Die Einwilligung wird durch die übrigen persönlich haftenden Gesellschafter und, sofern nicht die Befugnis zur Erteilung durch den Gesellschaftsvertrag oder durch einen Beschluss der Generalversammlung dem Aufsichtsrat übertragen ist, durch die Generalversammlung erteilt.
Verletzt ein persönlich haftender Gesellschafter die ihm nach Abs. 1 obliegende Verpflichtung, so findet die Vorschrift des § 236 Abs. 2 Anwendung.
Die Ansprüche der Gesellschaft verjähren in drei Monaten von dem Zeitpunkt an, in welchem die übrigen persönlich haftenden Gesellschafter und der Aufsichtsrat von dem Abschlusse des Geschäfts oder von der Teilnahme des persönlich haftenden Gesellschafters an der anderen Gesellschaft Kenntnis erlangen; sie verjähren ohne Rücksicht auf diese Kenntnis in fünf Jahren von ihrer Entstehung an.

Zu § 326 kein Leitsatz.

§ 327 (§ 227 AktG)

In der Generalversammlung haben die persönlich haftenden Gesellschafter, auch wenn sie Aktien besitzen, kein Stimmrecht.
Die Beschlüsse der Generalversammlung bedürfen der Zustimmung der persönlich haftenden Gesellschafter, soweit sie Angelegenheiten betreffen, für die bei der Kommanditgesellschaft das Einverständnis der persönlich haftenden Gesellschafter und der Kommanditisten erforderlich ist.
Zur Ausübung der Befugnisse, welche in Ansehung der Bestellung von Revisoren und der Geltendmachung von Ansprüchen der Gesellschaft aus der Gründung oder der Geschäftsführung nach den §§ 266

bis 269 der Generalversammlung oder einer Minderheit von Aktionären zustehen, bedarf es der Zustimmung der persönlich haftenden Gesellschafter nicht.

Beschlüsse der Generalversammlung, die der Zustimmung der persönlich haftenden Gesellschafter bedürfen, sind zum Handelsregister erst einzureichen, wenn die Zustimmung erfolgt ist. Bei Beschlüssen, die in das Handelsregister einzutragen sind, ist die Zustimmung der persönlich haftenden Gesellschafter in dem über die Verhandlung aufzunehmenden Protokoll oder in einem Anhange zu dem Protokolle zu beurkunden.

1.   = § 320 HGB Nr. 2.

U. v. 24.10.1910; I 80/10. E. 74, 301. Königsberg.

2.   HGB § 327.

Liegt in der Person des einzigen Komplementars einer Kommanditgesellschaft auf Aktien ein wichtiger Grund vor, der seine Ausschließung aus der Gesellschaft rechtfertigen würde, so kann der Komplementar auf Klage der Kommanditisten verurteilt werden, der Umwandlung der Gesellschaft in eine Aktiengesellschaft zuzustimmen.

U. v. 6.6.1913; II 99/13. E. 82, 360. Kammergericht.

§ 328 (§ 229 AktG)

Die Beschlüsse der Kommanditisten werden durch den Aufsichtsrat ausgeführt, soweit nicht im Gesellschaftsvertrag ein Anderes bestimmt ist.

In Rechtsstreitigkeiten, welche die Gesamtheit der Kommanditisten gegen die persönlich haftenden Gesellschafter oder diese gegen die Gesamtheit der Kommanditisten zu führen haben, werden die Kommanditisten durch den Aufsichtsrat vertreten, es sei denn, dass in der Generalversammlung besondere Vertreter gewählt werden. Für die Kosten des Rechtsstreits, welche den Kommanditisten zur Last fallen, haftet die Gesellschaft, unbeschadet ihres Rückgriffs gegen die Kommanditisten.

Die Vorschrift des § 247 Abs. 2 findet entsprechende Anwendung.

Persönlich haftende Gesellschafter können nicht Mitglieder des Aufsichtsrats sein.

1.   = § 249 HGB Nr. 2.

U. v. 7.7.1900; I 162/00. Stettin.

2.   = § 243 HGB Nr. 1.

U. v. 7.7.1900; I 162/00. Stettin.

3.   HGB § 328.

Der Aufsichtsrat ist *nur gesetzlicher Vertreter der Gemeinschaft der Kommanditisten*, aber nicht der Aktienkommanditgesellschaft selbst. Ausnahmsweise kann er zwar auch diese vertreten (vgl. § 247), aber einen Rechtssatz, dass ihm bei Verhinderung des oder der Komplementäre die gesetzliche Vertretung der Gesellschaft zukomme, ist dem Gesetz unbekannt.

U. v. 22.6.1907; I 40/07. Kammergericht.

4.   = § 268 HGB Nr. 1.
U. v. 24.10.1910; I 80/10. E. 74, 301. Kammergericht.

§ 329 (§ 230 AktG)

Ergibt sich für die persönlich haftenden Gesellschafter nach dem Jahreserträgnis ein Gewinnanteil, der nicht auf ihre Aktien fällt, so hat die Auszahlung zu unterbleiben, falls eine Unterbilanz vorhanden ist, die ihre nicht in Aktien bestehenden Kapitalanteile übersteigt. Solange eine solche Unterbilanz besteht, ist auch eine sonstige Entnahme von Geld auf den Kapitalanteil ausgeschlossen.

Auf den Gewinn, der sich für die persönlich haftenden Gesellschafter ergibt, findet die Vorschrift des § 262 Nr. 1 über den Reservefonds Anwendung.

§ 330 (§ 231 AktG)

In Betreff der Tatsachen, durch welche die Auflösung der Kommanditgesellschaft auf Aktien herbeigeführt wird, sowie in Betreff des Ausscheidens eines von mehreren persönlich haftenden Gesellschaftern aus der Gesellschaft finden die für die Kommanditgesellschaft geltenden Vorschriften mit folgenden Maßgaben Anwendung.

Die Eröffnung des Konkurses über das Vermögen eines Kommanditisten hat die Auflösung der Gesellschaft nicht zur Folge; die Gläubiger eines Kommanditisten sind nicht berechtigt, die Gesellschaft zu kündigen.

Für die Kündigung durch die Kommanditisten sowie für ihre Zustimmung zur Auflösung der Gesellschaft ist ein Beschluss der Generalversammlung erforderlich; der Beschluss bedarf einer Mehrheit, die mindestens drei Vierteile des bei der Beschlussfassung vertretenen Grundkapitals umfasst. Das Gleiche gilt in Betreff des Antrags auf Auflösung der Gesellschaft durch gerichtliche Entscheidung. Der Gesellschaftsvertrag kann noch andere Erfordernisse für die Beschlussfassung aufstellen.

Das Ausscheiden von persönlich haftenden Gesellschaftern kann außer dem Falle der Ausschließung nur stattfinden, soweit es im Gesellschaftsvertrage für zulässig erklärt ist.

Die Auflösung der Gesellschaft sowie das Ausscheiden eines persönlich haftenden Gesellschafters ist von sämtlichen persönlich haftenden Gesellschaftern zur Eintragung in das Handelsregister anzumelden. Die Vorschrift des § 143 Abs. 3 findet Anwendung.

§ 331 (§ 232 AktG)

Sofern nicht der Gesellschaftsvertrag ein Anderes bestimmt, erfolgt die Liquidation durch sämtliche persönlich haftende Gesellschafter und durch eine oder mehrere von der Generalversammlung gewählte Personen als Liquidatoren.

Zu dem Antrag auf Ernennung oder Abberufung von Liquidatoren durch das Gericht ist auch jeder persönlich haftende Gesellschafter befugt.

Zu §§ 329-331 keine Leitsätze.

§ 332 (§ 260 AktG)

Eine Kommanditgesellschaft auf Aktien kann durch Beschluss der Generalversammlung und aller persönlich haftenden Gesellschafter in eine Aktiengesellschaft umgewandelt werden.

Die Vorschriften über eine Abänderung des Gesellschaftsvertrags finden Anwendung. Die Anteile der der Umwandlung zustimmenden Mehrheit der Kommanditisten müssen mindestens ein Viertel des nicht auf Aktien der persönlich haftenden Gesellschafter fallenden Teiles des Grundkapitals darstellen. In dem Beschlusse sind die zur Durchführung der Umwandlung erforderlichen Maßregeln, insbesondere die Firma sowie die Art der Bestellung und Zusammensetzung des Vorstandes, festzusetzen.

1. HGB § 332.

Im Gesetz ist der Fall der Umwandlung einer Aktiengesellschaft in eine Kommanditgesellschaft auf Aktien nicht geregelt, sondern nur der umgekehrte Fall. Die dafür geltenden Vorschriften der §§ 332 ff. HGB sind wegen Verschiedenheit der Interessenlage auf den Fall der Umwandlung einer Aktiengesellschaft in eine Kommanditaktiengesellschaft nicht, auch nicht entsprechend anwendbar. Es bleibt vielmehr nach dem geltenden Recht nur der Weg der Auflösung und Neugründung.
U. v. 27.6.1930; II 70/30. E. 129, 260. Hamburg.

§ 333 (§§ 261, 262 AktG)

Bei der Anmeldung des Umwandlungsbeschlusses sind zugleich die Mitglieder des Vorstandes zur Eintragung in das Handelsregister anzumelden. Eine öffentlich beglaubigte Abschrift der Urkunden über ihre Bestellung ist beizufügen; bei der Anmeldung zur Eintragung in das Handelsregister einer Zweigniederlassung bedarf es der Beifügung dieser Abschrift nicht. Auf die Anmeldung zur Eintragung in das Handelsregister des Sitzes der Gesellschaft finden die Vorschriften des § 14 keine Anwendung.
Der Anmeldung ist eine von der Generalversammlung genehmigte, für einen höchstens zwei Monate vor der Anmeldung liegenden Zeitpunkt aufgestellte Bilanz beizufügen. Auf diese Bilanz finden die Vorschriften des § 261, des § 263 Abs. 1 und des § 264 Anwendung.
Mit der Eintragung scheiden die persönlich haftenden Gesellschafter aus der Gesellschaft aus; die Gesellschaft besteht von diesem Zeitpunkt an als Aktiengesellschaft fort.

§ 334

Unverzüglich nach der Eintragung hat der Vorstand in den Gesellschaftsblättern die im § 333 Abs. 2 vorgesehene Bilanz zu veröffentlichen.
Er hat unter Hinweis auf die Umwandlung die Gläubiger der Gesellschaft aufzufordern, ihre Ansprüche anzumelden. Die Aufforderung ist dreimal in den Gesellschaftsblättern zu veröffentlichen. Bekannte Gläubiger sind durch besondere Mitteilung zur Anmeldung aufzufordern.
Den Gläubigern, deren Forderungen vor der letzten öffentlichen Aufforderung begründet sind, ist Befriedigung zu gewähren oder Sicherheit zu leisten, sofern sie sich zu diesem Zwecke melden.
Die Mitglieder des Vorstandes und des Aufsichtsrats haften den Gläubigern für die Beobachtung dieser Vorschriften als Gesamtschuldner, die Mitglieder des Aufsichtsrats, soweit eine Zuwiderhandlung mit ihrem Wissen und ohne ihr Einschreiten erfolgt.

Zu §§ 333-334 keine Leitsätze.

Fünfter Abschnitt. Stille Gesellschaft.

⟨vor §§ 335-342⟩

1. BGB § 247; HGB §§ 335-342.

Wenn der Inhaber eines Handelsgeschäfts einen stillen Gesellschafter mit der Abrede aufgenommen hat, dass die Vermögenseinlage mit mehr als 6 v. H. jährlich verzinst werden und der stille Gesellschafter am Gewinn und Verlust beteiligt sein soll, so steht ihm, sofern die Verlustbeteiligung ernst ist, ein Kündigungsrecht aus § 247 BGB nicht zu.

U. v. 29.1.1942; II 118/41. E. 168, 284.

§ 335

Wer sich als stiller Gesellschafter an dem Handelsgewerbe, das ein Anderer betreibt, mit einer Vermögenseinlage beteiligt, hat die Einlage so zu leisten, dass sie in das Vermögen des Inhabers des Handelsgeschäfts übergeht.

Der Inhaber wird aus den in dem Betriebe geschlossenen Geschäften allein berechtigt und verpflichtet.

1. HGB § 335 (auch ZPO § 22).

Die stille Gesellschaft gehört nicht zu den Gesellschaften oder Personenvereinigungen, die als solche am Sitze der Vereinigungen verklagt werden können, § 23 [jetzt § 22] ZPO. Denn die stille Gesellschaft ist ein rein inneres Verhältnis, dessen Bestehen für die Frage, wo der Inhaber des Handelsgeschäftes, der einen stillen Gesellschafter hat, verklagt werden kann, ohne jede Bedeutung ist. Die stille Gesellschaft kann keinen Gerichtsstand nach § 22 ZPO haben, sondern nur der Komplementar. Der Tatbestand des § 22 lässt die Annahme nicht zu, dass gegen den stillen Gesellschafter eine Klage in diesem Gerichtsstand erhoben werden könne. [Altes Recht.]

U. v. 16.6.1900; I 132/00. Hamm.

2. HGB § 335.

Die Bestimmung in einem Vertrage, dass jemand als stiller Teilhaber in eine Firma eintrete, schließt nicht aus, dass es sich lediglich um ein Darlehnsverhältnis handelt. Wesentlich für die Annahme einer stillen Gesellschaft ist die Beteiligung des stillen Gesellschafters am Geschäftsgewinne; die Ausschließung von der Beteiligung am Verluste dagegen spricht an sich nicht gegen das Bestehen einer stillen Gesellschaft. [Vgl. E. 20, 165; 27, 16; 30, 57; 31, 33.]

U. v. 8.7.1904; II 161/04. Köln.

3. HGB § 335.

Der *stille Gesellschafter*, der allgemein mit Bewilligung des Inhabers des Geschäftes Dritten gegenüber als *Mitinhaber aufgetreten* ist, kann im Verhältnisse zu Dritten nicht-

mehr als *stiller* Gesellschafter behandelt werden, sondern haftet ihnen neben dem Geschäftsinhaber als Gesamtschuldner. [Vgl. E. 31, 39.]
U. v. 24.1.1904; II 195/04. Dresden.

4.   HGB § 335.

Die *Einlage des stillen Gesellschafters* kann auch in dem Versprechen von Diensten und der Einwirkung eines von Dritten zu gewährenden Darlehns oder einer von Dritten zu übernehmenden Bürgschaft bestehen.
U. v. 8.2.1905; I 446/04. Kammergericht.

5.   HGB § 335.

Die Annahme einer stillen Gesellschaft ist verneint worden in folgendem Falle:
Wenn der Inhaber eines Geschäftes seinen bisherigen Prokuristen in das Geschäft als Teilhaber aufgenommen und dabei mit diesem vereinbart hat, es solle, wenn er sterbe, das Geschäft unter der alten Firma von dem aufgenommenen Gesellschafter allein fortgesetzt, seine (des aufnehmenden Gesellschafters) Witwe aber mit zwei Drittel an dem Gewinne des Geschäftes beteiligt bleiben und es solle eine Auflösung dieses Verhältnisses von Seiten des aufgenommenen Gesellschafters unzulässig sein, solange die Witwe lebe, so lässt sich aus den Bestimmungen des Vertrages nicht ein Wille der Vertragschließenden dahin entnehmen, das Verhältnis der Witwe als das einer stillen Gesellschafterin zu dem von dem aufgenommenen Gesellschafter fortzuführenden Geschäfte zu gestalten. Vielmehr spricht schon der Wortlaut dafür, dass der aufgenommene Gesellschafter gegen die Überweisung des ganzen Geschäfts die unbedingte, von einem Gesellschaftsverhältnisse nicht abhängige Verpflichtung übernommen hat, der überlebenden Witwe für die ganze Dauer ihres Lebens den Anteil von zwei Drittel an dem jeweiligen Geschäftsgewinne herauszuzahlen. Ein solcher Vertrag ist an sich möglich und rechtlich zulässig.
U. v. 31.3.1906; I 380/05. Hamburg.

6.   HGB § 335.

Wesentliche Voraussetzung für die stille Gesellschaft ist nicht, dass die Beteiligung sich auf das Handelsgewerbe des Anderen im Ganzen erstreckt, falls sie sich immerhin auf einen *Teil des Handelsgewerbes* bezieht, dem die Beteiligten durch die Vorsorge für eine getrennte Buchführung eine gewisse Selbstständigkeit gegeben haben, und es sich bei diesem Teil auch um einen auf die Dauer berechneten Geschäftsbetrieb, nicht bloß um ein einzelnes Geschäft oder um mehrere einzelne Geschäfte handelt. – Die Festsetzung einer *Vermögenseinlage*, die Eigentum des Geschäftsinhabers wird und deren Zusage oder Gewährung sich als die gesellschaftliche Gegenleistung darstellt, für die der Anteil am Gewinn und Verluste des Handelsgewerbes gewährt wird, ist dagegen eine wesentliche Voraussetzung für die stille Gesellschaft.
Es kann nicht als Vermögenseinlage gelten, wenn der Vertrag unter gewissen Voraussetzungen dem Gesellschafter die Pflicht auferlegt, seinen Gewinnanteil im Geschäfte stehen zu lassen; ebenso wenig kann eine solche in der Zusage erblickt werden, für einen als möglich unterstellten Fall einen Beitrag zu einer im Interesse des Geschäfts erforderlichen Auslage zu leisten.
[HGB a. F.]
U. v. 18.6.1906; I 467/05. Hamburg.

7. HGB § 335 (auch § 339).

Das in § 335 Nr. 6 angegebene wesentliche *Erfordernis einer Vermögenseinlage* liegt nicht vor, wenn jemand in Anbetracht und in Anerkennung seiner Verdienste bei *Errichtung* des Handelsgewerbes eines Anderen und um ein in letzterem anzuwendendes Verfahren ein Gewinnanteil eingeräumt ist. Diese Einräumung eines Gewinnanteils ist die Gegenleistung des Anderen für die in der *Vergangenheit* liegenden Leitungen des Ersteren, bei denen es sich für diesen um die Erreichung eines Gesellschaftszweckes *nicht* handelt. In solchem Falle liegt lediglich ein gegenseitiger Vertrag besonderer Art vor, auf dessen Auflösung nicht § 339, sondern die Festsetzung des Vertrages maßgebend sind. U. v. 30.10.1907; I 16/07. Dresden.

8. HGB § 335.

Nimmt der nach außen allein Berechtigte einer stillen Gesellschaft, ohne dass es ihm durch den Gesellschaftsvertrag gestattet wäre, einen Dritten als persönlich haftenden Gesellschafter in das Geschäft auf, so macht er damit das Handelsgewerbe wirksam zu einem solchen der von ihm mit dem Dritten eingegangenen offenen Handelsgesellschaft, die stille Gesellschaft wird dadurch aber ohne weiteres aufgelöst, denn es wird ihr damit die gesetzliche Grundlage, der Betrieb des Handelsgewerbes durch ihn, entzogen. U. v. 24.3.1916; I 301/15; 72/16. Kammergericht.

9. HGB § 335.

Die Beteiligung des stillen Gesellschafters ist *nicht übertragbar* (BGB § 717), sofern nicht die Übertragbarkeit im Beteiligungsvertrage besonders geregelt ist. U. v. 15.10.1918; II 171/18. Köln.

10. HGB § 335 (auch GmbHG § 3).

Eine Beteiligung als *stiller* Gesellschafter bei einer GmbH mit einer (unter HGB § 335, nicht unter GmbHG § 3 Nr. 4 fallenden) Vermögenseinlage ist zulässig (vgl. E. 30, 33). U. v. 15.4.1920; IV 542/19.

11. = § 126 HGB Nr. 15.

U. v. 5.2.1921; V 243/20.

12. HGB § 335.

Haben zwei Parteien einen stillen Gesellschaftsvertrag geschlossen, der nicht geeignet ist, ein stilles Gesellschaftsverhältnis i. S. des HGB zu begründen, weil gegen dessen wesentliche Erfordernisse verstoßen ist (Beteiligung mit 2 % am Gesamtnettoumsatz ohne Rücksicht darauf, ob Gewinn erzielt ist) so liegt jedenfalls ein Gesellschaftsvertrag vor, auf welchen insoweit, als dies möglich ist, die Regeln der stillen Gesellschaft Anwendung finden. U. v. 3.2.1925; II 17/24. Naumburg.

13.   HGB §§ 335, 339, 340.

1. Die stillen Gesellschafter sind zur Erhöhung ihrer Einlagen nicht verpflichtet. Wenn sie dem Komplementär weitere Mittel zur Führung des Geschäfts verweigern, so steht diesem kein vorzeitiges Kündigungsrecht zu. Ist dem Komplementär die Aufrechterhaltung des Betriebes deshalb nicht möglich, so kann er den Betrieb einstellen oder das Geschäft veräußern, er kann aber die stillen Gesellschafter aus der Gesellschaft nicht hinausdrängen, um sich ohne die Gewinnabgabe an sie die Fortführung des Geschäfts zu erleichtern.

2. Bringt der Komplementär sein Geschäft in ein anderes Unternehmen ein, so hört die stille Gesellschaft auf. Die stillen Gesellschafter haben keinen Anteil an den aus der Veräußerung für den Komplementär erwachsenen Vorteilen, da diese keinen Betriebsgewinn darstellen, an dem allein sie beteiligt sind. Nur Schadensersatzansprüche stehen ihnen zu, wenn die Veräußerung unter Verletzung von Vertragspflichten geschehen ist.

3. Die Schadensersatzansprüche der stillen Gesellschafter gegen den Komplementär wegen schuldhafter Beendigung der stillen Gesellschaft umfassen in der Regel nur den entgangenen Gewinn. Deshalb besteht an sich keine Auskunfts- oder Rechnungslegungspflicht des Komplementärs hinsichtlich der aus Anlass der Einbringung seines Geschäfts in ein anderes Unternehmen getätigten Geschäfte. Nur soweit sich die stillen Gesellschafter nach Treu und Glauben der Einbringung hätten widersetzen können, kann eine Auskunft über diese Geschäfte in Frage kommen, damit sich die stillen Gesellschafter vergewissern können, ob die Veräußerung vertragswidrig war und sie zum Anspruch auf Schadensersatz berechtigt.

U. v. 5.11.1926; VI 250/26. Dresden.

14.   = § 105 HGB Nr. 30.

U. v. 10.10.1933; II 148/33. E. 142, 13. Naumburg.

15.   HGB § 335.

Die stille Gesellschaft wird durch die Rückzahlung der Einlage an den stillen Gesellschafter nicht notwendigerweise beendet (vgl. hierzu insbes. § 342 Abs. 2 S. 2 HGB und U. II 298/24, abgedr. in WarnRspr. 1925 Nr. 167).

U. v. 24.2.1941; II 91/40.

§ 336

Ist der Anteil des stillen Gesellschafters am Gewinn und Verluste nicht bestimmt, so gilt ein den Umständen nach angemessener Anteil als bedungen.

Im Gesellschaftsvertrage kann bestimmt werden, dass der stille Gesellschafter nicht am Verluste beteiligt sein soll; seine Beteiligung am Gewinne kann nicht ausgeschlossen werden.

1.   HGB § 336.

Nimmt der Inhaber eines Handelsgewerbes, an dem ein stiller Gesellschafter beteiligt ist, Geschäfte *vertragswidrig außerhalb* des Rahmens seines Handelsgewerbes vor, so ist der stille Gesellschafter nicht berechtigt, den daraus erzielten Gewinn anteilig für sich in Anspruch zu nehmen. Er kann nur das Vertragsverhältnis fristlos kündigen und Ersatz des ihm durch die Vertragsverletzung entstanden Schadens beanspruchen.

Diesem Grundsatz gemäß ist dem stillen Gesellschafter eines Herrengarderobegeschäfts, dessen Inhaber während des Krieges über den Rahmen seines Geschäfts hinaus Millionenverträge mit der Heeresverwaltung abschloss, das Recht, an dem dadurch erzielten Gewinn teilzunehmen, aberkannt worden.
U. v. 8.3.1918; II 409/17. E. 92, 292. Kammergericht.

2.   HGB §§ 336, 337, 340.

Das Gewinnanteilsrecht des stillen Gesellschafters erstreckt sich, wenn nichts anderes ausdrücklich oder stillschweigend vereinbart ist, *nicht* auf *jede* Vermögensvermehrung des Unternehmens, an dem er beteiligt ist, so z. B. *nicht* auf Wertserhöhungen des nicht zum Umsatz bestimmten, vorgesellschaftlichen Anlagevermögens, es sei denn, dass die Wertssteigerungen mit Gesellschaftsmitteln geschaffen sind. Soweit in E. 94, 106 von dem erkennenden Senat rechtsgrundsätzlich ein anderer Standpunkt vertreten ist, wird daran *nicht* festgehalten.

Dagegen hat der stille Gesellschafterteil teil an Entschuldungsgewinnen aus der Rückzahlung von Geschäftsverbindlichkeiten mit entwertetem Geld, sei es, dass sich diese Verbindlichkeiten auf das Umsatzvermögen oder aber auf während der Dauer der Gesellschaft erworbene Anlagegegenstände beziehen; gleiches gilt bei solchen Schulden für Entschuldungsgewinne aus der Aufwertungsgesetzgebung.
U. v. 17.4.1928; II 432/27. E. 120, 410. Osnabrück.

§ 337

Am Schlusse jedes Geschäftsjahrs wird der Gewinn und Verlust berechnet und der auf den stillen Gesellschafter fallende Gewinn ihm ausbezahlt.

Der stille Gesellschafter nimmt an dem Verluste nur bis zum Betrage seiner eingezahlten oder rückständigen Einlage teil. Er ist nicht verpflichtet, den bezogenen Gewinn wegen späterer Verluste zurückzuzahlen; jedoch wird, solange seine Einlage durch Verlust vermindert ist, der jährliche Gewinn zur Deckung des Verlustes verwendet.

Der Gewinn, welcher von dem stillen Gesellschafter nicht erhoben wird, vermehrt dessen Einlage nicht, sofern nicht ein Anderes vereinbart ist.

1.   HGB § 337.

Der Art. 255 HGB a. F. [jetzt § 337] ist dahin zu verstehen, dass die jährliche Gewinnverteilung keine vorläufige, sondern eine endgültige ist, die eine fällige Forderung des stillen Gesellschafters gegen den Komplementar begründet, die durch den späteren Gang der Geschäfte nicht mehr beeinflusst wird. Demgemäß haftet der nicht erhobene Gewinn des stillen Gesellschafters nicht mit für spätere Verluste. Den mit dem Art. 255 [§ 337] im Wesentlichen übereinstimmenden Festsetzungen eines Vertrages ist der gleiche Sinn unterzulegen, solange eine abweichende Absicht der Vertragschließenden nicht erhellt.
[Vgl. Nr. 2 und 3.]
U. v. 20.3.1901; I 477/00. E. 48, 77. Hamburg.

2.   HGB § 337.

Die in der Gewinnberechnung für den stillen Gesellschafter liegende Willenserklärung
des Komplementars, fortan den berechneten Betrag dem stillen Gesellschafter zu schulden, gleichviel wie das Ergebnis der weiteren Geschäftsführung sich gestalte [vgl. Nr. 1],
unterliegt der Anfechtung nach Maßgabe allgemeiner zivilrechtlicher Grundsätze, insbesondere wegen Irrtums. Ein Irrtum liegt jedoch nicht vor, wenn die Gesellschafter sich
bei Aufstellung der Bilanz des aus einem Geschäfte bevorstehenden Verlustes bewusst
gewesen sind, dennoch aber diesen Verlust wegen seiner ziffermäßigen Unbestimmtheit
bei der Bilanzziehung unberücksichtigt gelassen haben.
U. v. 20.3.1901; I 477/00. E. 48, 77. Hamburg.

3.   HGB § 337.

Die Vereinbarung, dass der stille Gesellschafter seinen Gewinn stehen lassen und mit
diesem auch an dem späteren Verluste beteiligt sein soll, muss nicht ausdrücklich, sie
kann vielmehr auch stillschweigend erfolgen.
U. v. 20.3.1901; I 477/00. E. 48, 77. Hamburg.

4.   HGB § 337.

An und für sich ist es Sache des Geschäftsinhabers, die Bilanz und die Berechnung von
Gewinn und Verlust aufzumachen und folglich auch die buchführungstechnischen
Grundsätze für diese Aufstellung zu bestimmen. Der stille Gesellschafter hat das Recht
der Prüfung. Soweit er die Bilanz und die Gewinnberechnung nicht beanstandet, ist sie
für das Gesellschaftsverhältnis maßgebend und insbesondere auch gegen den Geschäftsinhaber – von etwaigen Anfechtungsgründen abgesehen – entscheidend.
U. v. 3.3.1904; I 464/03. Stuttgart.

5.   HGB § 337.

Der *Gewinnanspruch* des stillen Gesellschafters ist als eine *gewöhnliche Forderung*
gegen den Komplementar zu behandeln, für deren Verzinsung die allgemeinen Grundsätze gelten, für die also die Verzinsung nur verlangt werden kann, wenn ein besonderer
Verpflichtungsgrund dargelegt ist. [Gelegentliche Bemerkung, auf der die Entscheidung
nicht beruht.]
U. v. 31.3.1906; I 380/05. Hamburg.

6.   = § 336 HGB Nr. 2.
U. v. 17.4.1928; II 432/27. E. 120, 410. Osnabrück.

7.   HGB § 337; IndustriebelastungsG v. 30.8.1924 (RGBl. II S. 257) § 1.

Bei Feststellung des Gewinnes eines Handelsunternehmens, der zwischen dem Inhaber
des Handelsgeschäfts und dem stillen Gesellschafter zu verteilen ist, ist mangels abweichender Vereinbarungen oder eines entgegenstehenden Handelsbrauchs die Vermögens-
steuer, die nach Maßgabe des in dem Unternehmen angelegten Vermögens erhoben

wird, nicht als Geschäftsunkosten zu behandeln und am Gewinn in Abzug zu bringen. Sie ist vielmehr von dem Geschäftsinhaber allein zu tragen. Dagegen ist die Aufbringungslast nach dem IndustriebelastungsG als Last des Unternehmens zu behandeln und schmälert den Gewinn.
U. v. 8.1.1927; II 122/36. E. 153, 371.

§ 338

Der stille Gesellschafter ist berechtigt, die abschriftliche Mitteilung der jährlichen Bilanz zu verlangen und ihre Richtigkeit unter Einsicht der Bücher und Papiere zu prüfen.
Die im § 716 des Bürgerlichen Gesetzbuchs dem von der Geschäftsführung ausgeschlossenen Gesellschafter eingeräumten weiteren Rechte stehen dem stillen Gesellschafter nicht zu.
Auf Antrag des stillen Gesellschafters kann das Gericht, wenn wichtige Gründe vorliegen, die Mitteilung einer Bilanz oder sonstiger Aufklärungen sowie die Vorlegung der Bücher und Papiere jederzeit anordnen.

1.   HGB § 338.

Nachträgliche Einwendungen gegen eine genehmigte Bilanz sind nicht unbedingt ausgeschlossen. Die Genehmigung einer Bilanz schließt deren Anfechtung nach allgemeinen Grundsätzen, im Fall eines Irrtums nach den Grundsätzen des Kondiktionenrechts, nicht aus. [Rhein.-franz. Recht.]
U. v. 28.11.1902; II 251/05. Köln.

2.   HGB §§ 338, 339.

Für den stillen Gesellschafter, der keinen unmittelbaren Einfluss auf die Geschäftsführung hat, ist das Nachprüfungsrecht der Ergebnisse des Geschäftsunternehmens (§ 338 HGB) von besonderer Bedeutung. Entzieht sich der Geschäftsinhaber der Ausübung des Überwachungsrechts des stillen Gesellschafters, so verletzt er eine wesentliche gesellschaftliche Verpflichtung; das kann zur sofortigen Aufhebung der stillen Gesellschaft berechtigen.
U. v. 28.1.1927; II 25/26. Kammergericht.

§ 339

Auf die Kündigung der Gesellschaft durch einen der Gesellschafter oder durch einen Gläubiger des stillen Gesellschafters finden die Vorschriften der §§ 132, 134, 135 entsprechende Anwendung. Die Vorschriften des § 723 des Bürgerlichen Gesetzbuchs über das Recht, die Gesellschaft aus wichtigen Gründen ohne Einhaltung einer Frist zu kündigen, bleiben unberührt.
Durch den Tod des stillen Gesellschafters wird die Gesellschaft nicht aufgelöst.

1.   HGB § 339.

Durch die Auflösung der als Komplementarin figurierenden offenen Handelsgesellschaft infolge Austritts eines Gesellschafters wird auch die stille Gesellschaft aufgelöst. Der stille Gesellschafter erwirkt infolgedessen das Recht auf Rückzahlung seiner Einlage, soweit sie im Zeitpunkte dieser Auflösung noch besteht, als Gesellschaftsschuld, für die jeder der früheren Gesellschafter (§ 128) als Gesamtschuldner haftet.

Letzterer Anspruch ist nicht dadurch bedingt, dass die Auseinandersetzung nach § 340 Abs. 1 erfolgt ist. Auch kann sich der als Gesamtschuldner belangte frühere Teilhaber der als Komplementarin figurierenden offenen Handelsgesellschaft darauf nicht berufen, dass sich die Einlage des stillen Gesellschafters *nach* der Auflösung der stillen Gesellschaft durch Verluste aus der Geschäftsverbindung des stillen Gesellschafters mit dem anderen Teilhaber der offenen Handelsgesellschaft gemindert hat.

U. v. 9.4.1907; II 448/06. Köln.

2.   HGB § 339.

Bringt der Inhaber des Handelsgeschäfts dieses in eine *GesellschaftmbH* ein, so wird dadurch eine zwischen ihm und einem Dritten bestehende stille Gesellschaft von selbst aufgelöst.

U. v. 8.6.1907; I 366/06. Kammergericht.

3.   = § 335 HGB Nr. 7.

U. v. 30.10.1907; I 16/07. Dresden.

4.   HGB § 339.

Die Auflösung der stillen Gesellschaft kann zwar stillschweigend erfolgen. Jedoch bedeutet die Rückzahlung der Einlage des stillen Gesellschafters für sich allein weder die Auflösung (vgl. § 342 Abs. 1 S. 2) noch einen Verzicht auf die übrigen Vertragsrechte.

U. v. 5.5.1925; II 298/24. Celle.

5.   = § 335 HGB Nr. 13.

U. v. 5.11.1926; VI 250/26. Dresden.

6.   BGB § 723, HGB § 339.

1. Regelmäßig wird dem Verhalten eines Gesellschafters, der sich auf seine gutgläubige, wenn auch unrichtige Auslegung einer in ihrer Tragweite nicht ganz zweifelsfreien Vertragsbestimmung stützt, nicht die Bedeutung eines wichtigen Grundes für sofortige Kündigung der Gesellschaft beizumessen sein.

2. Anhaltende Unrentabilität des Unternehmens kann, auch wenn sie auf die besonderen wirtschaftlichen Verhältnisse der Inflationszeit und ihrer Nachwirkungen zurückzuführen ist, für den stillen Gesellschafter einen wichtigen Grund für die vorzeitige Aufhebung der stillen Gesellschaft bilden.

U. v. 28.1.1927; II 25/26. Kammergericht.

7.   = § 338 HGB Nr. 2.

U. v. 28.1.1927; II 25/26. Kammergericht.

§ 340

Nach der Auflösung der Gesellschaft hat sich der Inhaber des Handelsgeschäfts mit dem stillen Gesellschafter auseinanderzusetzen und dessen Guthaben in Geld zu berichtigen.
Die zur Zeit der Auflösung schwebenden Geschäfte werden von dem Inhaber des Handelsgeschäfts abgewickelt. Der stille Gesellschafter nimmt Teil an dem Gewinn und Verluste, der sich aus diesen Geschäften ergibt.
Er kann am Schlusse jedes Geschäftsjahrs Rechenschaft über die inzwischen beendigten Geschäfte, Auszahlung des ihm gebührenden Betrags und Auskunft über den Stand der noch schwebenden Geschäfte verlangen.

1.   HGB § 340 (auch § 341).

Der Konkursverwalter darf die Auseinandersetzung, die über Gewinn und Verlust der Gesellschaft Aufschluss gibt, nicht nach seinem Belieben verzögern und dadurch den stillen Gesellschafter an der ihm gemäß Art. 258 HGB a. F. [jetzt § 341] zustehenden Geltendmachung des verlustfreien Anteils seiner Einlage als Konkursgläubiger verhindern. Er kann sich, wenn er die Tatsache der vollständig erfolgten Einlage des stillen Gesellschafters anerkennt, nicht auf das einfache Bestreiten der angemeldeten Konkursforderung beschränken. Seine Sache ist es vielmehr, die Auseinandersetzung vorzunehmen, die Grundlagen für die Berechnung des Schlussguthabens zu beschaffen, den Vermögensstand zur Zeit der Konkurseröffnung aufzustellen und darzutun, dass die Einlage des stillen Gesellschafters durch den ihn treffenden Verlustanteil aufgezehrt ist oder bis zu welcher Höhe dies der Fall ist. Unterlässt er dies, dann erscheint die Feststellungsklage des stillen Gesellschafters durch die Behauptung, dass während der Dauer des Gesellschaftsverhältnisses erhebliche Verluste nicht eingetreten sind, und durch die Bezugnahme auf den Inhalt der Geschäftsbücher genügend begründet. – Die sachliche Entscheidung über diese Klage hängt davon ab, ob durch den Geschäftsbetrieb seit Beginn der Gesellschaft bis zur Konkurseröffnung ein Verlust nicht eingetreten oder in welcher Höhe ein solcher aus dieser Zeit zu verzeichnen ist. Durch die Vergleichung lediglich der Schuldenbestände in den entsprechenden Zeitpunkten lässt sich diese Frage nicht beantworten. Dabei muss der stille Gesellschafter den Verlust mittragen, der durch die Tatsache der Konkurseröffnung und die etwa dadurch herbeigeführte Entwertung der Konkursaktiva entstanden ist.
U. v. 8.11.1902; I 108/02. Breslau.

2.   HGB § 340.

Haben nach Auflösung einer stillen Gesellschaft die Teilhaber der als Komplementarin figurierenden offenen Handelsgesellschaft nicht die erforderliche Bilanz aufgestellt und hat später der stille Gesellschafter auf Grund der Bücher u.s.w. selbst die Rechnung aufgestellt, und seine hiernach berechnete Einlage gegen eine früheren Teilhaber eingeklagt, so ist die Ausführung rechtlich zutreffend, dass dem beklagten Teilhaber der früher als Komplementarin figurierenden offenen Handelsgesellschaft wegen der Pflicht

letzterer zur Rechnungslegung gegenüber jener Berechnung der Beweis der Minerung oder Aufzehrung jener Einlage obliegt.
U. v. 9.4.1907; II 448/06. Köln.

3. HGB § 340.

Nach Auflösung der stillen Gesellschaft braucht der stille Gesellschafter nicht erst auf Auseinandersetzung zu klagen, um sein Guthaben festgestellt zu wissen, sondern er kann auf die Zurückzahlung des Guthabens unmittelbar klagen, wenn er den Nachweis der zur Begründung seines Anspruches erforderlichen Tatsachen übernimmt.
U. v. 8.6.1907; I 366/06. Kammergericht.

4. HGB § 340.

Die Rechnungslegungspflicht des Inhabers des Handelsgewerbes gegenüber dem stillen Gesellschafter bei Auflösung der Gesellschaft geht auf die Rechtsnachfolger über. Sie muss, wenn sie nicht auf Grund der Geschäftsbücher erfüllt werden kann, auf Grund nachträglicher Bestandsaufnahme, auf Grund der Geschäftsbriefe oder sonstiger Nachweise erfüllt werden.
U. v. 17.9.1910; I 324/09. Marienwerder.

5. HGB § 340.

Der stille Gesellschafter hat nach Auflösung der Gesellschaft gegen den Inhaber des Handelsgeschäfts lediglich einen Anspruch auf Berichtigung seines Guthabens in *Geld*. Bei der Verrechnung dieses Guthabens ist der *wirkliche Wert* der Maschinen und sonstigen Geschäftsgegenstände in Ansatz zu bringen, falls nicht vereinbarungsgemäß der (durch Abschreibungen häufig geringere) *Buchwert* maßgebend sein soll.
U. v. 16.3.1917; II 562/16. Köln.

6. HGB § 340.

Der stille Gesellschafter kann verlangen, dass bei seinem Ausscheiden nicht nur die greifbaren Aktiven mit ihrem wahren Werte berücksichtigt werden, sondern dass auch der Geschäfts- und Firmenwert, sofern ein solcher durch Schätzung zu ermitteln ist, mit in Rechnung gestellt wird. (Vgl. oben § 140 Nr. 2. Anders für die Genossenschaft: E. 32, 93; 68, 1.)
U. v. 5.11.1918; II 243/18. Dresden.

7. HGB § 340.

Der stille Gesellschafter kann nach Auflösung der Gesellschaft nicht schlechthin seine Einlage, sondern nur sein Auseinandersetzungsguthaben fordern.
U. v. 27.1.1922; II 350/21.

8. BGB §§ 810, 259; HGB § 340.

Der ausgeschiedene stille Gesellschafter kann vom Inhaber des Handelsgeschäfts Rechnungslegung über den während der Dauer der stillen Gesellschaft erzielten Gewinn verlangen. Zu diesem Zweck hat ihm der Geschäftsinhaber eine Auseinandersetzungsbilanz mitzuteilen; außerdem hat er ihm auf sein Verlangen behufs Nachprüfung der Auseinandersetzungsbilanz Einsicht in die Geschäftsbücher und Geschäftspapiere (gemeinschaftliche Urkunden i. S. des § 810 BGB) zu gewähren. § 259 BGB kommt für diesen Fall der Rechnungslegung nicht in Frage, da es sich bei dem Verhältnis des Geschäftsinhabers zu seinem (früheren) stillen Gesellschafter *nicht* um Rechenschaft über eine mit Einnahmen oder Ausgaben verbundene *Verwaltung* handelt.

Durch Gestattung der Einsicht in die Geschäftsbücher kann sich der Geschäftsinhaber der Verpflichtung, seinem früheren stillen Gesellschafter Rechnung zu legen, nicht entziehen.

U. v. 12.3.1926; II 304/25. Kammergericht.

9.   = § 335 HGB Nr. 13.

U. v. 5.11.1926; VI 250/26.

10.   = § 336 HGB Nr. 2.

U. v. 17.4.1928; II 432/27. E. 120, 410. Osnabrück.

11.   Aufwertung; HGB § 340.

Für die Ermittlung des Auseinandersetzungsguthabens eines stillen Gesellschafters ist, wenn die Auflösung der stillen Gesellschaft in die Zeit erheblicher Geldentwertung (31.12.1921) fiel, nicht die Papiermark-Bilanz von diesem Tage maßgebend und aufzuwerten. Vielmehr ist entsprechend dem Verfahren bei der offenen Handelsgesellschaft (E. Bd. 117 S. 238 ff.), der Kommanditgesellschaft (RG in Warneyer Rspr. 1925 Nr. 184) und der Gesellschaft des bürgerlichen Rechts (E. Bd. 111 S. 77 ff.) auf die letzte echte Goldbilanz zurückzugehen, und es sind alle späteren Einzahlungen und Entnahmen in Goldmark über den Dollar nach dem Tage der Gut- bzw. Lastschrift umzurechnen. Auf diese Weise ist Gewinn und Verlust nach dem Aufhören der Goldparität zu ermitteln und damit klarzustellen, was aus der Friedensmarkeinlage des stillen Gesellschafters bis zur Auflösung der stillen Gesellschaft geworden ist. Erst wenn dies festgestellt ist, entsteht die Frage, ob und in welcher Höhe die so ermittelte Summe „aufzuwerten" ist.

U. v. 30.10.1928; II 28/28. E. 122, 200. Hamburg.

12.   HGB § 340.

Nach der Auflösung der Gesellschaft ist der stille Gesellschafter, der am Verlust nicht beteiligt ist, ohne weitere Auseinandersetzung berechtigt, die volle Rückerstattung seiner Einlage zu fordern.

U. v. 11.1.1929; II 256/28. Kiel.

§ 341

Wird über das Vermögen des Inhabers des Handelsgeschäfts der Konkurs eröffnet, so kann der stille Gesellschafter wegen der Einlage, soweit sie den Betrag des auf ihn fallenden Anteils am Verlust übersteigt, seine Forderung als Konkursgläubiger geltend machen.

Ist die Einlage rückständig, so hat sie der stille Gesellschafter bis zu dem Betrage, welcher zur Deckung seines Anteils am Verlust erforderlich ist, zur Konkursmasse einzuzahlen.

1. HGB § 341.

Beim Konkurse des Komplementars einer stillen Gesellschaft fällt die Vornahme aller zur Auseinandersetzung mit dem Gesellschafter [vgl. KO § 16 Nr. 1] erforderlichen Geschäfte in den Geschäftsbereich des Konkursverwalters, weil, wenn kein Konkursfall vorläge, die Liquidation durch den Komplementar zu erfolgen hätte. [Altes Recht.]
U. v. 18.4.1901; VI 53/01. Dresden.

2. = § 340 HGB Nr. 1.
U. v. 8.11.1902; I 108/02. Breslau.

§ 342

Ist auf Grund einer in dem letzten Jahre vor der Eröffnung des Konkurses zwischen dem Inhaber des Handelsgeschäfts und dem stillen Gesellschafter getroffenen Vereinbarung diesem die Einlage ganz oder teilweise erlassen worden, so kann die Rückgewähr oder der Erlass von dem Konkursverwalter angefochten werden. Es begründet keinen Unterschied, ob die Rückgewähr oder der Erlass unter Auflösung der Gesellschaft stattgefunden hat oder nicht.

Die Anfechtung ist ausgeschlossen, wenn der Konkurs in Umständen seinen Grund hat, die erst nach der Vereinbarung der Rückgewähr oder des Erlasses eingetreten sind.

Die Vorschriften der Konkursordnung über die Geltendmachung der Anfechtung und deren Wirkung finden Anwendung.

1. HGB § 342 (auch ZPO § 29).

Für die Klage des Konkursverwalters gegen den stillen Gesellschafter auf Einzahlung der ihm zurückbezahlten Einlage in die Konkursmasse – Art. 259 HGB a. F. [jetzt § 342] – ist der Gerichtsstand des § 29 ZPO nicht begründet. Denn zum Tatbestande des § 29 gehört, dass die Auflösung des Vertrags unter den Kontrahenten in Frage steht; die Klage aus Art. 259 aber ist ganz unabhängig von den vertraglichen Beredungen der Kontrahenten und entspringt unmittelbar aus dem Gesetz. Die Rechtmäßigkeit des Vertrags, wonach die Einlage an den stillen Gesellschafter zurückgewährt wurde, unter den Kontrahenten wird durch die Klage des Konkursverwalters nicht berührt. [Altes Recht.] [Vgl. auch Nr. 2.]
U. v. 16.6.1900; I 132/00. Hamm.

2. HGB § 342 (auch ZPO § 32).

Die nach Art. 259 HGB a. F. [jetzt § 342] anfechtbare Zurückzahlung der Einlage des stillen Gesellschafters ist keine unerlaubte Handlung im Sinne des § 32 ZPO. Art. 259

[§ 342] beruht nicht auf einer Präsumtion dolosen oder fahrlässigen Verhaltens; die Anfechtung kann deshalb auch nicht durch den Nachweis entschuldbaren Handelns beseitigt werden. [Altes Recht.] [Vgl. auch Nr. 1.]

U. v. 16.6.1900; I 132/00. Hamm.

3.   HGB § 342.

Wenn der stille Gesellschafter gegen Sicherung oder unmittelbar nach ihr die Einlage leistet, so kann von einer Verschlechterung des Vermögensstandes des Gemeinschuldners zum Nachteil der Konkursgläubiger keine Rede sein.

Eine Vereinbarung *im Gesellschaftsvertrage selbst*, wonach sich der stille Gesellschafter eine Sicherung für seine – erst zu leistende – Einlage versprechen lässt, kann nicht den Zweck verfolgen, die Einlage den Gläubigern zu entziehen; damit entfällt die Anwendung des § 342 auf die vom Gemeinschuldner vertragsmäßig gewährte Sicherung.

U. v. 1.5.1914; II 21/14. E. 84, 434. München.

4.   HGB § 342.

Hat der stille Gesellschafter einen Anspruch auf Rückgewähr oder Sicherstellung seiner Einlage auch ohne Vereinbarung, so liegt der Tatbestand des § 342 nicht vor, und zwar auch dann nicht, wenn über die Art und Weise der Befriedigung des dem stillen Teilhaber zustehenden Anspruchs ein Abkommen zwischen ihm und dem Komplementär getroffen ist.

U. v. 24.11.1914; II 358/14. Naumburg.

Nachschlagewerk des Reichsgerichts
Gesetzgebung des Deutschen Reichs

Herausgegeben von Werner Schubert und Hans Peter Glöckner

In dieser Reihe sind bereits erschienen: Ein vierbändiger Zyklus zum Strafrecht, ein zehnbändiger Zyklus zum Bürgerlichen Gesetzbuch und ein Sonderband zum Preußischen Landrecht. Diese Bände sind im Keip Verlag, Goldbach, veröffentlicht worden und können dort bezogen werden.

Band 1   Werner Schubert / Hans Peter Glöckner (Hrsg.): Nachschlagewerk des Reichsgerichts. Gesetzgebung des Deutschen Reichs. Band 1: Kaiserzeit I. Haftpflicht-, Börsen-, Versicherungs- und Kriegsnotrecht. 2005.

Band 2   Werner Schubert / Hans Peter Glöckner (Hrsg.): Nachschlagewerk des Reichsgerichts. Gesetzgebung des Deutschen Reichs. Band 2: Kaiserzeit II. Gewerblicher Rechtsschutz und Urheberrecht. 2005.

Band 3   Werner Schubert / Hans Peter Glöckner (Hrsg.): Nachschlagewerk des Reichsgerichts. Gesetzgebung des Deutschen Reichs. Band 3: Weimarer Zeit. Verfassungs-, Aufwertungs-, Arbeits-, Miet- und Pachtnotrecht. 2007.

Band 4   Werner Schubert / Hans Peter Glöckner (Hrsg.): Nachschlagewerk des Reichsgerichts. Gesetzgebung des Deutschen Reichs. Band 4: NS-Zeit. Beamten-, Anerben-, Arbeits-, Patent- und Aktienrecht sowie Sonderrecht für die Juden. 2006.

Band 5   Werner Schubert / Hans Peter Glöckner (Hrsg.): Nachschlagewerk des Reichsgerichts. Gesetzgebung des Deutschen Reichs. Band 5. Handelsgesetzbuch §§ 1–342. 2009.

www.peterlang.de

Peter Lang · Internationaler Verlag der Wissenschaften

Werner Schubert / Hans Peter Glöckner (Hrsg.)

Nachschlagewerk des Reichsgerichts

Gesetzgebung des Deutschen Reichs
Band 4: NS-Zeit
Beamten-, Anerben-, Arbeits-, Patent- und Aktienrecht sowie
Sonderrecht für die Juden
Herausgegeben von Werner Schubert und Hans Peter Glöckner

Frankfurt am Main, Berlin, Bern, Bruxelles, New York, Oxford, Wien, 2006.
439 S.
Nachschlagewerk des Reichsgerichts Gesetzgebung des Deutschen Reichs.
Herausgegeben von Werner Schubert und Hans Peter Glöckner. Bd. 4
ISBN 978-3-631-53282-9 · geb. € 101.20*

Das Nachschlagewerk des Reichsgerichts gehört zu den grundlegenden Quellen der deutschen Rechtsprechungsgeschichte des 20. Jahrhunderts. Band 4 der Edition dokumentiert die teilweise Anpassung des Reichsgerichts an die NS-Ideologie, aber auch die vielfältigen Modernisierungsbestrebungen, denen das Rechtssystem unter dem Nationalsozialismus unterlag. Stark ideologisch beeinflusst war das Erbhofgesetz von 1933, das zu einer umfassenden Immobilisierung des bäuerlichen Grundbesitzes führte. Das Gesetz zur Ordnung der nationalen Arbeit von 1934 schränkte gegenüber der Weimarer Zeit die Rechte der Arbeitnehmer ein. Das Patentgesetz von 1936 verbesserte den Erfinderschutz, während das Aktiengesetz von 1937 die Aktiengesellschaft durch Stärkung der Verwaltung umgestaltete. Das Ehegesetz von 1938, das auch für Österreich galt, brachte die lange erwartete Liberalisierung der Ehescheidung, aber auch eine Beeinflussung des Eherechts durch rassische und bevölkerungspolitische Zielsetzungen. Die Judenfeindschaft des NS-Regimes zeigte sich in vielen Bereichen der Reichsgerichtsrechtsprechung. Die wirtschaftspolitischen Zielsetzungen des Nationalsozialismus machten sich vor allem in der umfangreichen Judikatur zum Vierjahresplan geltend.

Aus dem Inhalt: Gesetz zur Wiederherstellung des Berufsbeamtentums · Erbhofgesetz · Arbeitsordnungsgesetz · Patentgesetz · Vierjahresplan-verordnungen · Aktiengesetz, Reichsbeamtengesetz · Sonderrecht für die Juden · Ehegesetz

Frankfurt am Main · Berlin · Bern · Bruxelles · New York · Oxford · Wien
Auslieferung: Verlag Peter Lang AG
Moosstr. 1, CH-2542 Pieterlen
Telefax 0041 (0)32/376 1727

*inklusive der in Deutschland gültigen Mehrwertsteuer
Preisänderungen vorbehalten
Homepage http://www.peterlang.de